生态建设与改革发展

林业重大问题调查研究报告

Reform and Development:
Research Reports on China's Major Forestry Issues

贾治邦　主编

中国林业出版社

图书在版编目(CIP)数据

生态建设与改革发展:2008年林业重大问题调查研究报告/贾治邦主编. —北京:中国林业出版社,2009.1

ISBN 978-7-5038-5391-3

Ⅰ. 生… Ⅱ. 贾… Ⅲ. 林业经济-经济发展-研究报告-中国-2008 Ⅳ. F326.23

中国版本图书馆CIP数据核字(2008)第210946号

责任编辑 徐小英 李 伟
洪 蓉 刘香瑞

封面设计 赵 方

版式设计 骐 骥

出版 中国林业出版社(100009 北京西城区刘海胡同7号)

E-mail forestbook@163.com **电话** (010)83222880

网址 www.cfph.com.cn

发行 中国林业出版社

印刷 中国科学院印刷厂

版次 2009年1月第1版

印次 2009年1月第1次

开本 889mm×1194mm 1/16

印张 23.25

字数 610千字

印数 1~2 500册

定价 128.00元

2008 年林业重大问题调查研究报告
编辑委员会

省级负责人

强　健　吴学东　张　静　马双柱　乔　云　侯喜丰　孙光芝
杨克杰　崔丽萍　葛明宏　楼国华　汪炳瑜　吕月良　郭　家
贾崇福　李　军　樊仁富　邓三龙　孟　帆　廖培来　周燕华
杨富权　罗增斌　杨洪俊　白成亮　黄正秋　高永民　火统元
王　谦　李月祥　侯翠花　郭燕吉　石国新　李文达　宋希斌
杨江勇

专题联络员

（按姓氏笔画排序）

尹刚强　文世峰　王俊中　王春峰　王维胜　刘文萍　刘晓玲
张　平　李天送　李世峰　杨柏权　汪飞跃　汶　哲　陈圣林
侯　艳　赵　戈　钟华友　高广文　韩彦君　鲁　德　鲍达明
缪光平

省级联络员

（按姓氏笔画排序）

王恩光　平学智　刘　明　牟景君　米仁忠　许　江　齐崇辉
严　成　何　熙　吴剑波　吴家骏　吴福林　张小平　张建国
张爱军　李兰丽　李秀明　李洪波　杨文悦　杨幼平　杨庆红
肖彦元　陆志星　陈　明　陈志银　周庆生　罗代萍　姜华先
祝夕平　赵虎敏　倪陈兴　徐　跃　翁小杰　贾寿珍　高卫民
彭尚德

序

党的十七大在深刻总结社会经济发展和人类文明发展规律的基础上，作出了建设生态文明的重大战略决策。为了准确把握林业科学发展的主动权，将全面推进现代林业建设和集体林权制度改革作为林业深入贯彻落实科学发展观的最生动实践，国家林业局党组把林业重大问题调查研究列入2008年局重点工作内容来推进。一年来，调查研究工作紧紧围绕现代林业与生态文明建设这个主题，突出森林、湿地、荒漠生态系统与经济社会可持续发展，集体林权制度改革与兴林富民，国家公共投资与林业发展，城市化进程与林地安全，气候变化与林业碳汇、林业产业发展等重点领域，通过多部门联合互动、开放式研究，各调研组深入基层、深入实际、深入群众，提交了多篇分析透彻的调研报告，提出了许多合理可行的政策建议，为出台有关政策措施提供了科学的决策依据，有力地推动了现代林业建设深入开展。

2008年是不平凡的一年。在党中央、国务院的坚强领导下，全国林业部门团结一致，共克时艰，展开了南方雨雪冰冻灾害林业灾后重建和抗震救灾工作，取得了阶段性成果。在迎来中国改革开放三十周年之际，中共中央、国务院颁布了《关于全面推进集体林权制度改革的意见》，做出了全面推进集体林权制度改革的重大决策。集体林权制度改革是继家庭联产承包责任制之后中国农村经营制度的又一次重大变革，必将对林业发展、农村发展乃至经济社会发展产生重大而深远的影响，是林业改革与发展进程乃至中国改革开放事业的一座新的里程碑。

当前，我国生态建设与林业改革发展进入了一个新时期，党中央、国务院对林业给予高度重视，社会各界对林业给予普遍关注，林业的使命更加神圣，林业的任务更加繁重。党的十七届三中全会颁发的《中共中央关于推进农村改革发展若干重大问题的决定》，提出了“全面推进集体林权制度改革，扩大国有林场和重点国有林区林权制度改革试点”，“继续推进林业重点工程建设，延长天然林保护工程实施期限，完善政策、巩固退耕还林成果，开展植树造林，提高森林覆盖率”等关乎林业发展大计的政策方针。在新的历史起点上，我们必须清醒看到林业发展面临的形势，切实贯彻落实科学发展观，深入开展调查研究，坚定不移地加快发展，毫不动摇地推进改革，努力形成长效机制，加速建设基础设施，切实搞好森林经营，着力提升产业素质，为建设林业生态体系、林业产业体系、林业生态文化体系，转变林业发展方式，推进现代林业和生态文明建设，构建社会主义和谐社会作出更大贡献。

贾治邦

2008 年 12 月

目　　录

第二篇 领导专论

第三篇 专题调研

第一篇
高层关注

胡锦涛

集体林权制度改革是农村生产关系的一次变革

2008 年 4 月 29 日，中共中央总书记胡锦涛主持政治局会议，研究部署推进集体林权制度改革。

会议认为，集体林地是国家重要的土地资源，是林业重要的生产要素，是农民重要的生活保障。实行集体林权制度改革，在坚持集体林地所有权不变的前提下，依法将林地承包经营权和林木所有权承包和落实到本集体经济组织的农户，确立农民作为林地承包经营权人的主体地位，对于充分调动广大农民发展林业生产经营的积极性，促进农民脱贫致富，推进社会主义新农村建设，建设生态文明，推动经济社会可持续发展，具有重大意义。

会议指出，集体林权制度改革，是农村生产关系的一次变革，事关全局，影响深远。必须坚持农村基本经营制度，确保农民平等享有集体林地承包经营权；坚持统筹兼顾各方利益，确保农民得实惠、生态受保护；坚持尊重农民意愿，确保农民的知情权、参与权、决策权；坚持依法办事，确保改革规范有序；坚持分类指导，确保改革符合实际。各地区各部门要切实加强组织领导，在认真总结试点经验的基础上，依法明晰产权、放活经营、规范流转、减轻税费，全面推进集体林权制度改革，逐步形成集体林业的良性发展机制，实现资源增长、农民增收、生态良好、林区和谐的目标。

全民义务植树活动
是动员全社会参与生态文明建设的有效形式

2008 年 4 月 5 日上午，胡锦涛等党和国家领导人来到奥林匹克森林公园植树点，参加义务植树活动。胡锦涛一边种树，一边向有关负责同志询问这些年植树造林的情况，并叮嘱一定要落实责任，加强管理，提高树木的成活率。胡锦涛对大家说，全民义务植树活动，是动员全社会参与生态文明建设的一种有效形式。我们今天多种一棵树，祖国明天就会多添一片绿。全国人民持之以恒地开展植树造林，我国生态环境就一定能够不断得到改善。

在认真听取首都绿化情况介绍后，胡锦涛说，北京市这些年绿化工作很有成绩，特别是建成了北京奥林匹克森林公园，使北京多了一片“城市森林”。我们要进一步弘扬“绿色奥运”理念，吸引更多的市民参与到植树造林、美化环境的活动中来，以良好的环境迎接各国体育健儿的到来。

生态文明建设任务很重　林业部门大有可为

2008 年 10 月 31 日，胡锦涛总书记在陕西省安塞县对林改工作进行调研和指导。

在和沿河湾镇碟子沟村村民亲切交谈后，胡锦涛握着村民的手高兴地说：“好啊，林权到户了，你们要把林地经营好，既要争取有更好的收益，也要考虑到生态保护的要求。”他对安塞县林业局的干部职工说：“陕北地处黄土高原，生态文明建设任务很重，林业部门大有可为。希望同志们通过开展学习实践活动，真正从科学发展的高度认识林业工作的重要性，坚持不懈地抓好植树造林、退耕还林等工作，努力使黄土高坡披上更多绿装，为建设山川秀美的新陕北做出更大贡献。”

把积极开展节能减排作为应对气候变化的切入点

2008年7月9日上午，中国国家主席胡锦涛出席了经济大国能源安全和气候变化领导人会议。胡锦涛强调，各国发展阶段不同、科技水平不同、所处环境不同，应该本着共同但有区别的责任原则，为应对气候变化积极作出自己的努力，并力求有所作为。

胡锦涛表示，中国政府把积极开展节能减排作为应对气候变化的切入点，采取了节约能源、优化能源结构、提高能源效率、开展植树造林等一系列措施，取得了显著成效。我们明确要求，到2010年单位国内生产总值能源消耗比2005年末降低20%左右，主要污染物排放总量减少10%，森林覆盖率由2005年的18.2%提高到20%。我们实现这些目标的决心是坚定不移的。

胡锦涛指出，为适应气候变化，中国不断增强在农业、自然生态系统、水资源等领域的适应气候变化能力，高度重视防灾减灾，努力减少灾害性天气和极端气候事件造成的损失。

吴邦国

生态环境保护和建设任何时候都不能放松

2008年7月7日至10日，中共中央政治局常委、全国人大常委会委员长吴邦国在内蒙古考察时，来到红花尔基樟子松林区亲切看望正在观望台执守的护林工人，了解森林保护、林区防火工作。

吴邦国强调，内蒙古是我国北方重要的生态屏障。由于自然地理等原因，内蒙古又是生态环境十分脆弱的地区。生态环境保护和建设，是任何时候都不能放松的一项重要工作。同时要加强资源综合利用，大力发展循环经济，着力推进节能减排，在保护生态环境的前提下发展经济，努力实现生态不断改善、经济持续发展的良性循环。

温家宝

继续推进天然林资源保护京津风沙源治理等生态建设

2008年3月5日，中共中央政治局常委、国务院总理温家宝在第十一届全国人民代表大会第一次会议上，强调要继续推进天然林资源保护、京津风沙源治理等生态建设。同时指出，要加强土地、水、草原、森林、矿产等资源的保护和节约集约利用，严厉查处乱采滥挖矿产资源等违法违规行为。

充分认识当前森林防火工作面临的严峻形势
扎实做好火灾防控和扑救工作

2008年3月6日，温家宝做出重要批示强调，目前南方许多省区火险隐患多，防火形势严峻，要完善应急预案，加强领导，落实责任，做好扑火力量的调度和配合工作，确保人员和森林资源安全；并要求国家森林防火指挥部密切跟踪和掌握火情，统一指挥和协调。

贾庆林

生态文化是人与自然和谐相处协同发展的文化

中国生态文化协会2008年10月8号下午在北京成立。中共中央政治局常委、全国政协主席贾庆林致信祝贺。

贾庆林在贺信中说，生态文化是人与自然和谐相处、协同发展的文化，是伴随着经济社会发展的历史进程形成的新的文化形态。发展生态文化，有利于贯彻落实以人为本、全面协调可持续发展的科学发展观，推动经济社会又好又快发展；有利于建设生态文明，推动形成节约能源资源和保护生态环境的产业结构、增长方式、消费模式；有利于增强文化发展活力，推动社会主义文化大发展大繁荣。

贾庆林指出，中国生态文化协会的成立，符合发展生态文化、建设生态文明的需要，是生态文明建设进程中的一件大事。希望中国生态文化协会坚持以邓小平理论和“三个代表”重要思想为指导，深入贯彻落实科学发展观，秉持“弘扬生态文化，倡导绿色生活，建设生态文明”的宗旨，深入挖掘我国人与自然和谐相处的民族文化资源，大力宣传生态文明观念，创新生态文化形式和内容，促进生态文化的发展，为建设资源节约型、环境友好型社会，为推动社会主义文化的发展和繁荣作出积极贡献。

习近平

要进一步做好利在当代功在千秋的防沙治沙伟大工程

2008年4月9日，中共中央政治局常委、国家副主席习近平在宁夏对防沙治沙工作和生态林业建设给予肯定。习近平指出，宁夏的防沙治沙工作做得很好，取得了很大成绩。生态建设力度很大，森林面积加大。习近平说，宁夏的自然条件并不优越，能取得这样的成绩很不容易。他指出，宁夏白芨滩林场全国治沙英雄王有德有效推动了防沙治沙，起到了很好的作用，真正做到了人逼沙退，今后要进一步做好这项人逼沙退、利在当代、功在千秋的伟大工程。他强调要搞好专项资金使用，要选准方向，把治沙造林工程这个事关三北、事关全国的项目做得更好。他还指出，生态移民是个脱贫的问题，也是生态建设的问题，应该在这方面加大投入，要把中国的土办法和先进的科学技术紧密结合起来，宁夏的防沙治沙工程，草方格子就很有效，要推广这些技术。习近平还说，中部干旱带的问题十分严峻，要通过搬迁达到扶贫和生态的双赢。

李克强

加强生态建设和环境保护　不断改善人居环境

2008年8月28日至30日，中共中央政治局常委、国务院副总理李克强在内蒙古自治区考察时指出，内蒙古是我国北方地区的重要生态屏障，要进一步加强生态建设和环境保护，不断改善人居环境，为可持续发展奠定坚实基础。

把加强生态建设作为扩内需促增长重要措施

2008年11月12日，李克强出席在北京举行的中国环境与发展国际合作委员会2008年年会开幕式时指出，中国将继续把环境保护放在突出的战略位置，把加强生态环境建设作为扩大内需的重要措施，促进民生改善和发展方式转变，保持经济平稳较快增长，实现经济社会全面协调可持续发展。

李克强强调，要把扩大内需、促进增长同优化结构、产业升级结合起来，切实加大生态环境保护建设的工作力度。要推进相关改革，抓紧理顺重要能源资源产品的价格关系，建立健全能够反映市场供求关系、资源稀缺程度、有利于环境保护的体制机制。

回良玉

大力发展现代林业　继续深化林业改革

2008年1月17日，中共中央政治局委员、国务院副总理回良玉对林业工作提出要求。他指出，近年来，我国林业改革取得重大进展，林业生态体系建设全面加强，产业体系建设迅速推进，森林防火工作成效显著，现代林业建设实现了良好开局。

在新的一年里，必须用党的十七大精神武装头脑、指导实践、推动工作，切实增强发展林业的使命感、紧迫感，紧紧围绕建设生态文明，继续深化林业改革，继续推进现代林业建设，继续提升队伍素质，加快构建林业生态、产业、文化三大体系，为兴林强国富民做出更大贡献。

推进国土绿化　建设生态文明

——2008 年 4 月 15 日在全国绿化委员会第二十六次全体会议暨造林绿化表彰大会上的讲话

明天就是清明，又到了春回大地、万物复苏的美好季节，正是我国从南到北开展植树造林、绿化国土的最佳时节。今天，全国绿化委员会召开会议，就是要全面贯彻党的十七大精神，深入落实科学发展观，认真回顾总结，宣传表彰先进，结合林业灾后恢复重建，动员部署当前和今后一个时期的全国造林绿化工作，大力推进生态文明建设。刚才，贾治邦同志代表全国绿化委员会，对 2007 年国土绿化工作进行了总结，并对 2008 年工作进行了安排，各地区、各有关部门要结合实际抓好贯彻落实。上海市闵行区和铁道部、中石油的负责同志分别介绍了开展造林绿化工作的经验和做法，讲得很好，很有借鉴意义。在此，我代表国务院和全国绿化委员会，向受到表彰的先进集体和个人表示热烈的祝贺，并借此机会，向积极参与支持造林绿化的各行各业和社会各界人士表示衷心的感谢！

党中央、国务院历来高度重视国土绿化工作，近年来，相继采取了一系列重大举措，加快推进国土绿化进程，取得了很多成效，其中比较显著的：一是森林资源持续增长。在过去的五年中，通过天然林资源保护、退耕还林等重点工程的带动，全国累计植树造林 4. 6 亿亩，年均造林9 000 万亩。目前，我国人工林面积已占到世界人工林面积的 1/3。二是城乡生态状况不断改善。从 2003 年到 2007 年，全国城市绿化覆盖率由 29. 5% 上升到 35. 11%，人均公共绿地面积由 6. 49 平方米增加到 8. 6 平方米，年均增加 0. 42 平方米。北京市承诺的“绿色奥运”7 项绿化指标现已全部达标，北京市林木覆盖率达到 51. 6%。同时，在全国广大农村开展了“创绿色家园、建富裕新村”等行动，有效改善了农村人居环境。三是生态文明理念深入人心。随着国土绿化事业的快速推进，全社会生态文明观念明显增强，主动参与植树的人数逐年增多，自觉保护林地、绿地、树木的意识不断强化，让我国的山更绿、水更清、天更蓝、空气更洁净，已经成为全社会的共同追求。

在充分肯定成绩的同时，我们也必须清醒地看到，我国的国土绿化程度离建设生态文明、构建和谐社会的要求还有差距。突出表现在：一是森林资源总量不足、质量不高的状况没有得到根本改观，我国依然是一个少林缺绿的国家，森林覆盖率只有世界平均水平的 61. 5%，人均森林面积只有世界平均水平的 22%，人均森林蓄积量只有世界平均水平的 14. 6%。二是土地沙化、水土流失、生物多样性破坏等生态问题仍然突出，沙化土地面积占国土总面积的近 1/5，水土流失面积占国土面积的 1/3 以上，90% 左右的可利用草原不同程度地在退化，这些都制约着我国经济社会可持续发展。三是义务植树运动的潜力没有充分发挥，破坏森林资源和违法占用林地、湿地的行为屡禁不止，巩固和发展国土绿化成果的压力很大。四是今年年初南方遭受历史罕见的低温雨雪冰冻灾害，其中林业受灾程度最深，灾害损失最大，影响时间最长，恢复难度最大。据统计，我国有 19 个省（自治区、直辖市）的 3. 4 亿亩森林受灾，受灾面积超过全国森林总面积的 1/10 左右，一些地区的新造苗木、竹林、经济林及相关产业受到重创，而且灾害的影响越来越显现。

党的十七大作出了建设生态文明的战略决策，并明确提出到 2020 年要使我国成为生态环境良好的国家。搞好国土绿化，既可以改善生态环境、应对气候变化，促进生态文明；又可以美化生活、提高人居质量，促进人与自然和谐发展；还可以增加木材、草场等资源，提供可再生的、绿色环保的生物质能源，促进农民增收。特别是当前气候变化已成为国际社会日益关注的重大问题，我国承受着较大的减排压力。2007年9月胡锦涛总书记在亚太经合组织领导人会议上，从维护全球气候安全的战略高度，发出了建立亚太地区森林恢复和可持续管理网络的倡议，提出了进一步提高我国森林覆盖率的目标。这既是我国为应对气候变化向国际社会作出的庄严承诺，也是党和国家赋予国土绿化工作的一项艰巨任务。可以说，在全面建设小康社会的进程中，造林绿化工作地位越来越重要，作用越来越突出，任务也越来越繁重。我们要切实加强造林绿化工作，继续推进生态工程建设，努力开创国土绿化事业新局面。力争到2010年，全国森林覆盖率达到20%，森林蓄积量达到132亿立方米以上，城市绿化覆盖率达到40%以上，人均公共绿地面积达到10平方米。

面对新的形势和任务要求，必须抓好当前，切实完成好今年的植树造林绿化任务。刚才治邦同志已作了全面部署，各地区、各有关部门要进一步行动起来，抢抓时机，加快造林进度，提高造林质量。造林绿化工作关键要在“两个继续，两个结合，两个防控，一个落实”上下工夫。

两个继续，就是要继续深入开展全民义务植树运动和重点生态工程建设，拓展和扩大国土绿化成果。开展全民义务植树运动，是社会主义制度优越性的具体体现，是搞好国土绿化、建设生态文明的有效方式，必须深入持久地开展。要抓紧制定全民义务植树条例，将履行植树义务的措施、内容和方式具体化、规范化和法制化。要尽快健全义务植树属地管理制度，完善义务植树登记、考核制度，不断提高适龄公民义务植树尽责率。要继续抓好重点生态工程建设、城乡绿化和绿色通道建设，启动沿海防护林、石漠化治理等生态工程，不断拓展国土绿化新领域。同时，各地要切实加强抚育管护和林业执法，提高造林的存活率和保存率。

两个结合，就是要结合林业灾后恢复重建和全面推进集体林权制度改革，推动和促进国土绿化工作。这是今年林业工作的两件大事。林业的灾后重建工作，温家宝总理多次作出批示，国务院还要专门研究有关政策。国家林业局刚刚在湖南召开了现场会。要按照中央的总体部署，根据林业自身特点和发展规律，科学规划，扎实推进。继续抓好清理工作，开展受损林地补植补造和更新造林，努力恢复灾前国土绿化成果。集体林权制度改革是农村经营制度的又一项大变革，生产力的又一次大解放。试点工作已经取得显著成效，中央专题研究后将很快在全国全面推开。要通过把集体林地的经营权承包到户，确立农民的经营主体地位，建立责权利明晰的林业经营制度，进一步调动广大农民造林育林的积极性和爱林护林的自觉性，增加森林资源量，提升森林质量和生态功能。

两个防控，就是要加大森林草原火灾和林业有害生物防控力度，巩固和保护国土绿化成效。森林草原防火工作国务院专门召开会议作了全面部署。明天就是国家法定清明假日，扫墓、踏青人员将比往年增加，火源管理难度进一步加大。森林、草原防火指挥部要按照国办通知要求，指导和督促各地全面落实防火责任制和应急预案，增派力量，加强对重点区域、重点部位的盯防，确保不出现重大森林和草原火灾，切实保护来之不易的造林绿化成果。要按照“预防为主、综合防治”的原则，密切关注森林、草原病虫害、鼠害等的发生动态，严密防范外来有害生物，加强预测预报，及时发布病虫害信息，着力抓好重点地区、重点有害生物的科学防治工作，努力降低成灾率。

一个落实，就是要认真落实目标责任制，进一步加强对国土绿化工作的组织领导。国土绿化是一项群众性、公益性和社会性很强的工作。各级领导要将国土绿化作为生态建设的重点内容，摆上重要议事日程。要继续完善各级政府造林绿化目标责任制，将国土绿化任务、目标和责任落实到人，加强监督、检查和考核、奖惩。要进一步落实部门、企业、社会团体和部队的责任，积极主动地完成好各自所承担的绿化任务，并加强协作配合，形成国土绿化工作合力。要切实加强各级绿化委员会及其办公室建设，为国土绿化事业发展提供有力的组织保障。要加强宣传教育，增强人们的国土绿化意识，大力营造加快国土绿化的社会氛围。

搞好国土绿化，建设生态文明，是时代赋予我们的光荣使命。让我们紧密团结在以胡锦涛同志为总书记的党中央周围，高举中国特色社会主义伟大旗帜，以邓小平理论和“三个代表”重要思想为指导，深入贯彻落实科学发展观，锐意进取，开拓创新，真抓实干，努力开创国土绿化事业新局面，为夺取全面建设小康社会新胜利作出更大贡献！

积极推动亚太森林网络发展　共同应对气候变化

2008 年 9 月 26 日，回良玉副总理在中南海紫光阁会见了出席“亚太森林恢复与可持续管理网络”启动会的亚太经合组织秘书处执行主任卡普尼亚伊等部分代表。

回良玉指出，自胡锦涛主席在亚太经合组织第 15 次领导人非正式会议上提出建立“亚太森林恢复与可持续管理网络”倡议以来，中方已迅速采取实际行动予以认真落实。森林是陆地生态系统的主体，对维护地球生态平衡、应对气候变化有重要作用。中国愿与亚太经合组织、美国、澳大利亚等方面一道，继续积极推动亚太森林网络发展，为促进亚太地区森林恢复和可持续管理，改善亚太地区乃至全球的生态环境作出新贡献。

卡普尼亚伊等在讲话中对中方的倡议和行动予以高度赞赏，表示愿与中国一道积极推动亚太森林网络发展。

大力发展油茶产业　保障国家粮油安全　促进山区农民增收

——2008 年 9 月 12 日在全国油茶产业发展现场会上的讲话

2008 年 9 月 12 号，在专题研究农村改革发展的十七届三中全会即将召开之际，在集体林权制度改革在全国全面推开之时，在国际国内粮油等重要农产品供给出现一些新情况的背景下，我们在湖南省组织召开全国油茶产业发展现场会，认真贯彻落实胡锦涛总书记和温家宝总理关于山区综合开发和油茶产业发展的重要指示精神，学习借鉴湖南等地的先进经验，专题研究部署油茶产业发展工作，这对加快推进山区综合开发，发挥林业的多种功能，促进社会主义新农村建设，保障国家粮油安全具有重要的意义。

刚才，湖南省委书记张春贤同志发表了热情洋溢的致辞，徐明华同志、熊盛文同志分别介绍了湖南省和江西省发展油茶产业的情况、经验和思路、举措，讲得都很好。这次会议是现场会，之所以在湖南省开，主要是因为湖南省是我国最大油茶产区，油茶产业发展很有经验。去年全省油茶产量突破 10 万吨，占全国总产量的一半以上，油茶产业产值突破 50 亿元。省委省政府把发展油茶产业作为推进新农村建设、促进农民增收的一个重要内容来抓，省政府出台了《关于加快油茶产业发展的意见》。一些市县出台了扶持措施，对改造和新造油茶林给予资金扶持。

湖南省科技力量雄厚，先后培育出150多个油茶新品种，占全国选育良种的2/3。良种油茶每亩最高可产油75千克，比平均亩产油量提高了十几倍。湖南省已制订规划，将利用8年时间，建设高产油茶产业基地1 000万亩，茶油产量达到50万吨，油茶产值达到300亿元以上。因此，湖南省目前是全国油茶技术的领先者、油茶产业的领跑者。今天上午我们已经看了一些很好的典型，在湖南召开油茶产业发展现场会，确实是有亮点可看、有真经可学，既能增强各地加快发展木本粮油产业的信心，又能开拓各地推进山区综合开发的思路。

党中央、国务院高度重视山区综合开发和油茶等木本粮油产业发展。国民经济和社会发展“九五”计划将山区综合开发列为国民经济发展的重要举措，并于1996年开始先后分4批在全国30个省(自治区、直辖市)的114个县开展了山区综合开发试点示范。进入新世纪以来，山区综合开发工作继续得到推进，胡锦涛总书记近年来先后三次对山区综合开发作出重要批示，有关部委对如何加强山区综合开发进行了专题研究。中央对食用植物油的供应和油料作物的发展也十分关注和重视，中央领导同志多次作出指示，明确提出要大力发展油茶等特种油料作物。今年1月，温家宝总理就发展油茶产业作出重要批示，要求在充分论证的基础上作出规划，并研究相应措施。最近，胡锦涛总书记又就发展油茶产业作出重要批示，要求纳入整个油料产业发展认真研究部署。我们一定要很好理解、坚决落实。

当前，我们面临着深入贯彻落实科学发展观的新要求，面临着继续推进农村改革发展的新任务，面临着全面谋划粮油等重要农产品长远发展思路和举措的新机遇。在这个背景下，大力发展油茶等木本粮油产业、深入推进山区综合开发，具有全局和战略意义。

我们要站在保障国家粮食安全的高度，重视发展油茶等木本粮油产业。解决我国13亿人口的吃饭问题始终是治国安邦的头等大事。长期以来，党中央、国务院把发展粮油生产放在突出位置，采取了一系列强农惠农措施，大幅度提高了我国粮油生产能力，实现了用占世界6.5%的淡水资源、9%的耕地资源养活世界21%人口的奇迹，为人类发展和全球粮食安全作出了重大贡献。特别是党的十六大以来，中央连续下发5个指导农业农村工作的一号文件，加大对农业的支持力度，已经实现连续4年粮食增产。但是，我们必须清醒地认识到，保障国家粮食安全依然面临着十分严峻的挑战。从国内来看，尽管目前我国粮食、植物油供给和价格保持相对平稳，但部分产品的进口依存度已经很高，成本推动的粮油价格上涨压力不断增大，实现粮油长期供求平衡面临着巨大压力。目前，进口植物油已占国内市场的大部分，我国已成为世界最大的食用植物油进口国，我国也是世界油料进口大国。当前和今后一个时期，我国粮油供求面临一系列制约因素：人口越来越多，城镇人口快速增加，直接推动了粮油需求总量的刚性增长；耕地越来越少，到2007年底已降为18.26亿亩，遏制耕地减少趋势的压力十分巨大；消费结构不断升级，人们由过去主要吃粮向吃更多的肉蛋奶、由吃普通油向吃高档油的方向转变；农业基础设施薄弱，农业受自然灾害影响很大；农业生产成本不断提高、比较效益不断降低，提高农民发展粮油生产的积极性面临新的困难。从国际来看，随着石油价格的变动和粮食需求的增长，粮食危机的困局在持续演化，粮食安全面临的不确定性在增加。这对人类社会的健康发展构成极大威胁，维护粮食安全已成为世界各国高度关注的重大战略问题。我们必须保持强烈的危机感，采取有效措施予以应对。必须指出的是，我们所讲的粮食安全，实际上是包括食用植物油在内的、广义的食物安全，应当通过广辟食物源来保障食物安全。木本粮油是优质食物源，应当充分发挥木本粮油在保障食物安全中的重要作用。

我们要站在有效利用国土资源的高度，谋划发展油茶等木本粮油产业。如何有效利用国土资源，走中国特色的农业现代化道路，是我国现代化建设面临的重大课题。长期以来，我们更多的是在耕地上做文章，对耕地精耕细作的程度已达到了相当高的水平。今后，耕地的潜力还要继续挖，但我们必须将视野从有限的耕地资源，拓展到更为广阔的国土资源。我们不仅要把耕地利用好，而且要树立大农业观念，把草原、大陆架渔场、林地资源用好。要加快山区综合开发步伐，全方位开辟粮油来源。我国木本粮油的培育历史悠久，全国大部分地区都有广泛分布，如板栗、核桃、枣、油茶等，不仅能直接替代和补充粮食，还能够改善食物结构，有益身体健康，提高生活质量。我国山区面积占国土总面积的69%，有近8亿亩宜林荒山荒地，木本粮油发展潜力巨大。发展木本粮油具有不与粮争地的显著特点，不仅不占用耕地，还可以腾出更多的耕地资源来种植其他农作物，从而大大缓解耕地的压力。随着科学技术的迅猛发展，加上相关政策的支持，通过大力推广优良新品种以提高单产和扩大种植面积，经过10年左右的努力，可以提供相当数量的木本食用油，将大大增加我们解决粮油问题的回旋余地。

我们要站在促进林业又好又快发展的高度，推动发展油茶等木本粮油产业。林业既是重要的公益事业、又是重要的基础产业，既承担着维护生态安全的重要功能、又承担着提供林产品的重要任务。促进林业又好又快发展，必须着眼于发挥林业的多种功能。发展油茶等木本粮油产业，有利于林业多种功能的充分发挥。从食物功能看，木本粮油是优质食用粮油，具有很高的营养价值和保健作用。特别是茶油，色清味香，不饱和脂肪酸含量高，维生素E的含量也高。长期食用茶油，对于心脑血管疾病具有很好的医疗保健作用。联合国粮农组织已将其作为重点推广的健康型高级食用植物油。从原料功能看，油茶全身都是宝，具有很高的综合利用价值，茶枯饼、茶皂素、茶籽壳及生产茶油的剩余物，可广泛用在日用化工、印染、造纸、化学纤维、纺织、农药等领域。从增收功能看，油茶是一种长寿树种，具有一次种植多年受益的特点，稳产收获期可达80年，是名副其实的“铁杆庄稼”。从生态功能看，油茶四季常绿，根系发达，枝叶繁茂，花大而美观，耐干旱瘠薄，适生范围广，生态效益显著。大力发展油茶，能够绿化荒山、保持水土、改善农村生态面貌和人居环境。还要看到，发展油茶等木本粮油产业，对于巩固和扩大集体林权制度改革成果具有重要作用。对广大农民来讲，获得林木所有权和林地使用权只是第一步，更重要的是能从中获得实实在在的利益。只有把包括木本粮油在内的林业产业发展起来，农民才有经营山林的积极性，集体林权制度改革的成果才能长久巩固。

近年来，林业部门以科学发展观为指导，站在全局和战略的高度，按照中央关于保障粮食安全、建设社会主义新农村等一系列重大部署，在做好造林绿化、森林资源保护、荒漠化防治、野生动植物资源保护、森林防火等工作的同时，重点抓了集体林权制度改革、林业产业发展和林业抗灾救灾等工作，成绩显著，并积极推动山区综合开发，提出把油茶产业作为一个大产业来抓，作为重要突破口来抓，采取了得力措施，取得了良好开局。会前，国家林业局局长贾治邦跟我详谈了下一步油茶产业发展工作安排，所提的指导思想、目标任务、工作重点和政策措施都很好，明天会上治邦同志还要进行全面部署，希望各地、各部门认真抓好落实。这里我简要讲几点意见。

第一，尊重规律，科学规划。发展油茶产业，科学规划是基础。有关部门要在现有工作基础上，尽快制订出台全国油茶产业发展规划。各地要紧密结合实际，综合考虑土地、资金、品种、市场等各种因素，突出资源优势和区域特色，科学制订本地油茶产业发展规划。油茶等木本粮油树种对自然条件要求严格，必须坚持因地制宜。无论是编制全国规划还是编制各地规划，都必须立足于既充分挖掘土地资源潜力，努力扩大新造高产油茶林面积，又充分挖掘现有油茶林增产潜力，通过抚育垦复、更新改造等措施不断提高产量；既加强试验示范基地建设，又注重面上推广与发展；既扩大种植面积，提高油茶产量，又促进茶油及副产品精深加工；既充分发挥广大林农的主体作用，又注重发挥龙头企业的带动作用，确保整个产业在高起点上向前发展。

第二，科技支撑，提升层次。油茶是一个古老的树种，也是一个古老的产业。在新的起点上把这个传统产业做大做强，必须依靠科技进步，提升产业层次。要优化、整合林业科研院所、企业技术中心等各方面的科技资源，为油茶产业发展全过程、全方位提供强有力的科技支撑。要在加强现有新品种、新技术推广应用示范的同时，充分利用现代生物技术，加强优良新品种及其栽培技术的研究开发，不断培育产量更高、抗性更强、适应范围更广的优良新品种。要充分利用高新技术和常规技术相结合的方法，加快优良新品种苗木的繁育，扩大苗木生产规模，努力满足产业发展需要。要切实加强示范基地建设，通过优良高产新品种的推广应用和新技术的组装配套，为广大林农和生产企业提供示范样板，增强他们发展油茶的积极性。要建立健全技术服务体系，组织广大科技人员深入油茶生产一线开展技术服务，切实提高油茶生产的科技含量。要切实加强茶油产品加工新技术、新工艺的研究创新，搞好深加工，开发新产品，延长产业链，提高附加值，最大限度地提高综合经济效益。

第三，农民主体，龙头带动。发展油茶等木本粮油产业，促进农民增收是重要的出发点，调动农民积极性是根本的立足点。要按照中央的部署和要求，全面推进集体林权制度改革，把集体林地经营权和林木所有权落实到农户，确立农民的经营主体地位，激发农民发展林业生产经营的积极性。要用现代经营方式推进木本粮油产业，加大对龙头企业的扶持力度，鼓励企业投资发展油茶产业，探索企业建基地、基地带农户的产业化发展模式，不断提高油茶等木本粮油产业的规模化、集约化经营水平。

第四，市场主导，政策扶持。发展油茶等木本粮油产业，必须坚持市场导向，充分发挥市场机制的基础性作用。同时，也要注重发挥政策的引导、扶持作用。要研究制定良种补贴、技术培训、生产大县奖励、基地建设等扶持政策，调动农民和地方政府发展油茶产业的积极性。中央投资要落实到位，地方各级政府也要设立油茶产业发展专项资金，切实加大政府投入力度。要积极探索林地流转、森林保险、林权抵押等相关政策措施，推进农村专业合作经济组织建设，扶持各种形式的产销衔接活动，增强抵御自然灾害和市场风险的能力。要引导金融、保险机构加大对油茶产业的支持，形成多渠道的投融资体系，确保油茶产业持续快速健康发展。

第五，密切协作，合力推进。各有关地区和部门要把发展油茶等木本粮油产业，作为保障国家粮油安全、生态安全的战略举措来科学谋划，作为推动集体林权制度改革、灾后恢复重建的重要内容来统筹安排，作为促进农民增收、新农村建设的重要措施来具体部署。要像关注耕地一样关注山地和林地，像重视草本粮油一样重视木本粮油，像抓大豆、油菜一样抓油茶。各地要将油茶产业发展纳入当地经济社会发展全局中统筹考虑，摆上重要议事日程认真研究，切实加强组织领导，广泛调动各方面的积极性，充分挖掘土地、市场等各种要素的潜力，努力推动油茶产业快速发展。发展改革、财政、科技、商务、税务、粮食、质检、扶贫、金融、保险等部门，要主动参与，密切配合，共同为油茶产业发展提供有力的政策、资金、技术等保障，促使油茶产业在短期内有一个大发展，使之真正成为农民增收致富的重要渠道、现代林业建设的新亮点、山区综合开发的突破口。

推动油茶等木本粮油产业发展，是一项战略性工程。我们要紧密团结在以胡锦涛同志为总书记的党中央周围，深入贯彻落实科学发展观，以全面推进集体林权制度改革为契机，把木本粮油产业提升到一个新的水平，为保障我国粮油和生态安全、促进经济社会又好又快发展作出新的贡献。

突出重点　抓好四项工作落实

2008 年 3 月 31 日下午，回良玉副总理听取了国家林业局局长贾治邦、副局长李育材关于当前林业重点工作情况的汇报，并对当前和今后一个时期的林业工作作出重要指示。

回良玉强调，国家林业局党组认真贯彻落实党中央、国务院的各项部署，抓工作很主动，很务实，很有成效。要继续按照已作出的林业工作部署，抓住重点，抓好落实，抓出成效。要突出抓好四个重点：一是抓好灾后林业恢复重建；二是抓好集体林权制度改革。要全面推进集体林权制度改革，同时要抓好国有林场和国有林区改革试点工作；三是抓好森林资源保护，特别要抓好森林防火和病虫害防治。我国的森林资源少，烧不起。这项工作搞不好对林业、对社会影响很大；四是抓好林业产业发展和森林经营。林业部门的工作很多，任务很重，今年一定要把这四项重点工作抓好，要有新突破、有新举措、有新成效。

一、关于林业灾后恢复重建问题。在这场特大低温雨雪冰冻灾害中，当时最要紧的是疏通道路、抢修电网，林业受灾的情况比交通、电力显现得要晚一些。但林业受灾程度最深，灾害损失最重，影响时间最长，恢复难度最大。党中央、国务院对林业抗灾救灾和恢复重建工作极为关切、极为重视，温家宝总理多次作出重要批示，要求对受灾林区实行扶持政策，实施林业恢复重建工程。国家林业局已经做了大量工作，发改委、财政部都很支持，要与发改委、财政部进一步沟通好、落实好。

二、关于集体林权制度改革问题。集体林权制度改革是党中央、国务院确定的国家经济体制改革的大事，是农村改革的大事，是林业改革的头等大事。当前关键是争取尽快以中共中央、国务院的名义颁发文件。党中央、国务院的文件颁发后，再开会部署。近期国务院常务会议就要审议这个文件，一定要准备好、汇报好。在全面推进集体林权制度改革的同时，要认真总结国有林场、国有林区改革的试点经验，你们认为效果好的可继续扩大试点，试点可多一点，面可大一点，不断探索，积累经验。当前要集中精力抓好集体林权制度改革。

三、关于山区综合开发问题。2006 年 3 月 27 日和 5 月 1 日，胡锦涛总书记先后两次对山区综合开发问题作出重要批示，要继续抓好落实。山区面很宽，涉及老区、边区、贫困地区和少数民族地区。关键是搞好规划、发个文件，各部门按照职责分工抓好落实。

四、关于产业发展和森林经营问题。林业工作既要抓生态，又要抓产业。要把产业当作大事来抓。讲生态，也要讲经营，讲蓄积量，讲效益。要理论和实践相结合，最终要体现三大效益。油茶的发展要把样板搞好，投资千万不要撒胡椒面，要做出特色，做出品牌，做出效益。大力发展油茶，不仅有较高的经济收入，同时可以绿化荒山，还可以解决食用油和就业问题，这就解决了中国的大问题。在我们的一生中，在我们分管的工作中，能抓成几件事，很有价值，很有意义，关键是要付出心血和汗水，切实抓实，抓出成效。

扎实有效推进三北工程　坚定不移建设绿色长城

2008年11月19日，三北防护林体系建设30年总结表彰大会在北京举行。回良玉副总理出席大会并讲话，全国人大常委会副委员长乌云其木格，全国政协副主席罗富和出席大会并为三北工程建设作出突出贡献的先进集体和先进个人颁奖。

回良玉强调，建设三北防护林工程，开创了我国大规模生态建设的先河，是惠及当代、荫及子孙、造福人类的历史丰碑，也是世界生态建设史上的伟大创举。我们要深入学习实践科学发展观，认真贯彻落实党的十七届三中全会精神，进一步加大投入、创新机制、完善举措，坚定不移地将三北工程建设这项伟大事业推向前进，为扩大国内需求、建设生态文明、促进社会和谐、推动科学发展作出新的贡献。

回良玉指出，1978年11月，党中央、国务院作出了在我国西北、华北北部和东北西部地区建设防护林体系的重大战略决策。经过30年的不懈努力，在三北地区万里风沙线上建起了一座蔚为壮观的“绿色长城”，为维护国家生态安全发挥了重要作用。三北工程建设有力地促进了农业增产和农民增收，取得了显著的经济效益和社会效益。三北工程建设形成的“艰苦奋斗、顽强拼搏，团结协作、锲而不舍，求真务实、开拓创新，以人为本、造福人类”的“三北精神”，成为推动我国生态建设的强大精神动力。三北工程赢得了国际社会的高度评价，为全球生态安全作出了重大贡献。

回良玉强调，三北工程建设要到2050年才全部完成，任重而道远。站在新的历史起点上，我们要抓住机遇，乘势而上，继续扎实有效地推进三北工程建设。一要以科学发展观统领工程建设，保障农民参与工程建设的自主权、享受工程建设成果的优先权。二要以改革创新推动工程建设，以集体林权制度改革为突破口，优化资源配置，激活发展动力。三要以生态建设规律指导工程建设，做到既立足当前又着眼长远，既突出重点又兼顾全局。四要以增加投入支持工程建设，建立持续稳定、科学合理的工程建设投入机制，鼓励和引导各种造林主体参与建设。五要以法律法规保障工程建设，加强森林资源保护，完善森林生态效益补偿制度，健全森林资源监测体系。

刘延东

搞好生态环境保护　实现人类可持续发展

中国生态文化协会于2008年10月8日下午在北京成立。中共中央政治局委员、国务委员刘延东出席成立大会并致辞。刘延东在致辞中指出，建设生态文明是我们党在对经济社会发展规律深刻认识和对生态环境保护进行深刻反思的基础上作出的重大战略决策，对促进我国可持续发展具有重大意义，对维护全球生态安全、推动人类社会文明发展具有深远影响。回顾近一百多年来的人类发展历程，人类社会在创造了高度的物质文明的同时，也带来了严重的生态危机。

导致生态危机最重要的深层次原因之一，就是生态文化没有得到传播和普及。因此，弘扬生态文化，建设生态文明，是人类的必然选择。中国生态文化协会要充分发挥协会的宣传教育作用，大力传播普及生态文化知识和生态文明理念；充分发挥协会的示范引导作用，积极推动生态文明实践和社会生产生活方式的转变；充分发挥协会的理论创新作用，逐步建立内涵丰富、充满活力的生态文化体系；充分发挥协会的桥梁纽带作用，形成共建生态文明的强大力量。

罗富和

加强交流合作　促进生态建设

2008 年 2 月 26 日，全国政协副主席，民进中央常务副主席罗富和在国家林业局与民进中央联席工作座谈会上，提出加强交流合作，促进生态建设。

罗富和说，民进中央与国家林业局开展了广泛的合作，取得了很大进展。建议今后双方在四个方面加强合作：一是在科学发展观指导下，加强生态建设方面的合作，进一步提高全社会对林业在行政体系和国家生态建设中的重要地位与作用的认识；二是积极开展和推进扶贫支持合作项目，使合作项目创造政治、经济、社会和生态效益；三是充分发挥民主党派在宣传生态文明和林业建设中的作用，大张旗鼓地宣传林业所取得的成就和林业在生态建设中的成功经验；四是加强干部队伍建设方面的合作。

充分发挥林业科技在现代林业建设中的重大作用

2008 年 10 月 27 日，全国政协副主席罗富和出席中国林科院建院 50 周年庆祝大会，并作重要讲话。

罗富和副主席在讲话中首先代表党中央、国务院，代表全国政协，向中国林科院 50 周年华诞表示热烈祝贺，向全体干部职工以及全国广大林业科技工作者致以亲切的问候，向所有关心、支持中国林业与生态建设科技事业发展的各界人士和国际友人表示感谢。

罗富和高度评价了中国林科院建院 50 年来，在维护国家生态安全、转变林业经济增长方式、加速农民脱贫致富等方面作出的重要贡献。50 年来，中国林科院认真贯彻中央关于“三农”工作的部署和科技工作方针，取得了上千项重大科技成果，培养造就了一大批卓有成就的林学家、生态学家、木材学家以及其他方面的科学家，为提高林业重大工程科技贡献率，维护国家生态安全，转变林业经济增长方式，加速农民脱贫致富，作出了重要贡献，奠定了在国际林学界的重要地位。中国林科院的广大科技人员坚持面向生态建设，坚持面向林区、山区、沙区和贫困地区，坚持资源可持续开发利用，坚持致力于宏观战略和林业现代科学技术研究，默默耕耘，埋头苦干，共同书写了一部感人的辉煌历史。同时，培养的新一代林业科技骨干力量已经茁壮成长，不少年轻的林业科技人员崭露头角、初露锋芒。

罗富和指出，党的十七大作出了建设生态文明的重大战略决策，明确提出到 2020 年要把我国建设成为生态环境良好的国家。2008 年 6 月党中央、国务院颁发的《关于全面推进集体林权制度改革的意见》和党的十七届三中全会作出的《关于推进农村改革发展若干重大问题的决定》及其部署对全国林业工作和林业科技工作提出了新的要求，为进一步推进林业科技进步指明了前进的方向。

罗富和强调，一定要从全局和战略的高度充分认识林业科技工作肩负的重大使命，以林业科技事业的大发展推动生态文明的大发展、现代林业的大发展和整个农村经济的大发展。

罗富和对中国林科院今后的发展和广大林业科技工作者提出了三点期望：第一要充分认识林业科学技术在生态文明建设中的重大使命。广大林业科技工作者一定要提高认识，刻苦攻关，不断解决制约我国生态建设的各种科技难题，充分发挥林业科学技术在生态文明建设中的支撑、引领和带动作用。第二，要充分发挥林业科学技术在现代林业建设中的特殊作用。要更加重视林业科技工作，更加坚定不移地贯彻科技兴林的方针，切实把现代林业建设转移到依靠科技进步和提高劳动者素质的轨道上来，用科学技术的不断进步推动现代林业的又好又快发展。第三，要树立雄心壮志，勇攀科学高峰，用林业科技的大进步推动林业生产力的大发展。要围绕现代林业发展中的关键技术和前沿领域，加强原始创新、集成创新和引进消化吸收再创新，努力提升我国林业科技发展水平和核心竞争力。要积极开展国际、国内合作与交流，把握国际林业科技发展趋势，分享全球林业科技进步的成果，加速推进林业科技与国际接轨。要深入林业生产一线，大力推广林业新品种、新技术，把林业知识和实用技术送到林农手中，让农民群众从林业科技进步中获得更多的实惠，为兴林富民、建设社会主义新农村作出应有贡献。

第二篇
领 导 专 论

贾治邦

发展现代林业 建设生态文明

——中国改革开放30年林业建设的回顾与展望

在我国改革开放的历史进程中，在党中央、国务院的正确领导下，各级林业部门和全国人民一道，不断探索符合国情林情的发展道路，林业建设的内涵不断丰富，功能不断拓展，效用不断延伸，取得了举世瞩目的成就，积累了十分宝贵的经验，为继续发展现代林业，建设生态文明打下了坚实的基础，展示了美好的前景。

一、坚持不懈探索，找到了具有中国特色的文明发展道路

森林是地球之肺，湿地是地球之肾，生物多样性是地球的免疫系统，在维护地球生态平衡中起着决定性作用。联合国发布的《2000年全球生态环境展望》指出：人类对木材和耕地的需求，使全球森林减少了50%，难以支撑人类文明大厦。林业作为生态建设的主体和生态文明建设的承担者，肩负着保护建设森林生态系统、保护恢复湿地生态系统、治理和改善荒漠生态系统及维护生物多样性、提供不可替代的战略资源、建设生态文明的重要职责。三十年来，党中央、国务院在领导人民发展经济、建设现代化的进程中对发展现代林业、建设生态文明进行了不懈探索，逐步找到了一条具有中国特色的文明发展道路。

改革开放初期，以邓小平同志为核心的第二代中央领导集体，继承和发展了毛泽东同志的林业建设思想，带领全国人民开展了规模浩大的生态建设运动。1978年，在邓小平同志的关怀下，恢复了林业部。同年11月，被邓小平同志称为“绿色长城”的三北防护林体系建设工程启动，开创了我国生态工程建设的先河，也成为世界上最为宏大的生态建设工程。1979年，全国人大通过了《森林法(试行)》，并决定每年3月12日为植树节。1981年，根据小平同志的倡议，全国人大作出了《关于开展全民义务植树运动的决议》。从此，从党和国家领导人到亿万民众年年履行植树义务，持续开展了中国历史上乃至人类历史上规模空前的植树造林运动。

1991年后，以江泽民同志为核心的第三代中央领导集体发出了“全党动员，全民动手，植树造林，绿化祖国”、“再造祖国秀美山川”的号召，进一步动员全国人民植树造林、保护森林。全国人大修订了《森林法》，颁布了世界上首部《防沙治沙法》，国务院批准了《全国生态环境建设规划》，不断推进林业发展。1998年，党中央、国务院又决定在十几年内投资数千亿元，实施天然林资源保护、退耕还林、京津风沙源治理、野生动植物和湿地保护等林业重点工程建设。

进入新世纪，以胡锦涛同志为总书记的新一届中央领导集体，继续带领全国人民进行着不懈努力和创新发展。2003年6月，中共中央、国务院作出了《关于加快林业发展的决定》，明确提出“在贯彻可持续发展战略中，要赋予林业以重要地位；在生态建设中，要赋予林业以首要地位；在西部大开发中，要赋予林业以基础地位”。2005年，国务院又作出了《关于进一步加强防沙治沙工作的决定》，批准了《全国防沙治沙规划》和《全国湿地保护工程规划》。从而形成了我国建设森林生态系统、保护湿地生态系统、改善荒漠生态系统、全面推进生态建设的基本格局。

在深刻总结人类历史发展规律和世界各国发展规律，科学判断我国发展阶段的基础上，新一届中央领导集体以对民族和人类高度负责的精神，提出了全面落实科学发展观、统筹人与自然和谐发展、建设生态文明等重大战略思想，并在党的十七大报告中将“建设生态文明”确定为全面建设小康社会的重要目标，描绘了新世纪我国生态建设的宏伟蓝图，找到了一条有中国特色的文明发展道路。这不仅对中国自身发展具有十分重大而深远的影响，而且对维护全球可持续发展具有重大意义。

根据党中央、国务院的战略部署，各级林业部门把发展现代林业、建设生态文明作为林业建设的根本任务，把构建林业三大体系(林业生态体系、林业产业体系和生态文化体系)作为发展现代林业的基本内容，着力开发林业的生态功能、经济功能和社会功能，不断满足经济社会对林业的多样化需求。经过全国人民的不懈努力，我国林业建设进入了又好又快发展的新阶段。

二、不断深化林业改革，着力构建现代林业体制机制

改革开放以来，党中央、国务院十分重视林业改革，不断调整完善政策，加快构建现代林业体制机制，激发了林业发展内在活力。

(一)实行林业“三定”，落实林业生产责任制。在农村家庭承包经营改革成功实践的基础上，1981 年，中共中央、国务院发布了《关于保护森林发展林业若干问题的决定》，推行以“稳定山权林权，划定自留山，确定林业生产责任制”为主要内容的林业“三定”。经过两年的努力，全国完成了 1 781 个县的林业“三定”任务，基本上稳定了山林权属，推行了多种形式的林业生产责任制，初步调动了农民群众发展林业的积极性。

(二)取消统购统销，开始建立林产品经营市场机制。1981 年，国家取消了南方集体林区生产的规格材统购统销的政策，木材和林产品流通进入了议购议销与统购统销并存、市场调节与计划分配并存、市场价格与国家定价并存、统分结合的“双轨制”管理阶段。1985 年，中共中央、国务院颁发了《关于进一步活跃农村经济的十项改革》，取消集体林区木材统购统销，放开木材市场，初步建立了林产品经营的市场机制。

(三)调整经济政策，鼓励发展非公有制林业。非公有制经济已经成为国民经济的重要组成部分。随着社会主义市场经济体制的逐步建立，国家鼓励各种社会主体跨所有制、跨行业、跨地区投资发展林业及其加工业，在信贷资金、税费政策、融资改制等方面加强对非公有制林业发展的政策扶持。各地相继开展拍卖“四荒”使用权，鼓励发展造林大户，非公有制经济成为林业发展的重要力量。

(四)确立林业生态建设发展战略，构建支持林业发展公共财政制度。为了遏制和扭转我国生态状况恶化的严峻形势，党中央、国务院不断调整完善林业发展战略，明确将林业定性为重要的公益事业和基础产业，确立了以生态建设为主的林业可持续发展道路，逐步建立了支持林业发展的新型公共财政制度。2004 年，中央财政建立了森林生态效益补偿基金，目前已累计投入补偿基金 133.4 亿元。2007 年，中央财政安排林业专项资金总规模达到 414 亿元。

(五)全面推进林业改革，构建现代林业体制机制。我国林业改革虽然取得了显著的成效，但是经营主体不落实、经营机制不灵活、利益分配不合理等问题仍普遍存在，制约了林业的发展。为了进一步解放和发展林业生产力，党中央、国务院在认真总结试点经验的基础上颁布了《关于全面推进集体林权制度改革的意见》，其核心内容是，在保持集体林地所有权不变的前提下，依法将林地承包经营权和林木所有权，通过家庭承包经营方式落实到集体经济组织的农户，确立农民的经营主体地位。这项改革使农民获得了大量的生产资料和实物财产，极大地调动了农民经营林业、发家致富的积极性，使亿万农民的潜能、25亿亩林地的潜力和森林的多种功能全面得到释放，得到了全社会的真心拥护，被誉为中国农村土地经营制度的又一次深刻变革，不仅将成为我国林业发展史上一座新的里程碑，也将成为我国农村发展史上一座新的里程碑，并将成为我国改革开放史上一座新的里程碑。目前，全国已有12个省全面推开，承包到户的林地已达5 853万公顷，对当地林业发展和农民脱贫致富已经产生了重大而深远的影响。同时，国有林区和国有林场改革也在稳步推进。2004年启动了东北、内蒙古重点国有林区森林资源管理体制改革试点，2006年，国务院又决定在伊春市开展国有林权制度改革试点。林业改革发展进入了全面创新体制机制的重要阶段。

三、全面构建林业生态体系，为维护国家和全球生态安全作出了重大贡献

建立完善的林业生态体系，发挥林业巨大的生态功能，是发展现代林业的首要任务，也是维护生态安全、建设生态文明的重要基础。1978年以来，党中央、国务院采取一系列有效措施，全面加强林业生态体系建设，为维护中华民族生存根基和全球生态安全作出了突出贡献。

（一）建设和保护森林生态系统，我国成为世界上森林资源增长最快的国家。一是大力发展人工林。目前，我国人工林保存面积达到5 300多万公顷，占世界人工林总面积的近40%，居世界首位。2000～2005年全球年均减少森林面积730万公顷，而我国年均增加405.8万公顷。我国人工林年均增量占全球的53.2%。二是大力保护天然林。为了保护我国珍贵的天然林资源，国家实施了天然林资源保护工程，全面停止长江上游、黄河上中游地区天然林商品性采伐，大幅度调减东北、内蒙古等重点国有林区天然林采伐量，有效地保护了9 930万公顷森林。三是大力实施退耕还林。1999年以来，退耕还林工程区25个省（自治区、直辖市）累计完成退耕地造林905万公顷、荒山荒地造林1 262万公顷、封山育林160万公顷，占国土面积82%的工程区森林覆盖率提高了2个多百分点。四是大力建设长江、珠江、沿海等防护林体系。1989年以来，长江、珠江流域、太行山绿化、沿海防护林体系建设工程分别完成营造林570万、71万、489万、142.09万公顷。2008年国务院又决定到2015年再投资99.84亿元，全面加强沿海防护林体系建设。

建设和保护森林生态系统的有效措施，使我国森林资源实现了持续增长，森林覆盖率从1981年的12%增加到18.21%，森林蓄积量达到124.56亿立方米，活立木总蓄积量达到136.18亿立方米。森林资源总量持续增长，使我国吸收二氧化碳的能力显著增加。2004年中国森林净吸收了约5亿吨以上二氧化碳当量，占同期全国温室气体排放总量的8%以上。国际著名专家评估表明，中国是世界上森林资源增长最快的国家，吸收了大量二氧化碳，为中国乃至全球经济社会可持续发展创造了巨大的生态价值。

（二）治理和改善荒漠生态系统，土地沙化趋势得到初步遏制。我国是土地沙化危害最严重的国家之一。为遏制土地沙化，我国坚持科学防治、综合防治、依法防治的方针，实施了三大重点治理工程，土地沙化由20世纪90年代末期年均扩展3 436平方千米转变为新世纪初期年均缩减1 283平方千米，总体上实现了从扩展到缩减的历史性转变。一是实施三北防护林体系建设工程。工程涉及我国13个省（自治区、直辖市）的551个县（旗），建设期到2050年。经过30年建设，累计造林保存面积2 374万公顷，使黄土高原40%的水土流失面积得到治理。二是实施京津风沙源治理工程。工程涉及北京、天津等5省（自治区、直辖市）的75个县（旗）。到2007年，累计完成治理任务669.4万公顷，实行禁牧568.4万公顷，生态移民11.6万人。工程区林草植被盖度平均提高10%～20.4%。三是实施农田防护林体系建设工程。1988年以来全国平原地区累计完成造林710万公顷，农田林网控制率由59.6%提高到74%，3 356万公顷农田得到保护。

(三)保护和恢复湿地生态系统，不断增强湿地的生态功能。我国湿地面积3 848万公顷，居世界第四位、亚洲第一位，保存了全国96%的可利用淡水资源。改革开放以来，我国制定了抢救性保护自然湿地、制止随意侵占和破坏湿地等一系列政策，实施了湿地保护工程。目前，已建立国家湿地公园18处、建立湿地自然保护区470多处，使1 742万公顷、近45%的现有自然湿地得到有效保护，水源涵养等生态功能不断增强。我国政府先后获得"献给地球的礼物"特别奖、"全球湿地保护与合理利用杰出成就奖"、"湿地保护科学奖"、"自然保护杰出领导奖"等国际荣誉。

(四)全面保护生物多样性，使国家最珍贵的自然遗产得到有效保护。物种是最珍贵的自然遗产和生态平衡的基本因子，维护物种安全是可持续发展的重要标志。为了加强野生动植物和生物多样性保护，国家颁布了《野生动物保护法》、《野生植物保护条例》等法律法规，建立各类自然保护区2 395处，覆盖了15%以上的陆地国土面积，超过世界12%的平均水平。建立了400多处野生植物种质资源保育、基因保存中心和160多家植物园、树木园，已初步形成了类型齐全、功能完备的自然保护区网络体系。300多种珍稀濒危野生动植物和130多种珍贵树木的主要栖息地、分布地得到较好保护，大熊猫、朱鹮等濒危野生动物种群数量不断扩大，有效保护了90%的陆地生态系统类型、85%的野生动物种群和65%的高等植物群落。

四、加快建设林业产业体系，为国民经济发展和农民增收发挥了重要作用

建设发达的林业产业体系，发挥林业巨大的经济功能是现代林业建设的重要任务，也是建设生态文明的重要物质基础。改革开放以来，我国林业产业在曲折中发展、在开拓中前进、在调整中完善，从小变大、由弱渐强，取得了显著成绩。

(一)产业规模不断扩大。2007年，全国林业产业总产值达到1.25万亿元，是1978年的70倍。仅三北地区2007年产干鲜果品3 329万吨，占全国的近1/3，年产值300亿元。浙江、福建、广东等省的林业产业总产值都超过了千亿元。我国人造板、木质地板、竹材及竹制品、经济林产品、松香、家具等产量都居世界前列，成为林产品生产大国。

(二)新兴产业异军突起。近年来，在传统林业产业继续巩固的同时，竹藤花卉、森林旅游、森林食品、森林药材等非木质产业迅速发展，野生动植物繁育利用、生物质能源、生物质材料等一批新兴产业异军突起。2007年，全国花卉种植面积发展到64万公顷，花卉业实现年产值超过400亿元。森林公园接待游客2.4亿人次，直接旅游收入150多亿元，社会综合产值近1 200亿元。林产品国际贸易总额达到570亿美元，初步确立了我国作为林产品国际贸易大国的地位。

(三)特色产业不断壮大。不同地区的特色支柱产业不断发展，有力地促进了区域经济繁荣、农民增收和社会就业。陕西省继苹果形成支柱产业后，花椒产业成为新的经济增长点，韩城市花椒产值占林业总产值的95%以上，有11万农民靠花椒实现脱贫致富。江苏省邳州市大力培育杨树和银杏产业，林业年产值达到140多亿元。山东省沾化县仅冬枣一项就实现年销售收入18亿元，枣农人均收入超过6 000元。

五、大力发展生态文化体系，全社会的生态文明观念不断强化

改革开放以来，在林业生态体系和产业体系建设取得重大进展的同时，党和政府高度重视生态文化发展，生态文化体系建设明显加强，人与自然和谐相处的生态价值观在全社会开始形成。

（一）生态教育成为全民教育的重要内容。发布了《关于加强未成年人生态道德教育的实施意见》。坚持每年开展"关注森林"、"保护母亲河"和"爱鸟周"等行动，在植树节、国际湿地日、防治荒漠化和干旱日等重要生态纪念日，深入开展宣传教育活动。在电视频道开办"人与自然"、"绿色时空"、"绿野寻踪"等专题节目，创办了《中国绿色时报》、《中国林业》、《森林与人类》、《国土绿化》、《生态文化》等重要文化载体。树立了林业英雄马永顺、治沙女杰牛玉琴和治沙英雄石光银、王有德等先进模范人物，坚持用榜样的力量推动生态建设。

（二）生态文化产品不断丰富。举办了"创建国家森林城市"等各种文化活动，极大地丰富了生态文化内涵。举办了全国野生动植物保护成果展、绿色财富论坛、生态摄影展、文艺家采风和生态笔会、绿化、花卉、森林旅游等专类博览会等活动，出版了党和国家领导人论林业与生态建设、《生态文明建设论》、《生态文化建设论》、《森林与人类》等专著，形成了一批有价值的研究成果。《中华大典·林业典》编纂和林业史料收集整理工作全面启动。制作播出了11集大型系列专题片《森林之歌》赢得社会好评，电影《天狗》和电视专题片《保护湿地》荣获2007年度华表奖。

（三）生态文化基础建设得到加强。建立国家级森林公园660处，经营面积1 124.94万公顷。确立了上百处国家生态文化教育基地。首个生态文明建设示范基地——湄州岛生态文明建设示范基地正式建立。国家级特大型综合植物园——秦岭国家植物园工程开工。建设了一批森林博物馆、森林标本馆、城市园林等生态文化设施，保护了一批旅游风景林、古树名木和革命纪念林。福建省确定了20个"森林人家"示范点，重庆市建成20多个农家社区森林公园，河南省新建生态文化基地232个，北京市建成观光果园400多个。这些基础设施建设，为人们了解森林、认识生态、探索自然、陶冶情操提供了场所和条件。

（四）生态文化传播力度明显加大。林业宣传工作纳入了党的宣传工作布局。在充分发挥传统媒体传播功能的基础上，开通了国家生态网。各地创办了森林文化节、湿地文化节、竹文化节、香榧文化节、银杏文化节、杨梅文化节、观鸟节等活动，传播了各具特色的生态文化。成功举办了赠港大熊猫等大型活动，启用了森林防火吉祥物——防火虎"威威"，丰富了生态文化传播形式。不断增强了国民的生态意识和责任意识，树立了国民的生态伦理和生态道德，使人与自然和谐相处的生态价值观更加深入人心，在全社会形成了爱护森林资源、保护生态环境、崇尚生态文明的良好风尚。

六、林业改革发展的成功实践，创造积累了十分宝贵的经验

改革开放30年来我国林业建设的实践，不仅取得了重大成就，还积累了十分宝贵的经验。

（一）坚持把解放思想作为现代林业发展的重要前提。解放思想、与时俱进是事业不断取得胜利的重要思想武器。改革开放以来，我国林业之所以能够得到持续快速发展，取得巨大成就，创造成功经验，甚至有很多方面在世界上处于领先地位，就在于坚持解放思想、实事求是的思想路线，不断破除阻碍林业发展的旧观念，消除束缚林业发展的思想羁绊，提出了"在发展中保护、在保护中发展"，"生态中有产业、产业中有生态"，"兴林为了富民、富民才能兴林"等许多新理念，为林业发展打开了广阔的视野。

（二）坚持把深化改革作为现代林业发展的根本动力。只有深化改革，才能激发林业的内在活力，增强林业发展的动力；只有深化改革，才能理顺生产关系，解放发展林业生产力。改革开放以来，各级林业部门坚定不移地推进以林业产权制度改革为重点的各项改革，不断调整完善林业政策和机制，有效激发了林业发展的内在活力。

（三）坚持把建设生态文明作为现代林业发展的战略目标。林业是生态文明建设重要的物质基础，也是重要的文化载体。建设现代林业就是按照建设生态文明的要求，努力构建三大体系，提升三大功能（生态功能、经济功能和社会文化功能），发挥三大效益（生态效益、经济效益和社会效益），以林业的多种功能满足社会的多样化需求。从而使林业发展的方向更好地适应了建设生态文明的要求。

（四）坚持把兴林富民作为现代林业发展的根本宗旨。兴林富民是国家、集体和个人多方利益的最佳结合点。只有兴林才能不断夯实富民的资源基础，只有富民才能不断壮大兴林的社会基础。在林业发展实践中，各级林业部门坚持在兴林中富民、在富民中兴林，充分调动了广大林农群众和林业职工发展林业的积极性，为林业发展增添了动力和活力。

（五）坚持把实施重点工程作为现代林业发展的重要途径。重点工程是国家投资的载体。发展现代林业，必须坚持工程带动战略，带动各种生产要素向林业流动。30年来，国家先后启动实施了一批林业重点工程，优化了林业生产力布局，解决了林业长期投入不足的问题，为林业发展提供了有力保障。

（六）坚持把依法治林和科技兴林作为现代林业发展的重要手段。发展现代林业，必须全面加强法制建设，充分发挥科技的支撑、引领和带动作用。我国林业法制建设不断完善，基本建立了较为完备的林业法律法规体系、行政执法体系、监督检查和普法体系。林业科技支撑能力不断增强，科技对林业发展的贡献率不断提高，已由1996年的27.3%，提高到2006年的35.4%，为林业又好又快发展提供了有力支撑。

（七）坚持把国际合作作为现代林业发展的重要力量。我国先后与70多个国家（地区）及国际组织建立了长期稳定的林业合作关系，累计争取无偿援助项目700余个，受援资金约7.7亿美元。林业对外科技交流、经济贸易、对外承包和海外开发森林不断发展。我国加入了濒危野生动植物种国际贸易公约、湿地公约、联合国气候变化框架公约、生物多样性公约、联合国防治荒漠化公约和国际植物新品种保护公约等，在促进全球林业发展和生物多样性保护方面发挥了重要的作用。

七、发展现代林业、建设生态文明的战略重点

过去30年，我国已经创造了辉煌的历史，开创了建设中国特色社会主义的伟大事业。在新的历史起点上，我们要继续解放思想，深化改革，加快发展现代林业，大力推进生态文明建设，为推动科学发展、实现中华民族的伟大复兴及维护全球生态安全做出应有的贡献。

——积极应对全球气候变化。为充分发挥森林的间接减排作用，减缓全球气候变暖，必须加大植树造林力度，力争到2010年森林覆盖率达到20%以上、2030年达到23%以上、2050年达到26%以上。要加强森林经营，提高森林质量，加大对森林火灾、病虫害、非法征占用林地行为的防控力度和水土流失治理力度，增强森林固碳能力。要加快构建“亚太森林恢复与可持续管理网络”，推动亚太地区森林资源恢复和发展。

——建设和保护森林生态系统。继续实施好天然林资源保护、退耕还林、长江流域防护林体系建设、沿海防护林体系建设等重点工程，促进森林生态系统的自然修复和人工修复，减少水土流失、风沙危害、干旱洪涝等自然灾害的发生。

——治理和改善荒漠生态系统。坚持发扬“胡杨精神”，坚持科学防治、综合防治、依法防治的方针，加强三北防护林工程、京津风沙源治理工程建设管理，加强重点地区防沙治沙和石漠化治理，全面提升沙化土地防治成效，加快推进从“沙逼人退”向“人逼沙退”的历史性转变。

——保护和恢复湿地生态系统。力争到2030年，使中国湿地自然保护区达到713个，国际重要湿地达到80个，90%以上天然湿地得到有效保护，形成较为完整的湿地保护和管理体系。

——严格保护生物多样性。继续实施野生动植物保护及自然保护区建设工程，到2050年使森林、野生动物等类型自然保护区总数达到2 600个，总面积1.54亿公顷，占国土面积的16%，使全国85%的国家重点保护野生动植物种群数量得到恢复和增加，所有的典型生态系统类型得到良好保护。

——切实保障木材供应。立足国内保障和改善木材等林产品供给。大力发展速生丰产林，力争到2015年完成1 333万公顷的建设任务。强化对现有人工用材林的科学经营，力争将每公顷蓄积量提高到100立方米左右。切实提高木材综合利用水平，力争到“十一五”末，把木材综合利用率提高到70%以上。

——大力发展木本粮油。要充分利用好我国土地资源潜力、树种资源潜力、劳动力资源潜力，大力发展木本粮油。力争到2020年，使我国人均占有食用木本植物油达到0.8千克，人均占有水果达到50千克，人均占有木本粮食10千克，为维护国家粮食安全、提高国民营养水平作出贡献。

——积极开发林业生物质能源。通过发展林业生物质能源，改善能源供应结构，维护能源供应安全，促进节能减排。要积极开发现有森林中能源原料的3亿多吨生物量，充分利用现有宜林荒山荒地培育能源林。要积极研发相关配套技术，逐步形成培育、加工、开发的“生物质能一体化”格局。

发展现代林业，维护生态安全，建设生态文明，是历史赋予我们的重大使命，任务艰巨而光荣。我们一定要紧密团结在以胡锦涛同志为总书记的党中央周围，高举中国特色社会主义伟大旗帜，以邓小平理论和“三个代表”重要思想为指导，深入贯彻落实科学发展观，解放思想，开拓进取，扎实工作，为夺取全面建设小康社会新胜利作出更大贡献！

履行建设生态文明重大使命 推进现代林业又好又快发展

——在全国林业厅局长会议上的讲话

今年全国林业厅局长会议的任务是：以党的十七大精神为指导，贯彻落实中央经济工作会议、中央农村工作会议部署，围绕履行建设生态文明的重大使命，回顾总结林业工作，研究分析林业形势，安排部署林业工作，推进现代林业又好又快发展。

2007年是党和国家事业发展进程中非常重要的一年，也是林业发展改革取得重要进展的一年。党中央、国务院对林业工作十分重视，党和国家领导人多次考察林业工作，多次对林业建设作出重要指示，多次在重要国际会议上阐述林业问题。最近，回良玉副总理又对这次会议作出重要批示，明确指出：“一年来，我国林业改革取得重大进展，林业生态体系建设全面加强，产业体系建设迅速推进，森林防火工作成效显著，现代林业建设实现了良好开局。请向辛勤工作在林业战线的同志们表示亲切慰问和衷心感谢。在新的一年里，我们必须用党的十七大精神武装头脑、指导实践、推动工作，切实增强发展林业的使命感、紧迫感，紧紧围绕建设生态文明，继续深化林业改革，继续推进现代林业建设，继续提升队伍素质，加快构建林业三大体系，为兴林强国富民做出更大贡献。"这充分体现了中央领导同志对林业建设的高度重视和对全体林业建设者的亲切关怀，我们一定要深刻领会，认真落实。下面，我讲三个问题，供大家讨论。

一、2007年林业工作的简要总结

过去一年，在党中央、国务院的正确领导下，各级林业部门认真按照年初确定的任务，团结协作，狠抓落实，林业改革加快推进，生态建设继续加强，产业发展取得新成绩，生态文化建设出现了好势头，发展领域不断拓展，林业功能不断增强，现代林业建设迈出了坚实一步。

（一）林业改革取得重大进展，林业发展活力进一步激发。各地各部门认真落实胡锦涛总书记、温家宝总理、回良玉副总理的重要指示和全国集体林权制度改革现场会议精神，国家林业局先后召开了东北、华北、西北、南方片集体林权制度改革座谈会，深入总结推广经验，财政部向14个省（自治区）拨付林改工作经费15.78亿元，各有关部门大力支持，专家学者建言献策，新闻媒体进行了集中报道，改革步伐明显加快。有27个省（自治区、直辖市）成立了集体林权制度改革领导和工作机构，有16个省（自治区、直辖市）制定了政策性文件。福建、江西、辽宁等省基本完成主体改革任务，正在推进配套改革；云南、安徽、河北、湖北4省主体改革全面推开；湖南、河南、贵州、海南等8省正在总结试点经验，今年将全面推开；其他省（自治区）也在积极开展试点、深入调研，进行前期准备。全国承包到户的林地约6.6亿亩，占集体林业用地的27.5%。

改革破解了制约集体林业发展的体制性障碍，林业发展活力明显增强。一是充分激发了农民造林、育林、护林的积极性，推动了生态建设和保护。造林面积成倍增加，盗伐乱伐林木案件和森林火灾大幅度减少。二是极大地解放和发展了林业生产力，有效发挥了林地资源的潜力，促进了农民增收致富。农民对林业敢于投入，产出效益显著增加。浙江省安吉县林业总产值达到105.1亿元，农民人均收入9 196元，其中6 078元来自林业。三是基本理顺了山区林区发展的诸多关系，农村社会矛盾明显减少，促进了农村和谐稳定。已经完成主体改革的省份，山林纠纷调处率达到70%～94%。云南省普洱市一起长达40多年的林权纠纷，在法院判决仍未得到执行的情况下，通过林改顺利解决。四是有效盘活了林区资源，促进了各种生产要素向林业流动。福建省林业全年吸纳社会资金80多亿元，累计获得林权抵押贷款42亿元；浙江省今后5年可从农发行获得林业贷款50亿元；江西省正在开展森林火灾保险试点；辽宁省山地经济日趋活跃。实践证明，集体林权制度改革利民利林利国，已经对林业发展和山区农民脱贫致富产生了重大而深远的影响。

同时，国有林场改革在7个省开展了试点，湖南、江西两省安排数千万元财政资金，用于解决林场职工社会保障等问题。国有林区森工企业政企分开、森林资源管理体制改革试点顺利推进，伊春市国有林权制度改革试点也取得了阶段性成效。

（二）生态体系建设继续加强，林业生态功能不断发挥。森林生态系统建设与保护持续推进。全国完成造林7 800万亩，义务植树22.7亿株，种苗、造林质量和义务植树尽责率进一步提高。天然林保护力度加大。退耕还林工程深入实施，综合效益开始显现。陕西省吴起县累计退耕还林175万亩，林草植被覆盖率由退耕还林前的19.2%提高到62.9%，农牧民收入大幅度提高，生态状况明显改善，年均降水量由400多毫米增加到582毫米。国家加大了三北防护林工程建设投资力度。沿海防护林体系建设工程规划已经国务院批准，总投资99.84亿元。林业血防工程正式实施。绿色通道建设不断延伸，仅交通部门全年投入公路绿化资金就达105亿元，累计完成绿化里程124万千米，占总里程的60.5%。城市森林不断增加，已有7个城市荣获"国家森林城市"称号，北京市向国际奥委会承诺绿色奥运的7项绿化指标全部兑现，上海市新增林地1.2万亩。平原绿化步伐加快。森林经营管理进一步加强。林权登记发证更加规范，发证率达到90.1%。森林可持续经营认证标准发布实施。森林资源监管力度加大。西藏自治区在全国率先建立了远程视频监控系统，对木材检查站实行24小时监控。征占用林地定额管理制度开始实行。北京、安徽、福建等省(自治区、直辖市)实行了林地总量控制。第七次森林资源清查进展顺利。全国森林资源和生态状况监测体系建设迈出实质性步伐。经过多年的建设与保护，全国森林资源持续增长，生态功能不断增强。我国人工林已占到世界人工林面积的近1/3。据联合国全球森林资源最新评估，全球年均减少森林面积约1亿亩，而中国年均增加森林面积6 000多万亩，我国人工林面积年均增量占全球年均增量的53.2%，成为森林资源增长最快的国家。联合国评估报告指出，在全球森林资源减少的情况下，亚太地区森林面积出现了净增长，其中中国森林资源增长在很大程度上抵消了其他地区的森林高采伐率。这一重大成果，值得全体林业建设者骄傲，值得全国人民骄傲。

湿地生态系统建设与保护明显加强。以湿地自然保护区、湿地公园、湿地保护小区等为主体的湿地保护体系逐步建立。湿地保护工程进一步推进。国务院批准成立了中国履行湿地公约国家委员会，各地加强了湿地保护管理机构。开展了湿地资源调查监测试点示范。湿地保护面积扩大。全国已建立湿地自然保护区470多处、国际重要湿地30处、国家湿地公园18处，约有47%的自然湿地得到有效保护。

荒漠生态系统建设与保护进入新阶段。全国防沙治沙大会胜利召开，防沙治沙目标责任制全面实行。综合示范区建设继续加强。京津风沙源治理工程建设质量效益明显提高。总结推广了宁夏回族自治区防沙治沙的成功经验。重点沙区绿洲面积进一步扩大。沙尘暴灾害应急工作得到加强。

生物多样性保护取得新进展。新建自然保护区26处，新增面积2 707万亩，林业自然保护区总面积达到18.45亿亩，占国土面积的12.8%。濒危物种拯救逐步加强，大熊猫、朱鹮等濒危野生动物回归自然试验顺利进行。陆生野生动物疫源疫病监测体系基本形成。制定了中国植物保护战略。

(三)产业体系建设取得新成绩，林业经济社会功能日益增强。全国林业产业大会胜利召开，中国林业产业协会正式成立，中国国际林业博览会成功举办，《林业产业政策要点》颁布实施。各地结合实际，强化政策扶持，完善管理体系，搭建服务平台，优化发展环境。四川、吉林等10个省份召开了林业产业工作会议，全国有独立产业管理机构的省份达到20多个，1/3以上的省份已组建或着手组建省级林业产业协会，河北、重庆、青海等近20个省份开展了省级林业龙头企业扶持工作，湖北、新疆、甘肃等省份积极推进名牌产品评选、中国绿色食品认证。

良好的发展环境激发了全社会投资林业产业的热情，林业产业继续保持了强劲发展势头。全年林业总产值预计达到1.17万亿元，同比增长9.85%。其中，广东省达到1 315亿元，福建省1 200亿元，浙江省1 116亿元，山东省851亿元，江苏省800亿元。全国生产木材6 974万立方米，人造板7 365万立方米，各类经济林产品产量突破1亿吨。林产品国际贸易总额达到570亿美元。林产品生产大国和国际贸易大国地位进一步巩固。以林木种植、经济林培育、竹藤花卉、野生动植物繁育利用、木材采运、木竹加工、人造板制造、林产化工、林机制造、木浆造纸、森林旅游等为主的林业产业体系初步形成。各地建立了一批各具特色的支柱产业，涌现出一批林业经济强县，促进了区域经济发展、农民增收和社会就业。湖南省通过发展林业产业，增加农民就业岗位600多万个。北京市林业产业就业人员达到100万人。陕西省继苹果形成支柱产业后，花椒产业又成为新亮点，韩城市花椒产值占林业总产值的95%以上，有11万多农民靠花椒实现脱贫致富。江苏省邳州市大力培育杨树和银杏产业，林业年产值达到140多亿元。山东省沾化县仅冬枣一项就实现年销售收入18亿元，枣农人均收入超过6 000元。

（四）生态文化体系建设开局良好，人与自然和谐的价值观得到强化。生态文化基础建设加强。新建国家级森林公园26处，确立了27处国家生态文化教育基地，首个生态文明建设示范基地——湄州岛生态文明建设示范基地正式建立，国家级特大型综合植物园——秦岭国家植物园开工建设，中国（宁波）森林博览城开始筹建，福建省确定了20个"森林人家"示范点，重庆市建成20多个农家社区森林公园，河南省新建生态文化基地232个，北京市建成观光果园400多个。中国生态文明建设促进会积极发挥作用，北京大学成立了生态文明研究中心，江西省成立了生态文化建设管理中心。

生态文化产品不断丰富。举办了全国野生动植物保护成果展、生态摄影展、文艺家采风和生态笔会等活动，出版了《生态文明建设论》、《生态文化建设论》、《森林与人类》等专著。《中华大典·林业典》编纂和林业史料收集整理工作全面启动，制作播出了11集大型系列专题片《森林之歌》，在中央电视台主办的《绿野寻踪》少儿节目赢得社会好评，电影《天狗》和电视专题片《保护湿地》荣获2007年度华表奖。

生态文化传播力度明显加大。林业宣传工作纳入了党的宣传工作布局。在充分发挥传统媒体传播功能的基础上，开通了国家生态网。在开展植树节、湿地日、世界防治荒漠化与干旱日、爱鸟周等纪念活动的同时，各地还举办了森林文化节、湿地文化节、竹文化节、香榧文化节、银杏文化节、杨梅文化节、观鸟节、花卉博览会、林特产品博览会等活动，传播了各具特色的生态文化。成功举办了赠港大熊猫、城市森林论坛等大型活动，启用了森林防火吉祥物——防火虎"威威"，丰富了生态文化传播形式。

（五）林业建设领域不断拓展，林业地位和影响力明显提升。以创绿色家园为切入点、建富裕新村为结合点，深入推进新农村建设。召开了林业推进新农村建设现场会，表彰了首批100个绿色小康县、990个绿色小康村、9 162个绿色小康户，发挥了良好的示范作用。各地在绿色家园、富裕新村创建行动中，狠抓"四化一片林"建设，即村屯绿化、庭院绿化、农田林网绿化（近山远山绿化）、沿路沿河沿渠沿塘绿化和一片村民休憩林，美化了村容村貌，获得了可观的经济效益。湖北省武汉市7 000多个自然村基本建成四季有绿的绿色家园，福建省发动农民在房前屋后种植珍贵树木1 330万株，成为农户的重要家产。

林业在应对气候变化中的重要作用受到特别关注。胡锦涛主席在第15次APEC会议上，从维护全球气候安全的战略高度，提出了建立"亚太森林恢复与可持续管理网络"的重要倡议，并作出了到2010年中国森林覆盖率由18.21%提高到20%的承诺，受到国际社会的广泛赞誉，被称为应对气候变化“森林方案”。温家宝总理在第三届东盟峰会上，进一步阐述了中国为应对气候变化，发展森林资源、建立自然保护区、防治荒漠化的目标与立场，产生了重要影响。在中欧圆桌会议上，“森林与气候变化”被列为重要议题，进行了深入讨论并形成共识。为了发挥林业在应对气候变化中的重要作用，国家林业局成立了应对气候变化和节能减排工作领导小组和碳汇管理机构，建立了中国绿色碳基金。在7个省区启动了中国绿色碳基金首批项目。

林业生物质能源开发取得新进展。编制了《全国能源林建设规划》、《林业生物柴油原料林基地“十一五”建设方案》。国家林业局先后与中石油、中粮集团、国家电网公司等开展合作，在云南、四川、湖南、安徽等省份建设油料能源林基地100万亩，在河北、陕西两省建设的黄连木采种基地及生物柴油生产高技术产业化项目启动实施，在山东省建立的以林木为主要原料的生物发电厂已投产运行，黑龙江、内蒙古等省份的林木生物质发电厂已开始建设。

（六）林业建设的保障能力增强，发展条件继续改善。一是资金渠道拓宽、投入增加。全年中央林业投资总额达到557.46亿元。林业贴息贷款余额总规模达到97亿元，社会资金投入林业达300多亿元，增设了林业救灾专项资金，安排中央财政森林生态效益补偿基金33亿元，新争取亚行贷款1亿美元，中国绿化基金会募集资金2.34亿元。国务院决定退耕还林补助政策再延长一个周期，国家将新增投入2 066亿元，使退耕还林工程总投入达到4 300多亿元，为巩固退耕还林成果提供了有力保障。同时，各地也加大了对林业的投入。天津市新增林业投资4.2亿元。山西省投入林业近20亿元。广东省决定今后14年投资226亿元，实施低产林改造工程。河南省决定今后10年投资400多亿元，建设林业生态省。已有25个省（自治区、直辖市）和部分县市建立了地方森林生态效益补偿制度，补偿资金达到16.46亿元。福建省把公益林补偿费用纳入水资源费使用范围，并实施了江河下游地区对上游地区森林生态效益补偿政策。资金监管力度加大，重点工程资金稽查开始向效益稽查延伸。二是林业科技支撑能力增强。启动了国家科技支撑计划林业项目，制定了67项林业行业和国家标准，“绿色国民经济框架下的森林核算研究”取得重要成果，完成了“库姆塔格沙漠综合科学考察”任务，开展了送科技下乡活动，实施了150多个推广项目。三是依法治林取得新成效。《林木种质资源管理办法》、《森林资源监督工作管理办法》等部门规章颁布实施。江西省颁布了森林条例，江苏省颁布了公益林条例，内蒙古、辽宁两省（自治区）颁布了湿地保护条例。组织开展了“绿盾二号行动”，全年共查处林业案件21万余起，处理违法犯罪人员27万人次。林业综合行政执法试点取得新进展。四是国际合作深入推进。国际竹藤组织成立10周年庆祝活动和全球竹藤可持续发展高峰论坛成功举办，国际竹藤组织成员国达到34个，国际影响不断扩大，成为南南合作新平台。举办了中国—东盟合作论坛，首次与东盟国家开展了多边合作。促成东北亚森林网络成立。认真履行国际公约。荣获世界自然基金会“自然保护杰出领导奖”。五是突发事件应急处置能力提升。国务院、中央军委批复增编组建武警森林部队。开展了“北兵南用、跨区驻勤”行动，启动了国家林业应急平台体系建设。组织了扑火实战演习。与前3年相比，全国森林火灾次数、受害森林面积、人员伤亡分别减少23.1%、88.2%和48.4%，首次取得了近20年来春夏防无重特大森林火灾的好成绩。强化了重点有害生物防治，美国白蛾防治实现了有虫不成灾。六是队伍和机关建设加强。干部人事制度不断完善。森林公安和林业检法纳入国家政法专项编制。基层林业工作站建设进一步加强。林业社团工作得到规范。“建四型机关、做五个模范”活动深入开展。开展了林业重大问题调研，取得了一批重要成果。推进了电子政务和政务公开。开展了反腐倡廉警示教育，强化了机关内审和后勤服务保障工作。

这些成绩的取得，是党中央、国务院正确领导的结果，凝结了各级党委政府、各有关部门和全体林业建设者的智慧和心血。借此机会，我代表全国绿化委员会、国家林业局，向各省区市党委政府，向各有关部门和单位，向林业劳动模范、先进工作者和全体林业建设者，向新闻界的朋友们，向社会各界关心林业建设的同志们，表示衷心的感谢！对各地林业建设取得的重要成绩，表示热烈的祝贺！

同时必须清醒地认识到，当前林业发展还存在着一些突出问题，主要有：一是思想解放不够，改革创新意识不强，开拓进取力度不大，甚至还存在着因循守旧、故步自封的现象。二是森林经营工作十分薄弱，森林质量提升缓慢。三是破坏森林资源、湿地资源、沙区植被和野生动植物资源的案件屡有发生，一些地方乱批乱占林地现象屡禁不止。四是林区经济不活跃，林业职工的生产生活条件还没有得到根本改善。这些问题必须深入研究，着力解决。

二、当前林业的形势和任务

当前，我们必须用党的十七大精神来武装头脑、分析形势，以世界眼光和战略思维来审视国际国内林情，切实增强发展林业的使命感、紧迫感，必须用党的十七大精神来谋划林业、指导工作，以高度负责的精神来履行我们的职责，切实安排好今年和今后一个时期的林业工作。

从国际看，生态问题成为人类生存与发展的最大威胁，建设生态文明成为延续人类文明的必由之路。历史上，由于人类对森林破坏而导致国家衰亡、文明转移的例证屡见不鲜。进入工业文明后，在社会生产力得到极大发展的同时，也造成了森林资源锐减，带来了严重的生态危机。随着气候变暖、土地沙化、湿地缩减、水土流失、干旱缺水、物种灭绝等生态危机日益严重，国际社会对林业给予了前所未有的关注，林业问题受到空前重视，成为全球政治议程的重大主题。联合国指出，全球森林已从 76 亿公顷减少到 38 亿公顷，减少了 50%，难以支撑人类文明大厦。并强调，“没有任何问题比人类赖以生存的森林生态系统更重要了，在经济社会可持续发展中应赋予林业首要地位”。在相继签署《濒危野生动植物种国际贸易公约》、《湿地公约》、《生物多样性公约》、《防治荒漠化公约》、《植物新品种公约》、《关于森林问题的原则声明》后，联合国又开展了千年生态系统评估，将林业列入联合国千年发展目标。2000 年，联合国特别成立了森林论坛，经过 7 年的艰辛谈判，2007 年 12 月 17 日第 62 届联合国大会审议通过了《国际森林文书》，呼吁国际社会和各国政府：履行对林业可持续发展的政治承诺，制定和实施国家林业发展战略和规划，将林业发展纳入国家经济社会发展总体规划；加强林业立法和执法，强化林业行政管理和林业机构能力建设；加强森林保护，减少毁林，遏制森林退化，加快已毁森林的恢复进程；增加林业投入，扭转林业建设资金不足的局面；促进技术交流，提高森林可持续经营水平。为了推进林业可持续发展，全球已经形成了蒙特利尔进程、赫尔辛基进程、亚洲干旱地区进程、非洲干旱地区进程、中美洲进程、近东进程、非洲木材组织进程和塔拉波托倡议等 8 个森林可持续经营标准和指标体系，并形成了打击非法采伐森林的浪潮。

特别是，森林减排成为应对气候变化的主要措施。2007 年 2 月，联合国政府间气候变化专门委员会发表的《第四次气候变化评估报告》明确指出：与林业相关的措施，可以在很大程度上吸收二氧化碳，从而缓解气候变化。2007 年 12 月，在联合国《气候变化框架公约》第 13 次缔约方大会上，森林减排被列为巴厘岛路线图的重要内容。预计今后通过植树造林、加强抚育、减少毁林、控制森林退化等途径，将承担 20% ~40% 中的部分减排指标。同时，森林生物质能源成为世界各国缓解能源危机的战略选择。森林生物质能源就其当量而言，是仅次于煤、石油、天然气的第四大能源。专家估计，到21世纪中叶，各种生物质能源替代燃料将占全球总能耗的40%以上。总之，生态危机已成为人类文明延续的最大障碍，林业问题已成为众多国际组织、政治家、科学家关注的重点，最近两届诺贝尔和平奖连续颁发给了关注生态问题的个人或组织，全球范围内已经兴起了一场林业可持续发展的绿色革命。这既是人类面临的严峻挑战，也使林业发展进入了极好的战略机遇期。

从国内看，生态问题成为制约经济社会发展的最大瓶颈，建设生态文明成为实现科学发展的紧迫任务。由于历史原因、人口众多和资源依赖型的经济高增长，我国森林稀少、土地沙化、水土流失、湿地破坏、干旱缺水、物种濒危等生态问题也十分严峻，特别是我国已成为全球第二大二氧化碳排放国，生态负荷日益加重。只有加强生态建设，才能有效维护国土生态安全、木材安全、物种安全、能源安全、淡水安全、粮食安全，改善当代人的生存发展条件；只有加强生态建设，才能不断增强可持续发展的能力，为后代留下生存发展的空间；也只有加强生态建设，才能不断增加森林碳汇，提升应对气候变化的能力，为全球应对气候变化做出更大贡献。

党中央、国务院站在国家和全球的战略高度，在深刻总结经济社会发展和人类文明发展规律的基础上，作出了建设生态文明的重大战略决策，并将其列为全面建设小康社会的重要目标。生态文明是人类文明发展史上的一种新型文明形态，高于原始文明、农业文明、工业文明并对物质文明、政治文明、精神文明建设具有指导、规范作用，要求社会的政治行为、经济行为、生活行为限制和规范在不破坏人类生存条件的范围内。生态文明是人类在改造客观世界的进程中，推进科学发展、可持续发展、人与自然和谐发展的物质、精神、制度方面成果的总和。生态文明的核心是确立人与自然和谐、平等的关系，反对人类破坏自然、征服自然、主宰自然的理念和行动，倡导尊重自然、保护自然、合理利用自然并主动开展生态建设的理念和行动。林业是生态建设的主体，承担着建设森林生态系统、保护湿地生态系统、改善荒漠生态系统和维护生物多样性的重要职责，肩负着建设生态文明的历史重任。建设生态文明，不仅对中国特色社会主义现代化建设具有重大而深远的影响，而且对维护全球生态安全具有重大战略意义，这既是党中央、国务院赋予林业的重大使命，也是我国对人类应尽的重要义务和历史责任。

党的十七大确定，到2020年全面建设小康社会目标实现之时，要使我国成为生态环境良好的国家。生态差距是我国与发达国家的最大差距，生态建设是实现科学发展最艰巨的任务。可以说，党的十七大确定的经济社会发展目标，完全可以实现，而实现生态良好国家的目标，任务十分艰难。我们必须增强使命感、责任感、紧迫感，精心谋划林业工作，充分发挥全体林业建设者的聪明才智，充分挖掘林业发展的巨大潜力，切实履行好建设生态文明的重大使命，全力推进现代林业又好又快发展。

按照全面推进现代林业建设的总体部署，根据新形势新任务，今后一个时期林业工作的总体要求是：高举中国特色社会主义伟大旗帜，坚持以邓小平理论和“三个代表”重要思想为指导，深入贯彻落实科学发展观，紧紧围绕建设生态文明，继续解放思想，全面深化改革，调整完善政策，强化科技支撑，转变发展方式，促进兴林富民，推进现代林业又好又快发展，为夺取全面建设小康社会新胜利作出更大贡献。2008年，完成造林面积8 000万亩，义务植树25亿株，实现林业总产值1.4万亿元。力争到2010年全国森林覆盖率达到20%，森林蓄积量达到132亿立方米以上，森林的质量效益明显提升，林业的三大功能明显增强，社会生态文明观念逐步树立。为了完成好党中央、国务院交给我们的光荣任务，必须坚持和把握好以下几项基本原则。

一要坚持把建设生态文明作为现代林业建设的战略目标。建设生态文明是科学发展重大战略思想的进一步深化，是贯彻落实科学发展观的新要求，是党执政兴国理念的新发展，也是现代林业建设的新目标。建设生态文明有三项本质要求：一是加强生态建设，维护生态安全，实现生态良好；二是基本形成节约能源资源和保护生态环境的产业结构、增长方式和消费模式；三是在全社会牢固树立生态文明观念。林业是一项十分重要的公益事业，又是一项十分重要的基础产业，也是一项十分重要的文化载体，具有巨大的生态功能、经济功能和社会文化功能，这是林业的基本属性。建设现代林业就是要按照林业的基本属性和内在规律，构建三大体系，提升三大功能，发挥三大效益，以林业的多种功能满足社会的多样化需求。这既是现代林业建设的基本内容，也是生态文明建设的本质要求。我们必须把建设生态文明作为现代林业建设的战略目标，作为林业工作的出发点和落脚点，作为全体林业建设者义不容辞的神圣职责，始终不渝地坚持抓好。同时，要正确处理好林业三大体系之间的关系。只有坚持以生态建设为主的林业发展战略，构建完善的生态体系，才能维护生态安全，实现生态良好，为产业体系和生态文化体系建设提供坚实的物质基础；只有构建发达的林业产业体系，才能充分发挥林业的经济功能，更好地推动生态体系和生态文化体系建设；也只有构建繁荣的生态文化体系，才能使全社会牢固树立生态文明观念，保障生态体系和产业体系持续发展。林业三大体系建设互为补充、相互促进，我们必须坚持统筹兼顾，推动林业三大体系全面协调可持续发展。

二要坚持把解放思想作为现代林业建设的重要前提。解放思想、与时俱进是事业不断取得胜利的重要思想武器。过去我们之所以能够取得优异成绩，创造成功经验，甚至有的方面还能够在世界上处于领先地位，就在于坚持了解放思想、实事求是的思想路线，及时用新的科学的理念指导林业实践。同时，我们也必须清醒地认识到，林业的潜力之所以远未得到充分发挥，林业的体制机制之所以远未与市场经济体制相适应，林业的科学化、精细化管理之所以远未达到国际先进水平，其中一个重要因素就是思想不够解放，没有做到与时俱进。思想不够解放，集中表现在故步自封、自我满足，不能用世界眼光观察问题，不能用战略思维分析问题，不能用市场办法解决问题，缺乏着眼整体的全局意识、居安思危的忧患意识、顽强拼搏的竞争意识和与时俱进的时代意识。建设现代林业，要求我们必须勇于解放思想，敢于开拓创新，坚决打破思想上的桎梏，排除发展中的障碍，不断拓展林业发展的新领域，不断创造林业发展的新优势，不断发现和解决林业发展中的新问题。建设现代林业的过程，首先是一个不断解放思想、更新观念的过程。解放思想永无止境，与时俱进才有出路。广东省是我国改革开放的前沿阵地，是解放思想的排头兵，目前还在开展解放思想的大讨论。林业系统也很有必要开展一次解放思想的大讨论，彻底破除阻碍林业发展的旧观念，彻底消除束缚林业发展的思想羁绊，为现代林业建设打开宽广的眼界和思路。

三要坚持把深化改革作为现代林业建设的根本动力。改革是一场伟大的革命，没有改革就没有国家的繁荣强盛，没有改革就没有林业的兴旺发达。实践证明，只有深化改革，才能激发林业的内在活力，增强林业发展的动力；只有深化改革，才能理顺生产关系，解放发展生产力，建立充满活力的现代林业体制。我们必须坚定不移地推进以林业产权制度改革为重点的各项改革，构建现代林业体制。同时，调整完善政策是现代林业建设的又一重大举措。政策和策略是党的生命，没有良性的政策，就没有良性的运转机制，再好的体制也难以发挥作用。我们必须在大力推进林业体制改革的同时，不断调整完善政策，建立有利于建设三大体系、提升三大功能、发挥三大效益的政策体系，真正建立起推进现代林业又好又快发展的长效机制。

四要坚持把加强森林经营作为现代林业建设的永恒主题。森林资源是构建林业三大体系的物质基础。没有充足的高质量的森林资源，就难以提升林业三大功能，就谈不上现代林业建设。长期以来，我国高度重视造林绿化和采伐利用，为扩大森林面积和保障木材供给作出了重要贡献。但是，这种只抓两头、不抓中间的做法，也带来了单位面积蓄积量低、林地产出率低和生态功能不强等问题。这是我国林业没有很好地解决木材需求问题和生态安全问题的重要原因，也是我国林业与发达国家林业的差距所在。其症结在于林业发展方式粗放、科技素质不高、森林经营管理不够，这与现代林业建设的要求不相适应。按照全国林业发展规划，我国扩大森林面积、提高森林覆盖率的空间有限，很难满足维护国家生态安全和木材安全的需求。要真正解决好这两大战略问题，必须坚持两手抓，一手抓造林绿化，尽最大努力扩大森林面积，一手抓森林经营，尽最大努力提高森林质量。因此，我们必须转变林业发展方式，大力提升林业科技含量，全面加强森林经营，这样才能真正解决好林业质量效益不高、生态产品和林产品严重短缺等重大问题。

五要坚持把兴林富民作为现代林业建设的根本宗旨。现代林业是以人为本的林业。对林业来说，以人为本最重要的就是兴林富民，这是国家、集体、个人和林业部门多方利益的最佳结合点。兴林是林业发展之本，富民是林业发展之基。只有兴林，才能不断夯实富民的资源基础；只有富民，才能不断壮大兴林的社会基础。我们必须牢固树立兴林为了富民、富民才能兴林的理念，做到在兴林中富民，在富民中兴林。坚持兴林富民，既要富林农群众，也要富林业职工，这样才能充分调动林农群众、林业职工发展林业的积极性，才能吸引人、财、物等社会生产要素向林业聚集。

三、2008年林业工作重点

今年是全面贯彻党的十七大精神的第一年，是改革开放30周年和北京奥运会举办年，也是现代林业建设的关键之年，做好全年林业工作，意义重大。根据林业形势任务，针对林业工作的薄弱环节，要突出抓好以下几项重点工作。

（一）全面加强生态建设，为人们提供更多更好的生态产品。继续抓好造林绿化和森林资源管理，切实建设和保护好森林生态系统。坚持抓好荒山造林、农田林网、城乡绿化一体化，全面完成造林任务，确保造林质量。深入开展义务植树，重点抓好部门绿化和单位绿化。继续推进天然林保护、退耕还林等林业重点工程建设，启动沿海防护林等新的工程建设。以创绿色家园为切入点、建富裕新村为结合点，深入推进创建行动。切实强化森林资源管理。采取最为严格的措施，加强林地保护，尽快建立“总量控制、定额管理、合理供地、节约用地、占补平衡”的林地管理机制，切实保住全国林地资源“红线”，抓好林权登记发证管理；完善森林采伐利用管理政策，逐步推动从指标控制管理向森林可持续经营认证转变；改进各项检查核查工作，不断提高综合分析评价水平，完成第七次全国森林资源连续清查，推进森林资源和生态状况综合监测体系试点和全国林业信息系统建设；扎实开展资源监督工作，完善监督制度，实行监督责任追究和绩效考评，提高监督实效。

继续强化湿地保护管理，切实建设和保护好湿地生态系统。建立湿地保护与合理利用秩序。加快湿地保护工程建设步伐，扩大湿地保护规模，抓好三江源等重点类型湿地保护。新建一批湿地公园。建立湿地保护恢复、调查监测、湿地公园建设的标准规范。健全中国履行湿地公约国家委员会工作机制及国际重要湿地监管机制，推进重点湿地省和县湿地保护管理机构建设。切实落实好湿地保护规划，通过生态补水、退田还湖、杜绝侵占等措施，巩固湿地保护成果，提升湿地生态系统功能。

继续推进防沙治沙，切实治理和改善荒漠生态系统。坚持发扬“胡杨精神”，坚持科学防治、综合防治、依法防治的方针，全面提升沙化土地防治成效，加快推进从“沙逼人退”向“人逼沙退”的历史性转变。加大治理力度,加强京津风沙源治理工程建设管理,巩固和扩大治理成果。开展“三北”防护林工程建设30周年纪念活动,增加四期工程年度任务,提高工程建设质量。抓好石漠化防治试点工作。加强重点地区防沙治沙,重点抓好民勤、石羊河流域和黄土高原等地区的治理。加强防沙治沙综合示范区建设。加大封禁保护力度,划定一批封禁保护区,严格执行“三禁”制度,防止植被破坏和新的土地退化。认真落实防沙治沙责任制,加强对沙区开发的监管,加大沙区植被恢复费征收力度,依法查处破坏沙区植被的行为。全面强化科学防治,大力推广防沙治沙的高效模式和技术,加强关键性治理技术难题攻关,抓好荒漠化、沙化趋势监测。

继续加强野生动植物及其栖息地保护管理，切实维护物种安全。进一步完善自然保护区网络，重点抓好示范保护区建设。加强濒危物种特别是极小种群物种拯救保护，规范野生动植物经营利用活动，启动一批野化回归试验。扩大野生动物标识管理试点范围。加强野生动植物进出口管理。制定《第二批国家重点保护野生植物名录》，调整濒危野生动物名录，扩大和完善野生动植物保护范围。

（二）做大做强林业产业，力争在重点领域取得突破。一是落实林业产业政策。认真落实《林业产业政策要点》，对影响林业产业发展全局的财政、税收、金融和市场准入等政策，要逐一明确并落到实处。争取延续现行林产品增值税即征即退、出口退税等优惠政策。完善林业贴息贷款管理办法，解决林业融资难问题。二是加强服务能力建设。加强林业产业行政管理体系建设，支持专业协会等社会中介组织发展。推进全国林业产业信息管理系统建设，完善林业产业预测预警机制。加快森林及林产品认证步伐，扶持一批林业龙头企业、名牌产品，强化林产品标准化建设和市场监管。加强林业会展经济管理指导，要办出精品，形成品牌，注重效益。充分发挥林业产业协会在应对国际林产品贸易争端中的作用。三是突破重点发展领域。加强速生丰产林和大径级珍贵树种培育，提高木材供应能力。大力推进能源林、碳汇林基地建设，为应对气候变化、维护能源安全做贡献。注重发展林业特色产业，着力建立各具特色的支柱产业。鼓励发展生态旅游，尤其是农家森林旅游，提升林业服务业的比重和水平。大力推进木本粮油发展，为维护国家粮食安全做贡献。特别要集中力量抓好低产油茶林更新改造，建立一批高产示范基地，总结推广成功经验，全面提高油茶林产量。当前，我国食用油进口高达50%，如果通过增加科技投入、运用新品种改造，将现有5 000万亩低产油茶林的一半，改造成高产油茶林，亩产茶油由现在的3～5千克提高到30～50千克，就可腾出2 500万亩种植油菜的耕地来种植粮食，这对维护我国粮食安全具有十分重大的战略意义。四是抓好山区综合开发。抓紧起草出台山区综合开发文件，筹备召开全国山区综合开发会议，推进山区综合开发、资源综合利用。

（三）深入推进生态文化体系建设，强化全社会的生态文明观念。建设生态文化体系，是全社会牢固树立生态文明观念的基本途径，也是建设生态体系和林业产业体系的基本保障。由森林生态系统、湿地生态系统、荒漠生态系统和生物多样性为主体构成的生态体系，主要面临着人的破坏和火灾、病虫害的破坏，归根结底主要是人为因素，同时林业产业是规模巨大的循环经济体，是国家鼓励发展的生态型产业，林产品既具有巨大的市场潜力，又具有可再生、可降解、绿色无污染等特性，也需要全社会深化认识、大力支持。因此，建设生态文化体系，强化社会生态文明观念，是林业建设的治本之策，没有生态文明观念的树立，就难以建成完善的生态体系和发达的林业产业体系。一要大力加强宣传教育。深化理论研究，创作一批有影响力的生态文化产品，全面深化对建设生态文明重大意义的认识。要把生态教育作为全民教育、全程教育、终身教育、基础教育的重要内容，尤其要增强领导干部的生态文明观念和未成年人生态道德教育，使生态文明观深入人心。二要巩固和拓展生态文化阵地。加强生态文化基础设施建设，充分发挥森林公园、湿地公园、自然保护区、各种纪念林、古树名木在生态文明建设中的传播、教育功能，建设一批生态文明教育示范基地。拓展生态文化传播渠道，推进"国树"、"国花"、"国鸟"评选工作，各地也要大力宣传和评选代表本地特色的树、花、鸟，继续开展"国家森林城市"创建活动，办好第五届中国城市森林论坛。三要发挥示范和引领作用。充分发挥林业在建设生态文明中的先锋和骨干作用。全体林业建设者都要做生态文明建设的引导者、组织者、实践者和推动者，在全社会大力倡导生态价值观，反对主宰自然；倡导生态道德观，反对破坏生态；倡导生态责任观，反对逃避和不尽义务；倡导生态消费观，反对浪费和过度消费；倡导生态政绩观，反对急功近利和搞形象工程。要通过生态文化体系建设，真正发挥生态文明建设主要承担者的作用，真正为全社会牢固树立生态文明观念作出贡献。

(四)切实转变林业发展方式，着力提高林业质量效益。在我国43亿亩林业用地中，未造林的宜林荒山荒地约为8.5亿亩，即使全部造上林，森林覆盖率也只能增加6个百分点，加上退耕还林成果，我国森林覆盖率最大值为26%～28%。要充分发挥林业三大效益，光靠提高森林覆盖率远远不够，必须转变林业发展方式，着力加强森林经营，全面提高森林质量效益。这是维护国家生态安全和木材安全的关键所在，也是我国林业发展的潜力所在。例如：世界森林蓄积量平均每公顷为110立方米，其中有14个国家和地区超过200立方米，瑞士、奥地利和法属圭亚那地区分别达到368、300和350立方米，而我国仅为84.7立方米。如果将现有宜林荒山荒地全部造上林，并通过加强森林经营，将我国单位面积森林蓄积量提高到世界平均水平，就可增加森林蓄积量约60亿立方米。按目前的单位面积森林蓄积量水平折算，相当于增加森林面积约11亿亩，这对于维护我国生态安全和木材安全具有十分重大的战略意义。又如：1956年，奥地利森林平均每公顷蓄积量为151立方米，年生长量只有2.9立方米，经过加强经营，到1996年，每公顷蓄积量增加到295立方米，年生长量提高到8.2立方米，此后在不破坏林相的情况下，每公顷采伐利用量达到5.6立方米，全国年均采伐量高达1 500万立方米，并实现了越采越多、越采越好。我国单位面积森林蓄积量较高的吉林省与奥地利自然条件基本相同，吉林省森林面积为720万公顷，比奥地利的396万公顷多出324万公顷。但年均采伐量只有616万立方米，比奥地利少了近900万立方米。可见，转变林业发展方式，提高林业科技含量，着力加强森林经营，走内涵式发展道路，既是我国林业发展的现实需要，也是必然选择。

各级林业部门必须把转变发展方式提到重要位置，把森林经营列为林业工作的重中之重，贯穿到林业建设的全过程。一是全面提高良种壮苗使用率。牢固树立"林以种为本，种以质为先"的理念，以林木良种为核心，大力推进造林良种化、良种生产基地化、苗木生产供给市场化、种苗管理法制化。加强国家重点良种基地建设和林木种质资源保护，加大种苗市场监管和质量监督力度，确保种苗高质量。二是全面推进抚育改造。制定《全国重点公益林经营工程规划》，实施森林经营工程。重点强化中幼林抚育，加强低产低效林改造。三是调整完善林业政策。建立健全有利于促进森林经营的政策体系，加大森林经营资金投入，育林基金要逐步转向重点用于森林经营，同时运用市场机制引导森林经营，促进各种生产要素参与森林经营。建立健全各项制度，制定森林经营管理办法，规范森林经营行为，实行森林经营检查验收、成效考核。四是全面强化科技支撑。大力推广林业科技成果和实用技术，加强森林经营技术研究和应用，实施百县千村万户科技示范行动。积极推进森林经营方案试点，制定《森林经营方案编制技术规范》。改革现行科研项目立项运作机制，实现科研与生产全面对接。加强科技基础条件建设，抓紧建立碳汇计量中心、油茶研究开发中心等科技创新平台。加强科技攻关，争取在重点领域、关键技术取得突破。推进林业标准化、植物新品种保护等工作，形成科技有力支撑森林经营的新格局。五是学习和借鉴国际森林经营的先进经验。引进和掌握可持续经营模式和技术，加强推广。六是抓好典型、树立样板。各地要分别建立一批高标准经营的生态林、速生丰产林、工业原料林、能源林、碳汇林、水源涵养林、木本粮油林、竹林、平原森林的经营示范点，充分发挥各林种的巨大潜力，大幅度提升各林种的功能和效益。

（五）全面推进集体林权制度改革，加快林业体制机制创新。今年林业改革总的要求是：集体林权制度改革全面推开，国有林场和国有林区改革试点深入推进。一要全面推开集体林权制度主体改革。尚未开展试点的地方，要制订试点方案，认真组织试点。正在进行试点的地方，要认真总结试点经验，精心制定改革方案，全面推广“五级书记抓林改、发动群众抓林改、依法依规抓林改、健全组织抓林改、保障经费抓林改、严管资源抓林改”的成功经验。要精心组织实施，用好林改工作经费，严格按照法律、法规、政策、程序进行，做到充分尊重农民意愿并实行政策、程序、内容、方法、结果五公开，真正让农民满意，真正让农民拥有林地的用益物权。要加强宣传、培训，强化档案管理，严格检查验收，确保扎实做好每一个环节的工作，并经得起历史检验。二要全面深化配套改革。已经完成主体改革的地方，要调整和完善采伐管理、减轻税费、生态补偿等政策，建立健全评估流转、抵押贷款、森林保险、专业合作等制度，巩固扩大成果，真正建立起生态受保护、农民得实惠的长效机制。三要充分认识林业改革的长期性。农业改革已进行了30年，现在仍在继续。林业改革才刚刚起步，必须树立持之以恒、坚持不懈、长期作战的思想。要不断深化政策研究，以改革为契机，全面调整完善林业政策。要及时发现和解决改革中出现的问题，尤其要防止发生乱砍滥伐，避免影响改革大局。

（六）不断加强支撑能力建设，提高现代林业建设保障水平。一是做好规划编制工作。贯彻落实《国务院关于编制全国主体功能区规划的意见》，尽快完成《全国林业发展区划》、《林地保护利用规划》、《全国林木种苗发展规划》等编制工作，启动林业“十二五”规划专题研究工作。二是加强资金筹措与监管。加强对政府、社团、外援、企业等各类资金投向的引导和调控，把资金、技术等生产要素投向生态建设的重点领域和重点地区。力争在新批工程、国有林区林场棚户区改造、外援项目等方面取得新突破。完善森林生态效益补偿基金制度，力争合并种类、合理确定数量、提高补偿标准。争取建立林木良种补贴制度。争取林业优惠政策，吸引社会资金投入林业。实行林业项目决策、实施问责制，加强资金审计和稽查，确保资金有效安全运行。三是强化依法治林。全面推进立法、执法和普法工作。严厉打击乱砍滥伐、乱捕滥猎、乱征滥占等违法犯罪行为。继续推进林业综合行政执法试点和政务公开。四是积极应对国际林业热点问题。加快筹建亚太森林恢复与可持续管理网络，着手制定中国应对气候变化林业行动计划。主动参与国际林业规则制定。认真履行国际公约，加强国际交流合作。启动中欧关于非法采伐问题双边协调机制。五是推进应急能力建设。强化森林火灾、林业有害生物、沙尘暴、野生动物疫源疫病等灾害的防控，尤其要防止发生重特大森林火灾和群死群伤事故。加强应急保障，加快全国森林防火、林业有害生物防治专项规划的报批和国家林业应急平台建设，开展林业生物灾害防控战略研究。加强检疫执法，防止松材线虫等有害生物疫情扩散。开展野生动物疫源疫病本底调查，启动第二期国家监测站点建设，提高禽流感等野生动物疫源疫病监测防控能力。加强应急队伍建设，健全基层"三防"协会，加强林业航空建设，大力发展地方专业扑火队伍，加快组建武警福建、甘肃森林总队、森林指挥部机动支队和直升机大队。认真落实《突发事件应对法》和林业应急责任制，完善应急机制。

（七）切实加强领导干部能力建设，全面提升队伍素质。一要加强思想建设。深入学习党的十七大精神，用党的十七大精神武装头脑、指导实践、推动工作。加强教育培训，更新知识和观念，不断提高战略思维、开拓创新的能力，提高建设生态文明的能力，提高建设现代林业的能力，提高适应社会主义市场经济体制的能力，提高驾驭复杂局面的能力。二要强化组织建设。按照"创四型机关"、"做五个模范"的要求，加强各级领导班子和干部队伍建设，继续抓好党的先进性建设。切实加强森林公安、林业工作站等队伍建设，完成森林公安定机构、定编制、定岗位和民警公务员转制工作。充分发挥工青妇、社团、后勤服务机构和离退休干部的重要作用。要培养人才，爱护人才，引进人才，形成人才辈出的新局面，为现代林业建设提供人才保障。全面落实惩治和预防腐败体系的实施意见，坚决查处各种违法违纪案件，坚决纠正损害群众利益的行业不正之风，坚决遏制林业基层干部职务犯罪，巩固清理评比达标成果。三要转变工作作风。在调查研究上下工夫，在解决难题上下工夫，在工作落实上下工夫。要建立领导抓落实、各单位抓落实、督促检查落实和抓典型的责任制。国家林业局要带头抓落实，对重大工作部署，要明确分管局领导，明确承办单位，工作有交叉的，由一位局领导负总责，一个单位牵头抓。各地各单位也要明确分管领导、明确处室、明确承办人并明确任务、明确责任、明确完成时限、明确检查考评。总之，对重点工作要扭住不放，一抓到底，抓出成效，尤其要在林业建设的重点领域抓出一批成效十分显著、说服力很强的典型，并下大力气推广，真正使林业重点工作、重点领域取得重大突破。

同志们，回顾过去，成绩令人鼓舞；展望未来，责任更加重大。让我们紧密团结在以胡锦涛同志为总书记的党中央周围，高举中国特色社会主义伟大旗帜，以邓小平理论和"三个代表"重要思想为指导，深入落实科学发展观，解放思想，锐意改革，开拓创新，狠抓落实，切实肩负起建设生态文明的重大使命，全力推进现代林业又好又快发展，为全面建设小康社会做出更大贡献。

深化农村改革的重大战略举措

——学习《中共中央 国务院关于全面推进集体林权制度改革的意见》

今年是我国改革开放30周年。30年前，中央在总结安徽小岗村"分田到户"的创新实践后，作出了全面实行土地家庭联产承包责任制的战略决策，极大地解放了农村生产力，成为我国改革开放的里程碑。30年后的今天，在总结福建、江西、浙江、辽宁、云南等地“分山到户”的成功实践后，中共中央、国务院于6月8日颁发了《关于全面推进集体林权制度改革的意见》（以下简称《意见》）。这一重大战略决策必将极大地调动亿万农民耕山致富的积极性，实现农村生产力的又一次大解放。从这个意义上讲，《意见》是对改革开放30周年的最好纪念，是在新的历史起点上深化农村改革的又一重大战略举措，可以说是我国改革开放进程中的又一座里程碑。

一、充分认识推进集体林权制度改革的重大意义

集体林权制度改革将充分释放出人的巨大潜能。人是生产力中最活跃的要素。人的潜能的释放程度，决定着生产力的解放程度。我国耕地改革成功的根本原因，就是通过家庭承包经营落实了物质利益原则，有效解放了劳动生产力，充分释放了人的潜能。耕地改革时，农民对林地家庭承包的要求并不迫切，原因是当时农民还没有直接看到林地的物质利益。随着改革开放的深入和经济社会的发展，特别是林业特产税的取消和木材价格的大幅度上涨，农民承包经营林地、发展林业生产、实现增收致富的愿望越来越强烈。在这样的情况下，全面推进集体林权制度改革，必将调动亿万农民发展林业的积极性，极大地解放和发展林业生产力。

集体林权制度改革将充分释放出林地的巨大潜力。我国山区面积占国土面积的69%，南方许多省份都是“八山一水一分田”，山地面积是耕地面积的数倍。目前我国林地的经济产出平均每亩20多元，仅为耕地的1/30。这既是差距所在，也是潜力所在。林业具有一次投入多年收益的特点，只要经营得当，收益十分可观。浙江一些地方每亩竹林年收入可达万元。通过改革，解放“八分山”的生产力，必将充分释放25亿亩集体林地的巨大潜力，带来可观的经济效益。

集体林权制度改革将充分释放出林木的多种功能。林业具有巨大的生态功能、经济功能和社会功能。森林能够固碳放氧、涵养水源、防风固沙、减少噪音、净化水质、养护物种。当前，我国正处在经济高速发展期，直接减排的力度过大，将会降低经济发展速度，而扩大森林面积、提高森林质量、增加森林固碳的间接减排，潜力很大。据专家测算，一辆奥迪汽车一年排放的二氧化碳，14亩人工林就能全部吸收；一座20万千瓦的燃煤发电厂一年排放的二氧化碳，48万亩人工林就能全部吸收。实行集体林权制度改革，让农民“把山当田耕，把树当菜种”，必将大幅度提高森林的质量和蓄积量，这对于建设生态文明、促进经济社会科学发展意义十分重大。林业还是一项重要的基础产业，可以为其他行业发展提供丰富的木材等林产品原料。

党中央、国务院对集体林权制度改革十分关心、十分重视。2006年以来，胡锦涛总书记、温家宝总理、回良玉副总理等中央领导同志深入改革试点地区考察指导，多次作出重要指示。《意见》的正式颁发，饱含着中央领导同志对林业发展的殷切期望，表明了中央对全面推进集体林权制度改革的坚定决心。

二、贯彻落实《意见》精神要把握好三个重点

（一）抓住“明晰产权”这个核心

《意见》明确要求，在坚持集体林地所有权不变的前提下，确立农民作为林地承包经营权人的主体地位。这是此次改革的核心。《意见》对如何明晰产权，及如何维护农民的林地承包经营权提出明确要求。具体来说：

一是强调必须坚持以包为主。除村集体组织保留少量集体林地以外，凡是适宜家庭承包经营的林地，都要通过家庭承包落实到本集体经济组织的农户；对不宜实行家庭承包经营的林地，经本集体经济组织成员同意，也要通过均股、均利等方式明晰产权；要把明晰产权同放活经营权、落实处置权、保障收益权一起落实，确保农民在获得林地承包经营权和林木所有权后，能依法实现自主经营、自由处置、自得其利；坚持颁发“铁证”，即依法进行实地勘界、登记，核发全国统一式样的林权证。

二是强调必须保持林地家庭承包的长期性。《意见》明确规定：“林地的承包期为70年。承包期届满，可以按照国家有关规定继续承包。”这是目前我国土地承包政策的最长年限，符合林业生产周期长的特点。

三是强调必须维护林地家庭承包经营的物权性。根据《物权法》规定，林地承包经营权为用益物权。这有三层含义：林地承包经营权是由林地所有权派生的用益物权，林地承包经营人对承包的集体林地享有占有、使用和收益的权利；林地承包经营权相对于林地所有权是不全面的、受一定限制的物权，主要表现为在承包期届满时应将林地返还给所有人；林地承包经营权一经设立，便具有独立于林地所有权而存在的特性，所有权人不得随意收回或调整林地，不得妨碍林地承包经营权人依法行使权利，林地承包经营权人具有对林地的直接支配性和排他性，可以对抗所有权人的干涉和第三人的侵害。这就为农户依法自主经营林地、林木提供了法律保障。

（二）坚持五项原则

一是坚持农村基本经营制度，确保农民平等享有集体林地承包经营权。对集体林地林木产权的初始分配，必须采用家庭承包经营制度，按照农户家庭成员人数确定承包份额，突出一个“均”字，切实做到“按户承包，按人分山”。

二是坚持统筹兼顾各方利益，确保农民得实惠、生态受保护。在统筹个人与集体利益上，要确保农民在林地林木产权的初始分配和生产经营的利益分配上得“大头”。同时，要兼顾集体利益，集体可以保留少量林地，也可以收取少量林地使用费，或通过提供社会化服务、多渠道盘活各种林产资源，保证集体经济组织正常运转。在处理农民得实惠与生态受保护关系上，既要确保农民得实惠，又要确保生态受保护，这是改革的出发点，也是改革的根本目标。

三是坚持尊重农民意愿，确保农民的知情权、参与权、决策权。农民是改革的主体，也是改革的受益者和操作者。一定要充分尊重群众的民主权利，把改不改、何时改、怎样改等重大问题的决定权交给群众，做到发挥民智、体现民意，决不能包办代替，更不能强迫命令、强制推行。

四是坚持依法办事，确保改革规范有序。改革要始终把依法操作作为基本准则，严格执行《农村土地承包法》、《物权法》、《村民委员会组织法》和《森林法》等法律规定。改革的政策、内容、方法、程序要与法律保持一致；改革方案必须依法经相关集体经济组织成员的村民会议同意，做到内容、程序、方法、结果四公开，严禁暗箱操作、以权谋私。同时，要妥善处理好历史遗留问题，对已经承包到户或流转的集体林地，符合法律规定、合同规范的，要予以维护；反之则要予以完善和纠正。对于已经流转的期限过长、面积过大、租金过低的集体林地，可以采取期权分山、利益调整等方法进行解决。

五是坚持分类指导，确保改革符合实际。《意见》提出的改革的基本原则和总体要求，是对全国的统一要求，各地必须严格遵循。但是，我国幅员辽阔，各地社情林情不同，改革必须从实际出发，进行分类指导、分区施策，避免搞形式主义，避免追求速度而忽视质量。

（三）落实五大政策

一是完善林木采伐管理机制。采伐林木是农民获取经济利益的重要形式。《意见》指出，要编制森林经营方案，改革商品林采伐限额管理，实行林木采伐审批公示制度，简化审批程序，为农民提供便捷高效的服务，让老百姓栽树有积极性。

二是规范林地、林木流转。建立健全林地林木流转制度，是盘活森林资源资产，实现森林资源资产化运营的基础和保障。《意见》要求，加强对森林资源流转工作的指导，探索限期限量流转的办法，防止农民失地；探索限定受让方资格的办法，限制没有林业生产经营能力的工商企业和个人受让森林，抑制过度炒买炒卖森林的行为；加快森林资源流转平台建设，建立集信息发布、市场交易、林权登记、中介服务、法律政策咨询于一体的资源流转的要素市场，建立森林资源流转信息库，逐步实现流转信息化、网络化；完善森林资源资产评估机构，抓紧拟订森林资源资产评估机构的准入条件，尽快启动森林资源资产评估师的认定工作，制定和出台相关办法。

三是建立支持集体林业发展的公共财政制度。主要包括六个方面的内容：第一，各级政府建立和完善森林生态效益补偿基金制度，按照"谁开发谁保护、谁受益谁补偿"的原则，多渠道筹集森林生态效益补偿基金，逐步提高中央和地方财政对森林生态效益的补偿标准。第二，建立造林、抚育、保护、管理投入补贴制度，对森林防火、病虫害防治、林木良种、沼气建设给予补贴，对森林抚育、木本粮油、生物质能源林、珍贵树种及大径材培育给予扶持。第三，改革育林基金管理办法，逐步降低育林基金征收比例，规范用途，各级政府将林业部门行政事业经费纳入财政预算。第四，森林防火、病虫害防治以及林业行政执法体系等基础设施建设纳入各级政府基本建设规划，林区的交通、供水、供电、通讯等基础设施建设依法纳入相关行业的发展规划。第五，集体林权制度改革工作经费，主要由地方财政承担，中央财政给予适当补助。第六，对财政困难的县乡，中央和省级财政应加大转移支付力度。

四是推进林业投融资改革。《意见》要求，充分发挥金融部门的职能作用，全面推进林权抵押贷款，加大林业信贷投放，完善林业贷款财政贴息政策，大力发展对林业的小额信贷，切实解决林业生产资金不足的问题。加快建立政策性森林保险制度，降低农民经营林业的风险，提高农户抵御自然灾害的能力，消除农民发展林业的后顾之忧。

五是加强林业社会化服务。《意见》要求，积极引导培育新型的社会化服务组织，扶持农民组建各类专业合作社、行业协会、中介服务机构，形成多种经济成分、多层次、多形式的服务网络，为农民提供产前、产中和产后的全过程综合配套服务。建立各种形式的农民合作组织，引导农民逐步实现规模经营。引导发展林业专业协会，解决农民一家一户办不了的事。

三、要不断总结经验，确保改革扎实推进

目前，全国已完成承包的集体林地约8.78亿亩，占总面积的34.5%。福建、江西、辽宁、浙江4省基本完成了明晰产权的主体改革任务，正在深化配套改革。这些省份的改革之所以能够顺利推进，主要经验和做法是：各级党委、政府高度重视；改革配套措施周密完善；能够广泛宣传、发动和依靠群众；严格依法规范操作程序；为改革提供充分的人力、财力、物力和技术保障；能够结合本地实际抓重点、攻难点。

集体林权制度改革事关全局。各地各部门要加强对《意见》的学习、宣传和培训，深入调查研究，完善各项政策措施。各级党委、政府要通过建立健全强有力的组织领导机制、"五级书记"抓改革的高位推动机制、"综合协调、分工负责"的协同办事机制、分区分片的督导检查机制，切实加强对集体林权制度改革的组织领导，确保改革顺利推进。

深入学习贯彻中央《意见》精神　确保集体林权制度改革扎实推进

——在全国集体林权制度改革厅局长培训班上的讲话

这次培训班是经过国务院领导同志批准举办的，是国家林业局学习贯彻中央10号文件的一次非常重要的行动。培训班的主要任务是：认真学习《意见》的主要内容，领会《意见》的精神实质，掌握《意见》的基本要求，统一思想，提高认识，为全面推进集体林权制度改革做好充分准备。下面，我讲四点意见。

一、关于《意见》出台的重大意义

在迎来改革开放30周年之际，中共中央、国务院颁发《关于全面推进集体林权制度改革的意见》，意义十分重大，影响十分深远。30年前，中央在总结安徽小岗村"分田到户"的创新实践后，作出了全面实行土地家庭联产承包责任制的战略决策，实现"耕者有其田"，极大地解放了农村生产力，开启了中国特色社会主义事业的伟大征程，成为我国改革开放的里程碑。30年后的今天，中央在总结福建、江西、浙江、辽宁、云南等地"分山到户"的创新实践后，作出全面推进集体林权制度改革的战略决策，实现"耕者有其山"，必将进一步调动亿万农民耕山致富的积极性，实现农村生产力的又一次大解放。有学者研究指出，过去30年我国的改革开放是以耕地改革为切入点和突破口，今后30年我国新一轮的改革开放将以林地为切入点和突破口。从这个意义上讲，《意见》是在新的历史起点上，深入推进我国现代化建设的战略举措，必将成为我国改革开放的又一座新的里程碑。

（一）全面推进集体林权制度改革，将充分释放出人的巨大潜能。人是劳动者，是生产力中最活跃的要素。人的潜能释放程度，决定着生产力的解放程度。人的潜能能否得到有效释放，归根到底取决于物质利益原则是否得到了真正的贯彻落实。邓小平同志曾指出："不讲多劳多得，不重视物质利益，对少数先进分子可以，对广大群众不行，一段时间可以，长期不行。革命是在物质利益的基础上产生的，如果只讲奉献精神，不讲物质利益，那就是唯心论。"30年来，我国农村改革始终贯穿着"落实物质利益原则，调动农民积极性"这条主线。耕地改革后，田还是那块田，地还是那块地，但产出截然不同。根本原因，就是通过家庭承包经营落实了物质利益原则，有效解放了劳动生产力，充分释放了人的潜能。

耕地改革时，农民为什么对林地家庭承包要求不迫切，原因就在于当时农民还没有直接看到林地的物质利益。第一，林业经营周期长，见效慢，不像庄稼一年一收，见效快。第二，林业税费负担过重，农民经营林业交完税费后，收益十分有限。第三，受计划经济体制的影响，木材及林产品实行统购统销，价格相对较低。第四，农民对国家林业政策缺乏信心，害怕政策变。随着改革开放的发展和经济社会的进步，今天这四个方面的情况都发生了深刻变化，特别是林业特产税的取消和木材价格的大幅度上涨，农民对承包经营林地、发展林业生产、实现增收致富的愿望越来越强烈。在这样的历史条件下，中央决定在全国范围内全面推进集体林权制度改革，把物质利益原则与农民增收致富的愿望有机结合，必将调动亿万农民发展林业的积极性，极大地解放和发展生产力。

（二）全面推进集体林权制度改革，将充分释放出林地的巨大潜力。林地与耕地一样，是国家重要的土地资源，是劳动对象，是生产力的又一重要要素。我国集体林地经历了四次变革：一是土改时期的“分山分林到户”；二是农业合作化时期的“山林入社”；三是人民公社时期的“山林集体所有、统一经营”；四是改革开放初期的林业“三定”。这四次变革都与当时的经济体制相适应，但都没有触及林业产权这个核心问题，都没有确立农民经营林业的主体地位，林地蕴藏的巨大潜力没有得到充分释放。

从林地数量看，我国是一个多山的国家，山区占全国国土面积的69%、人口占全国的56%，特别是在南方地区，许多省份都是“八山一水一分田”，山地面积是耕地的数倍。30年前，通过耕地家庭承包经营，充分解放了“一分田”的生产力，不仅解决了13亿人口的吃饭问题，而且农民的收入得到了大幅度提高。据统计，我国农村居民人均收入已从1980年的191元增加到2007年的4 140元，提高了21倍，农民基本摆脱了贫困，总体过上了小康生活，为“中国崛起”奠定了坚实的基础，被誉为20世纪人类最重大的事件之一。今天，通过集体林权制度改革，解放“八分山”的生产力，必将充分释放出25亿亩集体林地的巨大潜力，对推进新时期我国现代化建设将产生重大而深远的影响。

从林地产出看，目前，我国林地的经济产出平均只有20多元，为耕地平均产出680元的1/30。这是差距所在，也是潜力所在。林业不但具有一次投入、多年收益、成本相对较低的特点，而且只要经营得当，收益十分显著。浙江省一些地方每亩竹林年收入达到1万元，山东、河南省许多地方杨树的年收入每亩也达到近千元。如果25亿亩集体林地的产出都能提高到耕地的产出水平，其经济效益非常可观。实行集体林权制度改革，将“八分山”落实到农户，把林地的潜力释放出来，必将大大地拓展农民就业增收的新空间，全面开辟农村发展的新天地，对农民特别是山区农民脱贫致富将产生历史性的影响。

（三）全面推进集体林权制度改革，将充分释放出林业的多种功能。林业具有巨大的生态功能、经济功能和社会功能。实行集体林权制度改革，让农民“把山当田耕，把树当菜种”，森林质量和森林蓄积量必将得到大幅度提高，这对于维护我国生态安全、保障林产品供给具有重要战略意义。

复旦大学一位教授说，林业部门是生态产品的生产者，每种一棵树就等于办了一个治污厂。因为树木通过光合作用，可以吸收二氧化碳、制造出氧气，还能够防风固沙、涵养水源。当今时代，所有的物质产品都十分丰富，唯有生态产品十分短缺，这已经成为制约我国经济社会可持续发展的瓶颈。森林在应对气候变化中的作用已经受到特别关注。减缓气候变暖主要有两条途径：一是工业直接减排，二是森林固碳间接减排。直接减排必然影响经济增长和社会就业，各国态度不一。间接减排成本低、效益好，受到世界各国的高度重视。去年举行的《联合国气候变化框架公约》第13次缔约方大会，林业成为谈判焦点，森林固碳被列为“巴厘岛路线图”的重要内容。我国正处在经济高速成长期，依靠直接减排的回旋余地相对有限，但依靠扩大森林面积、提高森林质量、增加森林固碳的潜力很大。据专家研究，一辆奥迪汽车一年排放的二氧化碳，11亩林子就能完全吸收；一架波音777飞机一年排放的二氧化碳，1.5万亩林子就能全部吸收；一座20万千瓦的燃煤发电厂一年排放的二氧化碳，48万亩林子就能全部吸收。实行集体林权制度改革，大幅度提高森林经营水平，就能够生产出更多更好的生态产品，实现山更绿、水更清、天更蓝，这对于建设生态文明、促进科学发展意义十分重大。

同时，林业还是一项重要的基础产业，可以为其他行业的发展提供丰富的原料和初级产品。

木材与钢材、水泥、塑料并称为四大原材料，其用途十分广泛，与其他三大原材料相比，还具有可再生和可降解两大优势。随着我国现代化建设的快速发展，对木材的需求越来越大，目前每年进口木材及其制品折合原木 1.5 亿立方米。我国用 18 亿亩耕地解决了 13 亿人的吃饭问题，43 亿亩林地却没有解决 13 亿人的木材需求问题，根本原因就在于林业生产力没有得到有效解放。此外，林业还可以向社会提供丰富的非木材产品和原料，有许多极具开发前景的树种和生态条件，其潜力还远未充分挖掘。当前，我国食用油进口比例高达 60% 以上，如果将我国现有的 5 000 万亩低产油茶林改造成高产油茶林，亩产茶油由现在的 3 ~ 5 千克提高到 30 ~ 50 千克，就可腾出大量种植油菜的耕地来种植粮食。我国还有像麻疯树、黄连木、光皮树、文冠果等种子含油率在 40% 以上的生物质能源树种 154 种，发展生物质能源的潜力很大。林下资源的开发也还有巨大潜力。实行集体林权制度改革，可以有效解决我国对木材及林产品的需求问题，为经济社会可持续发展提供重要保障。

正是因为集体林权制度改革意义十分重大、影响十分深远，党中央、国务院十分重视。2006 年以来，中央领导同志深入福建、江西、辽宁、云南等改革试点地区考察指导，多次对集体林权制度改革作出重要指示。胡锦涛总书记在福建省永安市视察时指示："林权制度改革意义确实很重大。"温家宝总理在辽宁、江西考察时指出："林权制度改革给农民带来了实实在在的利益，与土地家庭承包具有同等重要的意义。"回良玉副总理在出席全国集体林权制度改革现场经验交流会时强调："这项改革是顺应发展规律、顺乎农民意愿、合乎农村实际的重大创举，是加快林业发展、振兴林区经济、富裕广大林农的根本途径，也是落实科学发展观、构建社会主义和谐社会、建设社会主义新农村的有效举措，必将对我国经济社会发展产生重大而深远的影响，必将载入中国农村改革发展的史册。"党的十七大报告、国家"十一五"规划、政府工作报告和中央经济工作会议、中央农村工作会议，都将集体林权制度改革作为一项重要工作进行了部署。

今年 3 月，我们将《意见》正式上报国务院后，中央在 4 月份连续采取三个重大步骤，研究部署集体林权制度改革工作。4 月 9 日，温家宝总理主持召开国务院常务会议，审议并原则通过了《意见》。4 月 17 日和 4 月 28 日，胡锦涛总书记分别主持中央政治局常委会议和中央政治局会议，审议并原则通过了《意见》。在这短短的一个月时间内，党中央、国务院召开三个高规格的会议，听取林业工作汇报，专题研究林业问题，这是新中国林业发展史上的第一次。在三次会议上，所有中央领导同志都发表了重要意见，对集体林权制度改革给予了一致好评。这充分体现了党中央、国务院对林业事业的关怀与重视，饱含着中央领导同志对林业发展的殷切期望，表明了中央对全面推进集体林权制度改革的坚定决心。

二、关于《意见》的主要内容和精神实质

《意见》是集体林权制度改革的纲领性文件和行动指南，内涵丰富，博大精深。深入学习领会《意见》的精神实质，认真落实中央的决策部署，全面推进集体林权制度改革，关键要抓住一个核心，坚持五大原则，落实五大政策。

抓住一个核心，就是要紧紧抓住"明晰产权"这个核心。明晰产权，就是在坚持集体林地所有权不变的前提下，依法将林地承包经营权和林木所有权，通过家庭承包经营方式落实到本集体经济组织的农户，确立农民作为林地承包经营权人的主体地位。这是《意见》的核心内容，也是这次集体林权制度改革与历次改革的根本不同和突破所在。全面推进集体林权制度改革，必须紧紧抓住这个核心，围绕这个核心，把各项基础工作做好、做扎实。

明晰产权，必须维护林地承包经营权的“两性”。一要维护林地家庭承包经营的物权性。《物权法》明确规定林地承包经营权为用益物权，这有三层含义：林地承包经营权是由林地所有权派生的物权，是受限制的物权，是一项独立的物权。作为一种用益物权，林地承包经营权只能由本集体经济组织的农户享有，不能赋予其他任何组织和个人。在明晰产权中，一定要把承包经营权落实到本集体经济组织的农户，并保持承包经营权的原始性。二要保持林地家庭承包的长期性。《意见》明确规定：“林地的承包期为70年。承包期届满，可以按照国家有关规定继续承包。”这是目前我国土地承包政策的最长年限，充分表明党在农村的基本政策不会动摇，给农民吃下“定心丸”。这一政策，符合林业生产周期长的特点，进一步发出了党的农村政策长久不变、永久不变的强烈信号，让农民对林地敢于投入、舍得投入，有利于促进农民持续增收，推进现代林业建设。

明晰产权，还必须做到“三个坚持”。一是坚持以分为主。30年的改革实践证明，家庭承包经营是公有制的有效实现形式，是实现农村共同富裕的重要保障，适应我国社会主义初级阶段农村生产力发展的要求。集体林权制度改革的实质，就是家庭承包责任制由耕地向林地延伸，是家庭承包经营政策在林业上的丰富和完善，必须坚持家庭承包经营不动摇。《意见》明确要求，除村集体组织保留的少量集体林地以外，凡是适宜家庭承包经营的林地，都要通过家庭承包落实到本集体经济组织的农户。对不宜实行家庭承包经营的林地，经本集体经济组织成员同意，也要通过均股、均利等方式明晰产权。二是坚持“四权”同落实。《意见》对明晰使用权、放活经营权、落实处置权、保障收益权等，都规定了相应的政策，提出了明确的要求，这比耕地改革更全面、更彻底。目的就是要把这“四权”作为一个有机整体统筹考虑，理顺各方面的利益关系，建立完善的政策体系，确保农民在获得林地承包经营权和林木所有权后，能依法实现自主经营、自由处置、自得其利，为农民经营林业提供制度性保障。三是坚持颁发“铁证”。勘界发证是明晰产权的基本要求，也是保证改革质量的关键环节。历次改革往往忽视了这一点，留下了山证不符、界线不清等诸多隐患。这次改革必须按照《意见》的要求，依法进行实地勘界、实地登记，核发全国统一式样的林权证，确保登记的内容齐全规范、数据准确无误，做到图、表、册一致，人、地、证相符，做到“铁证如山”。

坚持五大原则，就是要坚决按照以下五个方面的要求推进改革。这五大原则，是对30年农村改革的系统总结，是实践和理论的结晶，内涵十分丰富，对集体林权制度改革具有极强的针对性和指导性。

一要坚持农村基本经营制度，确保农民平等享有集体林地承包经营权。以家庭承包经营为基础、统分结合的双层经营体制，是我国农村的基本经营制度。林地与耕地一样，是国家重要的土地资源，是农民重要的生活保障。根据《物权法》和《农村土地承包法》的规定，农民集体所有的林地林木属集体经济组织成员共同所有。对集体林地林木产权的初始分配，必须采用家庭承包经营制度，并且做到每个家庭及其成员都平等享有承包经营的权利。因此，集体经济组织将林地林木发包给农户承包经营时，要按照每户所有成员的人数来确定承包份额，切实做到“按户承包，按人分山”，也就是要突出一个“均”字，确保“人人有份”。

二要坚持统筹兼顾各方利益，确保农民得实惠、生态受保护。重点是要统筹个人、集体两方面的利益，处理好农民得实惠、生态受保护的关系。在统筹个人与集体利益上，首先要保证农民的利益，坚持让权于民、让利于民，确保农民在林地林木产权的初始分配上得“大头”，确保农民在林业生产经营的利益分配上得“大头”。同时，要兼顾集体的利益，集体可以保留少量林地，也可以收取少量林地使用费，还可以通过提供社会化服务、多渠道盘活各种林产资源，来分享林业发展的收益，壮大集体经济实力，保证集体经济组织正常运转。在处理农民得实惠与生态受保护的关系上，既要确保农民得实惠，又要确保生态受保护，不能以资源的过量消耗为代价，更不能以破坏生态为代价，这是改革必须坚守的一条底线。

三要坚持尊重农民意愿，确保农民的知情权、参与权、决策权。农民群众具有伟大的创造精神，集体林权制度改革是老百姓发明的，一定要尊重农民的创新精神，充分依靠群众，充分发挥群众的积极性和能动性，在坚持改革基本原则的前提下，鼓励积极探索、大胆创新，不断丰富和完善改革的形式和内容。农民群众是集体林权制度改革的主体，也是改革的受益者和操作者，一定要尊重农民的意愿，更多地听取老百姓的意见，让农民明白改革的政策、内容、方法，使农民对改革的方案、过程、结果满意。一定要充分尊重群众的民主权利，把改不改、何时改、怎样改等重大问题的决定权交给群众，做到发挥民智、符合民心、体现民意，决不能包办代替，更不能强迫命令、强制推行，让农民真正当家作主。

四要坚持依法办事，确保改革规范有序。集体林权制度改革要始终把依法操作作为基本准则，严格执行《农村土地承包法》、《物权法》、《村民委员会组织法》和《森林法》等法律规定。改革的政策、内容、方法、程序要与法律保持一致，确保改革的各项工作扎实到位，经得起实践和历史的检验。改革方案必须依法经本集体经济组织成员的村民会议同意，做到内容、程序、方法、结果“四公开”，严禁暗箱操作、以权谋私。同时，要处理好历史和现实的关系。对已经承包到户或流转的集体林地，符合法律规定、合同规范的，要予以维护；合同不规范的，要予以完善；不符合法律规定的，要依法纠正。特别是对于那些已经流转的期限过长、面积过大、租金过低的“三过”集体林地，改革时要认真研究、认真解决，可以采取期权分山、利益调整等方法，合理解决这些历史遗留问题。

五要坚持分类指导，确保改革符合实际。《意见》提出的改革基本原则和总体要求，是对全国的统一要求，各地必须严格遵循。但是，我国幅员辽阔，自然条件不同，社情林情各异，改革必须从实际出发，进行分类指导、分区施策。要允许存在差异性和多样性，决不能强求一律，搞“一个模子”。要尊重客观，注重实效，科学确定改革方案、制定政策措施，避免搞形式主义、做表面文章。要因地制宜，量力而行，扎实稳妥地做好改革的各项工作，避免只追求速度而忽视质量，影响改革成效。

落实五大政策，就是要下大力气把以下五个方面的政策落到实处。完成明晰产权、承包到户的改革主体任务，只是整个集体林权制度改革的第一步。真正实现放活经营权、落实处置权、保障收益权，建立起现代林业产权制度，是一项长期而艰巨的任务，必须配套出台一系列相关的政策措施，改革才能取得预期的成效，才能达到既定的目标。

一是完善林木采伐管理制度。集体林权制度改革后，老百姓非常关心“树怎么砍”。我们要与时俱进地改进和完善管理方式，建立起与家庭承包经营林业相适应的林木采伐管理制度。要以森林经营主体为单位，组织编制森林经营方案，把采伐限额还原到可采资源上，落实到山头地块、林班小班。要实行林木采伐审批公示制度，简化审批程序和手续，减少采伐管理上的限制条件，向农民提供便捷高效的服务，让老百姓栽树有积极性，砍树也不操心。

二是规范林地、林木流转制度。建立健全林地林木流转制度，是盘活森林资源资产，实现森林资源资产化运营的基础和保障。要加强对森林资源流转工作的指导，探索限期限量流转的办法，防止农民失地；探索限定受让方资格的办法，限制没有林业生产经营能力的工商企业和个人受让森林，抑制过度炒买炒卖森林的行为。要加快森林资源流转平台建设，建立集信息发布、市场交易、林权登记、中介服务、法律政策咨询于一体的资源流转的要素市场，建立森林资源流转信息库，逐步实现流转信息化、网络化。要完善森林资源资产评估机构，抓紧拟订森林资源资产评估机构的准入条件，尽快启动森林资源资产评估师的认定工作，制定和出台相关办法。

三是建立支持集体林业发展的公共财政制度。主要包括六个方面的内容：第一，森林生态效益补偿基金制度。要按照"政府投入为主，受益者合理承担"的原则，多渠道筹集森林生态效益补偿资金，逐步建立和完善政府财政补偿、受益者补偿与合理经营利用自我补偿相结合的长效机制。第二，建立造林、抚育、保护、管理的投入补贴制度，对森林防火、病虫害防治、林木良种、沼气建设给予补贴，对森林抚育、木本粮油、生物质能源林、珍贵树种及大径材培育给予扶持。第三，改革育林基金管理办法，逐步降低育林基金征收比例，规范用途，各级政府要将林业部门行政事业经费纳入财政预算。第四，森林防火、病虫害防治以及林业行政执法体系等基础设施建设纳入各级政府基本建设规划，林区的交通、供水、供电、通讯等基础设施建设要依法纳入相关行业的发展规划。第五，集体林权制度改革工作经费，主要由地方财政承担，中央财政给予适当补助。第六，对财政困难的县、乡，中央和省级财政要加大转移支付力度。这六个方面，都有极高的"含金量"，我们一定要紧盯不放，一个一个地抓好落实，为现代林业发展提供强有力的政策支持。

四是完善林业投融资政策。按照《意见》的要求，要充分发挥金融部门的职能作用，全面推进林权抵押贷款，加大林业信贷投放，完善林业贷款财政贴息政策，切实解决林业生产资金不足的"瓶颈"。要着力推进林业小额贴息贷款，积极探索"金融机构＋担保公司＋林户"、"金融机构＋龙头企业＋林户"、"林农联保贷款"等多种贷款模式，拓宽林业经营者的融资渠道。要加快建立政策性森林保险制度，降低农民经营林业的风险，提高农户抵御自然灾害的能力，消除农民的后顾之忧。特别要对保险保费实行财政补贴政策，科学确定各级财政和投保人的分担比重，适当降低农民缴费比例，引导农民参加投保，尽量扩大保险覆盖面。

五是健全林业社会化服务体系。积极引导培育新型的社会化服务组织，扶持农民组建各类专业合作社、行业协会、中介服务机构，形成多种经济成分、多层次、多形式的服务网络，为农民提供产前、产中和产后的全过程综合配套服务。要加快林业专业合作组织建设，按照"民办、民营、民受益"和"形式多样、群众自愿、循序渐进、因地制宜"的原则，建立各种形式的农民合作组织，提高他们的组织化程度，逐步实现规模经营。要积极引导发展各种形式的林业专业协会，组建包括"三防"联防协会、科技协会、产业协会等群众性联合组织，解决农民一家一户办不了、办不好、办了不划算的事。要大力发展中介服务机构，完善林业规划设计中心、森林资源资产评估中心、林业科技推广中心等行业服务机构，对农民和其他林业经营者提供支持和服务。

三、关于当前学习贯彻《意见》的重点工作

认真学习好、贯彻好、落实好《意见》，是当前和今后一个时期林业部门的重大政治任务，是广大林业干部职工要做好的头等大事。当前，要重点抓好以下四项工作。

第一，开展大学习、大讨论活动，掀起学习贯彻《意见》的高潮。各地要立即行动起来，精心谋划，周密安排，开展一次大学习、大讨论活动，掀起学习贯彻《意见》的高潮。学习贯彻《意见》，一定要吃透原文，领会精神，把握重点，做到融会贯通，特别要做到“三个结合”：一要与解放思想相结合。《意见》是解放思想的产物，学习贯彻《意见》更要解放思想。只有思想解放了，才能提出落实《意见》的有效措施，才能确保改革有效地推进。二要与工作实际相结合。推进集体林权制度改革是林业部门当前的头等大事，是建设现代林业的重要内容，林业部门的各个单位、每位干部都要结合自身工作实际，发挥岗位职责优势，谋划改革，践行改革，服务改革。三要与改革实践相结合。《意见》既是实践的结晶，又是实践的指南。要根据各地的实际情况和群众的实际需要，贯彻落实《意见》精神，确保改革符合实际，符合民意，始终沿着正确的方向推进。

第二，继续深入调查研究，进一步完善推进改革的方式方法。《意见》确定的是大政方针和基本原则，要把中央的决策部署落到实处，必须实事求是，因地制宜。这就要求大家深入开展调查研究，吃透集体林的历史沿革、权属结构和经营管理状况，摸清群众的真实想法、迫切意愿和现实要求，掌握山情、林情和社情。在此基础上，根据《意见》的精神和要求，针对不同地域、不同经济社会条件、不同森林资源状况等实际情况，研究制定贯彻落实中央决策部署的具体方案。这样，改革才能够符合中央的精神，才能够切合本地的实际，才能够不会偏离正确的轨道。同时，作为林业主管部门和改革的主要操作单位，大家一方面要当好党委政府的参谋和助手，另一方面要指导好基层的改革实践，这就需要我们既要吃透中央的精神，加强学习；又要吃透基层的实际情况，加强调研。这样，才能够向党委政府提出有针对性的建议，才能够对各地进行切实的指导服务和督促检查，才能够确保改革积极稳妥地推进。

第三，搞好《意见》的舆论宣传，全面营造推进改革的良好社会氛围。全面推进集体林权制度改革，需要全社会、各个方面的共同行动。各地要高度重视《意见》的舆论宣传工作，凝聚宣传部门和各大媒体的力量，采取各种形式和各种手段，加大宣传力度，努力营造有利于改革的舆论氛围和社会环境。要广泛宣传党的兴林富民政策，让各方面都了解改革的重大意义、基本原则和目标任务，提高全社会对改革的认识。要重点宣传改革的新成果、新经验、新典型，通过典型示范，引导和组织各方面的力量，共同完成好改革的各项任务。要切实做好面向基层干部群众的宣传发动工作，通过赠送《解读本》、发放“明白纸”、张贴告示等多种形式，使《意见》家喻户晓，深入人心，让他们了解政策、掌握政策、用好政策，积极参与改革，依法开展改革，有效监督改革。

第四，启动大规模的培训工作，确保《意见》有序有效地贯彻落实。集体林权制度改革比耕地改革情况更复杂、任务更艰巨、要求更细致，需要有一支政治素质高、业务能力强、工作作风实的干部队伍作保证。各地要以学习贯彻《意见》精神为重点，以这次厅局长培训班为起点，全面启动省、地、县、乡四级改革培训工作，切实加强对领导干部、工作人员和基层干部群众的培训。要本着因地制宜、注重实效、提高能力的原则，采取现场培训、集中培训、以会代训等多种形式逐级开展专项培训。要通过培训，使各级领导干部提高思想认识，掌握方针政策，提高组织和驾驭改革的能力。要通过培训，使工作人员和基层干部群众把握政策界限，熟悉工作程序，掌握方式方法，提高指导改革、服务改革的意识和能力。

四、关于统筹做好下半年林业工作

下半年的林业工作，要坚持以全面推进集体林权制度改革为主线，积极稳妥地把这一件大事抓好，同时要统筹兼顾，认真扎实地完成好年初确定的各项任务，对照全国林业厅局长会议的部署和要求，一项一项地进行检查，一件一件地抓好落实。

（一）全力筹备好中央林业工作会议。党中央、国务院初步决定在奥运会之后召开中央林业工作会议，专题对全面推进集体林权制度改革工作进行部署。这是新中国成立以来以中央名义召开的第一次林业工作会议，必将给我国的林业发展带来新的历史机遇，把我国的林业发展推向新的历史阶段。各级林业部门要高度重视，把筹备好这次会议作为下半年的首要任务，举全系统之力，集各方面之能，认真做好各项准备工作。一要组成专门队伍，集中时间和精力，抓紧修改完善会议的讲话材料，确保高质量、高标准、高水平。各相关单位要抽人出人，借物出物，服从大局，全力支持。二要认真准备好会议典型材料，会议安排的典型发言和书面交流材料，都是林业系统向中央汇报工作、展示风貌的难得机会，各地一定要精心准备，把最能代表本地林业发展特色的典型选出来，把最能反映林业建设成果的事迹写出来，确保向中央作一次精彩的工作汇报。三要广泛开展宣传活动，加强舆论宣传，为中央林业工作会议的召开营造良好氛围。

（二）全力抓好林业灾后恢复重建工作。在党中央、国务院的正确领导下，虽然我们已经夺取林业抗灾救灾的重大阶段性胜利，但保障灾区群众生活、推进林业恢复重建的任务十分艰巨，工作十分繁重。我们要按照中央的总体要求和林业灾后恢复重建规划，认真抓好落实。一要坚持以人为本、保障民生。把妥善安置灾区群众生活放在首位，尽快修复供电、供水、通讯、住房等基础设施，确保他们有饭吃、有水喝、有房住，生活有保障。二要坚持科学规划、突出重点。近期，国务院将听取林业灾后恢复重建工作汇报，待规划批准后要认真组织实施。三要坚持政府主导、政策扶持。经过协调沟通，已原则同意给予林业恢复重建9项支持政策，包括中央财政继续加大资金扶持力度，将灾区林业基础设施建设纳入国家和地方有关规划，建立政策性森林保险制度，建立林木良种繁育补贴制度，妥善解决金融机构债务，调整受灾林木采伐政策和保护性收购政策，安排林业救灾资金并纳入相关渠道，建立森林经营稳定的投资渠道和补贴制度，实施生态移民等。这些政策正式发布后，各地要认真加以落实。

（三）坚决打赢奥运期间森林防火攻坚战。还有20多天北京奥运会就要开幕了，党中央、国务院对举办一届“绿色奥运”、“平安奥运”高度重视。我们一定要以高度的政治责任感，以严谨细致的工作作风，做好北京及重点火险区的森林防火工作。一要筑牢思想认识防线，坚决破除“夏季无森林火灾”的侥幸心理，时刻保持高度的警惕。二要筑牢火险预测防线，加强森林火险等级的预报和发布工作。三要筑牢火情监测防线，对森林火情实施24小时监测，切实做到火情早发现。四要筑牢扑救队伍防线，奥运会前，要在北京正式组建武警森林部队机动支队，增强扑火力量；夏防期间，北京要做到专业森林消防队人员不减、队伍不撤，武警警种指挥学院全体学员要战备待命，切实增强首都地区扑火救灾应急能力。五要筑牢应急处置防线，各地要进一步完善处置森林火灾应急预案，黑龙江、内蒙古林区要针对火险情况，做好随时启动特殊时期森林防火应急预案的准备。北京市以及涉及奥运场馆和比赛项目的五个区县要制定奥运场馆周边森林防火应急处置预案，举行相应演练。重点火险区要经常派出工作组巡回检查，督促基层落实各项防范应急处置措施。

（四）切实开好三个专题会议。一是开好油茶现场会议，对油茶发展进行安排部署。通过广泛的调查和深入研究，我们认准油茶是一个极具发展潜力的木本油料树种，市场前景十分广阔。通过这次现场会，要把油茶真正抓起来，抓它三年五年、八年十年，就一定能够形成一个大的产业，有效地增加农民收入。二是开好森林经营现场会议。要改变我国森林质量不高、林地生产力不高的局面，充分发挥森林资源的多种功能和多种效益，满足经济社会发展的多种需求，必须大力加强森林的科学经营，走森林可持续经营道路。这项工作，我们在年初的厅局长会议上进行了部署，下半年要采取更加有力的措施抓好落实。三是开好三北防护林建设总结表彰会议。三北防护林是1978年开始实施的，30年来工程建设取得了巨大成绩，在国际上赢得了很好的声誉。今年迎来了工程建设的30周年，很有必要进行一次全面的总结。

同志们，认真贯彻落实《意见》精神，全面推进集体林权制度改革，是党和人民赋予我们全体务林人的神圣职责。让我们紧密团结在以胡锦涛同志为总书记的党中央周围，高举中国特色社会主义伟大旗帜，以高度的政治责任感和历史使命感，以开拓创新的精神，以求真务实的作风，完成好这项光荣而艰巨的任务，为发展现代林业、实现兴林富民、夺取全面建设小康社会新胜利作出新的更大贡献！

认真学习实践科学发展观　全面推进集体林权制度改革

——在集体林权制度改革论坛上的发言

今天，在著名高等学府北京大学隆重举行集体林权制度改革论坛，就全面推进集体林权制度改革进行广泛交流、深入研讨，这对于我们认真学习实践科学发展观，深入贯彻落实中央《关于全面推进集体林权制度改革的意见》，从理论上、实践上对集体林权制度改革进行再总结、再认识，具有重要意义。刚才，厉以宁教授和几位同志作了非常精彩的演讲，提出了许多独特的见解和有益的建议，体现出了很高的理论水平和丰富的实践经验，给了我们很大的启发和教育。下面，我借此机会谈三点认识。

一、全面推进集体林权制度改革，是贯彻落实科学发展观的生动实践

今年6月8日，中央颁发《关于全面推进集体林权制度改革的意见》，标志着一场涉及25亿亩集体林地、惠及5亿多农民的农村社会变革，将在中华大地上全面展开。从本质上看，集体林权制度改革是科学发展的具体体现，是贯彻落实科学发展观的生动实践。

（一）全面推进集体林权制度改革，是消除林业发展体制机制性障碍的根本手段，体现了科学发展观的发展这个第一要义。我国改革开放走过了30年，伴随着这一辉煌的历史进程，我国林业得到了长足发展。但是，从总体上看，林业改革发展还相对滞后，林地的潜力、林木的潜力、林农的潜能都没有得到有效释放，人们日益增长的对林业的多样化需求也没有得到有效满足，加快发展仍然是当代林业最紧迫的任务。实行集体林权制度改革，把林地承包经营权和林木所有权交给农民，实现生产资料与劳动力的有效结合，消除了林业发展的制度性障碍。同时，通过完善政策，放活经营，让利还利于民，消除了林业发展的机制性障碍。极大地调动了亿万农民的积极性，造林难、育林难、护林难、防火难等问题得到破解，有效地吸引了各种生产要素向林业流动，促进林业又好又快发展，这是农村生产力的又一次大解放。

（二）全面推进集体林权制度改革，是发展广大农民群众根本利益的战略举措，体现了科学发展观的以人为本这个核心。我国集体山林与亿万农民的切身利益紧密相连，是群众发家致富的依靠，是老百姓安居乐业的希望。长期以来，由于农民不是真正意义上的经营主体，形成了集体林“大资源、小产业、低效益”的尴尬局面，对农民增收的贡献率较小，与其蕴含的巨大经济潜力极不相称。通过集体林权制度改革，广大农民获得了一份长期可靠的生产资料，能够直接享受到国家支林惠农政策带来的实惠。同时，改革极大地解放了林地生产力，促进了林木种植、林下经济、木本粮油、竹藤花卉、森林旅游、生物质能源以及林产品加工等林业产业的发展，必将为农民增收致富奔小康开辟新的广阔空间。2007 年，江西全省农民人均来自林业的现金收入达到 492.3 元，是改革前 2004 年的两倍。

（三）全面推进集体林权制度改革，是保护和改善生态的强大动力，体现了科学发展观的全面协调可持续发展这个基本要求。加强生态建设，不仅要靠国家的重视和投入，更要靠人民群众的积极性和能动性。长期以来，由于没有充分利用物质利益这个手段，来调动广大农民造林育林护林的积极性，使得集体林的生态、经济和社会效益没有得到应有发挥。集体林权制度改革后，广大农民多栽树、栽好树的劲头显著增强，植绿、爱绿、护绿的意识明显提高，这必将促进森林资源数量的增加和质量的提高，有利于优化森林生态系统的结构，改变集体林生态功能不强的局面。近 4 年来，福建省年造林连续超过 200 万亩，比改革前翻了一番；全省森林覆盖率比改革前增长了 2.44 个百分点，达到 62.96%，生态状况得到进一步改善。

（四）全面推进集体林权制度改革，是促进山区和城乡协调发展的重要途径，体现了科学发展观的统筹兼顾这个根本方法。我国是一个多山的国家，山区占国土面积的 69%，人口占全国总数的 56%，是农村经济社会发展最薄弱的环节，是实现全面建设小康社会的重点和难点。山区的出路在哪里？出路就在发挥森林的优势，挖掘林地的潜力。通过集体林权制度改革，明晰林业产权，重塑经营主体，有利于农民放手发展林业产业，变资源优势为经济优势，变蕴含潜力为现实生产力，缩小山区与农区、山区与城镇的差距，促进山区和城乡协调发展。另外，各地在推进改革中，统筹兼顾家庭承包与其他方式承包，调动各方面参与林业建设的积极性；统筹兼顾资源增长与农民增收，把生态受保护、农民得实惠有机地统一起来；统筹兼顾农民自主经营与公共政策支持，把明晰产权与完善政策很好地结合起来。这些，都是改革先行省取得成功的关键，在全面推进集体林权制度改革中应当坚持和发扬。

二、站在推动科学发展的高度，深刻领会中央《意见》的精神实质

中共中央《关于全面推进集体林权制度改革的意见》主题鲜明，目标明确，内涵丰富，博大精深，是指导我国集体林业改革发展的纲领性文件。学习贯彻《意见》，必须紧紧抓住明晰产权这个核心，确立农民的经营主体地位；必须牢牢把握完善政策这个关键，构建林业发展的政策体系；必须正确运用统筹兼顾这个方法，妥善处理各种重要关系。

（一）紧紧抓住“明晰产权”这个核心，赋予农民更多发展权力，直接享受发展利益。明晰产权，是在坚持集体林地所有权不变的前提下，依法将林地承包经营权和林木所有权，通过家庭承包经营方式落实到本集体经济组织的农户，确立农民作为林地承包经营权人的主体地位。这是《意见》的核心内容，是这次集体林权制度改革与以往历次改革的根本不同和突破所在。

明晰产权，必须维护林地承包经营权的“两性”。一是维护林地承包经营权的物权性。《物权法》明确规定，林地承包经营权为用益物权，包括三层含义，即：是派生的物权，是受限的物

权，是独立的物权。作为用益物权，林地承包经营权只能由本集体经济组织的农户享有，不能赋予其他任何组织和个人。在明晰产权中，要严格做到这一点，确保林地承包经营权的物权性。二是维护林地承包经营权的长期性。《意见》明确规定："林地的承包期为70年。承包期届满，可以按照国家有关规定继续承包。"这符合林业生产周期长的特点，传达了党的农村政策长期不变的信号，让农民吃下了长效"定心丸"。

明晰产权，必须做到"三个坚持"。一是坚持以分为主。《意见》明确规定，除村集体组织保留的少量集体林地以外，凡适宜家庭承包经营的林地，都要把承包经营权落实到本集体经济组织的农户。对不宜实行家庭承包经营的林地，经本集体经济组织成员同意，也要通过均股、均利等方式明晰产权。二是坚持"四权"同落实。《意见》对明晰产权、放活经营权、落实处置权、保障收益权都提出了明确的要求，目的是要把这"四权"作为一个有机整体，统筹考虑，落实到位，确保农民获得的林地承包经营权是完整的用益物权。三是坚持颁发"铁证"。按照《意见》的要求，依法进行实地勘界、实地登记，核发全国统一式样的林权证，确保登记的内容齐全规范、数据准确无误，做到"铁证如山"，经得起历史的检验。

（二）牢牢把握"完善政策"这个关键，让农民增强发展能力，扩大发展成果。明晰产权只是迈出了集体林权制度改革的第一步，要真正实现放活经营权、落实处置权、保障收益权，必须坚定不移地进行完善政策的深化改革。对此，《意见》提出了一系列要求，主要包括五个方面。

一是完善林木采伐管理机制。主要的政策规定有：实行林木采伐审批公示制度，简化审批程序和手续，向农民提供便捷高效的服务；编制森林经营方案，以此作为林木采伐管理的依据。

二是规范林地林木流转。主要的政策规定有：加快林地林木流转的制度建设，规范流转行为，保障公平交易；建立起森林资源资产评估师制度和评估制度，规范评估行为，维护交易各方的合法权益。

三是建立支持林业发展的公共财政制度。主要的政策规定有：建立和完善森林生态效益补偿基金制度；建立造林、抚育、保护、管理的投入补贴制度，出台相关财政扶持政策；改革育林基金管理办法，各级政府将林业行政事业经费纳入财政预算；林业基础设施建设纳入各级政府基本建设规划，林区基础设施建设纳入相关行业的发展规划；对改革后财政困难的县、乡，中央和省级财政加大转移支付力度。

四是推进林业投融资改革。主要的政策规定有：加快开发适合林业特点的信贷产品，拓宽林业融资渠道；推进林权抵押贷款，林业小额贴息贷款，加大林业信贷投放；建立政策性森林保险制度，降低农民经营林业的风险，提高农户抵御自然灾害的能力。

五是健全林业社会化服务体系。主要的政策规定有：扶持林业专业合作组织、行业协会、中介服务机构的健康发展，培育辐射面广、带动力强的龙头企业，解决农民一家一户办不了、办不好、不好办的事。

（三）正确运用"统筹兼顾"这个方法，处理好集体林权制度改革的几个重要关系。

一要处理好"统"与"分"的关系。"统"与"分"是农村基本经营制度的两个方面。推进集体林权制度改革，首先要打牢"分"的基础，按照农民的意愿，依法将林地承包经营权落实到位，将财产权利明确到户。在此前提下，因势利导做好"统"的文章，解决好一家一户分散经营效率低、风险大、竞争力不强的问题。"统"，不是否定和替代"分"，也不是搞产权不明的"归大堆"，更不是搞行政命令的"拉郎配"。当前，要积极引导农民自愿以亲情、友情、资金、技术为纽带，走联合经营的路子。

二要处理好生态受保护与农民得实惠的关系。集体林权制度改革成果，最终要体现在资源增长、农民增收两个方面。一方面，紧紧围绕农民增收，完善政策，放活经营，该给的利益要给足，该减的负担要减够，该搞的服务要搞好，真正让农民多得实惠，使这项改革成为一项富民工程。另一方面，要把生态是否得到保护和改善作为改革的一项基本准则，把加强森林资源管理放在突出位置，决不能以资源的过量消耗为代价，更不能以破坏生态为代价，这是推进改革必须坚守的一条底线。

三要处理好农民利益与集体利益的关系。集体林权制度改革是利益关系的重大调整。要采取均山形式，尽量将林地使用权和林木所有权落实到户，保证农民在生产资料占有上得“大头”；对不宜实行家庭承包经营的，也要通过均股、均利的形式，保证收益分配中农民也得“大头”。同时，要兼顾集体利益，采取收取林地使用费、林木分成、保留少量集体林地等方式，使集体经济组织有持续稳定的收入来源。至于怎么收、收多少，怎么留、留多少，怎么用、用多少，都要由村民代表大会决定。

四要处理好放活经营与加强管理的关系。推进集体林权制度改革，既要坚持放活经营，又要坚持加强管理。放活经营，就是要按照市场机制的要求，完善林业现有的政策措施，充分发挥市场配置资源的基础性作用，充分释放农民和林地的潜能，最大限度地创造经济效益。同时，要看到林业是一项重要的公益事业，是一项特殊的基础产业，决不能一放了之，必须通过加强管理、改进管理、创新管理，引导林业经营主体走可持续发展的路子。必须通过依法治林、依法护林、依法兴林，来弥补市场的缺陷，确保森林资源安全，真正做到“活而不乱、管而不死”。

五要处理好改革与稳定的关系。集体林权制度改革非常复杂，稍有不慎，就有可能导致严重后果，影响社会稳定。要汲取林业“三定”时一些地方放松管理而出现乱砍滥伐的教训，把加强森林资源管理贯穿在改革的全过程，防止森林遭到破坏，维护生态安全。要高度重视信访工作，从群众来信来访中准确把握苗头，及时解开群众的疑惑，依法解决群众的诉求，把影响稳定的因素消除在萌芽状态。要加强调查研究，及时发现问题，及时解决问题，以稳定和谐的社会环境，凝聚人心，集聚力量，推进改革。

三、按照学习实践科学发展观的要求，扎实搞好集体林权制度改革工作

近一段时间来，各地各部门认真学习贯彻中央的决策部署，积极推进集体林权制度改革，取得了良好成效。目前，福建、江西、辽宁、浙江省基本完成了明晰产权的改革任务，正在推进深化改革工作。云南、河北等8省(自治区、直辖市)完成了改革试点工作，正在全面进行明晰产权的主体改革。其他省份都在认真总结和深化改革试点工作。党中央、国务院将召开中央林业工作会议，对集体林权制度改革进行专门部署，必将进一步推动这项改革又好又快地向前发展。

根据各地贯彻落实中央《意见》的情况，下一步全面推进集体林权制度改革，应当在以下几个方面狠下工夫，取得切实成效。

(一)继续加强宣传，统一思想认识，为全面推进改革营造氛围。目前，一些地方对改革还存在思想顾虑和畏难情绪；少数地方简单地认为改革就是分山分林；个别地方错误地把改革变成山林的拍卖和流转。要继续加大宣传力度，广泛宣传党的兴林富民方针政策，使社会都了解改革的重大意义和目标任务，进一步营造有利于改革的社会氛围。深入宣传中央《意见》精神，消除各种顾虑，克服畏难情绪，把思想和行动统一到中央的决策上来。重点宣传改革取得的新成果、新经验、新典型，及时提供成功的改革模式和方法，引导各地改革沿着正确的道路前进，确保高质量地完成好改革任务。

（二）继续加强培训，提高干部工作水平，为全面推进改革做好准备。林地改革相比耕地改革，情况更复杂，任务更艰巨，要求更细致，需要有一支政治素质高、业务能力强的干部队伍作保证。要结合在全党开展的学习实践科学发展观活动，紧紧围绕贯彻落实中央《意见》，本着因地制宜、注重实效、提高能力的原则，开展大规模培训活动。通过培训，使地方各级领导干部熟悉有关方针政策，明确目标任务，把握政策界限，提高组织领导林改工作的能力；通过培训，使从事林改工作的业务骨干和农村党员干部掌握工作程序、质量要求和方式方法，提高组织实施、指导服务林改的能力。

（三）改革林木采伐管理制度，既方便农民根据市场需求采伐林木，也有利于保护和发展森林资源。总的想法是：按照林业分类经营的要求，实施不同的采伐管理模式。对于公益林，严格执行现行森林采伐限额管理制度，以有效地保护公益林，充分发挥公益林的生态功能。对于商品林采伐，要按照三个步骤逐步推进改革：第一步，简化采伐审批程序和手续，实行采伐审批公示制度，向农民提供便捷高效的服务。第二步，以森林经营主体为单位，组织编制森林经营方案，实现林木采伐按经营方案进行，实行采伐备案制。第三步，通过认真试点，不断总结经验，在时机成熟时，实行农户自主采伐林木。

（四）规范林地林木流转，既方便经营者兑现森林资源资产，也有利于防止农民失山失地。建立健全林地林木流转制度，是盘活森林资源资产，实现市场配置资源的有效途径。加强对林地林木流转的研究，探索限期限量流转的办法，防止农民失山失地；探索限定受让方资格的办法，抑制过度炒买炒卖森林资源的行为。加快森林资源流转平台建设，构建集信息发布、市场交易、林权登记、中介服务、法律政策咨询于一体的产权交易市场，实现公平、透明交易。完善森林资源资产评估机构，抓紧拟订森林资源资产评估机构的准入条件，尽快启动森林资源资产评估师的认定工作，制定和出台相关办法。

（五）构建兴林富民的林业政策体系，切实巩固和发展林改成果。我国原有的林业政策，对于保护森林资源的作用十分明显，但在促进林业发展和农民增收方面略显不足。中央《意见》提出了一系列兴林富民的好政策，关键是要狠抓落实。下一步，要重点抓好四项支林惠民政策的落实。一是按照“政府投入为主，受益者合理承担”的原则，逐步完善森林生态效益补偿基金制度，尽快扩大补偿范围，提高补偿标准。二是借鉴农业直补政策，逐步建立起适应林业发展需要的补贴制度，尽快落实造林、抚育、保护、管理投入的补贴。三是落实好林权抵押贷款政策，加大林业贷款财政贴息，解决林业生产资金不足的问题。四是落实好森林保险政策，加快建立政策性森林保险制度，降低农民经营林业的风险，消除农民经营林业的后顾之忧。

（六）加强分类指导，提出符合西北地区的改革模式和方法。我国西北地区生态区位十分重要，并且自然条件严酷，森林植被稀少，林木生长缓慢，林业经济效益低，加上区域经济社会发展水平较低，使得西北地区集体林权制度改革有其特殊性，是下一步推进改革的重点和难点。要通过深入的调查研究，充分了解西北地区的社情和林情，充分听取基层干部群众的意见，掌握他们的改革意愿和政策诉求，并借鉴其他省份改革的经验和做法，研究提出符合西北地区实际的改革模式和方法。在此基础上，进行广泛研讨，形成共识，进一步完善改革的模式和方法，为顺利推进西北地区的林改工作提供有力指导。

（七）切实转变林业部门职能，搞好对农民的各项服务。为适应改革后的新形势和新需要，林业部门转变职能概括起来讲，就是要“搞好四项服务、做好两个引导和扶持”。一要搞好政策服务，使农民经营林业有政策的支持和保障，让农民掌握和用好党的兴林富民政策。二要搞好科技服务，使农民及时应用最新科技成果，提高林地的生产力。三要搞好市场服务，使农民生产的木材及林产品能卖出去，能卖一个好价钱。四要搞好林业“三防”服务，即防盗、防火、防病虫害，降低农民经营林业的风险。五要引导和扶持农民林业合作组织建设，解决一家一户小生产与大市场的对接问题。六要引导和扶持林业中介组织建设，使农民能够得到便捷的服务。

如果说，2003 年的中央 9 号文件指明了我国林业发展的前进方向，让我们看到了理想的彼岸，那么 2008 年的中央 10 号文件，就指明了现代林业又好又快发展的战略途径，让我们找到了到达彼岸的航船。我们要全面认识中央决策的战略意义，深刻领会中央决策的精神实质，认真学习实践科学发展观，开拓进取，扎实工作，深入推进集体林权制度改革，为全面建设小康社会、发展中国特色社会主义事业作出新的更大贡献。

加强防沙治沙　建设生态文明

6 月 17 日是“世界防治荒漠化与干旱日”。我国的宣传主题是“加快防沙治沙步伐，促进生态文明建设”。确立这一主题，旨在反映时代要求，揭示防沙治沙与生态文明建设的紧密关系，增强公众的防沙治沙意识，动员全社会积极参与防沙治沙工作，共同推进生态文明建设。

一、我国防沙治沙的三个重大变化

党和国家历来高度重视防沙治沙工作，特别是进入新世纪后，在党中央、国务院的高度重视和正确领导下，经过沙区各级林业部门以及广大干部群众和科技工作者的艰苦努力，我国防沙治沙工作取得了显著成效。重点治沙工程稳步推进，综合防治体制基本建立，依法防治格局初步形成，科学防治措施全面落实，社会参与机制逐步形成。

随着保护和治理力度的不断加大，一些沙区沙进人退的局面初步得到遏制，防沙治沙工作实现了三个重大变化：一是沙化面积缩减。全国沙化土地面积由 20 世纪 90 年代后期的年均扩展 3 436平方千米转变为目前的年均缩减 1 283 平方千米。二是沙化程度减轻。沙区植被明显增加，流动沙地、半流动沙地面积在沙化土地中的比重由 1999 年的 36.1% 下降到目前的 33.9%。三是扩展区域减少。全国已有 27 个省份沙化面积实现缩减，与 1999 年相比增加了 8 个。由中国几代治沙人艰苦努力取得的重大成果，赢得了国际社会的广泛赞誉。在今年 5 月召开的世界第十六次可持续发展大会上，会议主席称：“中国的荒漠化防治工作处于世界领先地位。”

同时，我们也要清醒地认识到，我国防沙治沙工作面临的形势仍然十分严峻。全国仍有 174 万平方千米的沙化土地，占国土面积的 18.1%，一些重点、敏感地区的沙化还在扩展；“人口、牲口、灶口”对沙区生态资源的压力仍很大，破坏荒漠生态系统的行为时有发生；全球气候变化异常，温室效应加剧，增加了防治工作难度；一些地方重经济、轻生态的思想依然存在，防沙治沙责任制还没有完全落实到位。全国防沙治沙的任务十分艰巨。

二、加强防沙治沙的战略意义

当前，我国正处在工业化、城镇化快速推进的阶段，经济社会发展对生态的压力越来越大。

党中央、国务院在深刻总结经济社会发展和人类文明发展规律的基础上，作出了建设生态文明的重大战略决策，并将其列为全面建设小康社会的重要目标，明确提出到2020年要使我国成为生态环境良好的国家。土地沙化是我国最严重的生态问题，是实现生态良好的最主要制约因素。加强防沙治沙工作，对于建设生态文明、实现生态良好、夺取全面建设小康社会新胜利具有十分重要的战略意义。

第一，加强防沙治沙是实现科学发展的迫切需要。实现全面协调可持续发展是落实科学发展观的基本要求。土地沙化吞噬着中华民族生存与发展的空间，制约着沙区经济发展和农民增产增收，威胁到沙区近4亿人口的生存与发展，是实现人与自然和谐的最大难题。只有搞好防沙治沙，沙区人民的生存才能得到保障，沙区资源才能做到可持续利用，沙区经济与生态才能实现协调，沙区经济社会才能真正实现科学发展。

第二，加强防沙治沙是建设生态文明的艰巨任务。生态文明倡导尊重、保护和合理利用自然，核心是确立人与自然和谐、平等的关系。加强生态建设是建设生态文明的首要任务，防沙治沙是生态建设的重点和难点。只有沙区的生态状况得到根本改善，全国的生态状况才能实现整体好转，建设生态文明才会有良好的生态基础。

第三，加强防沙治沙是全面建设小康社会的重要内容。沙区既是生态脆弱区，又多是民族地区、边疆地区和贫困地区，是全面建设小康社会的难点和重点。实践证明，只要处理好生态与产业的关系，防沙治沙就一定能够获得良好的生态效益、经济效益和社会效益，沙区就一定能够实现治穷致富。

第四，加强防沙治沙是履行国际公约的应尽义务。荒漠化和气候变化是全球普遍关注的热点问题，认真履行联合国《防治荒漠化公约》和《气候变化框架公约》，是我国政府对国际社会的庄严承诺。搞好防沙治沙，不仅是履行《防治荒漠化公约》的需要，也可以通过扩大林草覆盖，吸收二氧化碳，为应对全球气候变化做出重要贡献，树立我国对全球生态和国际事务高度负责的大国形象。

三、防沙治沙工作要实现五个转变

党的十七大提出，要“加强荒漠化石漠化治理，促进生态修复”。我们一定要以十七大精神为指导，深入贯彻落实科学发展观，认真落实中央领导同志的指示精神，坚持以人为本，遵循自然规律，实行人工治理与自然修复相结合、生物措施与工程措施相结合、区域治理与重点治理相结合，全面推进防沙治沙工作的五个转变。

一是由以治理为主向治理与保护并重转变。在强化治理的同时，切实解决好人口、牲口、灶口问题，严格保护沙区林草植被。二是由以人工措施为主向人工措施和自然修复相结合转变。在搞好人工治理的同时，注意充分发挥生态系统的自我修复功能，加大封禁保护力度，促进生态自然修复。三是由以生态效益为主向生态与经济效益相结合转变。通过积极发展沙区特色产业，实现沙区生态、经济良性互动。四是由注重治理速度向速度、质量并重转变。既要保持治理速度，又要保证治理质量，确保治理一片，见效一片，巩固一片。五是由依靠投资拉动向投资拉动、政策促动、宣传发动相结合转变。在继续加大政府投入的同时，通过调整政策、活化机制，形成全民治沙、全社会治沙的新局面。

当前要着力抓好六项重点工作。着力抓好重点工程，着力强化依法防治，着力创新体制机制，着力强化综合防治，着力强化科技创新，着力做好国际履约工作。

防沙治沙，事关中华民族的生存与发展，事关全球生态安全。让我们携起手来，以更坚定的决心，更扎实的工作，全面推进防沙治沙事业，为建设生态文明、维护生态安全做出新贡献。

解决突出问题　把住关键环节
积极稳妥地推进油茶产业又好又快发展

——在全国油茶产业发展现场会上的讲话

这次会议既是一次参观油茶科技成果、交流油茶产业发展经验的现场会，又是一次加快油茶产业发展、深入推进山区综合开发的动员部署会。根据会议安排，我们实地考察了湖南省油茶种苗繁育基地、油茶优良品种对比试验林、高产新品种示范林和高产新品种造林基地，观看了油茶科技成果及产业发展展览，听取了湖南、江西两省发展油茶产业的经验介绍。这些典型和经验令人十分高兴、十分振奋，让我们看到了油茶产业发展的巨大潜力和美好前景，进一步坚定了我们发展油茶产业的信心和决心。各地一定要深入总结本地的经验教训，认真学习借鉴湖南、江西两省的成功做法，真正使油茶产业发挥巨大效益，真正把油茶产业做大做强。

党中央、国务院对山区综合开发和发展油茶产业十分重视。锦涛总书记、家宝总理、良玉副总理多次对油茶产业发展作出重要批示，要求国家林业局会同有关部门，科学编制发展规划，研究制定相关政策，尽快把油茶产业发展起来。良玉副总理对这次会议十分重视，会前专门听取了汇报，昨天又专程来湖南实地考察、出席会议并发表了重要讲话。良玉副总理的讲话十分重要、十分深刻，他从保障国家粮食安全、有效利用国土资源、促进林业又好又快发展的高度，深刻分析了大力发展油茶等木本粮油产业的全局和战略意义，并明确要求，发展油茶产业要尊重规律，科学规划；科技支撑，提升层次；农民主体，龙头带动；市场主导，政策扶持；密切协作，合力推进。这五点要求非常具体、非常明确，具有很强的针对性和指导意义，是我们推动油茶产业发展的基本遵循。中央领导同志的重要批示和良玉副总理的重要讲话，为我们抓好油茶产业指明了方向，增添了动力。大家一定要认真学习，深刻领会，全面落实。

油茶集生态效益、经济效益和社会效益于一身，对于推进山区综合开发、促进农民就业增收、维护国家粮油安全、改善人民健康状况、加快国土绿化进程都具有十分重要的作用。油茶是原产我国的乡土树种，与油橄榄、油棕、椰子并称为世界四大木本油料树种。油茶又是一种长寿树种，具有一次种植、多年受益的特点，稳定收获期长达80年以上，经济效益十分显著。据专家测算，与油料农作物相比，每亩油茶的产值约为4.2亩油菜或1.34亩花生的产值；与杉木相比，每亩优质油茶林进入稳产期后的年收益要比杉木林高出一倍左右。而且油茶作为油料树种栽培已有2 000多年的历史，经营管理技术比较成熟，只要给予一定的资金和政策扶持，注重科技成果的推广运用，就很容易形成一个大产业，成为农民增收致富的重要渠道。油茶的主要产品茶油是一种高级食用油，其不饱和脂肪酸含量高达90%以上，远远高于菜油和花生油，比橄榄油高出近2个百分点，油酸和维生素E的含量分别比橄榄油高出7个百分点和1倍，被誉为“东方橄榄油”，市场前景十分广阔。全国有血脂异常患者和高血压患者2.9亿人，长期食用茶油，对于高血压、心脏病、动脉粥样硬化、高血脂等心脑血管疾病具有很好的医疗保健作用。目前，我国人多地少的矛盾日益尖锐，全国食用植物油60%多靠进口。大力发展油茶产业，不仅可以改变我国食用植物油主要依赖进口的局面，满足人民群众的消费需求，而且还能够腾出更多的耕地来种植粮食，有效维护国家粮食安全。油茶除了可生产上乘食用油之外，还是优良的工业原料。茶油热稳定性好，不易氧化变质，无毒副作用，是优良的化妆品用油。茶枯饼可以用来制造生物肥料、生物农药，提取茶皂素、茶多糖等活性物质。茶皂素又可以制造消毒剂、添加剂和发泡剂等，茶籽壳可以用来制作优质活性炭。生产茶油的剩余物，通过综合开发利用技术，可广泛用于日用化工、制染、造纸、化学纤维、纺织、农药等领域。同时，油茶根系发达，枝叶繁茂，花卉美观，耐干旱瘠薄，适生范围广，可以吸收二氧化碳、释放氧气、涵养水源、保持水土，既有生态功能，又有景观功能。总之，发展油茶产业，一举多得，既能促进农村经济发展、增加农民收入，又能缓解我国食用植物油短缺问题、提升人民群众的健康水平，还能绿化荒山、改善农村生态面貌。

这么好的产业为什么一直没有发展起来呢？主要原因是，缺乏优良新品种，尤其是长期使用实生苗造林，导致品种严重退化，产量很低，同时没有真正把油茶当作商品来生产，经营管理粗放，多数处于半野生和原始栽培状态。目前，科研部门已经选育出100多个优良品种、品系，茶油的市场需求也越来越大，油茶产业迎来了难得的发展机遇。但是，也不能急于求成、一哄而上，必须根据各地实际，稳扎稳打，一步一个脚印，确保油茶产业基地建设见到实效、农民得到实惠，确保油茶产业发展不走弯路、健康推进。当前，推进油茶产业发展要特别注意把握和解决好以下九个重要问题。

一、关于优化油茶产业发展布局问题。科学编制发展规划，优化油茶产业布局，是做大做强油茶产业的重要基础。要以这次会议为契机，认真研究确定油茶产业发展的科学布局，为油茶产业又好又快发展奠定坚实的基础。一要严格按照油茶区划选择发展区域。我国油茶品种较多，各个品种都有各自最适生的地区和最适合的生长条件。各地要按照因地制宜、适地适树的原则，科学确定最适宜本地区生长的油茶品种，切忌千篇一律，搞一种模式或一个品种，也不能盲目调引品种，降低油茶的丰产性能。二要科学安排油茶生产用地。要在全面了解油茶适生区域及本地土地和林地资源的基础上，科学确定油茶产业发展的规模和布局。三要统筹考虑油茶林基地建设与加工企业布局问题。要根据基地建设情况，及时提高油茶产品加工能力，使基地建设与产品加工协调发展。既要防止基地规模大、加工跟不上的问题，又要防止加工企业重复建设、生产能力过剩的问题。四要充分尊重农民意愿。各地在制定油茶发展规划时，既要坚持统一规划，尽可能扩大种植规模，又要充分尊重农民意愿，不搞强迫命令和"一刀切"。五要尽快修改完善《全国油茶产业发展规划》。要根据这次会议精神，对《全国油茶产业发展规划》作进一步修改完善，经过专家充分论证和有关部门批复后下发实施。各省(自治区、直辖市)要在摸清当地油茶资源现状的基础上，因地制宜地编制本省(自治区、直辖市)的油茶产业发展规划，将各项建设目标任务分解落实到有关市、县和单位。各油茶产区市、县要科学编制实施方案，合理安排年度计划，进一步把建设目标任务落实到乡(镇)、村、组、农户和山头地块。

二、关于种苗生产与管理问题。发展油茶产业，种苗是根本、是关键。研究表明，新植油茶一般4年开始结果，7~8年进入盛果期。种苗出了问题再重新栽植，影响不是几年，而是十几年甚至更长时间，不仅会造成巨大的损失和浪费，而且还会严重挫伤农民的积极性，影响油茶产业顺利发展甚至社会稳定。对种苗问题必须从一开始就高度重视，严格依法管理。一要加强油茶良种基地建设。目前，14个油茶产区省(自治区、直辖市)的良种苗年生产能力只有1亿株左右，难以满足建设高产油茶林基地的需要。必须尽快新建和改扩建良种采穗圃，确定一批重点苗圃，加快苗木培育，力争达到年产4亿~5亿株良种壮苗的能力，保证油茶产业发展对良种壮苗的需求。对待种苗质量问题决不能含糊，宁愿速度慢一点，也必须保证种苗质量，确保油茶高产高效。二要加强种苗质量监管。各地种苗管理机构要对采穗圃进行严格的种源和品种调查核实，并登记造册，建立档案，合格的要发给“采穗许可证”，不合格的不能发放“采穗许可证”，已发放的要坚决收回。要严格执行油茶种苗生产经营许可证、种苗质量检验合格证、出圃种苗标签等制度，做到“四定三清楚”，即：“定点采穗、定点育苗、定单生产、定向供应”，“品种清楚、种源清楚、销售去向清楚”，确保生产用苗是经过国家级或省级林木品种委员会审定和种苗质检人员检验合格的优良品种和苗木，坚决杜绝非良种苗木上山造林。三要建立责任追究制度。油茶种苗生产单位与使用单位要签订良种供应及售后服务协议，对因种苗不合格造成用户损失的，要追究相关单位和人员的责任。

三、关于实行标准化栽培管理问题。油茶能否优质、丰产、高效，与栽培技术和管理措施密切相关。粗放经营的油茶生长慢，产量低，盛果期短，大小年明显。只有根据不同油茶品种的生态、生物学特性，采取相应的栽培技术和管理措施，实行标准化栽培、集约经营，才能以最少的投资，获取最大的效益。一要实行多个无性系混交栽植。油茶具有自交不育的特点，是异花虫媒授粉树种，昆虫最佳授粉范围为50米左右。因此，必须采用花期相同的多个无性系混合栽植或进行块状混交，这样才能确保油茶有高的授粉率和坐果率，达到高产的目的。二要全面推广测土配方施肥技术。在栽植前，要对土壤成分进行测定，分析土壤肥力结构，并根据油茶生长特性进行配方施肥，实行“对症用肥”。三要认真总结推广管用、简便、易学的栽培管理技术。今后，采种、育苗、整地、栽培、抚育、施肥、摘果等每一个环节，都要实行统一的技术规程，实现种苗标准化、整地标准化、种植标准化、修剪标准化，让农民一看就懂，一学就会，用最省钱、省时、省力的办法，实现油茶优质高效。四要全面加强油茶经营管理。要认真做好间作施肥、林相调整、修枝整形、花期授粉、病虫害防治等工作，像经营农作物那样精心管理，彻底解决现有低产油茶林的荒、老、残、疏、密、杂等问题，全面提高油茶产量。

四、关于科技支撑问题。推进油茶产业又好又快发展，一定要依靠科技的进步与创新。虽然我们已经有4 500多万亩油茶林，但是产量很低、效益很差，主要原因就是科技落后，缺乏良种，推广不力，科技含量低。要提高油茶产业的核心竞争力，就必须充分依靠科技进步，向优良品种要产量，向科学技术要效益。一要加强新品种、新技术、新产品的研究开发。围绕油茶产业链的各个环节，加大科技创新力度，加快高产、稳产、多抗性优良新品种的选育及其栽培技术研究，加强相关配套技术集成创新，加快新产品开发，促进产学研相结合，做到每一个地区都要确定几个最适应、最高产的品种。二要大力推广油茶新品种和丰产关键技术。要依托林业科研院所、林业工作站、苗圃和农村经济合作组织、科技示范户，健全油茶科技推广服务体系，集中力量推广普及已确定的优良品种和丰产技术。三要加快油茶产业发展标准体系建设。除了栽培要实行标准化以外，还要围绕油茶产业发展的各个环节，加快制订适用于油茶产业化发展的配套技术规程和产品质量标准，使油茶产业发展全过程都做到有标准可用、按标准实施、照标准验收，确保各类产品优质高效。

五、关于农民技术培训问题。农民是发展油茶的主力军，只有让广大农民熟练掌握油茶丰产栽培技术，做大做强油茶产业才具备广泛的群众基础。长期以来，农民对油茶已经形成了不经营、不管理，产多少、收多少的传统习惯，没有把油茶当作商品林来经营。发展高产油茶是一项新事物，让农民认识并接受这一新事物，需要一个较长的过程，要加快和缩短这一过程，最好的办法就是广泛开展农民技术培训，把农民技术培训当作当前的一项重要工作来抓。一要建立高产示范林。每个油茶产区都要在条件较好的地方，建立高产示范林，为广大农民学习油茶栽培管理技术提供示范样板。特别要注意扶持一批油茶科技示范户，培育典型，用典型引路，激发大家发展油茶的积极性。二要组织专家编写油茶实用生产技术手册，分区域举办培训班，培训技术骨干和农民科技示范户。三要组织油茶专家深入生产一线，针对油茶产业发展中的品种选育、种苗培育、栽培管理、加工利用等技术难题，开展定期培训和定向服务，逐步提高广大农民的科技水平。

六、关于资金投入和政策扶持问题。发展油茶产业的前期投入较大，必须有足够的资金投入作保证。据测算，新造油茶林从栽植当年到进入稳产期，每亩需累计投入 1 500 元左右；低产林改造连续三年施肥、垦复，每亩需累计投入 600 ~ 800 元。这么大的投入光靠农民自己是难以解决的，国家必须给予必要的扶持。一要各级政府加大资金投入力度。国家发改委、财政部、科技部等部门非常支持油茶产业的发展。我们将继续加强汇报、协调，争取进一步的支持。希望地方各级政府也层层安排专项资金支持油茶产业发展，力争使中央和地方各级政府的资金投入占到一半左右。有条件的地方，可以把防护林、退耕还林等工程建设与油茶林基地建设结合起来，缓解资金投入不足的问题。二要创新投入机制。通过以奖代投、以补代投等方式，吸引社会资金参与油茶产业发展，充分发挥国家投资的引导、带动作用。三要加强信贷支持。国家将安排贴息贷款，专项支持油茶产业发展，同时积极支持企业和农户利用各类信贷资金发展油茶产业。四要加强政策扶持。国家林业局正在与国家发改委、财政部、税务总局、金融及保险机构协商，研究制定相关政策措施。希望地方各级政府结合本地实际，像对待油菜、大豆一样，在良种补贴、造林补助、生产大县奖励、产品加工等方面制定切实可行的政策措施，加强对油茶加工企业、种植大户、油茶专业合作社等的扶持，共同为油茶产业发展创造良好条件。油茶从种植到盛果期时间较长，各地要认真研究资金投入和政策扶持的方式，力求获得资金投入和政策扶持的最佳效果。

七、关于市场引导和产品加工问题。油茶具有经济价值高、市场潜力大的优势，推进油茶产业发展，必须充分发挥市场的引导和调节作用，大力发展油茶产品精深加工，更好地优化资源配置，提高产业效益，促进产业升级。一要牢固树立以市场为导向的观念。像抓生产一样抓市场，加强市场研究，把握市场脉搏，按照市场需求，确定产业规模，组织产品开发。二要运用市场机制推动油茶产业发展。要引导有实力的企业投资油茶产业，积极扶持龙头加工企业，鼓励加工企业采取“企业 + 农户”的模式，建立油茶林基地，提高油茶产业抵御市场风险的能力。要依靠龙头企业的加工能力，着力打造名牌产品，提高产品的市场竞争力。三要加强产品市场监管。通过建立健全各类产品标识管理和质量检验检测体系，确保产品质量安全。四要加强新产品开发。在进一步创新压榨方法，提高出油率的同时，要针对不同人群的消费水平，充分利用现代加工技术和手段，开发相应的茶油产品，满足不同消费群体的需求。五要加强加工剩余物的综合利用。充分利用已经成熟的技术和工艺，从油茶加工剩余物中提炼茶皂素，制作饲料、肥料和洗涤产品，把各种有用物质最大限度地开发出来，提高综合利用率和经济效益，带动油茶产业可持续发展。

八、关于处理好生态与产业的关系问题。生态与产业是互相依存、互相促进的关系。只有抓好生态建设，建立起完备的生态体系，才能为发展林业产业提供坚实的物质基础；只有抓好林业产业，建立起发达的林业产业体系，才能为生态建设提供资金保障，更好地加快生态建设。油茶既有巨大的经济效益，又有显著的生态效益。大力发展油茶产业，既要追求经济利益，以此调动各方面的积极性，又要注重生态保护，绝对不能以牺牲生态效益为代价换取油茶的经济效益。一要坚持新造与改造“两手抓”。一手抓利用宜林荒山荒地新造高产油茶林，一手抓现有低产油茶林更新改造，做到双管齐下，全面扩大油茶资源培育规模和产出总量。当前，要充分利用现有油茶林地，重点做好现有低产油茶林更新改造，减少占用其他林地，防止毁坏森林资源，尤其是不能毁掉现有的生态公益林新造油茶林，也不能在植被状况好、生态区位重要的林地上发展油茶林。二要充分利用低山丘陵地区的宜林荒山及灌丛地、采伐迹地、火烧迹地、雨雪冰冻灾害损毁林地，以及房前屋后、道路两侧、河道沿岸等边际性土地，见缝插针地新造油茶林。三要注重发挥油茶林的生态效益和景观效益，要特别注意在整地、栽植和抚育等环节，避免造成水土流失。

九、关于加强组织领导问题。大力发展油茶产业意义十分重大，希望全国山区综合开发领导小组各成员单位高度重视，真正把发展油茶产业放在心上、抓在手上，从政策、资金、项目、技术等方面给予大力支持，共同把这项关系山区发展和农民增收的重要产业做大做强。各级林业部门要坚持一把手抓油茶，把发展油茶作为一项重要工作，摆上重要议事日程，认真研究，全力推进，尤其要积极争取党委、政府的高度重视和大力支持。要明确专门抓油茶生产的组织机构，加强与相关部门之间的沟通协调，为油茶产业发展创造良好条件。要充分发挥油茶产业协会和农村专业经济合作组织的作用，加强行业自律，维护合法权益。要通过广播、电视、报纸、网络等媒体，广泛宣传油茶的特性和茶油的高品质、高价值，引导广大人民群众认识油茶、食用茶油，以消费的不断扩大拉动油茶产业不断发展，同时为提升全民族的健康水平发挥重要作用。

加快油茶产业发展，维护国家粮油安全，推动山区综合开发，促进农民就业增收，是我们义不容辞的责任。让我们紧密团结在以胡锦涛同志为总书记的党中央周围，高举中国特色社会主义伟大旗帜，以邓小平理论和“三个代表”重要思想为指导，深入贯彻落实科学发展观，求真务实，开拓创新，努力开创我国油茶产业发展新局面，为夺取全面建设小康社会新胜利作出新的更大贡献！

李育材

建设生态文明　实现可持续发展

建设生态文明，实现可持续发展，是党的十七大报告提出的一个重大命题，也是全面建设小康社会的重要战略目标。报告要求“基本形成节约能源资源和保护生态环境的产业结构、增长方式、消费模式。循环经济形成较大规模，可再生能源比重显著上升。主要污染物排放得到有效控制，生态环境质量明显改善。生态文明观念在全社会牢固树立”。这是我们党关于发展理论的升华，是对环境与发展关系认识的飞跃，是执政理念及方式的重大转变。那么，如何用生态文明的理念引导我国经济社会迈向可持续发展，笔者有以下八个方面的思考：

一、自然生态与人类社会发展的关系及其演变历程

在回答生态文明建设与可持续发展关系之前，有必要回顾一下人类社会发展与自然生态的关系，从人与自然关系变化的历程和演变中发现其中的规律。

形象地说，自然生态与人类是母子关系，自然生态是人类之母。自然生态养育着人类，自然生态愈好，愈有利于人类生存、发展。人类社会的兴衰存亡，归根结底取决于人们如何认识自然、并以怎样的行为规则与之相处。“顺自然法则者兴，逆自然法则者亡”，古今中外，概莫能外，经验和教训极为深刻。

迄今为止，人类社会已历经了原始文明、农业文明和工业文明三大阶段。原始文明的特点是人与自然和谐，自然生态系统自我恢复和平衡的能力极强。农业文明的基本特征是人类利用和改造自然环境的力量与作用越来越大，对自然生态的破坏是渐进的、不间断的。人类步入工业文明社会以来，伴随着技术的巨大进步、经济的急剧增长、物质财富的空前聚集，自然遭受到了空前的破坏。掠夺式开发，急功近利片面追求经济的高速增长，使资源、环境付出了沉重的代价，带来了环境恶化、生态欠债和民生问题。全球环境恶化、生态功能弱化，自然灾害频繁、淡水资源枯竭以及沙漠化的加剧，表明自然生态系统已渐失平衡。今天的地球，已经不堪重负，难以找到环境未受恶化影响的净土。美国前副总统戈尔在其两部关于环境变化的著作中，表示了对环境变化的深度担忧，揭示了“难以忽视的真相”，并因此获得了诺贝尔和平奖。全球如此，我国亦如此。

据联合国粮食与农业组织《2007 年世界森林状况》报告统计，全球目前只有不到 40 亿公顷的森林，覆盖了全球约 30% 的陆地面积。1990 ~ 2005 年 15 年间，全球森林面积减少了 3%，而且目前仍然以每年 730 万公顷的速度在减少。同时，全球有约 2/3 的国家、地球表面 1/3 以上的土地(超过 40 亿公顷)和 10 多亿居民遭受沙化、荒漠化的危害。由于持续扩大的荒漠化，联合国粮食与农业组织估计，到 2020 年，将约有 1.35 亿人面临着被迫离开家园的危险。根据世界水委员会《世界水展望》报告，全球约有 1/5 的人口长年饮用不洁净的水。联合国环境规划署《全球环境展望年鉴 2006》资料表明，全球有 10 多亿城市人口直接受到空气污染毒害，并导致每年约有 160 万 ~ 320 万人过早死亡。国际有识之士警呼：“环境危机将是 21 世纪人类面临的最大、最严重的挑战。”英国《独立报》于 2006 年 10 月 11 日报道，新经济基金会根据美国学术团体全球生态足迹网络的估测，2006 年 10 月 9 日这一天，人类对地球资源的索取量超出了合理范围，已达到了地球所能承受的极限。该网络还估计，世界将需要五个地球的资源才能在全球维持一个像美国那样的物质社会，而维持一个像英国这样的物质社会则需要将近三个地球的资源。

鉴于此，人类开始了深刻的反省和艰难的探索，生态文明的思想应运而生。1972 年召开的联合国人类环境会议唤起了各国政府对环境问题的关注。1992 年在巴西里约热内卢召开的联合国环境与发展大会，使可持续发展思想在全球范围内得到了广泛和最高级别的政治承诺，变成各国人民的行动纲领。20 世纪后半叶以来，保护环境，走可持续发展之路，实现人与自然和谐，逐渐成为全人类的共识。可以说，人们对自然生态与人类社会关系的认识与把握，经历了上万年的曲折路程，终于归于理性，从对大自然的掠夺、征服和污染型的农业、工业文明向环境友好型、协调型、良性循环型的生态文明迈进。这是革命性的变化和进步，也是人类历史发展的必由之路。

二、客观估量我国生态情势，探究问题产生的根源

党的十七大报告在充分肯定我国经济社会发展取得巨大成就的同时，指出“经济增长的资源环境代价过大”。这个过大到底达到什么程度，对我国的发展产生了怎样的影响，其前景究竟如何？是值得我们认真思考的大问题。

应当看到，新中国成立以来，党和政府对治理生态、保护环境非常重视，中国生态治理和环境保护取得的辉煌成就，举世瞩目。但是，我国的生态环境“边治理、边破坏，治理赶不上破坏”、“好转与恶化并存”的特征和“局部好转、整体恶化”的趋势仍未得到根本扭转。西方国家在100多年工业化进程中逐渐出现的生态、环境问题，在我国短短20多年的经济快速增长期间集中凸显，我国的生态、环境恶化已经危及到经济社会的持续发展，危及到社会的和谐稳定，并且呈现出三个基本特征：一是生态危机是全面的整体的；二是生态危机的趋势仍在加剧；三是生态危害的程度还在加深。

具体表现在：

大气生态。我国目前的主要大气污染物排放量，包括甲烷、氧化亚氮、黑炭、二氧化硫，已经居世界第一；燃料燃烧产生的二氧化碳占世界的14.9%，居世界第二。据环保部门2005年监测的全国522个城市中，仅有4.2%的城市达到国家环境空气质量一级标准，56.1%的城市达到二级标准，有39.7%的城市、65%以上的城市人口处于中度甚至重度污染之中。

土壤生态。我国水土流失面积356万平方千米，占国土总面积的37.42%，每年流失表层沃土达50亿吨；自1950年以来，全国因水土流失损失耕地达267万多公顷。全国荒漠化土地占国土总面积的27.46%，沙化土地占国土总面积的18.1%。有人比喻，水土流失掉的是中华民族的血液。

陆地生态。水土流失面积356万平方千米，占国土面积37%，并伴生沙尘暴灾害，迫使成千上万的农牧民迁往他乡，成为“生态难民”。有15%～20%的高等植物物种处于濒危状态，高于世界10%～15%的水平，在国际公认的640个濒危野生物种中，中国占了156个；冰川融化幅度剧增，近40年来，我国冰川面积缩小了3 248平方千米。

水体生态。“北方几乎有河皆干，南方几乎有水皆污”，是我国水资源状况的真实写照。我国人均水资源量仅为世界平均水平的1/4，居世界第121位。在过去的50年间，全国消失湖泊1 000多个，年均有20个湖泊干涸。地下水超采区遍布24个省区市，其中有50多个城市出现地面沉降。我国有机水污染物排放量，位居世界第一；全国有1/3的淡水资源不能作为饮用水，近3亿农村人口饮用不合格的水。2006年在全国七大江河水系408个监测断面中，满足国家地表水三类标准的占46%，28%的断面为四类至五类水质，超过五类水质的断面占26%。

森林生态。按照国际上通行标准，森林覆盖率达到30%以上，且呈斑状均匀分布，才能有效发挥生态防护功能，即涵养水源、调节气温、防风固沙、降低风速、增加空气湿度，降低区域性洪涝、干旱等自然灾害的危害程度等。我国的林木覆盖率虽然已达18.21%，但天然林占国土面积不到10%。森林资源普遍存在“一低三单一”的特点，即：人均占有量低，林龄单一、林种单一、林相单一，生态效益相对有限。专家认为，同原始天然林相比，人工林的生态防护功

能是相当低下的。

草原生态。我国草原占国土总面积的41.7%，由于长期超载放牧，90%可利用草原程度不同地退化，产草量大幅度下降。据《科技日报》报道，目前草地沙化、荒漠化面积约9 000万公顷，占中国草地总面积的三分之一，每年有133万公顷草原在退化。我国北方有1 333多万公顷农田遭受草原风沙的侵袭，草地成为荒漠化土地的主体和沙尘暴主要发源地。

生态、环境恶化带来了严重后患。一是造成巨额直接、间接的经济损失。1990年以来，年均洪涝灾害直接经济损失约占全国同期GDP的2%，遇到发生流域性大洪水的年份，如1991、1994、1996年灾情严重，该比例竟达3%～4%。"十五"时期，全国每年平均受灾面积0.13亿公顷，受灾人口1.6亿，死亡1 510人，直接经济损失1 006亿元。我国土地沙化、荒漠化危害的直接经济损失约642亿元/年，荒漠化及其衍生危害造成的间接经济损失约为2 889亿元/年。二是加剧了贫困。《国家八七扶贫攻坚计划》确定的贫困县有592个，涉及27个省(自治区、直辖市)。分布面广，相对集中连片，主要分布在西北干旱绿洲边缘、青藏高原、北方农牧交错带、西南干热河谷、南方石灰岩山地、秦岭大巴山、大别山、赣粤闽山区、沂蒙山和五指山等地区。这些经济贫困地区与生态脆弱区的地理分布，具有明显的耦合性。据调查，贫困地区的生态贫困率高达70%以上。其中一部分农牧民已易地谋生，沦为生态灾民。

透过现象看本质，生态、环境恶化只是现象，隐藏在这个现象背后的本质是什么？这就是：巨额的生态赤字、巨大的环境欠债！

中国的生态赤字有多大呢？据世界自然基金会《2006年地球生态报告》称，2003年全球人均生态足迹(即自然资源消耗量)为2.23公顷，人均生态容量为1.78公顷，人均生态赤字为0.45公顷。在173个国家和地区中，112个国家和地区存在生态赤字，4个生态盈亏平衡，57个生态盈余。中国人均生态足迹为1.6公顷，低于世界平均水平，但由于人口数量巨大，人均生态容量为0.8公顷，生态赤字为0.8公顷，高于全球平均水平近一倍。据我国有关专家观测计算，我国人均生态足迹从1961年的0.76公顷逐渐提高到2003年的1.55公顷，生态承载力和生态盈余则从1.43公顷和0.68公顷下降到0.73公顷和-0.82公顷。1978年生态赤字为0.1公顷以下，标志着我国开始进入生态赤字阶段，并呈现出逐年增加的态势，到2003年猛增到0.8公顷以上。有专家测算，"十五"期间，我国年均生态赤字约达1万亿元，总额为5万亿元以上。

我们站在了发展的十字路口上，是继续沿着传统的发展方式走下去，直至将自己逼入生态承载的极限，还是改弦易辙，努力偿还生态欠债，走人与自然和谐的生态文明之路，十七大报告给出了明确的答案！

三、转变发展方式是实现发展与环境双赢的必由之路

导致我国巨额生态欠债的根源是粗放的经济增长方式。这种以资源能源高消耗、环境重污染为主要标志的增长方式，为我国经济快速发展、国力增强和人民生活改善做出过巨大贡献，但是，我们也为此付出了巨大的资源环境代价。

先看投入。我国经济快速增长在很大程度是靠拼资金、拼资源和拼劳动力实现的。我国资本形成占GDP的比重，2003年高达42.7%，大大高于美国、德国、法国、印度等国家20%左右的水平；我国每增加1亿元GDP需要的固定资产投资，"六五"是1.8亿元，到了"十五"就高达5亿元，远高于发达国家1亿元左右的水平。

再看消耗。我国资源禀赋本来就比较低，石油、天然气、煤炭、铁矿石等重要矿产资源人均储量分别相当于世界人均水平的11.0%、4.5%、79.0%、42.0%。但从主要资源消费指标占世界总量比重来看，我国的煤炭、钢材、水泥、有色金属、化肥、淡水、海洋捕捞等都已是世界第一大消费国，一次能源、石油、精炼铝等总消费量为世界第二。为了维持高消耗，不得不对资源进行超常规开发。仅以煤炭、钢铁、电力为例，2000年到2007年，我国的煤炭产量、钢的生产能力及发电装机总容量从12.99亿吨、1.3亿吨、3.19亿千瓦猛增到26亿吨、4.89亿吨和7.13亿千瓦。

这么高的投入和资源能源消耗带来的却是低效益。目前，我国能源利用效率只有33%，比国际先进水平低10个百分点左右。我国单位能耗是世界平均水平的3.1倍，是日本的7.6倍，美国的4.2倍，印度的1.5倍；工业万元产值用水量是国外先进水平的10倍。我国的资源产出效率大大低于国际先进水平，每吨标准煤的产出效率相当于美国的28.6%，欧盟的16.8%，日本的10.3%。我国第二产业的劳动生产率只相当于美国的1/30、日本的1/18、法国的1/16、德国的1/12和韩国的1/7。

高投入高消耗带来了高排放重污染。目前，我国主要大气污染物排放量、有机水污染物排放量均居世界第一；二氧化碳排放量居世界第二。全国2/3的城市人口生活在中度或重度大气污染的环境中，60%以上河流的水质遭到中度和重度污染，75%的湖泊出现了不同程度的富营养化，平原地区54%的地下水不符合生活用水水质要求。全国每增加单位工业产值产生的固体废弃物比发达国家高10多倍，工业固体废物每年增长7%，城市生活垃圾每年增长4%。

这种经济增长方式，不仅反映在工业上，而且反映在农业上。长期以来的过度垦荒、放牧、砍伐、捕捞，过量使用化肥、农药等化学物质，已经给生态、环境带来严重危害，我国农业污染已占全国污染总量的1/3。

现实一再告诫我们，靠拼资源、拼环境换取经济增长的方式已走到了绝路，不应当也不可能再延续下去了。

转变经济发展方式势在必行。党的十七大报告明确提出："加快转变经济发展方式、推动产业结构优化升级。这是关系国民经济全局紧迫而重大的战略任务。"实践表明，转变经济发展方式，建设生态文明社会，是实现发展与环境双赢的必由之路。

四、增加对生态、环境的投入是实现良性循环的关键

我国生态、环境投入总量不足，加之有效投资率低和投资保障制度不完善，以致生态治理、环境保护目标难以实现。这是造成巨额生态赤字、环境欠债的原因之一。

改革开放以来，随着经济持续快速发展和各级各行各业环保意识的增强，我国生态治理、环境保护的投入力度不断加大。2005年达到占GDP的1.3%，在"十一五"规划中，这一投入比例拟达到1.5%。环保投入政策也逐步建立和完善。已初步建立起以政府为主导的多元环保投融资机制。但是，由于生态、环境欠债过多，加之新的欠债不断出现，致使我国的生态、环境难以扭转"局部好转、整体恶化"的被动局面。

"十五"期间我国生态欠债总额在5万亿元以上，"十一五"期间还将继续欠账，生态、环境投入呈严重滞后状态。如果沿着这一趋势发展下去，到2010年，我国完全弥补生态欠债将需要投入占GDP的比例高达8%～12%。

面对如此严峻的现实，如果任凭这种情势继续发展下去，我国将会为生态、环境所累，将被迫放慢以至停止发展步伐，其结果将是对民众的健康和生存的一场灾难！当前大幅增加生态环保投入是绝对急需的必要的。我国已经到了举全国之力，从财政、金融、企业、社会等全方位增加生态治理、环境保护投资的时候了。

加大投入，必须解决谁来投、投多少的问题。

谁来投？按照公正、公平、合理的原则，所有分享发展成果、给生态环境造成损害的国家管理者、生产者、消费者和全体公民都应是投入主体，都应当为增加环保投入做出贡献。当前我国应当根据“谁污染谁付费、谁受益谁分担、谁开发谁保护、谁破坏谁恢复”的原则，进一步明确划分各个环保投入主体的责任。并需要在《中华人民共和国环境保护法》中对政府、企业、社会、公民的环保投入责任、义务作更加明确具体的界定。我国环保投入主体应当包括：①政府。生态环境保护是社会管理和公共服务的重要内容，政府是生态、经济、社会的“总管家”，对于环境保护具有义不容辞的投入责任。②企业。企业是自然资源的主要消耗者，也是环境的主要污染者，理所当然是环保投入的主体。③社会公众。消费者(社会和公众)既是环境污染的受害者，也是环境污染的产生者，也应当承担一定的环保投入责任。④国外机构。国外老牌资本主义国家经过几百年的发展，经济高度发达，人民生活富裕，其代价是造成全球生态环境问题。全球环境恶化造成的我国生态环境问题，它的治理投资，发达资本主义国家应当承担一定的份额。

投多少？新中国成立以来，我国的生态环保投入逐步增加，特别是近些年，资金投入量增长较快。但是，目前我国环保投资占 GDP 的比例仍然很低。早在 20 世纪 70 年代，美国的环保投资就达到 GDP 的 2%、英国是 2.4%、日本是 1.8% ~2.9%，联邦德国是 1.8% ~2.1%，瑞典是 1.9%，之后又有不同程度的增加，到 1992 年美国达到了 2.5%，而我国到 2005 年才达到 1.3%。“十一五”期间规划的投入比例是 1.5%。世界银行的研究报告表明，当一个国家环保投入占 GDP 的比例达到 2% ~3% 时，环境质量可有所改善。从工业化国家的经验看，环境质量的改善是以资金和技术投入为依托的，欧美等发达国家为改善生态环境，其环保投入占国民生产总值的比例均在 2% 以上。以我国目前的环保投入比重，很难遏制生态、环境恶化趋势。

有鉴于此，大幅提高我国的生态环保投资比例是非常必要的。总的目标任务应当按照“偿还旧债、不欠新债”的要求确定投入的比重和数量。各省区市县应根据各自的经济发展以及所处的地域环境状况，进行科学预测计算，摸清生态、环境欠债底数，确定符合实际的偿还旧债、不欠新债的环保投资规模和占 GDP 比例，并制定实施切实可行的生态环保投入规划、措施，确保投入目标任务的实现。

五、完善相关政策法规是确保生态良好的生命线

多年来，党和政府确立了保护环境的基本国策，国务院和有关部门颁布了多个生态环境保护与建设的规划、纲要。但是，毋庸讳言，我国环境政策法规仍不完善、不合理，不作为、甚至乱作为的问题相当突出，涉及到大气、水、土地、森林、草原、矿产资源等各个领域。

就政策而言：一是土地使用政策不合理。土地征用审批不严，补偿费用过低，而土地增值收益分配又过多地向地方政府和开发商倾斜，以致造成非农建设占用耕地过多、过乱。据国土资源部统计，1997 ~2005 年，全国年均减少耕地 68.47 万公顷，总面积已下降到 1.218 亿公顷，形势相当严峻。二是水资源保护政策不完善。淡水价格过低。以黄河为例，水价只有供水成本的 43%。有人戏称“一吨黄河水换不来一瓶矿泉水”。再是，排污费征收标准过低，导致企业“守法成本高，排污成本低”，不重视污水治理，想方设法把污染责任转嫁给社会。三是森林限额采伐政策缺乏约束力。森林生态效益补偿标准过低，起不到补偿作用。四是草原资源缺少政策支持，草原超载现象难以控制。五是矿产资源补偿费过低。根据《矿产资源补偿征收管理规定》，补偿费根据不同的矿产资源，按照矿产品销售收入的0.5% ~4%征收，而国际上多数国家、多数矿产资源的权利金费率都在2% ~8%之间。

就法律法规而言，也存在不少的缺失和问题：一是生态保护领域仍存在法律空白。现行的环境保护法律基本上是污染防治法，而各单项法律主要关注的是自然资源的经济，缺少专门适用于生态保护的法律。二是法律或自相矛盾，或过于原则，缺少可操作性，降低了有效性。三是有法不依、执法不严、违法不究、执法机关不作为的问题相当突出。四是体制上多头执法，形不成合力，影响执法效果。

我国生态、环境政策法规缺失、乏力问题的本质，是不能正确体现资源、环境在开发使用中的经济、社会、生态价值。放得太宽，管得太松。“守法成本高、违法成本低”的问题远没有得到解决。其根源有三：一是对政策法规的认识问题。有些人、特别是某些政策法规的制定者和执行者，对生态、环境政策法规在建设生态、保护环境方面的重要作用研究不深，认识肤浅，或者根本就没有认识。二是政策法规制定水平问题。某些生态、环境政策法规的制定，导向偏颇、激励无方、制约乏力，反应又过慢，甚至不是限制污染、保护资源，而是鼓励资源浪费、环境破坏。三是政策法规执行问题。国家制定了一系列重要的生态、环境政策法规，但不少执行者缺乏应有的自觉性、能动性，有的不愿执行、有的不懂乱行，甚至肆意妄行，不是把政策法规效力发挥到极致，而是把政策法规效力降到了极低，甚至歪曲政策法规，另搞一套。

上述情况表明，完善政策法规、严格执行政策法规，有效解决生态、环境政策法规缺失、乏力问题，对于保护生态、资源、环境，规范和促进经济健康发展和确保社会稳定，具有极其重大而现实的意义，必须引起高度重视，并下大力抓好。

六、坚持科学发展，实行绿色政绩考评制度

坚持什么样的发展理念，实行什么样的政绩考评标准和制度，对于能否正确处理发展与环境的关系，偿还生态欠债，实现发展与环保同步双赢，具有关键性作用。

思想理念是行动的先导。俗话说，“成也理念，败也理念”。有什么样的发展理念，必然会有什么样的发展方式和效果。实践证明，要真正树立和落实科学发展观，实现又好又快发展，发展与环境同步双赢，必须紧密联系实际，切实端正和克服种种非理性发展理念，改革完善政绩考评标准、办法。那种把以经济建设为中心简单地理解为“以GDP为中心”，把“发展是硬道理”片面理解为“GDP增长是硬道理”，在发展观上出现“以GDP论英雄”的盲区，在政绩观上陷入“以GDP论政绩”的误区，则正是非理性发展理念的认识上的错误。目前正在探索、试点的绿色GDP核算、考核标准和办法，是一项意义重大的改革和创新，为树立科学的发展理念，为防止和纠正“重经济增长轻环境保护”、“重经济指标轻社会指标”、“重短期绩效轻长远利益”的偏向，确保经济与环境协调发展，偿还生态、环境欠债，提供了一种有力的机制和杠杆。

“履不必同，期于适足；治不必同，期于利民。”破除陈旧的发展理念，改革和完善以GDP为核心的政绩考评标准和方法，势在必行。为此，要深刻领会科学发展观的精神实质，解决好发展理念问题，实行新的考评标准和制度；要解决科学测算标准问题，把重视经济增长和重视资源、生态、环境和人文发展的指标同时加以考虑，突出以人为本、人与自然和谐类别指标的选择；要解决科学政绩考评标准和制度实施的方式方法问题，按照“生态功能区”的发展要求和实际情况，对不同地区的政绩考评标准进行合理划分。

七、实施休养生息战略是尽快恢复自然生态的捷径

实践表明，实施休养生息战略，对恢复自然生态功能，作用巨大，效果显著。以封山育林为例，自1950年以来，全国各地由点到面逐步推行，累计封育成林面积3 338.1万公顷(截至2004年)，占全国有林地面积的21.7%，为提高我国森林覆盖率贡献3.6个百分点。

通过封山、禁(休)牧，让荒山、草地生态系统休养生息，不仅覆盖面广、见效快、成本低、而且恢复生态功能、效果特别显著。河北省以太行、燕山山系为主体，在总面积4 000万亩的山区地带实行封山育林，累计封育成林面积2 000多万亩，占全省有林地面积的40%以上；封育成的天然林木蓄积量达到5 200多万立方米，占全省活立木蓄积的60%以上。这些地带，大多是位置偏远、立地条件差的生态脆弱地区，实施人工造林难度大、成本高，"年年造林难见林"。而封山禁牧则是一项投资少、见效快的绿化方式。

草原也是如此。截至2005年，全国已有25个省(自治区、直辖市)、980多个县实行了封山禁牧、舍饲养畜，其中北京、河北、陕西、青海、宁夏5个省(自治区、直辖市)实行了全境禁牧。全国禁牧草原面积5.7亿亩，休牧草原面积5.4亿亩。

实施自然生态休养生息战略意义重大，但必须注意把握好以下几点：

一要因地制宜，坚持从当地实际出发。我国地域辽阔，南北跨热带温带两大气候带，东西分布则有从湿润到干旱的不同干湿地区，再加上多种地形的不同影响，形成了复杂多样的气候类型，造就了我国特殊而复杂多样的自然生态系统。实行自然生态休养生息，并不是简单地封育围禁，而是要对不同地域、不同植被类型的生态退化状况、特点和缘由，通过深入的调查、了解，选择最适宜的模式和方法，才能获取最佳效益。陕西、甘肃、宁夏等省(自治区)，都有根据不同区域的自然条件和封育目的，采取了不同的封育方式的成功经验。

二要处理好"绿"与"富"的辩证关系。这是生态休养生息成功与否的要诀。自然生态休养生息，直接涉及眼前与长远、局部与整体利益的关系问题，也就是"绿"与"富"的关系问题。有人说："国家要'绿'，群众要'富'。"这种说法虽有片面性(其实国家和群众都既要"绿"又要"富")，但反映了"绿"与"富"存在一定的矛盾。处理不好，就会影响休养生息举措的实施。实践证明，如果只顾绿、不顾富，群众收入不能增加，生活得不到改善，必然缺乏绿起来的积极性、主动性；相反，只顾富、不顾绿，资源被过度使用，那么经济发展也就不可持续。

三是要结合实际制订全面、切实、科学的规划，就休养生息的总体目标、主要任务、实施方法、保障措施及相关事项提出要求，作出规定。有了规划，要一张蓝图绘到底，一代接着一代干。

四要有公共投入政策扶持。解决休养生息中的实际困难。特别需要完善国家封山育林、退耕还林、退牧还草的补助政策，构建封山禁牧、退耕还林等的工程生态补偿保障机制，制定鼓励各类工商企业参与休养生息地区的接续产业和旅游观光产业发展优惠的政策，以利于充分调动农牧渔民和社会各界参与实施自然生态休养生息战略的积极性。

八、补好生态道德课，奠定生态文明建设基础

必须看到，我国的生态道德文化尚未普遍植根于民众。相当一部分人的生态文化知识低，还处于"文盲、半文盲"状态，既不了解我国人均耕地、淡水、森林、野生动植物等资源的基本状况及其相关知识，也不知道联合国确定的"世界环境日"、"地球日"、"国土日"、"世界人口日”等生态、环保纪念日的时间、背景和含义。

特别值得注意的是，有些领导干部，生态道德、环境意识不强，“重经济轻环保”的片面思想观点相当突出。据《中国青年报》(2006年11月13日)报道：某省环保局日前公布的一项问卷调查显示，在接受调查的人群中，93.31%的群众认为，环境保护应与经济建设同步发展，然而却有高达91.95%的市长(厅局长)认为加大环保力度会影响经济增长。由此可以看出，我国生态、环境的恶化和欠债，追根溯源，是人们特别是广大干部和公务员队伍的生态道德缺失、生态文化程度浅薄所致。

生态道德的缺失还表现在消费领域中追求奢华、过度消费、挥霍浪费等方面。据有关报道披露，目前我国的食物浪费，每年约损失粮食6 192万吨，水果2 195.7万吨，蔬菜25 362.9万吨，肉类1 212.1万吨，水产品824.4万吨。占各类总产量的12.9%、28.6%、47.5%、17.4%和17.5%。

上述种种触目惊心的事实，说明了在广大人民群众中间、尤其是在领导干部和公职人员中间，加强生态道德和环境意识教育，补上生态道德文化这一课，是多么紧迫、重要！这对于从根本上解决我国的生态、环境问题，实现保护生态环境、建设节约型社会的目标，至关重要，势在必行。

总之，建设生态文明，实现经济发展与生态环境保护和改善的双赢，是一项重大战略任务，也是当前的现实需求。改变发展方式、走生态文明的可持续发展之路，我们既面临着严峻的挑战，也充满着希望。当我们真正认识到转变发展方式的重大战略意义，并付诸行动去努力实践时，一切期望的结果将在我们的奋斗中发生！

破解生态、环境难题也面临着良好的历史机遇。一是党和政府从来没有像今天这样高度重视治理和保护生态、环境。做出了一系列实现发展与环境双赢的重大战略决策，并把建设生态文明列入了重要议事日程，这些决策的贯彻实施，必将为我国生态、环境治理和保护，提供强大的动力支持和政治思想保障。二是广大城乡人民群众从来没有像现在这样特别关注、积极参与生态治理和环境保护。群众环境意识、生态观念的增强和高涨的参与环保的积极性，必然会转化为强大的物质力量。三是我国的综合国力从来没有像现在这样雄厚，人民的物质生活水平也从来没有像现在这样提高。这为生态文明建设创造了可贵的物质技术基础。四是现代科学技术，特别是清洁生产、循环经济的技术模式，使根治环境痼疾、建设生态文明成为可能。五是我国已经涌现出一批生态优化、经济发展、民生改善同步发展的环境卫生模范市(县、乡)，其成功的经验具有普遍意义。

相信在以胡锦涛总书记为核心的党中央领导下，坚定不移地落实科学发展观，大力建设生态文明，实现“百年四步走”的目标是完全有可能的，即：第一步，从21世纪初算起，用15年(到2015年)的时间，基本遏制生态、环境恶化趋势，开始整体好转；第二步，用30年(到2030年)的时间，实现生态、环境质量明显改善，50%的地区步入自然生态系统良性循环；第三步，用50年(到2050年)的时间，全国生态、环境状况全面改善，基本实现山川秀美；第四步，用100年(到2100年)的时间，巩固提高治理成果，全面实现环境优美、生态文明的总目标。

我们坚信，一向不畏艰险、勇于进取、富有创造力的中国人民，在创造社会主义物质文明、政治文明、精神文明的同时，也一定能够创造出无愧于时代、无愧于祖先、无愧于子孙后代的辉煌的现代生态文明。

杨继平

把祁连山生态保护与建设摆上重要议事日程[①]

我国地势西高东低，大江大河都发源于西部。西部雪山有八大山系，祁连山虽然不是最大的，但其对我国西北地区经济社会发展全局具有特殊的重要性。它是黑河、石羊河、疏勒河三大内陆河的发源地，是黄河、青海湖的重要水源地，是跨行政区的雪山山系，直接关系到青海、甘肃和内蒙古三省(自治区)570万人口的生存与发展。目前，该地区的生态状况堪忧，如果这种状况继续恶化，后果严重，影响深远。

一、祁连山生态保护与建设是个重大战略问题

祁连山脉位于青海省东北部与甘肃省西部，国土总面积15.37万平方千米，是黄土高原向蒙新高原、青藏高原的过渡地带。它地跨甘肃、青海两省9个地市。青海一侧包括海北藏族自治州的祁连、门源、刚察3县、海西蒙古族藏族自治州的德令哈、大柴旦2个县和天峻县的一部分，海东地区的互助、乐都、民和3个县的部分地区，面积为7.6万平方千米；甘肃一侧包括兰州市所属红古区和永登县，武威市及所属天祝县、古浪县和凉州区，金昌市所属永昌县、金川区，张掖市所属甘州区、山丹县、肃南裕固族自治县、民乐县、高台县和临泽县，酒泉市和嘉峪关市，总面积7.77万平方千米。祁连山所涉及地区的总人口为569.2万人，其中，农村人口占58%。祁连山区的生态保护和建设，不仅关系祁连山区自身的长远发展，还直接关系到河西走廊、青海湖地区和内蒙古额济纳旗的发展，关系民族团结和国防安全，是具有全局性、长远性、根本性的重大战略问题。

(一)水资源安全是根本问题

祁连山是一座“天然水塔”。一是孕育了黑河、疏勒河、石羊河三大内陆河，年出山径流量总计约72.64亿立方米，灌溉了河西走廊和内蒙古额济纳旗105万多亩农田，滋润了1 650余万亩林地和1 200余万亩草场，提供了500多万人民的生存条件，造就了武威、张掖、酒泉和敦煌等历史文化名城，保障了河西走廊经济社会的发展。二是黄河一级支流大通河的发源地，年径流量30.05亿立方米，近年来，引大入秦、引大济湟工程，将大通河水引入秦王川和湟水流域，为其经济发展注入了新的活力。三是发源于祁连山南麓的50多条河流注入青海湖，是青海湖的主要水源，仅布哈河、沙柳河、哈尔盖河、泉吉河4条河的入湖水量就达12亿立方米，占青海湖年入湖水量的3/4以上[②]。

同时，该地区冰川资源十分丰富，被称为“冰源水库”。海拔4 400米以上的山上终年积雪，发育有现代冰川2 859条[③]，总面积达1 972.5平方千米，冰储量811.2亿立方米，多年平均冰川

---

① 刘家顺、陈幸良、尹刚强、赵金成、刘建军、朱民同志参与了调研

② 青海省工程咨询中心．青海湖流域生态环境保护与综合治理规划．2007. 第16～17页

③ 王太宗编．中国冰川目录(Ⅰ祁连山区)．北京：科学出版社，1981. 第1～46页

融水量为 9.9 亿立方米，占出山总径流量的 13.53%，冬季积雪储量约占该区年径流量的 38.2%①，这种“固体水库”占总径流量的一半以上，发挥了平枯抑丰、调蓄河流径流量的作用。

如果没有水资源的安全，整个地区经济发展将失去活力，社会发展将停滞不前，“古楼兰”、“罗布泊”的历史悲剧将在此重演。保护好祁连山的水资源，就是保护这一地区的生命线，就掌握了可持续发展的主动权。

（二）水资源短缺是现实和长远的难题

随着人口增长和经济社会的不断发展，社会对水资源的需求越来越大。许多地区水资源供不应求，有的地方矛盾已十分突出。据研究，甘肃河西地区，可利用的水资源总量为 64.3 亿立方米，而仅农业用水全部满足就需要 70.5 亿立方米②，更不用说还有工业生产、人民生活、生态建设和国防建设都需要大量的水。一些地区常常出现水事纠纷，影响当地社会的和谐稳定。

为了缓解祁连山地区水资源短缺的局面，国家先后启动实施了“引大入秦”、“引大济湟”等调水工程，其中，“引大入秦”工程从大通河向秦王川地区调水 4.43 亿立方米，“引大济湟”工程从大通河向湟水流域调水 7.5 亿立方米，这些调水工程在一定程度上缓解了上述地区缺水的局面，但同时也减少了大通河向黄河的输水量。从长远看，气候变暖趋势在发展，生产规模在扩大，生活质量在提高，生态、生产、生活用水的需求还要增加。调水不能从根本上解决问题，控制不好还会带来水源地的水土流失和土地沙化等问题。许多地区通过大量开采地下水，以满足眼前的需要，这种明显的“饮鸩止渴”行为也带来了土地沙化的严重后果。人工增雨是重要举措，但也需要具备人工增雨的气候条件，特别是必须以植被覆盖增加地表粗糙度。

（三）林草植被减少是导致水资源短缺的基本原因

水从那里来？水从山上来，山上的水来自于冰川融水、积雪和冻土融化、降雨三个方面。林草植被在维持冰川、雪线、增加降雨和涵养水源等方面起着不可替代的重要作用。祁连山水源涵养林适宜于山区寒冷的气候条件，是西北干旱区经过严酷的自然选择保存下来的生物顶级群落，发挥着稳定的促进降水、涵养水源、改善气候的作用。一是调节和稳定径流量，促进水资源在时间上和空间上的合理分布和有效利用。二是增加山区降水，调节小气候，并使大气中的雾凝结成水，可增加降水 20% ~30%。三是森林吸收二氧化碳，消减温室效应，维持雪线、冰川的相对稳定。据研究，山区气温每升高 1 度，雪线将上升几十米，降水量减少 100 毫米以上③。

解决水资源短缺问题，主要靠两条，一是增加降水，二是节约用水。节水重要，开源更重要。关键是恢复和增加林草植被，增加山区自然降雨，同时，提高水源涵养能力，实现水资源在时间和空间上的合理分配和有效利用。

祁连山区在晚更新世末次冰期大部分被针叶林、山地冻原针叶林、灌丛及草甸覆盖。《河西志》记载，祁连山在 2 000 多年前的西汉时期约有森林 9 000 万亩，生长茂密、绿树参天、浓荫遮日、冬夏常青。森林分布范围很广，西逾甘肃新疆交界的伊吾地区，东至甘肃白银，东西长 1 200千米。随着长期的气候变化和人为破坏，特别是清末至民国时期，农业垦殖、木材买卖、

---

① 杨针娘．河西冰川资源估算及评价．冰川冻土，1983，5(1)：第 56 ~62 页

② 吴晓军．论西北地区生态环境的历史变迁．中国地理，1990，10：第 5 ~6 页

③ 甘肃省林业厅．祁连山生态保护与综合治理工程项目建议．2007，第 3 ~4 页

矿产开发、生活用炭、建筑用材生产等造成祁连山森林植被大幅度减少，森林仅分布于酒泉以东的深山，浅山百余里内不见森林，林缘已由海拔 1 900 米上升到 2 300 米。新中国成立初期，祁连山地区森林面积减至 2 297.1 万亩，只有西汉时期的 1/4。目前，祁连山地区的森林面积仅为 1 818.1 万亩，比 50 年代又减少了 1/5，森林覆盖率仅为 8.2%，其中，乔木林面积只有 526.7 万亩。

由于森林植被大幅度减少，影响了小气候，减少了降雨，同时，增加了蒸发量，加剧了干旱，反过来又制约了植被的恢复和增加。因此，必须保护和增加林草植被，不断提高森林草原质量，建立结构合理、功能稳定的森林、草原、湿地生态系统，增强生态系统的整体功能。这是增加祁连山区水资源、缓解供需矛盾的根本措施、长远措施。

二、祁连山生态状况处于整体恶化的趋势

1980 年以来，特别是近年来，国家和青海、甘肃两省在祁连山地区相继实施了一系列生态建设工程，使该地区的林草植被得到一定的保护，但整体仍在恶化的趋势没有得到遏制。主要表现在：

（一）冰川日益萎缩，雪线逐年上升

据《西北地区水资源与可持续利用》项目组研究，近 500 年来，祁连山冰川面积减少了 33% ~46%，冰川储量减少了 31% ~51%，冰川融水减少了 35% ~46%。另据中科院寒区旱区环境与工程研究所专家根据 2000 ~2003 年的监测数据所做的分析：位于祁连山脉中段、托莱山西部黑大坂北坡的七一冰川的零平衡线海拔，20 世纪 80 年代比 70 年代平均值升高了 70 米，年均升高 7 米，21 世纪初比 80 年代实际观测的平均值又升高了 300 米，年均升高 15 米，说明冰川退缩速度在加快。冰川的萎缩，减少了对流域河流径流的补给，如祁连山西营河冰川融水径流量就减少了 46%。

同样，据《西北地区水资源与可持续利用》项目组研究，近 500 年来，祁连山雪线由 3 800 米上升到现在的 4 400 米以上。据甘肃省气象局的监测，近年来祁连山冰川局部地区的雪线正以年均 2 ~6.5 米的速度上升，有些地区的雪线年均上升达 12.5 ~22.5 米。

根据专家预测，祁连山雪线还会继续升高，将由 2000 年的 4 400 ~5 100 米上升到 4 900 ~5 600米；冰川冰面将继续减薄，冰川的萎缩态势也将继续。面积在 2 平方千米左右的小冰川将在 2050 年前基本消失，较大的冰川也只有部分可以勉强支持到 21 世纪 50 年代以后。

（二）草场退化严重，载畜能力下降

祁连山地区草地退化和沙化趋势十分明显，草地植被盖度降低，产草量急剧减少。目前青海祁连山区退化草地面积 2 826.70 万亩，占可利用草地面积的 56.3%，其中重度退化草地面积 529.7 万亩，占退化草地总面积的 18.7%，中度退化草地面积 942.14 万亩，占 33.3%，轻度退化草地面积 1306.31 万亩，占 46.2%①。

草地退化导致牧草植株稀疏矮化、优良牧草减少、毒草增多，草场生产力严重下降。目前，山区草场优良牧草比例仅为 32.21%，牧草产量普遍下降 50% ~70%。近 10 年来牧区羊只的平均体重下降了 20% ~30%；牦牛的体格也逐渐变小，产肉量降低。这不仅缩小了当地牧民生产发展的空间，也对祁连山生态安全构成严重威胁。

---

① 甘肃省林业厅．祁连山生态保护与综合治理工程项目建议．2007，第 9 ~10 页．

草场退化还导致草原病虫害和鼠兔害频发。以甘肃省肃南县为例，冬春草场蝗虫危害面积达427.05万亩，占该类草场面积的40%，虫口密度60～180头/平方米，严重地段可达527头/平方米；全县草原鼠兔害危害面积827.25万亩，占可利用草原面积的38.8%，每亩鼠洞达到120～140个，每年造成秃斑地15万亩。该县每年因虫鼠兔害造成的牧草损失，使牲畜饲养量减少23万个羊单位[①]。

(三)生态逆向演替，森林功能弱化

由于森林资源不断减少，祁连山区已经呈现出分层递阶逆向蚕食演替的景象，乔木林演变成灌木林或疏林地，灌木林和疏林地演变成草地，草地被开垦为耕地或者直接退化成沙地。森林、草原和湿地生态系统对经济社会发展的支撑能力严重削弱。

由于祁连山森林面积的大幅度减少和林分质量的明显下降，森林的水源涵养功能退化，出山径流量减少，导致祁连山地区水资源更为短缺。据甘肃省水文站提供的资料，发源于祁连山的河川总径流量由建国初的78.55亿立方米，下降到现在的72.64亿立方米，减少了7.6%，其中石羊河水系径流量近20年减少2.68亿立方米[②]。

同时，森林景观向破碎化方向发展，使野生动植物栖息地遭到破坏，导致一些野生动植物种群数量下降，特别是具有较高经济价值的珍稀濒危野生动物遭到严重破坏，一些国家重点保护动物濒临灭绝。

(四)水土流失严重，荒漠扩大明显

祁连山地区是青海、甘肃两省最严重的土壤风蚀、水蚀、冻融地区之一，水土流失严重，浅山区土地荒漠化加剧。据统计，祁连山地区水土流失面积达6.84万平方千米，占总面积的46.50%，并且主要以风力侵蚀和水力侵蚀为主。根据甘肃省第三次土壤侵蚀遥感调查结果，张掖市现有水土流失面积39 804.71平方千米，其中轻度以上15 775.19平方千米，占总土地面积的近40%[③]。与1995年相比，水土流失面积和强度都有所增加。在青海境内，据全省第三次土壤侵蚀遥感调查，仅门源县水土流失面积就达1 591.21平方千米，占全县总面积的23.05%，其中水蚀面积1 020.3平方千米，占全县水土流失面积的64.12%[④]。

植被减少和草原退化，使得植被涵养水源能力持续下降、出川径流减少、地下水位降低，导致下游天然沙生植被枯死、土地沙漠化加剧。据统计，甘肃省河西地区沙漠化土地呈逐年递增态势，递增速率分别为：1949～1960年为0.18%，1961～1970年为0.32%，1991～1993年为0.38%，1994～1999年为0.42%，平均递增速率为0.38%。据2004年第三次全国荒漠化监测结果，河西地区沙化土地面积达到2 567.1万亩，比1999年又增加888.6万亩。伴随着土地荒漠化的扩展，沙尘暴、低温霜冻等自然灾害频繁发生，其中以沙尘暴造成的影响范围最广、威胁最大。发生次数逐年增加，20世纪50年代发生5次，60年代发生8次，70年代发生13次，80年代发生14次，90年代发生23次[⑤]，进入21世纪，沙尘暴次数、频度继续呈逐年加快之势，已成为全国沙尘暴策源地之一。

---

① 肃南县农牧局．肃南县高山草原生态保护与建设情况汇报．2008，第2～3页．

② 甘肃省林业厅．祁连山冰川与生态环境综合治理规划．2007，第18页．

③ 甘肃省林业厅．祁连山冰川与生态环境综合治理规划．2007，第21页．

④ 门源县．祁连山生态保护与建设汇报．2008，第12页．

⑤ 甘肃省林业厅．祁连山冰川与生态环境综合治理规划．2007，第21页．

上述问题，如果现在不加大治理力度，再过 10～20 年，其后果将更加难以设想，更加难以应对，恢复的时间将会更长，付出的代价将会更大。

三、祁连山生态状况整体恶化的原因

祁连山生态状况整体恶化的原因除了全球气候变暖、植物群落单一、生态系统脆弱等自然气候因素外，更大程度是人为因素造成的，突出表现在以下几个方面：

（一）森林资源消耗大，草地超载过牧严重

天然林地、灌木和草场既是生产生活资料，也是重要的生态资源。由于长期缺乏有效的制约机制，牧民要追求收入增长，地方要促进经济发展，主要将其作为生产资料，而不是作为生态资源。1998 年以来，通过实施天然林工程保护和自然保护区工程，强制实行林木资源保护，乔木资源得到了保护，但由于“一地两证”现象较普遍，林区的灌木资源保护压力大，特别是许多灌木林尚未纳入国家重点生态公益林补偿范围，珍贵的灌木资源岌岌可危。

祁连山草场普遍存在超载过牧问题，导致草原植被的破坏十分严重。据不完全统计，甘肃省祁连山区的载畜量由 20 世纪 50 年代的 70 万羊单位发展到现在的 270. 2 万羊单位，而草地载畜能力只有 201. 6 万羊单位，超载率达 34%，特别是冬春草地超载更为严重。仅肃南县的载畜量就由 50 年代的 70 余万头（只），发展到现在的 180 多万头（只），增加了 2. 57 倍，冬春草场超载达 35. 99%；夏秋草场超载 38. 18%。天祝县天然草场实际载畜量比理论载畜量超出 36%～42. 7%。青海祁连山可利用草场面积 5 022. 98 万亩，理论载畜量 223. 86 万羊单位，现有牲畜 554. 55 万羊单位，超载率高达 148%①。

（二）生态保护的能力不强

祁连山生态已经处于极度脆弱的状态，目前，主要依靠自然保护区维系自然生态保护工作，但保护工作存在一些亟待解决的问题。一是保护区管理体制不顺。甘肃省国家级自然保护区所属的保护站实行自然保护区管理局与县林业局双重领导，当生态保护与地方经济发展出现矛盾时，自然保护区管理部门难以做到独立执法；青海祁连山省级自然保护区虽然已经由省政府批准，但至今尚未建立管理机构，保护管理工作由县林业局代管，没有实行统一管理。二是自然保护区事业经费远远不能满足实际需要。作为履行社会公益职能的自然保护区管理机构，其人员经费尚未全部列入财政预算。目前，甘肃省祁连山国家级自然保护区有在职职工1 500人，只有 822 人纳入财政预算，其余 678 人靠保护站自己创收养活。三是保护区的森林灾害防治体系、科研宣教体系、生态监测体系、社区共管体系等基础设施建设滞后，不能适应生态保护的需要。

（三）生态建设投入不足

一是国家生态建设投入不足。由于自然条件恶劣，造林成活率低，封山育林期限长，人工造林成本约为 500 元/亩，封山育林成本为 300 元/亩，封山育草成本为 200 元/亩，国家投资与实际需要相差较大。二是投入标准缺乏正常稳定的增长机制。随着社会经济的不断发展变化，现行生态建设工程投入标准与日益变化的市场越来越不适应。三是地方财力薄弱，难以统筹生态保护与经济发展。由于地区经济社会发展落后，在不断增长的人口压力下，发展经济要求更加迫切。同时，受地方财力制约，地方政府缺乏通过转变经济增长方式，实现既促进经济发展又保护生态环境的有效手段。

---

① 甘肃省林业厅．祁连山冰川与生态环境综合治理规划．2007，第 24～25 页．

归根到底，问题还是出在发展理念上，还不能正确处理好经济发展与生态保护的关系，还没有转变经济增长方式，靠过量消耗和过度利用资源获得一时一地一业的增长，“上游不顾下游、生产不顾生态、当前不顾将来”的问题并没有解决好。

四、加强生态保护与建设的对策

对祁连山生态保护与建设的重要地位和面临的严峻形势应当引起高度重视。需要着眼于这一地区今后的可持续发展，从整体上谋划，进一步加大生态保护和建设的工作力度。

（一）从整体上把祁连山生态保护与建设作为一个国家工程项目

鉴于祁连山地区生态保护与建设的特殊重要性，建议将其作为国家经济社会发展全局的一个重大战略问题，摆上重要议事日程，开展专题研究，作为一个国家重点工程项目，制定总体规划，明确目标任务，加强组织领导，提出政策措施。

（二）采取严格的保护措施，坚决遏止各种破坏行为

建议国家批复甘肃祁连山自然保护区总体规划，明确其3 979.5万亩（1988年国务院批复的保护区面积为718.5万亩）的管辖范围；将青海祁连山自然保护区晋升为国家级自然保护区，尽快建立保护区管理机构，明确保护范围，依法执行保护任务。加大对保护区的投资力度，将管理机构人员事业经费全额纳入省级财政预算，中央通过财政转移支付予以支持，增加国家基本建设投入，改变基础设施建设落后的状况。

进一步加强天然林保护，做到应保尽保。建议将祁连山天然林特别是灌木林全部纳入天保工程实施范围或纳入国家森林生态效益补偿范围，落实有关政策。

进一步加强天然草场保护。在统一规划的基础上，对冰川周围、江河源头集水区、河流两侧等特殊生态区的天然草场，实行全面禁牧，对林缘、灌木林地等重要区域实施休牧轮牧措施，力争3年内将载畜量压缩到合理载畜量的80%以下。

加强保护区林政执法和森林公安体系建设，加大综合执法力度，坚决遏止各种破坏林草植被的行为。

（三）加大生态建设力度，加快生态治理步伐

加大林草植被恢复和建设力度。扩大森林植被面积，将适宜发展灌木林的退化草场和荒山尽快通过封育、栽植、播种等措施恢复灌木林；将适宜发展乔木林的地方，通过人工造林、封山育林和退牧还林等措施加快恢复成林；将适宜进行人工种草的地方采取相应措施提高草地生产能力。同时，继续通过实施人工增雨促进植被恢复。

开展流域生态综合治理。按照温总理打好“三套组合拳”的要求，在上、中游采取大力开展植树种草、封山禁牧等措施，坚持推进退耕还林、还牧还草等生态工程措施；在中下游实施节水工程；在浅山地带积极营造和封育防护植被，加快荒漠化土地治理。同时对严重破坏生态的矿产企业，采取关、停、并、转等措施，坚决遏制其对生态的破坏。

加强森林的科学经营，提高森林的多种功能。大力发展乡土树种，调整树种结构和林分结构，营造异龄复层林；开展公益林抚育试点，促进林分天然更新。

切实加大病虫鼠兔害的防治力度。把森林草原病虫鼠兔害的防治作为一项重要任务，加大资金投入，加强生物防治的技术研发。同时，运用补贴等手段，调动广大农牧民防治病虫鼠兔害的积极性。

（四）实施生态移民，加快小城镇建设

对生态区位极为重要，生态退化比较严重，破坏后难以恢复的生态脆弱区域，且人口密度小的牧区，通过对牧民进行转产安置、定居安置、迁移安置，实施适度集中或搬迁转移。组织开展牧民（农民）培训，提高素质，增强牧民自我生存与发展的能力。

将定居安置和迁移安置与加快小城镇建设结合起来。科学规划，合理布局，搞好配套，培育生计，鼓励创业，促进转产，扶持生产，确保移得出，稳得住，不回迁。通过这项工作，转变农牧民的生产生活方式，加速其与现代社会的融合，减轻对祁连山生态系统的压力，促进社会的和谐发展。

（五）启动祁连山生态保护与建设试验示范区建设

祁连山生态保护与建设是一项复杂的社会系统工程，需要积极探索行之有效的治本之策。建议在祁连山两侧，分别选择领导重视、生态区位重要、有一定生态建设基础的青海省门源县、甘肃省肃南县作为祁连山生态保护与建设试验示范县。鼓励支持其在加强生态用地管制，转变经济发展方式，创新保护与建设机制，综合治理，森林、湿地和草原可持续经营，建立和完善生态补偿和水资源上下游补偿机制，实行自然资源有偿使用等方面进行试验，积累经验，以供借鉴。

（六）加强生态监测

生态监测是生态保护与建设的基础性工作。一是在现有各类监测机构的基础上，科学规划、合理布局，在祁连山南、北坡分别再建立一批生态观测点，全面加强对祁连山森林、草原、湿地、冰川、气象等监测；二是加强林业与气象、水利、农业等部门合作，建立和完善生态监测网络体系，实现资源共享，优势互补；三是加大投入力度，加强监测设施设备建设，提高监测能力和水平。

祝列克

关于大兴安岭林区发展的几点思考

根据局党组关于学习实践科学发展观活动的部署和安排，结合我前段时间赴大兴安岭林区的实地调研情况，简单谈谈对大兴安岭林区发展的几点思考。

一、大兴安岭林区现状和存在的问题

大兴安岭是我国的重点国有林区，是我国最北、纬度最高的边境地区，东接小兴安岭，西临内蒙古自治区，南濒松嫩平原，北与俄罗斯隔江相望，边境线长786千米，属寒温带大陆性季风气候，无霜期80～110天，年平均气温－2.6℃，历史最低气温－52.3℃，素有“高寒禁区”之称；全区总人口53万人，在岗职工9万人，下辖3县4区10个林业局，35个乡镇，50个林场。大兴安岭是国家天然林主要分布区之一，也是我国唯一的寒温带明亮针叶林区和国内仅存的寒温带生物基因库，有林地面积655.9万公顷，森林覆盖率78.72%，活立木总蓄积5.1亿立方米，

优势树种为兴安落叶松，约占森林总蓄积的54.92%。野生动植物资源1 200余种。矿产资源丰富，尤其是煤炭、有色金属和贵金属等矿产资源开发潜力巨大，已发现矿产资源40多种，矿产地600余处，被国家确定为三个重要的找矿靶区之一。

建国初期，百废待兴，为满足国民经济建设所需要的大量木材，党中央、国务院1964年决定以“会战”方式第三次开发黑龙江大兴安岭林区，自开发建设以来，累计生产木材1.2亿立方米，向国家上缴利税57.7亿元。在过去的几十年里，由于单一木材生产，林区人口急剧膨胀，经济负担日趋加重，导致森林资源过量采伐，天然林资源锐减，生态环境遭到破坏，到20世纪80年代末陷入了资源危机、经济危困的境地。1998年国家实施天然林资源保护工程以来，林区进入了以生态建设和保护为主的发展时期，虽然生态建设和经济社会发展取得了一些成效，但仍然存在一些问题。主要表现在以下六个方面：

一是生态环境整体功能下降。年降水量变化周期明显，极端天气事件增多，自然灾害和森林病虫鼠害频发。气温升高明显，年平均气温的上升幅度是全球的9倍以上，达到0.509℃/10年。多年冻土退化严重，冻土溶解层加厚，岛状溶解区扩大。河川径流增加，洪涝灾害濒发。黑龙江和嫩江两江源头的生态环境破坏严重，水土流失加剧。二是可采森林资源大幅减少。由于长期过量采伐，导致森林资源锐减，森林质量下降，到2007年末，活立木总蓄积已由开发初期的7.30亿立方米，减少到5.14亿立方米。林缘由南向北退缩140千米，生态区位优势逐渐减弱。近、成、过熟林可采资源锐减，采伐利用区的可采资源已由开发初期的4.6亿立方米，下降到目前的2 336万立方米，仅为开发初期的5.1%。成过熟林蓄积由开发初期的平均每公顷135.8立方米下降到74.6立方米。三是森林防火形势日益严峻。受全球气候异常影响，干旱、高温、大风等极端天气逐年增多；林分质量下降，阳性植物生长茂盛，可燃物载量大幅度增加，森林火灾风险加大。特别是春防时期又是营林、森调、筑路、采集、农事等野外作业的最佳时节，入山人员成分复杂、流动性大，加之林道网密度偏低、扑火设备老化、管护人员不足和扑火力量组织难等客观因素，森林火险等级较高。四是林业体制改革深层次问题尚未得到解决。除加格达奇区和呼玛县外，塔河、漠河二县和松岭、新林、呼中三区均实行政企合一管理体制，由于地方财政、投资体制悬空，政府经费及社会性支出均由林业企业承担，机关工作人员执行企业工资标准，收入较低。五是林区基础设施欠账过多。受林区开发初期“先生产、后生活”的建设方针的影响，事关林区职工群众生产生活的基础设施欠账过多，集中供热、给排水、电力、道路交通等设施严重滞后，是全省唯一没有通省高等级公路的地区和无电村屯主要分布区，城镇垃圾和污水处理处于空白，教育、文化、卫生、广播电视、体育等各项事业相对比较落后。六是林区接续产业发展滞后。尽管林区接续产业呈现快速发展态势，但木材采运业仍为主导产业，林业经济69.3%的收入来自木材主营收入；尽管非林非木产值占林业企业总产值的50.6%，但销售收入仅占林业总收入的30.7%，接续产业尚未成长为替代产业。由于林区地处偏远、交通不便，加之气候寒冷导致生产生活成本较高，招商引资难度大，产业发展缺少相关政策扶持和必要的资金注入，林区经济缺乏龙头项目的带动和支撑。

二、对大兴安岭林区的总体印象和评价

天然林资源保护工程实施以来，大兴安岭林区对森林资源实施了分类经营，74.9%的林地得到了有效保护。全面停止了加格达奇林业局和呼玛县林业局的木材生产，木材产量由1997年的350.4万立方米调减到2007年的214.4万立方米。截至2007年末，全区有林地面积增加7.3

万公顷；森林蓄积增加 800 万立方米；森林覆盖率增长 1.4%。总体看，大兴安岭近些年的发展改革成效显著，产业结构的调整、加工业、旅游业、矿产业等六大产业都有了实实在在的成果。

一是加强了森林资源管理。为遏制森林资源的过量消耗，林区严控法人超采，停止了水上木材运输，并对铁路运输实施监控。在没有国家政策支持的情况下，两年主动调减活立木产量 156.1 万立方米，减少森林资源消耗 266.3 万立方米。根据资源承载能力，推进林产工业行业重组，企业数量由 2005 年的 304 家压缩到了 70 家，年末将控制到 50 家以内，明确今后不再上任何林产工业项目。

二是加强森林防火，减少资源非经营性消耗。林区以预防为主，积极推进战区、军地、林农和协作单位之间的“四个联防”，采取加大投入、强化预警巡护、靠前布防等措施，有效地防范了森林火灾的发生。2007 年，林区实现了东部重点火险区春防无战事，全区秋防无火情的佳绩。2008 年 4 月，在气象条件极为不利的情况下，在短时间内主要依靠人力成功扑灭了 4 起较大的森林火灾。

三是改变生活传统，推进以煤代木。2007 年共清理城镇内火险隐患严重的木样子 23 万立方米，对居民进行分级、分类补贴，建立标准规范的煤炭、引火柴、液化气供应站(点)共 190 个，锅炉改造率达到了 100%，炉灶改造率达到了 90% 以上，同时研制开发了煤转气炉和型柴等节能环保炉具和多种代木产品，当年全部县区局址及绝大部分镇场实现了以煤代木，每年可节约林木资源 99.6 万立方米。

四是革除遗风陋习，实施殡葬改革。开发建设以来，大兴安岭殡葬方式一直以土葬为主，每年耗费木材约 9 200 立方米，占用、破坏林地植被 11.5 万平方米。2007 年开始推进移风易俗，实施殡葬改革，筹资在各县区局新建殡仪馆 5 处、殡仪服务中心 10 处，新购进 6 台火化炉和 7 辆殡仪车，清理、治理坟墓 9 400 多座，结束了林区开发建设 40 余年的土葬历史。

五是创新体制机制，实行营林工程化管理。为改变传统的营林生产“重管轻造”的弊端，2007 年以来，将市场机制引入营林生产，在全国率先全面推行了营林工程化管理，组建各类营林公司 89 个，成立监理公司 5 家，对 22 个营林工程全部实行了招投标，提高了工程质量，节省生产成本 233 万元。

六是推进项目建设，不断优化产业结构。2006 年以来全面启动了对俄经济贸易合作园区建设。目前，园区已经黑龙江省政府批准享受省级开发区政策，入园企业 22 个，完成投资 6.3 亿元，有 9 个项目进入了生产或试生产阶段。启动产业项目 34 个，招商引资到位资金 24 亿元，云南冶金集团、浙江金马集团和富丽达集团等一大批战略投资者与林区的合作已进入实质运作阶段。2007 年，地区生产总值实现 60.7 亿元，增幅由“十五”时期的 6.5% 提高到 11.1%，林区经济对木材的依存度已由天保工程实施初期的 90% 下降到目前的 55%。

三、关于大兴安岭林区的功能和定位

大兴安岭林区经过数十年的掠夺式开发，木材资源已近枯竭，林区经济陷入困境，其作为国家木材供应基地的功能正逐步消失，单一的木材生产型经济已难以为继，林区经济社会发展必须从木材生产为主转变到以生态建设和保护为主，加强森林资源保护和管理，经过 30～50 年的努力，把大兴安岭林区建设成维护区域乃至全国生态安全的森林生态功能区和全国森林资源战略储备基地。

一是大兴安岭林区作为国家限制开发区域，是东北乃至华北地区的天然生态屏障。大兴安岭生态地位特殊，在维护区域生态安全方面发挥着重要的、不可替代的作用。十届全国人大四次会议通过的《中华人民共和国国民经济和社会发展第十一个五年规划纲要》和国家目前正在编制的《全国主体功能区规划》明确将大兴安岭林区列为限制开发区域，是森林生态功能区，提出要禁止非保护性开采，植树造林，涵养水源，保护野生动物。大兴安岭山脉及森林植被为松嫩平原营造了适宜的农业生产环境，对维护黑龙江省乃至东北地区的生态和粮食安全有着不可替代的作用；林区位于黑龙江上游和嫩江源头，年径流量109亿立方米，维系着两大流域的水量平衡，是东北地区重要的水源地；林区保存着天然的、完整的寒温带森林和湿地生态系统，林内适生着各类植物966种、鸟类250种、兽类56种、鱼类84种、两栖动物17种、森林昆虫444种，其中属于国家级一、二类保护动物就有31种，是我国具有代表性的寒温带生物基因库，保持了我国生物物种的多样性。因此，按照国家对限制开发区域的相关政策和定位，加强森林、湿地和野生动植物保护，严禁不符合主体功能定位的开发活动，争取把该区域打造成保障国家生态安全的森林生态功能区。

二是从大兴安岭林区具有的自然条件禀赋出发，以实施东北老工业基地振兴战略和天然林资源保护工程为契机，加强资源培育和经营，加强后备资源培育，提高森林质量，加快用材林基地建设，积极发展东北特有的水曲柳、黄波罗、核桃楸"三大硬阔"和红松等珍贵树种；加快现有林中椴木、柞木、枫桦等市场紧缺树种的后续资源培育；大力培育落叶松、杨木等速生丰产林，加快现有中幼林的改培。争取通过当前和今后一个时期的努力，把大兴安岭林区建设成为我国的森林资源特别是大径级木材和珍贵用材的战略储备基地。

四、关于大兴安岭林区下步发展的思路

大兴安岭是以林为主的资源型地区，在维护国家区域生态和粮食安全方面发挥着重要的、不可替代的作用，承担着生态建设和经济发展的重要职责。当前和今后相当长的一个时期，必须全面贯彻落实科学发展观，加强现代林业建设，推进新林区建设。

（一）深化改革，建立适应社会主义市场经济要求的新型林业管理体制。虽经历了30年的改革开放，但大兴安岭林业管理体制仍然具有很强的计划经济特性，突出表现在，政企不分、政事不分、企资不分，最终导致体制不顺、权责不清、机制不活、经营粗放，国有林区森林资源结构性危机加剧，企业社会负担沉重，发展步履艰难。对此，必须遵循社会主义市场经济的基本规律，按照《中共中央 国务院关于加快林业发展的决定》要求，实行政企分开，把森林资源管理职能从森工企业中剥离出来，由国有林管理机构代表国家行使并履行出资人职责，享有所有者权益；把目前由企业承担的社会管理职能逐步分离出来，转由政府承担，使企业真正成为独立的经营主体，参与竞争，建立产权明晰、权责利相统一，符合社会主义市场经济要求的新型管理体制。同时，要推进国有林区商品林林权制度改革试点，探索森林资源资产运营的新途径，探索建立森林、林木和林地承包经营的新机制，构建国有林区森林资源经营管理的新模式，建立健全国有森林资源资产评估体系和流转制度，最大限度地提高林地使用效益，激活森林资源培育和保护机制。

（二）扩大开放，进一步促进林区经济增长和社会繁荣。当前，林区的开放程度远远不能满足社会经济发展的需要，扩大开放首先要解放思想，要彻底摈弃计划经济残余思想和制度的束缚，用市场经济思想指导林业发展，以市场需求为导向来调整企业的经营活动。当前，对大兴安岭来说，扩大对外开放的关键，一是要扩大门户，进一步拓宽对外开放的领域，特别要重视引进先进技术、先进机制和优秀人才，大幅度增加林业建设的科技含量，提高林业经营的效率。二是要降低门槛，及时清理那些不适应市场经济发展的旧规章制度和技术规程，消除社会各界及外资进入林业的壁垒，改善林业投资和经营环境，保证林业经营者的平等待遇和合法利益。为引进多种经济成分，促进经济结构的调整创造条件。要充分发挥"引进来"和"走出去"的战略，特别要抓好在矿产资源开发中引进项目工作的力度，积极推进煤电冶一体化签约项目、着力解决有色金属开发、钒钛磁铁冶炼等已开工项目建设中存在的问题。同时要发挥毗邻俄罗斯的边境优势，拓展对俄森林资源合作开发，抓好在俄的已开工项目、改扩建一批产业互补、分工协作的精深加工龙头企业，尽快把本区域建成重要的对俄经济贸易合作基地。三是加强道路、通讯、电力等基础设施建设，坚持基础设施建设与区域经济发展相协调，打破发展的制约瓶颈，为吸引外资进入创造有利的条件。

（三）强化森林资源管理和接续产业开发，切实保护好林区生态。一是要进一步调减木材产量。从森林资源现状来看，目前天保工程实施方案确定的木材产量仍然超出了森林资源的承受能力，很多地方采伐的都是中幼龄林。据测算，大兴安岭林区目前的年木材实际产量依然超出了森林资源承受能力，如果继续维持目前的木材产量，必将导致森林资源加速枯竭，生态系统功能进一步退化。为此，必须从森林资源承载能力以及林区经济社会发展的现实情况综合考虑，尽快将木材产量调减到位。二是转变经济发展方式，积极培育接续产业。第一，做大做强林木产品精深加工业，提高资源利用效率。提高木材加工准入门槛，推进盛兴中高密度板、北极松刨花板、宜家木业集成材等木材综合利用项目建设进度。第二，做大做强生态旅游业。以漠河机场通航为契机，建设好北极村等重点景区景点，不断扩大"北极光"节、国际冰雪汽车拉力赛的影响力，把林区建设成为具有较高声誉的生态休闲旅游基地。第三，做大做强绿色食品、兴安北药和特色养殖业。充分利用林下资源和冷凉型气候优势，用市场机制引导产业发展，引进和培育加工龙头，建设黑木耳、蓝莓种植基地，加快鹿系列保健品的研发，推进黄芪、五味子等北药产业化进程，逐步形成企业 + 基地 + 种养采集户的发展模式，建设绿色食品和野生浆果生产基地。

（四）加强棚户区改造等基础设施建设和人才培养，切实改善民生，培育林区发展后劲。由于大兴安岭林区在开发建设初期是先生产、后生活，基础设施欠账较多，事关林区职工生产生活的基础设施建设落后，集中供热、给排水、电力、道路交通等设施严重滞后，教育、文化、卫生、广播电视、体育等基础设施也相当落后，林业职工及家属等居住条件非常艰苦，板夹泥、泥草房等棚户区亟须改造，结合当前国家扩大内需相关政策措施和棚户区改造试点，逐年分期、分批予以解决，着力改善民生，惠及林区百姓。同时，积极推动将林区通讯、道路、通电等基础设施建设纳入地方社会经济发展规划。将教育、卫生等公共设施与地方改革相对接，主辅分离，减轻企业负担，增强林区发展潜力。要充分发挥"人才强区"的战略，加强人才培养。当前大兴安岭林区基础设施落后、林区体制机制不活、生产生活不便以及收入水平低等诸多因素，导致人才大量外流。为此，必须花大力气培养林区发展人才，实行干部交流，搞好在职或脱产培训学习，派出骨干人才到外地学习、异地交流任职或挂职锻炼等，在招商的同时搞好引智，特别是要引进现代管理理念，着力培养与现代林业建设相匹配的优秀人才，确保大兴安岭林区实现建设好完备的生态体系、发达的产业体系和繁荣的生态文化体系的目标。

张建龙

完善改革政策　建立长效机制　推进集体林业科学发展

在我国改革开放与经济社会发展特别是林业改革与发展的关键时期，中央部署全党深入开展学习实践科学发展观活动，这对指导现代林业发展具有重大的现实意义和深远的历史意义。林业部门如何结合林业的发展规律和特点，学习好、贯彻好、实践好科学发展观？按照国家林业局党组的统一部署，我们本着深刻领会、大胆实践、务求实效的思路，对福建省的集体林权制度改革与林业发展进行深入调研，可以说到福建调研林改多次，但每次都有新的收获和体会。深深感受到：推进集体林权制度改革是林业部门学习贯彻科学发展观的最具体、最生动、最重大的实践，是促进现代林业科学发展的强大动力和基础保障。

一、推进改革是贯彻科学发展观的重大实践

福建省自2003年推进集体林权制度改革以来，始终把这项改革作为学习贯彻科学发展观的重大实践，大胆探索、持续推进、不断深化，取得了宝贵经验和显著成效。主要体现在八个方面：

（一）坚持以人为本，实行集体林地承包经营制度

福建省林业用地面积占陆地总面积的74.7%，其中90%以上属集体所有。如何推动集体林业的可持续发展？福建省委、省政府审时度势，分别于2003年4月和2006年11月出台了《福建省人民政府关于推进集体林权制度改革的意见》和《中共福建省委 福建省人民政府关于深化集体林权制度改革的意见》。这项改革以科学发展观为指导，坚持以人为本，依法实行集体林地承包经营制度，把集体林地使用权和林木所有权明晰到本集体经济组织的农户，确立农民作为产权主体地位的集体林管理体制，并长期稳定承包经营关系。同时，开展林权实地勘界、登记，发放《中华人民共和国林权证》，给农民拥有物权性质的林地使用权和林木所有权。截至2007年底，全省基本完成集体林权制度改革明晰产权主体任务，完成任务村数占99.7%，明晰产权面积达97%，基本实现了“山定权、树定根、人定心”。

（二）坚持放活经营，改革商品林采伐管理机制

鼓励植树造林又及时许可林木采伐，是落实农民等林业经营者享有处置权的关键政策。如何放活商品林采伐利用管理问题？2007年初，在国家林业局的支持下，福建省林业厅提出了“以森林资源为基础，以森林经营方案为依据，科学安排林木采伐”的改革思路，以永安市、延平区、新罗区和建瓯等10个县(市)的部分乡镇为改革试点，积极探索在县(市、区)森林经营规划的总量控制下，引导农民等林业经营者自主编制森林经营方案，并按批准的方案申请取得林木采伐许可。同时规范行政权力运行方式，让老百姓能公平公正地获得采伐指标。这项改革既放活经营又预防腐败，引起了社会的积极反响。目前，福建省林业厅正在认真总结，进一步探索适应科学发展观要求的林木采伐管理新机制。

（三）坚持统筹兼顾，改革公益林管护机制

经济要发展、生态受保护，这是林业可持续发展的基本要求。福建省按照法律和政策规定

并结合本地实际，积极落实林业分类经营管理制度，区划界定公益林 4 294.3 万亩，作为维护生态安全的基本森林面积。如何协调解决好公益林权利人的利益问题？福建省采取了多渠道筹集资金给予森林生态效益补偿的政策措施，在中央财政安排森林生态效益补偿资金的基础上，2007 年从省级财政增收中追加森林生态效益补偿资金 3 116 万元。同时启动了江河下游地区补偿上游地区的机制，每年筹措森林生态效益补偿资金 8 590 万元，在即将出台的《福建省水资源条例》中又提出，从征收的水资源费中安排 35% 的资金用于公益林补偿，以确保全省公益林生态效益补偿标准在每亩 7 元的基础上逐年增加。

（四）坚持市场运作，建立林权流转制度

林权进入市场流转，是盘活森林资源资产和优化林业生产要素配置的重要措施。如何解决不规范流转林权的问题？福建省从加强制度建设入手，修订了《福建省森林资源流转条例》地方性法规，对林权流转范围、程序、管理和法律责任等事项进行规范，并明确对违反法律法规规定的流转，不予办理林权变更登记发证。同时，强化林权流转的引导和服务，以全省 66 家林业服务中心为依托，建立林权流转平台，引导农民到林业产权交易市场公开流转林权，确保农民依法自愿公平流转；引导农民采取限期（一个轮伐期）、限量（部分林权）、现货（现有近成熟林）等非转让方式流转，防止农民长期失去林地承包经营权；引导农民采取家庭合作、专业合作、股份合作等方式联合经营，促进林业生产要素的合理配置。

（五）坚持金融支撑，完善林权抵押贷款制度

依托金融支持，是增强林业发展活力的重要途径。如何协调解决林业发展融资困难的问题？福建省创新了金融与林业合作机制，省政府建立了林业融资改革联席会议制度，省林业厅也主动与各金融机构建立了会商制度，积极探索林权抵押担保贷款制度。金融部门大胆改革，因地制宜探索了林权直接抵押贷款、担保公司担保贷款、农户联保贷款、政府信用贷款等多种信贷方式，同时完善服务，简化抵押贷款操作程序，特别是林权抵押小额贷款采用以造林成本为基础直接估算林木价值的办法，即近成熟林、中龄林、幼龄林分别按每亩 500 元、400 元、300 元直接估算；林业部门密切配合，依法履行林权抵押登记职能，对抵押林地林木资产进行抵押权登记并核发证明书，在抵押贷款期间未经抵押权人同意，不予办理林木采伐许可证和林权变更手续，配合金融机构化解抵押风险。目前，全省累计发放林权等林业资产抵押贷款 66 亿元，其中林权抵押小额贷款 17.05 亿元，为林业发展提供了金融支撑作用。

（五）坚持化解风险，探索政策性森林保险制度

林木生产经营周期长、灾害多、收益慢的特点，是影响和制约投资造林积极性的重要因素。如何化解林业经营风险大的问题？福建省积极探索政策性森林保险办法，2006 年底，福建省政府将三明、南平、龙岩三个重点林区的森林火灾保险纳入政策性保险试点，实行了低保额（400 元/亩）和低保费（1.2 元/亩）的投保办法，解决农民对保险没有积极性问题。同时由财政支持建立森林火灾保险试点风险补偿基金制度，在保险公司当年赔付率超过 80% 时，启动风险补偿基金，保险公司与风险补偿基金按照 1∶1 共同承担。试点工作按照政府推动、市场运作、先易后难、实现共赢的方式，正在积极稳步推进并取得初步成效。截至目前，全省承保森林面积达 620.7 万亩，保额 24.83 亿元，有效化解了林业生产经营风险。

（六）坚持规模效益，探索林业合作经营机制

提高林业生产经营规模化、专业化、集约化程度，是适应市场经济规律的客观要求。如何统筹解决农户承包经营规模小的问题？福建省积极推动和引导林业合作经济组织建设，在产权主体明晰的基础上，本着在发展中规范、在规范中发展的思路，采取政府推动、部门服务、政策扶持、帮助指导的措施，引导群众自愿建立多种形式的林业合作经济组织，将林业生产、加工、流通、销售等环节紧密地连结起来，解决一家一户难以办到的事情。截至 2007 年底，全省已成立林业合作经济组织 25 013 个，经营面积 1 118 万亩，涉及人数 50 余万人。此外，全省还建立 1 000 多家林业专业协会，充分发挥政策咨询、信息服务、科技推广、行业自律等作用。

（七）坚持转变职能，完善林业管理服务制度

改革使集体林业的生产方式、经营模式、组织结构都发生了深刻的变化。如何解决改革后林业管理职能转变的问题？福建省创新了林业管理服务体制机制：一方面是加强管理服务。成立了福建省林权登记中心（省编委批准全额拨款事业单位），全省各地也相应成立了 63 个林权登记管理机构，加强林权动态管理。同时建立了 66 个县级林业服务中心和 500 多个乡（镇）林业服务分中心，建立了 200 多家森林资源资产评估、伐区调查设计、木竹检量检验、林业物证鉴定等社会化中介组织，为农民提供林权交易、林业行政审批、政策及科技咨询和行业中介服务等；另一方面加强执法监督。成立了福建省林业执法总队（省编委批准全额拨款事业单位，参照公务员管理），全省各地也相应成立了 54 个林业综合行政执法支队或大队，有效集中了林业行政处罚权，改善了执法环境，提高了执法效率。同时开展规范行政处罚自由裁量权试点，对 67 项法律法规授予的林业行政执法职能，进行了依据梳理、标准细化和程序规范，制定了《林业行政处罚自由裁量权行使规则》，确保公正执法，清正廉洁。

二、深化改革有力促进现代林业科学发展

发展是科学发展观的第一要义，福建省通过深化改革，完善政策，健全服务和规范管理，初步形成了适应林业发展的体制机制，有力推动了林业全面协调发展，呈现出资源增长、农民增收、生态良好、林区和谐的良好势头。

（一）深化改革，促进森林资源持续发展

深化集体林权制度改革，使广大农民等林业经营者成了山林的产权主体、经营主体和收益主体。投资投劳造林成为农民增加自己经济收入的重要途径，造林育林难的问题解决了。2005 年以来，全省年植树造林面积连续四年超过 200 万亩，比改革前翻了一番，农民等非公有制经营主体造林比重从 2002 年的 40% 提高到 80%；管好护好自家林成为农民维护自身利益的自觉行动，盗滥伐林木现象和森林火灾发生率比改革前分别下降了 38% 和 70%，管林护林难的问题也解决了。同时，各级政府及其林业主管部门加大监管力度，有效维护了森林资源安全和林区秩序稳定的局面。实施集体林权制度改革以来，是森林资源增长最快速的时期，全省有林地面积增加 500 余万亩，森林覆盖率比改革前增长 2.44 个百分点，达 62.96%；活立木蓄积量净增长 7 910万立方米，达 4.967 亿立方米，森林资源得到持续快速增长。

（二）深化改革，促进了林业经济持续发展

深化集体林权制度改革，改善了法律和政策环境、增强了资源和金融支撑作用、理顺了管理体制和经营机制，为林业经济健康发展提供了强有力的支持。2007 年全省林业产业总产值达到1 180.75亿元，林业产业步入良性发展的轨道，在生产方式上，由粗放经营转向规模发展，规模以上林业工业企业总产值达 731.43 亿元，比 2002 年增长 195%；在分布格局上，由分散经营转向集中协作，初步形成了海峡两岸（三明）现代林业合作实验区、莆田秀屿国家级木材贸易加工示范区、闽北林产工贸园区、中国(建瓯)笋竹城等林业产业集中区；在产品结构上，由单一加工转向全面拓展，初步形成了“以二促一带三”的林业产业发展模式，呈现了第一、第二、第三产业协调发展的局面。同时也带动了林区种养业、运输业、服务业等相关产业的全面发展。

(三)深化改革，促进了林区社会全面发展

深化集体林权制度改革，解决了农村经济社会发展诸多问题。实行村民会议决策改革，从体制上推动了农村社会民主管理；实行干部与群众平等承包山林，从机制上密切了农村干群关系；实行集体林地林木承包经营制度，从根本上铲除了滋生腐败的土壤；妥善调处了各类涉林纠纷22 333起，从基础上促进了林区社会的稳定。同时，实行还山于民、还利于民、还权于民的改革政策措施，使农民经营林业收入明显提高，林改后全省农民人均林业收入每年增长30%以上，一些重点林区的农户，从林业生产经营中获得的经济收入已占其家庭收入的50%左右。此外，一些地方集体收益还通过二次分配和公益事业建设，使农民公平得到收益、农村公益事业和社会保障得到改善，进一步推动了林区社会的和谐。

(四)深化改革，促进生态文化协调发展

深化集体林权制度改革，为森林生态文化建设提供了自然条件和发展基础。保护、开发和利用相统一的发展观念逐步形成，政府和社会各界更加关注生态文化事业的协调发展，多渠道增加对公益林和生物多样性建设的投入，农民保护森林资源的法制观念和公共意识也逐步增强，有效促进了人与人、人与社会、人与自然的和睦协调。同时，利用森林资源发展生态文化已成为当前林业经营的新时尚，森林旅游、森林休闲、竹、茶、花卉等生态文化进一步繁荣，特别是森林生态旅游方兴未艾，全省已建成省级以上森林公园83个、面积255万亩，以森林资源环境为背景的“森林人家”发展迅速，现有20个示范点、92个授牌经营点。虽然福建林业生态文化发展尚处在起步阶段，但发展潜力巨大、前景广阔。

三、学习科学发展观推进集体林权制度改革

当前，是深入贯彻中央10号文件精神的关键时期，也是开展科学发展观学习实践活动的重要阶段。一定要把全面推进集体林权制度改革作为学习实践科学发展观的重要载体，进一步深化林业改革和促进现代林业又好又快发展。

(一)科学发展观是推进改革的理论指导

农村土地经营制度是立足我国社会主义初级阶段的基本国情，深刻总结了农村土地私有制个人经营和公有制集体统一经营的经验教训，创造性地提出了集体土地实行承包经营制度，建立所有权与使用权相分离的集体土地管理体制和经营机制。集体林权制度改革是以科学发展观为理论指导，进一步丰富和拓展了集体土地承包经营制度的科学内涵，对集体林地包括林木实行承包经营制度，依法确立农民作为集体林地使用权和林木所有权的主体地位，并在此基础上完善林业法律制度和政策措施，推动现代林业全面协调可持续发展。这项改革既符合农民的意愿又遵循集体林业发展的特点和客观规律，必将对林业以及农村经济社会又好又快发展具有里程碑的重大深远意义。

(二)明晰产权主体是推进改革的核心任务

明晰集体林地使用权和林木所有权是改革的核心任务，也是十分重要的基础性工作。集体林地林木属于本集体经济组织成员集体所有，这一性质决定了改革必须坚持以人为本，也就是要确立本集体经济组织的成员是改革的决策主体、改革的实施主体、改革的受益主体。明晰集体林地林木产权是落实以人为本的具体体现，要依法实行村民会议决策改革方案制度，实现集体事务的民主管理；要依法实行集体林地承包经营制度，实现集体成员的权利平等享有；要依法实行还山还利还权于民政策，实现城乡经济的协调发展。这项改革落实了以人为本的核心政策，把农民得实惠作为出发点和落脚点，必将极大地促进农村的社会长期稳定和经济持续发展。

（三）加强制度建设是推进改革的重要保证

明晰产权主体后，林业管理对象和发展方式发生了根本性的变化，客观上要求建立和完善新形势下的林业管理制度和体制机制。维护农民发展权利是林业制度建设的必然要求，要以建立林业分类经营管理制度为突破口，让农民拥有更加自主的经营权；要以建立林权流转市场机制为突破口，让农民拥有更加充分的处置权；要以建立政府支持林业发展制度为突破口，让农民拥有更加完整的收益权。制度建设是深化集体林权制度改革的重要任务，要用发展的理论来设计制度，以把握改革的方向；要用服务的观念来建设制度，以把握改革的方法；要用科学的思维来检验制度，以把握改革的成效。这项改革把制度建设作为重要任务，必将为促进林业可持续发展提供必要的环境条件和制度保障。

（四）发展现代林业是推进改革的基本要求

发展是改革的主题，也是现代林业建设的主要任务。推进集体林权制度改革，要按照全面协调可持续发展的基本要求，坚持林业经济、生态、文化和社会的协调发展方向，构建完善的林业生态体系、发达的林业产业体系、繁荣的生态文化体系。通过明晰产权主体改革，统筹兼顾生态建设和促进农民经济发展需求；通过放活经营改革，统筹兼顾资源保护和促进产业规模发展需求；通过落实处置权改革，统筹兼顾权利维护和促进社会公共事业发展需求；通过保障收益权改革，统筹兼顾农民利益和促进生态文化发展需求。全面推进改革，为现代林业发展提供了物质基础和政策保障。

（五）解决突出问题是推进改革的关键着力点

集体林权制度改革已经全面推进，并在先行改革地区取得了全面协调可持续发展的成效，同时，也有清醒地看到改革任务还很艰巨，尤其是商品林采伐管理制度落后、公益林生态效益补偿标准低、林权流转不规范、林业投融资困难等体制机制性问题还相当突出。要运用统筹兼顾的根本方法，着力研究解决面临的困难和突出的问题，实现全面协调推进这项改革；要围绕以人为本这一核心，在全面推进“四权”落实的同时，重点研究制定有利于广大农民群体的政策措施，促进农民发展，缩小城乡差距；要坚持发展为第一要义，采取改变管理方式和方法，创新管理体制和机制、完善法律制度和政策等有效途径，消除影响和制约林业发展的问题。

印　红

提高认识　履行使命
切实加强湿地与野生动植物保护

进入新世纪，党和国家进一步高度重视湿地和野生动植物资源保护工作，采取了一系列政策措施强化湿地和野生动植物保护工作，取得了显著成就。为了深入贯彻落实科学发展观，履行建设生态文明的重大使命，全面建设小康社会，推进现代林业又好又快发展，在新的历史起点上，必须牢牢把握科学发展的主题，抓住机遇，应对各种挑战，切实加强新形势下的湿地和野生动植物保护工作。

一、湿地和野生动植物保护工作成就显著

党和国家高度重视生态和生物多样性保护，进入新世纪以来，在各级党委、政府的领导下，在各有关部门的支持下，林业系统广大干部群众积极实施以生态建设为主的林业发展战略，大力加强保护工作，取得了显著成就。

(一)湿地生态系统保护成效显著，湿地在国家生态安全中的地位与作用不断强化。一是中央政府推进，部门联合行动，地方积极拓展，建立了广泛的湿地保护同盟。2000 年 17 个中央政府部门共同编制完成《中国湿地保护行动计划》，2007 年国务院批准成立了以国家林业局牵头由国务院 16 个部门组成的“中国履行《湿地公约》国家委员会”，中央各部门在保护湿地方面形成共识。国家林业局组建了湿地保护管理中心，天津、吉林等 7 个省市林业主管部门和大兴安岭林业集团公司建立了湿地保护管理的专门机构。目前，已基本形成各级政府和部门、具备全球自然保护影响力的国际组织、企业、社会团体和公众积极支持和参与湿地保护的格局。二是制定国家湿地保护战略和规划，并将湿地保护与相关专项规划紧密结合。完成了中国湿地保护战略研究、全国湿地调查；国务院批准实施《全国湿地保护工程规划(2002～2030)》和《全国湿地保护工程实施规划(2005～2010)》。2004 年国务院办公厅发出了加强湿地保护管理的通知，进一步明确了国家湿地保护政策。同时，湿地保护作为重点建设内容之一纳入了野生动植物保护、自然保护区建设、流域水资源综合规划、城市建设、沿海防护林体系建设、水生生物保护、水污染防治等一批国家和区域的相关专项规划。目前已经初步搭建起国家、区域、地方和项目区的四级多专项的湿地保护规划体系。三是不断推进国家和地方层面的湿地保护与合理利用制度建设。注重在国家以及地方的立法中，将湿地及其生物多样性保护的内容纳入相应法律制度，多角度建立有利于湿地保护与合理利用的制度衔接；注重推进国家湿地保护专门立法，完善补充现行法律法规中保护湿地的制度空缺；已有黑龙江、甘肃等 7 个省区颁布了湿地保护条例，地方性湿地保护立法推进良好。有关湿地保护恢复、调查监测、湿地公园建设的 10 多项部门标准正在制定之中。四是采取多种保护和生态恢复措施，推动示范引领。近年来中央与各地采用严格保护、科学修复、合理利用和湿地保护宣传教育等多项措施，以发挥湿地多功能效益为出发点，开展了积极有效的工作。目前已建立了 470 多处湿地自然保护区；有 36 块湿地被指定为国际重要湿地；建立了60多处不同级别、类型的湿地公园；划建了水禽保护网络和湿地生物多样性保护小区等，初步形成了由不同利用管制级别、多种管护形式相结合的自然湿地保护体系。全国近47%的自然湿地得到有效保护，黑龙江省已有80%的自然湿地纳入自然保护区监管范围。根据《全国湿地保护工程实施规划》，相继启动实施了110多个湿地保护、恢复和能力建设项目，对全国湿地保护产生明显的带动作用。

（二）自然保护区快速发展，受到重点保护的生物多样性区域不断扩大、林业主体地位不断稳固。建立自然保护区是保护典型生态系统和生物多样性的有效措施，2007年全国共新建自然保护区26处，新增自然保护区面积180.5万公顷，使全国林业系统建设和管理自然保护区达到1 766处，总面积1.23亿公顷，约占国土面积的12.8%，其中国家级自然保护区213处。林业系统自然保护区的数量和面积分别占全国数量的73%，面积的80%，进一步巩固了林业系统自然保护区在我国自然保护区中的主体地位。自然保护区有效保护着我国90%的陆地生态系统类型、85%的野生动物种群和65%的高等植物群落，涵盖了20%的原始天然森林、47%的自然湿地和30%的典型荒漠地区，对维护生态和生物多样性、促进可持续发展发挥了重要作用。当前在做好增量工作的基础上，同时注重提高保护有效性和管理水平。一是加强自然保护区基础设施建设。批复68个自然保护区建设项目，投资规模5.93亿元，其中中央投资4.5亿元，已安排中央投资3亿元用于提高国家级自然保护区保护监管能力和改善工作环境。二是推进自然保护区管理现代化、规范化建设。组织编制了《示范保护区建设方案编制指南》，在全国选择了51处具有典型性、代表性、建设与管理工作基础较好的国家级自然保护区开展示范保护区试点建设。确定在广东省开展自然保护区示范省建设工作。审查批复11个国家级自然保护区总体规划，8个生态旅游规划。三是严把国家级自然保护区晋升质量关。改革了晋升审核办法，强化了事前评估和指导，对14省区上报的22个保护区进行了评审；对27省区上报的32个拟晋升保护区进行了预评估，既加强了对拟晋升的自然保护区组织管理的主动指导，也促进了自然保护区晋升质量的提高。四是进行了国家级自然保护区内集体林权情况调研。对108个国家级自然保护区（非湿地类型）范围内的集体林进行了摸底调查，有69个保护区分布有集体林，总面积为117.44万公顷，占保护区面积的17.79%；最高的占到保护区面积的50%以上。调研数据为今后制定相应政策提供了翔实依据。

（三）野生动植物种拯救稳步推进，人工促进资源恢复和减轻利用野生资源压力的成效不断显现。一是组织实施了濒危动物拯救工程。建立野生动物救护繁育基地250多处，收集360多种濒危野生动物基因样本12 600多份，突破了大熊猫、朱鹮、扬子鳄、野马等一批濒危物种人工繁育技术难题，有200多种野生动物建立了稳定的人工种群。组织实施了朱鹮回归自然工作。随着大熊猫、朱鹮等珍稀物种人工繁育种群的发展，有力支持了国家重大外交和重大活动。二是野生植物保护得到新的强化。初步形成了自然保护区、保护小区、保护点相结合的野生植物就地保护网络。建立了以种质资源保护中心、植物园、树木园相结合的450多处野生植物迁地保护基地，使上千种珍稀植物建立了稳定的人工种群。2007年组织实施了人工培植成功的五唇兰、德保苏铁回归自然试验项目，启动编制极小种群野生植物保护规划，组织开展了紫檀、金花茶等重点物种的专项调查和监测试点。制定了中国植物保护战略，进一步明确了我国野生植物保护的指导思想、任务目标、建设重点和主要措施。三是全面启动了大熊猫野外监测工作，针对局部地区箭竹开花和每年冬末春初野外食物资源相对匮乏的问题，组织四川、陕西、甘肃三省对栖息地现场检查，制定应急救护方案。四是依法打击破坏野生动物违法犯罪行为。2007 年，全国森林公安机关共查处破坏野生动物资源案件 6 000 多起，全国林政执法机关共查处乱捕滥猎野生动物案件 1 882 起，查处非法收购、出售、运输、携带野生动物及其产品案件 2 792 起，有效打击了破坏野生动物违法犯罪活动。五是继续规范野生动植物繁育利用，促进产业健康发展。从繁育技术、种源储备、市场准入、政策机制上大力支持发展野生动植物繁育，促进对人工繁育资源的利用。这既减轻了野外资源保护的压力，又促进了经济发展和群众增收。六是继续强化濒危野生动植物进出口管理。起草、制定了《野生动植物进出口管理办法》、《国家濒管办行政许可受理文书办理规则》。会同海关总署重新编制了《进出口野生动植物种商品目录》，编印了《野生动植物进出口指南》。

（四）野生动物疫源疫病监测防控体系初步建立，应对危及公共健康的严重生态问题的能力逐步提高。国务院颁布的《重大动物疫情应急条例》赋予野生动物主管部门一项新职责、新工作。一是围绕实施《重大动物疫情应急条例》建立责任制，积极加强监测防控体系建设。各地林业主管部门将野生动物疫源疫病监测这一法定职责逐级落实到基层单位，初步构建了以 350 个国家级监测站为骨干、700 多个省级监测站为补充、各级林业部门广泛参与的野生动物疫源疫病监测网络体系。二是密切把握监控形势变化，在春秋候鸟禽流感等野生动物疫情高发期，指导和督促各地有针对性地部署监测防控工作。国家林业局监测总站组织对云南、湖北等 10 个省区的防控工作进行了督查，现场检查了 24 个国家级和 11 个省级监测站并提出具体指导意见，提高了监测指导工作的针对性、有效性。三是健全制度体系，规范日常监测和应急处置行为。各级林业部门根据《陆生野生动物疫源疫病监测规范（试行）》，制定并完善了野生动物疫病监控方案、监测工作管理办法和考核办法等配套规章，进一步健全了制度体系，有力规范了监测行为。四是加强人员培训，先后培训各地骨干技术人员约 3 000 人，提高了监测人员的技术水平和应急处置能力，促进了监测工作的开展。五是组织开展专项科学研究，强化科技支撑。

（五）不断创新多元生态文化活动形式，全民湿地和野生动植物保护意识进一步提高。一是在长期开展野生动植物和湿地保护的宣传教育和科普活动的基础上，逐步提炼出以“世界湿地日”、“爱鸟周”、“保护野生动物宣传月”等一批具有社会影响力并获得好评的生态保护宣传品牌。二是在生态文化体系建设的新要求下，不断开发出“保护东北虎——百名志愿者清套巡山活动”、“高原精灵——西部野生动物摄影展”、“湿地使者行动”等一系列形式新颖并具有高公众参与度的生态文化传播活动，有力促进了公众保护意识的提高。三是把弘扬生态文化作为自然保护区、湿地公园、野生动植物救护中心的重要任务，目前全国约有 300 多个自然保护区已经建立了专门的宣教中心，生态教育天然课堂的优势开始发挥。四是野生动植物保护协会会员发展取得新的进展，在宣传教育、科技交流、国际合作、产业服务方面发挥社团优势有效开展工作，进一步扩大了在国内外的影响。

（六）开拓履约与国际合作新局面，中国重视生态和生物多样性保护的积极国际形象不断提升。一是濒危物种进出口管理方面履约能力有所提高，与周边国家联合执法工作不断加强。二是通过履约不断提升国内湿地保护管理水平，强化对国际重要湿地监管。三是加强湿地和野生动植物保护国际交流与合作，积极争取国际支持。2007 年国家林业局组织召开的“湿地生物多样性保护主流化国际研讨会”产生了广泛的社会影响，来自 11 个国家和众多国际组织的专家们联合发布了《洞庭湖宣言》，呼吁国际社会和各国政府采取切实有效的措施，推进湿地保护的主流化。湿地公约新任秘书长在访华时说："中国湿地保护和履约工作可作为全球的样板"。

但是，与其他生态建设工作相比，湿地和野生动植物保护工作起步较晚，基础薄弱，管护条件欠缺，如何进一步提高成效，还需要从思想认识到工作措施上进一步强化。

二、新形势下做好湿地和野生动植物保护工作的几点认识

党的十七大提出建设生态文明，将其列为全面建设小康社会的重要目标。林业是生态建设的主体，承担着建设森林生态系统、保护湿地生态系统、改善荒漠生态系统和保护生物多样性的重要职责。保护部门既承担了保护湿地生态系统和保护生物多样性的任务，又承担着维护森林、荒漠生态系统健康的责任。在建设生态文明和发展现代林业的新形势下，湿地和野生动植物保护工作的责任更加重大，任务更加艰巨。

全球湿地和野生动植物保护以高关注度、高认知度向前发展，我国保护管理水平、能力与国际相比差距较大，面临很大的国际压力。国内的发展现状是发展的不平衡，在湿地和野生动植物保护方面存在分化，欠发达地区的生存性资源破坏高压不减，发达省份的发展和消费性资源破坏趋势有所抬头。同时，短期内人口增长与经济快速发展对湿地和野生动植物保护的空间挤压会不断加剧；长期形成的以利用自然资源、野生资源为主的利用方式尚难扭转；破坏野生动植物资源犯罪呈现出一些新的特点；湿地和野生动植物保护管理的总体水平不高，影响保护和可持续利用的体制机制障碍依旧存在；保护管理制度建设滞后，改变生态保护利益分配不公现象的任务依然艰巨；国际、国内对湿地生态系统与生物多样性保护提出了更高要求，也给予更多关注。

鉴于目前所处的历史阶段，保护工作必须从承担保护湿地生态系统和保护生物多样性的任务、从建设生态文明的新高度和新要求出发，进一步认识保护工作在生态建设整体格局中的极端重要性。

（一）建设生态文明赋予保护工作重要使命。良好的生态是生态文明的基础。保护好湿地和野生动植物，发挥其良好的生态、产业和文化功能，是生态文明建设对保护工作的本质要求。物种是构成生态系统的主体，参与和主导着生物地球化学循环和生物地球物理过程，在传承能量转化和维护生态平衡中发挥着基础性作用。同时野生动植物资源为可持续发展提供了强大的物质基础，随着生物技术的发展，基因资源的开发利用已成为新型产业发展方向，我国物种多样、丰富，具有其他国家无可比拟的优势和潜力。湿地带给人类的多种效益是其他类型生态系统不可替代的，在提供清洁水、调节气候、维护生物多样性方面的重大作用得到了全球广泛认同，对维护国家生态安全的重要作用也日益受到关注和重视。不论是森林还是湿地，健康的生态系统是人类生存和社会经济可持续发展的基本保障。因此，必须把保护和合理利用好湿地、野生动植物资源，作为生态文明建设的一项基础工作来抓。

（二）发展现代林业对保护工作质量提出更高要求。2008年初的全国林业厅局长会议提出了发展现代林业的思路和措施。从现代林业整体格局出发做好保护工作是保护的新任务。一是实现林业又好又快发展的生态建设格局，需要强化保护工作。多年来保护工作基础薄弱、投入短缺、认识不到位，一直是林业生态建设中的"弱项"，与建设现代林业的新形势和新要求不能适应。加强对保护工作的重视，按照林业生态建设要求，全面履行职责，强化保护工作，是做好新形势下繁重的保护工作的重要认识基础。二是生态建设的发展需要和资源状况，要求适时调整保护策略。在资源调查、科学评估的基础上，总结保护实践并借鉴先进经验，不断完善国家保护策略，使其更加符合国情，更具有效性、可操作性。如，一些过去未受保护的地区和物种，今后需要纳入保护范畴；过去一般保护的，现在需要重点保护。三是加快改善生态的形势任务，要求野外保护工作有更高的质量和更好的成效。资源保护、生态修复和种群恢复等工作应建立高质量的科技支撑基础，提高工作质量，加强成效。四是加强生态系统的管理，强化综合的协调对策。湿地和野生动植物的保护工作，不能将物种、栖息地(生境)和人类分离开来对待，人的影响不可能排除在外。实施保护管理，要从各个不同方面加强管理，协调人与自然的关系，要通过多尺度、学科交叉、部门结合等综合措施，减少、降低人类对湿地生态系统和野生动植物的损害影响。

(三)树立国家形象的大局对保护工作能力提出更高要求。当前自然生态和生物多样性保护越来越受到国际社会的高度关注，并有政治化的趋势。我国湿地和野生动植物保护受到了国际社会的广泛关注，濒危野生动植物利用、贸易和禽流感防控等，已经成为国际敏感话题，事关国家的形象和利益，给保护工作带来了动力，也增加了巨大的压力。作为一个自然生态和生物多样性丰富的发展中国家，保护任务很重；同时我国具有利用野生动植物的传统，处理好资源保护与合理利用关系面临着巨大的国际压力。保护好自然生态和生物多样性，既是国内发展的需求，也是树立我国良好国际形象的要求。从维护国家利益的角度，需要保护工作者不断提高协调保护和利用以及对内管理和对外协调关系的能力。

(四)贯彻落实科学发展观需要统筹协调各项保护工作。今后的湿地和野生动植物保护管理工作重点，一要做好抢救性保护，不断强化湿地和野生动植物的野外保护监管，扎实提高对现存物种和自然湿地保护的有效性。二要做好建设性保护，积极开展湿地生态修复与濒危野生动植物拯救，逐步恢复野外资源和湿地生态功能。三要做好减压性保护，推动资源利用的战略转变，以利用野外资源为主向利用人工繁育资源为主，鼓励湿地和野生动植物的合理利用，通过不断规范经营利用行为，减轻或消除人类过度利用对保护生物多样性和自然生态的压力。四要坚持把制度建设作为保护工作的长效措施，制定并完善政策法规和标准规范，实现保护管理的法制化、规范化和科学化。在现有的体制机制下，保护工作的制度建设、策略选择、政策设计、资金投入等需要围绕解决湿地和野生动植物保护的重点、难点问题集中进行配置，提升三大功能、发挥三大效益。

保护工作不仅要把握好保护与利用、重点保护与普遍保护、人工培育资源替代与直接利用野外资源的关系，而且还要注重理念和机制的促进作用，注重寻求能够发挥多元效益的保护管理形式。野生动植物和湿地资源具有生态、经济、文化等多重属性，能满足社会的多样需求，不能孤立地就保护抓保护，就利用抓利用，要将保护与合理利用结合起来研究问题，寻求在保护中科学合理利用、在科学合理利用中巩固保护成果的模式。要更注重深化改革，着力于保护事业的机制创新。保护工作要在争取各级政府投入的同时，研究调动多种投入主体参与保护、发展野生动植物和湿地资源的积极性，将全社会所蕴藏的支持保护工作的内在动力释放出来，增加保护工作投入，壮大保护工作力量。保护工作要注重以生态文明理念来引导社会和规范自身管理。我国具有利用野生动植物的传统，保护工作必须兼顾生态和经济的需要，加强公众宣传，用科学保护和合理利用的理念引导公众和舆论，使全社会树立正确的保护与合理利用理念。

三、以科学发展观为指导，做好湿地和野生动植物保护工作

(一)强化湿地保护管理，扩大湿地保护面积、提高湿地功能。一是进一步强化林业部门在湿地保护管理中的组织协调职能，建立部门分工合作、社会公众广泛参与的湿地保护管理机制。受国务院委托，国家林业局具有组织协调全国湿地保护和湿地公约履约工作的职能。林业主管部门多年来以对党和国家高度负责的精神，从国家湿地保护的全局出发，加强各项湿地保护工作，充分履行国家赋予的职责。同时林业部门在实践工作中积累了组织协调管理的经验。各级林业主管部门要进一步强化和履行好这个职责，把湿地保护管理工作摆到更加突出的位置，做到认识到位，责任到位，措施到位。为履行湿地保护管理职责，重点湿地省份要建立湿地保护管理机构，加强能力建设。增强主动服务意识，发扬协作精神，建立部门和地方沟通协调、信息共享、配合协作的工作机制，实现湿地保护管理的跨部门、跨地区合作。充分发挥"中国履行《湿地公约》国家委员会"和各级协调领导小组的作用，形成合力保护湿地。二是认真实施国家湿地保护工程，在实施好林业系统自身工程项目的同时，积极指导相关系统做好工程的实施，切实发挥林业部门的组织协调和牵头作用。加强项目的科技支撑，加强在建湿地保护恢复项目的指导和监督检查，各项目省要掌握工程实施的进度和存在的突出问题，提出有针对性的解决措施，确保资金使用效果。三是继续推进国家湿地立法工作和相关规范、标准制定，已经颁布实施省级条例的省份进一步加大执法力度，充分发挥法规对湿地保护管理的保障作用，理顺湿地保护管理体制，规范湿地保护、管理和利用行为。四是做好开展第二次湿地资源调查的准备工作，依据国家林业局颁布的《湿地资源调查技术规程》，编制完成本区域的调查实施细则和工作方案，组织开展好湿地资源调查人员的培训工作，为启动调查建立基础。五是进一步规范湿地公园的管理，组织制定湿地公园建设有关技术标准，完善国家湿地公园申报审批程序。对国家湿地公园试点进行抽查评估，从实践中总结经验教训，重点加强创新湿地保护机制、引导多元投入、科学修复维护等方面工作，推进湿地公园健康有序地发展。六是切实加强湿地履约和国际合作，从履行湿地公约的过程中把握机遇，学习借鉴国际上湿地保护管理的先进经验和科学成果。完善国际重要湿地生态监测工作，建立强化国际重要湿地监管机制，明确监管责任。健全中国履行湿地公约国家委员会工作机制，不断提高国际合作项目执行成效，积极争取更多的合作机会，谋划一批资金需求量大、技术含量高的示范项目。

（二）全面实施《全国林业自然保护区发展规划》，促进自然保护区又好又快发展。建设现代林业，对自然保护区建设在规模拓展、布局优化、质量提升、效益提高上提出了新的要求。管理者必须树立保护管理生态化理念。发挥人在维护自然生态中的积极作用，根据自然界本身的客观规律来制定保护管理策略。按照优化布局的要求，抓好自然保护区的发展工作。温总理在其讲话中提出，到2010年我国自然保护区面积应占国土面积的16%。根据温家宝总理的要求，按照《全国林业自然保护区发展规划》的目标，加快自然保护区发展工作，重点是加强对尚处于覆盖缺位的生物多样性关键地区的自然保护区发展，尤其要提高东部省份自然保护区数量和面积比重。根据生物区、山系、流域自然条件，科学整合现有的自然保护区，完善和优化布局。进一步加大自然保护区执法力度，严格对森林、林木、林地、湿地和野生动植物的保护管理，制止出让、破坏自然保护区资源，以及乱占滥用自然保护区土地的行为。做好自然保护区权属落实、边界界定、总体规划和管护设施建设等基础性工作，组织实施好"全国自然保护区示范省"和"全国示范自然保护区"建设工作，全面提高自然保护区管理水平。继续争取各级政府的关心和重视，加强领导，理顺自然保护区管理体制、拓展资金渠道，解决机构编制、落实人员经费等问题。凝聚力量研究制定相关政策，为自然保护区更好更快发展提供政策保障。对于集体林权改革中自然保护区内的个别林木、林地所有权和权益保障问题，以及全国主体功能区划中有关禁止开发区、限制开发区的法律法规、产业政策、税制方案、经济补偿标准等问题，要深入进行研究。充分发挥自然保护区在生态文化体系建设中的独特优势，开发设计具有当地特色，融入生态科普知识的自然保护解说系统，建设好相关教育设施，让每一个进入自然保护区的人全方位感受自然，受到教育，并带来理念、行为的变化。

（三）加强濒危物种拯救，人工促进濒危物种种群在自然状态下逐步恢复，尽快摆脱极度濒危的状况。《全国野生动植物保护及自然保护区建设工程》实施以来，物种保护工作取得了一定成效，但根据全国野生动植物资源调查，尚有一批物种处于极度濒危状态，亟须采取特殊措施加以抢救性保护。因此，依据全国野生植物资源的调查结果，针对一批面临消失和灭绝野生植物种群保护问题，尽快编制《全国极小种群野生植物拯救工程规划》，作为国家重点生态工程建设，努力使这些物种和种群脱离濒危状态。为顺利编制和实施《规划》，各省要按照《规划》编制工作的统一部署，加紧摸清涉及本省的物种的资源状况，进行深入分析，及时提供科学准确的基础信息，提出保护对策，共同编制好《规划》。同时，抓紧编制《全国极度濒危野生动物拯救工程规划》。对仍处于极度濒危状态，在野外仅存单一种群的10余种野生动物和仅分布在某个特定区域、种群数量介于自然存活边缘的40余种野生动物，编制《全国极度濒危野生动物拯救工程规划》，纳入工程范围实施有效的保护。积极调动野生动物保护专门机构、科研院所、社会企业等各方面力量，针对每个物种制定拯救实施方案，有针对性地采取保护措施。对于野外存活数量稀少的物种，以拯救繁育、野化再引入措施为主，采取栖息地保护、人工辅助恢复栖息地等措施促进野生种群数量繁育扩展；对于分布区域单一、狭窄的物种，建立自然保护区或保护小区将特定生境严格保护起来。在完成两个规划编制工作基础上，争取国家重点生态建设投资。另外，从法律制度建设上促进濒危物种保护。科学论证并调整国家重点保护野生动植物名录，争取早日颁布《第二批国家重点保护野生植物名录》。同时加强已野化放归自然的物种野外监测，并组织新的一批物种的野化放归。针对破坏野生动植物资源犯罪的新特点，继续开展全国和区域性专项打击行动，严厉打击走私、非法运输、出售国家重点保护野生动植物及其制品的犯罪活动，始终保持打击破坏野生动植物资源违法犯罪活动的高压态势。

（四）规范野生动植物繁育利用产业发展，努力满足经济和社会发展的要求。积极驯养繁殖，促进由利用野外资源向利用人工繁育资源转变，是野生动植物保护的客观要求。重视繁育利用业，将繁育业的发展与解决“三农”问题和建设社会主义新农村结合起来。从政策机制上鼓励各类投资主体投入开发繁殖利用业，支持繁育利用产品进入国内外市场，促进资源快速增长、规模化经营，形成优势产业。总结发现典型，抓好示范从而带动引导繁殖利用业经营水平的提高。推进完善资源利用的科学论证制度和野生动物产品标识管理制度。切实组织好饲养繁育利用的野生动物活体标记和重点野生动物药用原材料的封装和监管。落实虎豹皮服饰和含羚羊角、穿山甲片、蛇类等成分药品标识管理措施。继续推进野生动物标识管理试点，扩大标识试点范围。改善繁育利用管理制度和行政许可办法，优化完善涉外资源行政许可管理。总结近年繁育利用行政许可工作，实事求是地提出简、放行政许可改革意见，从机制上进一步推动繁育利用业健康发展。

（五）加强野生动物疫源疫病监测体系建设，提高防控和处置能力。候鸟禽流感等重大野生动物疫情监测防控形势复杂严峻，局部地区突发重大野生动物疫情的可能性较大 ，各地在确保物资储备和人员到岗到位的条件下，强化监测防控工作。落实责任制，加大监测员在岗抽查力度，严肃监测信息报告制度。加强监测队伍建设，开展专职监测员培训，对重点区域的专职监测员进行应急演练的培训，增加实战应对能力。推行监测技术规范，实现监测防控工作的标准化、规范化。抓紧协调和组织编制《全国动物防疫体系二期建设规划》，做好二期国家级监测站点建设的规划布局，减少监测盲区，完善监测体系。开展疫源疫病本底调查和相关科学研究，争取在查找禽流感宿主方面有所突破。组建全国陆生野生动物疫源疫病监测专家委员会，加强与国内外有关单位的合作，解决技术难点。

（六）不断规范野生动植物进出口管理工作，提高履约主动性。进一步正确处理好“保护与发展、履约与维护国家权益”两大关系，做好进出口管理和履约工作。进一步加强濒危物种进出口行政许可管理工作。以制定出台野生动植物进出口管理办法为龙头，以制度完善为重点，进一步规范审批流程，明晰权责划分，建立长效机制。抓紧完成电子政务系统建设，推进规范管理。不断提高履约能力。针对CITES公约规则变化、更新较快的特点，建立有效的履约协调机制和提高应对能力；研究、掌握国际濒危物种贸易形势变化对中国资源合理利用制约的新动向并逐步建立预警机制，加强协调和主动应对，掌握谈判主动权，维护国家利益和政府形象。加强执法协调工作。推动成立“中国CITES履约执法特别工作组”，强化我国与其他缔约国、政府间国际组织特别是东盟和国际刑警组织的执法合作。

（七）进一步发挥社团组织的独特优势，积极发挥社会力量促进湿地和野生动植物保护事业的发展。作为林业生态建设事业的重要社会力量的野生动物保护协会和野生植物保护协会应该利用好更为广阔的活动空间，充分发挥好党和政府的参谋助手及联系群众的桥梁纽带作用，更好地组织发动社会公众关心支持野生动植物保护工作。一是要在生态文化体系建设中发挥积极作用。利用大熊猫、藏羚羊等野生动物适时开展野生动物保护的宣传活动，向国内外展示我国在加强野生动物保护方面做出的努力，争取全社会更加广泛的理解和支持。精心组织好已在全国启动开展的“繁荣生态文化，建设生态文明”系列活动，继续做好“世界湿地日”、“爱鸟周”等各项科普宣传，动员全社会力量参与野生动植物保护工作。加强对敏感、热点和重点问题的关注，积极引导社会舆论朝着有利于保护事业、有利于维护国家形象方向发展。继续加强协会组织建设，进一步加大会员发展力度。积极发挥协会组织和广大会员作用，为政府决策建言献策。各级林业部门要加强对协会的领导和支持，为协会能够更好地发挥作用创造条件。提高协会科技交流的信息化和网络化水平。积极拓宽国际合作领域，加强对外宣传，扩大国际影响。要积极推动野生动植物培育利用产业发展，开展面向基层的技术培训和咨询服务。

在建设生态文明和发展现代林业的新形势下，湿地和野生动植物保护工作在新的起点上迎来了前所未有的发展机遇。我们一定要全面贯彻落实党的十七大精神，以科学发展观为指导，开拓奋进，扎实工作，全面推进湿地和野生动植物保护管理工作，为实现林业又好又快发展做出贡献！

孙扎根

抓住机遇　改革创新
推动干部人事工作更好地服务林业科学发展

林业干部人事工作是保障林业改革发展十分重要的工作。根据林业面临的新形势和新任务，国家林业局党组明确提出，要按照科学发展观的要求，紧紧围绕建设生态文明，全面推进现代林业发展。如何以科学发展观为指导，以改革创新为动力，切实加强和不断改进林业干部人事工作，为发展现代林业，建设生态文明提供组织保证和人才支持，需要我们认真思考，不断探索。

一、紧紧围绕林业改革发展大局，做好林业干部人事工作

在局党组的正确领导下，国家林业局的干部人事工作坚持以邓小平理论和“三个代表”重要思想为指导，认真贯彻落实科学发展观，以加强党的执政能力建设和先进性建设为目标，紧紧围绕现代林业建设工作，以机构改革为契机，以加强领导班子和干部队伍建设为重点，不断强化干部人事工作，取得了显著成效，为林业改革发展提供了有力的组织保障和人才支持。

(一)精心谋划，机构改革取得重大突破

按照党的十七届二中全会关于进一步深化行政管理体制改革的要求和国务院关于机构改革的总体部署，机构改革取得历史性突破。一是国家林业局的职能得到了显著加强和全面拓展。在森林生态系统建设相关职能得到进一步强化的基础上，在湿地、荒漠生态系统和生物多样性保护方面的职能得到确立和强化。按照林业“三大体系”建设的要求，确立了对森林、湿地、荒漠资源利用监管、林业产业标准、林产品质量管理等林业产业管理的职能；首次明确了在生态文明建设、生态文化建设方面的职能；赋予了濒危物种进出口管理、湿地保护、荒漠化防治等单位与司局相同的职能，初步构建了现代林业发展的职能体系。二是理顺了相关职能。确立了林业部门在自然保护区建设、生物多样性保护、山区综合开发、退耕还林、亚太森林网络建设等领域的主体地位，理清了与有关部委在相关工作中的职能界限。三是较好地解决了我局参公管理单位的机构和编制问题。全力协调将局属参照公务员法管理的单位增加到21个、事业编制555个。新增33名行政编制，解决了机关长期存在的“黑户”问题。四是内设机构和干部职数得到优化。批准我局新增设了农村林业改革发展司；规范了造林司、保护司和国际合作司的名称；新增设了森林防火专职副总指挥1名，总工程师职数1名，新增司局长职数5名，强化了机关及相关工作的领导力量。五是扩展了新的职能机构。成立了中国生态文化协会，全力推进成立中国林业产业联合会、中国绿色碳基金会，为拓展林业发展空间创造了条件。六是全面推进事业单位人事制度改革。局直属29个事业单位岗位聘用制度改革工作稳步推进。林业职能、机构的加强，为林业改革发展奠定了扎实的组织基础。

(二)狠抓落实，领导班子和干部队伍能力建设进一步加强

加强党的执政能力建设，关键在班子。我局党组按照中央的要求，不断加强领导班子建设。

一是加大班子能力建设。以提高素质、优化结构、改进作风和增强团结为重点，加强理想信念教育，深入开展"讲党性、重品行、作表率"活动，强化民主集中制建设，注重选优配强党政一把手。近几年来，对直属机关 40 多个单位的领导班子进行了调整，其中，重点调整补充单位一把手 38 人。努力把各级领导班子建设成为深入贯彻落实科学发展观，坚决执行党的路线方针政策，立党为公、执政为民、清正廉洁、充满活力的坚强领导集体。二是不断加大干部能力建设。加强对司处两级干部的任职培训。连续举办了 6 期司局级干部任职培训班、12 期处级干部任职培训班，有 240 多位司局级干部、480 多位处级干部参加了培训。鼓励干部参加在职学习。目前，机关干部中具有研究生学历或学位的已达 76 人，是 10 年前的 5 倍。开展以集体林权制度改革为重点内容的政策培训，仅 2008 年就培训林业厅局长、地市县林业局长和基层林业干部 1.2 万人次。加强干部基层挂职锻炼。在做好援藏、援疆、扶贫等挂职干部工作的同时，连续选派了多批学历层次高、综合素质好、年富力强、发展潜力大的司、处级干部共 60 多名，分别到浙江、贵州、广西、重庆等省(自治区、直辖市)挂职工作，增强了干部的实践经验和领导能力。

(三)深化改革，干部队伍结构不断优化

近几年来，我局紧扣现代林业建设主题，探索选人用人机制，在调整中优化结构，在优化结构中增强整体功能，努力增强干部队伍的活力。一是从改善班子年龄、知识、专业结构出发，加大使用年轻干部力度，一批高学历、高层次人才不断补充到司、处级领导岗位。仅 2008 年就集中考察选拔了多名 20 世纪 70 年代出生的优秀年轻干部充实到直属单位领导班子，在南京森林公安高等专科学校通过竞争上岗，选拔了 2 名干部补充进学校领导班子。二是做好培养选拔女干部工作，目前，我局机关司局级女干部的比例已占司局级干部数的 19.3%，处级女干部的比例占 28.8%，在直属机关 60 多个单位班子中，配备女干部的有 19 个单位，其中正司局级 8 人。三是按照干部的成长规律，开展干部轮岗交流工作。近几年来，对 53 名司局级领导干部和 100 多名处级干部进行了轮岗交流。四是从改革和发展的一线发现、培养了一批各层次的优秀后备干部。2007 年结合年度考核，在全局和各单位分别推荐了司局级和处级后备干部，初步建立了后备干部数据库。

(四)创新机制，干部人事制度建设不断加强

我局的干部人事工作十分注重制度创新，着重建立健全选拔任用机制、培养教育机制和监督管理机制。一是以提高干部选拔任用工作水平为目标，先后制定实施了《国家林业局干部任前公示制办法》、《国家林业局干部任职试用期办法》、《国家林业局干部试用期满干部考核办法(试行)》、《关于进一步加强女干部培养工作的意见》、《关于进一步做好培养选拔党外干部的意见》、《国家林业局干部选拔任用工作实施细则(试行)》等规章制度。二是以提高干部能力素质为目标，先后制定实施了《国家林业局党组关于提高公务员素质加强公务员队伍建设的决定》、《国家林业局机关公务员培训实施办法》、《干部挂职锻炼工作暂行办法》、《关于加强后备干部队伍建设工作的通知》、《国家林业局干部教育培训工作实施细则(试行)》等规章制度。三是以提高干部监督工作水平为目标，先后制定实施了《国家林业局调配工作暂行办法》、《干部监督联席会议制度》、《国家林业局干部谈话、诫勉、函询办法(试行)》、《国家林业局干部年度考核暂行办法》、《国家林业局组织人事部门干部监督工作实施细则(试行)》等规章制度。这一系列规章制度的相继出台，使我局干部工作制度化、规范化、科学化水平不断提高。

在看到成绩的同时，我们也应当清醒地认识到干部人事工作还存在不适应科学发展的问题。

从干部人事工作现状看，选人用人和开发干部资源的视野还需要进一步拓宽，体现科学发展观的干部考核机制、激励机制、竞争机制还需要进一步完善，干部竞争上岗、轮岗交流、岗位设置等工作还需要进一步加大工作力度等等。从班子建设和干部队伍现状看，有的领导班子民主集中制原则贯彻得还不够好，驾驭工作全局、领导科学发展、解决复杂矛盾等方面的能力不够强；有的党员干部理想信念不坚定，党性锻炼、党性修养不够，党员意识和大局意识不够强；有的党员干部作风不够扎实，服务意识还不强等。这些问题的存在有待于尽快改进和提高，以便更好地为林业工作大局做好组织保证。

二、深入贯彻落实科学发展观，林业干部人事工作肩负着重大使命

干部人事工作作为党的全局工作的重要组成部分，在推进中国特色社会主义伟大事业和党的建设新的伟大工程中处于十分重要的位置，起着十分重要的作用。做好干部人事工作，服务林业科学发展，任务艰巨，责任重大。

（一）干部人事工作是按照科学发展观要求推进党的建设工程的重要组成部分

干部人事工作是党的建设工程的重要内容。深入贯彻落实科学发展观，要求我们切实加强和改进党的建设。要站在执政兴国的高度，把提高党的执政能力、保持和发扬党的先进性，体现到领导科学发展、促进社会和谐上来，落实到引领我国发展上来，使党的工作和党的建设更加符合科学发展观的要求。以科学发展观指导和推动现代林业建设，是党和国家对林业改革发展的新要求。只有不断学习和认真领会科学发展观的内涵，才能深刻理解党中央对干部人事工作的要求，切实把握干部人事工作的正确方向，才能不断提高各级党组织、领导班子和领导干部贯彻落实科学发展观的本领，才能把各级党组织建设成为贯彻落实科学发展观的坚强堡垒、把干部队伍建设成为贯彻落实科学发展观的骨干力量，为科学发展提供组织保障。

（二）干部人事工作是按照科学发展观要求推进改革开放事业的重要内容

改革开放以来，党所提出的每一项战略任务，无不需要干部人事工作提供强有力的组织保证。随着我国改革开放事业的深入推进，干部人事工作面临新的更高要求：党员干部的民主意识、权利意识日益增强，要求干部人事工作进一步提高民主、公开程度；党员队伍、干部队伍构成上的变化，要求不断进行组织创新和干部管理方式创新；建设更高水平小康社会的新目标，要求领导干部进一步提高领导水平、改进思想作风；体现以人为本的执政理念，着力保障和改善民生，要求党组织和广大干部更好地联系和服务群众。站在新的历史起点上，深入推进改革开放事业，要以大力推进干部人事工作为重要支撑，牢固树立全局观念、创新观念、服务观念、法治观念和责任观念，在机构设置、人员配备、干部培训、业绩考核等方面，积极推进改革创新，加快形成有利于科学发展的干部人事工作体制和机制，为新一轮改革发展和现代化建设提供坚强组织保障。

（三）加强干部人事工作是贯彻落实科学发展观的内在要求

深入学习实践科学发展观，是党中央对各级领导班子和领导干部提出的最新要求，是落实党的十七大精神的首要政治任务。干部人事工作切实贯彻落实科学发展观，不仅是党的干部路线服从服务于党的政治路线的客观要求，是加强党的执政能力建设的现实需要，是促进干部健康成长的必然选择，也是使科学发展观普及到经济、社会、政治、文化各个领域的重要手段。当前，我国林业仍然是国民经济和社会发展的一个薄弱环节，生态产品仍然严重短缺，林区经济仍然落后，林业职工和林农收入增长仍然缓慢，加快林业发展已经成为落实科学发展观、促进经济社会科学发展的紧迫任务。必须把科学发展观作为干部人事工作的根本指针，按照"发展是第一要务，以人为本是核心，全面协调可持续是基本要求，根本方法是统筹兼顾"的要求做好干部人事工作，最大限度地调动起广大干部的积极性，切实把组织资源转化为发展资源，把组织优势转化为发展优势，为贯彻落实科学发展观，推动林业科学发展提供强大的内在动力。

（四）干部人事工作是按照科学发展观要求加快现代林业建设的基础工程

林业既是一项十分重要的公益事业，又是一项十分重要的基础产业，还是一项十分重要的文化载体，在贯彻落实科学发展观的伟大实践中肩负着重大而特殊的使命，关系国家战略全局和长远发展。推进生态文明和现代林业建设，需要有一个坚强的领导机关，需要有一支政治素质高、业务能力强、工作作风实、群众信得过的干部队伍。这就要求干部人事工作要按照生态文明建设和现代林业发展的要求，进一步解放思想，提高认识，深刻理解新形势新任务对干部人事工作的新要求，准确把握干部人事工作的政治方向，认真找准干部人事工作的科学定位，与时俱进、开拓创新，切实将干部人事工作置于现代林业建设的大局中谋划，建立和完善广纳群贤、充满活力的干部人才工作机制，形成爱才惜才用才的良好氛围，不断强化领导班子建设，不断提高干部队伍整体素质，为加快现代林业又好又快发展奠定坚实的基础。

三、以科学发展观为指针做好干部人事工作，为现代林业又好又快发展注入强劲动力

学习实践科学发展观，不断完善林业干部人事工作，必须深刻领会和认真贯彻胡锦涛、习近平、李源潮等中央领导同志在全国组织工作会议、全国干部教育培训工作会议上提出的明确要求，践行以人为本，确保干部健康成长；拓宽选人用人视野，确保人尽其才；树立正确的用人导向，确保客观评价和使用干部；坚持统筹兼顾，确保培养选拔和监督的有机结合，使林业干部人事工作在改革中实践、在创新中前行，为国家林业发展大局配好班子、训好干部、带好队伍。

（一）必须把科学发展观的内涵要求转化为干部人事工作的行动准则

干部是生产力诸要素中最重要的因素。贯彻落实科学发展观，一是必须坚持干部人事工作为促进科学发展提供坚强保证的根本方针。坚持用科学发展观统领林业干部人事工作，必须紧紧围绕实现林业科学发展这个大局来审视和谋划干部人事工作，把党的干部资源转化为发展资源，干部优势转化为发展优势，干部活力转化为发展活力，为推动科学发展奠定坚实的组织基础；二是必须坚持为干部、为人才服务的理念。要按照"以人为本"的要求，更加注重关心人、理解人、爱护人、激励人，真情关心爱护广大干部和人才，为其提供有效服务，激发他们的积极性、主动性和创造性，充分发挥他们在推进和建设现代林业和生态文明中的中坚骨干作用；三是必须坚持干部人事工作整体协调、全面发展的要求。实现党的思想建设、组织建设、作风建设、制度建设和反腐倡廉建设同步展开、整体推进，领导班子和干部队伍建设、人才工作和人才队伍建设的有机统一，使干部人事工作与现代林业建设相适应，使自身工作的各项要素有机整合、各个环节紧密衔接；四是必须坚持干部人事工作统筹推进的根本方法。既突出围绕加强领导班子建设和人才队伍建设这个重点，又兼顾抓好人事各方面常规工作；既立足当前，解决突出问题，又着眼长远，做好打基础的工作；既能实现干部人事工作的科学规划、科学指导，又能抓好工作落实情况的督促检查，促进各项工作水平不断提高。

（二）必须把科学发展观的要求体现到干部人事工作的基本环节上

一是选拔任用工作必须以科学发展观为根本依据。把科学发展观作为选人用人的导向，牢

固树立正确的政绩观，旗帜鲜明地鼓励开拓，支持实干，大力选拔那些政治上靠得住、工作上有本事、发展上有成效的干部，努力形成求真务实的干部激励机制；二是教育培训工作必须以科学发展观为根本指导。把科学发展观作为干部经常性教育的内容，进一步加大干部教育培训力度，通过短训班、正规专业院校培养、在职培训、远程教育培训等多种途径，加强对各级干部的科学发展观教育和正确政绩观教育，牢固树立科学发展的理念，切实提高干部职工的政治素质和业务素质；三是考核评价工作必须以落实科学发展观的成效为根本准则。把科学发展观作为考核政绩的尺度，不断改进政绩评价和考核方法。考核评价干部，重点要看推动工作科学发展的实际效果，看促进职工切身利益问题解决的实际成效，看干部群众的满意度。要完善科学公正的干部政绩考核体系和评价标准，建立符合科学发展观要求的领导班子和领导干部综合考核评价体系；四是监督管理工作必须以科学发展观为根本标准。把监督管理始终贯穿于落实科学发展观的各个方面，坚持普遍监督和重点监督相结合，综合运用各种监督手段，重点加强对领导干部特别是“一把手”的监督，切实尊重和保护广大干部群众的监督权利、监督作用，使林业干部人事工作运行更加公开透明。

（三）必须把科学发展观的要求落实到干部人事工作的具体实践中

一是围绕提高领导水平和执政能力，进一步抓好领导班子和干部队伍建设。坚持正确的用人导向，始终把德才兼备作为领导干部的基本原则，选好配强各级领导班子特别是选准用好一把手。把加强领导班子的思想政治建设摆到突出位置来抓，更好地用中国特色社会主义理论体系这一马克思主义最新成果武装和统一思想，加强各级干部党性修养、道德修养，着重抓好各级领导班子民主集中制建设和领导干部的作风建设。继续选派干部到基层挂职锻炼，使干部在实践中锻炼能力，体现水平，历练作风；二是积极稳妥地推进干部人事制度改革。不断建立健全干部职务任期制、差额考察制；完善干部回避、交流和任用提名制度；探索干部退出机制；讨论任用重要干部无记名票决制；健全竞争上岗制度，探索面向行业及全社会的公开选拔制度；三是统筹抓好人才队伍建设工作。充分发挥组织人事部门在人才工作中的牵头抓总作用，提出进一步做好人才培养、吸引和使用人才的各项政策措施，加强高级专家队伍建设，建立健全人才引进、流动、评价等相关政策，切实有效地实施人才强林战略；四是进一步加强机构和职能建设。按照国务院确定的国家林业局“三定”方案和局党组的部署，做好内部“三定”工作。深入推进事业单位分类管理，加快事业单位全员聘任制改革，努力推进各单位的长远建设和发展。充分发挥林业社团组织的作用，增强林业职能机构的整体合力；五是贯彻“以人为本”理念，做好涉及广大干部职工切身利益的工作。认真细致地做好参照公务员法管理单位的有关人员登记工作，做好职称评审工作，做好工资制度改革的后续工作，进一步做好规范津贴补贴工作，为干部职工创造良好的工作环境；六是继续深入开展组织人事部门“讲党性，重品行，作表率”活动。按照中央关于“牢固树立最讲党性、最重品行、最作表率的组织人事部门新形象”的总目标，不断巩固和深化活动的各项成果，努力使局各级组织人事部门成为林业科学发展的保障部、促进部和先进部。

发展现代林业，建设生态文明，是历史赋予我们的重大使命；坚持以人为本，服务科学发展，是干部人事工作的时代主题。我们将不断深入贯彻落实科学发展观，进一步强化大局意识、改革意识和服务意识，解放思想，开拓进取，努力开创林业干部人事工作的新局面，为建设生态文明和现代林业，推进林业科学发展作出新的更大贡献。

第三篇
专 题 调 研

现代林业与生态文明建设

现代林业与生态文明建设专题调研报告

党的十七大在我国经济社会发展理论上的一个重大突破和亮点，就是明确提出了生态文明的新概念和新理念，并把“建设生态文明”作为中国实现全面建设小康社会奋斗目标的新要求之一，这标志着中国特色社会主义将向生态文明的发展阶段迈进。

建设生态文明涉及到政治、经济、文化等各个领域，需要全社会共同努力才能实现。林业作为国民经济和社会发展全局中重要的公益事业和基础产业，承担着维护国土生态安全，保障经济社会可持续发展，不断满足日益增长的社会生态需求、林产品和生态文化产品供给的重大使命和光荣职责。发展现代林业与建设生态文明的关系如何？现代林业在生态文明建设中处于什么地位、发挥什么作用？既要从理论上开展深入研究，也要从实践上不断探索，这也为深入学习实践科学发展观活动增添了新内容和新课题。为此，我们围绕“现代林业与生态文明的关系”这个专题，组织相关专家先后到黑龙江、云南、浙江、广东等省林区和基层单位开展了调查研究。通过走访林区职工和林农、考察相关企业和生态村屯、拜访各级林业部门领导、召开各种座谈会等多种方式，收集了大量一手资料，随后组织有关专家进行全面分析和深入研讨，形成了一些共识。

一、现代林业与生态文明在理论上具有高度的一致性

就党的十七大提出的建设生态文明的战略决策，国内许多专家学者围绕生态文明的概念、内涵、特征、目标、任务等理论问题进行了大量的富有成效的研究和探讨。同样，国家林业局自2006年提出全面推进现代林业建设，全力推进林业三大体系建设的发展目标以来，也引起全社会的广泛关注，特别是关于发展现代林业与建设生态文明的关系问题，从政府官员到专家学者，都从不同角度、不同侧面进行了深入研究。国家林业局贾治邦局长在2008年全国林业厅局长会议上指出，建设生态文明有三项本质要求：一是加强生态建设，维护生态安全，实现生态良好；二是基本形成节约能源资源和保护生态环境的产业结构、增长方式和消费模式；三是在全社会牢固树立生态文明观念。林业是生态建设的主体，承担着建设森林生态系统、保护湿地生态系统、改善荒漠生态系统和维护生物多样性的重要职责，具有巨大的生态功能、经济功能和社会文化功能。构建三大体系，提升三大功能，发挥三大效益，以林业的多种功能满足社会的多样化需求，既是现代林业建设的基本内容，也是生态文明建设的本质要求。经过深入调研和反复讨论，我们认为，发展现代林业与建设生态文明，两者之间具有高度的一致性。

（一）发展理念的一致性

从现有的研究成果来看，生态文明分为广义的和狭义的两个层次。广义的生态文明是指人类在社会历史发展进程中遵循人、自然、社会三者之间和谐发展的客观规律所创造的一切物质成果与精神成果的总和。狭义的生态文明是指人类遵循自然和社会发展的客观规律，以实现人与自然和谐共存为核心，统筹资源环境与经济社会可持续发展所形成的意识、制度、行为的总和。

关于现代林业，国家林业局贾治邦局长提出，现代林业就是科学发展的林业，以人为本、全面协调可持续发展的林业，体现现代社会主要特征，具有较高生产力发展水平，能够最大限度拓展林业多

种功能，满足社会多样化需求的林业。江泽慧等在《中国现代林业（第二版）》中认为：现代林业就是可持续发展的林业，它是指充分发挥林业资源的多种功能和多重价值，不断满足社会多样化需求的林业发展状态和方向。中国现代林业的发展理念是：以可持续发展理论为指导，坚持以生态建设为主的林业发展战略，全面落实科学发展观，最终实现人与自然和谐的生态文明社会。

无论是广义的生态文明，还是狭义的生态文明，其核心的理念都是强调人与自然的和谐，强调发展的可持续性。生态本身是指生物之间以及生物与环境之间的相互关系与存在状态，即自然生态。自然生态有着自在自为的发展规律。人类社会改变了这种规律，把自然生态纳入到人类可以改造的范围之内，这就形成了文明。生态文明，就是人类在追求自身幸福、舒适生活的同时，要促进人与自然的协调与和谐，维持经济社会的可持续发展。在建设现代林业的过程中，同样强调要大力发展循环经济，建设资源节约型、环境友好型社会；强调要充分考虑发展的可持续性，必须合理利用资源、大力保护自然生态和自然资源，恢复、治理、重建和发展自然生态和自然资源。从健康、完整的生态系统、生物多样性、良好的环境及主要林产品持续生产等诸多方面，反映了现代林业的核心价值观和发展理念，而这个核心价值观和发展理念与生态文明的核心理念完全一致。

（二）发展阶段的一致性

人类文明的发展历史已经经过了3个阶段，即原始文明、农业文明和工业文明。特别是300多年的工业文明中，世界工业化的发展使人类征服自然的文化达到极致，一系列全球性生态危机说明地球再没能力支持工业文明的继续发展，需要开创一个新的文明形态来延续人类的生存，这就是生态文明。如果说农业文明是“黄色文明”，工业文明是“黑色文明”，那么生态文明就是“绿色文明”。因此，生态文明是继原始文明、农业文明、工业文明之后的一种更高级、更复杂、更进步的文明形式和社会形态，是一个崭新的发展阶段。

从世界林业发展规律来看，林业发展一般要经历5个发展阶段，即：森林原始利用阶段、木材过度利用阶段、森林恢复发展阶段、多功能利用阶段、可持续发展阶段。随着全球生态安全形势的日益严峻，实现可持续发展已经成为世界各国共同追求的目标和行动。新中国成立以来，在长达半个世纪的时间里，木材生产成了林业部门的首要任务。大量砍伐森林，使中国林业在为国家建设作出重大贡献的同时，也逐渐走到了资源枯竭的地步，诸多的生态安全问题也随之而来。进入21世纪以来，党中央做出了一系列重大战略决策，《中共中央 国务院关于加快林业发展的决定》确立了以生态建设为主的林业可持续发展战略，国家林业局提出了加快推进现代林业建设的发展思路，从此，我国林业步入了崭新的发展阶段。

工业文明发展阶段所造成的自然资源和生态环境严重破坏，以及由此而带来的气候变化、土地沙化、荒漠化蔓延、生物多样性减少、自然灾害频发等一系列生态问题，进一步加剧了全球资源匮乏和能源短缺，出现了人与自然关系不协调、不和谐的诸多后果，由此而引起国际社会的深刻反思，同时也引起了国内高层领导、社会先贤和广大民众的深刻反思。而“生态文明”和“现代林业”的新概念和新理念也都是在这个共同的背景下提出来的，二者在发展阶段上是高度一致的。

（三）发展目标的一致性

生态文明是人类社会历史进程的必然选择和发展趋势，其崇高的发展目标就是追求并努力实现人与自然的高度和谐——人热爱自然、崇尚自然，并精心地呵护自然和赖以生存的生态环境，而自然实现了生态平衡之后，以脉脉温情惠顾人类。进入21世纪以来，特别是党的十六大、十七大提出的全面建设小康社会战略目标和坚持科学发展观、构建和谐社会、建设生态文明等一系列重大战略举措，表明中国始终坚持走生产发展、生活富裕、生态良好的文明发展道路，把建设发达的林业，保持良好的生态环境作为显现国家繁荣、民族兴旺、社会文明的重要标志和建设生态文明的重要内容。森林是陆地生态系统的主体，是维系国土生态安全的屏障，是实现科学发展、构建和谐社会的重要基础，而林业担负着保护森林资源、保障经济发展、改善人居环境、建设生态文明的历史重任。因此，林业与生态文明之间历来有着互为前提、密不可分的关系。而以实现可持续发展为核心的现代林业，其终级的发展目标也是追求并努力实现人与自然的高度和谐，在这一点上与生态文明也是完全一致的。

（四）社会需求的一致性

当今世界，一切思想觉醒之价值莫过于生态觉醒；一切该关注的社会热点莫过于关注森林。近年来，国内外不少著名科学家已经发出警示性预言：再过20年，全球将有15亿人口沦为生态难民。这绝非危言耸听！随着经济社会的快速发展和生活水平的提高，人们关注和保护生态的意识与责任感普遍增强，生态需求已经上升为人类的第一需求，生态文明已成为人类共同的向往和追求。人类只有一个地球，共同维护美好家园已成为地球村村民共同的心声！

当前，中国正处于加速推进工业化、城市化和农业现代化的重要发展阶段，中国正以历史上最脆弱的生态环境承载着历史上最多的人口，担负着历史上最空前的资源消耗和经济活动，面临着历史上最为突出的生态环境挑战。在深入贯彻落实科学发展观，大力发展循环经济，推进节能减排，转变经济增长方式、发展方式、生产方式、生活方式和消费模式的同时，作为以构建完备的国土生态安全体系、发达的林业产业体系和繁荣的生态文化体系为己任的中国现代林业，必然要走到国家经济社会发展的前台，担当起建设生态文明的主角。社会需求生态文明，同样需求支撑生态安全的现代林业。

二、现代林业是生态文明中不可缺少的重要组成部分

林业是以从事培育、保护和利用森林资源，保护湿地资源和沙漠绿洲资源为主，维护国土生态安全，提供生态服务与文化产品，生产木材及林产品，满足人类生态需求，促进经济社会可持续发展的社会公益事业和基础产业，是国民经济不可或缺的重要组成部分。林业及其包含的森林、湿地、沙漠三大生态系统所具有的巨大的生态功能、经济功能和社会文化功能是其他任何行业所不可替代的。因此，现代林业是生态文明中不可缺少的重要组成部分。

（一）良好的林业生态系统是实现人与自然和谐的物质基础

生态良好，既是生态文明社会的基础，也是生态文明建设的目标。建设生态文明，首先需要统筹协调好人与自然的关系。没有良好的生态系统，人与自然的和谐就失去依据，无从谈起。海洋、森林、草原、湿地是影响和支持地球生命的四大生态系统，其中森林、湿地和沙漠绿洲都属于林业管理的范畴。保护了森林、湿地和沙漠生态系统，就是保护了人与自然和谐；相反，破坏了森林、湿地和荒漠生态系统，就是破坏了人与自然的和谐，最终也必然导致人与人、人与社会的不和谐。

森林和湿地是陆地两大生态系统，前者被称为“地球之肺”，后者被称为“地球之肾”，在生物界和非生物界的物质交换和能量流动中扮演着主要角色，对保持陆地生态系统的整体功能、维护地球生态平衡、促进经济与生态协调发展发挥着中枢和杠杆作用。科学家断言，假如森林和湿地从地球上消失，全球90%的淡水将白白流入大海，陆地90%的生物将灭绝，生物固氮将减少90%，生物释氧将减少60%，同时还会引发一连串的生态灾难，地球的生态平衡就无法维持。作为陆地生态系统的重要组成部分，沙漠生态系统与其他类型的生态系统一样，在维持全球生态健康和安全中起着重要的作用。随着全球性环境问题的日益突出，荒漠生态系统所具有的不可替代的特殊生态功能越来越受到高度重视。荒漠地区优越的光、水、热条件和特有的野生动植物资源、生物多样性组合以及丰富的矿藏、天然气等自然资源，使之具有广阔开发和利用前景。沙漠生态系统一直是人类开发利用中受社会经济活动干扰最为频繁和强烈的系统之一，其健康状况事关人类的生存和社会的可持续发展。

（二）发达的林业产业体系本身就是巨大的循环经济体

改变经济发展模式，转变经济增长方式，发展循环经济，建设资源节约型和环境友好型社会，是建设生态文明的重要内容。传统经济是一种以“资源→产品→污染排放”为基本模式的单向流动的线性经济，其主要特征是高开采、低利用、高排放，即大量地利用地球上的物质和能源，又将污染物和

废弃物排放到水系、空气和土壤中，是粗放的、一次性的利用方式。循环经济的基本流程是"资源→产品→再生资源"，其特征是低消耗、高利用、低排放，追求对物质和能源的循环利用，对生态与环境的最小影响。森林资源是一种可再生的自然资源，其本身就是一个开放式的内部物质循环和外部物质能量交换的系统，其循环过程为"森林→利用→培育→森林"。在森林资源的利用上，人类完全可以实现对其林木的全树利用和对其多功能、多效益的循环高效利用。因此，现代林业认为，以森林资源为经营管理对象的林业，本身就是典型的循环经济体。

我国有林业用地43亿亩，可利用沙地8亿多亩，全国有木本植物8 000多种、陆生野生动物2 400多种、野生植物3万多种。大力加强对森林资源的科学经营和合理利用，进行多功能、多效益的循环高效利用，可以满足经济社会发展对林产品和生态产品的需求，扩大循环经济规模，促进循环经济发展。林业生物质能源是可再生、可降解的绿色能源。我国现有森林资源中，能用于工业能源原料的生物量有3亿多吨，可替代2亿吨标准煤；利用现有林地，还可培育能源林2亿亩，每年可提供生物柴油500多万吨，木质燃料近4亿吨，折合标准煤约2.7亿吨。大力开发研制林业生物质能源，可以提升可再生能源的比重，保障我国能源安全，促进节能减排降耗。另外，林业在提供绿色食品、药材、林化产品等非木质林产品以及发展森林旅游、扩大就业方面，也发挥着重要作用。

（三）繁荣的生态文化体系是生态文明建设的重要内容

人与自然和谐是生态文明观的核心价值体现。既要靠法律制度约束，更需要靠牢固树立生态文明观念来指导人们的行为。弘扬生态文化，对于在全社会牢固树立人与自然和谐的价值观、发展观、道德观、消费观和政绩观具有重要的促进作用。生态文明观念是建设生态文明的精神动力和道德基础，只有大力培育全民族的生态文明观念，使人们的生态环境保护意识转化为自觉的行动，才能解决生态保护的根本问题，才能为生态文明的发展奠定坚实的基础。

生态文化的力量是无穷的。"让生态融入生活，用文化凝聚力量"，符合坚持以人为本，全面协调可持续的科学发展观核心理念，应当成为全社会的共识和实际行动，充分显示生态文化强大的生命力、亲和力、感召力和凝聚力，影响和渗透到经济社会发展和生产、流通、分配、消费等各个领域，包括节能减排、健康环保、节约资源、发展循环经济以及政治、经济、文化等各个环节和各个方面。在全社会树立绿色理念，促进绿色发展，推动绿色消费，实现绿色贡献。用生态文化的理念，促进人们的思维方式、行为方式、生产方式、生活方式、消费方式的根本转变，使得社会发展秩序、生产秩序、生活秩序、心态秩序与自然演替、生态演变的秩序之间始终保持一种和谐融合、平衡良好的状态。

林业是实现人与自然和谐的关键和纽带，是推进生态文化建设的载体和平台。从某种意义上讲，人类文明的进步是与林业发展相伴相生的。森林孕育了人类，也孕育了人类文明，并成为人类文明发展的重要内容。我国历史悠久、幅员辽阔，自然条件千差万别，民族文化丰富多彩。在人们与森林朝夕相处、共生共荣中，形成了种树植树、保护森林的优良传统、习俗、制度，并融会在当地的宗教文化、民居文化、风水学说、乡俗民约、图腾崇拜之中，表现出明显的文化特征。由此形成了各地丰富而有特色的生态文化，如森林文化、花文化、竹文化、茶文化、椰树文化、槟榔文化、湿地文化、野生动物文化等。其中，既有物质形态文化，又有非物质形态文化。这些文化表现形式，能够有效地唤起人们的生态环境保护意识，增强人们的生态伦理道德观念，并赋予人们生态责任和生态义务，对于建设生态文明具有重要的意义。

三、现代林业是建设生态文明的重要实践

林业是与自然生态系统关系最密切、最直接的行业。现代林业的发展理念、发展规划、建设工程以及其中所包含的文化建设等，都集中体现了建设生态文明的基本要求。因此，林业也是最早践行生态文明的行业。

（一）林业生态建设和生产活动本身就是践行人与自然和谐的过程

林业生态建设和生产活动与自然接触最为密切，通过参与林业生态建设、保护和林业生产活动，可以逐步培养人们对大自然的感情，更加热爱自然，深入地认识自然，自觉地保护自然，这是工作在办公室、写字楼、车间、商场中的人所无法体验的。中国科学技术协会组织的公众科学素质调查结果显示，在对待自然的态度方面，从事农林牧生产活动的人员中回答“征服自然”的比例远低于其他行业。

自20世纪80年代初期开展全民义务植树运动以来，全国已有109.8亿人次参加义务植树，累计植树515.4亿株。随着全民义务植树运动向纵深推进，义务植树的形式与内容不断创新，范围与规模不断扩大，活力与成效不断增强，人们的思想观念和行为方式也发生了重大变化。广大公民主动参与，积极行动，由过去“要我植树”转变成“我要植树”，人们铭志于树、寄情于林，植纪念树，造纪念林、青年林、友谊林、成长林、同心林、“三八”林等绿色行动不断涌现。全社会的生态意识明显增强，爱绿、植绿、护绿的风尚基本形成，人们改善生态的责任意识、关注生态的忧患意识、保护生态的法律意识日益增强，以爱绿护林为荣、毁林损绿为耻的荣辱观正在逐步形成，绿化环境、保护生态、绿色消费等生活理念已成为时尚，让天更蓝、地更绿、水更清、空气更洁净已成为人们的共同追求。

通过加大生态建设，推进林业重点工程和防护林体系建设，培育和扩大森林资源，提高森林质量，保护生物多样性，有效控制荒漠化蔓延，充分发挥了林业保障国土生态安全，为全社会提供生态良好的物质产品的功能。改革开放以来，特别是近10年来，我国先后实施了天然林资源保护、退耕还林、京津风沙源治理、三北及长江等防护林体系建设、野生动植物保护及自然保护区建设、湿地及生物多样性保护、重点地区速生丰产用材林基地建设等林业重点工程，全国森林覆盖率由建国初期的8.6%提高到18.21%；人工林保存面积达8亿多亩，居世界第一；全国沙化土地面积逐年减少，并实现了历史性逆转，由每年扩展3 436平方千米逆转为每年缩减1 283平方千米；林业系统建设和管理的自然保护区达到1 740处，约占国土面积的12.6%，有效保护了45%的自然湿地和85%以上的珍稀野生动植物物种，为维护国土生态安全做出了重大贡献，为建设生态文明奠定了坚实基础。

（二）林业是建设生态制度文明的先行者

健全的生态制度不仅是生态文明的标志，而且是生态保护的最后屏障。生态制度是社会文明的产物，它标志着国家、民族和社会文明进步的程度，其作用在于用刚性的生态制度（国家法律、法规等）约束人类的不文明行为，惩罚破坏文明的行为；用柔性的生态制度（伦理、道德、公约等），提高公民素质、修养和自我约束能力，倡导全民增强生态意识、生态责任和生态义务。生态立法与环保政策具有很强的前瞻性和引导性，牵动全局，关系民生，对鼓励和引导林业生态产业的发展尤为重要。这是由林业生产周期长、投资大、风险多所决定的，也是森林资源严重匮乏的国家普遍采取的战略决策。

在我国资源保护领域，林业立法起步较早。1963年国务院颁布的《森林保护条例》是我国第一部相对比较完整的森林资源保护法规。从1978年改革开放到20世纪末，随着我国民主与法制建设步伐的不断加快，林业立法工作稳步推进。1979年2月，《中华人民共和国森林法（试行）》作为改革开放以后我国制定的第一部环境资源法律颁布出台，这标志着我国林业建设逐步进入了依法管理的轨道。1984年《中华人民共和国森林法》（以下简称《森林法》）施行，1998年通过《森林法》修正案，此后，我国林业立法步伐明显加快，林业立法质量明显提高。

《中华人民共和国森林法》、《中华人民共和国野生动物保护法》、《中华人民共和国防沙治沙法》等一系列林业法律法规相继公布并付诸实施，已基本构建起比较完备、适应我国国情和林情的法律制度。森林采伐许可证制度、严禁乱捕滥猎野生动物以及防沙治沙等法律制度，与开展全民义务植树活动相辅相成，已经成为促进保护与发展森林资源和野生动植物资源的重要法律保障，在推动以生态建设为主的林业发展战略中具有重要的指导意义。目前，现行林业法律有 8 件、行政法规 20 件、部门规章 80 多件以及地方性法规和地方政府规章 400 多件，以《中华人民共和国森林法》、《中华人民共和国野生动物保护法》、《中华人民共和国防沙治沙法》和其他法律为主体，基本形成了法规、规章和规范性文件互相配套、互为补充的林业法律法规体系，覆盖了林业发展和生态建设的各个领域，林业工作基本上做到了有法可依，有章可循，为在林业系统全面实施依法行政，依法促进林业持续快速协调健康发展，促进人与自然和谐发挥了重要作用。

（二）林业是宣传生态文化和培养生态意识的重要阵地

牢固树立生态文明观，是建设生态文明的基本要求。大力弘扬生态文化，可以引领全社会普及生态科学知识，认识自然规律，树立人与自然和谐的核心价值观，促进社会生产方式、生活方式和消费模式的根本转变；可以强化政府部门科学决策的行为，使政府的决策有利于促进人与自然和谐；可以推动科学技术不断创新发展，提高资源利用效率，促进生态环境的根本改善。生态文化是弘扬生态文明的先进文化，是建设生态文明的文化基础。林业为社会所创造的丰富的生态产品、物质产品和文化产品，为全民所共享。大力传播人与自然和谐相处的价值观，为全社会牢固树立生态文明观，推动生态文明建设发挥了重要作用。

通过自然科学与社会人文科学、自然景观与历史人文景观的有机结合，形成了林业所特有的生态文化体系，它以自然博物馆、森林博览园、野生动物园、森林与湿地国家公园、动植物及昆虫标本馆等为载体，以强烈的亲和力，丰富的知识性、趣味性和广泛的参与性为特色，寓教于乐，陶冶情操，形成了自然与人文相互交融，历史与现实相得益彰的文化形式。截至 2006 年，我国共建立各类森林公园 1 928 处，总面积1 513万公顷，占全国林业用地面积 6%。其中国家级森林公园 627 处，面积 1 104万公顷，有 17 处国家森林公园被联合国列入《世界自然文化遗产名录》，10 处森林公园被列入“世界地质公园”，36 处湿地被列入《国际重要湿地名录》，总面积达 380 万公顷。形成了国家级、省级和市（县）3 级森林公园相结合的全国森林公园发展网络，并与湿地公园、沙漠绿洲旅游景点一起构成了生态文化旅游体系。

四、加快发展现代林业，为建设生态文明做贡献

基于上述认识，我们必须充分认识林业资源的生态功能，努力加强生态建设与保护，切实担负起促进人与自然和谐发展的神圣使命；必须充分认识林业的经济功能，努力保障木材供给和发展林业产业，切实担负起促进农民增收、新农村建设和国民经济又好又快发展的光荣任务；必须充分认识林业的社会功能，努力增加就业和建设生态文明，切实担负起促进社会和谐、推动社会进步的重要职责；必须充分挖掘林业的潜力，充分发挥生态、经济、文化优势，为建设生态文明、构建社会主义和谐社会做出更大的贡献。

（一）发挥林业在维护生态安全中的首要作用

一是坚持走以生态建设为主的林业可持续发展道路，将生态建设指标列为国民经济社会发展的重要指标；二是大力开展重点林业生态工程建设；三是建立和完善生态公益林生态效益补偿机制；四是积极推进生态公益林的可持续经营，完善科学的林业分类经营制度，加快建立公益林业认证体系。

（二）发挥林业在发展循环经济中的重要作用

一是发挥林业管理部门的主导作用，建立健全多元投入机制、资源有偿使用机制、生态补偿机制、激励约束机制、绿色国民经济核算体系，为发展循环经济提供动力；二是发挥林业企业的主体作用，引导企业转变发展方式，加快技术创新与技术进步，提高发展循环经济的能力；三是发挥公众的基础作用，建立行之有效的公众参与机制，发挥公众的监督和推动作用，将循环经济的理念渗透到生产、生活和消费的各个方面。

（三）发挥林业在生态文化建设中的主导作用

把生态教育列为全民教育、义务教育、基础教育的重要内容，深入持久地开展全民生态教育，切实加强生态文化基础建设，扩大并办好生态文化科普宣传教育园地，动员全社会力量繁荣生态文化事业，引导全社会牢固树立生态文明的价值观、发展观、道德观、消费观、政绩观。

五、案例：黑龙江伊春朗乡林业局发展循环经济剖析

朗乡林业局地处小兴安岭林区，隶属黑龙江省伊春林业管理局，是国有大二型企业，下辖9个林场、8个森林经营所、1个农场，林区面积26.4万公顷，有林地面积达24.4万公顷，森林总蓄积量2 021万立方米，森林覆盖率92.18%。人口7万人，林业职工1.9万人，其中各类技术人员及管理人员3 300人。

1951年建局，累计为国家生产商品木材2 600万立方米。20世纪末，朗乡林业局和东北国有林区老森工企业一样，曾一度陷入"两危"(资源危机、经济危困)。1998年以来，国家实施天然林资源保护工程，2002年党的十六大做出振兴东北国有老工业基地的重大战略抉择，朗乡林业局发展出现了新的转机。现拥有黑龙江省最大的人造板企业——龙乡林业集团，国内知名品牌企业——翠花蔬菜集团。1985～1995年，成功实施了为期10年的中国——加拿大林业综合集约经营合作项目，被联合国开发计划署命名为林业集约化经营示范企业。2007年11月被国家发展和改革委员会等六部委确定为全国第一家林业循环经济试点单位。

朗乡林业局针对市场需求，发展循环经济有5个特色和亮点：

1. 绿色发展理念

朗乡林业局坚持以科学发展观为统领，遵循"减量化、再利用、资源化"原则，确立了"生态优先、资源为本、产业强企、特色兴企"的发展理念，充分利用其独特的区位优势、资源优势与自然人文景观，依靠科技进步，发展特色产业，实现由单一木材加工利用向追求森林资源多目标、多功能、多效益利用转变，由粗放经营向集约经营转变，由资源消耗型向资源节约型、环境友好型转变，从根本上转变产业发展方式，调整林区产业结构，大幅度提高林地生产率和资源利用率，实现资源环境与经济社会全面协调可持续发展。

2. 依靠科技进步

朗乡林业局注重产学研结合，拥有航天育种示范基地、数字林业模型及信息中心。与中国林业科学研究院、黑龙江省节能技术服务中心、黑龙江林业勘察设计院、东北林业大学等科研机构和高等院校建立长期合作关系，在热能系统应用与生物质能源开发利用、航天育种、农业综合开发以及强化木地板、均质刨花板等新产品研发方面，已取得多项成果、授权专利和实用技术。

3. 构建绿色产业

朗乡林业局在生态优先、产业强企的实践中，逐步形成了"五大绿色产业"并举的基本架构。

(1)森林资源保护培育。连续10年实现森林覆盖率、森林总蓄积量"双增长"，森林质量明显提高。

(2)木材精细深度加工。2007年生产锯材6万立方米，人造板16万立方米，各类家具3万套，小型木制工艺品15万件，木材综合利用率达90%，实现销售收入3.96亿元。

(3)林下资源立体开发。形成了以北药、山野菜、山野果、香菇、木耳为主的林下资源开发和以驯养梅花鹿、原麝、野猪等野生动物为主的种植业、养殖业。2007年实现销售收入2.6亿元。

(4)森林特产资源加工。以翠花集团为龙头，形成绿色粮豆、无公害蔬菜、精加工酸菜、矿泉水等系列产品。2007年实现销售收入1.1亿元。

(5)森林生态休闲旅游。以当地石猴山滑雪场、巴兰河源头漂流、万松岩、红松林、玉兔仙潭风景区和抗联遗址红色旅游为特色，初具接待规模，符合国家一级风景资源标准。2007年已接待游客6.5万人次，旅游收入3 900万元。目前，正进一步打造"红松故乡"、"冰雪世界"、"中国夏都"的森林生态休闲旅游品牌。

2007年，朗乡林业局实现产值7.98亿元，一、二、三产业结构比例为：38:50:12。

4. 丰富绿色生活

利用森林环境，生产的森林药材、森林蔬菜、森林食品以及驯养繁育的野生动物，本身就是绿色食品，备受城乡消费者青睐。

利用当地便利的交通条件(伊春机场和附近高速公路即将开通)，自然与人文景观资源，并与周边旅游景点衔接，形成了具有东北林区特色的大森林旅游观光热线。目前，朗乡正在开发旅游度假

村，完善配套设施，发展生态旅游与森林休闲度假旅游前景良好。

5. 注重绿色发展

国际上对“绿色”的理解通常包括生命、节能、环保 3 个方面。绿色发展主要也包含这 3 层含义。

朗乡林业局的木材综合利用注重节能环保。他们利用采伐、加工剩余物先生产袋装蘑菇，然后将生产香菇的废弃物与木屑混合做燃料，用于职工家庭生态气化炉(已获得国家发明专利)，现已推广使用 200 套。此项研究实现了既节能，又环保。

通过朗乡林业局案例分析，我们可以看到东北林区一个国有老森工企业发展循环经济的轨迹：发展循环经济—开发绿色产品—构建绿色产业—满足绿色消费—营造绿色生活—实现绿色发展。

企业发展经过了由过去计划经济时代单一木材生产—木材加工—资源保育与综合利用—森林多目标、多功能利用—森林生态系统利用—实现森林可持续经营的发展路子。初步形成了合作多赢、良性互动的经济发展新格局。

调 研 单 位：国家林业局科学技术司
中国林业科学研究院
调研组成员：张永利　蔡登谷　尹刚强　李智勇
王登举　唐红英

构建繁荣的生态文化体系　加快推进生态文明建设

——生态文明与生态文化体系建设调研报告

根据国家林业局重大问题调研安排和深入学习实践科学发展观活动调研要求，2008 年 4 ~ 10 月期间，国家林业局宣传办公室成立调研组就生态文明与生态文化体系建设赴广西、贵州、重庆和江苏等省(自治区、直辖市)进行了专题调研，同时对其他省(自治区、直辖市)林业厅(局)进行书面调查。现将调研情况报告如下。

一、生态文化体系建设扎实推进起步良好

(一)建设繁荣的生态文化体系，顺应形势发展要求，得到各级党委政府高度重视

建设繁荣的生态文化体系体现了贯彻落实科学发展观、构建社会主义和谐社会的根本要求，体现了全面建设小康社会、建设生态文明的现实需要，体现了广大人民群众改善生态环境、提高生活品质的迫切愿望。地方各级党委政府和林业部门高度重视生态文化体系建设，普遍把建设繁荣的生态文化体系列入本地区、本部门的重要议事日程，加强领导，加大投入，加速推进。海南省依托丰富的人文资源，独特的地域文化和民族文化，率先在全国提出建设生态省的发展思路，为生态建设立法。在《海南生态省建设规划纲要》中指出，“生态文化建设是生态省建设的重要组成部分”。龙江森工集团结合实际印发了《森工系统生态文化体系建设工作方案》，全林区各级党委认真按照方案要求，成立由党政一把手任组长的生态文化体系建设工作领导小组，召开党委工作会议，专题研究部署生态文化体系建设工作，统筹规划部署，精心组织实施，有力地推动了生态文化建设的开展和落实。河南省林业厅要求在全省范围内做好生态文化资料搜集、与林业建设的对接、人员组织、资金筹措等 4 个方面的工作，从省厅到县(区、市)，都有专人负责生态文化体系建设工作。每年省财政投入 100 万元资金作为河南省生态文化体系建设办公室的研究经费，各县(区、市)由财政直接拨款支持生态文化体系建设。三门峡市每年投入生态文化体系建设资金 50 万元，占林业总投资的 1%。河南省林业厅将生态文化基础设施如博物馆、展览馆等建设编入《河南林业生态省建设规划》之中。浙江省林业厅会同有关部门及专家编撰了全国首个省域林业现代化发展战略——《浙江林业现代化发展战略研究与规划》，

对生态文化体系建设作出了长远规划。贵州省各级林业部门站在开展生态文化建设是现代林业建设的基本内容、是推进现代林业建设的重要支柱、是构建和谐社会的重要基础的高度来认识，转变观念，强化领导，精心组织，加大宣传，生态文化体系建设不断取得了新进展。辽宁省将生态文化体系建设纳入林业发展的长期规划，把生态文化体系建设情况作为每年考核下级林业部门工作业绩的一项重要指标。这一规定得到了各市林业部门的充分重视，成为推动生态文明建设的一项重要制度。

(二)建设繁荣的生态文化体系，思路框架清晰，目标任务更加明确

各地按照国家林业局建设繁荣的生态文化体系的总体要求制定地方生态文化体系建设中长期规划，将生态文化体系建设纳入当地经济社会中长期发展规划，明确生态文化体系建设的指导思想、基本原则、主要任务和奋斗目标。浙江省生态文化体系建设规划提出，实施新农村绿色家园建设工程和生态文化传承工程以加快生态文化体系建设步伐。以“保护、继承、发展”为基本方针，开展古树名木保护、生态道德教育基地建设和森林博览城建设等工程，完善古树名木的保护体系和文化传承体系，逐步建立生态道德教育体系，传承森林生态文化，宣传和普及生态文化知识，使公众的生态意识明显提高。四川省在《四川生态省建设规划纲要》中明确，实施好生态文化教育行动计划、生态文化工程行动计划、绿色消费行动计划等 3 项计划，全面构建繁荣的生态文化体系。

(三)建设繁荣的生态文化体系，推动了当地经济社会发展，社会各界积极参与

各地结合当地实际情况，积极发展适应市场需求、具有本地特色的生态文化产业，激发社会力量参与生态文化体系建设的积极性。重庆市不断完善自然保护区、森林公园等生态文化基地基础设施建设，加速推进森林生态旅游发展，目前，全市年接待森林旅游人数达 1 300 万人次，森林旅游收入超过 5 亿元。重庆市还大力发展重庆蝶画、山神漆具、谭木匠梳子、梁平竹艺以及根雕、盆景、花卉等生态文化产品，种植各类花卉面积超过 10 万亩，花卉年销售额在 6 亿元以上。北碚区、璧山县、垫江县更是借助花博会将花卉盆景做成了全市闻名的特色产业。生态文化产业的发展不仅增加了地方财政收入，而且拉动了餐饮、商贸、运输等行业的迅猛发展。面对森林旅游发展带来的丰厚收益，重庆市社会各界投资森林旅游的积极性空前高涨，每年投入资金高达几十亿元。贵州省积极发展生态旅游事业，充分展示地方民族特色、少数民族风情和传统文化、饮食文化，开展形式多样、内容丰富的活动，2007 年接待国内外游客近 800 万人次，旅游收入达到 1. 23 亿元，大大改善了林区职工生活，带动了周边农民致富。

(四)建设繁荣的生态文化体系，为百姓带来福祉，人民群众积极响应

发展生态文化产业，开展生态文化活动，增加了当地群众的经济收入，丰富了当地群众的文化生活，促进了当地物质文明和精神文明的发展，得到了当地群众的衷心拥护。重庆市通过发展森林旅游等服务业、工艺品生产等加工业、花卉苗木等种植业以及生态文化产品销售，解决了超过 15 万人的工作问题，极大地缓解了社会就业压力，增加了农民收入，维护了社会的安定团结。黑龙江省柴河林业局开展“生态文化建设先进单位”评比活动，带动广场文化、社区文化、校园文化及节假日文化活动的广泛开展。利用文化广场、小区空地、文化站等场地，组织群众自愿参加才艺表演活动，为林区文艺爱好者搭建平台。先后举办了首届“共建和谐林区”歌手大赛、第八届职工乒乓球锦标赛和乒乓球邀请赛、“六月花海”和“颂歌献给党”主题文艺演出、“庆国庆、迎十七大”创建和谐林区广场演唱会、激情广场大家唱、秧歌汇演等文体活动。这些活动的举办，不仅拓宽了生态文化建设的渠道，而且活跃了林区干部职工的文化生活，受到了广大人民群众的热烈欢迎，参与活动的人数不断增加。2007 年，龙江森工集团所辖林区以生态文化建设为基础开展的群众性文化活动达 1 000 多场，参与人数达 10 万多人次，参与人数之多、场面之大、效果之好创历史之最。

二、生态文化体系建设有力地推动了生态文明建设

(一)生态文化体系建设为生态文明建设提供了

精神动力

在生态文化体系建设中，各地通过组织开展形式多样、内容丰富的活动，为生态文明建设营造良好的舆论氛围，调动了社会各界和人民群众参与生态文明建设的积极性、创造性和自觉性。贵州省通过影视、文学、书画、音乐等不同文化形式，让人们了解和熟悉森林、湿地、野生动植物、生物多样性、生态平衡、生物圈、食物链、能量流动、物质循环等对人类生存发展的重要性，逐步形成了崇尚生态文明的良好风气。龙江森工集团通过组织举办生态文化知识讲座、开展生态文化知识竞赛、印发生态文化知识读本、举行生态文化知识演讲等活动，教育广大干部和职工群众树立生态道德观念，增强生态意识，形成尊重自然、珍惜生态的共识。广西猫儿山国家级自然保护区发挥自身生态教育功能，与兴安县和资源县通过举办"关注灾后生态恢复，共建绿色生态文明"中小学生作文、书法绘画大赛，不仅丰富了校园文化，而且强化了广大群众特别是中小学生保护森林资源的意识。甘肃省结合植树节、爱鸟日、国际湿地日、世界环境日、世界防治荒漠化与干旱日等重要纪念日，充分利用《甘肃林业科技》、《甘肃林业》、《甘肃日报》、《中国绿色时报》等报刊和甘肃电视台，大量刊(播)发有关生态保护方面的报道，为生态文明建设创造了有利的社会环境。

（二）生态文化体系建设为生态文明建设提供了价值观支撑

在生态文化体系建设中，各地大力传播生态价值观、生态道德观、生态政绩观、生态消费观、生态发展观等生态观念，为生态文明建设提供正确的价值取向。龙江森工集团通过加强文明道德风尚、培育企业精神、社会主义荣辱观建设，提高了林区职工群众的生态道德意识、生态道德情感、生态道德能力和生态道德习惯，使人与自然和谐的生态价值观传播渗透到林区社会生活的各个领域，覆盖到各个利益群体，转化为职工群众的生态道德实践，形成尊重自然、热爱自然、善待自然的生活风尚，促进林区逐步形成人与自然和谐的生产方式和生活方式。甘肃省在推进生态文化体系建设中，注重引导广大公众做生态文明建设的组织者、实践者和推动者，在全社会大力倡导生态价值观，反对主宰自然；倡导生态道德观，反对破坏生态；倡导生态责任观，反对逃避和不尽义务；倡导生态消费观，反对浪费和过度消费；倡导生态政绩观，反对急功近利和搞形象工程。黑龙江省东方红林业局将生态建设知识和生态理念融入到中小学教育中，抓好生态教育进教材、进课堂工作，充分利用广播、电视、板报、过街横标、广告牌等宣传手段，宣传生态价值观，增强社会生态意识，促使人们奉守生态道德、树立生态理念。黑龙江省东京城林业局利用秧歌队上街宣传、制作公益广告片、MV、宣传册等形式，大力普及生态知识和林业知识，让职工群众知道森林、野生动植物、生态平衡等对人类生存发展的重要性，强力宣传林业在加强生态建设、维护生态安全、弘扬生态文明中的重要地位和作用，使职工群众不断增强生态意识和责任意识，树立生态伦理和生态道德观念，为生态文明建设奠定了思想道德基础。

（三）生态文化体系建设为生态文明建设提供了制度保障

在生态文化体系建设中，各地不断创新机制，加快建立健全各项规章制度，逐步完善相关法规规章，为生态文明建设的规范、健康发展打下了坚实的基础。广东省广州市先后制定实施了《广州市城市绿化管理条例》、《广州市森林公园管理条例》、《广州市生态公益林条例》等10多部地方性法规和政府规章，与国家、省颁布实施的法律法规相配套，构成了比较完善的林业绿化法规体系。河南省新乡市根据国务院《城市绿化条例》、河南省《城市绿化实施办法》等法律法规，结合本地实际，先后制定了《新乡市城市绿线管理办法》、《新乡市城市绿化实施细则》、《新乡市园林绿地养护管理标准》和《新乡市园林绿地养护管理督察办法》，强化管护，落实责任，切实加强执法检查力度，维护森林资源安全。张家港市逐步建立健全林业行业管理制度，完善行政审批制度，启动森林防火预警处理机制，确保了无重大森林火灾、无外来有害生物入侵、无重大乱砍滥伐事件，促进了城市林业健康快速发展。

（四）生态文化体系建设为生态文明建设提供了

物质载体

在生态文化体系建设中，各地加大生态文化场馆、生态文化休憩场所和生态文化教育示范基地等基础设施建设力度，为生态文明建设创造了有利的物质条件。国家林业局、教育部、共青团中央着力建设具有代表性的国家生态文明教育基地，目前，已遴选出广东省广州市帽峰山森林公园、中国(卧龙)保护大熊猫研究中心、内蒙古自治区青少年绿色家园、内蒙古自治区克什克腾旗防沙治沙综合示范区、浙江省杭州市西溪国家湿地公园、福建省永安市洪田村林权改革纪念馆、江西省井冈山国家级自然保护区、湖南省张家界国家级森林公园、北京林业大学、中国建筑材料科学研究院附属中学等10家单位为“国家生态文明教育基地”，为引导各地加快生态文化基础设施建设做出了有益的探索。贵州省重点抓好森林博物馆、森林标本馆、自然保护区、森林公园、林业科技馆、城市园林等森林文化设施建设，保护好旅游风景林、古树名木和革命纪念林，充分发掘其美学价值、认知价值、游憩价值和教育价值，为人们了解森林、认识生态、探索自然提供了优良的场所和条件。重庆市加强自然保护区建设，共建各类自然保护区45个，面积达1 225万亩，占幅员面积的10.1%；建重庆市植物园、三峡珍稀植物园等特色植物园4个；建国家级森林公园22个，市级森林公园42个，森林公园总面积达到300万亩；共建各级自然保护区和森林公园管理机构75个，自然保护区管理和森林旅游的从业人员达到4 000人以上，夯实了生态文明建设的物质基础。为更好地组织开展生态道德教育活动，推进生态文明建设，浙江省林业厅命名了首批生态道德教育基地，包括自然保护区、博物馆、动物园和学校等32个具有得天独厚自然条件和环境优势的单位。甘肃省建立并审批了一批国家级(省级)森林公园、国家级(省级)自然保护区、国家级(省级)风景名胜区、湿地保护区以及河西绿色文化长廊；同时，以小陇山国家森林公园、麦积山国家森林公园、腊子口国家森林公园等国家级森林公园和尕海—则岔自然保护区、白水江自然保护区、太统—崆峒山自然保护区等国家级自然保护区为依托，一批单位被授予全国生态文化教育基地称号。河南省南阳市相继建立了内乡宝天曼自然博物馆、西峡恐龙遗迹园等一系列基础设施，并定期组织中小学生、机关干部职工前往参观，为普及生态知识、增强群众生态意识提供了良好的物质基础。上海市充分利用公园自身的优势，建设了一批高标准的生态科普和生态道德教育基地，积极开展适合未成年人特点和兴趣爱好的各种自然科普和生态道德教育活动，结合中小学生夏(冬)令营、春(秋)游及平常的自然教育课程等，把森林公园建设成为对未成年人进行生态道德教育的最生动的课堂。

三、围绕生态文明建设推进生态文化体系建设的基本经验

(一)必须把生态文化体系建设的着眼点放在引导全社会牢固树立生态文明观上

紧紧围绕在全社会牢固树立生态文明观念，确定生态文化体系建设的目标，制定生态文化体系建设的规划，组织和落实生态文化体系建设的各项工作，是提升生态文化体系建设的层次，发挥生态文化体系建设对于生态文明建设引领和推动作用的根本前提。实践证明，生态文明是生态文化体系建设的灵魂，哪个地方在生态文化体系建设中高举生态文明的大旗，哪个地方生态文化体系建设就有凝聚力、号召力、感召力。因此，必须将引导全社会牢固树立生态文明观作为生态文化体系建设各项工作的核心，放在突出位置。重庆市把树立生态文明观作为主线贯穿生态文化体系建设的始终，把弘扬人与自然和谐的生态价值观作为发展森林文化、花文化、竹文化、生态旅游文化、绿色消费文化等生态文化的出发点和归宿，使生态文化体系建设站在了推进生态文明建设的大舞台上，引起了各级党委政府的重视，确立了在经济社会发展中的重要地位。贵州省将倡导生态伦理、弘扬生态文明放在生态文化体系建设的核心地位，通过广泛开展生态知识、绿色知识的宣传教育，知识竞赛，青年环保志愿者行动和绿色家园创建活动，使善待生命、善待自然的生态伦理和生态文化理念深入人心，在提升公民生态文明素质上发挥了重要作用。

(二)必须把生态文化体系建设的落脚点放在促进以森林生态系统为主体的生态建设上

生态建设是生态文明的基础。生态建设的内容极为丰富，既包括森林生态系统建设、湿地生态系统建设、海洋生态系统建设，又包括草原生态系统建设。作为我国林业行政主管部门，生态文化体系建设必须根据职能，把落脚点放在促进以森林生态系统为主体的生态建设上，把能否促进以森林生态系统为主体的生态建设作为开展生态文化体系建设各项工作的取舍标准，努力使生态文化体系建设各项工作植根于推进以森林生态系统为主的生态建设实践。四川省抓住实施天然林资源保护工程和退耕还林工程这个中心，将工程实施和生态文化体系建设密切联系，在工程实施前开展动员式宣传，在工程实施中开展推进式宣传，在工程实施后开展总结式宣传，既推进了以森林生态系统为主体的生态建设，又促进了生态文化体系繁荣。新疆维吾尔自治区针对区内绿洲生态恶化的趋势，集中宣传生态灾害的危害性、生态恶化制约经济社会发展的严重性和林业生态建设的艰巨性，唤起了各级政府对生态建设的高度重视，唤起了人民群众对生态危机的高度关注，推动了区域生态状况逐步改善，提升了当地生态文化建设水平。

（三）必须把生态文化体系建设的切入点放在与生态文化产业结合上

生态文化体系建设需要大量的资金投入。单一的政府投入机制难以满足生态文化体系建设需要，必须动员更多的社团组织、企事业单位、个人投入生态文化产业。通过发展壮大生态文化产业确保生态文化体系建设所需资金的稳定供给，孕育和催生生态文化体系的发展。事实表明，哪个地方的生态文化产业能够做大做强，哪个地方的生态文化体系建设就能得到又好又快发展。生态文化产业的大发展必然带来生态文化的大繁荣。甘肃省小陇山林业试验局在生态文化体系建设中始终坚持产业拉动，构建包括花卉文化、鸟类文化、昆虫文化、园林文化在内的生态文化产业体系，不仅极大地推动了当地生态文化体系建设，而且迅速地提高了小陇山的经济发展水平。浙江省将发展生态文化产业作为推进生态文化体系建设的抓手，通过举办森林旅游节、花卉苗木博览会、竹文化节等活动发展当地竹产业、花卉产业和苗木产业，在扩展了生态文化体系建设形式的同时拓宽了生态文化体系建设的领域。

（四）必须把生态文化体系建设的着力点放在为生态文明建设提供持久动力上

生态文明的实现是一项具有长期性、艰巨性和复杂性的系统工程，需要长期的不懈努力。只有通过生态文化体系建设不断深化理论研究，解决生态文明建设中遇到的理论和实践问题；通过生态文化体系建设不断进行思想发动，吸引更多的组织和个人投身生态文明建设；通过生态文化体系建设不断传播科学理念，纠正人们的错误观念和模糊认识，才能为生态文明建设提供全方位、持续性的智力支持、思想动力和文化支撑，才能确保生态文明建设不断取得新进步。河南省洛阳市以激励人们参与生态文明建设为宗旨，结合重要节日和纪念日，组织开展观鸟写生活动、举行湿地日、野生动物保护宣传周、义务植树、野生动植物标本展览等教育活动，使生态文明理念伴随青少年的成长，在青少年心中扎根。

四、加快推进生态文化体系建设的几点建议

（一）针对管理体制不顺、责权不清的问题，应明确主体，加强监督

尽管建设繁荣的生态文化体系与构建完备的林业生态体系和构建发达的林业产业体系同为新时期我国现代林业建设的主要目标和重要任务，但相对于构建完备的林业生态体系和构建发达的林业产业体系而言，目前生态文化体系建设没有正式明确一个主管部门，职责不清。建设生态文化体系是全林业系统乃至全社会的任务，各级林业行政主管部门要发挥生态文化建设主体和引领先锋的作用，需明确各级林业宣传主管部门是生态文化建设的职能部门，建立守土有责的工作机制。

（二）针对发展方向不清，目标不明的问题，应完善规划，加强统筹

尽管有些省（自治区、直辖市）已将构建繁荣的生态文化体系纳入林业中长期发展规划或当地经济社会发展中长期发展规划，但全国性的生态文化体系建设规划和地方性的生态文化体系建设规划还没

有出台，各地对繁荣的生态文化体系建设目标和方向还存在模糊认识。针对这种情况，一方面要尽快编制在全国范围具有指导意义的国家级《生态文化体系建设中长期发展规划》，明确建设全国生态文化基础设施的合理布局和生态文化体系建设的基本原则等重要问题；另一方面要推动有关部门和各省（自治区、直辖市）编制本部门或本地方的《生态文化体系建设中长期发展规划》，确立指导思想、目标任务、实施步骤和保障措施。

（三）针对建设资金不足、缺乏保障的问题，应完善政策，增加投入

尽管部分省（自治区、直辖市）对构建繁荣的生态文化体系投入专项资金开展建设，但相对于林业生态体系和林业产业体系以及其他建设项目而言，生态文化体系建设资金投入很少，而且很多地方没有单列资金投入生态文化体系建设。此外，一些地方对生态文化体系建设的投入主要以对其他项目投资的方式体现出来，比如，甘肃省每年投入生态文化体系建设的资金大约为4.75亿元，但这些资金实际上主要用于天然林资源保护、公益林补偿、退耕还林、野生动植物保护、自然保护区建设、湿地保护和荒漠化治理等生态建设，并没有专项的生态文化体系建设资金。针对这种情况，首先，应完善生态文化体系建设法制和政策。在政策、财税制度方面给予倾斜和支持，鼓励支持生态文化理论和科学研究的立项，制定有利于生态文化建设的产业政策，鼓励扶持新型生态文化产业发展，尤其要鼓励生态旅游业等新兴文化产业的发展。其次，应建立健全生态文化体系建设相关制度。建立生态文化建设的专项经费保障制度，将生态文化基础设施建设投入纳入同级林业基本建设计划，争取在各级政府预算内的基本建设投资中统筹安排解决等。再次，应将生态文化体系建设内容纳入生态建设和产业发展项目中一并考虑。在生态和产业工程中，统筹安排资金用于与其配套的生态文化建设，确保生态文化建设有稳定的经费来源。

（四）针对理论研究不够、缺乏深度的问题，应加强研讨，提升水平

一个新的课题提出来，首先要进行深入的理论研究，没有理论引领，健康发展就没有指导。尽管自建设繁荣的生态文化体系提出后，很多专家学者开展了广泛的理论探讨，并取得了大量的学术成果，但这些学术讨论还存在研究不够深入、认识较为肤浅、提法比较混乱的问题，远远不能满足生态文化体系建设对理论更高层次的需求。针对这种情况，首先，应加大生态文化研讨的深度。不仅要研究森林文化，而且要研究湿地文化和荒漠文化；不仅要研究生态文化的内涵、外延、特征等基础理论问题，而且要研究生态文化与生态文明的关系、生态文化与社会主义文化的关系、生态文化与和谐社会的关系、生态文化与全面建设小康社会的关系等重大学术课题。其次，应加大生态文化学术团体建设的力度。立足已有的生态文化理论组织和机构，建立一批国家级和地方生态文化研究社团，形成我国不同层次、不同规模的生态文化学术研究体系。再次，应加大生态文化理论传播的广度。要充分利用广播、电视、报纸、杂志、网络等媒体，广泛宣传最新的生态文化研究成果，进一步引起更多的政府部门、学术团体等组织机构关注和投身于生态文化理论研究；要在对我国生态文化体系建设情况进行专题调查研究和借鉴学习国外生态文化建设经验的基础上，构建我国生态文化建设的理论体系，形成比较系统的理论框架，并通过举办研讨会、座谈会、论坛等多种形式加以宣传推广。

（五）针对力量不足、缺乏人才的问题，应健全队伍，加强培训

尽管在构建繁荣的生态文化体系奋斗目标明确后，一些地方开始配备专人负责生态文化理论和实践工作，但是由于生态文化体系建设是一项全新的任务，许多地方在对其重要性和艰巨性的认识上存在偏差，直接导致了在人员配备上人员数量与工作任务严重不符，同时很多从事生态文化工作的人员对这一任务仍处在熟悉探索阶段，其工作能力还不能完全胜任生态文化体系建设的需要。针对这种情况，一方面，应加强生态文化学术队伍建设。在相关院校建立生态文化研究生专业和研究方向，招收硕士、博士研究生，培养生态文化研究专业或方向的高层次人才。另一方面，应充分利用北京林业大学、中国林业科学研究院等各高等学校、科研院所的学术优势，组织各种短期培训班，比如生态文化

理论研讨班、生态文化写作培训班、生态文化摄影培训班、野生动植物标本制作培训班等，在短期内培养一批相关人才。这样不仅有利于建起一支实力雄厚的推动生态文化建设的专业人才队伍，而且有利于为生态文化体系建设营造声势。

调 研 单 位：国家林业局宣传办公室
调研组成员：曹清尧　叶　智　刘晓玲　刘宏明

关于气候变化下我国林业发展的几点思考

由于大气中的二氧化碳等温室气体浓度不断升高而导致的全球气候变暖已是一个不争的事实，并正在对人类福祉、自然生态系统和国际安全产生着广泛深入的影响。积极应对这一全球性挑战需要各国共同行动，多途并举。发展林业是减缓气候变暖的重要措施之一，充分发挥林业在应对气候变化中的作用，将给我国林业发展带来机遇和挑战。

一、林业和气候变化之间具有紧密联系

分析气候变化背景下林业发展的机遇和挑战，需要认清林业和气候变化之间的关系。在自然状态下，人类活动排放的二氧化碳等温室气体主要在海洋、陆地生态系统和大气中循环。作为陆地生态系统的主体，森林在生长过程中，通过光合作用，可以吸收大气中的二氧化碳，并将其固定在森林植物体内和森林土壤中，这就是森林的碳汇功能。据估计，全球植被固碳总量约为4 660亿吨碳①，1米深范围内的土壤含碳量为20 110亿吨，两者合计近25 000亿吨碳。而大气中现有碳含量约为7 600亿吨碳，约为陆地生态系统碳总量的30%。在各类植被类型中，森林的储碳量约占整个植被总储碳量的4/5。因此，被公认为最有效的固碳方式。

但是，采伐森林、毁林②或者发生森林火灾、病虫害后，除其中有一部分木材被加工成木制品可继续长期地发挥储碳作用外，大部分贮存在森林生物量和土壤中的有机碳将被逐步分解释放到大气中，成为大气中二氧化碳的重要排放源。据政府间气候变化专门委员会(IPCC)2000年发表的《土地利用、土地利用变化和林业——IPCC特别报告》：1850~1998年，全球化石燃料燃烧和水泥生产活动排放的温室气体约为2 700亿吨碳，由于土地利用、土地利用变化和林业活动导致排放的温室气体约为1 360亿吨碳，其中主要是森林破坏后导致的排放。IPCC报告还表明：全球毁林排放的二氧化碳比全球所有交通部门的排放总量还要多，是位居能源、工业之后全球第三大温室气体排放源。为了使未来全球气温升高幅度控制在2℃以内，需要采取措施，将大气中温室气体浓度稳定在450微升/升范围内。按照IPCC 2000年的排放情况分析，全球需要在未来100年间减排3 000亿~15 000亿吨碳。森林将在其中扮演重要角色。

同时，还必须看到，森林生长也受到光照、温度、水分和风等自然条件的影响，这些自然条件和气候有着紧密联系。研究表明：气候变暖将对森林生态系统生产力、森林火灾和病虫害等干扰发生情况和森林物种分布产生正反两方面影响。这就要求我们在设法增加森林碳汇、减少森林自身排放以减缓气候变化的同时，应采取措施主动适应气候变化，减少气候变化对林业发展带来的不利影响，以巩固和提高森林减缓气候变化的作用。

二、林业在减缓气候变化中的作用独特

林业在减缓气候变化中的作用主要通过保持或扩大森林面积、保持或增加林地或景观层面的碳密度、提高林产品异地碳储量和促进工业产品和燃料替代等途径来实现。据世界热带木材组织(ITTO)

① 1吨碳相当于3.67吨二氧化碳。

② 《联合国气候变化框架公约》下涉及的毁林是指有林地转化为非林业用地的情况，即不但是森林被破坏了，而且这些森林赖以生长的林地也转化为非林业用地，如林地转化为农地、牧地或城市和基础设施建设用地等。

的专家估计：通过减少毁林和森林退化，全球每年可减少 37.6 亿吨二氧化碳当量①的排放，到 2030 年则可累计达到 1 000 亿吨二氧化碳当量；通过造林、再造林到 2030 年每年可吸收固定 187 亿吨二氧化碳当量；通过可持续森林管理到 2030 年每年可以增加碳汇 66 亿吨二氧化碳当量。IPCC 第四次评估报告还指出：减少毁林、防止森林退化、减少火灾和采伐迹地焚烧等措施可以在短期内取得较大的减排效果，林业是当前到未来 30 年内或更长时期内，在经济、技术上具有很大可行性的减缓气候变化的重要措施，其减缓气候变化的总成本低于 100 美元每吨二氧化碳当量。需要特别指出的是：林业减缓和适应气候变化的措施可并行设计。只要设计得科学合理，林业项目可在实现以较低成本减排的同时，使得森林适应气候变化能力也能得到提高，同时，还能带来增加当地就业和收入，保护生物，防止水土流失，提供可再生能源和促进脱贫，推进可持续发展等多种效益。比如农林间作项目可在增加碳汇、生产木材、提供多种非木质林产品的同时，有助于抵御干热风、风沙等对农作物的不良影响，促进农作物增产。红树林的生长可在积累碳汇的同时，降低海岸侵蚀、风暴潮对海岸带人居环境的不利影响，增强了沿海地区适应气候变化的能力。各类防护林工程在积累碳汇的同时，还能起到控制水土流失和荒漠化等作用。

虽然林业对减缓气候变化具有独特作用，但由于目前林业发展的政策体制还没有对林业管理者形成有效的激励，现行法律法规和制度存在种种缺陷，对良好制度的执行力度不够等多种原因，林业在减缓气候变化中的作用还没有得到充分发挥。

三、林业是国际气候公约谈判中的重要议题

林业在应对气候变化中的作用早在《联合国气候变化框架公约》(以下简称《公约》)签署前就得到了国际社会的充分肯定。在 1992 和 1997 年，国际社会为共同应对气候变化而制定的《公约》和《京都议定书》(以下简称《议定书》)中都明确指出要通过增加森林碳汇和减少毁林排放来减缓气候变化。比如，《议定书》第三条第 3 款和第 4 款中就明确规定了附件一国家(俗称发达国家)自 1990 年以来由直接人为活动引起的造林、再造林、毁林活动以及部分森林管理活动可纳入其承诺期的减排范畴。研究分析表明：发达国家利用这些林业活动可实现其 20% ~30% 的减排任务，大大减轻了其履行《议定书》减排承诺的压力。也正是由于利用林业措施可减轻发达国家在工业、能源领域实施减排的压力，在 2005 年启动的关于发达国家 2012 年后温室气体减排承诺的谈判中，很多发达国家都竭力主张要更多地林业活动来保障它们完成未来承诺期的减排任务。

为促使发达国家尽早按《议定书》框架在 2012 年后继续承诺进行量化减排，在 2006 年召开的气候公约第 12 次缔约方大会同意就发达国家利用林业活动实现其减排目标进行讨论。虽然，2008 ~ 2012 年发达国家在执行《议定书》为其确立的减排目标时，可以使用相当数量的林业碳汇来实现其减排目标，但大多数发达国家认为现行的规则大大限制了它们利用林业措施来进行减排的潜力，因此，要求对现行规则进行修改，实现借林业来减轻其工业、能源等部门的减排压力。但由于林业活动本身存在年际间变化大，对其减缓效果进行计量存在较大不确定性等原因，为保证发达国家减排行动取得较好效果，防止发达国家过分依赖林业手段而轻视工业、能源部门的减排措施，多数发展中国家不同意对现行规则进行大幅度修改，致使《议定书》后续承诺期谈判进展缓慢。

与此同时，鉴于 IPCC 历次评估报告都证实了毁林排放的温室气体约占全球温室气体总排放量的 20% 左右，而毁林活动又主要发生在热带的发展中国家。许多热带地区的发展中国家也希望通过将减少毁林排放纳入减缓气候变化的国际进程来为其控制毁林增加资金补偿。2005 年 7 月，根据巴布亚新几内亚和哥斯达黎加等国的建议，减少发展中国家毁林排放也被纳入到了气候公约谈判进程。经过一系列谈判，2007 年底在印度尼西亚巴厘岛召开的《公约》第 13 次缔约方大会，已将减少发展中国家毁林和森林退化导致的排放及相关内容纳入了会议

① 1 个碳当量相当于 3.67 个二氧化碳当量。

达成的“巴厘岛路线图”中。从目前谈判进展来看，该议题将很可能成为发展中国家参与未来国际气候减缓行动的先导领域。

总之，林业和气候变化之间的密切联系，使得林业成为了气候公约谈判进程中的重要议题，并与国际气候外交、环境和发展等方面建立了紧密联系，给全球林业发展带来了机遇和挑战。

四、应对气候变化给我国林业发展带来了机遇和挑战

联合国粮食及农业组织(FAO)全球森林资源最新评估结果表明，全球森林资源仍在减少。为了发展和保护森林，各国都在试图寻求新的激励机制和政策。将林业发展和气候变化这一国际热点联系起来，已成为各国林业部门的共识。

(一)充分发挥林业在减缓气候变化中的作用将给林业发展带来更多机遇

(1)林业在应对气候变化中作用独特，对这些作用虽然过去都有所认识和宣传，但面对全球变暖的大背景，还有必要继续科学地宣传林业在减缓气候变化中的作用，这将有助于促进全社会重新认识森林价值和林业工作的重要性，从而进一步提高林业的社会地位，为推进林业发展创造良好的社会氛围。

(2)《公约》和《议定书》催生的全球碳市场，为创新机制促进林业发展提供了新视角。碳交易市场的产生和发展有两个重要意义：一是对排放的碳进行定价，这种定价将反馈给排放者，将对排放行为产生重要影响；二是可降低全球温室气体总体减排成本。一些有能力的企业，参与碳交易将可使他们在实现减排任务中获得一定收益。森林碳汇也是全球碳交易的组成部分，这表明碳汇这种生态价值已成为可交易的环境产品。虽然由于种种原因，全球森林碳汇交易量还很有限，但展示了通过市场机制实现外部性的碳汇效益内部化的可行途径。实际上，伴随着森林碳汇交易行为的发生，森林保护生物多样性、保持水土、净化水质、提供景观等生态价值也有望通过市场途径实现价值补偿。这种机制将有助于将森林生态效益使用者和提供者有效地结合起来，在给享用森林生态价值的企业带来益处的同时，也对森林资源保护和发展者提供了积极的激励。

(3)随着国际社会在应对气候变化方面合作的深入，发展中国家在2012年后也将在应对气候变化方面承担更多责任和义务。“巴厘岛路线图”的有关决定中，对发展中国家如何有效地参与到2012年后国际社会减缓气候变化的行动中有了明确表述，特别是减少发展中国家毁林和森林退化导致的排放，以及通过森林保护、可持续经营、造林增加碳汇已经成为巴厘行动计划的重要内容，但发展中国家在这方面能否采取有效行动，将取决于发达国家在多大程度上为发展中国家提供资金和技术方面的支持。可见，参与国际气候公约减缓气候变化行动，将给林业发展注入新动力，将在很大程度上促进各国更加关注和推进林业发展。

(4)作为发展中国家，虽然我国目前还没有向国际社会承诺温室气体的量化减排指标，但我国经济社会快速发展带来了温室气体排放持续增加也使得我国面临着来自国际社会越来越大的减排压力。无论是从缓解当前压力，还是从控制和减少我国温室气体排放的长远目标来看，都需要从扩展我国发展空间的角度，采取多种途径和多种措施。2007年我国政府已正式颁布《中国应对气候变化国家方案》，林业已作为重要措施纳入我国应对气候变化的范畴中，贯彻落实这一方案将有助于进一步推进我国林业发展。特别是国际碳交易做法，鼓励企业通过植树造林获得碳汇来抵减其排放，既可降低企业减排成本，又可促使企业承担一定社会责任，增强造林护林者的责任心，将有助于拓宽林业发展的资金渠道，推进林业发展相关的制度创新。

(5)充分发挥林业在应对气候变化中的作用，不仅涉及造林、森林更新和经营活动，还涉及发展林木生物质能源替代化石能源和利用化石能源生产的原材料等方面。如利用油料能源林生产的果实榨油后可转化为生物柴油，利用定向培育的能源林、林区采伐剩余物、木材加工废料等作为木质燃料直燃发电或供热，利用林木半纤维素转化为乙醇燃料作为第二代生物燃料，利用木材替代部分化石能源生产砖、钢材、铝材、玻璃等原材料。英国的一项研究表明，使用1吨木材作为建筑用材，其在生产

和运输过程中约需 640 千瓦时能源，大约排放 480 千克二氧化碳，但生产和运输 1 吨砖、水泥、玻璃、钢材和铝所需要的能源则分别是生产运输等量木材所需能源的 4、5、6、24 和 126 倍。这些研究还认为，可以建成一种建筑，其本身储存的碳大于在建造过程中排放的碳。特别是木材建筑物还可以和作物秸秆结合起来用于建筑中，能产生良好的隔音效果。专家认为，减缓气候变暖将加大能源强度高的产品的生产成本，势必增加对木材等可再生资源替代这些产品的需求，这不仅有助于减排，为经济社会可持续发展提供新的增长点，而且将进一步拓展林业发展空间。

(6)现阶段积极参与清洁发展机制下的造林再造林项目，为我国引入一定量造林资金的同时，也为我国熟悉国际规则，开展森林碳汇计量、监测、核查、交易提供经验，增强各地参与和实施碳汇交易的能力，为未来林业进一步借助市场机制促进生态价值补偿提供借鉴。另外，借助这些理念和做法来进一步倡导全社会通过自愿捐资或者其他方式，参与到植树造林增加碳汇，应对气候变化的行动中，不仅有助于增强全社会保护和发展森林、应对气候变化的意识，而且也扩大了现阶段造林绿化资金渠道，有助于进一步加快我国造林绿化步伐。

(二)气候变化的影响也使我国林业发展面临许多挑战

(1)研究表明，气候变化将对我国森林的生产力、物种分布和生态系统干扰(如火灾和病虫害)状况产生重要影响。虽然这些影响既有有利一面，也有不利一面，但总体上是不利大于有利。如果不能很好地规避这些不利影响，森林不仅不会起到减缓气候变化的作用，还会加剧气候变暖趋势，并进一步恶化林业自身发展状况。近年来，气候变暖致使我国许多地区的森林火灾和病虫害发生频率和强度都呈现出加剧趋势，并且进一步恶化了西部干旱和半干旱地区水资源短缺状况，这些都将在一定程度上加大我国森林资源保护和发展的难度。

(2)农林业发展之间有着紧密联系，气候变化对农业发展的重要影响主要体现在将从总体上降减低未来粮食总产量，在人口数量不断增加的情况下，意味着更多的森林或林地将面临着可能被毁或被占用于种植粮食或发展畜牧业上，势必加剧土地利用方式之间的竞争。再加上工业发展、城市化等进程需要占用一部分土地，不但会加大对林业部门管理森林和林地的压力，而且将对通过扩大森林面积增加碳汇构成一定制约。

(3)气候变化对森林生产力、物种分布和生态系统干扰的影响反映到林业实际工作中，主要体现在影响各地树种选择和种植习惯等方面，将会对全球木材、非木质林产品和各种森林服务的供给产生影响。大量的气候和经济综合模型研究表明，虽然通过林业措施减缓气候变化可带来多种利益，并将有助于降低减缓气候变化的实施成本，但也会带来全球土地利用格局的变化。在应对气候变化的背景下，平衡各种森林产品、服务与增加碳汇、应对气候变化的需求，并对当地林业经营者形成持续有效的正向激励，还需要林业部门对现行政策、体制和机制进行改革和创新，这对我国林业部门也将是一个挑战。

(4)根据 FAO 预测：现在每年全球工业原木采伐量大约为 16 亿立方米(FAO，2005)，到 2050 年上述数据可能会上升到 19 亿 ~31 亿立方米，每年大约增加 0.5% ~2.0%，价格也会每年增加 0% ~0.5%，而且不同地区的木材采伐强度也会相应增加。但随着国际社会将逐步对减少发展中国家毁林和森林退化的排放采取积极的激励机制，并将其纳入国际社会应对气候变化的总体进程后，势必会增加木材采伐利用的机会成本。可以预见，这一国际进程的实施，将在很大程度上加大我国海外进口木材的成本，甚至会对我国继续利用海外木材形成一定制约。然而，在国内外木材需求总体仍呈上升趋势的大背景下，我国将考虑进一步扩大木材自给能力，而目前我国森林资源质量、相关政策管理措施等方面还不能适应这种变化。

机遇和挑战并存。从根本上来看，气候变化将进一步促进各国政府更多地关注林业，促使各国政府林业管理部门对现行管理制度和实践中不适应的方面进行改革和创新，以积极应对这些机遇和挑战，无疑给各国林业发展带来了更多动力。

五、在气候变化下推进我国林业发展的几点思考

在气候变化的大背景下，如何进一步推进我国林业持续健康发展，应切实关注以下几点：

（1）要将林业应对气候变化纳入到中长期发展规划中。重点是要在继续坚持通过扩大森林面积提高森林碳汇能力的同时，把林业工作重点转移到构建健康、可持续的森林生态系统上来。很多研究都表明，可持续经营的森林总体上要比未采取经营管理的森林具有更大更持续的碳汇能力。因此，要从增强我国森林碳汇潜力，提高我国森林整体减缓气候变化能力的角度，切实采取有力措施提高我国森林资源质量，增加森林稳定性；要重视改进树种及其种源选择、优化树种结构，促进外来树种和乡土树种混交；要进一步利用树木园、自然保护区等更多地保护物种及其基因等；要继续加强对森林火灾和病虫害预警预报和发生后的扑救等工作，加大林业法规执行力度，严格控制林地征占用，防止各种形式的破坏森林资源行为。

（2）要加强林业应对气候变化的相关基础工作。首先，应从宏观上弄清我国森林碳汇的现状及其未来变化趋势，结合国家温室气体清单计算工作，尽早建立能够和国际规则接轨的国家森林碳汇计量和监测体系，并将计量和监测结果定期对社会公布。其次，应参照相关国际规则和国内实际情况，进一步制定和完善针对造林、森林经营项目活动的碳汇计量和监测指南，要从项目概念、实施过程、碳汇计量和监测、核查、注册、公布等方面形成一套比较完整的技术和管理体系。在此基础上，进一步组织开展试点示范项目，向投资者和决策者展示林业项目在积累碳汇、减缓气候变化、发挥多种效益方面确实能够产生实际效果，以增强投资者对林业项目的信心。此外，还应根据我国未来木材需求情况和当前国际社会对木材采伐进一步控制的总体趋势，研究如何在扩大我国木材自给能力的同时，进一步发挥我国林业在减缓气候变化中的作用问题。

（3）根据国家应对气候变化总体政策适时调整林业应对气候变化策略。目前，应根据国家应对气候变化总体方案，制订和落实林业应对气候变化的具体行动计划。同时，还要随着国家应对气候变化总体政策的调整和国际进程，及时调整林业应对措施，切实形成有利于激励充分发挥林业在应对气候变化中作用的激励政策和机制，要设法让保护和发展森林的行为所产生的利益大于将森林或林地转化为其他土地利用方式的收益，即加大破坏森林资源行为的机会成本。目前，国家在对征占用林地征收补偿费时，主要考虑了对地上实物损失部分进行补偿，但林地被征占用后转为其他用途就导致了毁林，将会造成贮存在森林或林地中的大量碳被重新分解释放出来，加剧了全球气候变暖，国际上正在针对这种情况建立激励政策，对避免毁林所减少的温室气体排放进行补偿。因此，从加强林地管理角度，我国也应考虑借助这种思路，除对征占用林地导致实物损失进行补偿外。还应对如果林地不被征占用可减少温室气体排放对环境做出贡献的市场价值进行评估，并对征占用者征收这部分补偿，这将进一步加大征占用林地的成本，有助于促进对现有森林资源的保护。

（4）大力倡导全社会参加植树造林，以积极应对气候变化。气候变化是各国都要面临的重大挑战。虽然我国目前还没有向国际社会承诺量化的温室气体减排指标，但这并不意味着我们就可以毫无节制地排放温室气体。现阶段应该要大力宣传低碳生活方式和生产方式的重要性和必要性，在国家气候变化总体政策范围内，积极鼓励企业、社会、团体和个人以自愿的方式积极参与到植树造林、积累碳汇的行动中。

调 研 单 位：国家林业局植树造林司
调研组成员：魏殿生　李怒云　王春峰　陆诗雷
　　　　　　钱能志　章升东
执　笔　人：王春峰

林业生态体系建设

西部地区森林生态系统战略意义及恢复发展策略

加强生态建设，维护生态安全，是21世纪人类面临的共同使命，也是我国经济社会可持续发展的重要基础。本研究以我国森林生态系统恢复最为复杂、难度最大的西部地区为调研对象，对森林生态系统在经济社会发展中的战略意义及恢复发展方略进行研究，为发展现代林业、建设生态文明、促进科学发展做出应有的贡献。

一、森林在西部经济社会可持续发展中的战略地位

西部地区是我国乃至世界上生态最脆弱的地区，是我国生态建设的重中之重，也是实施西部大开发战略的重要基础。西部地区地域辽阔，包括12个省(自治区、直辖市)。西部地区生态系统类型多样，区域差异很大。西南地区森林植被丰富、水热条件较好，地形地貌及地质条件复杂，地貌以山地和高原为主体，其中山地、丘陵、高原面积占90%左右，平原(包括河谷平原、坪坝及沿海平原)、盆地约占10%，部分地区水土流失和石漠化严重，山洪、泥石流、滑坡等山地灾害频繁发生。据统计，西南诸河流域面积85.14万平方千米，拥有降水资源9 346亿立方米，水资源总量达5 853亿立方米，单位流域面积有水资源68.7万立方米/平方千米。由于西南诸河流域62.65%的降水资源转为地表径流，尽管森林覆盖率较高，但水土流失仍是主要的生态问题。西北地区地形地貌复杂，大部分地区处于欧亚大陆腹地，气候恶劣，光热资源丰富，蒸发强烈，干燥少雨，植被稀少，除陕西省森林覆盖率较高外，其余省份平均不足10%，土地荒漠化和水土流失严重，生态状况十分脆弱。黄河流域面积为79.47万平方千米，拥有降水资源3 691亿立方米，水资源总量744亿立方米，单位流域面积有水资源9.36万立方米/平方千米。内陆河流域面积(包括额尔齐斯河)达337万平方千米，拥有降水资源5 321亿立方米，水资源总量为1 304亿立方米，单位流域面积拥有水资源3.86万立方米/平方千米。西北地区水土流失、荒漠化、土壤盐渍及酸化、草原退化、生物多样性减少等问题十分严重，水资源贫乏、水生态失调、河流断流、湖泊干涸等现象仍在加剧。2000年第二次全国遥感调查结果表明，全国水土流失面积为356万平方千米，其中西部地区294万平方千米，占82.6%，比1989年第一次遥感调查时增加了7万平方千米，其中水蚀面积增加3万平方千米，风蚀面积增加4万平方千米。我国荒漠化土地总面积为262.2万平方千米，占国土总面积的27.2%，绝大多数都在西部地区。全国每年因荒漠化造成的直接经济损失高达540亿元，有近4亿人口受到荒漠化的威胁。目前，全国沙化面积已扩展到174.3万平方千米，占国土面积的18.2%，相当于10个广东省的面积，而且扩展速度还在不断加快。20世纪70年代每年扩展1 560平方千米，80年代每年扩展2 100平方千米，90年代前期每年扩展2 460平方千米，90年代后期每年扩展3 436平方千米。西部生态状况不改善，全国生态状况就不可能得到根本改善。西部地区生态建设，在实施西部大开发战略中居于根本地位。

(一)森林是西部地区人类生存的基础

森林是人类生存的基础。在植被稀少的西北荒漠地区，森林显得尤为重要。西北荒漠地区主要包括塔里木盆地、柴达木盆地、准噶尔盆地、阿拉善沙地以及青藏高原等地，除青藏高原外，森林主要有山地森林和内陆河绿洲森林两大部分。天山、阿尔泰山、昆仑山的森林是该区山地森林的主体，同时，也是高地形降雨地带和荒漠地带之间的绿色生

态缓冲带，肩负着水源涵养、水土保持、防灾减灾的重任。内陆河绿洲森林则是干旱地区生命线的环境卫士，是为绿洲防风固沙、调节气候、改良土壤的重要生物体。绿洲是整个干旱地区的生命线，是干旱地区人类生产和生活的主要场所和基地，形成了独特的绿洲经济。特别是在新疆维吾尔自治区等地，人们经过长期的实践，得出一条结论：没有森林就没有农业，没有农业就没有人类生存的基础。新中国成立以来，经过几十年的努力，通过以三北防护林体系和防沙治沙工程等重点工程为主体的林业建设，西部地区的森林覆盖率有较大幅度的提高，生态状况明显改善。目前，不足土地面积5%的绿洲却集中了干旱地区95%以上的人口和财富。因此，加快植树造林步伐，扩大绿洲面积已经成为西部大开发的主要内容之一。

（二）林业是西部大开发的根本和切入点

实施西部大开发战略是我国着眼于经济社会可持续发展全局，面向新世纪做出的重大战略决策。我国可持续发展战略和西部大开发战略的核心就是要实现经济、社会与生态协调发展。从西部的区情来看，西部地区既是我国生态状况脆弱、土地退化严重的地区，也是经济社会发展落后、人民生活水平低下的地区。新疆、宁夏和内蒙古3个自治区186个县级行政单位中，有66个被列为国家重点扶持对象。青海省森林覆盖率只有4.4%，新疆维吾尔自治区为2.94%，宁夏回族自治区为6.08%，甘肃省为6.66%，西藏自治区为11.31%。新疆维吾尔自治区的天山山麓地区，森林资源原本并不丰富，而近年来破坏却十分严重。塔里木河下游胡杨林面积已由20世纪50年代的5.4万公顷减少到1.6万公顷，由北疆进入南疆的180千米“绿色走廊”正在消失。青海省森林覆盖率很低，而且天然林的一半是次生林，林相残败，森林的生态功能很差。

如果生态状况继续恶化，大型基础设施和生产基地失去生态屏障，人才、信息、技术也进不去，资源利用不了，西部开发战略也实现不了。因此，在西部大开发战略中，必须充分考虑西部地区生态系统的脆弱性，以及不适宜的政策和目标，可能导致日益退化的环境进一步加剧。西部地区植被的恢复和发展，首先面临着西部大开发过程中生态的保护与改善问题，要从根本上保证影响经济社会可持续发展的生态状况不受或少受破坏和威胁，也就是说，要保持土地、森林、水、矿产、动植物、大气等自然资源的可持续利用，使之适应经济社会的可持续发展。重点生态工程建设将整体改善和提高西部地区森林布局与森林覆盖率，全面提高以森林为主体的区域植被系统的环境服务功能，全面促进西部地区的社会、经济和生态的协调发展。所以，西部大开发必须要生态先行，林业作为生态建设的主体，更是根本和切入点。西部地区林业发展的战略布局，以及西部地区林业发展的速度，直接关系到西部大开发的成败。

（三）森林涵养着西部地区的生命之水

西部地区最缺的就是水资源，更为严峻的是，水资源利用率也十分低下，雨季一来，经常暴发洪水，不仅浪费严重，而且常对人们的生命财产安全造成很大危害。

在陕西省黄龙山区的松峪沟多年观测的结果表明，荒坡灌草集水区年均径流量5 164立方米/平方千米，年际变化幅度很大，最大值和最小值之差达到4倍以上，沟道内只在雨季出现暴雨时产流，年均产沙量1 054吨/平方千米。森林集水区年均径流量2 495立方米/平方千米，径流总量较少，年际变化幅度小，不超过10%。年内分布亦较均匀，洪峰流量、洪水总量、洪水起伏量均较前者为低。特别是枯水季节，沟道仍有流水，森林削洪补枯效应显著，年均产沙量极少，侵蚀模数在1吨/平方千米左右，减沙效益巨大。

由于降水量较少，高山冰川成为内陆河主要的补给源。经过山地森林的涵养和过滤，冰川融水源源不断地流入内陆河，是流域内一切生物的生命之源。

（四）森林是阻挡西北风沙肆虐的生态屏障

我国西北地区风沙危害十分严重。防止风沙肆虐最有效的办法是大力保护和恢复林草植被。研究表明，大范围绿化工程可以改变原始风沙流结构，迫使沙尘在垂直高度（0～60厘米）上分布趋于均匀，林网内的沙尘减少80%，绿化区的降尘量比未绿化的荒漠区降低40%，大气浑浊度降低35%。

植物降低近地层风速作用大小与覆盖度有关。覆盖度越大，风速降低值越大。经内蒙古农业大学对各种灌木的测定，当植被覆盖度大于30%时，一般都可降低风速40%以上。不同植物种，对地表庇护能力也不同。据中国科学院新疆生物土壤沙漠研究所测定，老鼠瓜的覆盖度为30%时，风蚀面积约占56.6%；覆盖度45%时，风蚀面积约占9.4%；覆盖度达72%时，完全无风蚀。而沙拐枣覆盖度20%～25%时，地表风蚀强烈，林地常出现槽、丘相间地形；覆盖度大于40%时，沙地平整，地表吹蚀痕迹不明显，林地已开始固定。当沙面逐渐稳定以后，便开始了成土过程。研究表明，宁夏回族自治区沙坡头地区在植被覆盖的成土作用下，每年约以1.73毫米的厚度发展，地表形成的“结皮”可抵抗25米/秒的强风，能起到很好的固沙作用。

据中国科学院新疆生物土壤沙漠研究所测定，艾比湖沙拐枣和老鼠瓜一般在种植第二年开始积沙，4年平均积沙量可达3立方米。灌木较草本植物和半灌木单株阻积沙量多，也比较稳定，半灌木和草本植物积沙量有限且不稳定，全年中蚀积交替出现。另据专家测定，植物阻沙作用大小与覆盖度有关，当植被覆盖度达40%～50%时，风沙流中90%以上沙砾被阻隔沉积。

三北防护林体系建设经过近30年的努力，已使过去受风沙侵袭和干热风危害、产量低而不稳的1 100万公顷农田的生态状况得到明显改善，粮食产量普遍增长10%～30%；过去沙化、盐渍化、严重退化的894.33万公顷草场也得到了有效保护和发展，产草量增加20%。内蒙古自治区敖汉旗自1978年三北防护林工程建设以来，共治理流动沙丘3 067公顷，治理半流动沙丘8.73万公顷，森林覆盖率提高到40%，旗内的水、旱、风灾明显减少，大风日数平均减少9.6天，风速降低0.52米/秒，为该旗农牧业生产创造了良好的环境条件。

失去了森林植被的庇护，风沙危害在干旱半干旱地区表现得尤为明显。近30年来，新疆维吾尔自治区的和田地区被流沙吞没的农田达2万公顷。策勒县城在历史上曾有过3次被流沙迫迁的历程。新疆维吾尔自治区塔里木河上游阿瓦提县20世纪50年代有林地为3.33万公顷，现在已经减少到0.56万公顷，柽柳林和白刺林由5.33万公顷减至0.13万公顷。准噶尔盆地以梭梭为主的荒漠灌木林也由1958年的733万公顷减至200万公顷左右。植被面积严重萎缩的结果是，1994年以后毁林开荒的3.82万公顷土地中，因水资源的不足或次生盐渍化、沙化而弃耕的占30%。由于河道彻底断流，新疆维吾尔自治区绿色走廊西部的塔克拉玛干沙漠和东部的库姆塔格沙漠迅速合拢，塔克拉玛干沙漠近20年向库姆塔格沙漠推进了60千米，最近处只有2千米。

（五）森林有效遏制着世界上最严重的水土流失

我国西部地区是世界上水土流失最严重的地区。森林植被有强大的水土保持功能。

据测算，在黄土高原的陇东、陇中地区，每公顷人工林地可减沙12.9～28吨，在六盘山、黄龙山天然林重点保护区，基本上不存在水土流失现象。在黄土高原各种不同地类设置的大量径流小区的观测资料表明，群落植被的水土保持作用十分显著。根据对油松、刺槐、沙棘、柠条、沙打旺和苜蓿的多年连续观测，其地表径流量可分别比农地减少82.6%，87.5%，60.5%，87.7%，70.1%和33.1%，泥沙可分别减少98.2%，98.9%，86.6%，99.8%，97.8%和37.5%，效益非常明显。

目前，西北地区人工植被在水土保持方面有极为突出的贡献，总体上减沙量达191.7亿吨，占综合治理措施（包括人工林地、人工草地、梯田和坝地）435.4亿吨的44.0%，其中人工林地总减沙量达153.5亿吨，占总沙量的35.3%。

（六）林业是西部地区经济社会发展的重要组成部分

林业不仅对西部地区生态建设发挥着十分重要的作用，而且在西部经济社会发展中有着极其重要的作用。据统计，西南地区2000年林业产业总产值达364.6亿元，西北地区209.9亿元。在全面实施天然林资源保护工程后，西部地区林木产品直接收入仍高达376.7亿元。大力发展经济林是西部地区增加收入和安排就业的重要渠道，西南地区经济林年收入114亿元，西北地区经济林年收入59.2亿元，这些地区共吸纳58.5万多人就业。

生物经济圈技术是在全国防沙治沙工程建设中迅速发展起来的。这是使沙区人民脱贫致富的有效技术之一。内蒙古自治区通辽市奈曼旗白音塔拉苏木小当海嘎查的西日莫1家7口，自1986年开始在沙荒地建设生物经济圈，人均年收入由200元上升到3 000多元。目前，通辽市共建起了这样的生物圈4 000多个。

森林旅游的快速发展，为西部地区林业产业结构调整奠定了良好的基础。长期以来，我国林业产业发展仅局限于第一产业，基本上只有单一的木材生产，很少有深加工和精加工，使得林业的产值很低，这在西部地区表现得尤为明显。据统计，森林公园总数已达到215个，森林公园面积530多万公顷，旅游总人数达2 400万人次，直接旅游收入达10亿多元。如近几年发展起来的新疆维吾尔自治区哈纳斯湖森林旅游，不仅带动当地的很多牧民从事了旅游业，而且促进了地方经济发展。

二、西部森林生态系统恢复发展战略构想

（一）Y型战略布局的提出

我国地貌轮廓分为三级阶梯，西部地区基本上包括第一阶梯和第二阶梯。第一阶梯和我国传统的秦淮南北分界线可以将我国西部地区分为三部分，一是我国地貌轮廓三级阶梯第一阶梯以东以北、秦淮线以北的西北地区，二是以我国地貌轮廓三级阶梯中第一阶梯为核心的青藏高原区，三是我国地貌轮廓三级阶梯第一阶梯和秦淮线以南的西南地区，形如一个向左平放的Y型（图1）。这种战略布局，基于以下几方面的原因：

（1）我国地貌轮廓三级阶梯基本控制了中国土地类型结构与土地利用格局的空间差异。按海拔高度的明显变化，中国地势自西向东可分三级阶梯（傅伯杰，2001）：第一级为青藏高原，平均海拔在4 000米以上，高原上宽谷山岭相间，湖泊众多，气候寒冷，难利用地面积大，以高寒草地为主要土地利用类型，有林地主要分布在藏东南—横断山脉地区；由青藏高原向北跨越昆仑山、祁连山，向东跨越横断山，即进入第二级，为海拔1 000～2 000米的高原、盆地，土地利用类型复杂多样；大兴安岭、太行山、巫山至雪峰山一线以东则是第三级，大多是海拔1 000米以下的丘陵和200米以下的平原，是中国工农业发达地区。

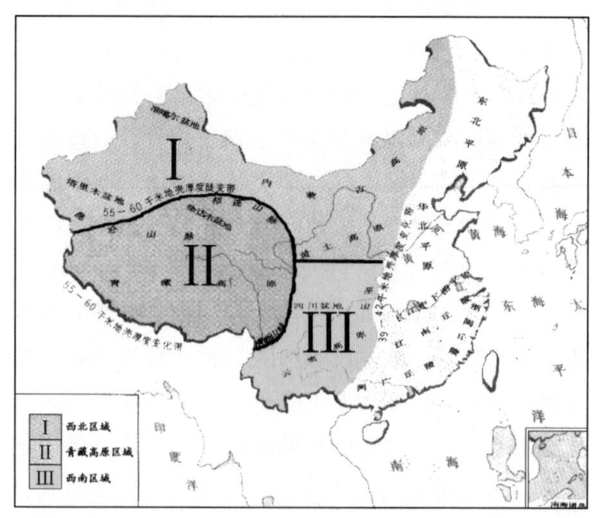

图1　中国西部生态建设Y型战略示意图

（2）秦淮线是我国已基本形成共识的南北方分界线。在东南部地区，秦淮线相当于800毫米等降水线，是中国土地利用南北地域差异和土地现实生产力和生产潜力突变的分水岭（倪健，1998；谭荣等，2005）。秦淮线以北蒸发多于降水，旱地占绝对优势，水田只占耕地面积的5.5%，水浇地占24.6%，除华北平原可以1年2熟外，东北平原和黄土高原多为1年1熟到2年3熟。秦淮线以南降水大于蒸发，以水田为耕地的基本形态，旱地约占1/3，农作物可以稳定地1年2熟至3熟，亚热带代表性的经济林如柑橘、茶叶、油桐、油茶等普遍分布。

（3）第一级阶梯与秦淮线以Y字型将西部地区分为三大区域。西北部地区，沿青藏高原北部边缘，以昆仑山、阿尔金山、祁连山一线为界，可明显分出青藏高原高寒区域和西北干旱区域。西北干旱区域气候干燥，降水稀少，除局部地区为外流区域，大部分为内流区域，水资源极度缺乏，土地利用以草地畜牧业为主，未利用土地面积较大，一般是没有灌溉就没有农业。其中年降水量250毫米的等值线是干旱与半干旱区的分界，在我国农业生产上是旱作农业的西界，在许多地区表现为半农半牧区与纯牧区的分异。青藏高原区是青藏高寒区的主

体部分，未利用地占2/5，主要是戈壁、寒漠；天然草原占1/2，高寒草地畜牧业是主要的土地利用方式，农业仅见于藏南、青东湖盆和谷地；藏东南—横断山区可以看作是四川盆地和云贵高原向青藏高原的过渡带，土地利用以林地为主、牧草地为辅的林牧结构（任美锷等，1992；蒋卫国等，2005）。

（二）Y型战略布局的区域特征分析

（1）西北区域。西北区域主要包括陕西、甘肃、宁夏、新疆、内蒙古5个省（自治区）受风沙危害的区域。地理位置西起阿拉山口，东至东北地区西部，南到昆仑山脚下，北与蒙古国接壤，横跨我国西部和北部的广大地区。总面积352.73万平方千米，人口1.1亿人，森林覆盖率10.05%（表1）。本区域居住着回族、蒙古族、维吾尔族等20多个民族。多数居民信奉伊斯兰教。

本区域干旱少雨、地域辽阔，地势相对平坦，植被稀少，风沙危害和水土流失十分严重。山系分布为：西部有天山、祁连山、阿尔泰山、阿尔金山，中部有阴山、大青山，东部有努鲁儿虎山。沙漠、沙地以及荒漠戈壁分布较多，有塔克拉玛干、古尔班通古特、巴丹吉林、腾格里、库姆塔格、乌兰布和、柴达木、库布齐等八大沙漠，以及科尔沁、浑善达克、毛乌素、呼伦贝尔四大沙地，还有近50万平方千米的戈壁和近20万平方千米的盐漠及盐渍化土地。降水量稀少且分布不均，主要集中在7～9月份，降水量由西北向东南、由北向南逐渐递增，年降水量最多处可达400毫米，少的地方不足50毫米。由西至东可依次划分为干旱、半干旱和半湿润3个气候带。

本区域存在的主要生态问题，一是生态系统极度脆弱，植被破坏严重，森林覆盖率全国最低，土地沙化、退化和盐渍化问题突出，我国每年增加的沙化土地绝大部分在本区域内。二是风沙危害严重，沙尘暴频繁，是主要的沙尘暴灾害区和沙源地。近年来，发生沙尘暴的周期越来越短，强度和范围越来越大，每年造成的经济损失达数百亿元。三是由于水资源的不合理利用，加剧了当地生态危机。河水断流，地下水位下降，天然植被大量死亡，地表植被覆盖度下降，一遇强烈气流，极易成为沙源。新疆维吾尔自治区塔里木河下游的胡杨林和内蒙古自治区西部黑河下游额济纳河流域的胡杨林、梭梭林、柽柳林的大量枯死导致土地大面积沙化就是最好的例证。西北区域的生态问题，已经成

表1　中国西部三大生态区域特征表

名　称	总面积（万公顷）	总人口（万人）	林业用地面积（万公顷）	森林面积（万公顷）	森林蓄积（万立方米）	森林覆盖率（%）
总　计	68 396.23	35 531	16 344.58	9 863.78	769 251.39	14.42
西北区域	35 273.02	11 030	6 944.74	3 545.12	186 865.78	10.05
陕　西	2 059.57	3 605	1 071.78	670.39	30 775.77	32.55
甘　肃	4 498.95	2 562	745.55	299.63	17 504.33	6.66
宁　夏	663.82	562	115.34	40.36	392.85	6.08
新　疆	16 464.97	1 925	608.46	484.07	28 039.68	2.94
内蒙古	11 585.71	2 376	4 403.61	2 050.67	110 153.15	17.70
青藏高原区域	19 495.65	780	2 214.17	1 706.81	230 199.03	8.75
西　藏	12 286.56	262	1 657.89	1 389.61	226 606.41	11.31
青　海	7 209.09	518	556.28	317.20	3 592.62	4.40
西南区域	13 627.58	23 721	7 185.67	4 611.85	352 186.58	33.84
广　西	2 375.83	4 489	1 366.22	983.83	36 477.26	41.41
云　南	3 826.42	4 288	2 424.76	1 560.03	139 929.16	40.77
贵　州	1 764.46	3 525	761.83	420.47	17 795.72	23.83
四　川	4 837.59	8 329	2 266.02	1 464.34	149 543.36	30.27
重　庆	823.28	3 090	366.84	183.18	8 441.08	22.25

注：以上数据以省（自治区）为单位计算，与各大生态区域的实际值基本吻合。

为当地经济社会发展和我国实施西部大开发的重要制约因素。

(2)青藏高原区域。本区域位于地球上隆起面积最大，该区域包括青海省、西藏自治区全部。总面积19 495.65万平方千米，人口780万人，森林覆盖率8.75%(表1)。高原中部的唐古拉山为青海省和西藏自治区的大致分界线，是藏族的主要分布区，藏族信奉藏传佛教。

青藏高原高寒缺氧，生长期短，植被破坏后极难恢复。本区域地势高耸，面积辽阔，东西向高山绵亘。高原海拔大多在4 000米以上，青藏高原地质构造运动活跃，地形地貌复杂，区域性差异十分明显。海拔8 848米的世界最高峰珠穆朗玛峰沿国境横亘于高原的西南边缘，向北依次排列着冈底斯山—念青唐古拉山、喀喇昆仑山—唐古拉山、昆仑山。高原隆起过程中的多次造山运动形成的一系列巨大山系，构成青藏高原目前的基本骨架和轮廓，其平均海拔5 500～6 000米，从而成为青藏高原的主体。这些巨大山脉高耸入云，终年积雪，有大面积的现代冰川和冻土带；由唐古拉山脉、可可西里山脉、巴颜喀拉山脉以及阿尼玛卿山等包围的广大区域，海拔4 000～5 000米，地势稍低，是黄河、长江、澜沧江、怒江等重要河流的河源区，地位十分重要；北部为海拔较低的柴达木盆地；东南部地势渐倾，高山峡谷地貌发育，成为长江、澜沧江、怒江等河流的上游河道；高山宽谷及众多湖盆地带则见于高原南部，海拔变化大，地势陡峻。从青藏高原所处的经纬度分析，它虽然纵贯亚热带和暖温带，但因地势高耸、面积辽阔，致使大气西风环流向高原南北两侧分流，形成青藏高原气候与四周差异极端悬殊、对比十分强烈、分异规律十分明显、独特的大陆性高原气候，呈现出高寒低温，气温年较差小，日较差大，空气稀薄，辐射强烈，干旱多风，多雷暴、冰雹，气候变化无常等高原气候特征。

本区域的主要生态问题：一是地势高峻，气候严寒，降水稀少，风大，生态条件严酷。二是由于滥捕、盗猎珍贵野生动物，导致生物多样性急剧下降，其中尤以可可西里地区藏羚羊的大量减少最为严重。三是河谷陡坡开荒，过度樵采，导致森林生态系统退化，引发严重水土流失和土地贫瘠化。四是部分地区超载过牧，土地沙化。五是由于全球气候变化导致冰川后退、大面积草场退化，湿地萎缩。

(3)西南区域。西南区域主要指西南诸河的汇水区，以及珠江流域的部分区域，东起重庆东界，北界秦岭、伏牛山一线。南抵云南省江城哈尼族彝族自治县、广西壮族自治区十万大山、莲花山一线，主要涉及云南、贵州、四川、重庆和广西5个省(自治区、直辖市)，总面积136.28万平方千米，人口2.4亿人，森林覆盖率33.84%(表1)，该区域是典型的少数民族聚居区。

本区域内大部分地区属亚热带气候，热量充足，年平均气温12～18℃，≥10℃年积温3 000～6 000℃，无霜期200～300天；降雨充沛，但时空变化差异较大，西部上游高原荒漠地带年降水量在500～700毫米，其他大部分地区在800毫米以上，部分多雨区高达1 200～1 500毫米，全年降水量多集中于下半年，降水量约占全年的70%～80%。

本区域植被组成复杂，类型多样，种类丰富，主要植被为亚热带常绿阔叶林和青藏高原高寒植被，主要类型有常绿阔叶林、常绿与落叶阔叶混交林、硬叶常绿阔叶林、落叶阔叶林、针阔混交林、针叶林、竹林、常绿阔叶灌丛、落叶阔叶灌丛、草丛与草甸、高山流石滩稀疏植被等，水平地带性和垂直地带性明显。其水平地带性植被以壳斗科、樟科以及常绿阔叶林为代表，而垂直带谱结构在不同区域有所差别。本区域水资源总量居我国七大江河之冠，水能资源蕴藏量约占全国的40%；林木蓄积量占全国的28%，并主要分布于四川省西部、云南省北部等地区，成为仅次于我国东北林区的第二大林区，经济树种品种多、面积大，均占我国首位；国家重点保护的野生动植物群落、物种和数量多数占首位；矿产资源种类多，有色金属储量大；旅游资源类型齐全，特色鲜明。由于开发历史较早，已经初步建立了农、林、牧、渔业综合发展体系，经济基础较好，是我国西部地区社会经济状况较好的地区。

本区域的主要生态问题，一是区域性生态系统的结构稳定性降低，功能欠缺，总体生态质量亟待提高。近年来营造的人工林，普遍存在“三多三少”的问题，即针叶林多、阔叶林少；纯林多、混交林少；中层同龄林多，复层异龄林少。二是长期以来的过垦、过牧、过伐和围湖造田等不合理的经济活动，使原来稳定的生态系统受到严重破坏。三是土地石漠化、沙化面积逐年扩大，水土流失日益严重。严重的水土流失导致支流河道淤塞抬高，水库泥沙淤积，湖泊面积减少。局部地区甚至丧失了最基本的生存条件。四是水旱灾害严重，滑坡、泥石流等地质灾害频繁，已经严重影响到区域经济发展和人民生命财产的安全。

（三）Y 型战略构想

西部生态建设 Y 型战略的战略构想是三大区域由于各自面临的主要生态问题及其自然经济社会条件不同，其生态建设的战略重点也各有侧重。西北区域的核心任务是加快生态治理，要特别突出对沙化土地的生态治理。青藏高原区域的核心任务是加强生态保护，要特别突出对水土植被资源、珍稀濒危野生动植物和湿地资源的保护。西南区域的核心任务是提高森林经营水平，要特别突出对现有林分的改造，提高林地生产力，充分发挥其综合效益。三大区域的生态建设既各有侧重，又相互包容。西北区域以生态治理为核心，但也存在生态保护和提高森林经营水平的问题；青藏高原区域以生态保护为核心，但也存在生态治理和提高森林经营水平的问题；西南区域以提高森林经营水平为核心，但也存在生态治理和生态保护的问题，其相互关系形如图 2。

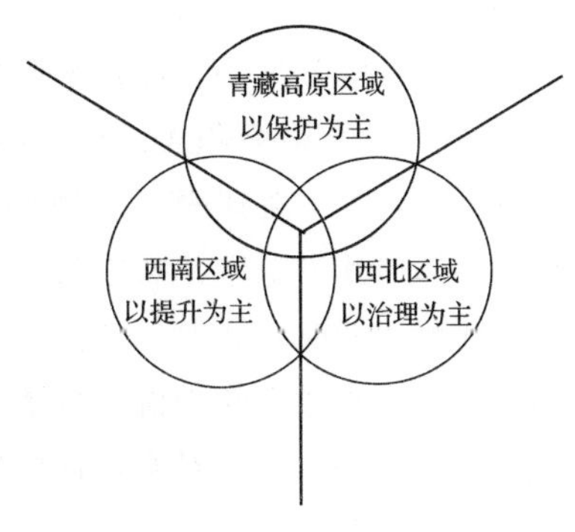

图 2　中国西部生态建设 Y 型战略构想图

三、西部森林生态系统恢复发展战略任务

（一）西北区域

该区域要以植被恢复为中心，扩展治理范围，突出治理重点，加大治理力度，努力实现“治理”最大化。

（1）加快沙化土地治理，大力推进京津风沙源治理等防沙治沙工程。全面落实《全国防沙治沙规划》的各项任务。保持总体推进，注重突出重点，强调治理成效，强化治理区域和植被恢复方式的针对性。继续推进西北区域性重点治理项目和综合示范区建设，使该地区的生态状况得到显著改善。

（2）加快坡耕地治理，稳步实施退耕还林工程。要坚持全面规划、分步实施，突出重点、稳步推进的原则，继续推进退耕还林工程的实施，在巩固已有成果基础上，加强严重沙化耕地和低产坡耕地的退耕还林。要切实抓好各项政策的兑现落实，进一步研究完善现行政策，解决好农民的吃饭、烧柴、增收等实际问题，增强其自我发展能力。

（3）加快农田生态治理，加强农田防护林体系建设。继续推进三北防护林体系建设工程，突出绿洲农田防护林体系、封沙育林建设，为农牧业生产和人民生产生活创造较好的生态状况。

（4）加快荒山荒地治理，全面推进造林绿化进程。继续推动全民义务植树和部门绿化深入发展，加快宜林荒山荒地造林绿化步伐，突出抓好绿色通道和城乡绿化一体化建设，加快城市林业、乡村林业、庭院林业发展，改善人居环境，提高服务功能。

（5）加强生态公益林管护，进一步完善森林生态补偿机制。基本建立起林业分类经营的框架，逐步建立规范的与经济发展水平相适应的森林生态效益国家和地方分级补偿制度。要在现有基础上，力争森林生态效益补偿基金实现新的突破，并全面做好相应的实施准备。

（二）青藏高原区域

树立保护优先的观念，加强保护能力建设，采取更加有效的措施，坚决杜绝以牺牲资源、破坏生态为代价的开发利用活动，强化高原森林、湿地等生态系统保护，力争做到“应保尽保”，努力实现“破坏”最小化。

（1）加强水土资源保护，全面推进三江源和一江两河地区生态治理。青藏高原区域是我国诸多大江大河的发源地，是我国境内唯一一块没有受到严重污染的蓝色高原净土，要科学规划，采取有效措施，实施好三江源和一江两河等地区的重点生态工程，加强水土资源保护。

（2）加强生物多样性保护，加快野生动植物保护及自然保护区建设工程实施步伐。加快划建各种类型自然保护区，重点建设和完善一批国家级自然保护区，大力发展地方各级自然保护区和保护小区，建设一批示范保护区，强化珍稀濒危野生动植物物种拯救，做好可可西里等重点自然保护区的各项工作。加强野生动物疫源疫病监测，及时发现和防控野生动物疫情，维护社会公共卫生安全。

（3）加强森林资源保护，加快“三防”体系建设。加大对天然林和原生植被的保护力度。加强监督检查执法，严厉打击各种违法行为。加强森林公安工作，强化队伍正规化建设。加强预警能力和应急体系建设，提高森林防火保障能力。强化林业有害生物防治工作，有效遏制危险性病虫害的蔓延。

（4）加强湿地资源保护，全面实施湿地保护与恢复工程。根据国务院批复的《全国湿地保护实施规划》，对世界上最集中的高原湿地进行全面抢救性保护，尤其要组织实施一批大江大河源头湿地保护骨干项目，基本建成自然湿地保护网络体系。

（5）加强高原景观资源保护，积极推进森林公园建设。加强高原景观资源的保护和管理，加大风景林营造和景观改造等公益性设施的建设，完善现有国家森林公园基础设施，积极建立新的国家森林公园。

（三）西南区域

树立质量第一的理念，大力改善森林的结构与功能，提高森林质量与效益，努力实现质量效益最优化。

（1）全面提升森林质量，抓紧组织实施森林经营工程。从战略上重视森林经营工作，全面贯彻森林健康理念，突出提高森林的整体功能，实现可持续经营。重点加强中幼龄林抚育，稳步开展低质低效林改造，培育一批珍贵树种基地，建设一批森林经营示范点，不断探索优化林分结构的最佳模式。解决的生态功能低下和林木生长率过低的问题。使森林经营实现由林木为主向以森林生态系统为主转变，由森林的单一目标建设向多功能、多效益综合目标转变，真正使森林的结构得到优化、功能得到完善、质量得到提升。

（2）夯实森林培育的核心基础，搞好林木种苗建设。推进林木种苗建设从数量保障型向品种质量效益型转变，使重苗轻种、重数量轻品质的状况得到根本改变。把工作重点转移到林木种质资源的保护、林木良种选育与推广、林木种源选择基础建设与管理、林木优新品种推广应用等方面来，使林木种苗成为促进林业生产力发展的重要动力。

（3）确保工程造林质量和效益，加强营造林质量管理。完善造林质量管理制度和造林质量事故行政责任追究制度，加快建立营造林工程设计、施工、监理等资格资质认证和市场准入制度，提高造林质量管理水平，确保森林培育质量与成效。尊重自然和经济规律，因地制宜，适地适树，适当加大封山育林、灌木林、混交林比重，扩大种植乡土树种，充分挖掘林地生产潜力，提高林地利用水平。

（4）加强天然林资源保护，继续推进天然林资源保护工程。根据国务院批复的工程中期评估报告和工程调整方案，继续扎实推进工程建设。要在深化国有林区和森工企业体制改革与机制创新的同时，抓好相关企业债务免除、职工参保、混岗集体职工安置和下岗职工再安置等项政策的落实。抓好西南国有林区天保工程配套扶持政策的研究制定，扶持企业转型改制。

（5）加快石漠化和水源区生态治理，尽快启动南方岩溶地区石漠化综合治理等工程。采取封山育林育草、退耕还林、人工造林种草等综合措施逐步恢复森林植被；加强基本农田、农村能源、人畜饮水工程建设，并有计划地开展生态移民；在不破坏生态的前提下，积极发展特色产业；按照“保、退、治、防”的要求，以增强水源涵养和水土保持能力为目标，恢复和扩大森林资源，重点搞好三江并流区和三峡库区生态建设。

各区域在生态建设的同时，应突出产业发展。

实现生态建设与产业发展的良性互动，满足经济社会的多种需求。构建和谐社会，需要保持生态与产业、发展与保护、数量与质量，需要各个领域、各个环节和区域之间的相互协调，最终实现生产发展、生活富裕、生态良好的发展目标。

四、西部森林生态系统恢复发展战略措施

（一）西北区域

（1）加大国家投入力度。这一区域是我国生态建设的主战场。其主要问题是土地荒漠化、沙化和水土流失十分严重，人民群众生活困难，生态保护压力巨大。必须继续加大国家对西北地区的投资力度和优惠政策倾斜力度，以三北防护林体系建设等国家重点生态工程为带动，解决生态建设及其后续产业发展问题。

（2）多策并举，综合治理。在对天然林、原生植被和湿地等全面加强保护的基础上，因害设防、综合治理，实行“封飞造”一起上，乔灌草相结合，三大效益相统一，大幅度提升治理速度。因地制宜地恢复植被，防治风沙危害，遏制荒漠化加剧的趋势。改善生产、生活条件，促进西北区域实现生态和经济的良性循环和可持续发展。

（3）转变经营方式。在区域性产业结构调整、水资源合理利用的基础上，协调农林、林牧矛盾，转变农牧经营方式，引进和培养优良牧草品种，大力推广舍饲圈养。加大林业在区域经济结构中的比重，大规模开展义务植树和生态建设。

（二）青藏高原区域

（1）大规模推进保护区建设。本区域生态状况总体保持的比较完整，人为影响造成的生态恶化问题主要局限在一些特殊的地区，如盗猎珍贵野生动物，导致生物多样性急剧下降，尤以可可西里地区藏羚羊的大量减少最为严重。因此，应尽快有针对性的建立健全各级各类自然保护区，使青藏高原绝大部分的珍稀野生动植物资源、高原湿地资源、典型原生植被等得到有效保护。

（2）强化法制建设。青藏高原的生态系统比较脆弱，一旦遭到破坏，很难恢复。应强化法制建设，加大保护力度，尽快建立起强有力的完善的森林公安执法队伍，严格执法，严厉打击各类偷猎盗挖野生动植物资源和破坏生态等违法犯罪行为。根据森林公安和林业检法队伍正规化建设的要求，改善装备，全方位提高综合执法能力。

（3）大力加强基础设施和能力建设。在保证重点工程投资的基础上，力争在基础设施建设、森林生态补偿基金投入等方面取得新突破。建立起较为完备的青藏高原生态系统保护和监测体系，及时监控冰川后退、草场退化和湿地萎缩等生态问题。进一步完善应急体系建设，提高应对和处置突发事件的能力，特别是要紧扣宣传教育、预测预报、隐患排查、火源管理4个环节，加强林火防范工作；坚持“预防为主、科学防控、依法治理、促进健康”的方针，做好森林病虫害防治工作，防止林业有害生物入侵。加快科技建设和林业人才队伍的引进培养，加快基层林业站建设，改善办公和装备条件，提高工作效率。

（三）西南区域

（1）加大科技投入。充分发挥科技的引领作用，加快科技成果向现实生产力的转化，为生态建设提供先进成熟的科技成果，实现森林由数量增加为主到数量质量并举的转变。集中力量组织实施好生态建设与生态安全、林业生物技术与良种培育、森林生物种质资源保护与利用、林业生物产业发展等科技工程，促进林业科技水平的整体提高。抓紧开展林种树种搭配模式、生态社会效益与经济效益合理兼顾的栽培方式和采伐方式、森林可持续经营技术、商品林生态化经营技术、生态林商品化经营技术等生产急需的技术研究，尽快突破技术瓶颈。

（2）放手发展非公有制林业。鼓励各种社会主体跨所有制、跨行业、跨地区投资发展林业。凡有能力的农户、城镇居民、科技人员、私营企业主、外国投资者、企事业单位的干部职工等，都可从事林业建设。要进一步明确非公有制林业的法律地位，切实落实“谁造谁有、合造共有”的政策。统一税费政策、资源利用政策和投融资政策，为各种林业经营主体创造公平竞争的环境。

（3）加快特色生态产业发展步伐。本区域自然资源丰富，森林覆盖率较高，应大力发展以木材、松香、家具、经济林为龙头的传统林业产业；加快

对森林药材、竹藤花卉、森林旅游、森林食品、野生动植物驯养繁殖等非木质产业的开发力度，形成一批新的特色生态产业经济增长点。不断推进产业布局优化，提高规模效益。

调 研 单 位：国家林业局办公室
中国科学院地理科学与资源研究所
国家林业局调查规划设计院
调研组成员：李世东　闵庆文　翟洪波

湿地生态系统对经济社会可持续发展的重大作用

根据国家林业局党组的统一部署，国家林业局湿地管理保护中心、调查规划设计院和经济发展研究中心组成联合调研组，于 2008 年 7 月 14 日至 9 月 13 日，分赴北京、内蒙古、吉林、黑龙江、福建、湖北、湖南、广东等 8 个省（自治区、直辖市），就地方党政领导和社会公众对湿地功能和价值的认识开展了相关调查活动，特别是对湿地在碳循环、水资源保护、污染控制和生物安全等重大问题上的地位和作用进行了专题调研。通过与有关地方政府、湿地主管部门、专家和保护区管理人员的座谈交流，实地考察，走访湿地周边地区群众，收集了大量第一手资料，初步掌握了我国湿地保护管理现状，为下一步制订湿地保护政策措施奠定了较好的基础。

调研表明，各级政府对湿地生态系统的重要功能和效益有较高认识，他们重视湿地保护管理工作。社会公众对湿地生态系统有所了解，对湿地保护管理工作比较支持，湿地保护管理工作有一定的群众基础和较好的社会环境。调研发现，部分调研区域具有很好的保护管理经验，可以在全国范围内宣传推广。调研也发现，有些地方的保护管理工作存在一些突出问题，带有共性特点，需要在国家层面上加以引导和规范。有关情况报告如下：

一、湿地生态系统的主要功能

世界各国政府和许多国际自然保护组织都充分肯定了湿地生态系统的巨大功能，将其与森林和海洋并称为地球三大生态系统，承认其在经济、社会，特别是生态上具有其他生态系统不可替代的独特作用。长期以来，湿地所具有的涵养水源、净化水质、调蓄洪水、调节气候和维护生物多样性等多种功能，是经济社会发展的物质基础和维护国土安全的生态屏障，被称为“地球之肾”、“生物超市”和“物种基因库”。本次调研着重从控制全球气候变暖、维护水资源安全、降解污染、保障生物安全等 4 个方面入手，阐述湿地生态系统的重要功能和巨大作用。

（一）控制气候变暖

大气温室效应对全球气候变化的影响已经引起了国际社会的高度重视。湿地是世界上最大的碳库之一，碳储量约为 770 亿吨，占陆地生态系统的 35%，超过农田、温带森林和热带雨林生态系统碳储量的总和，在全球碳循环中发挥着重要作用。湿地由于其特殊的生态特性，在植物生长、促淤造陆等生态过程中积累了大量的无机碳和有机碳，由于湿地环境中，微生物活动弱，土壤吸收和释放二氧化碳十分缓慢，形成了富含有机质的湿地土壤和泥炭层，起到了固定碳的作用。如果湿地遭到破坏，湿地固定碳的功能将大大减弱或消失，湿地将由“碳汇”变成“碳源”，对全球气候将产生重大负面影响。

科学家对洞庭湖天然湿地有机碳分布与组成特征进行了研究（张文菊等，2004），洞庭湖天然湿地土壤 110 厘米厚，土体总储碳量为 5 218 万吨，相当于储存约 1.9 亿吨的二氧化碳，是湖南省长沙市、株洲市、湘潭市 2003 年燃料燃烧、人畜呼吸、森林火灾、柴草燃烧及其他方式年排放二氧化碳总量3 347万吨（袁正科，2005）的 5.72 倍。从湿地贮碳能力上，单位面积湿地有机碳贮量最多可达 258 吨/公顷，是森林生态系统 150 吨/公顷的 1.72 倍。

东北三江平原泥碳储量高达 9 000 万吨。科学研究表明，我国正在实施的全国湿地保护工程，计划恢复 140 万公顷湿地的年固碳潜力为 657 万吨(段晓男，2005)，湿地保护工程将产生巨大的生态和环境效益。湿地被开垦后，将释放大量的二氧化碳，三江平原经过近 50 年的农业开发，有机碳损失约为 9 万吨，相当于 33 万吨的二氧化碳排入大气中。因此，从维护生态安全和促进经济社会可持续发展的角度出发，必须加大湿地生态系统保护恢复力度，维护湿地固碳功能，抑制全球变暖进程，保障人类社会的可持续发展。

(二)维护水资源安全

生态学家普遍认为，我国水资源缺乏在很大程度上源自生态退化。洪水与缺水是我国水资源短缺的两个重要方面，只有良好的湿地生态系统才能有效协调二者之间的矛盾。中国面临世界最大大洋，背靠世界最大大陆，季风气候显著，降水月季和年季分配极其不均衡。在植被覆盖良好的情况下，降水得以涵养，进而在一段较长的时间内缓慢释放到湿地等低洼地带，湿地有效稳定了水量，高效清洁了水质，这样就平衡了自然界的不平衡。如果破坏了与涵养水源密切相关的湿地、森林和草原，我国水资源时空分布不均的情况就会变得更加严重。

湿地被誉为“地球之肾”，是淡水的家园。湿地的一个突出作用是，具有强大的水文调节和循环功能。湿地可以有效的储存、滞留降水和地表径流，并补充地下水。我国湿地维持着 96% 的全国可用淡水资源，失去湿地就失去了水源与水资源。科学试验表明，流域湿地率为 30% 时，可削减汛期 50% 的径流量，不仅极大地降低了径流对河道的压力，而且对水均衡起到了积极的调节作用。若尔盖湿地是黄河上游最重要的补水区，从若尔盖湿地注入黄河的水量，枯水期占 40%，丰水期占 26%，平均补水达 30%。三江平原可利用水资源总量为 278 亿立方米，其沼泽和沼泽化土壤的草根层和泥炭层的孔隙度为 72% ~ 93%，饱和持水量 830% ~ 1 030%，最大持水量 400% ~600%，具有较强的蓄水和透水能力。在三江平原开展的研究表明，湿地开垦成农田后，土壤持水能力下降近 50%，水通过网络化沟渠被迅速排走。洞庭湖和洪湖湿地是位于长江中下游的通江湖泊，对长江流量起着调蓄作用，据研究，洞庭湖湿地每年总蓄水能力为 160 亿立方米，其中生态用蓄水能力 22 亿立方米，生产生活用水能力 42 亿立方米，调蓄洪水能力 96 亿立方米。由于洞庭湖的净化作用，加之其洪道型过水湖泊特征，湖滩分布有大面积的芦苇等水生植物，洞庭湖水质比较好。洪湖作为江汉湖群最大的湖泊，其每年可调蓄入湖水量 8 亿立方米，有利于减轻平原洪涝灾害损失。

(三)降解污染、净化水质

湿地的另一个突出作用是，具有强大的降解污染功能。湿地以其复杂而微妙的物理、化学和生物方式发挥着自然净化器的角色。湿地对所流入的污染物，通过其复杂界面产生过滤、沉积、分解和吸附作用，通过其微生物转化和降解水中的污染物，通过水生植物从污水中吸取营养物质使污染净化。研究表明，湿地生态系统是自净能力最强的生态系统之一，其自净能力是森林生态系统的 1.5 倍。湿地植物芦苇对硒、铁、锰、铅、铍和镉的净化能力分别为 96%、92%、94%、80%、100%、100%，可以有效消除有毒有害物质。

黑龙江省较好地利用了湿地处理城市污水和工业废水，兴凯湖造纸厂利用湿地处理造纸废水，不但水质得到净化，湿地芦苇也获得丰收。黑龙江省友谊造纸厂利用废水灌溉芦苇，每公顷产量高达 9.75 吨。齐齐哈尔市氧化塘就是用来处理城市污水的，20 多年实践证明，处理污水效果非常明显，具有造价和处理成本低(每吨水 0.1 ~0.2 元)的特点，且不产生污泥，节省了大量污泥处理成本。北京市大量的实验证明，5 类恶劣水质流入湿地后，流出时被净化为 3 类以上水质。利用湿地净化水源已经成为解决水污染问题的绿色措施，由于几乎没有维护成本，加上长期可持续的生态作用，利用湿地净化水源的前景非常广阔。西方发达国家普遍采取这方法解决水污染，特别是面源污染问题。

(四)维护生物安全

湿地处于陆生生态系统与水生生态系统的交汇过渡带，为保护生物多样性提供了优良环境。据统计，湿地仅占全球表面积的 6%，却为世界 20% 的生物提供了生存条件。我国湿地栖息的鸟类占全国鸟类总数的1/3左右，国家Ⅰ级保护的珍稀鸟类约有50%在湿地栖息，湿地还是许多珍贵鱼类和贝类的产卵和生长区。

洞庭湖湿地位于长江中游，吞吐“四水”、“三口”径流，形成了与其他湿地不同的生态特性，生境十分复杂，非常适宜于软体动物、鱼类、两栖类、爬行类、兽类及水生、湿生植物在这里繁衍，也适宜于鸟类特别是珍稀鸟类的栖息。洞庭湖湿地区域4个湿地自然保护区保护着48种国家保护动物和34种国际濒危水禽。黑龙江省湿地生境复杂，环境多样，为鸟类提供了良好的栖息和隐蔽场所，湿地鸟类十分丰富，特别是水鸟种类、数量均较多，达361种之多。黑龙江省湿地区是我国鹤类种类最多的省份，我国记录的9种鹤，有6种分布在黑龙江省。洪湖地处北亚热带，生物多样性非常丰富，已知洪湖自然保护区拥有维管束植物472种、浮游植物280种，湿地水禽达138种。其中国家Ⅰ级保护野生动物7种，国家Ⅱ级17种，列入国家“三有”保护的动物131种，中日保护协定的鸟类69种，中澳保护协定的16种。我国湿地还蕴含着多样的物种基因和遗传基因，其中仅野生稻基因开发而增产的水稻产量，就为我国创造了高达6 000亿元的巨大经济效益。由于生物多样性丰富，我国湿地已经成为全球生物多样性保护的热点地区，湿地生物多样性所创造的价值和蕴含的巨大潜力已经为地方政府所认识。

二、地方政府和社会各界进一步关心和重视湿地保护

在党中央、国务院的高度重视下，随着国家出台湿地保护管理有关的政策措施，各级地方政府进一步重视湿地工作，采取了一系列有效措施强化湿地保护管理工作，极大地促进了湿地保护事业的健康发展。

一是地方党委政府高度重视湿地工作。黑龙江省委、省政府高度重视湿地保护工作，将湿地保护工作放在落实环境保护基本国策和实施可持续发展战略的突出位置。1998年12月出台了《省委、省政府关于加强湿地保护的决定》，要求全面停止开垦湿地，抢救性地建立湿地自然保护区。近几年来，湖北省委、省政府主要领导多次在省委扩大会议、经济工作会等大型会议上强调湿地保护管理的重要性，要求各地切实加强湿地保护。特别是中共中央政治局委员、原湖北省委书记俞正声同志，对湿地保护管理工作极为重视，作出许多批示，使洪湖过度开发、梁子湖管理体制、大九湖建设发展等涉及湿地问题得到了有效解决。湖南省2007年下发了《关于加强东洞庭湖湿地保护管理工作的通知》，在岳阳论坛上发表了湿地保护主流化的《洞庭湖宣言》，并成立了由副省长任主任，林业、水利、农业、国土资源、环保等部门负责人共同组成“洞庭湖湿地保护管理委员会”，综合协调洞庭湖湿地保护管理工作。

二是湿地保护规划纳入地方国民经济和社会发展规划。湖南省委、省政府对湿地保护高度重视，2002年编制了《湖南省湿地保护工程总体规划》，先后启动了东洞庭湖、南洞庭湖、西洞庭湖等7个湿地保护与恢复工程，极大地改善了洞庭湖湿地生态系统质量，维护了洞庭湖湿地生态服务功能。北京市编制了《北京市湿地保护行动计划》、《北京市湿地保护工程规划》和《北京市湿地保护实施规划》，抢救性地保护重要湿地，最大限度恢复湿地的自然特性。吉林省实施了《吉林省野生动植物保护及自然保护区建设工程总体规划》，将湿地保护作为重要内容予以对待。依据省发改委或省人民政府已经批准的规划，大部分省(自治区、直辖市)将湿地保护纳入了地方国民经济和社会发展规划。

三是出台法规和强化执法工作。调研发现，各地都十分重视湿地立法工作。在调研的8个省(自治区、直辖市)中，黑龙江、吉林、内蒙古、湖南、广东省(自治区)出台了省级湿地保护条例，截至目前，全国共有8个省(自治区、直辖市)出台了省级湿地保护条例。其中，宁夏回族自治区在2000年完成了条例的出台工作。北京、湖北和福建省(自治区)正在制订之中。黑龙江省在条例出台后，各地普遍加大了对破坏湿地案件的查处力度，湿地主管部门和保护区管理机构，多次组织开展专项执法检查，对各类破坏湿地的违法行为进行了严厉打击。如三江、兴凯湖、挠力河、扎龙、三环泡等自然保护区查处了一大批破坏湿地案件，对违法开垦

的湿地全部进行退耕还湿或退耕还林，仅三江自然保护区在最近不到两年时间里就查处了开垦湿地案件13起，既教育了广大群众，又震慑了违法分子。吉林省将制订湿地条例作为理顺管理体制、避免法律交叉重复和规范开发行为的重要措施来抓，省林业厅与人民政府法制办公室共同起草了《吉林省湿地保护条例(征求意见稿)》，有望年底送省人大常务会议表决通过。调查区域内的许多保护区，如吉林省的向海、莫莫格，黑龙江省的三江、洪河等保护区均制订了保护区的“一区一法”，保护管理工作基本做到了有法可依、有章可循。福建省漳江口红树林国家级自然保护区等国际重要湿地还制订了《管理计划》，保护管理工作更加科学合理。吉林省向海自然保护区2002年成立公安分局以来，共查处非法狩猎、围垦湿地等案件328起，耙掉围垦湿地种植农作物面积达1 800公顷。

四是完善了保护管理体系。湖北省委、省政府提出了洪湖湿地保护的目标和任务，实现了湿地保护指导思想的根本转变，明确了综合利用、突出保护的湿地保护原则。在管理体制上，提出了由湿地自然保护区统一管理和执法，其他18个相关部门密切配合的工作思路，解决了长期困扰洪湖湿地保护工作的主要矛盾，实现了以资源开发利用为主到以湿地生态系统保护为主的重大转变。北京市根据湿地资源现状和首都特点，以保护为根本，以维护湿地系统生态平衡、保护湿地功能和生物多样性为基本出发点，划建湿地自然保护区，建设翠湖和野鸭湖湿地公园，初步建立健全了湿地保护管理体系。黑龙江省到2007年底，已建立湿地自然保护区52处，保护区总面积达358万公顷，全省75%的天然湿地纳入了自然保护区范围。不少省(自治区、直辖市)以自然保护区为主体，保护小区和湿地公园并存的保护管理体系基本形成。8个调研省(自治区、直辖市)中共有5个建立了专门的保护管理机构，其中吉林省早在2005年就建立了全国第一个湿地保护管理办公室。黑龙江省双鸭山市和佳木斯市等湿地重点分布市，在全国率先成立了湿地保护管理局。调研区内共有扎龙、向海、东洞庭湖等14块国际重要湿地，有关省区市及相关部门采取了多种措施，从政策法规、宣传教育、生态旅游、科学研究、国际交流、基本建设等多个方面，全面强化了国际重要湿地的保护管理工作，有效维护了重要湿地的生态特征，为履行国际《湿地公约》做出了贡献。

五是加强了湿地科学研究。北京市积极组织力量开展了“北京市湿地资源监测与评价研究”、“北京市湿地保护与恢复对策研究”、“北京市湿地生物多样性研究”等科研项目，这些科研成果为北京市湿地保护提供了科学决策依据。吉林省向海自然保护区在珍禽救护和繁育等科研工作上取得了突破性进展，省林业厅投资了1 040万元，建设了鹤类救护繁育中心，每年春秋两季都开展迁徙伤残病鸟类救护。繁育中心开展了丹顶鹤等珍禽人工孵化和半散养繁育实验，全部获得成功。现已人工机械孵化丹顶鹤30只，东方白鹳4只，为珍稀濒危水禽救护探索了路子。

六是多渠道筹措资金恢复重要湿地。2008年，湖北省成立了“湿地保护基金会”，已募集资金435万元，补充了政府投入资金保护湿地的不足。湖南省与中国绿化基金会共同建立了“洞庭湖生态保护专项基金”，为洞庭湖湿地保护筹措资金。黑龙江省政府正在研究制定全省重要湿地生态效益补偿基金制度，2008年先期投入2 000万元开展湿地生态效益补偿试点。在国家和各级政府的支持下，地方湿地恢复取得了一定成效。吉林省西部湿地严重缺水，他们启动实施了“引霍济向”、“引嫩入莫”、“引洮入向”等生态补水工程，缓解了向海国际重要湿地和莫莫格国家级自然保护区的缺水状况，并于2006年投资570万元实施了“采油区湿地植被恢复综合治理工程”，恢复植被面积33万平方米。黑龙江省富锦市依靠自身力量，恢复湿地面积达2 163公顷，三江自然保护区共投资110万元，对11 000亩耕地进行退耕还林，在湿地和农地之间筑起了一道绿色屏障，从根本上解决了拱地头、扩地边等破坏湿地的现象。吉林省向海自然保护区在霍林河流域内实施了水滞留工程，在区内拦截霍林河水6 000万立方米，恢复湿地10 000公顷，为鸟类提供了良好的栖息繁殖环境。福建省泉州市委、市政府将外来物种大米草治理和红树林恢复工程作为重要工作，实施了地方生态环境建设五年规划，泉州湾大米草治理和红树林恢复工程被列入实施项目。

七是宣传工作普遍加强。调研区所有省(自治区、直辖市)湿地保护管理部门通过不断开展宣传教育活动，公众湿地保护意识普遍提高。我们调研的地(市、县)，都较为重视湿地保护的宣传教育工作。在每年的“世界湿地日”、“野生动物保护月”、“爱鸟周”等期间，都组织电视、广播、报刊等新闻媒体开展多种形式的湿地保护宣传。洪湖市编写了《我爱母亲湖》乡土教材，正式列入全市中小学生教材。湖南省林业厅在长沙植物园建立了“湖南省森林和湿地生物多样性保护宣传教育中心”，每年约有20万游人和中小学生到此参观学习。湖南省东洞庭湖国家级自然保护区已经连续举办五届国际观鸟节，岳阳市被命名为“观鸟之都”。一些地方还利用湿地保护宣教基地，在培训湿地保护技术和管理干部的同时，向社会各界普及湿地知识、展示湿地功能和作用，让广大干部群众特别是青少年了解湿地、认识湿地、保护湿地。通过这些宣传教育活动，各级地方政府和社会公众保护湿地的意识和遵纪守法的自觉性有了较大提高。

我国的湿地保护工作虽然取得了很大成绩，但也存在着一些问题，主要是：由于内部和外部的多种原因，有些地方对湿地保护法规建设推进还十分缓慢；对没有列入国家重要湿地名录的湿地，保护管理力度不够，在耕地和林地保障措施十分严格的情况下，部分地方将“占补平衡”的对象放在湿地上，导致湿地开垦和改造的现象仍然存在；正在实施的湿地工程，地方配套部分投入不足，影响了工程进度，部分省(自治区、直辖市)除了国家安排的工程外，没有开展地方湿地恢复工作；西部地区重要湿地缺水现象严重，部分国际重要湿地由于人为因素的影响，生态特征处于不稳定的状态，可能对我国履行《湿地公约》产生不利影响；湿地科学研究还没有发挥多部门多学科的综合作用，研究工作不系统不深入，很多还停留在定性研究阶段，没有科学系统地揭示湿地在生态建设和社会发展中的具体作用。这些不足需要我们在以后的工作中，不断与地方和相关保护组织加强合作，从政策措施、资金投入、组织保障、人员能力等多个方面全面加以推进。

三、加强湿地保护管理工作的建议

(1)国家和地方尽快出台湿地保护法规，要进一步加大执法力度。立法是从源头解决湿地保护无法可依的根本措施，应当举行业之力加以推进。国家湿地立法虽然已经列入了国务院立法计划，但由于部门协调难度很大、在重大问题上分歧依然存在等原因，条例草案还没有递交国务院法制办公室。建议继续加大协调力度，做好条例出台的各项准备工作，尽快出台国家湿地保护条例。力争通过湿地立法，解决长期以来困扰湿地保护的体制机制性障碍，推动我国湿地保护管理工作走上法制化的轨道。已经出台条例的8个省(自治区、直辖市)，执法工作推进仍然十分困难，主要原因是没有对湿地边界进行明确界定，导致处罚难以实施，建议相关省(自治区、直辖市)做好湿地界定的前期准备工作，争取在“十一五”期间完成湿地定界工作，同时要加强执法人员培训，提高执法能力，促进法制体系建设健康发展。建议没有出台湿地立法的有关省(自治区、直辖市)，要继续积极做好相关部门和人大政府的协调和汇报工作，争取尽快出台省级湿地保护条例。

(2)将重要湿地列入主体功能区划范畴。湿地生态系统对维护水资源安全、生物资源安全和控制气候变化上的巨大作用正在被全社会逐步认识，在三大生态系统中湿地所具有的重要和独特功能是其他系统无法替代的。国家正在制订主体功能区划为湿地保护提供了极好机遇，必须在《国家主体功能区划》中明确重要湿地的保护地位，提高保护级别，这也是实现湿地不被侵占的长久之策。建议按照《国务院办公厅关于加强湿地保护管理的通知》、《湿地公约》的有关要求，将36块国际重要湿地、173块国家重要湿地、18处国家湿地公园，列入禁止开发区范围，一律禁止开垦占用或随意改变用途，防止其生态特征发生变化。建议继续争取财政等部门的支持，尽快查明国家重要湿地的边界四至和其他重要信息。建议继续与发改委等部门协调，做好国际重要湿地、国家重要湿地和国家湿地公园列入《国家主体功能区划》的前期准备工作。

(3)多渠道筹措湿地保护资金。调研了解到，资金不足是制约湿地保护和恢复工作发展的主要障碍，必须利用多种方式、采取多种手段，筹措资金用于湿地保护和恢复。一是建议建立湿地生态效益补偿制度。国家按照“十一五”规划的要求，正在制订生态效益补偿的相关制度，应当按照“谁受益 谁补偿”的原则，将湿地纳入补偿范围，使湿地生态系统保护有固定的资金渠道。二是湿地类型国家级自然保护区、国际重要湿地和国家湿地公园的基本建设，应当纳入国家基本建设范畴，强化湿地保护管理工作的硬件设施。三是湿地工程应到资金21亿元，实到资金仅为8亿元，缺口很大，建议继续加大协调力度，争取国家发改委、财政部等对湿地工程的支持，使国家湿地工程发挥应有的示范作用。四是在国家层面上应当借鉴湖南、湖北2个省的做法，建立湿地保护基金，一方面可以有效补充湿地保护经费的不足，另一方面还可以提高全社会的湿地保护意识。五是争取国际资金开展湿地保护和恢复工作，当前湿地保护已经成为国际自然生态保护领域的热点，调研了解到，重视国际合作的湿地自然保护区不仅为保护工作引进了资金，同时还带来了技术和先进理念，能很好地促进保护工作的发展。

（4）理顺管理体制，强化管理职能。目前，全国已有14个省（自治区、直辖市）成立了湿地保护机构，还有21个省（自治区、直辖市）没有成立，建议国家林业局继续加大工作指导力度，督促地方特别是湿地资源大省尽快建立湿地保护管理机构，确保有专门的机构和人员从事湿地工作。2005年，湖北省洪湖湿地清理了对湖区有管理权力的18个部门，改为由洪湖自然保护区管理局统一执法，对洪湖湿地生态恢复起到了关键作用，洪湖湿地自然状态已经呈现，应当在全国推广这一模式，赋予湿地自然保护区的资源统一执法权。调研了解到，全国553个湿地自然保护区还有部分没有建立管理机构，必须通过加强机构建设，坚决避免自然保护区“批而不建、建而不管、管而不力”的现象。对于类似于洞庭湖、太湖等跨流域的湿地保护工作，应当整合现有力量，建立级别更高的协调机构，实现自然资源和生态环境的统一保护。

（5）加强湿地调查监测和科学研究。湿地是一个开放的生态系统，无时无刻不在与周围环境发生着物质和能量交换，及时掌握湿地生态系统及其功能变化，是湿地保护和管理的重要基础工作。一要搞好全国湿地资源状况本底调查工作，应当在首次湿地调查的基础上，科学合理地设计调查指标和调查方法，建立湿地生态系统及其功能的调查、监测和评价制度，全面、准确、及时开展全国湿地资源本底调查，建立完善全国湿地资源及生态功能监测体系，及时掌握和向社会公布湿地及其生态功能动态变化情况，正确评价湿地生态系统状况及其生态功能现状。建议与财政部密切联系，争取在2009年湿地调查资金到位的情况下，继续确保后两年的调查经费到位，确保调查工作稳定顺利实施。二要加强科学研究。科学预测各类湿地及其生态功能的演变趋势、深刻分析影响湿地及其生态功能的主要原因，是科学决策的前提。建议组织中国科学院和有关大专院校，结合林业自身力量，近期重点搞好湿地与气候变化、水资源安全、生物安全等关系的重大课题研究，要取得定量研究成果，用科学道理揭示湿地的重大功能和作用。同时，建议大力加强对湿地生态恢复的适用技术研究，近期应当开展大米草、水葫芦等有害生物入侵及其控制技术的研究，保证外来生物不对本地生态系统造成严重破坏，开展人工湿地处理污水的机理研究并开展技术试验工作。

调 研 单 位：国家林业局湿地管理保护中心
国家林业局调查规划设计院
国家林业局经济发展研究中心
调研组成员：马广仁　鲍达明　赵仁友　李忠平
张阳武　夏郁芳

荒漠生态系统变迁对生态文明建设的启示

根据《联合国防治荒漠化公约》定义，荒漠化是发生在干旱、半干旱和亚湿润干旱地区退化的地类。与此相适应，荒漠生态系统则是荒漠区全部生物(生物群落)和物理环境相互作用的统一体。系统内能量的变动形成一定的营养结构、生物多样性和物质环境，由非生物物质、生产者有机体、消费者有机体和分解者有机体组成。当生产、消费和分解之间，即能量和物质的输入和输出之间接近平衡状态时，系统即发展到成熟(相对稳定)阶段。荒漠生态系统是整个生物圈中分布较广的一个系统，涉及全球陆地面积的1/3，全球约1/4的人口生活在该系统中，是陆地生态系统的一个重要子系统。

一、荒漠生态系统的特征、分布及功能

(一)荒漠生态系统的特征

荒漠生态系统有别于其他陆地生态系统，鉴于其独特的地理和气候特点，表现出以下特征：

(1)荒漠生态系统的脆弱性。荒漠生态系统具备了脆弱生态系统的一切性质，对自然与人为干扰，尤其是水土资源开发利用的干扰极为敏感，其响应过程表现在流域中上游人工绿洲形成与发展常以流域下游天然绿洲大面积荒漠化为代价，这在塔里木河流域、黑河流域、石羊河流域等荒漠地区的内陆河流域表现尤为明显。荒漠生态系统自然条件恶劣，在严酷的自然环境下所形成的荒漠植被类型结构简单，生态功能脆弱，在自然和人为因素的干扰下，生态环境的小幅波动即可引起整个生态系统的巨大变化。

(2)荒漠生态系统的不稳定性。生物多样性是生态系统稳定的基础，生态系统关键种的衰退或消失会严重损害生态系统的功能。荒漠生态系统主要分布在干旱地区，干旱少雨，蒸发量大，土壤瘠薄，再加上人为干扰，荒漠植被的优势种在不断衰退，比如塔里木河流域以胡杨为优势种的河岸林和以柽柳为优势种的灌丛植物群落均出现了逆向演替，植被退化趋势明显，生物多样性丧失，群落活力下降，生态生产能力衰退。生物多样性的丧失，导致荒漠生态系统极其不稳定，稍受外力，极易发生恶化。荒漠生态系统生物群落的不断衰退，形成了主要以小乔木、灌木、草本为主的植物群落，且一年生植物、短生命植物较多，有的植物生命周期只有几天时间，生物群落极不稳定，稍受人为因素破坏和自然干扰就会衰退甚至消亡。

从微生物群落多样性来看，土壤微生物的多样性与覆盖于土壤上的植被群落的生产力和多样性呈正相关关系，荒漠植物的退化、衰退，土壤的盐碱化、沙化使土壤动物和微生物失去了适宜的生存环境，生物多样性丧失，群落生命活动能力下降，对植物残落分解能力亦随之下降，土壤肥力下降，相应的土壤所承载的生产力也在下降。荒漠生态系统生物群落的不稳定性决定了系统稳定性差，抗干扰能力弱。

(3)荒漠生态系统生物量低、周转率高。由于干旱缺水、土壤瘠薄，荒漠生态系统的生物量很低，就植物量而言，温带荒漠(亚北方荒漠)的植物量是11.7吨/公顷，年生长量2.8吨/公顷，亚热带荒漠的植物量为13.9吨/公顷，年生长量为7.3吨/公顷，远比温带落叶阔叶林(生物量为366吨/公顷，年生长量为25.5吨/公顷)低，当然比亚热带、热带森林更低。但周转率(生产量与植物量的比率)很高，温带荒漠为23.8%，亚热带荒漠为52.5%。这种周转率比森林和冻原的都高些(温带落叶阔叶林为6.9%，冻原为9.4%，都在10%以下)。

(4)荒漠生态系统破坏容易恢复难。由于荒漠生态系统非常脆弱、极端不稳定，受到自然因素和人为干扰极易受到破坏，遇到极端干旱，就会发生大面积的植被枯死，过牧、过度开垦、乱砍滥伐和不合理利用水资源等人为活动极易造成荒漠植被的

破坏。同时，由于荒漠地区自然条件恶劣，植被建设和恢复的难度大、时间长，所以一旦造成破坏，靠自然力恢复的时间非常长，如果破坏力度超过生态系统所能承受的阈值，靠自然力就不能恢复了。干旱缺水导致植树造林、种草的成活率低、植物生长缓慢，因此人工建设和恢复的速度慢、难度大。

（二）我国荒漠生态系统分布

我国荒漠生态系统分布的干旱、半干旱和亚湿润干旱区面积为331.7万平方千米，占国土总面积的34.6%。其中荒漠化土地总面积为263万平方千米，占国土面积的27.9%，占荒漠化地区总面积的80.6%，远高于全球69.0%的平均水平。该区主要位于大兴安岭和太行山以西、燕山和祁连山以北，然后向南绕过柴达木盆地东部，向西抵达青藏高原西南部。主要分布于新疆、内蒙古、西藏、青海、甘肃、河北、宁夏、陕西、山西、山东、辽宁、四川、云南、吉林、海南、河南、天津、北京等18个省（自治区、直辖市）的大部分或一部分地区。

我国荒漠生态系统是欧亚大陆中心温带荒漠生态系统的典型代表，按气候带来说，我国荒漠位于温带和暖温带。我国荒漠的地理位置，较其他国家明显偏北，不在副热带高压下沉气流控制的纬度带（30°S～30°N）内，而是位于青藏高原北侧的中纬度欧亚大陆内部。由于我国荒漠远离海洋，加上周围的高原、大山阻挡了湿润的海风吹入，因此气候干燥，日照强烈，雨量稀少，气温较差大，风沙频繁，具有典型的温带大陆性气候特征。

（三）荒漠生态系统的功能

荒漠生态系统是在人类强烈干预下的开放的自然生态系统。人类作为地球生物圈不可缺少的重要组成部分，与植物、动物、微生物及其周围无机环境相互作用，共同形成了一个动态、复杂的生态系统。人类为了生存繁衍，不断地从自然生态系统中获取食物，生态系统的自然资源循环体系逐渐被打破，并伴随着人类认识自然、利用资源技术的提高，使生态系统的物质、能量的输入输出越来越多地受到系统外的投入影响，同时，其功能也随着科技进步和社会需求被不断拓展，荒漠生态系统中的经济再生产过程由此逐渐被强化，为人类提供服务的功能也逐渐地多样化起来。概括起来，荒漠生态系统具有为人们的生产、生活提供物质产品，为支持生命系统提供服务，提供精神生活服务等3个方面的功能。

二、荒漠生态系统变迁对社会经济发展的影响

我国荒漠生态系统变迁经历了一个漫长的历史过程。既有自然的原因，也有人为的因素。在自然原因中，主要是距今2亿年前三叠纪末期印支造山运动和距今三四千万年前的喜马拉雅山运动，造成西北气候的恶化。前者使原属古地中海一部分的中国西部地区隆起，昆仑山、横断山脉、秦岭横空出世，古地中海逐渐西退，西北变得干旱。后者造成的世界屋脊青藏高原和世界最高的山喜马拉雅山，挡住了印度洋上空的暖湿气流，西北变得更加干旱少雨。

由于战争、开垦、砍挖植被等人类活动对自然干扰程度的加大，加剧了荒漠扩张的速度，如汉、唐时期许多人类活动的据点，现在被埋在塔克拉玛干沙漠、巴丹吉林沙漠腹地；原来茂密的草原、肥沃的农田由于人类不当或过度的开发，已演变成为沙漠。人类早期的大西北，生态环境较好，可以说是水草丰美，并非现在这么干旱、恶劣。我国西北荒漠生态系统大体经过这样一个发展演化的过程：

（1）公元10世纪（唐代）以前。中国人口较少，人类的开发活动对自然生态的影响有限，荒漠生态系统发展相对较缓。除了自然形成的沙漠、戈壁外，主要发生在北方干旱地方以古城、古垦区为中心的地区。由于古城、古垦区多依河（特别是内陆河）而建，所以荒漠化在这些人类强烈干扰的地方呈斑点状分布。如尼雅河下游的精绝、孔雀河下游的楼兰；黑河下游的居延、石羊河下游的三角城等。人类的屯垦改变了原来的水资源环境，破坏了当地的自然植被，出现土地斑点状的沙化，这也是人类因素作用下荒漠化的开始。

（2）公元11～19世纪。这是中国历史上荒漠生态系统发展加快时期。这一阶段的特点在于，荒漠化主要发生在半干旱的草原地带，以历史上的农垦区为中心，呈片状分布。这一时期是中国农业发展

最快的时期，尤其是在北方草原地带，不但大量的汉族人口迁移到这些地方从事农业生产，而且在当地从事畜牧业的其他民族也先后完成了由游牧向定居农业的转化。在农牧转换、农林转换过程中，大片草原、森林地带退化成为荒漠。

(3)公元20世纪以来。由于人类活动的进一步加强，过度开垦、过度放牧、乱砍滥伐、乱采滥挖和滥用水资源的不合理人类活动愈演愈烈，导致荒漠化进一步扩张。根据中国科学院沙漠研究所的估算，20世纪80年代，仅沙化土地就年均扩张2 100平方千米，乌兰察布盟后山、阿拉善盟、塔里木河下游、河北省坝上地区等地荒漠化扩展速率达到年均4%以上。1994年我国开展的第一次沙化普查结果显示，沙化土地每年扩展2 460平方千米，荒漠化土地面积达到262.2万平方千米，占国土面积的27.3%，重度荒漠化占荒漠化面积的39.3%。1999年开展的第二次全国荒漠化沙化监测结果显示，荒漠化面积达到267.3万平方千米，年均扩展1万平方千米，沙化土地年扩展3 436平方千米。整个20世纪，荒漠化在扩张，程度在加重，荒漠生态系统在持续恶化。

进入21世纪，国家加大了生态建设投入，实施了西部大开发战略，启动了一批重点生态建设工程，对改善生态环境起到了积极作用。2004年第三次全国荒漠化沙化监测结果显示，全国荒漠化土地面积263.62万平方千米，年均净减少7 585平方千米，沙化土地年均净减少1 283平方千米，荒漠化、沙化持续扩展及生态恶化的趋势得到初步遏制。

(一)荒漠生态系统恶化危及经济社会发展

荒漠化发展的主要危害是破坏人类赖以生存的环境和资源，甚至造成土地资源的丧失，从而对经济、政治、社会、文化各个领域产生深远的影响。

(1)荒漠生态系统恶化严重制约经济发展。荒漠化的发展，生态系统的恶化，破坏了经济发展依靠的物质条件，从而造成系统内经济的衰落，是制约我国西北地区经济发展的重要因素之一。土地荒漠化导致土壤质量下降，自然灾害频发，农牧业产量低而不稳。荒漠化地区每年因风蚀损失土壤有机质5 590万吨，折合2.7亿吨化肥。建国以来，有1 000万公顷的耕地不同程度沙化，每年损失粮食300多万吨。“三北”地区70%的草场严重退化，每年减少的草产量相当于5 000多万只羊单位一年的饲料。同时，荒漠化还严重影响水利设施、航空交通的安全运行。据专家分析，我国每年因荒漠化造成的直接经济损失达1 200亿元，土地荒漠生态系统的恶化是这些地区经济落后、农民贫困的根源所在。2004年，全国2 610万贫困人口中有一半分布在沙化严重的西部地区。同时，由于荒漠生态系统生态承载能力的降低，经济发展的速度和空间受到了严重的制约。

历史上，我国西北地区气候温暖湿润、植被茂盛，特别是黄土高原属于森林草原地带，极适宜于人类生存。西周、秦、西汉、隋、唐均建都西北。以关中为中心的地区是当时中国的经济、政治、文化中心，而周边地方良好的生态环境起着根本支撑作用，当地充足的物资供应起着关键的作用。然而人为因素主导下的生态环境恶化随着农耕文化大规模兴起而出现，最终引起生态环境中各个系统的变化和生态景观的改变，导致西北地区向荒漠生态系统演变，植被消失，水土流失，自然灾害加剧，土地生产力下降，环境的承载能力不断弱化，西北地区经济经历了由繁荣到衰落的变迁。南北朝之后，西北地区的物质生产和供给条件弱化。北宋以后，中国经济中心向东南迁移，从此国家的经济中心与西北无缘，曾经拥有的地域优势彻底丧失。时至近代，西北成为中国最贫穷落后的地方。

(2)荒漠生态系统恶化破坏人们的生存和生活条件。全国有近2万多个村庄和许多城镇经常受到风沙危害，有近2 000多千米铁路、3万多千米公路、数以千计的水库和5万多千米的水渠经常受到荒漠化危害、泥沙淤积、淹没。沙压房舍，沙进人退的现象在荒漠化地区屡见不鲜，1949～1977年间，内蒙古自治区鄂托克前旗沙埋房屋2 200多间，棚圈3 300多间，有近700户村民被迫迁移他乡。地处塔克拉玛干沙漠南部的皮山县、民丰县因荒漠化危害，县城两次搬家，策勒县城3次搬家。

位于石羊河下游的民勤绿洲犹如一片绿色的柳树叶，镶嵌在腾格里沙漠和巴丹吉林沙漠交汇处。多年来石羊河断流造成民勤荒漠化不断加剧，严重影响当地人民的生存和生活。为了生存，群众大规模地挖井采掘地下水。20 世纪 80～90 年代，全县拥有机井 11 779 眼之多，其中深井就有 8 000 多眼。由于石羊河径流断绝，地下水得不到补充，打井超采无异于饮鸩止渴。地下水每年以 1 米的速度下降，矿化度以每年每升提高 0.2～0.3 克的惊人速度恶变。现在民勤地下水矿化度平均每升达6 克，最高达每升 14 克，远远超过人畜饮用水矿化度的临界值。导致全县 49 个村、3 万多人、8 万多头(只)牲畜饮水告急。群众长期饮用含氟量超标的苦水，身体健康受到极大损害。用咸水灌溉，又造成土壤积盐，发生土壤次生盐渍化。20 世纪 90 年代以来，民勤县超采地下水高达45 亿～50 亿立方米，民勤盆地方圆 986 平方千米的范围出现了降落漏斗，引发地质灾害。近十年来，全县已有 6 480 多户、26 400 多人，被迫迁徙他乡。

(3)荒漠生态系统恶化严重威胁全国生态安全。我国的荒漠生态系统覆盖了国土面积的 1/3，是保障我国生态安全的重要部分。近百年来，由于不合理的人类活动，对荒漠地区的土地、水和植物资源的掠夺性利用，导致荒漠生态系统日趋恶化，集中表现在：一是干旱频发，河流断流，湖泊干涸，植被减少衰退。二是沙尘暴灾害加重。据专家研究，造成重大经济损失的特大沙尘暴 20 世纪 60 年代发生了 8 次，70 年代 13 次，80 年代 14 次，90 年代 23 次。1993 年的“5・5”特大沙尘暴，席卷我国西北大部，沙尘暴过境面积约 110 万平方千米，造成死亡(失踪)116 人，使兰新铁路中断 31 小时，造成直接经济损失近 6 亿元，一些特大沙尘暴严重影响华北、华东地区的航空交通和北京、天津等大城市的空气质量。三是造成生物多样性骤减。一方面破坏了生物栖息地，另一方面造成种群、群落结构破坏，生产力下降，同时造成物种生存能力降低，使许多物种日趋濒危或消亡，如毛乌素沙地许多动植物物种分布面积和种群数量锐减，有的甚至消失，一些啮齿动物的天敌数量迅速减少。四是严重威胁大江大河的安全。长江、黄河都发源于荒漠化严重的青藏高原，荒漠生态系统的恶化导致源头来水量减少，甚至引起黄河断流。每年进入黄河的泥沙达16 亿吨，造成中下游河床抬高，成为悬河，严重威胁广大人民群众的生命财产安全。

(4)荒漠生态系统恶化严重威胁国家安全。我国荒漠化地区主要分布在边疆地区、少数民族地区、经济贫困地区，荒漠化地区有 30 多个少数民族，2 000 多万少数民族人口。一是土地荒漠化导致西部地区经济发展远远落后于东部地区，东西部的差距仍在扩大，陕西、甘肃、宁夏、青海、新疆 5 省(自治区)的土地面积占全国的近 1/3，国民生产总值却只有全国的5%左右，地区矛盾日益突出。二是荒漠化地区人均收入远低于全国平均水平，一些地区群众为了维持生产、生活的基本需要，争夺生存空间及生产生活资料，被迫与本民族或其他民族发生冲突，民族内部、民族之间的利益之争、冲突日益增多。宁夏回族自治区每年有 10 万人进入内蒙古自治区阿拉善盟搂发菜、挖药材，并因此发生械斗。这不仅给各民族群众造成极大的痛苦和损失，而且也影响民族团结和稳定。三是由于生态的恶化，一些疾病发病率较高。如新疆维吾尔自治区和田地区，由于沙尘暴高发，致使矽肺病发病率非常高，导致少数民族对党和政府产生了怨言和不信任，影响了民族团结和政治稳定。四是我国荒漠地区有 8 000 多千米的国境线，与 10 多个国家接壤，是反分裂、反渗透的前沿阵地。如果任凭生态环境继续恶化，使东西部发展差距进一步拉大，不仅会引发民族干部、群众的心理不平衡感和对政府及发达地区的不满情绪，甚至动摇他们对各民族共同繁荣、共同富裕的信念，使民族分裂分子有机可乘，最终影响我国社会稳定大局。荒漠生态系统的恶化严重制约经济发展，使东西部、边疆与内地、民族与民族生存条件和贫富差距进一步加大，激化矛盾，从而影响国家的社会政治稳定、民族团结和国家的长治久安。

(5)荒漠生态系统恶化制约社会文明发展进程。社会文明的兴起、发展离不开生态环境的支持。良好的生态环境，是产生人类文明不可或缺的物质条件。人类历史上四大文明古国的出现是因当地的生态环境适宜于人类文明的发展，而文明的消失又是因为生态环境的退化和崩溃。历史上，因荒漠生态系统恶化，导致文明消亡的例子比比皆是。

在现今的伊拉克，曾经诞生过一个古代文明——美索不达米亚文明，平原位于幼发拉底河和底格里斯河之间，是著名的巴比伦文明发源地。公元前，这里曾经林木葱郁、沃野千里，富饶的自然环境孕育了辉煌的巴比伦文化，如60进制计时法、《汉穆拉比法典》等，巴比伦成为当时世界上最大的城市、西亚著名的商业城市。然而，巴比伦人在创造灿烂的文化、发展农业的同时，却无休止地垦耕、过度放牧、肆意砍伐森林，破坏了生态环境的良性循环，这片沃土最终沦为风沙四起的贫瘠之地，2000多年前漫漫黄沙使巴比伦王国在地球上销声匿迹，如今的这块土地所供养的人口还不及汉穆拉比时代的1/4。5000多年前诞生于尼罗河流域的古埃及文明，也是由于尼罗河上游的森林不断遭到砍伐，以及过度放牧、垦荒等，使土地退化日益加剧，尼罗河中的泥沙量逐年增加，埃及再也得不到那宝贵的沃土，昔日的“地中海粮仓”从此失去了昔日的辉煌，现在已经成为世界上贫困地区之一。

在久远的历史时期，荒漠生态系统的恶化，导致了我国一大批古文明的消失。据《汉书·西域传》等史料记载，当时的鄯善(楼兰)有居民14 100人，土肥美，遂设屯田；且末6 010人，皆种五谷，盛产葡萄诸果，精绝3 000人；轮台车师、莎车、疏勒亦皆开屯田。《大唐西域记》记载，当年玄奘西行时，精绝周围还是难以通行的植物茂盛的沼泽地带。然而昔日的楼兰遗址早已被流沙吞噬。据考证，楼兰古城及其周围绿洲大约于公元4世纪后期废弃。尼雅河下游的精绝古绿洲约在唐代以后废弃，这些古城的消失，导致了一批古文明的消亡，其原因在于，内陆河流域中游一带绿洲开发规模的扩大，导致注入下游的水量减少，以及破坏固沙植被促使沙丘活化。

(二)荒漠生态系统优化促进经济社会发展

通过科学手段和措施，不断改善荒漠生态系统功能，就能促进荒漠化地区经济社会可持续发展。

(1)扩展人们生存空间，改善生存环境。正确处理人与荒漠生态系统的关系，不断改善系统功能，就能有效地扩大人类生存的空间。减轻人类社会发展中造成的对生态环境的压力，从而实现人与自然的和谐。一方面通过科学合理的防治措施，恢复和建设荒漠植被，使荒漠化土地不断减少，扩大可使用的土地面积。据监测，1999～2004年荒漠化土地共减少了37 924平方千米，相当于10多个中等县的土地面积。另一方面，通过改善生态系统功能，减轻荒漠化程度，增加林草植被，减轻风沙危害，改善生态环境，扩展生存空间。1999～2004年，通过重点生态工程建设和保护，荒漠化程度明显减轻，轻度荒漠化土地增加了9.07万平方千米，中度荒漠化土地增加了11.73万平方千米，重度荒漠化土地减少了13.17万平方千米，极重度荒漠化土地减少了11.42万平方千米，轻中度荒漠化土地面积的增加，重度、极重度荒漠化土地面积的减少，增加了荒漠化地区可利用土地面积，改善了生态系统结构，改善了荒漠化地区人们的生存环境。2000年启动的京津风沙源治理工程，通过7年来的建设，京津工程区植被盖度提高了10.5%～20.4%；土壤风蚀、水蚀5年净减少1.96亿吨，减幅达16.4%、50.7%；地表向大气释尘净减少495万吨，减幅达15.8%；植被固碳效果逐年增加，增加了1 068.3万吨，提高了10.1%，相当于多吸收二氧化碳3 917万吨。

新中国成立初期，内蒙古自治区赤峰市仅有森林682万亩，森林覆盖率5%，全市生态环境恶劣，呈现出赤地千里的荒凉景象。风沙干旱、水土流失等自然灾害频繁发生，严重威胁人民群群众的生存、生活。经过50多年不懈治理，森林面积达到4 138万亩，森林覆盖率达到32.56%，比新中国成立初期增加了近28个百分点。1994～2004年10年间，赤峰市沙化土地面积减少123万亩，减少了28%，平均每年减少112万亩。随着绿色植被的增加，生态环境明显改善，赤峰市由一个风沙满天飞的城市一跃成为全国卫生城，生存空间明显扩大，生存环境明显改善。

(2)促进经济发展，增加农民收入。改善荒漠生态系统，一方面可以提高土地生产力，为经济发展提供必要的物质资源，为当地农民提供更多的收益；另一方面可为农牧业生产提供稳定的生态保障，改善农牧业生产条件，提高粮食产量和增加牲畜头数，2007年底，内蒙古自治区鄂尔多斯市林沙产业总产值达到了23亿元，增加值达到了16亿元，带动农牧户20万户，农牧民来自林沙产业的人均纯收入达到1 780元。同时，还可保障荒漠化地区水利交通和工矿企业的安全，防止造成经济损失。2000年内蒙古自治区锡林郭勒盟因沙尘暴导致207国道100千米的穿沙段沙埋公路16处，3万只牲畜走失，而2006年沙尘暴强度和次数与工程启动前差不多，但没有发生沙阻公路现象，牲畜安然无恙。荒漠化系统功能的改善，不但具有生态效益，同时还有经济效益，即促进经济发展，增加农民收入。

2000年实施的京津风沙源治理工程，有效地改善了这一地区的生态，促进了经济发展，为1 622万农牧民带来了实实在在的利益，2005年与2000年相比，工程区农民人均收入增幅近50%，有137万人实现了脱贫。据北京师范大学评估，工程区经济社会可持续发展能力2005年比2001年提高了22%，其中40%来自于这一地区的生态环境改善。

(3)优化生态环境，保障国家生态安全。生态环境安全是国家安全的重要组成部分。荒漠生态系统的改善，可以促进和保障建设安全稳定的生态体系。1978年，国家决定在西北、华北、东北风沙危害和水土流失严重的荒漠化地区，造林5 333万公顷，构筑荒漠地区的生态防护林体系，改善生态环境，保证西北及全国的生态安全。通过三北防护林工程，三北地区森林覆盖率由5.4%提高到目前的12%，20%的沙化土地得到有效控制和改善，黄土高原上40%的水土流失地得到不同程度的控制，使1 000多万公顷草地，1 600多万公顷农田得到有效保护，粮食和草产量增加了20%。目前已初步形成了从新疆维吾尔自治区的乌孜别里山口到黑龙江省宾县，沿着万里风沙线，长达14 200多千米，宽400～1 700千米的大型防风固沙林体系，有效地改善了这一地区的生态环境，促进和保护了国家生态安全。

(4)增进民族地区各民族的团结，促进社会和谐发展。中国北方的民族地区是荒漠化发展最活跃的地方，也是遭受荒漠化危害最严重的地方。能否实现民族地区荒漠化的治理，对于增进民族地区的民族团结，促进社会和谐发展具有重要意义。新疆维吾尔自治区是我国荒漠化危害严重的少数民族地区，经过长期的努力，使全自治区绝大多数地、州、市、县实现了农田林网化，50%以上的县(市)造林绿化达到了国家绿化标准，有力地保证了区内群众生产生活环境，为增进民族团结，维护社会稳定，促进社会和谐发展作出了积极贡献。

新中国成立之初，为了实现民族地区的发展，在"二五"期间，国家重点建设了包兰铁路，这是中国北方民族地区的一条交通大动脉。但是铁路经过的宁夏回族自治区中卫市沙坡头区，地处腾格里沙漠东南缘，全部是密集的流动沙丘。沙漠的移动对铁路构成严重的威胁，所以对铁路两侧流沙的固定，决定着建设的成败。通过"五带一体"治理模式，治沙取得了巨大的成功。经过多年的努力，沙坡头的植被已完成了"人工植被——半人工半自然植被——自然植被"的转化，实现了沙漠中植被自我更替，有效保证了铁路的安全运营，促进了民族地区的发展，加强了民族之间的沟通交流，增进了民族友谊。

(5)提高生态意识，促进生态文化建设。在长期改善荒漠生态系统实践中，首先，使人们明白了人与自然的关系并不是一种对立的、征服与被征服的关系，而是存在着利益趋向的根本一致性。生态利益最终体现着人类的利益，牺牲生态利益换取眼前经济利益的任何行为，都是违背可持续发展的，从而有利于在全社会树立生态意识文明，实现人与自然的和谐发展。其次，荒漠生态系统的良性发展，引导着人类的生产、生活方式向着生态文明的方向发展。在荒漠生态区开展的特色农业、节水农业、沙产业的实践，向全社会倡导绿色生产、绿色消费的理念，从而有利于树立生态行为文明。人们有了生态意识和生态文明行为，有助于以增绿、爱绿、护绿为核心的生态道德建设。

三、荒漠生态系统变迁对生态文明建设的启示

人类社会发展到当代，已经历了原始文明(以狩猎和采集为生产方式的文明)、农业文明、工业文明等几种不同的形态。人类在共享工业文明成就的同时，必须正视一个问题，那就是工业文明带来的生态危机。这不仅是发达国家需要解决的问题，也是发展中国家必须解决的问题。因为这种危机在20世纪后半期，已成为整个人类无法回避的最重要

的现实问题。

党的十七大从经济社会可持续发展的战略高度，作出了建设生态文明社会的重大决策。生态文明是协调人与自然关系的文明，是对人类文明的整合、重塑与升华。生态文明是物质文明、精神文明之上的文明，是指导和规范人们生产生活行为的文明。它反映的是人类处理自身活动与自然界关系的进步程度，是人与社会进步的重要标志。建设生态文明，是全面建设小康社会的新目标，是贯彻落实科学发展观的新要求，是党执政兴国理念的新发展和客观要求。

中华民族有着生态文明的优良传统，中国古代以“天人合一”为核心的生态文明思想，是当代生态文明的活水源头。北方荒漠地区是中华文明的起源与兴盛地之一，也是生态环境变化最突出的地方之一。通过荒漠生态系统变迁及其对社会经济发展的影响，解读历史现象及其与现实的渊源和联系，更有助于我们理解生态文明的内在要求，客观认识生态变迁的现象，掌握生态变迁的规律，为我们今天进行生态文明建设，提供宝贵而有益的启示。

（一）荒漠生态系统是陆地重要的环境资源，对维系干旱地区的人类生存、经济发展、社会进步具有重要作用

荒漠生态系统占我国面积的34.5%，作为陆地重要的环境资源，维系着4亿多人口的生存生活，对干旱地区的人类生存、经济发展、社会进步具有重要作用，是社会经济发展的物质来源和环境基础。它的续存状况直接关系到干旱区的人类生存、经济发展与社会进步。

我国荒漠生态系统分布有人类赖以生存和发展的动植物、微生物、矿产、光能、风能等重要环境资源。荒漠化地区植物约150个科6 000余种，而且是耐旱、耐盐碱、耐沙埋灌木资源主要分布区，是一个活的基因库。拥有丰富的药用植物和其他经济植物，如肉苁蓉、甘草、麻黄、黄芪、当归、板蓝根、罗布麻、苦豆子、枸杞等，具有很高的药用价值和经济价值。此外，还有众多的果品、野生饮料植物品种等食用植物资源，如巴旦杏、沙棘、桃、杏、枣、葡萄、黑加仑、白茨等都具有较高的食用价值和经济价值。荒漠地区生长有许多特有的动物资源，也是我国发展畜牧业的主要地区，为人们提供牛肉、羊肉等畜产品。我国荒漠地区拥有丰富的矿产资源，已探明的储量约110多种，主要有煤、石油、天然气、铁、金、盐、碱，其中煤占全国储量的50%，石油占全国的40%，天然气占50%，有色金属占50%，是国家经济发展重要的能源和原料基地。荒漠化严重的新疆、青海、甘肃、内蒙古、宁夏等省（自治区）具有丰富的太阳能和风能资源，大部分地区属于光能高值区，如新疆维吾尔自治区塔里木盆地、青海省柴达木盆地、甘肃省西部、内蒙古自治区西部、西藏自治区南部，平均日照时数3 200小时以上，日照百分率高达70%～80%。甘肃、青海和新疆等省（自治区）是风力资源丰富的地区，适合于发展太阳能风能，为经济发展和人民生活提供能源保证。

荒漠生态系统，由戈壁、沙漠、河流、湖泊、山地、绿洲等不同要素构成，它们的存续是系统内不同要素相互作用的结果。因此，我们在看待荒漠地区的自然景观时，必须要有生态的观念。有了生态观念，我们才可能有整体的眼光和系统的思想。我们绝不能够只把绿洲看成是干旱区唯一的生命系统，更不能把沙漠和戈壁看成是一个非生命的、非生态的、同绿洲对立的因素。荒漠是最大的自然景观，是其他自然景观的基础，是干旱区域的基础生态形式，绿洲、河流、湖泊、沙漠、戈壁、山系等是这个区域的具体景观。

（二）荒漠生态系统可以通过人为干预优化和改良，朝着人与自然相协调方向发展

荒漠化的发生、发展过程可以理解为一种具有混沌特征的系统，不同发展阶段都处于混沌的边缘。荒漠生态系统作为生态系统有机构成部分，一方面可以通过封禁保护，发挥其自我修复功能。同时，可以通过人工造林种草、封沙育林育草、飞播造林种草等科学的人为干预，即外部输入能量，使荒漠生态系统保持负熵，从而达到控制荒漠化发展，稳定生态系统，优化生态功能的目的。荒漠生态系统的发展可以被认为是系统处于他组织的状态，只要通过人为科学合理的干预，就能发生逆转而不断改良和优化，形成稳定的和优化的组织结构，实现生态经济和环境的可持续发展，实现人与

自然和谐。

通过人为干预改良和优化荒漠生态系统，首先要保护好现有的荒漠植被。在干旱区调整和提升产业结构，加速城镇化的发展。通过提升产业，减少人口过多地依赖自然的水、土、动植物资源获取财富。通过城镇化的发展，实现产业、人口的聚集，留出大量的空间给自然界，杜绝不合理耕作、过度砍伐、垦殖、放牧、樵采、不合理利用水资源等破坏荒漠植被、导致生态系统恶化的行为。更重要的是要采取科学有效的措施加以人为干预，建设增加荒漠植被，改善生态环境，提高土地生产力，使荒漠生态系统不断改良和优化，使其朝理想的方向发展。

（三）我国荒漠生态系统的特殊性，决定了其在生态文明建设，实现全国生态明显改善目标中，是一项紧迫、艰巨和长期的战略任务

生态文明建设的一个主要内容是生态环境的明显改善，如果占全国面积1/3的荒漠生态系统的生态环境得不到改善，那么全国生态环境的改善也就无从谈起。荒漠生态系统的改善，对于改善生态环境，建设生态文明具有重大的现实意义，是一项紧迫、艰巨和长期的战略任务。

（1）荒漠化防治的任务依然十分艰巨。我国仍有54万平方千米可治理的荒漠化土地没有得到治理，按照现在的速度，治理完需要56年的时间。要实现中央提出的到2020年生态环境明显改善的目标时间更加紧迫、任务更加艰巨。

（2）荒漠化地区的生态仍很脆弱。我国仍有32万平方千米的潜在沙化土地，稍有不慎，就会形成新的土地沙化。已经治理区域形成的植被还处于恢复阶段，一年生草本植物比例较大，植被质量不高、稳定性差。沙区气候干旱，多风少雨，植被破坏容易恢复难，以及全球气候变化都加剧了荒漠生态系统的脆弱性。同时，西藏、青海、新疆、甘肃、内蒙古等省（自治区）的荒漠化仍呈扩展之势，严重影响了人们的生产生活，制约着区域经济的发展。

（3）荒漠生态系统自然条件恶劣。降水极少，气候干旱，水土流失严重，土地十分贫瘠，社会经济发展程度相对较低，以上因素决定了其治理的难度非常大。

（四）改善荒漠生态系统必须树立科学发展观，优化发展战略，走人与自然协调发展之路

坚持用科学发展观来统领荒漠化防治的全局。一是树立以人为本的观念。必须把广大人民群众的根本利益作为出发点和落脚点，切实为人民群众创造良好的生产、生活环境。二是树立保护生态的观念。除加大防治力度外，必须把保护放在优先位置，全面保护好现有林草植被。三是树立人与自然和谐发展的观念。良好的生态是实现人与自然和谐的重要基础，生态和谐、山川秀美是生态文明的必备条件，必须走人与自然协调发展之路。

按照科学发展观的要求，进一步优化荒漠化防治的思路，按照“保护优先，积极治理，合理利用”的原则，力争使荒漠化防治工作有一个大的转变。一是由更多地注重“治”，向“治”与“保”并重转变。在继续推进荒漠化治理的同时，切实解决好人口、牲口、灶口问题，保护沙区的林草植被，实现整个沙区生态系统的良性循环。二是由人工措施为主转向人工措施和自然修复相结合。在发挥人工治理作用的同时，加强封禁保护，充分发挥生态系统的自然修复功能。三是由追求生态目标向治沙与治穷结合转变，实现沙区生态、经济良性互动。四是由注重治理速度转向速度与质量并重。既要加快治理速度，又要确保治理质量，确保治理一片，见效一片。五是由主要依靠投资拉动，向既要靠投资拉动又要靠政策机制促动、社会宣传发动相结合转变，实现国家、社会和个人一起上的局面，最终实现荒漠化地区经济、社会、资源、环境的协调发展。

（五）荒漠地区的社会经济现状要求，要建设良好的荒漠生态系统，国家必须在投入政策等方面给予大力扶持

荒漠化地区经济落后的现状，要求荒漠生态系统的建设与保护必须以国家投资为主，形成一套资金政策扶持机制。

（1）建立生态效益补偿机制，保护荒漠植被。将荒漠地区的林木植被列入全国重点公益林，由中央财政给予适当生态补偿，用于荒漠植被的保护抚育。

（2）实施重点生态建设工程，增加荒漠植被。

在荒漠化严重和扩展地区设立重点荒漠化防治工程，国家加大工程建设的投资力度，加快荒漠化治理的步伐。

(3)实行优惠的税收和信贷政策，调动社会各界参与的积极性。对荒漠化治理开发项目投资阶段免征各种税收，取得一定收益后，可以免征或减征有关税收。对荒漠化地区开发项目提供长期、低息贷款。

(4)产权要明晰，促进荒漠化土地使用权属的有效流转。当前最重要的是促进集体林权制度改革，使治理者拥有实实在在的权属，使之有“恒产”，才能有治理开发的“恒心”。

调 研 单 位：国家林业局防治荒漠化管理中心
调研组成员：刘 拓 王俊中 屈建军 吴晓军
韩庆杰

抓住机遇　应对挑战　强化生物多样性保护管理

生物多样性是地球上生命经过几十亿年发展进化的结果，是人类赖以生存的物质基础。生物多样性保护是当今世界最为关注的环境问题之一。我国是世界上生物多样性最为丰富的国家之一，生物多样性在保障国家生态安全、繁荣生态文化、促进经济社会又好又快发展等方面发挥着十分重要的作用。为了全面了解我国生物多样性保护取得的主要进展以及面临的主要机遇和挑战，为国家宏观管理决策提供科学依据，按照国家林业局的年度工作部署，野生动植物保护司派出3个调研组，分赴福建、浙江、上海和云南4省(直辖市)进行了专题调研，之后，又召开了专家研讨会和调研报告论证会。经过认真总结和完善，形成以下调研报告。

一、生物多样性的含义及价值

生物多样性是一个内涵十分丰富的重要概念。联合国《生物多样性公约》指出：“生物多样性是指所有来源的活的生物体中的变异性，这些来源除其他外，包括陆地、海洋和其他水生生态系统及其所构成的生态综合体；这包括物种内、物种之间和生态系统的多样性。”我国学者指出：“生物多样性是指生物及其与环境形成的生态复合体以及与此相关的各种生态过程的总和。它包括数以百万计的动物、植物、微生物和它们所拥有的基因，以及它们与生存环境形成的复杂的生态系统。”虽然二者的表述有着差异，但本质是一样的。

通常认为，生物多样性包括3个水平：生态系统多样性、物种多样性、遗传多样性(又叫基因多样性)。有的学者认为还有第四个水平，即景观多样性。还有学者把文化多样性列为生物多样性的第五个水平。可谓仁者见仁，智者见智。生态系统多样性是指生物圈内生境、生物群落和生态系统的多样性以及生态系统内生境差异、生态过程变化的多样性。物种多样性是指有生命的有机体，即动物、植物、微生物物种的多样化。遗传多样性有广义和狭义两种理解，广义的遗传多样性是指地球上所有生物所携带的遗传信息的总和，通常谈及生态系统多样性或物种多样性时也就包含了各自的遗传多样性；狭义的遗传多样性主要指种内不同群体之间或一个群体内不同个体的遗传变异总和。物种多样性是生物多样性最直观的体现，是生物多样性概念的中心。遗传多样性是生物多样性的内在形式，一个物种就是一个独特的基因库，可以说每一个物种就是基因多样性的载体。生态系统多样性是生物多样性的外在形式，保护生物多样性，最有效的形式是保护生态系统的多样性。

生物多样性对人类的价值包括直接使用价值、间接使用价值和潜在使用价值3个方面。直接使用价值体现在为人类提供食物、药物、毛皮、纤维、木材、橡胶、油脂等各种物质产品和工业原料。生物多样性的美学价值可以陶冶人们的情操，美化人们的生活，繁荣人类文化艺术。间接使用价值指生物多样性具有重要的生态功能，包括调节气候、净化空气、涵养水源、保持水土、防风固沙、维护生态平衡、维持自然进化过程等。它通常并不表现在国家核算体制上，但实际上远远超过直接使用价值。潜在使用价值是指人类目前尚未认知的生物多样性对人类巨大的潜在价值。在纷繁复杂的野生生物中，人类已经做过比较充分研究的只是极少数，大量野生生物的使用价值目前还不清楚，但是可以肯定，这些野生生物具有巨大的潜在使用价值。一种野生生物一旦从地球上消失就无法再生，它的各种潜在使用价值也就不复存在了。因此，对于目前尚不清楚其潜在使用价值的野生生物，同样应当珍惜和保护。

生态系统服务近年来得到了国际社会广泛的关注。它是指人类直接或间接从生态系统得到的利益，主要包括向经济社会系统输入有用物质和能量、接受和转化来自经济社会系统的废弃物，以及直接向人类社会成员提供服务(如人们普遍享用洁净空气、水等舒适性资源)。与传统经济学意义上的服务(它实际上是一种购买和消费同时进行的商品)不同，生态系统服务只有一小部分能够进入市场被买卖，大多数生态系统服务是公共品或准公共品，无法进入市场。生态系统服务以长期服务流的形式出现，能够带来这些服务流的生态系统是自然资本。按照联合国“千年生态系统评估(MA)”工作组的分类，生态系统服务功能包括提供产品、调节、文化和支持4个大的功能组。生态系统服务功能是生物多样性价值的根本体现，是人类文明和可持续发展的基础，保护生物多样性就是保护和发展生态系统服务功能，就是维护和提高生物多样性对经济社会可持续发展的支持能力。

二、我国生物多样性的现状及评价

(一)我国生物多样性的现状

我国地域辽阔，海域宽广，南北气候差异显著，自然条件复杂多样，加之有较古老的地质历史，因此，孕育了极其丰富的动物、植物和微生物物种以及纷繁复杂的生态组合，在全球12个生物多样性最为丰富的国家中，我国位列第八。在北半球国家中，我国是生物多样性最为丰富的国家。

1. 生态系统多样性

我国的生态系统类型十分丰富，北半球出现的生态系统类型在我国均有出现。按照孙鸿烈(2005)的分类系统，我国的生态系统分为陆地生态系统和水域生态系统2个型；陆地生态系统分为森林生态系统、草地生态系统和农田生态系统3个纲，水域生态系统分为淡水生态系统和海洋生态系统2个纲。森林生态系统分为寒温带北方针叶林生态系统，中温带针阔混交林生态系统，暖温带落叶阔叶林生态系统，亚热带常绿、落叶阔叶混交林生态系统，亚热带常绿阔叶林生态系统，亚热带西部山地硬叶常绿阔叶林生态系统，亚热带山地针阔混交林生态系统，亚热带亚高山针叶林生态系统，热带季节性雨林生态系统和热带季雨林生态系统共10个目；草地生态系统分为温性草原生态系统、高寒草地生态系统、暖性草地生态系统、热性草地生态系统、草甸生态系统、沼泽草地生态系统和荒漠草地生态系统共7个目，目之下又分为很多属、丛。水域生态系统和农田生态系统的类型更加多样，如海洋生态系统可分为河口生态系统、海湾生态系统、浅海生态系统、深海生态系统、红树林生态系统、珊瑚礁生态系统等9个类别。徐卫华等(2006)分析显示，我国陆地自然生态系统共有683个类型，其中森林生态系统240类，灌丛与灌草丛生态系统112类，草原与草甸生态系统122类，荒漠生态系统49类，湿地生态系统145类，高山冻原与高山垫状生态系统15类。

2. 物种多样性

我国复杂多样的生态系统类型孕育了十分丰富的生物物种资源，物种数量约占世界物种总数的10%左右。从已记录的物种数目上看，我国哺乳类物种数目居世界第三位，鸟类物种数目居世界第十位，两栖类物种数目居世界第六位，种子植物物种数目居世界第三位(表1)。即使如此，新分类群和新记录仍在不断被发表和增加。各类群研究工作的深度和广度差异很大，如占生物界56.4%的昆虫，估计在我国有15万种以上，而已定名的昆虫只有5 100种左右，约占总种数的1/4。相对来说，哺乳类、鸟类、爬行类、两栖类、鱼类、苔藓、蕨类、裸子植物和被子植物中已知种数较为清楚。

我国是地球上种子植物区系起源中心之一，承袭了北方第三纪、古地中海古南大陆的区系成分；

动物则汇合了古北界和东洋界的大部分种类。我国的种子植物种数仅次于巴西和哥伦比亚，居世界第三位，其中裸子植物有10科34属250种，分别占世界现存裸子植物科、属、种总数的66.6%、41.5%和29.4%，是世界上裸子植物最丰富的国家。在亚洲，根据维管束植物、哺乳类、鸟类、爬行类、两栖类、鱼类以及凤尾蝶类物种统计，我国的物种最为丰富。

表1 各生物类群中，中国已知物种数及占世界已知物种数比例

类 群	中国已知物种数	占世界已知物种数的百分比
哺乳类	607	14.1
鸟 类	1 332	14.6
爬行类	376	5.9
两栖类	279	7.4
鱼 类	3 862	13.1
昆 虫	51 000	5.5
高等植物	30 000	10.0
真 菌	7 500	11.0
细 菌	500	16.7
病 毒	600	12.0
淡水藻类	9 000	36.0

注：引自蒋志刚等(2008)。

我国不仅物种种类丰富，同时特有类型也十分丰富，这是我国生物区系的一大特点。在脊椎动物中，已知有667个特有种，占我国脊椎动物总种数的10%以上。在种子植物中，有240多个特有属，17 000多个特有种。我国拥有众多有“活化石”之称的珍稀动植物种类，如大熊猫、白鳍豚、扬子鳄、文昌鱼、鹦鹉螺、水杉、银杏、桫椤、银杉和攀枝花苏铁等。

3. 遗传多样性

我国丰富的动植物和微生物物种蕴含了极为丰富的遗传信息，这不仅是我国，也是世界宝贵的种质资源。我国是世界上的主要作物起源中心和多样性分布中心之一，作物的遗传资源十分丰富。现已收集到各类作物遗传资源30多万份，其中禾谷类20万份，豆类5.5万余份，棉、麻、油、糖、烟等经济作物3.1万余份，蔬菜1.8万余份，果树1.1万余份，牧草、绿肥及其他1.5万余份。我国的蔬菜资源仅食用蔬菜就有56科、229种，其中高等植物29科、209种(包括变种)。世界上起源于我国的食用蔬菜有135种，其中50余种为常用蔬菜。在我国的种子植物中，可被家畜饲用、具有不同程度饲用价值的牧草有127科、879属、4 215种，广泛分布于我国温带草原、荒漠、高寒草原以及亚热带和热带次生草地。世界著名栽培牧草在我国几乎都有其野生种或野生近缘种。目前，我国共有牧草127科、899属、4 419种，是世界上牧草种类最丰富的国家。我国已发现的经济树种在1 000种以上，已形成规模栽培生产的有百余种，还有大量资源有待开发利用。全国中药材种类有12 807种，其中植物药有11 146种(占80%以上)、动物药有1 581种、矿物药有80种，常用大宗植物药320种。药用植物资源多样性的基本特点是：野生药用植物种类繁多、栽培种中品种多样性高度丰富、野生近缘种资源丰富。我国是世界上家养动物品种和类群最为丰富的国家之一，包括特有种、特种经济动物、有特种经济价值和性能的野生动物及家养昆虫在内，现有的品种和类群有2 222个。我国家养动物的生态类型和繁殖性状有丰富的变异，是全球极为重要的家养动物基因库。我国是世界栽培植物的三大起源中心之一，有用果树总数居世界第一位。苹果属、梨属和李属等种类之多，都居世界之首。我国海洋水域有记录的海洋生物种类多达20 278种，内陆水域共有鱼类795种(及亚种)(不包括河口区的淡咸水鱼类)，分隶于15目、43科、228属。我国原产观赏植物共约10 000～20 000种，较常用者仅约其中的2 000种。我国是多种名贵园林植物的起源中心，不仅原产观赏植物种类繁多，品质优良，而且名花品种及其野生近缘种十分丰富，遗传多样性十分突出。我国观赏植物的遗传多样性主要表现在物种多样性、起源多样性和品种多样性3个方面。

(二)我国生物多样性现状评价

如上所述，我国是世界上生物多样性最为丰富的国家之一，在全球生物多样性保护与可持续利用中占有十分重要而独特的地位。我国生物多样性有以下几个特点：

1. 物种十分丰富，特有属、种繁多

我国已知的高等植物有30 000余种，昆虫有

51 000种，脊椎动物有6 400余种。脊椎动物中的特有种种数占到总种数的10%以上。种子植物中有240多个特有属，17 000多个特有种，特有种种数占到全国高等植物总种数的57%以上。

2. 区系起源古老

由于中生代末我国大部分地区已上升为陆地，在第四纪冰川期又未遭受大陆冰川的影响，所以各地都不同程度上保存着白垩纪、第三纪的古老残遗成分。如松杉类植物，世界现存有7个科，而我国就有6个科。动物中的大熊猫、白鳍豚、扬子鳄、大鲵、文昌鱼等都是古老孑遗物种。

3. 栽培植物、家养动物及其野生亲缘种的种质资源异常丰富

我国有数千年的农业发展历史，很早就对自然环境中蕴藏的丰富的遗传资源进行了开发利用和培植繁育，我国的栽培植物和家养动物的丰富度在全世界是独一无二、无与伦比的。例如，我国有经济树种1 000种以上。我国是水稻的原产地之一，有地方品种50 000个；是大豆的故乡，有地方品种20 000个；有药用植物11 000多种。

4. 生态系统多样性十分丰富，空间分布格局繁复多样

我国具有陆地生态系统的各种类型，海洋和淡水生态系统类型也很齐全。随着地貌、气候、水文、土壤等自然地理要素的变化，生态系统类型呈现出比较规律的地域更替。而长期的人为活动，特别是农耕活动，则使生态系统的空间分布格局更加复杂多样。

5. 生物多样性价值巨大，地位重要，潜力无限

丰富的生物多样性是我国巨大的自然财富，其所蕴含的生态、经济、社会价值以及政治、文化、科学、美学等价值，为我国经济社会持续快速发展提供了重要物质基础和环境保障，在我国国民经济中占有丨分独特而重要的地位。生物多样性的末知潜力也为我们未来的生存与发展勾画了不可估量的美好前景。同时，我国的生物多样性也是全球生物多样性的重要组成部分，它已经并将继续为全人类的文明进步做出巨大贡献。我们希望享受良好的生态系统服务，就必须高度重视生物多样性价值的保护与发掘。加强生物多样性保护与可持续利用，既是我国经济社会可持续发展的需要，也是我们应尽的国际义务。

6. 珍稀濒危物种多，生物多样性保护形势严峻

长期以来，由于人们缺乏生态保护意识和协调发展意识，重利用、轻保护，重经济、轻生态，生产效率低下、增长方式粗放、环境污染严重，因此，给我国的生物多样性造成了很大破坏，很多物种处于濒危灭绝的边缘，生境破碎化日趋严重，生态系统健康受到严重威胁，生态系统服务功能发挥受到很大影响。特别是近年来，随着国民经济的持续快速发展，对土地、矿产、生物、水等自然资源的需求量愈来愈大，经济发展与人口、资源、环境之间的矛盾日益突出，生物多样性面临着前所未有的巨大压力，保护形势十分严峻。调查资料显示，我国现有300多种陆栖脊椎动物处于濒危状态，大熊猫、虎、朱鹮、扬子鳄、黔金丝猴、藏羚羊、长臂猿、普氏原羚、白鳍豚等物种处于极度濒危状态，有些物种的野生数量只有几只或几十只；有4 000多种野生植物受到各种威胁，其中1 000多种处于濒危状态，受威胁的种类占全部种类的15%～20%，高于10%的世界平均水平。首次全国重点保护野生植物调查表明，百山祖冷杉、银杉、华盖木和落叶木莲等55种野生植物的野外种群低于稳定存活界限(野外株数5 000株)，随时面临着野外灭绝的境地。部分地区生态系统受损严重，干旱、洪涝、泥石流、山体滑坡、土地沙化、病虫害、沙尘暴、酸雨等自然灾害频繁发生，给国民经济和人民生命财产造成了很大损失，同时也进一步加剧了生态系统的脆弱性和敏感性。因此，为了实现经济社会的可持续发展战略，我国必须把生物多样性保护放在重要位置。

三、我国生物多样性保护现状及对经济社会可持续发展的贡献

生物多样性作为重要的生物资源、生态资源和战略发展资源，在提供物质和精神产品、维护国家生态安全、提高国民人文素质等方面发挥着十分积极的作用。我国政府一贯重视生物多样性保护与可

持续利用工作，经过长期不懈的努力，已取得了很大进展，为我国经济社会的可持续发展做出了重大贡献。

（一）保护管理体系日益健全，为提高和发挥生物多样性的多重效能提供了较好的组织保障

我国生物多样性保护体系主要由就地保护体系和迁地保护体系两大部分组成。就地保护体系主要由自然保护区（含保护小区）、森林公园、湿地公园、风景名胜区、地质公园等组成。迁地保护体系主要由野生动物救护中心、动物园、野生动物园、繁育研究基地、植物园、树木园、种质园、种质资源库等组成。它们在林业、农业、环保、水利、国土、海洋等行业主管部门的领导及管理下，共同组成了遍布全国的生物多样性保护网络。

林业系统是我国生物多样性保护的主要行业力量，承担着森林生态系统、湿地生态系统、荒漠生态系统、陆生野生动物、林区内野生植物和林区外珍贵野生树木的保护管理工作，以及生物多样性公约、湿地公约、濒危野生动植物物种国际贸易公约等国际公约或协定的履行工作。在420种国家重点保护野生动物中，归属林业部门主管的有341种，占81.19%；在第一批254种（类）国家重点保护野生植物中，归属林业部门主管的有205种（类），占80.71%。此外，还承担着1 591种加120类国家保护的有益的或者有重要经济、科学研究价值的陆生野生动物的保护管理任务。从生态系统类型上看，林业部门是我国陆地生态系统的主要保护力量，在我国生态建设和经济社会可持续发展中扮演着重要角色。

在党中央、国务院的正确领导下，近年来，我国生物多样性保护体系日益健全，功能不断完善。截至2007年底，全国共建立各级各类自然保护区2 531处，总面积15 188万公顷，占国土面积的15.19%（表2）。其中，国家级自然保护区303处，面积9 365.6万公顷，分别占全国自然保护区总数和总面积的12%、61.7%。初步形成了类型比较齐全、布局比较合理、功能比较健全的全国自然保护区网络。有28处自然保护区加入了联合国教科文组织“人与生物圈”保护区网络，有33处列入国际重要湿地名录，有10多处成为世界自然遗产地。此外，我国的国家级风景名胜区数量达到187处，省级风景名胜区约480处，风景名胜区总面积近11万平方千米，约占国土面积的1.13%。已建立138处国家地质公园、20处世界地质公园，地质公园建设走在世界前列。

表2　中国自然保护区类型（GB分类）结构

类　型	数　量		面　积	
	总数量（个）	占总数比例（%）	总面积（万公顷）	占总面积比例（%）
Ⅰ. 自然生态系统类型	1 717	67.84	10 529.18	69.32
森林生态系统类型	1 314	51.92	3 372.76	22.21
草原与草甸生态系统类型	45	1.78	316.05	2.08
荒漠生态系统类型	29	1.15	4 027.45	26.52
内陆湿地和水域生态系统类型	261	10.31	2 713.02	17.86
海洋与海岸生态系统类型	68	2.69	99.91	0.66
Ⅱ. 自然生态系统类型	683	26.99	4 483.38	29.52
野生动物类型	523	20.66	4 220.86	27.79
野生植物类型	160	6.32	262.52	1.73
Ⅲ. 自然生态系统类型	131	5.18	175.62	1.16
地质遗迹类型	99	3.91	123.04	0.81
古生物遗迹类型	32	1.26	52.58	0.35
合计	2 531	100	15 188.18	100

注：引自中国环境状况公报（2007）。

截至2007年底，林业系统建设和管理的保护区有1 766处，其中国家级保护区213处，分别占全国自然保护区和国家级自然保护区总数的69.77%和70.30%；保护区面积为12 153.53万公顷，其中国家级保护区7 583.6万公顷，分别占全国自然保护区和国家级自然保护区总面积的80.02%和80.97%；林业系统的保护区面积约占全国国土面积的12.69%。年末实有自然保护小区45 881个，总面积1 729.29万公顷。国家划定禁猎（伐）区2 481个，总面积7 890.2万公顷。拥有国际重要湿地30个，面积357.5万公顷。湿地示范

区面积225.1万公顷。国家湿地公园达到18处。全国共建立森林公园2 151处(含白山市国家级森林旅游区),总经营面积1 597.47万公顷,其中国家级森林公园660处,经营面积1 124.94万公顷,分别占总数量和总面积的30.68%、70.42%。全国野生动物救护中心达到250个,野生动物种源繁育基地521个,珍稀野生植物培植基地411个,县级以上各级林业行政主管部门普遍建立了专兼职管理机构。拥有野生动植物保护管理站5 103个、野生动物园24个、野生动植物科研及监测机构564个。全国从事野生动植物保护及自然保护区建设的人员达4.17万人,其中各类专业技术人员1万余人。此外,全国的森林公安机构以及重点林区的武警森林部队,也是生物多样性保护体系的重要组成部分。

这些就地和迁地保护机构是我国生物多样性保护的重要依靠力量,他们的工作促进了我国生态环境的改善,提高了资源的可持续利用水平,促进了我国经济社会的全面、协调、可持续发展。

(二)政策法规体系不断完善,为提高和发挥生物多样性的多重效能提供了较好的政策与法制保障

党中央、国务院把生物多样性保护与可持续利用视作经济社会可持续发展的应有之义。党的十七大首次提出了建设生态文明的历史任务。科学发展观要求"统筹人与自然和谐发展","走生产发展、生活富裕、生态良好的文明发展之路"。《中共中央国务院关于全面推进集体林权制度改革的意见》把"坚持统筹兼顾各方利益,确保农民得实惠、生态受保护"确定为五项基本原则之一。这些都为新时期、新阶段生物多样性保护指明了方向、确定了目标。近年来,我国先后编制出台了《中国生物多样性保护行动计划》、《全国生态环境保护纲要》、《全国生物物种资源保护与利用规划》、《全国野生动植物保护及自然保护区建设工程总体规划》、《全国湿地保护工程规划》、《全国林业自然保护区发展规划》、《中国应对气候变化的政策与行动》、《地震灾后生态修复规划》等国家战略,陆续实施了天然林资源保护、退耕还林、三北及长江流域等防护林体系建设、野生动植物保护及自然保护区建设、湿地保护、沿海防护林体系建设等重点生态工程,积极推进"全国园林城市"、"国家森林城市"以及城市林业、平原林业建设,这些政策措施既促进了生物多样性保护与可持续利用,也为经济社会可持续发展打下了坚实基础。

经过多年的努力,我国已经初步形成了以《中华人民共和国野生动物保护法》、《中华人民共和国森林法》、《中华人民共和国环境保护法》、《中华人民共和国自然保护区条例》、《中华人民共和国陆生野生动物保护实施条例》、《中华人民共和国野生植物保护条例》、《中华人民共和国濒危野生动植物进出口管理条例》、《国家重点保护野生动物名录》、《国家重点保护野生植物名录(第一批)》、《国家保护的有益的或者有重要经济、科学研究价值的陆生野生动物名录》等为核心的生物多样性保护法律法规体系,它们为各地依法监管和合理利用生物多样性资源提供了法律依据。《中华人民共和国自然保护区法》、《湿地保护条例》以及《湿地公园管理办法》、《陆生野生动物猎捕管理办法》、《野生动植物及产品专用标识管理办法》、《陆生野生动物疫源疫病监测管理办法》、《野生动物展览表演管理办法》等法规和行政规章正在积极调研起草之中,它们的颁布实施将会为我国生物多样性保护与可持续利用提供进一步的法制保障,并为经济社会的可持续发展创造良好的生态、资源、环境和人文等条件。

(三)宣传教育工作不断深化,为提高和发挥生物多样性的多重效能提供了较好的群众基础

近年来,随着宣传教育工作的不断深入,社会大众的生态保护意识有了明显提高,自觉参与生态建设和生物多样性保护的热情不断高涨,科学合理地利用生物多样性资源的理念逐渐深入人心。中国野生动物保护协会、中国野生植物保护协会、世界自然基金会(WWF)等组织每年都举办很多丰富多彩的宣传教育活动,吸引了很多人士的关注和参与。"爱鸟周"、"野生动物保护宣传月"、"国际生物多样性日"、"世界湿地日"、"世界地球日"、"世界水日"、"世界防治荒漠化日"等的社会影响不断扩大,"关爱自然"、"保护生物多样性"等理念日益成为社会共识。"自然之友"、"山诺会"、"绿行社"等环保社团在各地纷纷成立,据团中央统

计，目前，活跃在全国各地的青少年生态环保社团队伍已近千支，会员人数近20万人，他们以保护环境和改善生态为宗旨，常年坚持开展各种宣传实践活动，成为青少年生态环保活动的重要力量，在促进资源节约型、环境友好型社会建设中发挥着重要作用。湖南省的洞庭湖、河南省的董寨、北京市的野鸭湖、河北省的北戴河等地的观鸟活动开展得有声有色，吸引了大批观鸟及摄影爱好者。世界自然基金会(WWF)、美国大自然协会(TNC)、保护国际(CI)、湿地国际(WI)等非政府环保组织的活动日趋活跃，成为我国生物多样性保护的重要补充力量。社会环境的转变为生物多样性保护与合理利用提供了较好的群众基础和广阔的发展空间，也为我国实现可持续发展战略打下了重要基础。

浙江省是我国东南沿海的经济发达省份之一，其在注重经济发展的同时，也十分注意野生动植物保护工作，不断追求速度、质量、效益的和谐统一。近年来，省林业厅联合浙江自然博物馆、杭州野生动物世界、杭州动物园、杭州青少年活动中心、浙江师范大学等单位，以每年法定的"爱鸟周"和"野生动物保护宣传月"为契机，先后开展了以"关注鸟类，关注人类，预防禽流感"、"和谐社会，共享自然"、"繁荣生态文化，建设生态文明"等为主题的宣传教育活动，吸引了大批市民的积极参与；先后举办了海峡两岸鸟类摄影作品联展(交流研讨会)、第四届中国鸟类摄影年会，引导广大群众树立良好的生态道德观；利用长兴扬子鳄自然保护区、杭州野生动物世界、杭州西溪湿地公园、浙江自然博物馆、西天目山自然保护区等集生态、科研、教育、旅游等于一体的多元化生态道德教育基地，开展对未成年人的生态道德教育和生态知识普及。这些宣传教育活动提高了广大群众，特别是广大青少年爱鸟护鸟、保护野生动植物、爱护湿地、关爱森林的意识，增强了人们依法保护森林资源、湿地资源和野生动植物资源的自觉性，在全社会营造了保护野生动植物、保护生物多样性的良好氛围。多年来，全省没有发生过一起严重破坏野生动植物的案件，生态系统服务功能明显增强，为区域经济社会可持续发展做出了积极贡献。

(四)科研监测工作稳步发展，为提高和发挥生物多样性的多重效能提供了较好的科技支撑

重视生物多样性本底调查与监测工作。1995～2003年，国家林业局先后组织开展了首次全国陆生野生动物资源调查、首次全国湿地资源调查、首次全国重点保护野生植物资源调查和第三次全国大熊猫调查。2003年以来，国家林业局先后安排了金钱豹、蒙古野驴、鳄蜥、金丝猴、普氏原羚、黑叶猴、小熊猫、野生鹿类、虹雉类、蛇类、金花茶等珍稀濒危野生动植物的专项调查，实施了青藏铁路对藏羚羊等野生动物影响监测、大熊猫及其栖息地监测、国际重要湿地监测、鸟类环志、禽流感监测、野生动物疫源疫病监测等项目，收集了大量第一手资料，为国家统筹人与自然和谐发展、建设现代林业、有效保护和可持续利用生物多样性资源、切实保障人民生命财产安全等提供了重要决策依据。野生动物疫源疫病监测与防控是维护国家生态安全和公共卫生安全的重要手段，也是世界性的新课题，我国对此高度重视，在候鸟等野生动物重要聚集分布区域建立了350处国家级、550处省级和一大批市、县级监测站，共计布设监测点和巡查路线近万处，坚持巡查和报告制度，及时收集野生动物非正常死亡信息及样本，严控野生动物非法进入市场，防范人员、畜禽进入野生动物集群活动区域，积极预防野生动物向畜禽、人类传播疫病，有效发挥了维护生态安全和公共卫生安全的"前哨"作用。目前，国家林业局正在开展第二次全国湿地资源调查试点，同时也在筹备第二次全国陆生野生动物资源调查，这既是《中华人民共和国野生动物保护法》、《生物多样性公约》、《湿地公约》等的要求，也是我国与时俱进开展生物多样性保护、践行科学发展观、促进经济社会可持续发展的重要举措。

遗传多样性是我国的重要战略资源。近年来，在继续深入开展生物学、生态学、保护生物学等研究的同时，我国也在不断强化对野生动植物基因的研究，积极抢占基因资源的国际制高点。基于国家资源安全和经济发展的需要，国家林业局和教育部于2001年在浙江大学联合共建了国家濒危野生动植物种质基因保护中心(以下简称"中心")。中心建立后，随即利用现代生物学技术，在组织样品

库、细胞系、基因组 DNA 文库和 cDNA 文库 4 个层次上，收集和保存我国濒危野生动植物基因样品。截至 2008 年 8 月，共收集保存了动物 623 个种的 158 970 份种质基因样品，样品数居世界第四位。"中心"已初步搭建了我国濒危野生动物种质基因资源的材料共享平台，为相关部门研究和开发具有重大经济价值的功能基因奠定了物质基础。2008 年 3 月，由我国科学家发起，加拿大、英国、美国、丹麦等国科学家联合参与的国际"大熊猫基因组研究"项目启动，10 月份绘制完成了世界首张大熊猫基因组序列图谱。基因组测序的结果支持了"大熊猫是熊科的一个亚种"的观点，同时还发现大熊猫基因组与狗的基因组在结构上最为接近，与人也有较大的相似性，在哺乳动物中与小鼠差异较大。项目组计划 2008 年年内完成大熊猫基因组的精细图，同时大熊猫蛋白质组功能与结构的研究计划也即将启动。我国自 1999 年正式加入"国际人类基因组计划"以来，先后参与了"国际人类基因组计划"、"国际人类单体型计划"等项目，同时对完成数个重要动植物基因组图谱绘制，包括水稻、家蚕、家鸡、家猪等做出了重要贡献。大熊猫基因组序列图谱绘制是这一系列努力的最新成果。我国科学家的远期目标是选取动物、植物和微生物的代表物种进行基因组测序，为人类描绘一副完整、绚丽的"生命之树"图景。这些研究成果在不断揭示生命本质、增进人们对自然规律的认识与把握的同时，也将直接或间接地促进我国经济社会的可持续发展。

（五）生物多样性急剧衰退的趋势得到了有效遏制，对经济社会可持续发展的保障能力和贡献度不断提高

近年来，随着保护管理工作的不断加强，我国生物多样性急剧衰退的趋势得到了有效遏制。第三次全国大熊猫调查结果表明，与 1985 ~ 1988 年的第二次调查结果相比，大熊猫的分布范围有所扩大，种群数量有所增长，栖息地质量有所改善，其中种群数量同比增长了 43.27%，栖息地面积同比扩大了 65.57%。1995 ~ 2003 年的全国陆生野生动物资源调查首次掌握了 191 个物种的资源数据和 61 个物种的种群动态数据。分析显示，在 61 种可比较野生动物中，共有 34 种动物的种群数量保持稳定或稳中有升，占 55.74%，其中国家重点保护物种是种群稳定或稳中有升的主体；朱鹮的活动范围已经辐射到陕西省洋县周围百余千米，并出现了由秦岭南麓向大巴山地区的西乡县、安康县扩散的新趋势，野生种群数量也由 1981 年重新发现时的7 只增加到近 150 只；褐马鸡的分布范围已经由山西省、河北省扩展到陕西省及北京市；花尾榛鸡在吉林省的分布区由东部林区扩展了到中部农田区，并有进一步向西部地区扩散的趋势。最近几年的调查和监测数据显示，大熊猫、虎、扬子鳄、川金丝猴、黔金丝猴、滇金丝猴、羚牛、黑熊、亚洲象、白头叶猴、雉类以及珙桐、红豆杉等珍稀濒危野生动植物的种群数量都呈现出稳定或稳中有升的态势，栖息地质量有所改善。随着天然林资源保护、退耕还林、京津风沙源治理、湿地保护、三北防护林工程等国家重点生态工程的深入推进，我国生态环境急剧恶化的趋势得到了有效遏制，生态系统服务功能得到了恢复和完善，保持水土、防风固沙、净化空气、调节气候、美化环境、维持生态平衡、提供物质和精神产品的能力不断增强，为我国建设资源节约型、环境友好型社会，走生产发展、生活富裕、生态良好的文明发展道路奠定了重要基础。

我国珍稀濒危和经济野生动植物繁育、培植工作近年来也取得了很大进展，在促进野生资源保护的同时，也为优化产业结构、促进就业、增收致富等做出了积极贡献。截至 2007 年底，全国圈养大熊猫种群数量达到 239 只，朱鹮圈养和野生种群数量突破1 000只，均再创历史新高；全国繁育虎种群数量发展到 5 000 多只；扬子鳄人工繁殖数量累计超过 1 万条。自 20 世纪 80 年代以来，我国陆续对一批珍稀濒危物种实施了专项拯救工程，建立拯救繁育基地 250 多处，突破了大熊猫、朱鹮、扬子鳄、麋鹿、野马等一批极度濒危物种的人工繁育技术，200 多个物种有了稳定的人工种群，有效防止了灭绝，并为其野外种群的恢复打下了资源基础。目前，野马、麋鹿、海南坡鹿、扬子鳄、朱鹮、苏铁等珍稀濒危物种的野化放归或再引入工作进展顺利。

2007 年全国林业产业统计数据显示，在第一产业中，湿地产业实现产值 390 092 万元，林产中药

材的种植与采集实现1 890 448万元，森林食品的种植与采集实现3 432 127万元，花卉的种植实现5 097 668万元，陆生野生动物繁育与利用实现957 685万元(其中陆生野生动物狩猎和捕捉99 003万元，陆生野生动物饲养858 682万元)；在第二产业中，湿地产业实现产值112 845万元；在第三产业中，湿地产业实现产值197 598万元，林业旅游与休闲服务创收5 593 986万元，自然保护管理服务创收121 948万元，森林公园管理服务创收152 552万元。2007年全国共有野生动植物繁殖培育和加工利用企业12 516家，企业固定资产338.46亿元，全年实现总产值509.08亿元，全年上缴税费39.27亿元，从业人数达24万人。其中：资源培育类企业10 805个，全年完成产值133.33亿元；野生动植物及其产品加工利用类企业1 228个，全年完成产值351.11亿元；动物园、野生动物园347个，全年完成产值19.00亿元；植物园、树木园136个，全年完成产值5.64亿元。2007年全国直接从事森林公园管理和服务的人员达118 144人，导游10 706人。全国森林公园年度共投入建设资金115.34亿元，其中用于环境保护的投入达8.88亿元，共营造风景林9.84万公顷，改造林相8.87万公顷。全国森林公园共接待游客2.47亿人次，其中海外游客714万人次，直接旅游收入达157.98亿元。森林公园为社会提供就业机会近55万个，带动社会综合旅游收入近1 200亿元。

河北省的皮革制造产业近年来得到了高速发展，是该省野生动植物产业中较为突出的亮点。2007年，该省共有皮革生产经营企业104家，产值达15.61亿元，全年上缴税费4 399万元。在创造财富的同时，由于大部分皮革生产企业在县、乡，所以也就为农村富余劳动力提供了大量的就业岗位，活跃了地方经济，为社会主义新农村建设作出了积极贡献。

安徽、河南两省素以流动性野生动物展演团体众多为其重要特色，两省共有表演团体487个，占全国野生动物展演团体总数的90%以上，从业人员3 286人，全年产值3 999万元。

内蒙古自治区将防沙治沙与发展地方经济、促进农牧民增收结合起来，已建立以沙生植物为原料的加工企业47家，实现销售收入40.48亿元，直接带动20万人就业。

浙江省通过政府扶持，引导民间投入，促进了野生动植物产业的快速发展，石斛、杂交野猪、龟类等繁育利用规模大、动力强劲，目前，已成为我国最大的龟类养殖基地。象山县人民政府充分发挥政府引导作用，优化政策环境，将特色畜禽产业列为龙头产业之一，在加大科技投入、提升产品档次上下功夫，创新“公司+农户”模式，促进了特色畜禽产业的发展。2006年，象山县特种野猪饲养量达5.9万头，特种灰天鹅、特种绿头野鸭饲养量分别达153.7万羽、151.6万羽，珍珠鸡、火鸡、特种野鸡饲养量达7.3万羽，实现产值2.6亿元，利润1 426.56万元，其中加工产品253.1吨，实现产值888.4万元。浙江省自身的野生动植物资源并不丰富，而通过发展特色养殖业，使其一跃成为经济动物资源的输出省。

云南省是我国生物多样性的富集省份，有“植物王国”、“动物王国”、“菌类天堂”、“竹类故乡”、“药材宝库”和“天然大花园”等美誉，复杂多样的自然条件和丰富多彩的民族文化构成了极其丰富的生态旅游资源，生态旅游为云南经济社会的持续发展做出了重要贡献。据统计，2007年全省有国家级森林公园28个，省级森林公园12个，经营面积14.7万公顷，有社会旅游从业人员1 530人，导游159人。全年实现收入14 810.02万元，比上年增长6 286.92万元，其中旅游收入14 786.76万元，门票收入4 452.18万元，食宿收入7 643.14万元。全年接待旅游人数324.33万人次，其中海外旅游者14.2万人次。这种依托丰富的野生动植物和生态系统资源开发的生态旅游活动，在促进地方经济发展、丰富人民物质文化生活的同时，也促进了以森林采伐、过度消耗野生资源为特征的传统林业发展模式向保护和可持续利用为特征的现代林业发展模式的转变。

愈来愈多的事例说明，生物多样性在水电开发、生态旅游、生物医药、生物质能源、特色养殖培植、粮食生产、油料生产、生物固碳、涵养水源、应对全球气候变化等方面的作用十分突出，对国民经济发展的贡献度愈来愈高，直接、间接和潜在价值巨大，是保障国家生态安全、提高国民文明素质、改善人居环境、繁荣生态文化、构建和谐社会、建设生态文明、实现经济社会又好又快发展的重要基础。

(六)国际交流与合作不断拓展，有效促进了生物多样性保护与合理利用，增强了国家可持续发展的能力

我国已经加入了《生物多样性公约》、《濒危野生动植物种国际贸易公约》、《湿地公约》、《联合国防治荒漠化公约》、《世界遗产公约》、《卡塔赫纳生物安全议定书》等国际公约，还与美国、日本、韩国、澳大利亚、俄罗斯、印度等许多国家签署了加强自然及野生动植物保护合作的协议。加入了IUCN、东亚—澳大利亚迁徙水鸟保护合作伙伴关系等国际组织和倡议，并与WWF、GEF、UNDP、UNEP等许多国际非政府组织保持着良好的交流合作关系。先后实施了GEF自然保护区项目、GEF湿地保护项目等一系列国际合作项目，引进了先进技术、理念和资金。参与国际执法共同行动，与国际刑警组织、国际海关组织等密切配合，查办有关破坏野生动物的案件。这些工作有效地促进了我国生物多样性保护与可持续利用，维护了我国的合法权益和良好声誉，增进了国际间的相互了解，增强了我国的可持续发展能力。

四、我国生物多样性保护面临的主要机遇和挑战

(一)我国生物多样性保护面临的主要机遇

当前，我国生物多样性保护面临着重大发展机遇，主要体现在：

(1)党和政府高度重视生物多样性保护工作。环境保护是我国的基本国策。党的历届重要会议都对生态建设、环境保护、资源可持续利用等提出了明确要求。如党的十六大以来，先后提出了构建社会主义和谐社会、建设社会主义新农村、建设生态文明等重大历史任务，它们为新时期、新阶段生态建设和生物多样性保护赋予了新内涵、提出了新要求、展现了新空间。当前，我们正在深入学习实践科学发展观，加强生物多样性保护与可持续利用是落实“五个统筹”、“走生产发展、生活富裕、生态良好的文明发展道路”的应有之义。

(2)广大人民的生态保护意识有了很大提高。经过多年的宣传教育和广泛吸取正反两方面的经验教训，广大群众的生态保护意识已经有了明显提高，越来越多的人逐渐认识到，加强生物多样性保护与可持续利用是我国经济社会可持续发展的内在要求，这为生物多样性保护提供了较好的群众基础和社会环境。

(3)生态建设和生物多样性保护已经有了一定的基础。经过多年的努力，特别是天然资源林保护、退耕还林(草)等一批重大生态工程的实施，有效促进了我国生态环境的改善，这为今后的工作奠定了重要基础。

(4)国力增强为生物多样性保护提供了较好的物质保障。改革开放以来，我国的国力不断增强，人民的温饱问题得到基本解决，目前，正在向全面小康社会迈进，这为生物多样性保护提供了较好的资金、物资等保障。

(5)国际大环境要求我们要切实加强生物多样性保护工作。当前，全球气候变暖、环境污染、物种多样性丧失等生态问题严重影响着世界经济的可持续发展，开展生物多样性保护已成为国际共识，我国生物多样性保护也面临着巨大的国际压力。这种巨大的国际压力也是鞭策推动我们做好生物多样性保护工作难得的机遇。

(二)我国生物多样性保护面临的主要问题和挑战

当前，我国生物多样性保护还面临着很多问题和挑战，主要表现在：

(1)政策不配套，法制不完善，执行力不强。目前，我国虽然出台了多项生物多样性保护政策，但有些政策的针对性不强，相互间不够配套，因此，降低了政策的效能。部分法规过于原则，没有相应的实施细则，可操作性不强。《中华人民共和国野生动物保护法》、《国家重点保护野生动物名录》、《中华人民共和国自然保护区条例》、《中华人民共和国野生植物保护条例》、《国家重点保护野生植物名录》等已经实施了很多年，急需根据新形势、新情况进行修订。一些配套法规也急需制定。同时，现有政策、法规在有些方面和局部地区没有

得到很好地执行，也影响了生物多样性保护的效果。

(2)机构不健全，管护能力偏低。机构不健全、人员业务水平偏低、缺乏培训和交流等是造成当前生物多样性管护能力不足的重要原因。特别是一些新建自然保护区和边远落后的基层保护单位，这些问题更加突出，存在着批而不建、建而不管、管而不力等问题。管理部门的应急处置能力较弱，特别是2008年年初的南方低温雨雪灾害以及“5・12”四川汶川特大地震，暴露出保护管理部门在应对突发事件方面的能力不足。

(3)保护与利用的矛盾依然突出，形式和内容日益复杂。由于我国人口基数大，人均资源相对不足，生态环境比较脆弱，生物多样性保护起步较晚、基础薄弱，因此，随着经济社会的持续快速发展，生物多样性保护与开发利用之间的矛盾有增无减。铁路、公路等基础设施建设，水电开发，旅游，放牧，企业生产，围湖造田等人为活动蚕食了林地、湿地，改变了自然生态系统的结构和功能，影响到野生动植物的繁衍。乱砍滥伐、乱捕滥猎、乱采滥挖、乱耕滥占在部分地方屡禁不止，环境污染在局部地区日益严重，矛盾的内容和表现形式日益复杂，给生物多样性保护提出了严峻挑战。例如人参、刺参、天麻、刺五加、假人参、龙眼、明党参、海南粗榧等名贵植物药材都已处于濒危状态，而像金花茶则因叶有药效，又有国外高价辗转求购，故原产地破坏严重，广西壮族自治区邕宁县潭洛金花茶、武鸣金花茶、平果金花茶等，在原产地几乎不复存在。

随着保护工作的不断加强，野生动物种群有了一定的恢复，但野生动物损害问题也日益凸显，亚洲象、黑熊、野猪、野兔、羚牛等野生动物造成的人身和财产损失屡见报端，一定程度上加剧了人和动物的矛盾。以云南省为例，20世纪90年代初期，每年野生动物造成的损失有2 000多万元，但到了2007年，已经达到了7 100多万元，当地群众怨声载道。

(4)科研、监测比较薄弱，科技贡献率较低。我国部分物种的本底资源还不太清楚，动态变化情况也不太明了，这影响了保护与利用水平的进一步提高。特别是近年来，随着一批国家重点生态保护工程的实施，我国的生态环境状况发生了明显改变，社会经济环境也发生了明显的改变，生物多样性本底情况及动态变化情况的不清楚，严重影响了行政主管部门的科学决策。加强调查研究和资源监测，提高科学技术在生物多样性保护与合理利用中的作用，是亟待解决的问题。

(5)对外来物种的有效防控不力。外来物种对我国生物多样性的影响日益严重。数据显示，我国外来入侵物种已达280多种，其中陆生植物170种，其余为微生物、无脊椎动物、两栖类、爬行类、鱼类、哺乳类等。这其中，39.6%是属于有意引进造成的，49.3%是属无意引进造成的，经自然扩散而进入我国境内的仅占3.1%。其中不少是有害外来入侵物种，对我国农林牧渔业等行业造成的直接经济损失为198.6亿元，对生态系统、物种和遗传资源造成的间接经济损失达1 000.2亿元，总经济损失为1 198.8亿元。以云南省为例，外来物种主要有紫茎泽兰、水葫芦(凤眼莲)、飞机草、刺茄、薇甘菊、豚草、瑕虎鱼、麦穗鱼、银鱼、福寿螺、褐云玛瑙螺、白蚁、美洲斑潜蝇、美洲大蠊、松材线虫等，它们大量侵占本地物种的生存空间，造成本地物种的衰落甚至灭绝。但由于缺乏宣传教育、科学研究和资金投入，因此调查监管与防控能力明显不足。

(6)资金投入不足，投资分配不够合理。与巨大的资金需求相比，投入不足是制约我国生物多样性保护的主要因素。由于我国生物多样性保护的历程较短，底子薄弱，因此基础设施建设、宣传教育、人员能力建设、科研监测以及执法监管等都需要大量资金支持。按照当前的事权划分原则，很多项目资金都是由国家和地方财政共同承担的，但实际情况是，地方配套资金往往很难及时足额到位，这就造成项目资金出现缺口，既定的目标很难全面实现。那些没有列入国家投资计划的项目，则因地方缺少资金投入，常常无法实施。以很多地方级的自然保护区为例，在事业费都捉襟见肘的情况下，对基础设施、宣传教育等项目的投入必然会更少。

投资分配不合理也是影响和导致经费相对不足的重要因素之一。还以自然保护区为例，当前，国家只管对国家级自然保护区建设进行投入，对地方级的保护区，不管其有多么重要，保护价值有多么大，一般都不予考虑，从而客观上造成了大家都来挤晋升国家级保护区的独木桥。国家财政投入主要用于基础设施等硬件建设，而对人员能力建设、宣传教育、调查研究、巡护监测、社区共管共建等软件建设和软实力培育缺乏投入，这就造成了一些保护区硬件不错，但软实力却十分薄弱的不良局面，严重制约了生物多样性的有效保护和合理利用。

五、生物多样性保护管理的对策建议

(一)提高认识，进一步加强对生物多样性保护的组织领导

要从落实科学发展观、建设生态文明的高度，充分认识加强生物多样性保护和合理利用工作的重要意义。一是健全领导机构，认真落实联席会议制度，对一些重大问题及时进行研究协调；建立会商制度，加强中央与地方的上下沟通和联系，定期通报信息，协调处理重要事务和突发事件；强化专家咨询制度，充分发挥专家的聪明才智，为制定政策法规、编制规划、实施重大工程、加强项目监管等提供决策咨询。二是明确管护责任和管护主体，使保护管理工作真正落到实处。各级政府主要领导和相关部门负责人应成为本行政区域和本部门生物多样性保护工作的第一责任人，必须把生物多样性保护列入重要议事日程，作为一项重点工作和经常性工作来抓，与经济社会发展和精神文明建设同时规划部署、同时检查落实、同时考核总结，确保各项保护管理措施的落实和目标任务的实现。三是完善综合协调、分部门实施保护的管理体制，强化部门间的协作，形成管护合力。

林业部门要成为生物多样性保护的主体部门。通过深化行政管理体制改革、人事制度改革等措施，强化部门的领导作用，确保指挥前移，监管到位，同时做好与环保、农业、建设、国土、海洋等有关部门的通力合作。

(二)健全和完善保护法规、政策和标准体系，建立生物多样性保护和合理利用的政策法规保障体系

要进一步认真贯彻落实国家相关法律法规，健全地方法规，尽快修订《中华人民共和国野生动物保护法》、《中华人民共和国野生植物保护条例》、《中华人民共和国自然保护区条例》、《中华人民共和国陆生野生动物保护实施条例》、《国家重点保护野生动物名录》等法规，出台《自然保护区法》、《湿地保护条例》、《湿地公园管理办法》等法规，制定配套实施细则和政策措施，形成较为完善的政策法规保障体系。要根据我国生物多样性的分布情况、资源储量和开发利用情况，尽快制订和实施与国家主体功能区规划相衔接的生物多样性保护规划和行动计划，明确和细化保护方针、目标、重点和措施。要加强调研，为政策、措施的制订提供科学依据。积极研究限制和禁止开发区域的财政转移支付政策、投资政策、产业政策、生态效益补偿政策、野生动物肇事补偿政策、移民开发政策，制订科学的发展评价和政绩考核办法。积极研究和集体林权制度改革、森林公安管理体制改革相配套的政策措施，确保在林农得实惠的同时，生物多样性不受到大的影响。认真研究和贯彻落实南方低温雨雪冰冻灾害地区、汶川地震灾区生态修复及产业发展政策，调整产业结构，优化产业布局，尽快恢复当地的生物多样性，促进生物资源的可持续利用。全面推行规划环评制度，严格项目环评，加强项目的全流程监管，从规划和建设的源头保护生物多样性。制订和完善相关标准体系，规范保护和开发利用活动，增强生物多样性对经济社会可持续发展的保障和促进能力。

(三)创新体制、机制，加强机构和能力建设

要结合国家的整体改革方向和政策规定，转变观念，大胆创新，尽快消除现有的体制、机制障碍。健全管护体系，强化机构和人员能力建设，有效提高行政管理、执法监管及宏观调控的效能。强化政府服务理念和服务水平，为生物多样性合理开发利用创造良好的环境。

生物多样性保护工作必须根据新的形势和新的要求，树立新的观念、采用新的办法和建立新的机制。其中，重点是要突出 3 个转变：一是在保护方式上，要从单纯以政府为主向政府主导、全社会参与的多元化开放式保护转变。二是在保护手段上，要从主要用行政办法保护生物多样性，向综合运用

法律、经济、技术和必要的行政手段加强保护转变。三是在保护工作机制上，要从各部门条块分割，向政府统筹协调、部门与地方联动保护的新机制转变。

(四)加强科技支撑能力建设

要继续加强科技支撑体系和人员能力建设，提高科技对生物多样性保护和合理利用的贡献率。一是要积极开展基础和应用研究，加强生物多样性、保护管理和经营利用的动态监测，制订和完善相关技术标准及规范。二是要强化科技创新，以新方法、新技术、新理论指导具体实践。三是要引进和培养一批专业技术以及管理人才，为生物多样性保护提供重要保障。

(五)广泛开展宣传教育活动，形成全社会共同参与保护的良好局面

要在全国广泛开展宣传教育，进一步增强广大群众的生态保护意识，提高保护的自觉性和主动性。要积极营造全社会参与的良好氛围，使生物多样性保护工作深入人心，调动社会各方面的力量参与生物多样性保护工作。要把握正确的舆论导向，倡导人与自然和谐相处的价值观，树立保护和合理利用生物多样性的正确理念。

(六)构筑长效机制，有效解决保护与开发利用的矛盾

对自然保护区内的集体林地，要通过购买、租赁、置换、补偿等方式，妥善解决所有权、管理权、经营权和受益权问题，消除矛盾隐患。对重点保护区域，通过生态移民、促进劳动力向外转移、调整产业结构、发展特色产业、实施共管共建等措施，妥善解决保护与利用的矛盾。建立和完善突发事件的应急预案，提高应急处置能力。加强野生动物种群、森林病虫害、野生动物疫源疫病、外来物种等的监测与防控，切实保障人民群众的生命财产安全，有效减少并逐步消除人与动物之间的冲突。

(七)正确处理就地与迁地保护的关系

要继续坚持以就地保护为主、迁地保护为辅的原则，统筹兼顾就地与迁地保护工作。一是通过完善就地保护、迁地保护、离体保护相结合的生物多样性保护体系和保护网络，防止生态环境被破坏、物种绝迹和生态功能退化。二是以各类保护区、森林公园、湿地公园、风景名胜区、地质公园和其他野生动植物主要原生地、栖息地、迁徙地以及有特殊保护价值的区域为核心，努力维护现有各类生态系统的功能，恢复退化生态系统的功能，切实保护好生态系统多样性。三是通过积极抢救保护珍稀濒危物种，加强特有物种保护，有针对性地开展就地、近地和迁地保护，保护好生物物种多样性；加强动植物胚胎、体细胞、生殖细胞、基因库等离体保护工作，保护好遗传基因多样性。要特别关注野生动植物极小种群的生存状况，采取有针对性的保护和拯救措施，逐步恢复和壮大其野外种群。

(八)充分调动国内外各种积极因素

要建立和完善社会参与机制，充分发挥社会各界的力量。通过环保社团、志愿者组织、国际环保组织等，凝聚热心于生物多样性保护的人士。加强国际交流与合作，引进先进技术、理念和资金，通过相互学习和合作，提高我国生物多样性保护和合理利用的水平。

(九)加大资金投入，优化投资结构

保护工作离不开持续稳定的资金投入。必须多渠道加大保护投入，形成以政府投入为主、多渠道投入为补充的长效保护投入机制。一是努力增加政府投入。二是积极引导社会投入。三是逐步建立完善区域生态补偿机制。四是积极利用国际碳汇机制等获取保护资金。五是优化投资结构，统筹好不同区域之间、不同级别的保护区之间的投资比例，除了继续开展基本建设外，还要提高资源调查、监测以及软实力培育等方面的投入比例。

调 研 单 位：国家林业局野生动植物保护司
调研组成员：卓榕生　严　旬　刘国强　王维胜
张云毅　唐小平　温战强　蒋亚芳

关于全面推进广西石漠化综合治理调研报告

石漠化是继我国西北地区沙漠化之后的最大生态问题。广西壮族自治区是全国石漠化最严重的省区之一。根据自治区党委有关领导的指示，2008年8月，我们对石漠化治理等问题开展了专题调研。调研组深入到河池市及其金城江区、都安县和百色市及其右江区、平果县进行调研，听取了有关市、县(区)政府的情况汇报，实地考察了石漠化现状及治理试点现场，并与当地政府、企业、农民代表进行了座谈。通过调研，了解了广西壮族自治区石漠化的严重性和加快治理、加强生态保护的紧迫性，了解了近年来广西壮族自治区开展石漠化治理试点的经验和加快治理的可行性。现将调研情况和建议报告如下：

一、广西石漠化分布广、危害大，治理刻不容缓

(一)石漠化现状及发展趋势

广西壮族自治区岩溶分布范围广，岩溶土地总面积1.25亿亩，占全区土地面积的35%。由于岩溶地区岩石风化慢、土层薄，一旦森林植被遭受破坏，极易发生水土流失，最后地表只剩下光秃秃的石块，形成严重的石漠。根据2005年监测，岩溶区石漠化土地3 568万亩，占岩溶区土地面积的29%；潜在石漠化土地2 800万亩，占22%。广西壮族自治区石漠化面积居全国第三位(居贵州省、云南省之后)。石漠化土地在10个市76县(区、市)均有分布，以河池市、百色市占的比重最大，其次是崇左市、来宾市、桂林市、柳州市、南宁市。石漠化地区人口1 200多万，约占全区总人口的25%。其中少数民族人口1 000多万，占80%以上。

尽管自20世纪90年代末以来，全区各地先后开展了造林绿化、水土保持、生态保护和石漠化治理。但是，由于历史原因以及资金不足等，破坏的速度仍大于治理速度。当前，石漠化仍呈扩展之势。河池市对部分县的监测表明，严重的区域每年以3%的速度增长，最严重的区域达到6%，高于西南岩溶地区石漠化年增长率2%。

(二)石漠化的成因和影响因素

石漠化土地的成因有自然因素和人为因素。其中，自然因素主要有地质灾害、灾害性气候等；人为因素有毁林(草)开垦、樵采、过牧、火灾、矿产开采、土地不合理耕种和工业污染等。人为因素是石漠化是最主要的，引发的石漠化面积占63%。其中，森林植被的破坏和减少是形成石漠化的主要原因。建国以来人为乱砍滥伐毁林主要有3次：20世纪50年代末期毁林烧炭大炼钢铁，60年代经济困难时期毁林开荒，70年代毁林造梯地和“人造平原”等，导致大面积的森林被毁，森林植被遭到严重破坏。

现阶段导致石漠化仍然在加剧的因素主要有：一是过度樵采。群众连续不断砍伐石山林木用作生活烧柴而破坏植被，引起的石漠化土地占33.6%。二是毁林(草)开垦。群众沿用传统的刀耕火种而造成新的水土流失，引起的石漠化土地占5.7%。三是过度放牧。野外放养牛羊而破坏石山森林植被，引起的石漠化土地占8.3%。四是石山森林火灾。由于石山区农业生产野外用火频繁，容易发生火灾，并难于扑救，引起的石漠化土地占4.1%。五是不适当的农、林业经营方式。引起的石漠化土地占5.7%。六是严重的工矿开发和工业污染等。包括无序的工程开采、矿山开采造成石山裸露或废矿渣，冶炼污染造成大面积草木死亡，引起的石漠化土地占5.0%。

(三)石漠化的严重危害性

土地石漠化是一种严重的生态灾难，对于人类赖以生存的自然环境和发展环境，都构成了严重危害。

(1)导致生存条件恶化。由于石漠化土地林草覆盖率低，岩溶土地极易遭到雨水及地表水的侵

蚀、冲刷，造成水土流失，出现严重的缺水缺土现象。每年进入冬春季节，不少山溪小河水源枯竭，部分河流干涸，人畜饮水十分困难。目前，广西壮族自治区岩溶山区至少有 100 多万人存在饮水困难，每年缺水 4～5 个月。因缺水少土，部分岩溶地区群众只能在石缝中点种玉米等旱地作物，基本口粮都无法保证。

(2)导致自然灾害频繁。水土流失造成土地石漠化，石漠化又引起更严重的水土流失，这种恶性循环成为岩溶地区自然灾害的主要诱导因素之一。“小雨大涝，无雨则旱”是石漠化地区的普遍现象。边坡变形、矿坑积水、岩溶渗漏、塌陷、地裂、土洞等地质灾害也日趋频繁。

(3)阻碍区域经济发展。由于生存条件恶化，人地矛盾、人水矛盾不断加剧，粮食不能自给，经济收入来源少，许多岩溶地区陷入了“越穷越垦，越垦越穷”的恶性循环，使岩溶地区成为农村贫困面最广、贫困人口最多、贫困程度最深的地区。2007 年，岩溶地区贫困人口约 290 万人，占广西壮族自治区贫困人口的 90%。在石漠化比较严重的河池市、百色市，2007 年这两个市农民人均纯收入分别是 2 592 元和 2 465 元，远低于广西农民人均 3 224元的纯收入水平。

(4)威胁珠江流域乃至港澳特区生态安全。广西壮族自治区地处珠江中上游，石漠化土地集中分布在珠江上中游的红水河、南盘江、左江、右江流域。近年国家在珠江主干流红水河规划建设龙滩、岩滩、天生桥等 10 个梯级电站。严重的石漠化和水土流失，导致大量泥沙淤积河床，阻塞河道，成为制约沿河水电工程发挥综合效能的主要障碍，并降低泄洪和通航能力，直接威胁到河道两岸群众生命财产的安全，以及下游珠江三角洲地区和港澳特区的生态安全。以大化电站为例，据水利部门调查，该电站坝前 600 米年淤沙量 11.36 万立方米，现最深淤积厚度达 20 米，现已淤积起 2 个 200 多亩的小岛。百色澄碧河水库是广西壮族自治区最大的水库，由于水土流失，造成坝首库区泥沙淤积 739 万吨，厚达 12 米，相当于 4 层楼高。

总之，石漠化一直困扰着广西壮族自治区，是广西壮族自治区生态环境建设最难啃的“硬骨头”，经济和社会发展的“绊脚石”，是大石山区经济社会发展的主要障碍，制约了大半个广西壮族自治区的经济社会发展，并对整个广西壮族自治区的经济社会可持续发展构成严重威胁。

(四)加快石漠化治理的紧迫性

(1)建设生态文明的需要。建设资源节约型和环境友好型社会，建设生态文明是我国的基本国策。加快石漠化治理是增加森林植被，改善生态环境，保护国土安全、耕地保护、挽救土地的有力措施，倡导生态文明的本质要求，也是解决广大石山区农民生存的最基本要求。

(2)遏制石漠化进一步扩展的迫切需要。根据中国工程院的有关研究，石漠化土地若不及时治理，其规模在 25 年内将翻一番。石山地区沟谷深切，山高坡陡，土壤瘠薄，植被破坏后石漠化严重。石漠化使土地长期甚至永久丧失生产力，因此，比沙漠化问题更严重，也更难以治理。快治早治便于争取主动。

(3)改善生存条件和加快经济发展的要求。石漠化地区缺水少土，群众缺钱少粮，生存困难。必须从加快建设和谐社会的高度考虑，加快治理，恢复植被，保土蓄水，改善生存条件，夯实发展基础，促进经济发展。

(4)增进民族团结和边疆安定的需要。石漠化地区既是少数民族集中居住地区，也是革命老区和与越南毗邻的边境地区。全国仅有的毛南族、仫佬族就居住在重点石漠化县环江县和罗城县，还有壮族、瑶族、苗族等 12 个少数民族集中居住在本地区。如果生态、经济条件不改善，将影响少数民族生存、民族团结、边疆安定，影响社会和谐。

(5)提高国际形象促进开放开发的需要。广西壮族自治区石漠化地区是全球生物多样性保护的重要区域。该区域是世界三大喀斯特(岩溶)集中分布区之一的东亚岩溶片区的中心部位，地面岩溶异常发育，属世界北回归线生态脆弱区。岩溶区的动植物种类丰富，有中国的特有种，也有全球意义的特有种。区内分布有广西特有的国家珍稀、濒危保护植物单性木兰、蕉兰、金花茶、蚬木等，还有国家一级保护的濒危野生动物白头叶猴(广西特有种，我国仅在崇左有分布)、黑叶猴。如果石漠化得不到有效治理，区域生态继续受到破坏，首当其冲受到毁灭性威胁的就是这些珍稀濒危物种。岩溶区的南部是我国北部湾经济开放开发地区，东盟经济贸易的"桥头堡"，东盟博览会的永久会址。如果土地石漠化，生态日趋恶化，不仅影响广西壮族自治区经济发展，也影响到中国在国际上的地位和形象。

总之，无论是从挽救和改善人类生存的基本条件这个角度出发，还是从建设和谐社会、生态文明的角度着眼，加快石漠化治理已是刻不容缓，是广西生态建设中一项十分紧迫的任务。

二、石漠化治理探索富有成效，经验值得推广

(一)石漠化治理的有效探索

广西壮族自治区各级党委、政府历来对石漠化治理工作非常重视，特别是，从20世纪90年代以来，石山区的干部群众进行了长期艰苦的探索，做了大量卓有成效的工作。在造林灭荒期间，坚持开展封山育林。1999年自治区党委将石漠化治理纳入经济社会发展规划，提出了实施生态扶贫战略。2000年，根据中央实施西部大开发战略，提出了"大石山区要退耕还林，千方百计种树、种竹、种草"的具体要求。2001年自治区九届人大第四次会议通过的《广西壮族自治区国民经济和社会发展第10个五年计划纲要》提出"实施石漠化治理工程，加快石山地区的综合治理"。回顾近20年来，各级各地围绕石漠化治理，先后实施了一大批治理项目。归纳起来，主要有三大类：

(1)实施生物措施工程项目。石漠化治理封山植树试点项目人工造林20万亩，封山育林400万亩；退耕还林工程完成退耕地还林272万亩、荒山造林405万亩、封山育林97万亩；珠江流域防护林工程完成人工造林26万亩、封山育林65万亩；森林生态效益补偿面积4 300多万亩；治理水土流失面积1 680万亩；国家石漠化综合治理试点工程将在12个县实施人工造林6万亩、封山育林141万亩。

(2)实施基础设施工程项目。农村生态能源工程沼气池建设186万座。实施其中坡改梯35万亩。兴修蓄水池、拦沙坝等小型水利水保工程20多万处，修建沟道农田防护堤2 100千米。忻城地下河溶洼成库灌溉示范工程库容1 300万立方米。

(3)实施移民就业工程项目。全区实施扶贫异地安置25万人。近年百色市实施"下山进城入谷"工程，移民和劳务输出64万多人。

经过多年持之以恒的探索，取得了明显成效。

(1)增加了植被，改善了生态。近年来，石山区森林植被恢复成效好，许多地方已经重现了青山绿水的喜人景象。"十五"以来，广西石山区新增森林面积4 100多万亩。全国森林资源连续资源清查第七次复查结果表明，广西壮族自治区有3 272万亩石山灌木林计入了森林覆盖率；在全区森林覆盖率52.7%中，有9.2%是石山灌木林。特别是，都安县、金城江区和平果县分别有253万亩、120万亩和109万亩石山灌木林已得到转为重点公益林。

(2)摸索了经验，树立了典型。成功探索出了石漠化治理模式，即"总体封山育林，石窝栽种竹木药"，筛选了吊丝竹、任豆、香椿、山葡萄、木豆等一大批石山人工造林树种和"竹子＋任豆"和"任豆＋金银花"等10多种石山造林模式。在部分石漠化重点县，树立了一批石山封山育林和人工造林典型。平果县建立了4条以任豆、竹子、剑麻为主的石山造林绿化示范带；田阳县建立了苏木、竹子、任豆等多树种立体混交的示范线；凌云县建立了高成效的石山封山育林示范区。中国林业科学研究院在田阳、凌云、乐业等县建立广西竹、藤类等植被恢复技术、南方石漠化山地植被恢复技术样板，水利部在隆林县、都安县实施生态修复试点，加大科技支撑研究和推广。

(3)促进了发展，改变了面貌。通过石漠化治理，局部地区的石漠化得到遏制，生态治理初见成效，农村经济有了较大增长，当地农民收入有了较大幅度提高，基本实现脱贫，生态进入初级良性循环。许多大石山区农村呈现"石山增绿，群众增收、村在林中，家在绿中"的景观。石漠化治理也与村庄绿化、美化和经济发展、农民致富有机结合起来，"创绿色新村，建富裕家园"，涌现了一批开展石漠化治理、建设社会主义新农村的典型。如田阳县的大路村、新楼村，平果县的龙来村、都阳村和凌云县的陇雅村、马王村等。

（二）石漠化治理的主要经验

（1）必须科学发展，保护与发展并重。石漠化地区生态保护与生存发展的矛盾突出。在防治石漠化工作当中，必须认真贯彻落实科学观，要大力保护生态，调整经济结构，创新增收渠道，统筹协调好生态保护与生存发展的关系，实现人与自然和谐相处。不能牺牲生态换取经济发展。对生存条件极度恶化的地区，要实行生态移民。对生存条件还较好的地区，通过劳务输出转移部分人口，减轻人口对环境的压力。

（2）必须封造结合，生态经济兼顾。坚持开展石山封山育林，分别类型制定封育措施。有计划开展人工造林，按立地条件的不同，种植生态林、生态经济兼用林，增加农民收入。努力推广石漠化治理的成功模式，即"总体封山育林，石窝栽种竹木药"。大力推广吊丝竹、任豆、香椿、茶条木、山葡萄、木豆等石山优良造林树种，推广"竹子＋任豆"、"任豆＋木豆"、"任豆＋银合欢"、"任豆＋金银花"、"任豆＋山葡萄"、"核桃＋木豆"等10多种石山造林模式，建立石山造林示范基地。有效增加森林植被，改善了生态，保持了水土和发展农村经济。

（3）必须推广沼气，创新生活用能。薪材消耗是造成石漠化的重要原因之一。实践表明，农村大力推广建设沼气池，继续推广节柴灶，有条件的地方倡导用电用煤用液化气，实现农村能源多元化，能在效减少农村薪材消耗。有利于保护森林，治理石漠化。

（4）必须推广圈养，科学养殖牛羊。过度放牧是又一石漠化的成因之一。必须妥善处理保护生态与发展畜牧业的关系。要大力推进山羊养殖从石山向土山转移、放养向圈养转变。都安县、平果县建立了牛、山羊圈养示范点，引进和改良品种、推广种植高产牧草、农作物秸秆综合利用技术，解决了牛、山羊放牧破坏石山草木的问题，有效保护森林植被，促进了石漠化治理。

（5）必须异地迁移，减轻环境承载。人多地少，或者生存条件困难的地方，生态移民是治理石漠化的成功做法。近年来，部分地方通过扶贫搬迁和劳务输出，有效减轻了环境承载压力，促进了植被恢复和生态改善。都安、马山、凌云等县近年异地搬迁和劳务输出量最大，也是森林植被恢复最快地方，森林覆盖率年均增加一个百分点以上。对于人多地少的石漠化地区，这仍然是一个有效的治理途径。

（6）必须强化支撑，加大科技投入。无论是石山地区的植被恢复，还是总体生态改善，都比土山区要难得多，更需要科技的有力支撑。近年国家和自治区科研单位和基层生产单位都做了有效的尝试，开展科学试验和科技示范，建立造林恢复植被示范样板基地，综合治理示范模式，科学养殖模式，新能源开发利用模式；建立了封山育林、人工种植任豆＋金银花等十多种治理模式推广应用，获得良好效益。应进一步加强科研攻关和技术推广，促进石漠化治理。

（7）必须部门联动，实行综合治理。石漠化治理并不是一个单纯的技术问题，同时也是社会问题和管理问题，是一项复杂的社会系统工程，涉及林业、计划、财政、水利、国土、畜牧等多个部门。一些地方按"山、水、田、林、路"综合规划，林、水、农、牧配合治理。都安县、平果县、天等县在治理中，整合了各部门的力量，选择小流域进行综合治理，大大突破了单一模式治理的成效。各地应在当地政府的统一领导下，强化部门间的协作，将各部门的项目整合捆绑，开展综合治理，提高治理成效。

三、石漠化治理问题多、困难大，治理任重道远

（1）石漠化和水土流失仍呈扩大趋势，治理任务艰巨。据监测，全区仍有石漠化土地3 568万亩，占岩溶区土地面积的28.6%；潜在石漠化土地2 800万亩，占22.4%。在石漠化土地中，极强度石漠化面积271万亩，占7.6%；强度石漠化面积1 956万亩，占55.2%；中度石漠化面积988，占27.2%；轻度石漠化面积353万亩，占10.0%。同时，据调查，目前，全区水土流失面积达4 230万亩，占全区土地总面积的11.9%。并且仍呈继续扩大趋势。治理任务十分艰巨。

（2）石漠化治理资金来源渠道单一，投入严重

不足。长期以来，广西壮族自治区石漠化治理资金来源渠道单一，主要是靠财政投入资金，没有形成全方位、多渠道的投入机制。据《广西岩溶地区石漠化综合治理规划》，“十一五”期间，石漠化治理需要投入175亿，而目前国家每年在广西壮族自治区的石漠化治理整合各项资金投入不足其1/3，投入严重不足。在当前实施的全国石漠化综合治理试点当中，广西壮族自治区只获得12个试点县，仅占全区石漠化治理县的16%，覆盖面小。从而，致使治理步伐缓慢。

(3)石漠化治理相关政策不完善，补助标准偏低。在目前扶持石漠化治理的有关政策当中，资金预算严重不足。例如，生态公益林补偿每亩每年仅5元，还不如一担柴的价格；沼气池建设每座400～1 000元，不到总投资的50%；造林补助每亩100元，仅相当于造林成本的1/5；封山育林每亩补助50元，仅相当于总投入的1/2。并且各项工程均无工作经费，难以调动石山区干部群众造林、护林，保护生态环境的积极性。致使石漠化治理困难重重。

(4)石山权益主体不明，保护开发利用责任模糊。在目前的集体土地所有制框架下，石山的权益归属基本上是以村、屯为单位划定管理，没有落实到具体的农户身上。同时，大部分石山划分为非林业用地，没有发放林地权属证。石山灌木林不能列入森林面积，《中华人民共和国森林法》(以下简称《森林法》)及其实施条例中的许多规定不能适用于石山，使石山灌木林的管护难度加大。由于权益不明，导致许多石山区林草可以任人砍伐、任人放牧、任人开荒，而一旦造成石漠化，谁都可以不负责任。

(5)石山区农民生存与生态、发展与保护的矛盾突出。生态是公共产品，而土地是农民生存的最基本的生产资料，石山区石多土少，耕地总量和人均占有量少，当地群众靠不断开荒以耕地总量换取经济增量，维持日常生活，在经济仍然落后的石山区，生存与生态的矛盾突出。再就是传统的生产方式与保护生态之间的矛盾仍然突出，相当一部分群众还在沿袭过去刀耕火种，放养牛羊、广种薄收的传统生产方式。生活能源供给方式与生态保护之间的矛盾没有消除。石山区沼气池建设发展极不平衡。河池市沼气池入户率为36.2%，低于全区3个百分点，个别县的入户率低于25%，并且使用率不高，一部分农户仍然靠砍伐灌木烧火维持基本生活能源需求。

(6)科技支撑和法制保障乏力。目前，总体上石漠化治理的系统研究和重点攻关不够。如石山造林及速生技术和生态经济兼顾的有效模式研究，还存在很多难点和瓶颈制约。同时，对石漠化的预防和治理的法规依据，分散体现在《中华人民共和国森林法》、《中华人民共和国水土保护法》、《中华人民共和国环境保护法》等多部法律法规中，且现有的条款对石漠化防治条法规定不全，对预防和惩治破坏者不力，不利于推动各方面的力量来开展工作。

(7)石漠化防治机制不健全，部门之间没有形成合力。石漠化治理是个复杂的系统工程，涉及生物措施、工程措施和社会措施，牵涉到发改委、林业、财政、国土、水利、环保、农业、畜牧、扶贫等多个部门，但目前总体上对石漠化治理还缺少统一协调的体制机制，治理工程或措施基本上还是跟着部门的单个项目走，项目分散，资金分散，实施区域分散，没有形成集中优势，削弱了治理成效。

(8)石漠化治理的宣传不到位，社会各方面重视不够。目前，对石漠化的现状、危害，治理的意义和成功典型缺乏系统全面宣传，使各有关方面缺乏基本的认识，还存在麻痹大意的思想，或面对无水可饮、无土可种的石漠化现象畏难情绪严重，治理信心不足，听天由命的思想根深蒂固，致使石漠化的程度逐年加剧。

四、石漠化治理亟须政策法规支持，全面加大工作力度

为了全面推进广西石漠化治理、水土保持和生态保护，通过调研，我们提出以下建议：

(一)向自治区层面提出的建议

(1)制定《广西石漠化防治条例》。鉴于目前石漠化治理缺乏法制保障，建议抓紧研究制定实施《广西石漠化防治条例》，明确基治理的法定地位、法律责任、责任主体和资金渠道等，使石漠化治理

有法可依，依法推进石漠化治理。同时，要严格贯彻落实森林采伐管理、林地征占用审批、森林防火、水土保持“三同时”等现行管理制度，严厉打击各种破坏石山森林植被、加剧水土流失的违法犯罪行为，切实保护和巩固石漠化治理成果。

(2)成立自治区石漠化防治委员会及其办公室。广西石漠化面积居全国第三，有治理任务的县达 76 个县，占全区 70% 以上，治理任务繁重。鉴于石漠化治理是一项长期而艰巨的全局工作，是落实科学发展观，建设生态文明和和谐社会的战略任务，为了有效协调自治区有关部门共同开展的石漠化治理工作，建议在自治区层面成立跨部门的石漠化防治委员会(办公室设在自治区林业局)，负责组织协调全区石漠化治理工作。在石漠化严重的重点市、县也应相应设立相应机构，保证有专门力量抓好石漠化治理工作。

(3)自治区财政给予专项资金支持。石漠化治理是生态建设，属于公共产品中，是全区、全国和全球的需要，是各级政府的责任。鉴于石漠化治理任务艰巨，投入巨大，以及对全区经济社会发展的重大意义，本届政府必须加快实施。要将石漠化治理纳入“科学发展三年计划”，由自治区财政按照国家和自治区 4:1 安排专项资金，开展治理会战。

(4)建立石漠化防治基金。鉴于目前石漠化治理资金渠道单一，投入不足。建议建立石漠化防治基金，负责组织募集社会资金，争取外援资金，形成多元投资主体参与石漠化治理的新局面，加快石漠化治理步伐。

(5)完善和落实石漠化治理的政策措施。鉴于现行的石漠化治理的各项补助标准已不适应实际需要和当前的物价水平，急需提高生态公益林、石山造林、封山育林、沼气池建设等工程的补助标准，并应安排足够的工程管理工作经费，激发地方和农民群众参与的积极性。要进一步完善生态补偿制度，拓宽补偿资金来源渠道。对土地、林木、水资源的开发利用和矿产开采、冶炼等容易造成环境破坏的活动，对采石、采矿和采砂以及排污企业，要征收环境恢复治理方面的专项税费或者生态补偿金。在招商引资工作中，不能免除法律法规有规定的生态保护费用。要妥善处理生态保护与发展畜牧业的关系。强度以上石漠化地区要禁止山羊养殖；中度以下石漠化地区要限养山羊并一律圈养。

(6)开展广西壮族自治区“防治石漠化月”专题宣传活动。鉴于石漠化作为广西壮族自治区最主要的生态问题，广大干部群众对其形成原因和严重危害认识还不够，建议将每年的 3 月份固定为“防治石漠化月”，通过大张旗鼓地开展一些专题宣传活动，大力宣传石漠化带来的严重生态危害，提高广大公众对防治石漠化的认识，落实各项防范措施。

(7)加快推进石山区集体林权制度改革。鉴于绝大部分石山土地仍属集体所有，没有落实经营主体，责权利不明，群众治理石漠化的积极性不够高。因此应把石漠化土地作为集体林权制度改革的主要内容，加快改革步伐，落实石山权益主体，调动广大群众参与石漠化治理的积极性。

(8)加强石漠化治理的科研攻关和监测预警。鉴于石漠化治理的科研成果不多，科技支撑乏力，建议加大科研攻关和技术推广力度。在自治区科学院设立防治石漠化研究所，加强石漠化治理应用研究，培养学科带头人。要安排专项经费，针对重点课题进行攻关。要定期组织开展监测，建立健全预警预报系统，及时掌握石漠化的发展趋势，评估危害和治理成效，为各级管理部门提供决策资信和依据，及时调整和协调治理方案。

(9)加强部门联动促进形成综合治理合力。实践表明，多部门联动，开展综合治理，能取得事半功倍的效果。要统一规划，整合各部门资源，形成治理合力。自治区要形成由自治区发展与改革部门综合协调，自治区林业部门具体牵头，各有关部门积极参与，各负其责，各司其职的联动机制。各重点市县也要形成多部门的协作机制。

(10)加强对矿业开采用地的生态保护调研。广西西部山区矿藏资源丰富，开采力度逐步加快，同时对生态保护提出了新的要求。如百色市铝工业发展迅速，每年开采铝矿用地将达6 000 ~ 10 000亩。年复一年的开采，将形成大量的采空地，若不及时还林甚至用作耕地，极易造成水土流失。如何恢复和利用矿区用地成为一项艰巨的任务。应推动有关企业和部门履行职责，尽快恢复生态，建议自治区组织专项调研。

（二）向国家层面提出的建议

（1）制定《全国石漠化防治条例》，依法推进石漠化治理。石漠化和沙漠化、黄土高原水土流失并称为中国的三大生态危害，但与其他两项危害相比，专门针对防治石漠化方面的法律法规还是空白，很不利于调动各方面的力量投入治理。石漠化地区覆盖了西南、华南地区的8个省（自治区、直辖市）400多个县，建议从国家层面制定和实施《全国石漠化防治条例》，使石漠化治理纳入法制轨道。

（2）成立全国石漠化防治委员会，加强组织领导。防治石漠化涉及国家发展与改革委员会、林业局、水利部、财政部、环保部、农业部、国土资源部、扶贫办等多个主要政府部门，单靠某个部门难以协调各方力量。建议国务院成立全国石漠化防治委员会及其办公室（办公室设在国家林业局），以便统一组织协调涉及到的多个部门的工作，集中力量、集中资金，形成合力推动石漠化治理科学有序开展。

（3）尽快全面启动石漠化治理专项工程，加大扶持力度。建议国家根据《岩溶地区石漠化综合治理规划大纲（2006～2015年）》，在今年开展试点的基础上，在"十一五"后两年全面启动此项工程，将项目覆盖到所有规划县。并增加每个县的中央财政投资，平均每个县的国家投入的专项资金由现在的3 000万元提高到2亿元，下达各县资金由省按治理任务分类确定投资总额。

（4）完善和落实政策措施，提高各项补助标准。石山区石多土少，石山人工造林难度大，抗逆能力差，成本高。建议按不同的石山类型实行不同的补偿标准，全面提高石山造林、生态公益林、退耕还林的补助标准，促进各项生态保护政策的有效落实。

（5）建立全国石漠化防治基金，广泛筹集社会资金。石漠化的危害已经不单是石山地区的经济和社会问题，还逐渐演化成为西南片区和中南片区的生态危害问题，需要动员全社会的力量共同参与，建议设立全国石漠化防治基金，广辟资金来源渠道，为石漠化的治理提供充足的资金保障。

（6）完善石山植被确认和成效评估。石山立地条件差，植被恢复缓慢。不能按照土山区林地标准来衡量和评估。建议将石山区乔灌草全部计入石山植被盖度，进入森林覆盖率统计，将符合标准的石山植被纳入生态公益林补偿范围。

（广西壮族自治区林业局局长、党组书记：陈秋华）

贯彻落实科学发展观　创新平原绿化新机制

根据江西省省委书记苏荣提出的"一大四小"，即确保实现森林覆盖率2010年达到63%的目标，抓好县城和市府所在地、乡镇政府所在地、农村自然村以及基础设施、工业园区和矿山裸露地绿化工作的重要指示，结合江西省林业厅开展深入学习实践科学发展观活动试点工作，近期对鄱阳、丰城、新干、南昌、新建、永修、上高、高安等县（市）平原绿化工作进行了调研。通过调研发现，要实现江西省委、省政府提出的工作目标，必须按照贯彻落实科学发展观的要求，切实转变林业工作思路，把工作重心从山区向平原转移，努力促进平原绿化上水平，通过平原绿化的发展来带动全省林业又好又快发展。

一、江西省平原绿化发展现状及潜力分析

（一）江西省平原绿化发展现状

江西省有平原县和半平原县21个，其中平原县1个，半平原县20个，均坐落在鄱阳湖平原。21个县（市）国土面积347.5万公顷，占全省国土总面积的20.8%；人口1 239.9万人，占全省总人口的29.6%。平原地区面积小，人口相对稠密，但平原绿化建设相对滞后，森林覆盖率仅为26.2%，还不到全省平均水平的一半。为此，江西省从1990年起，实施了以农田林网建设、沟渠堤路绿化、村庄绿化等为主要内容的平原绿化一期、二期工程，

并取得了可喜的成绩。截至2005年底，江西省21个平原县和半平原县，平原绿化建设总面积603 519公顷，其中农田林网25 879公顷，占4.29%；农林间作14 300公顷，占2.37%，村镇绿化42 090公顷，占6.97%，绿色通道20 033公顷，占3.32%，片林501 216公顷，占83.05%。同时，各地在平原绿化建设过程中，也进行了有益的探索，取得了很多经验。

(1)形成了一批平原绿化建设模式。一是农田林网建设模式。高安市新街镇景贤村利用开展园田化建设的契机，在每条路渠各栽一行杨树，在每块农田四周栽植椪柑的绿化模式，走出了“大网格、小结构”的平原绿化建设路子。该市后又建立了龙潭南炉村小网络林网，八景蔡家新农村生态林网等示范村和示范基地并迅速推广辐射。二是高速公路绿化模式。近几年来，在江西省绿化委员会的协调下，按照“绿委抓协调、林业搞规划、交通出种苗、各级政府组织实施”的模式，相继完成昌金、京福、乐温等高速公路绿色通道建设，极大地改善了高速公路沿线的绿化状况。三是庭院经济型乡村绿化模式。靖安县针对山区农民庭院面积大的特点，因势利导，大力发展以椪柑为主的庭院经济。目前，靖安县椪柑种植面积近9万亩，年产椪柑0.75亿千克，形成了促进县域经济发展、林农增收致富的大产业。四是通道绿化招投标模式。龙虎山景区对通道绿化工程通过公开竞拍招标挑选中标单位。同时，采取中标单位缴纳工程履约保证金、全程监理、严格验收等程序加强管理，既降低了工程造价，又有效提高了质量。

(2)形成了一批平原绿化树种。一是以杨树、泡桐为主体的平原造林树种。江西省平原林业杨树造林面积达到150万亩左右，在实践中，已选育出适合江西省自然条件的“南林95”、“南林895”等多个杨树品种。鄱阳县将“9501”泡桐作为平原绿化的主推树种，长势喜人，正朝着“当年造林、当年成林，3年精管，5年成材，8年轮伐”的目标迈进。二是以脐橙、柑橘、笋用竹、桃、李、杨梅、柚等灌木型或小乔木型特色乡土经济林树种，取得了较好成效。三是以油茶、湿地松、笋用竹、光皮树、陈山红心杉等经济效益和生态效益兼顾的丘陵岗地造林树种，既改善了生态环境，又创造了可观的经济效益。贵溪市周坊镇的农民李果林，利用荒地种植雷竹100余亩，年获利200余万元，带动了该村大力发展雷竹产业，全村种植雷竹1.5万亩。四是以银杏、樟树、楠木等名贵阔叶树种为主的风景林。吉安等地大力推行种植樟树、楠木等干型高大的阔叶树种作为风景林，既绿化美化家园、促进村容整洁，又能为子孙后代留下一笔宝贵的绿色财富。

(3)创新了一批平原绿化经营模式。一是村组统一规划，分户造林，自主经营、管理的模式。如高安市兰坊镇坑上村、新街镇景贤村等地的农田林网建设，采用的就是这种模式，因管护措施到位，造林效果进一步得到巩固。二是企业、大户牵头，股份合作，统一管理，收益分成的模式。就是由造林大户统一提供树苗、农药、化肥，组织农户在房前屋后统一栽植杨树、统一防病灭虫、统一施肥，并制定保护价与村民签订木材收购合同，林木成材后统一收购，所得利益按比例分成。宜春市罗宾公司就是采取这种方式营造工业原料林20多万亩。三是流转林地，实行个人承包、个人经营的模式。就是由承包户通过竞标拍卖、租赁获得土地承包权，经营者自己承担整地、购苗、栽苗及管理等费用，自主经营，自负盈亏，实行“谁造谁有”，同时，由林业部门造册登记，造林后核发林权证。上高县新界埠乡洲上村按保留集体所有权，出让土地使用权的办法，将机耕道15年使用权公开招标，目前该镇招标价格逐年走高，2007年达到了每米6元的价格。新余市渝水区对园田化农田防护林林权进行公开拍卖，并将拍卖所得按责任田面积平均分配给全体村民，保证了群众利益不受侵害。

(4)确立了企业、大户在平原绿化中的主体地位。受林权制度改革明晰产权政策的拉动以及平原地区优越的造林自然条件的吸引，企业大户投身平原绿化的积极性空前高涨。仅2007年，鄱阳县内就有江西原生药业股份有限公司、上海旺旺集团股份有限公司、广东盈彬大自然木业有限公司、鄱阳森源林业股份有限公司、上饶市农业合作创业中心等企业投身平原林业，计划造林面积达40万亩。赣州金太阳科技林业有限公司、信丰绿源人造板公司、赣州鸿伟造林公司等企业，以村庄四旁植树和农田防护林建设为主要内容，大力发展以苦楝、桉树等为主的速生丰产工业原料林基地。据统计，近几年，江西省企业和造林大户在平原绿化中的造林比重超过了70%以上，企业、大户已经成为平原绿化的主体。

(5)形成了多元化的平原绿化投入形式。一是社会投入为主。在机制创新的带动下，江西省每年企业、大户和个人等经营主体每年造林100万亩以上，引入社会造林资金每年达到3亿元以上。二是整合支农资金。高安市把园田化开发和林网建设纳入农业综合开发项目管理，将农业开发、水利建设、土地整理，林业开发等项目捆绑起来用于农田开发，每年高标准建设平原农田林网面积万亩以上。三是筹集绿化资金。丰城市规定，从2008年开始，按部门(单位)在编人数，每人每年筹资136元，由财政统一划拨，建立平原绿化专项资金。四是设立扶持资金。新余市规定对新造高产油茶林面积50亩以上的，市财政给予每亩补助200元，县(区)财政和市林业局各配套补助100元；贵溪市实行以奖代补政策，对雷竹、油茶、白茶给予每亩300元补助。

(二)江西省平原绿化存在的主要问题

(1)平原绿化总量小。江西省平原绿化建设虽然取得了一定的成效，但建设覆盖面不广，平原绿化的总量不大。江西省平原绿化建设总量仅为64.4万公顷，分别是山东省的21.6%、河北省的31.9%、河南省的41.8%，安徽省的41.4%和江苏省的42.9%，与平原绿化发达省份差距很大。

(2)绿化档次不高。江西省宜建林网的农田中只有41.32%进行了农田林网建设；宜间作的农田也只有56.66%进行了农林间作，并且多以池杉、水杉等耐水湿和喜肥树种为主，树种单一，经济效益差，群众积极性不高。个别县(市)村镇绿化率只有8.1%；城镇乡村绿化水平品位低，全省总体绿化水平与江苏、上海等省(直辖市)相比差距很大。

(3)通道绿化水平低。通道绿化是绿色生态江西建设的一项重要内容。江西省高速公路建设里程已突破2 500千米，但高速公路两侧林相不整齐，绿化档次不高，没有真实反映江西省青山绿水的品牌。

(4)发展不平衡。有的领导对平原绿化思想认识上不到位，在行动上也没有下大力气去抓。环鄱阳湖周边的13个县(市)森林覆盖率都较低，如南昌县的森林覆盖率仅为3.3%，新建县为13.4%，进贤县为17.6%，乐平市为31.4%，永修县为33.6%，星子县为29.9%，都昌县为27.2%，湖口县为20.5%，丰城市为31.1%，余干县为23.8%，鄱阳县为35.1%。

(5)资源培育与产业发展不配套。在一些地方资源培育已有一定发展，但产业建设没有跟上，存在着技术含量低，规模小，管理粗放，产品质量不高，市场竞争力弱等问题。

(6)经营机制不活。产权不清、利益关系不明等问题，仍然是制约江西省平原绿化发展的主要障碍。由于机制不活，限制了社会资金大量投入平原造林力度，一定程度上影响了平原绿化建设的快速、高质量的发展。

(三)江西省平原绿化发展潜力因素分析

围绕森林覆盖率提高到63%的目标，满足人民日益增长的对林业的需求，平原绿化要围绕“点、线、网、面”的发展要求，挖掘发展林业的潜力。

“点”，主要指村庄绿化和工业园区。江西省共有99个县(区、市)，132个街办、636个乡、766个镇，2 637个居委会、17 145个行政村、198 688个村民小组，94个工业园区316.9平方千米。按每个县(区、市)所在地平均栽植20万株、乡镇所在地栽植1万株和村组所在地栽植500株四旁树计算，可增加四旁树13 316.4万株，折合造林面积133万亩。工业园区平均按20%的面积植树绿化，可增加造林面积9.5万亩，折算四旁树950万株。

“线”，主要是指绿色通道。江西省现有高速公路2 206千米，在建高速公路294千米；国道4 502.57千米，省道6 634.60千米，县道21 924千米，乡道28 627千米，村道60 636千米。江西省铁路里程2 458.4千米。累计公路、铁路长度38.2万千米，按铁路、高速公路两侧各植树3排，国道、省道两侧各植树两排，乡道、村道各植树1排护路，据匡算可增加四旁树7 985万株，折合造林面积79.8万亩。

“网”，就是农田林网。江西省现有农业用地面积5 728.3万亩。将全省分为山区、丘陵区和平原区三种类型，崇义、铜鼓等36个山区(县)农地面积2 268.6万亩，按15%的面积建设农田林网，可增加四旁树6 805.9万株，折合造林面积68万亩。分宜等25个丘陵县农地面积1 541.6万亩，按40%的面积建设，可增加四旁树12 332.5万株，折合造林面积123万亩。鄱阳县、南昌县等平原县农地面积1 918.1万亩，按60%的面积建设，可增加四旁树23 017.5万株，折合造林面积230万亩。

“面”，就是农村荒地以及荒洲、荒滩，这一块的潜力约400万亩左右，按每亩栽植50株计算，可增加树木20 000万株。

把这些潜力全部加起来，江西省可增加四旁树8.3亿株，折合造林面积约1 000万亩，可增加森林覆盖率近4%，平原绿化潜力很大。

二、江西省平原绿化发展时机已经成熟

(1)大力发展平原林业是贯彻落实科学发展观的具体实践。胡锦涛同志在十七大报告中明确指出，科学发展观的核心是以人为本。以人为本的基本含义就是必须以造福人民为目的。而江西省林业建设的现状是人口少的山区绿化程度高，人口稠密的平原地区绿化水平反而较低，按照深入学习实践科学发展观的要求进行反思，江西省过去重山上、轻山下的林业建设指导思想与科学发展观以人为本的核心有偏离。学习实践科学发展观，重在实践。作为拥有“六山一水两分田”的江西省，大力发展平原绿化，其出发点和落脚点就是以人为本，是林业部门学习实践科学发展观的重大举措。大力发展平原绿化，有利于改善农村生态环境和提高农民生活质量，有利于促进生产发展、生活宽裕、乡风文明、村容整洁的新农村建设，从而推动整个社会走上生产发展、生活富裕、生态良好的文明发展道路。

(2)江西省委、省政府的高度重视为大力发展平原绿化提供了强大的组织保证。江西省省委书记苏荣对生态建设非常关心和重视。他说，举全省之力保护好青山绿水，发展好青山绿水，建设好青山绿水，像爱护眼睛一样爱护青山绿水，像珍惜生命一样珍惜青山绿水。苏荣书记指出，江西省拥有良好的生态，林业功不可没。要进一步加强鄱阳湖流域生态环境的保护和建设，搞好灾后林业重建和生态恢复，开展国土整治，增加造林面积，优化树种结构，提高森林质量。同时，要把城乡绿化作为一项大课题，进一步推进城市、县城、乡镇、村的绿化、美化、香化，使城市和乡村处处绿树成荫、鸟语花香。最近，苏荣书记在“泰豪论坛”上发表讲话，要求立足江西生态环境好的省情，始终坚持保护生态环境不动摇，大力进行植树造林，确保森林覆盖率由目前的60.05%增加到2010年的63%；同时，要做好“四小、四难”绿化工作，即县城和市府所在地、乡(镇政府)所在地、农村自然村以及基础设施、工业园区和矿山裸露地的绿化。省委、省政府对平原林业的重视程度是前所未有的，苏荣书记的讲话，吹响了平原绿化的号角，为江西省平原绿化工作指明了方向。

(3)优越的自然经济条件为大力发展平原绿化提供了坚实基础。江西省平原地区自然条件优越，光照、水分充足，林木生长迅速，采伐周期短，山区林木成材需要20～30年，甚至更长，而平原地区少则五六年，多则十几年，就可成材利用，实现的经济效益可观，能够带动企业、大户和群众积极投身平原绿化。同时，平原地区土壤条件好，适于育苗机、打洞机、割灌机等林业机械的推广应用，有利于企业、大户组建专业造林公司进行规模化施工，为加快平原绿化创造了条件。平原地区经济社会相对发达，市场经济发育程度高，经济基础好，资金、技术密集，信息快捷，劳动力充足，农民商品意识强，具有大力发展平原林业的明显优势。这些优越条件，是大力发展平原绿化的最坚实的基础。

(4)江西省平原绿化建设中涌现的典型和模式为大力发展平原绿化提供了坚实的示范支撑。从20世纪的90年代到现在的近20年时间，江西省在21个平原县和半平原县先后实施了以农田林网建设、沟渠堤路绿化、村庄绿化等为主要内容的平原绿化项目，积累了丰富的平原绿化建设的宝贵经验，形成了农田林网、村庄绿化、道路绿化等造林模式，

确立了杨树、泡桐、湿地松为主的平原造林树种，创新了平原绿化造林机制，培育了一批企业和造林大户，树立了高安、上高、鄱阳等县(市)一批平原绿化建设典型，这些典型和模式，为江西省大力发展平原绿化工作起到了典型示范和强有力的技术支撑作用。

(5)江西省灾后重建的需要为大力发展平原绿化提供了机遇。江西省遭受了严重的低温雨雪冰冻灾害，全省林业受到重创，林农遭受巨大损失，林业改革发展受到严重影响。江西省林业灾情受灾面之广、损失之重，历史罕见。据统计，江西省林业直接经济损失377.2亿元。其中，林木受灾面积6 902.8万亩，占全省林地总面积的43.4%，直接经济损失358.3亿元。尤其是1 100多万亩毛竹、800万亩湿地松遭到了毁灭性破坏。受森林恢复周期和规律的制约，毛竹林恢复至少需要5年，湿地松需要15年，阔叶树需要30年以上。不少县的森林资源状况要倒退5～10年。过去长期以来，江西省商品材生产主要集中在山区县，受雨雪冰冻灾害影响，大部分山区县的产材能力将急剧下降，提供商品材的责任历史地落在了平原地区的肩上，通过平原绿化的快速发展，可以有效缓解今后一段时期内木材资源短缺的形势，同时，也有利于更好地促进山上资源的休养生息，维护江西省“青山绿水”的品牌。

三、加快平原绿化建设的若干对策

江西省森林覆盖率居全国第二位，山上绿化走在全国前列，平原绿化建设相对滞后是江西省林业建设现状，但平原绿化发展的潜力巨大。今后一个时期江西省平原绿化的发展思路是：坚决贯彻落实以人为本的科学发展观，以现代林业思想为指导，按照平原绿化“点、线、网、面”的发展要求，以实施绿色通道、乡村绿化、城镇美化、农田林网、补植补造工程为重点，实现平原绿化与新农村建设相结合，与部门绿化相结合，与农民致富相结合，与提高森林覆盖率相结合，以规划为龙头，以种苗为基础，以机制创新为动力，以政策扶持为支撑，以产业发展为后劲，以目标考核为手段，全面提高平原绿化建设水平，实现“十一五”期末森林覆盖率达到63%的目标，牢固树立江西“青山绿水”品牌。通过努力，力争在3年初见成效，5年有显著变化。概括的讲，就是“实施五大工程，实现四个结合，做到在六个方面下工夫”。

(一)实施五大工程

(1)实施绿色通道工程。以高速公路、铁路、国道、省道、市县乡级道路和江河沿岸两侧为主体，建设高起点、高标准、高质量的护路(岸)林带，增加森林植被，减少空气污染，降低噪音危害，形成集景观效应、生态效应、经济效应和社会效应于一体的绿色廊道。力争到2010年，新增高速公路绿化1 650千米，新增国(省)道路绿化2 032千米，新增县(乡)道路绿化9 420千米；江河沿线、堤防、渠道和库区绿化总里程980千米；铁路绿化1 347.29千米。同时，通过采取封、改、补、造、退等措施，改善沿线山地的林种、树种结构(建设范围为公路、铁路、河渠堤坝两侧各1千米或第一层迎面坡山地)，逐步建立起功能比较完备的生态体系。

(2)实施乡村绿化工程。从发挥生态系统的综合效益出发，以增加绿色植被，改善乡村生态环境为中心，以经济效益为主导，充分调动农民群众绿化美化家园的主动性和积极性，充分利用房前屋后四旁隙地、庭院以及荒滩、荒地等闲散用地，围绕四季常绿、四季有花、四季有果、四季飘香，“白天不见村庄，晚上不见灯光”的目标要求，不断改善乡村生产、生活条件和居住环境，提高乡村绿化水平。力争2010年村庄绿化率达到30%。

(3)实施城镇美化工程。以推进人与自然和谐发展为出发点，紧紧围绕提高城镇居民生活质量，改善人居环境，创建绿色文化来进行统筹规划，合理布局，以绿化、美化为中心，将工业园区和工程裸露地绿化作为提升城市整体形象，提高工业园区“软实力”和工程建设水平的关键举措，以创建园林城市(县城)、园林化单位、园林化小区活动为突破口，不断提升城镇绿化水平。力争到2010年，江西省设市城市建成区绿化覆盖率达到40%，绿地率达到35%，人均公共绿地面积达到10平方米；县城建成区绿化覆盖率达到35%，绿地率达到30%，人均公共绿地面积达到 9 平方米；建制镇建成区绿化覆盖率达到 30%，绿地率达到 25%，人均公共绿化面积达到 8 平方米。工业园区和基本建设工程没有裸露地，工业园区绿地率达 35%；各类废弃矿山、矿渣山、尾矿库等全部复垦绿化。

（4）实施农田林网工程。通过在田、路、渠、沟、河旁栽植乔木树种，或结合农田基本建设，利用机耕道、渠道布设杨树、泡桐、陈山红心杉等用材林树种为主的主林带，田埂布设浅根系经济树种副林带，形成农田林网或林带，达到改善农区小气候，增加生物多样性，充分发挥林网的蓄水保土、防风减灾功能，促进农业生产的稳产高产。到 2010 年，按照农田林网绿化面积占耕地总面积 8% 的绿化标准，全面完成江西省已建农田道路、河渠的林带网络配套，新造农田防护林 28 万亩，全省农田林网防护控制率要由 2005 年末的 74% 提高到 85% 以上。

（5）实施补植补造工程。受 2008 年雨雪冰冻灾害破坏，江西省需更新重造的面积有 280 万亩，需补植造林的面积 1 220 万亩。为尽快恢复江西省良好的生态环境，最大限度地降低灾害损失，加快补植补造步伐，同时利用农村丘陵岗地以及荒洲、荒滩进行造林，增加造林总量，并对矿山、尾矿地全面造林复绿。到 2010 年，全面完成 280 万亩灾后更新重造任务，完成 600 万亩补植任务，全面完成矿山复绿。

（二）做到四个结合

（1）要做到平原绿化与社会主义新农村建设相结合。以改善农村生态环境为主题，以绿化、美化为切入点，将村庄绿化纳入社会主义新农村建设的重要内容，将村庄绿化与新农村建设同步规划、同步规划、同步验收。要注意保护乡村古树名木和乡土绿化树种，不搞毁绿造绿。充分利用村庄土地资源和绿化空间，见缝插绿，提高村庄绿化覆盖率。今年，要突出做好社会主义新农村示范点绿化工作，同时做好高速公路、铁路等交通干线两侧的村庄绿化，为全省乡村绿化起到示范作用，树立社会主义新农村建设生态。

（2）做到平原绿化与部门绿化相结合。平原绿化建设内容丰富，涉及部门众多，因此，要切实加强部门的协调配合。在各级人民政府的统一组织下，交通部门负责高速公路和各类公路边沟以内的绿化，落实绿化带建设的种苗费；铁路部门负责省内铁路的绿化，落实铁路绿化带建设的种苗费；水利部门负责重点水利工程区域的绿化，落实河渠堤坝绿化带；农业部门负责农田林网建设的组织协调；林业部门协助有关部门搞好平原林业建设总体规划，做好种苗供应和技术保障服务工作；建设部门负责抓好城市、县和建制镇的绿化；中小企业局负责抓好工业园区的绿化。

（3）做到平原绿化与农民增收致富相结合。平原绿化建设过程中，要突出抓好树种选择这个核心环节，在树种选择上，要以经济效益为中心，选择泡桐、杨树、油茶、陈山红心杉、椪柑等既有经济效益又有生态效益的树种造林，这样不仅可以加快绿化进程，还可以增加农民收入，更重要的是通过利益驱动，带动群众投身平原绿化。

（4）做到平原绿化与提高森林覆盖率相结合。由于山区造的林木生长慢，按照森林覆盖率计算方法，从 2008 年开始，在山区造的林，不能参与森林覆盖率的计算，只能作为未成林的造林地进行统计。因此，要选用泡桐和杨树等树种大苗造林，充分利用平原地区丰富的土地资源优势和光照水热条件好的自然条件，实现当年造林，当年参与覆盖率的计算。

（三）在六个方面下工夫

（1）以规划为龙头，在科学规划上下工夫。发展平原绿化，规划是龙头，要科学制定《全省平原绿化发展规划》，并纳入江西省国民经济发展总体规划。一是以高速公路、铁路、国（省）道干线为主体，树立绿色生态形象；二是以建制镇以下及村庄的房前屋后、庭院、四旁隙地绿化为重点，建设社会主义新农村；三是以设市、县以及建制镇以上为重点，提升城镇绿化水平和档次；四是以农村沟、渠、路、堤以及机耕道、田埂为建设重点，构建农田绿色生态屏障；五是灾后损毁林地和农村丘陵岗地和四荒地为重点，恢复青山绿水。

（2）以种苗为基础，在提高种苗品种和质量上下功夫。实施平原绿化，种苗要先行，要围绕培育造林苗木品种对路、数量充足、质量合格的目标做好工作。一是要合理选择造林树种。要分工程建设类型选择造林树种，对通道绿化，要选择根系发达、树型优美、耐灰尘、不易感染病虫害的樟树、木荷、苦楝、枫香、喜树、杨树、合欢、银杏、夹竹桃、木芙蓉等乔、灌木树种。对乡村绿化，要选择种植桃、李、梨、柑橘、葡萄、杨梅、银杏、厚朴、毛竹、笋用竹、丛生竹、板栗、柿、柚、香椿等灌木型或乔木型经济树种；对城镇美化，要做到乔、灌、花、草结合，提升绿化档次，同时要突出绿化和文化主题，提升绿化内涵；对农田林网可选择杨树及柑橘类等生长快、耐水湿、防护作用强并兼有经济价值的乔、灌木树种。二是要摸清现状。要分工程建设类型，分树种摸清全省现有林木种苗现状以及种苗基地和苗圃生产现状和规模，做到心中有数，为领导决策提供依据；三是要在摸清现状的基础上，进一步完善平原绿化种苗社会化服务体系。建立林木种苗交易市场，为种苗交易提供平台；利用省、市林木种苗行业协会，为平原绿化种苗生产经营提供多层次、多渠道、全方位的服务，培育数量充足的种苗。四是要加强种苗执法。通过全面落实林木种苗生产经营许可制度和林木种苗质量责任追究制度，保证种苗质量合格。

(3)以机制创新为动力，在激活林业生产要素上下功夫。一是发挥示范带动作用。落实《中共中央　国务院关于加快林业发展的决定》，鼓励各级领导干部和企事业单位职工等各种社会主体积极参与平原绿化建设。二是依靠龙头企业带动。鼓励“公司＋农户＋基地”经营模式，企业出种苗、林农出地栽植、利益分成，在平原地区、农村四旁地大力发展工业原料林基地。三是要明晰产权。要按照“谁造林谁所有、谁经营谁得利”的原则，对企业和大户承包造林、租赁造林，及时颁发林权证，让群众吃下定心丸。实现“林有其主”，不造无主林，不栽无主树。四是要放活经营权。要建立多种形式的经营机制，对农民房前屋后和自留地的植树造林，允许继承和转让；对集体所有的机耕道、沟渠堤路旁、小溪、河流及其滩涂地等，在统一规划、统一标准、统一组织的前提下，通过拍卖、租赁、承包等形式，向林农、企业出让林地使用权进行造林绿化；对已开发的平原造林，坚决维护林农和承包者的合法权益，进一步激活平原绿化发展的各类生产要素，促进资金、劳力、土地等生产要素向平原绿化聚集。

(4)以政策扶持为支撑，在全面推进社会造林上下功夫。一是切实减轻林业经营者的税费负担，对平原绿化营造的速生丰产林和工业原料林，在现有规费征收比例的基础上下降50%或免收育林基金。二是要放活平原绿化的采伐利用政策，允许经营者自主选择采伐方式，自主确定主伐年龄。三是在投入政策方面要分类施策，建立稳定的多元化的投资渠道。首先，对真正落实了经营主体的林地，不论是单位或个人使用和经营，都允许其同等享受国家对平原绿化、绿色通道建设等项目的投资，参与国家重点工程建设。其次，对企业建立工业原料林基地，给予资金扶持和信贷支持，实行长周期、低利息和中央地方财政贴息相结合的财政信贷政策。第三，加大资金扶持力度。为扶持平原绿化快速发展，各项支农资金和退耕还林、血吸虫防护林、低产低效林改造等林业项重点项目要向平原地区倾斜；继续深入开展全民义务植树运动，对适龄公民通过缴纳绿化费的形式履行义务植树义务。通过政策扶持，真正调动千家万户参与平原绿化的积极性。

(5)扶强助优，在培植林业龙头企业上下功夫。一是要鼓励木材加工企业围绕加工建原料林基地，实行定向培育，集约经营，争取在原料林基地建设上取得重大突破。二是要扶持有一定规模和优势的企业成为龙头企业；对有优势的小企业要以资产为纽带进行资产重组，建成具有规模优势和竞争优势的大型企业集团，以优势产业带动平原绿化。三是有针对性的培育林产品市场、活立木市场，实现生产力要素的合理流动。四是加快林业对外开放，以开放促进开发，逐步建立起与森林资源条件相适应的林、工、贸一体化的林业产业体系。

(6)以目标考核为保障，在严格兑现奖惩上下功夫。要做好平原绿化工作，必须要高位推动，并强化目标考核。江西省委、省政府要成立以分管领导为组长的平原绿化建设工作领导小组，将平原绿化建设的任务、目标和责任层层落实到各级党委、政府主要领导身上，作为考核各级党委、政府和部门的重要指标，层层签订责任状，并严格兑现奖惩。对完成任务好的设区(市)，由省委、省政府给予表彰，省财政从今年开始，分3年每年安排2 000万元以奖代补资金，用于奖励平原林业建设成效显著的县(区、市)和部门；对完不成任务的县，分别给予通报批评和黄牌警告，并责成当地党委政府写出书面检查，实行“一票否决”，取消其一切评先评优资格，同时采取各种调控措施。

(江西省林业厅党组书记、厅长：刘礼祖)

林业产业问题研究

林业产业与促进国民经济发展

国家林业局局长贾治邦站在国民经济与社会可持续发展的高度提出：“维护生态安全、促进人与自然和谐，维护气候安全、缓解全球气候变暖，维护木材安全、解决木材供需矛盾，维护能源安全、发展生物质能源，维护农村社会和谐稳定、促进农民就业增收，都要求林业有更大的发展，都需要林业做出新的贡献。”林业产业是现代林业建设重要的组成部分。加快林业产业的发展，是保障生态建设和森林文化建设持续稳定发展，使现代林业在国民经济与社会可持续发展中发挥应有作用的关键环节。

为贯彻落实局党组的工作部署，林业产业协会(以下简称协会)会同会员单位于2008年下半年起全面开展了林业产业调研工作。根据协会对林业产业重大问题调研的总体安排和局林业重大问题调研小组办公室对《林业产业与促进国民经济发展》专题的进度要求，我们就有关调研报告如下。

一、关于对林业产业范畴和功能的理解

2008年2月1日，国家林业局、国家统计局印发了《林业及相关产业分类(试行)》，依据《国民经济行业分类》对林业的界定，结合我国林业管理的实际情况，将林业及相关产业界定为：依托森林资源、湿地资源、沙地资源，以获取生态效益、经济效益和社会效益为目的，为社会提供(也包括部分自产自用)林产品、湿地产品、沙产品和服务的活动，以及与这些活动有密切关联的活动的集合。根据上述界定，将林业及相关产业分为林业生产、林业旅游与生态服务、林业管理和林业相关活动4个部分，共13个大类、37个中类和112个小类，其中小类与《国民经济行业分类》(GB/T4754—2002)的行业小类相一致，实现了《林业及相关产业分类(试行)》与《国民经济行业分类》的衔接。

林业生产方面包括森林的培育与采伐活动；非木材林产品的培育与采集活动；林业生产辅助服务；林业旅游与生态服务。林业旅游与生态服务包括林业旅游与休闲服务和林业生态服务。林业管理方面包括林业专业技术服务和林业公共管理及其他组织服务。林业相关活动包括木材加工及木制产品制造；以木(竹、苇)为原料的浆、纸产品加工制造；以竹、藤、棕、苇为原料的产品加工制造；野生动物产品的加工制造；以其他非木材林产品为原料的产品加工制造；林业其他相关活动。

林业产业既是资源限制性产业，同时又是资源可再生性产业。林业产业纵跨国民经济的第一产业、第二产业和第三产业，涵盖范围广、产业链条长，是一个相对完整的产业体系；既是一个朝阳产业，又是一个发展领域宽阔，发展潜力巨大的产业，具有以下特点：

第一，林业产业同时具有经济效益、生态效益和社会效益，这是区别于其他行业的最大特点，因此在国民经济发展和改善生态环境中有着特殊地

位。首先，森林的主产品木材是人类使用的四大主要材料(金属、水泥、木材和塑料)之一。以木竹原材料的各种制成品(包括纸在内)，还为人类生产生活提供多种林产品以满足符合人类的长期生存和生活需要，而且在许多方面是不可替代的，这已为现代生产发展历史所证实；其次，森林生态系统是地球陆地最大的生态系统。森林生态系统组成复杂、结构完整、能量转换和物质循环旺盛，因此，森林的生物生产力高，生态效应强，在维持生物圈的稳定、改善生态环境等方面起着重要的作用；再次，在近代社会，林业产业逐步发展形成具有一定规模和社会效益的产业。其在繁荣山区经济、吸纳大量农村剩余劳动力就业、提高土地利用率以及促进社会主义新农村建设等方面发挥着重大作用。

第二，由于林业产业所利用的主体即森林具有可再生性，对环境保护具有积极作用，这就造就了整个行业在推进国民经济可持续发展上具有其他产业难以比拟的独特优势，特别是在当今人类赖以生存的地球出现人口膨胀、耕地减少、环境污染、石油煤炭等能源枯竭的压力，林业产业的优势就更加突出。

第三，随着时代的变化和科学的发展，林业行业其产业链条与产品功能在逐步延伸和扩大。如新型生物能源、以森林旅游为主体的森林文化产业以及生物制药、森林食品、森林药材、木本粮油等开发前景广阔。

第四，由于中国国情所致，林业产业发展所依赖的空间，包括林地、沙地、湿地、荒地以及地面上、甚至由地面释放出的气体可开发利用的潜力广阔，使林业行业具有十分广阔的空间和美好的发展前景。

二、新时期国家社会经济安全存在的问题以及给林业产业发展带来的机遇

随着世界工业化进程的加快和科学技术发展，地球上的自然资源基本上被开发利用或已纳入开发利用计划之中。这种开发伴随着一系列问题的出现，给仍在不断增长并且各类需求日益提高的人类带来十分严峻的问题。当前最突出的如能源安全问题、粮食安全问题、生态安全问题、木质林产品安全问题和山区经济发展及劳动力安置等5个问题。而林业产业由其特有的功能和优势，在解决或缓解上述5大问题上可发挥重要的、不可替代的作用。

(一)维护能源安全

能源是现代人类生存和发展所依赖的重要资源，随着我国经济、社会的快速发展，资源短缺和环境问题已成为制约我国国民经济发展的主要因素。我国是矿物质能源相对贫乏的国家，能源需求的对外依存度不断提高。2004年净进口石油1.45亿吨，预计到2020年需要净进口石油2.5亿~2.7亿吨，对外依存度将从2003年的36%提高到56%~60%。能源安全问题已成为影响我国政治、经济、外交的一个重要问题。为缓解化石能源供给不足，保障能源满足经济社会发展的需要，必须寻找可替代的可再生能源，从而促进能源产业向多元化、可持续、与环境友好以及降低进口依存度方向发展。我国生物质资源十分丰富，开发生物质能源潜力巨大，发展也是正当其时。通过工业化利用途径，将富含油脂、木质纤维及非食物类果实淀粉的林木生物质材料转化为包括液体的生物柴油和燃料乙醇、固体成型燃料、气体燃料、直燃发电以及生物塑料等多种形式的能源产品和生物产品。随着加快开发利用林业生物质能源，林业生物质能源在维护国家能源安全方面会发挥越来越重要作用，将成为应对我国能源发展战略转型，解决能源与环境重大问题的重要途径。

中国林木生物质能源资源调研结果显示，我国陆地生物质能源资源可开发量大约在180亿吨以上(按森林干物质生物量计)，其中包括每年森林采伐剩余物生物量约16.2亿吨，面积约4 529.68万公顷的灌木林、303.44万公顷的薪炭林，综合考虑采运条件、生态防护、资源分布等多方面的因素，每年可提供发展生物质能源生物量为3.3亿吨，折合标准煤约2亿吨，能够减少1/10的化石能源消耗。此外，我国木本油料树种总面积超过400万公顷，种子含油量在40%以上的植物有154种，果实产量在500万吨以上，具有开发生物液体燃料的广阔前景。目前，我国有5 700多万公顷的宜林荒山荒地和近1亿公顷的边际性土地(盐碱地、沙地以及矿山、油田的复垦地等)，培育能源林的潜力和空间

很大。规划到2020年，可定向培育能源林2亿亩，能够提供600万吨生物柴油和装机容量1 500万千瓦/年发电的原料。随着纤维素转化燃料乙醇的技术研发步伐加快，林业生物质能源发展的深度和广度将被拓展。

（二）缓解粮食安全危机

粮食安全不仅是农业和粮食生产、流通、消费本身的问题，还是我国经济社会发展的一个长期战略问题。杨继平同志在曾把我国的粮食问题十分准确和全面地概括为5个矛盾，即人口不断增加、生活水平提高与耕地不断减少、低产地分布广的矛盾；耕地生产力下降与粮食综合生产能力必须提高的矛盾；水资源严重短缺与农业用水不断增加的矛盾；全球气候变暖与保持粮食持续生产能力的矛盾；国际粮食市场供求紧张与我国粮食增加进口的矛盾。因此，我国粮食如何全面、协调、可持续发展和解决粮食安全这个长期战略问题关系重大，是摆在国人面前必须解决的问题。

木本粮油生产潜力巨大。早在远古时代，木本粮油食物就是人类最基本的食物来源。后来随着农业的发展，小麦、玉米、稻谷等逐渐成为人类的主要食物来源，但木本粮油仍然在经济社会生活和食物消费结构中占有重要地位。我国山地幅员广阔，山区面积占国土面积的69%，另有沙区面积占18.2%，其中有相当大一部分资源可用于发展木本粮油生产，我国木本粮油树种资源丰富，从南到北都有适宜栽植的树种。发展木本粮油对满足经济社会日益增长的粮食需求是一条潜力巨大的新途径。木本粮油生产，不占用有限的耕地资源；能够充分利用山地、丘陵地的自然地力，污染少，是绿色食品；具有生态效益，很多树种是生态经济兼用型树种；成本和劳力投入相对少，经济附加值高，市场前景好，生产潜力大。我国木本粮食树种有100多种，主要是干果类，如板栗、枣、果用银杏、仁用杏、柿子等；木本油料类200多种，含油量在50%～60%的木本油料树种有50多种，作为食用油料栽培的有10多种，如油茶、油橄榄、文冠果、核桃等。

目前，我国木本粮食的产量为590万千克，是全国粮食产量的1.1%，根据专家测算，我国适宜栽植木本粮食树种的土地还有约2亿亩，如果全部改造开发出来，木本粮食平均亩产可达125千克，每年可增加木本粮食产量250亿千克，加上对现有木本粮食树种进行改造提高，预计增产20%，达708万千克，每年可向社会提供的木本粮食就可达958万千克，可占全国粮食产量的1.9%。

（三）保证木材安全

随着全球生态状况不断恶化和木材等林产品供需矛盾逐步加剧，森林不仅成为维护生态安全的根本，也是一种重要的战略资源。木材等林产品作为经济社会发展中不可或缺的必需品已变得越来越紧缺，已由一般的经济问题逐步演变为资源战略问题。木材供给问题事关整个国民经济与社会发展全局，并对全球林产品贸易及森林资源经营具有重大影响。目前，据国家林业木材行业管理办公室在署名文章中运用的一组数据，我国每年木材消耗量大约为3.8亿～4.0亿立方米。森林蓄积供给量约为3.65亿立方米（折合木材约2.0亿立方米）。进口各种林产品折合木材约1.7亿立方米，仍有0.3亿左右立方米的木材缺口。预计到2010年，我国对木材的需求量将达到4.3亿左右立方米，按动态计算，届时国内供应缺口将达到2.3亿左右立方米（进口林产品未计）。从人均消费水平看，世界人均年木材消耗量为0.58立方米，发达国家达1.0立方米左右，而我国人均年木材消耗量仅为0.28立方米，不到世界人均水平的50%，如要达到世界平均水平，对木材的需求量还将再翻一番，缺口将更大。与此同时，从国外获取木材及其他林产品的难度愈来愈大。据统计分析，近10年我国木材、木浆及造纸以及其他木材制品进口量从0.34亿立方米增长到1.7亿立方米（折合木材），对外依存度高达30%以上。大量的进口虽然在短期内缓解了我国木材供需矛盾，但所付出的经济代价也很大，2006年我国木质林产品进口额达到165.7亿美元（折合人民币接近1 500亿元）。随着我国木材主要进口国的政策变化以及国际木材市场的价格上涨，我国进口木材付出的经济代价也会越来越高。另一方面，全球范围内原始林资源接近枯竭，从国外获取木材的前景也不容乐观。从我国目前的木材消费结构来看，建筑、家具、交通等行业消耗的木材仍以大径级木材为主，其原料主要来源只能从有限的国内或国外天然林中获取。从我国森林资源结构及趋势来分析，我国目前森林资源中成过熟林、近熟林、中龄林、幼龄林面积的比重分别为18%、14%、35%、33%，这一结构说明目前我国森林提供木材的能力还比较弱。我国目前树种结构也十分不合理。东北地区的落叶松，华东、中原大部分地区的杨树，华南、西南大部分地区的马尾松、杉木及近些年大面积发展的桉树，占据了全国木材生产量的70%以上。这种趋势在相当长时间内还会加剧，致使本来就不合理的供需结构更加不平衡。

解决我国木材安全隐患可以采取以下几方面措施：首先，提高林地利用率和森林集约经营强度。我国目前林地利用率仅59.77%，而发达国家均在90%以上；森林蓄积生长量是森林经营水平的重要指标，我国目前林分平均每公顷蓄积量为84.73立方米，人工林林分为46.59立方米，分别为世界平均水平的70%和46%，若通过加强中幼林抚育、低产林改造，将林分蓄积提高几个百分点，就可较大幅度缓解木材供给压力；第二，提高森林资源出材率、木材综合利用率以及加大城市废旧木材回收率，即采取节流方式，也可增加一定量的木材及制品供给；第三，加快速生丰产林原料基地林的营造，这是提高木材供给能力最有效的途径；第四，确定合理的国际木材资源利用战略也很重要。包括木材进口结构性调节、跨国森林资源开发、建立海外森林培育基地等；第五，大力发展人造板及其他人造木质品，调整木质品利用结构，提高消费者对木质品的认识。

(四)保障生态安全

21世纪以来，我国生态环境建设，全面推进林业六大重点工程，十分重视并取得了举世瞩目的成效。但总体上分析，生态环境恶化的局面仍未彻底扭转。体现在水蚀区水土流失面积仍在200万公顷以上，年流失有机肥5 700万吨，泥沙俱下，造成江河湖泊淤积、水库库容损失、水利设施效能衰减，全国荒漠化土地仅得到部分治理，但随着个别地区仍然恶化，估计总面积仍不低于300万公顷，每年损失的耕地仍不低于15万公顷。加之全国大部分地区水资源的匮乏，气候异常，致使我们生存质量下降，国家生态安全面临着前所未有的挑战。

根据森林生态服务功能和天然林资源保护、森林资源营造、湿地保护、野生动植物保护及生物多样性的恢复等林业措施能改善生态环境，特别是兼有经济效益的油茶、经济林、竹林、能源林等产业化生态建设，能从机制上拉动生态环境建设，其产业发展潜力和广大的市场容量将激发生态建设与劳动者所获得的经济效益紧紧地联在一起，有效维护国家生态安全。

(五)促进山区经济发展及劳动力安置

当前世界范围内的发展中国家均存在着农民收入低、贫困人口多和农村劳动力过剩问题。这个问题在我国尤为突出并亟待解决。截至2007年底，我国农业人口为9亿左右，在不到16亿亩的农耕地上耕作、生存。平均人均耕地不到1.8亩，农村剩余劳动力约3.5亿以上，由于农村实行家庭生产承包责任制，劳动生产率低落后，以及农村生产结构单一，加之大部分农村地处山区、丘陵，农村交通不畅，信息不通，致使农村、农业和农民问题成为制约我国经济与社会可持续发展的瓶颈。特别是山区的绝对贫困人口超过5 000万人，占整个农业人口的70%以上。

在山区大力开展以森林及野生动植物利用为主体的林业产业大有可为。我国山区总面积和沙区总面积分别占国土面积的69%和18.1%，另外还有近6亿亩湿地，三者合计相当于我国耕地总面积的3倍多。我国是世界花卉种植面积第一大国，又是世界上竹资源最丰富的国家。除大力营造速生丰产用材林满足木质林产品需求、大力发展经济林等非木质林产品，满足社会对森林食品、香料、药材、日用品等诸方面需求外，发展生物质能源林基地、木本粮油林基地、竹藤基地、花卉业、森林旅游业等，还可以迅速缓解我国能源短缺、粮食安全、木材安全等问题。更为重要的是，通过林业、沙产业及湿地的保护和开发利用，特别是规模化经营和产业链的不断延伸，可以持续地提高经济效益，既增加了农民收入，又可以安置大量的农村富余劳动力，还促进了农村经济的繁荣，为社会主义新农村建设夯实物质基础。

综上所述，当前制约我国经济与社会可持续发展能源安全问题、粮食安全问题、生态安全问题、木质林产品安全问题和山区经济发展及劳动力安置等5个突出问题，对林业产业而言，是一个高速发展的绝好机遇，是林业行业充分发挥自身潜能，完善产业体系，为国民经济与社会可持续发展做贡献的大好时机。

三、关于加快林业产业发展的若干思考

（一）我国林业产业的发展现状

近年来，随着市场经济的拉动和各级政府的支持引导，我国林业产业一直保持强劲的发展势头，并呈现以下特点：

（1）产业规模不断壮大，经济实力不断增强。跨入新世纪以来，我国林业产业总产值以高于国民经济6%～8%的速度快速增长，2007 年全国木材产量达到 6 976.65 万立方米，人造板产量达到 8 838.58万立方米，各类经济林产量突破 1 亿吨，主要林产品供应能力不断增强。松香、竹材、竹制品、人造板、家具等产品产量均居世界首位，经济林、花卉等产品产量已位居世界前列，同时林产品贸易也快速增长，进出口贸易总额达到 570 亿美元，同比增长 21.1%，林业企业对外交流与合作空前活跃，参与国际市场的竞争能力日渐增强。

（2）产业面不断拓展，产业链不断延长。随着人类认识自然水平的提高和林业产业的发展，森林在提供木竹材产品的同时，还提供了十分丰富的非木质产品（如药材、松香、饮料、香料、染料、食用油、果品、食品等），产业链从森林资源培育，一直延伸到森林资源的加工利用及森林旅游等各个环节。林业生物柴油、生物制氢、生物酒精和生物发电等生物质能源已逐步进入产业化阶段，木材复合材、竹纤维等生物质材料已实现规模化生产，森林旅游、野生动植物繁育利用、森林食品、森林药材等已成为部分地区的支柱产业。

（3）产业聚集度不断提高，龙头企业作用不断增强。随着市场竞争越来越激烈的形势下，各类林业企业充分认识到规模效益、聚集效应对提高企业竞争力的重要性，新扩建企业规模越来越大，如广西三威林产工业有限公司、四川国栋建设股份有限公司（中密度纤维板单产生产线规模已达到 30 万立方米）。与此同时，产业发展模式逐渐合理化、稳定化，在引导生产、延长产业链、科技示范、促进林产品深加工、提高附加值方面发挥着重要作用。福建省永安林业（集团）总公司自创立起，就从林业自身的特点和实际出发，积极探索连接农村、连接农户、连接基地的有效途径，建立了“公司 + 农户 + 基地”经营模式，产业基地辐射至永安 12 个乡镇及漳平市 4 个乡镇，每年带动 1.6 万家农户增收 1 500万元。雅安市中竹纸业公司年消耗鲜竹 32 万吨，生产纸浆 8 万吨，销售收入 3.6 亿元，带动农户 1 万户，帮助农民人均年增收 271 元。山东省贺友集团 2004 年中密度纤维板产量 60 万立方米，原料收购半径达 150 千米，涉及山东、河南、河北、江苏 4 省，2004 年消耗原料 80 万吨，支付货款 2.4 亿元。河北省冀州市华林板业有限公司是一家年生产能力为 20 万立方米的中密度纤维板企业，2002 年开始实施“公司 + 农户”方式营造原料林，到目前已发展订单丰产林 1 万公顷，带动农户 3 万多户。

（4）非公有制经济异军突起，投资主体多元化格局初步形成。随着林业改革的不断深入，股份制企业、民营企业正在日益成为林业产业发展的主导力量，外资、合资等一大批适应市场经济规律的企业正在强势崛起，基本改变了国有林业企业一统天下的局面，林业投资主体多元化格局初步形成。截至 2004 年底，全国林业第二产业的非公有制企业已达 18 万多家，占全国林业企业单位总数的 90%以上，非公有制林业第二产业产值已达 2 110 亿元，占林业第二产业总产值的 82%，非公有制林业造林面积达到了 285.3 万公顷，占全国造林面积的 51%。当前，全国国有林业企业下岗职工依靠非公有制林业经济实现再就业的人员达到了 76%，非公有制林业产值占总产值的比重经达到 50% 以上，已占据着“半壁江山”。如福建省，现有非公有制林业企业 3 万多家，占全省林业企业数的 61%；1 006 家规模以上的林业企业中非公制占 80%，非公有制林业经济已占林业经济总量的 63%。如广东省，全省私营投资造林总面积已达 53 万公顷，投入资金高达 23 亿元，造林户数达到 54 万多户，木材和林产品累计收入约 76.5 亿元。

（5）对农民增收致富和区域经济发展促进作用

不断加大。据统计，通过林业产业的发展，全国每年可带动4 500万多农民就业，相当于农村剩余劳动力37.5%。在南方集体林区158个林业重点县，农民收入的40%以上来自于林业产业。吉林省目前围绕森林资源开发形成的经济总量超过600亿元，依托林业生存发展的人口超过350万人。2003年，林农年人均收入有1 970元来自林业，占总收入的65.8%。林业已成为吉林省继汽车、石化后第三大支柱产业。辽宁省桓仁县通过人均2亩经济林、2亩工业原料林、1亩中药材的"221"工程，实现林业收产值占全县GDP的40%以上。云南省景谷县林产工业产值达到3.36亿元，占工业总产值80.6%，上缴利税6 415万元，占财政收入的72.4%。江苏省苏北地区5县(市)的杨树产业综合产值达300亿元，转移农村劳动力130万人，仅邳州板材加工年产值达160亿元，纳税近30亿元，占全市财政收入的60%以上。浙江临安市白沙村把"砍"树变成"看"树，以森林旅游为依托，发展"农家乐"，一个普通家庭一年的收入就达到5万元，多的达到25万～30万元。基层干部和农户形象地说"绿水青山就是实现农村致富的金山银山"。

(二)我国林业产业发展存在的问题

总体上分析，我国林业产业已经形成了一定规模、产业体系也初具雏形，在满足国民经济与社会可持续发展中的作用也得到部分的体现，但不论发展规模、水平、速度、质量、体系的完整性，以及外部调节指导及扶持力度都存在相当多的问题，亟待解决。

(1)林业产业整体素质不高。无论木质品加工企业，还是非木质品加工企业，如经济林、竹藤、木本粮油等，企业规模均小、低档产品多、精深加工产品少、产品质量低、企业创新能力弱、产业结构雷同的局面并未得到根本扭转。特别是木浆造纸、刨花板、中密度纤维板和定向刨花板的企业，平均规模分别仅为世界水平的33.33%、12.98%、35%和10%，并且技术装备水平普遍较低，除少数外资企业和以进口设备为主的大型企业外，大多数仍处于国际上20世纪六七十年代的水平。

(2)科技含量低、科技成果转化慢。从业人员的整体素质偏低，全国林业系统各类专门人才仅占职工总数的23.3%，大专以上学历仅占职工总数的19.9%，远低于其他行业，更低于发达国家同行业40%以上的水平。企业技术创新能力弱，对新技术、新设备的利用程度差，科技成果转化率低，林业产业科技贡献率仅为20%，远低于全国其他行业40%的平均水平。新产品和尖端技术研发能力与国际水平相比有很大的差距，科技投入少，尚未形成长期有效的科技投入机制。植物新品种和优良品种推广种植少，林地复合经营技术落后，林地效率没有得到充分发挥；深加工、高附加值的产品少，专利技术科技含量低，难以实施有效保护；先进的林业机械都需要进口，影响第二产业的纵深发展；生物产业和高新技术领域企业少，难以实现森林资源的多次增值，即使是在我们看来是深加工产品的银杏黄酮、竹酢液、竹叶黄酮、紫杉醇等生物制药，也只是处在原料供应阶段。

(3)林业产业资源基础支撑能力弱。从资源总量看，我国森林面积人均占有量仅相当于世界人均占有量0.6公顷的1/5；活立木人均蓄积量仅为世界人均蓄积量72立方米的1/8。从资源利用水平看，我国林业用地有效利用率只有52%，而美国为95%，瑞典为98%，日本为96%；我国的森林资源综合利用率仅为60%左右，北欧为96.8%，美国为88.6%，日本为87.9%。从森林质量看，全国林分平均蓄积84.73立方米/公顷，为世界平均水平的84.86%；人工林树种相对单一，质量相对较低，每公顷蓄积量仅为46.59立方米。随着生态工程的实施，我国森林资源实现了面积蓄积双重增长，但多为经济林和非商品性的生态林，传统林区的可采资源趋于枯竭，木材供需矛盾日益尖锐，进口依赖度不断增大，资源短缺已成为我国林业产业发展的制约因素。

(4)经营机制和政策体系不完善。部分国有林业企业改革滞后，政企不分，尚未建立起真正意义上的现代企业制度；林业企业分散，各自封闭，缺乏协作与沟通；分类经营、集体林权制度改革、国有林区管理体制改革还没有完全到位，森林资源培育的制度性障碍还没有完全消除；现有的资源管理政策尚未切实赋予生产者和经营者在采伐、利用上的自主权，难以充分调动蕴藏在广大农民和林业职工中发展林业的积极性、自主性；缺乏有利于林业产业发展的投融资、税费、扶持等配套政策措施，发展资金严重不足已成为产业发展中的突出问题。

（三）建　议

为充分发挥好林业产业在促进国民经济与社会发展中的重要作用，努力挖掘潜力，使其又好又快的发展，近期应重点抓好以下4项工作：

（1）编制规划并拟定产业政策。国家林业局曾编制过若干个林业产业发展规划或纲要，对促进林业产业发展发挥过重要作用。目前，国家林业主管部门要牵好头，调动各方面力量，站在国家的高度，以市场为导向，兼顾行业、区域、企业及农民各方面的利益，编制全国林业产业发展规划纲要，在认真摸清国内外森林资源状况、对木质、非木质林产品市场广泛调研了解、对国家能源安全、粮食安全、生态安全、木材安全及山区经济繁荣及扩大劳动力就业需求综合考虑的基础上，准确确定阶段性的全国林业产业发展方针、目标、布局、近期重点建设的领域、优先发展的产业、产品以及保障措施等情况基础上，组织编制规划纲要，并经各方面论证后正式颁布。同时，国家林业局要主动协调中央各综合部门拟定和调整促进规划实施的财税、外贸、价格、技术监督、投融资、信贷、保险等政策，进一步贯彻落实2007年七部委共同颁布的《林业产业政策要点》以及其他政策性文件并逐条追踪落实。

（2）加大林业产业市场培育及监管力度。建立和逐步完善木质、非木质林产品市场准入制度，以保障具有一定规模、产品质量达到一定水准以及符合行业相关要求的企业和产品进入市场并给予相应的支持；制定符合市场经济，特别是与国际接轨的行业法律法规，配合工商、质量监督等部门加强市场管理；定期编制并颁布行业发展指南，及时指导企业向国家鼓励发展又符合国内外市场需求的产品，及时调整产品结构。

（3）加大科研及推广力度。制定支持和鼓励单位、企业和个人大力开展林业产业科技攻关、新技术推广和引进消化国外及其他行业先进技术；近期重点支持企业采用清洁生产技术，强化生物技术和加工新技术的研制和推广，鼓励研发新材料技术、信息技术的研发；强化木本粮油加工、深加工技术的推广。

（4）加强社会服务功能和质量。在市场经济环境下，政府要充分发挥社团组织的桥梁和纽带作用，大力培育中介组织，鼓励行业自律和公平竞争。要加快政府行政职能的转变，将有关工作委托给协会组织实施。当前特别要委托和支持行业协会突出抓好三方面工作：一是全力开展好林业产业信息服务，及时准确地向市场、企业和农民提供各类木质非木质林产品供求信息，同时，通过林博会、交易会、洽谈会等经贸活动，为市场交流搭建平台；二是组织开展好林业名牌林产品评选认定、百强企业认定和为政府作好产业龙头企业确定的服务工作，有效开展公平竞争，促进企业的质量意识、品牌意识；三是开展森林认证及其他方面的质量及产品认证，鼓励开展林地评估及流转、投资担保、国际维权等中介活动，通过开展行业自律促进行业健康发展。

调 研 单 位：中国林业产业协会
调研组成员：王　满　石　峰　陈圣林　赵　伟
高力力　辛相宇　邵　岚　高中海

现代林业产业宏观调控体系建设调研报告

林业产业是一项重要的基础产业。发展林业产业，既有经济效益，又有生态效益，还有社会效益，对保护和改善生态环境，保障林产品供给，拓宽农民就业渠道，促进农民增收致富和区域经济发展，具有重要而独特的作用。在市场经济条件下，促进林业产业更好更快发展，政府要不要加强管理，如何进行管理，已成为摆在我们面前的一个重大战略问题。带着这个问题，2008年7月初和9月初，按照国家林业局调查研究工作协调小组办公室的要求，全国木材行业管理办公室对福建、浙江、湖北、湖南4个省进行了专题调研，重点了解上述省份在加强宏观引导、促进林业产业发展中的好的做法、存在的问题以及对加强林业产业宏观调控体系建设的意见和建议。在此基础上，探索建立完善支撑现代林业产业发展的宏观调控体系的有效途径。

一、林业产业宏观调控机制逐步建立完善

宏观调控是社会主义市场经济条件下政府的一项重要职责。林业主管部门在宏观调控中要发挥应有的作用，必须建立完善机构、职能，同时，要积极协调综合部门，最大限度地争取综合部门的支持，并不断完善相关服务体系。在建立完善宏观调控机制方面，4个省林业主管部门均开展了卓有成效的工作。

（一）建立完善协调机制，为林业产业创造良好的发展环境

林业产业在促进区域经济发展和农民增收中的作用日益突显，地方政府对林业产业的重视程度也与日俱增。以此为契机，4个省林业主管部门根据各自实际，主动出击、积极协调，努力促进产业协调机制的建立和完善。浙江省林业主管部门积极争取把林业产业纳入农业产业化扶持范畴，专门成立了由财政、税务、工商、海关、经贸、农业、林业等部门组成的农业产业化领导小组，分管副省长任组长，定期召开专题会议，研究部署农业产业化工作，制定产业化扶持政策，协调解决产业发展中出现的问题。福建省林业主管部门立足建立长效沟通协调机制，省林业厅不定期组织支持林产业发展座谈会，与海关、检疫、工商、质监、税务、经贸、财政、发改等部门沟通情况，为林业企业与相关部门面对面交流搭建平台，使相关部门及时了解和解决企业发展中的困难，特别是在协调林业资源综合利用产品税费减免、出口产品退税政策调整等有关林业优惠政策中发挥了重要作用。湖北省林业主管部门与省财政、金融、质检等部门密切合作，建立了林产品专项资金扶持机制、林业产业化龙头企业信贷平台，作为湖北省食品安全管理委员会成员单位，参与对全省林业食品的卫生安全的质量监督管理，有效地增强了林业产业宏观调控能力。湖南省林业主管部门建立重点项目扶持机制，积极协调综合部门，重点扶持速生丰产用材林培育、竹产业、花卉产业、森林旅游产业等。

（二）完善机构、强化职能，努力构建上下联动的管理体系

福建省林业主管部门在历次机构改革中，一直保留了较为完整的林业产业管理职能和管理部门，省、市、县三级林业产业管理体系较为完整。目前，福建省林业厅产业发展处有行政编制7人，9个区（市）林业部门中已有5个设立产业科，其他4个与计财或营林等职能部门合署办公，专人负责产业管理，南平、三明、龙岩3市所属县（区、市）的林业部门还设立了产业股。福建省林业厅产业发展处职能较为健全，主要负责贯彻落实林业产业发展规划，指导林业产业布局和结构调整，指导、协调企业原料林和商品林基地建设，指导林业企业发展，负责木材行业管理等。浙江省林业产业管理机构历经多次变迁。1995年机构改革，设立林业产业处，编制6人，其中领导职位2人；2000年机构改革撤销了林产工业处，部分编制、职能并入计财处；2002年11月，经省编委批准，计财处增挂林业产业办公室牌子，编制由机关内部调剂解决；2004年5月，林业产业办公室从计财处分离，独立设置，内部调剂行政编制3人，其中领导职位1个。市、县（区、市）林业产业管理机构原先比较健全，随着省级林业产业管理机构的不断变化，目前，部分市、县（区、市）林业部门设有产业科、股，还有部分市、县（区、市）林业产业管理由县（市）林业局办公室、综合科或造林科等兼顾，林业产业机构设置尚不健全。由于产业管理机构多变，影响了林业产业职能的稳定。目前，林业产业办公室主要负责研究制订全省林业产业发展规划，指导林业产业和产品结构调整，对林业产业行业协会、合作经济组织实行宏观指导，木材行业管理等。湖南省林业局主管部门，于2002年成立了省木材行业管理办公室，强化了木材行业管理职能，但目前没有专门的林业产业管理机构，产业管理由厅办公室牵头，

多个职能处室分工协作。各市(州)林业局也相继成立了木材行业管理办公室或林工管理站，负责产业管理。县林业局产业管理机构发展不平衡，林业大县(区)职能、机构和人员比较整齐，其他县(区)则只有分管人员，没有专职机构。湖南省木材行业管理办公室职能具体明确，负责指导全省森林资源的开发利用、国有森工企业管理、木材行业管理等近20项具体职能。2000年，湖北省机构改革时，省林业局产业处撤销，相关业务工作并入局计划资金管理处。但随着林业产业工作的发展和形势的需要，2003年，经省编委批准，省林业局成立了林业产业处，主要负责制订林业产业化发展规划，并监督实施；参与指导全省林产品结构调整；负责对全省各种经济成分的林业生产企业实行宏观管理和指导，规范全省林业生产企业行为。省林业产业处成立后，全省17个市(自治州)，有13个恢复成立了产业科，4个市(自治州)在资源科或造林科指定专人负责产业工作。目前，省产业处与各市(自治州)林业产业部门工作渠道畅通，但县(市)一级产业管理机构建设参差不齐，有待加强。

(三)加强中介机构建设，发挥桥梁纽带作用

随着市场经济的不断完善，政府职能的不断转变，中介机构的桥梁、纽带作用越来越重要，在政府宏观调控中发挥了积极作用。浙江省整合协会资源，成立了浙江省林业产业联合会，统一指导各类专业协会，按照行业性、专业性、代表性的原则，加强各专业协会建设，使协会在信息技术、拓展市场、反映诉求、行业自律等方面的作用日益显现。各市、县也均建有相关的协会，目前，全省已有各级各类产业协会137个。福建省有1 000多家林业行业协会，其中与林业产业相关的省级协会6家。目前，福建省林业厅正积极筹备将省林产工业协会和木材行业协会整合成立福建省林业产业协会，集中有限的资源最大限度地服务于现代林业建设，更好地引导林业企业发展、优化林业发展环境、提高行业自律能力。各市、县也已建立相应的林业产业中介组织，近年来，在政府支持下，涌现出了一批由民营企业自发组成的“自下而上”的行业协会、同业公会，这些中介组织实行自愿发起、自选会长、自筹经费、自聘人员、自主会务，相比过去“自上而下”的中介组织，更具活力。湖南、湖北两省近年来也积极加强林业产业中介组织建设。湖南省林业厅先后成立了竹产业协会、花卉协会、林产工业协会等中介组织；湖北省林业局积极引导建立民间林业产业专业协会，地板协会、蜂业协会、食用菌产业协会、林果协会等相继涌现。

二、采取有效政策措施，宏观调控取得明显成效

福建、浙江、湖南、湖北4个省林业主管部门根据各自林业产业发展的实际，积极采取有效措施，大力调整产业结构和生产力布局，提升产业素质，着力扶持主导产业，培育新兴产业，通过扶优扶强，促进林业产业不断发展壮大。实践证明，加强政府宏观调控，引导和规范企业行为，对促进林业产业全面协调可持续发展发挥着积极作用。

(一)制订规划和政策，大力调整产业结构优化产业布局

林业一、二、三产业的协调发展和产业布局的优化，是宏观调控的重要任务之一。4个省林业主管部门通过科学规划、全面贯彻落实《林业产业政策要点》，加强政策引导，在产业结构调整和产业布局方面都做了有益探索，取得了一定成效。浙江省在调整产业结构和产业布局上成效最为显著。他们通过制订规划，明确各主导产业发展的指导思想、发展目标、基本原则和工作措施，并围绕规划目标，出台操作性较强的政策意见，培育区域特色明显、经济效益显著的珍稀干果产业带、竹产业带、木产业带、花木产业带和山地精品水果产业带，引导主导产业更好更快发展。同时，通过扶持林业观光园区，促进一、三产业的相互促进、融合发展；以扶持林业新技术产业为抓手，引导林业企业增强技术创新，壮大第二产业。2007年浙江省实现林业社会总产值1 372.9亿元，一、二、三产业所占比重分别为28.47%、51.75%、19.78%，基本达到世界林业发达国家水平(在林业总产值中，世界林业发达国家二、三产业产值所占比重一般超过70%)。福建省通过建立五大原料林基地，加快资源培育为主的第一产业发展，通过重点扶持人造板工业、制浆造纸业、林产化工业、木竹制品工

业、森林旅游业五大支柱产业，加快第二、三产业发展。2007年实现林业总产值1 180.75亿元，一、二、三产业所占比重分别为29%、69%、2%，第二产业比重比全国平均水平高出近20%。同时，产业布局逐步完善，已形成了南平木竹、三明林产加工、漳州家具三大产业集群，莆田木材加工贸易产业集群正在逐步形成。湖南省通过制订专项规划并配套相关政策，调整产业结构和产业布局，基本形成了以速生丰产林和花卉苗木集群为重点的第一产业，林板纸产业集群为龙头的第二产业，森林、湿地旅游集群为主体的第三产业。2007年林业总产值达到630亿元，一、二、三产业比重分别为38.76%、44.89%、16.37%，产业结构日趋合理。湖北省加快产业结构调整步伐，林业产业从传统的大宗木竹加工、人造板生产为主向森林食品、林产化工、森林药材、苗木花卉、森林旅游等方面转变，拓宽了林产业发展的领域，2007年实现林业总产值440亿元，一、二、三产业比重分别为50%、42.30%、7.70%。

（二）龙头拉动、品牌引领，提升产业素质

发挥龙头企业的带动作用，实施品牌战略，是提升林业产业整体素质的重要途径。近年来，4省通过开展龙头企业认定，普遍加大了林业龙头企业政策扶持力度，同时通过政策激励，营造了企业争创名牌的良好氛围。湖北省林业局与省开发银行合作，搭建信贷平台，加大林业贴息贷款支持力度，省财政设立林产品专项资金，用于扶持林业龙头企业和鼓励企业实施品牌战略。2006～2007年，湖北省共安排林产品专项资金2 000万元，安排林业贴息贷款4.2亿元。目前湖北省已认定111家省林业产业化龙头企业，有3个产品获“中国名牌产品”称号，有70个林产品获“湖北名牌”称号，16个林产品获“国家免检产品”资格。湖南省对龙头企业在原材料供应、基地建设、贷款贴息等方面给予重点扶持。日前，共认定省级林业产业龙头企业114家，并建立了龙头企业重点联系制度。同时，通过开展“湖南省林产品十大品牌”认定，组织开展创湖南名牌和湖南著名商标等活动，大力培育名牌产品。目前，湖南省木材加工产品已拥有“中国名牌产品”1个、“中国驰名商标”3个、“国家免检产品”8个、“湖南省名牌产品”20个、“湖南著名商标”10个。福建林业龙头企业65家，有“中国名牌产品”2个，“中国驰名商标”6个，“国家免检产品”7个，“福建名牌产品”86个，培育了一批创新能力强和产品市场占有率高的品牌企业。

（三）加强标准化建设，设立准入条件，促进经济增长方式转变

促进林业经济增长方式由粗放型向集约型转变，是落实科学发展观的具体举措。近年来，浙江、湖南、福建等省林业主管部门通过推行标准化建设，设立市场准入条件，积极促进林业经济从数量型向质量型转变。浙江省林业厅成立了全省林产品质量安全工作领导小组，由厅长任组长，加强与省质量技术监督局、食品药品监督局的工作协调，每年从省农产品质量安全协调会争取林业标准化经费用于林业标准制定、推广、林产品抽检、检测设备补助。目前已制定林业地方标准69项，其中种苗花卉类10项、竹子培育类12项、竹木加工类10项、森林食品类17项、森林资源培育类7项、其他森林经营与保护类13项。实施国家林业标准化示范区9个、省级林业标准化推广实施示范项目77个，共建立标准化示范基地79.4万亩，辐射推广158.37万亩，带动农户近34万户，新增产值8.4亿元。建设了以省级林业检测站（省林产品质检站）为龙头，在全省8个重点县（市）和林产品主产区建立检测网络点，并结合企业自我检测能力建设，形成覆盖全省生产、加工、流通等环节相衔接，产前、产中、产后全过程有效控制的质量监督检测体系。湖南省积极鼓励重点林业县（市）制定行业准入条件，调高木材加工行业的准入门槛，积极引导林产工业向资源节约、集约经营方向发展。绥宁县规定进入木材加工领域的企业，必须是年产值500万元以上的规模企业，经过几年的努力，绥宁县竹木加工企业从1997年前的300余家减少到目前的187家，规模企业从3家增至31家，竹木加工利用率由65%提高到了75%以上，加工产值由3.0亿元增加到了8.1亿元。福建通过提高市场准入门槛，限制以阔叶树种为主要原料的林产品加工项目（利用进口材除外）、松脂初加工项目，以及不利于生态保护和珍贵濒危野生动植物保护的项目发展，对新

上林产工业项目制定了规模条件，提高规模效益和资源利用水平。

三、宏观调控手段尚有欠缺，调控体系建设亟待加强

近年来，4省林业产业宏观调控虽然取得了一定成效，但远不能适应建设现代林业的要求，林业产业存在的许多深层次问题尚未得到有效解决，而新情况新问题又不断出现。当前，我国经济社会发展面临能源资源价格高、供给短缺，物价上涨，贸易保护主义抬头的多重压力，林业产业已进入经济调整转型的关键时期，强化与建设现代林业相匹配的宏观调控手段迫在眉睫。

（一）缺乏有效的经济调控手段

一是政府财政投入不足。从扶持林业产业发展的经济政策看，目前主要依靠林业项目贷款贴息。个别省，如湖北省，虽然设立了林产品专项扶持资金，但杯水车薪，对龙头企业林产品精深加工和企业自主创新缺乏实质性的资金扶持，企业发展完全依靠自身的原始积累。政府科技开发资金也主要用于资源培育，品种改良和示范基地建设，对加工企业的新产品开发、技术改造等相关项目贷款扶持力度不够，导致产品更新换代慢，竞争力不强。二是国家税收优惠政策不稳定。以"三剩物及次小薪材"为原料生产加工的资源综合利用产品实行增值税即征即退政策到2008年底到期，能否延续仍需要与财政部、国家税务总局等部门进一步协调；2007年7月国家调整部分"两高一资"商品的出口退税税率，部分林产品取消或降低出口退税，对企业经营造成的影响较大。三是林业企业特别是中小企业贷款难。林业中小企业融资难已经成为制约林业产业又好又快发展的主要"瓶颈"之一。福建省由于集体林权制度改革起步早，已初步建立了以林权证抵押为核心的信贷担保机制，一定程度上解决了林农育林资金投入问题，但林产品加工中小企业融资难题远还没有解决。浙江由省竹产业协会牵头组建了担保公司，已累计为200余家林产品加工企业、专业合作社提供融资担保11亿元，有力地促进了林业产业的发展，但面对众多的中小企业和专业合作组织，其担保能力运远不能满足需要。

（二）缺乏有效的法律手段

一是《中华人民共和国森林法》、《中华人民共和国森林法实施条例》等现行法律法规关于林业产业发展的内容很少。《中华人民共和国森林法》中提出"林区木材的经营和监督管理办法，由国务院另行规定"，但《木材经营加工管理办法》至今没有出台，福建省虽然制定了《木材经营加工批准和监督办法》，但由于没有国家统一的法律支持，执行很不到位。目前，木材经营加工企业规模小、档次低、布局散、耗材大，以及过多过滥、重复建设、浪费资源等问题普遍存在。二是《中华人民共和国产品质量法》虽然规定了行业管理部门在各自的职责范围内负责产品质量监督管理的职责，但在实际执行过程中并没有具体的措施，尤其在基层，基本没有纳入行业管理的范围。产品质量监督主要由国家技术监督部门负责，但技术监督部门对林产品大都不熟悉，而林业部门又难介入，造成监督力度不够，加上林产品市场准入松懈、产品安全隐患多、地方保护主义的倾向重，使大量的劣质产品充斥市场，良莠不齐，严重伤害了优质、合法、规范经营企业的积极性，优质不能优价。三是对木材采伐管理严格，但对其他资源类产品，如松脂采集，缺少法律约束，目前所能依据的只是行业标准，没有有效的行业规章，致使松脂采集管理混乱，不利于资源保护。

（三）缺乏必要的行政职能和管理手段

一是产业管理机构不健全、管理职能弱。国家林业局无指导林业产业发展的职能部门，从调查的情况来看虽然设立了林业产业管理机构，但除福建省外，其他3省的县（市）一级产业管理机构建设参差不齐。由于基层缺少承办产业工作的专门机构，对散、小、差、资源利用率低的企业治理难度大，森林资源得不到合理配置和有效利用。在规范产业有序发展方面的手段薄弱，缺少对现有林业生产能力中落后的工艺、技术、装备和产品改进和资源消耗大，污染严重，经济效益差的小型加工企业的治理措施，导致低水平重复建设严重。二是产品标准体系不健全，缺少行业准入制度，行政执行力弱。福建省在加强市场准入制度建设，限制资源消耗高、利用率低、污染严重的企业发展，加强林产品

质量监督，规范木材市场流通秩序等方面采取了富有成效措施，但由于缺少相关定性和定量标准依据，工作执行力度、效果都不能实现预期。浙江省在加强标准体系建设中成效显著，但由于实质性职能不足，行政手段仍需强化。三是信息服务功能弱。林业产业管理部门都认识到信息服务对促进林业产业发展的重要作用，但除福建省外，其他3省都没有建立林业产业信息网络系统，目前主要依靠发挥各种展会的宣传推介开展信息服务。国家林业局正在开展林业电子信息平台和林业产业数据库的建设，由于没有安排给各省产业数据库建设的扶持资金，信息系统的运行维护难度大，如不能有效解决必要的运行维护费用，将影响信息系统功能的正常发挥，难以满足林业产业发展的要求。

四、加强和完善宏观调控体系建设的建议

在社会主义市场经济条件下，市场在优化资源配置、提高效率方面发挥了积极作用，但市场对经济调节的局限性与滞后性的缺陷也日益突显。目前林业产业正处于完善市场体制、建设现代林业的关键时期，改革攻坚面临许多深层次矛盾和问题，而促进林业产业发展的体制、机制保障尚未建立健全。在新形势下，必须按照经济调节、市场监管、社会管理、公共服务这4项政府主要职能的要求，建立健全林业产业宏观调控体系，努力在重点领域和关键环节取得新突破。

（一）建立市场准入制度，使有限资源得到充分利用

林业产业是一项资源约束型产业，发展林业产业既要处理好与生态建设的关系，又要处理好资源保护和利用的关系，防止以牺牲森林资源为代价，超过森林资源承载力，盲目发展林业产业，以实现可持续发展。英国著名经济学家凯恩斯指出，市场并不是万能的，如果没有国家的宏观管理，市场经济就会成为万恶之源，资源也会遭到毁灭和破坏。市场准入制度是在长期的市场竞争过程中产生的，是市场经济国家普遍采取的一种管理方式，我国实行的是社会主义市场经济制度，应该越过自由竞争市场经济盲目发展阶段，直接进入规范发展的市场经济提高阶段。

（二）制定行业规划和产业政策，引导市场有序发展

行业规划和产业政策的作用在于引导企业发展方向，以较小的成本达到预期目标，避免市场竞争盲目发展导致社会资源的浪费。一是要增强行业规划的预见性，针对性和可操作性。通过对我国林业产业发展现状，存在的问题及面临的国内国际形势进行分析的基础上，对我国社会经济乃至世界社会经济的发展对林产品及服务需求进行预测，提出今后一定时期内行业发展思路、目标及主要任务，确定发展的重点、鼓励与限制发展的行业，并围绕重点发展产业及产业发展目标，制定相关政策和措施。二是要强化产业政策的指导性，加速林业的产业化进程。通过林业产业政策，明确产业建设的重点和发展方向，确定重点支持或限制、禁止发展的产业、产品。对符合产业政策发展方向的项目，在政策上予以支持；对限制发展的产业、产品，要加强管理，严格控制；对禁止发展的产业、产品，要采取措施，坚决予以杜绝。三是要打破地区经济分割，促进生产要素合理流动，实行规模经营，实现由粗放经营为主向集约经营为主的转变，促进发展重点突出，产业结构优化，区域布局合理的林业产业建设新格局的形成。

（三）建立完备的预测预警信息系统，规避市场风险

要加强市场信息的收集、整理及动态分析，及时掌握市场发展变化趋势，特别是原料平衡、投资、生产能力和价格变化趋势，以及进出口情况。及时发现倾向性、苗头性问题，对未来的发展做出正确的预测，一方面提高宏观调控的前瞻性和决策的科学性，加强林业经济运行的调控力度，另一方面向社会发布相关信息，帮助企业和经济实体做出正确决策，从而更好地引导林业经济健康稳定持续发展。目前，全国林业产业预测预警信息系统正在建设中，建议加大资金支持力度，以维护信息系统的良性运转。

（四）综合运用多种手段，加强宏观调控

综合运用经济、行政、法律的手段，使它们形成合力，从而促进林业产业的健康发展，是政府的

重要职责，从调研的实际情况看，这3个方向的手段都应加强。

(1)经济手段主要包括投资、财政、金融、物价等方面。从林业产业发展看，主要是项目资本金、贴息贷款、优惠税费政策。林业产业是弱质产业，基础较差，同时林业产业又是富民产业，对调整农村经济结构，提高农民收入发挥着重要作用，国家理应加大项目资本金、贴息贷款、优惠税费等政策扶持力度。在资金扶持方面，建议国家增加贴息贷款，重点支持企业林产品精深加工、自主创新和技术改造。在税收政策上，建议对企业从事林业项目比照农业项目实行税费减免；对以"三剩物、次小薪材及回收的废旧木竹"为原料生产加工的综合利用产品继续实行增值税即征即退政策；对实木复合地板、竹加工产品等资源综合利用产品恢复出口退税政策，提高退税比例。同时，要用好国家的现有扶持政策，引导企业发展有市场需求，有规模效益，产品质量好，经济效益高的产业和产品，对污染严重，产品质量差的产品要采取高税收、高收费的办法予以限制。

(2)法律手段是经济和行政管理手段的基础和依据。市场经济从某种意义上讲就是法制经济，一切活动都必须依法进行。"有法可依，执法要严，违法必究"，有法可依是基础，因此，必须完善林业立法，建立健全林业各项法律法规，使林业法律、行政法规、规章以及地方性法规和地方政府规章相辅相成、相应配套，使林业管理的各个方面有法可依、有章可循，为依法行政打下基础。同时，还要提高法律法规的可操作性和针对性，提高行政执法效率。建议尽快出台《木材经营加工管理办法》，将长期有效的林业产业政策、发展指导思想等纳入相关法律法规，为林业产业发展提供强有力的支持。

(3)行政手段主要是市场准入制度的建立和技术标准、行为规范的颁布。强化行政手段，首先要完善管理机构，形成上下协同的管理架构，在此基础上，要建立和完善木材经营加工许可制度，对资源浪费严重，产品质量低劣、环境污染严重的加工企业不准建厂，已建的也要坚决关、停、并、转；要加强行业技术标准和行为规范的制定和颁布，要与国际标准接轨，以增强产品的国际竞争力；还要加强林产品的质量监督和检查检验工作，对不符合技术标准、行业规范的产品，要限期转产，直至最终取缔。

(五)培育和扶持龙头企业，打造名牌产品

龙头企业在开拓市场、引导产品加工增值、科技创新、标准化生产等方面发挥着重要的示范带头作用。因此，要以市场为导向，效益为中心，科技为先导，资源为基础，依托当地资源优势和主导产业，大力培育和扶持龙头企业，把发展林产品加工龙头企业，建立贸工林一体化的产业体系，作为林业产业发展的重点，尽快提高林业产业的水平和档次，要围绕提高产品的市场竞争力，强化产品质量监管，加强林产品质量检测和认证体系建设，努力培育和打造一批知名品牌，进一步加大对名牌产品的保护和宣传力度，发挥名牌的示范作用。

(六)培育壮大产业协会，发挥行业自律作用

在市场经济条件下，政府要转变职能，企业要加强行业自律，行业协会的作用日益明显和重要，特别是随着经济全球化发展，处理国际贸易纠纷，加强国际经济交流与合作，行业协会的作用尤显突出。目前，林业产业方面的协会工作参差不齐，代表性差。要通过整合改进工作，使行业协会能够及时反映会员单位的要求，推进行业的技术创新与进步，规范市场，维护公平竞争，保护合法权益，贯彻国家的政策，形成行业合力，切实发挥政府与企业之间的桥梁作用，实现行业自律、自制的有效管理。

调 研 单 位：全国木材行业管理办公室
调研组成员：孙　建　赵　戈

关于增强我国木本粮油有效供给的调研报告

木本粮油是人类最初的食物来源，也一直是人类粮油食品的重要组成部分。就目前情况而言，急需出台鼓励木本粮油产业发展的政策，调动广大林农、林场和加工企业的积极性，培育和壮大木本粮油林产业，使之又好又快又多地提供木本粮油产品。根据国家林业局2008年度重大调研项目工作的部署，我们组成调研组对我国木本粮油产业开展研究，在进行资料收集、典型调查、专家访谈、分析研讨等工作的基础上，重点研究了木本粮油产业的必要性和可行性，以及当前木本粮油所面临的重大问题，最后提出木本粮油可持续发展战略及惠农政策建议。

一、我国发展木本粮油产业的重要性和必要性

（一）发展木本粮油是保障粮食安全的需要

我国人口众多，人均占有耕地0.08公顷，仅为世界人均占有量的1/3。2007年粮食总产量达到5 015亿千克，虽然连年保持5 000亿千克左右的产量，但受国内需求增长、国际粮价上涨等综合因素影响，我国粮食供需状况仍然是偏紧平衡，要以占世界上7% 的耕地养活占世界上21% 的人口，形势相当严峻。在食用油安全方面，我国植物油的消费量稳居世界第一位。人均年消费量则从1978年的1.6千克上升到2006年的18千克，并仍呈增长态势。与食用植物油上升需求相反，我国食用油料作物种植面积不断减少（图1），生产自给率越来越低，60%以上依赖进口原料或直接进口食用原油，2007年中国食用油总消耗2 374万吨，总供给2 380万吨，其中60%以上依赖进口，直接进口食用油800万吨以上，其中棕榈油100%进口，大豆及其大豆油2/3以上进口，菜籽虽全部自给，年产仅1 500万吨油料，约生产350万吨食用油，其他25%为花生、葵花和芝麻、棉籽等油种。中国食用油自给率早已超出国际安全警界线。

与耕地资源的逐年减少不同，我国林地资源逐年增加（图2），林地的投资旺盛，同时我国林业的可利用土地资源较多，特别是在广大山区和半干旱地区，还有大量的荒山荒地。在适宜区栽培板栗、柿子、油茶、核桃、油橄榄等树种，同时开发野生木本粮油资源，发展木本粮油产业，可逐步缓解我国粮油供求形势。

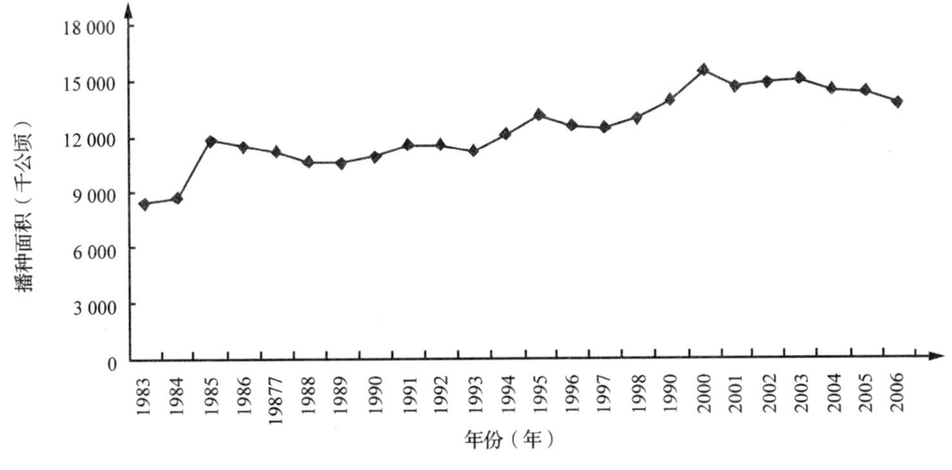

图1　我国历年油料作物播种面积

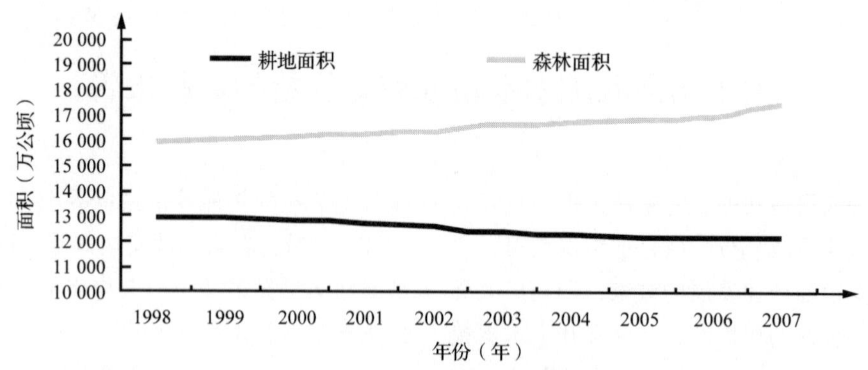

图2 中国历年耕地面积和森林面积

数据来源：《中国林业统计年鉴1998》、《中国农业年鉴(1999～2006)》、国家林业局网站、农业部网站。

(二)发展木本粮油是满足消费者多样化需求的需要

木本粮油丰富和改善人们的食物结构，未来我国人民的食谱要求多样化和营养化，10年后人均每天需要的蛋白质和脂肪为80克，要超过目前城镇居民每天摄入蛋白质69克、脂肪72克的水平。木本粮油产品将以其高营养、高蛋白、纯天然的特征受到消费者的青睐。木本粮油林一般不需施用化肥、农药、除草剂等，产品无污染，是健康的绿色食品。木本粮油还能够满足消费者对保健的需求。大多具有天然的抗癌、抗血管硬化等保健作用，如红枣中富含膳食纤维素，银杏是预防和医治心脑血管疾病的良药。

(三)发展木本粮油是增加农民收入、山区脱贫的需要

世界上许多国家认识到木本粮油产业在缓解贫困上的巨大潜力，各国政府在提供制度和财政支持的时候给予木本粮油生产部门与农业同等的地位。在我国增加农民收入是破解“三农”问题的关键，发展木本粮油产业对增加农民收入将起到重要作用，林权改革后，广大林农具有林木经营权，木本粮油林将成为他们的一个重要选择；随着退耕还林重点工程的实施，退耕后农民的生计问题也能够通过木本粮油产业来得到保障，木本粮油加工企业的发展将起到带动地方就业、拉动农村经济发展的作用。

二、我国木本粮油产业发展的现状及展望

(一)我国木本粮油产业发展的现状

我国木本粮油树种、品种资源十分丰富。有木本干果树种400多种，如枣、柿子、板栗、沙枣、橡籽等都是营养价值很高的木本粮食。我国木本粮油的产量逐年增加(表1)。2006年，全国已有木本粮食、油料林栽培面积1 027万公顷，年总产量50.2亿千克，油茶产量为91.9万吨，核桃为47.5万吨，柿子为237.7万吨、板栗为113.9万吨，红枣为246.3万吨。湖南省是我国油茶种植最多的省份，现有油茶林面积1 778万亩，占全国总面积的33.3%。

表1 我国主要木本粮油作物历年产量

万吨

产量 年份 / 作物	1996	1997	1998	1999	2000	2001	2002	2003	2004	2005	2006
油　茶	69.7	85.7	72.2	79.3	82.3	82.5	85.3	77.9	87.5	87.5	91.9
核　桃	23.8	25.0	26.5	27.4	30.9	25.3	34.3	39.4	43.7	46.3	47.5
柿　子	102.5	107.5	–	62.3	–	–	–	–	20.2	232.9	237.7
板　栗	34.0	37.8	46.9	53.5	59.8	59.9	70.1	79.7	92.3	103.1	113.9
红　枣	77.9	93.6	–	108.9	–	–	–	–	–	172.3	246.3

数据来源：《中国林业统计年鉴1997～2006》。

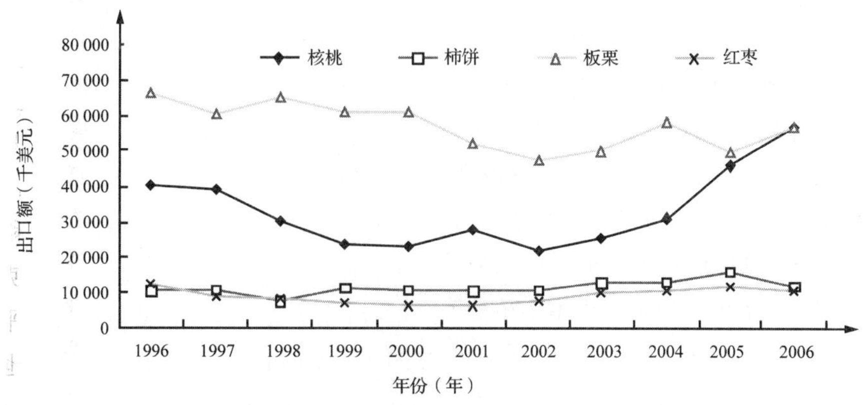

图3　历年主要木本粮食品种出口额

数据来源：《中国林业统计年鉴(2006)》

木本粮油产品是我国出口创汇的重要商品，板栗和核桃的出口额近年来都在3亿人民币以上，除了板栗、红枣、核桃仁、银杏果(白果)、苦杏仁、桐油等传统的出口主打产品外，香榧、山核桃、榛子等新兴出口产品市场形势非常好(图3)。

尽管我国木本粮油资源丰富，但是木本粮油产业还存在如单产低、部分环节附加值低、产业规模小等问题，特别是木本粮食的储存和销售还没有产业规模，从粮食安全的角度来看国家对其的支持力度不够，也没有充分挖掘产业的潜力。

(二)我国木本粮油产业的发展潜力

1. 木本粮油林提高单产的潜力

油茶:湖南省油茶林平均每公顷产油目前为90千克,湖南省林业科学院已选育出了湘林1号等油茶优良无性繁殖新品,由该院培育的油茶推广示范林,经现场查定5年生时每公顷产茶油达159千克;其中0.7公顷丰产示范林产油达339千克;该院1993年营造的2公顷品改试验林,2005年产茶果2 100千克,折合每公顷产茶油500千克,预估到2030年平均每年每公顷产茶油600千克是可行的。

柿树：在陕西省富平县的种植基地，按柿子大树一般单产200～250千克，成片建园每公顷可达4万千克以上，预计到2030年全国平均水平在3万千克/(公顷・年)。

板栗：秦巴山区挂果树平均株产一般在0.3～0.5千克左右，平均每公顷产量在450～900千克，而山东省费城县用良种良法每公顷产量达3 000～4 500千克，小面积可达5 000～7 500千克/(公顷・年)。预计到2030年全国平均水平在5 000千克/(公顷・年)。

核桃：新疆维吾尔自治区叶城县的核桃种植，技术措施到位的，每株单产可达50千克，每公顷产量达7 500千克，估计新增种植的核桃平均单位产量在5 000千克/(公顷・年)。

红枣：阿克苏市依干其乡“矮密早”红枣示范基地进行实地测产，平均产量都15 000千克/公顷左右，预计到2030年全国新种植的红枣亩产将达到10 000千克/(公顷・年)。

2030年主要木本粮油品种的单位产量见表2。

表2　估计2030年主要木本粮油品种的单位产量

	当前单位产量[千克/(公顷・年)]	预计2030年改造后现有林地单位产量[千克/(公顷・年)]	预计2030年新增林地的单位产量[千克/(公顷・年)]
茶　油	90	600	600
橄榄油	1 200*	1 200	1 200
油棕榈	2 000*	2 000	2 000
核　桃	260	1 000	5 000
板　栗	300	1 200	5 000
柿　子	3 057	10 000	30 000
红　枣	1 200	30 000	10 000

* 为国外产区数据。

2. 木本粮油林扩大面积的潜力

我国木本粮油林种植面积约 1 027 万公顷，木本粮食林约 697 万公顷，木本油料林种植面积约 330 万公顷，全国适宜发展经济林的总面积可达 6 000万公顷，占林业用地的 23.4%。我国山区占国土面积 69%、沙区占国土面积 18.2%。可以利用山地、沙地资源，有近 0.2 亿公顷的宜林荒山和 0.13 亿公顷的退耕地(包括规划中的退耕地)，有数量庞大的“四旁地”，都可以用来发展木本粮油。我国适宜栽植木本粮食树种的土地还有约1 333.3 万公顷。

据调查，全国油茶适合种植面积主要集中在我国亚热带，在湖南、福建、江西等省可以大面积种植，有 100 万公顷左右的潜力，油橄榄树在我国适生范围狭小，适生总面积约为 30 万公顷。油棕榈仅在海南种植，规划有 1 万公顷左右的种植面积。除了上述油料林的预计新增面积，假设其余的土地都用来种植木本粮食林，木本粮食林的新增面积将达到 1 202.3 万公顷(表 3)。

表 3　估计 2030 年木本粮油林的新增种植面积

	当前种植面积（万公顷）	预计 2030 年可新增种植面积(万公顷)
油茶	302	100
油橄榄	2	30
油棕榈	0.3	1
核桃	95	—
板栗	140	—
柿树	35	—
红枣	76	—
木本油料林总计	697	131
木本粮食林总计	330	1 202.3
总计	1 027	1 333.3

3. 2030 年粮油的供需平衡分析

需求方面，目前我国人均粮食消费量为 164 千克/年，食用油消费量为 18 千克/年(表4)。随着生活水平的不断提高，预计粮食的消耗量达到当前世界的平均水平以上即 400 千克/年左右，而食用油的人均消耗量将到 30 千克/年左右。据此计算，我国 2030 年的粮食需求量是 5 800 亿千克，食用油的需求量是 43.5 亿千克(表 4)。

表 4　2006 年人均消费粮油情况

	世界平均	中国	美国
人均消费粮食(千克)	314	164	1 000 以上
人均消费食用油(千克)	20	18	35 以上

我国的粮食供给方面，保持 18 亿亩的耕地规模，产量可维持 2007 年的 5 015 亿千克，以 1∶1 的替代比例(柿子为 5∶1)，根据表 2 和表 3 数据计算，现有地改良就可以替代 40.9 亿千克粮食，新增地按照 1 202 万公顷，各类树种单位平均可替代粮食产量为 6 500 千克/公顷，新增土地可增加 781.43 亿千克木本粮食供给，合计木本粮食供给量为 822.33 亿千克，粮食总供给量为 5 837.33 亿千克，保证了国内需求，并且略有盈余(表 5)。

表 5　2030 年我国粮油供需平衡的估计　　亿千克

	国内供给量					需求量	余额
	农田供给量	农田供给占总供给比例	森林供给量	森林供给占总供给的比例	总供给量		
粮食	5 015	86%	822.33	14%	5 837.33	5 800	37.33
食用油	150	84%	29.22	16%	179.22	435	-255.78

食用油供给方面，国内食用油的生产量按照当前的水平只有 150 亿千克左右，根据表 2 和表 3 数据计算，木本食用油产量为 29.22 亿千克，其中，茶油产量为 24.12 亿千克，橄榄油产量为 3.84 亿千克，棕榈油产量为 0.26 亿千克，其他油约 1 亿千克，食用油进口及进口原料榨油还需要进口 255.8 亿千克，进口依存度仍然较大，达到 58.8%。

三、我国木本粮油产业发展的 SWOT 分析

SWOT 分析法又称为态势分析法，SWOT 四个英文字母分别代表：优势(Strength)、劣势(Weakness)、机会(Opportunity)、威胁(Threat)。SWOT 可以分为两部分：第一部分为 SW，主要用来分析内部条件；第二部分为 OT，主要用来分析外部条件。利用这两部分可以找出对自己有利的、值得发扬的因素，以及对自己不利的、要避开的东西，发现存在的问题，找出解决办法，并明确以后的发展方向。

(一)优　势

(1)木本粮油种质资源丰富。我国木本粮油树

种资源丰富，有木本粮食树种200多种，木本油料树种150多种。其中木板栗、核桃、枣、油茶等的种植面积大，如湖南省的油茶、河北省迁西县的板栗、河南省卢氏小核桃和东北地区的松子等都有一定的规模。

(2)木本粮油成本较低、收益较高，粮油加工企业有投资实力。木本粮油的投入少，成本低，木本粮油的投入成本平均每公顷7 500 ~ 15 000元，综合效益好。我国粮食加工产业中国有企业占主导地位，企业在木本粮油的储存、加工、销售上有着一定的经验，在技术上和资金上都能够得到保证。

(3)可以分享替代商品的市场资源。我国的木本粮油的销售渠道已经具有一定规模，如棕榈油、茶树油、橄榄油已经形成具有一定规模的产业链，同时非木本粮油的销售网路也可以进行业务扩充。这为木本粮油的销售渠道建设打下坚实的基础，可以利用现有的粮库、企业、销售市场等比较成熟的网络来发展木本粮油产业。

(二)劣　势

(1)良种率低，单位面积产量少。我国木本粮油的品种虽然很多，但是优良品种的面积和产量少，尤其是适合加工的优良品种更少。木本粮油中的低产、低质和低效面积占总面积的50%以上，而名特优新品种的栽培面积不到总面积的30%。

(2)管理粗放，缺乏经营。南方几个省几千万亩的油茶林长期处于半野生状态，至今未完全得到改良。长期广种薄收，投工投劳少，优良品种选育进程缓慢。名优良种化程度低。

(3)没有形成规模的产业链。我国木本粮油产业链条短，综合经济效益低。目前，木本粮油产品加工能力不到总产量的10%，而美国等发达国家加工量已达到总产量的50%。

(4)产品品种匮乏。现有的木本粮油品种较少，尤其是在木本食用油方面，棕榈油全部由国外进口，我国除了茶树油外，别的木本食用油产量很少、现有的木本食用油的品种也比较单一，与现有的豆油、色拉油相比，没有体现出多样化，分档次的特点。

(三)机　会

(1)国家明确提出了发展木本粮油产业的战略导向。《中共中央　国务院关于加快林业发展的决定》中将森林食品作为重要的产业发展类型，在《林业发展十一五和中长期规划》中的“林业产业体系建设”和“新农村林业建设”两部分都强调了发展木本粮油林。2008年9月国家林业局召开了油茶发展现场会，地方政府的积极性很高。河南省为发展核桃作出了规划，发展木本粮油将会得到有利的政策支持，国家在企业的土地利用、税收、信贷等方面将会有一定的优惠，这为发展木本粮油产业提供了优越条件。

(2)消费者对粮油消费的多样化，木本粮油具有独特的客户群。随着人们生活水平的提高，对粮油的需求也越来越高，由于木本粮油食品高蛋白、低脂肪、具有降低胆固醇等功效，木本粮油的生产迎合了人们对丰富多彩的粮油食品的需求。

(3)林业生态环境建设为木本粮油产业发展提供契机。我国林业发展采取生态优先的原则，木本粮油树种种植一般不占用耕地，荒山、丘陵、坡地、盐碱地、沙地等均可利用，这会大大缓解对耕地的压力，还能起到保持水土、防风固沙、改善生态环境的作用。

(4)林权改革调动林农种植木本粮油林的积极性。随着集体林权改革的深入，农民获得了土地的产权，激发了林农造林的积极性，林农的自主投资为发展木本粮油林提供了资金基础，木本粮油的效益调动了林农的积极性，林农积极参与，木本粮油产量将会有较大提高。

(四)威　胁

(1)替代商品价格的不确定性，潜在着市场风险。当前从全球价格上看，由于国际的粮食和油料价格的波动受到多种因素的制约，如粮油产量、运输能力、资本市场、人口、自然灾害等都将影响到粮油价格，木本粮油的价格也随之波动，因此木本粮油投资具有一定的风险。全球的经济周期性波动也会对木本粮油产业的发展产生影响。

(2)缺乏有力的服务体系支撑。在木本粮油林建设上，缺乏技术服务，也缺乏对木本粮油产业的资金方面的服务，在财政支助、税收优惠、贷款优惠、保险等方面都没有针对性较强的政策。

(3)自然灾害的影响。木本粮油林受到多种自然灾害的影响，水、雪、风、火、病虫等自然灾害发生突然，危害性大，可造成减产甚至绝收，并会引起下游产业的连锁反应。

(五)企业(林农)战略分析

(1)增长性进攻战略(SO战略)：率先投资木本粮油产业，找准市场定位，利用政策优惠，占有市场空间。木本粮油企业要看准市场需求，率先投产，发挥先发优势，迅速占领市场，产业将会迅速扩大。

(2)多种经营调整战略(ST战略)：注重产品质量，优化产品结构，增强竞争优势，规避市场风险。木本粮油企业面对大豆、花生、菜籽油料的竞争，以及木本粮油产业内部的竞争，应该在产品的花样品种上、满足多样化的群众生活需求上取胜。

(3)扭转型投机战略(WO战略)：壮大产业规模，提升技术水平，创新经营模式，加强生产管理。企业要在现有规模上扩大再生产，同时在技术上下工夫，在工艺流程上加强管理，要开创多种经营模式，降低成本，形成有一定规模和水平的现代企业。

(4)防御型生存战略(WT战略)：加强市场营销，注重危机管理，引进先进人才，突破产业瓶颈。面对市场和自然风险，企业要加强防范，强化企业内部人员、资金管理，找准制约企业发展的关键环节重点解决，针对木本粮油产业中的问题，必要时求助政府在融资等方面的支持。

企业有产生、发展、维持、再发展或消亡的过程，在不同的阶段采取的政策有一定倾向性，产生阶段倾向于SO战略，在发展阶段以ST和WO战略为主，在维持阶段以WT战略为主，在阶段突破后，企业根据需要再次选择战略，当前木本粮油企业采取的战略多以SO和WO战略为主，以壮大产业规模。

四、提高我国木本粮油有效供给的发展思路

(一)发展目标

立足保障我国粮油安全，发展地方经济，提高林农收入，改善生态环境，以改造和改进现有木本粮油林为基础，以四旁植树、荒山绿化、退耕还林等为数量增长点，以技术进步为质量增长点，重点发展板栗、红枣、核桃为主的木本粮食林和以油茶、油橄榄、油棕榈为主的木本油料林，扶持木本粮油加工业和木本粮油的市场平台建设，以技术服务、资金保障，积极推荐木本粮油产业化，力争在2030年形成木本粮油的规模化生产，形成具有一定规模的木本粮油的生产基地，在此基础上使产量稳定，产品质量有较大提高，品种多样化，在满足国内需求的前提下，少量出口。到2030年，木本粮食产量达到820亿千克，占全国粮食总产量的14%，木本食用油产量达到30亿千克，占全国食用油总产量的16%，木本粮油的面积占现有林地的10%。到那时，使我国每人年均占有木本粮食65千克，占有木本食用油达到2千克。

(二)产业布局

(1)木本粮油生产体系的地域布局：

华南区：以油茶林为主，包括核桃、油橄榄、油棕、油椰子的木本油料生产基地。

四川盆地、云贵高原、长江中下游：重点发展油橄榄、花椒等油料林。

东北平原、华北平原：发展以板栗、柿子、山杏为主的木本粮食林。以核桃、榛子、松子为主的木本油料林。

西北黄土高原、内蒙古半干旱区：发展以核桃、柿子、红枣、银杏、山杏为主的木本粮油林。

(2)木本粮油加工业的布局框架为：以现有的粮油存储和加工企业为基础，重点发展中小粮油加工企业，深入山区林区，满足地方需求。

(3)木本粮油流通体系的构建框架为：形成生产、批发、零售这样健全的产业流通格局、大企业与小企业流通的社会化，公平竞争的流通体制，降低流通成本，南方以郑州为主、北方以大连为主的木本粮油储存、交割、配送基地，形成全国木本粮油的大流通格局，逐步推进木本粮油的期货贸易。

(三)产业政策

在产业政策制定上，针对各个品种的市场化程度的不同，要制定不同的发展政策，有重点地进行推进，对于木本油料，关键在木本油料林的建设，对木本粮食，关键在木本粮食加工企业的发展和木本粮食市场的建设，兼顾木本粮食原料林的建设，重点政策包括：

(1)合理规划布局，重视木本粮油林的建设。林业部门负责组织木本粮油的战略研究、建立发展

规划，设立专门机构，同抓六大林业重点生态工程那样抓木本粮油建设工程，以四旁植树、荒山绿化、退耕还林等为依托，尽快实施全国木本粮油基地建设工程，根据我国各地不同的自然、经济条件以及木本粮油的分布状况、经营历史和经营现状，对板栗、核桃、油茶等主栽木本粮油树种进行重点生产布局，形成具有一定规模和市场辐射效应的产业带，建设一批名特优新木本粮油生产基地。在木本粮油原料林建设中，木本粮食林的重点是在现有林的改造，木本油料林的建设重点方针是开发新的品种和新的种植地。木本粮食林保持板栗、红枣和柿子三大种类为主的布局，增加板栗的种植面积，要抓紧改造低产木本粮油林，发展最适合本地生长的优质树种，开发野生品种，加强管理和提高经营水平，以便提高单位产量。

(2)强化加工能力发展，扶持一批木本粮油民族中小企业。由于木本粮油产地的区位分散，条件相对较差，应发挥中小企业投资省，效益高的特点，使木本粮油加工产业由传统作坊式经营向现代化、专业化、科技水平高的企业转变，从而彻底改变加工方式，强化加工增值能力，各地应该以各种方式扶持一批中小企业。

(3)培育木本粮油市场，规范市场流通。在现有中心粮食批发市场的基础上，再在南北方各建立两个具有较大影响和规模的中心木本粮油批发市场，形成合理均衡的粮油现货价格；也可以在已建或在建的粮食批发市场中，确定一些中心粮食批发市场。鼓励和发展粮食订单生产、订单收购，引导企业与农民建立利益共享、风险共担的合作机制。还要提高木本粮油物流配送水平；建立现代粮食物流中心并完善粮食物流配送体系，健全粮食市场交易规则，规范市场交易行为，坚决打击无照经营、非法经营粮食以及利用粮食购销合同进行欺诈的各种违法、违规行为，维护粮食市场秩序。

(4)强化财政金融保障，调动林农和企业积极性。逐步增加粮食产业化专项扶持资金规模，金融机构放宽贷款担保条件、增加贷款额度、改善金融服务，税务部门降低木本粮油产品加工增值税、优先兑现出口退税等，同时要推进林业保险工作。

(5)加大技术研发投入，促进木本粮油产业技术进步。组织权威部门在最适生长区域进行板栗、红枣、银杏等优质、高产品种的选育和推广，要加大对木本粮油品种选育和推广的投入力度，集中整合科研和推广力量，尽快在全国范围内选育并推广一批具有竞争力、适合加工的名特优新品种，促进木本粮油品种结构的调整优化；加强木本粮油产品的保鲜、贮藏及加工技术等方面的研究和推广；加大木本粮油科技示范工作的力度。优先安排企业申报国家级和省级的高新技术项目、科技成果转换项目、农业科技示范项目等各类科研开发项目，提升企业技术进步和产品开发水平，促进木本粮油朝精深加工方向发展。

(6)强化产业组织建设,建立新型的社会化服务体系。根据木本粮食产业经营的实际,政府应围绕木本粮油生产资料供应、生产技术指导、粮食加工运销、信息咨询等环节,支持建立和完善新型的社会化服务机构如农村集体经济组织、农村供销社、农村民办企业技术协会以及各种社会化服务组织。

(7)建立木本粮油信息管理系统，提供信息服务。建立粮食安全信息系统，加强粮食安全监督，及时收集粮食市场信息，对国内外的粮食供求状况，较早地做出预测。准确收集农民存粮情况，对农民的存粮规模做出正确的判断。收集粮食生产方面的信息，对农民的粮食生产能力做出客观的评价。收集粮食消费信息，对各种用途的粮食消费规模、增长速度做出准确预见，以便为木本粮油产业提供信息参考。

五、对木本粮油产业优惠政策的分析

(一)当前我国面向林农的优惠政策

国家专门优惠支助林农生产的政策较少，主要是林农户的林业生产规模小，长期以来没有受到应有的重视，随着生态建设和体制改革的深入，伴随着重点生态工程的开展和林权改革试点和配套改革的开展，特别是发展林业产业的政策导向，国家也出台了一些针对林农的优惠政策，主要包括：

(1)国家自2001年开始通过生态补偿金制度对生态林经营的林农给予一定的补贴。

(2)国家通过退耕还林、生态移民等工程给予林农专项补偿和补贴。

(3)部分地区提供符合林业特点的金融服务，建立面向林农和林业职工小额贷款加大贴息扶持力度。

(4)国家对用于国内建设的速生丰产用材林、珍稀树种用材林等基地建设及其森林防火、生物灾害防治和林木种质资源保存利用、林木良种选育、繁殖、推广、使用、林业专业协会的建立等给予积极扶持，这些将间接促进林农的生产积极性。

(5)部分地区对种植木本粮油给予一定的补贴，如湖南省的一些地区，为鼓励农民种植优质油茶林扩园增效，对新扩园的油茶林除无偿提供优质种苗和技术扶持外，每亩给予20元的补贴。

(6)林权改革过程中，将林地分配给农民承包，确立了农民的林业经营主体地位，农民获得了林业生产中最重要的生产资料——林地。这是最大的惠农政策。部分地区的配套改革中也出台了一些惠农政策，如福建省西部的一些县(市)实行了林地抵押贷款，使林农的资金需求得到保障。

(二)促进林农发展木本粮油产业的惠林政策建议

目前国家层面的扶持林农经营木本粮油的政策还没有形成体系，地方层面的还存在额度低、范围小、效果不明显等问题，为了既促进木本粮油产业发展，又保护林农利益，建议应该从以下几个方面完善扶持林农发展木本粮油产业的政策：

(1)稳定林权山权，促进林农投入木本粮油林的长期性和稳定性。严格规范林地流转，对“包大户”的行为严格监督，保障林农林地流转后的收益权，避免林农盲目失地。

(2)将农业的“四减免”、“四补贴”等支农惠农政策落实给林农发展木本粮油林生产经营。取消木本粮油生产的税收，切实减轻了农民负担，出台木本粮油直补、综合直补，进行木本粮油良种补贴和林业机具购置补贴。

(3)国家支持木本粮油原料收购价格，保障林农的收入不降低。依靠中央和省两级粮食储备调节制度，在粮食市场出现过度波动时对市场进行必要的调节。实行最低收购价格制度，当木本供求关系发生重大变化时，为保障市场供应、保护林农利益，必要时对木本粮油品种实行最低收购价格。运用粮食进出口调剂，按照立足国内、进出口适当调剂的原则，灵活运用国际市场调剂国内粮食品种和余缺，保障木本粮油价格不下降。

(4)发展中小企业，加强市场化建设，打破地区的木本粮油收购的企业垄断。企业的原料收购垄断可能使广大林农在市场销售中处于劣势，建议大力发展中小企业，使林农在原料销售上面对更多的对象，严厉打击掺杂使假、囤积居奇、哄抬粮价及压级压价等各类扰乱市场秩序的行为，这样也有利于市场合理价格的形成。

(5)为林农发展木本粮油林提供技术支持。无偿提供优良种苗，促进国家投资为主体的林业产业新技术的推广和示范。

(6)应对防范发生重大自然灾害，做好木本粮油林的保护。对森林火灾、病虫害、地质灾害加强控制，政府要负起责任，组织专门的消防队伍，对于风、雪、水、旱灾，要做好预防，在基础设施建设上加强投入，并且探索木本粮油林的政策支持保险。

(7)推进木本粮油林经营的林权抵押和小额贷款业务。在现有小额贷款基础上积极探索木本粮油优惠贷款业务，采取政府担保、贴息等形式，提供政策性贷款。

(8)鼓励林农的相互协作，加强协会组织建设。以多样化的协会将林农组织起来，维护自身利益，协会的形式可以是专业协会也可以是统一的林主协会，国家在林主协会组织的运营上给予一定的资金支助，林主协会在生产上可以采取联户经营，相互协作，或者进行协会托管。在销售上，组织多种区域化的产品销售协会，共同面对市场，以获得合理的市场地位，产生合理的市场价格，在技术、资金、人力等方面可以相互协作。

调 研 单 位：国家林业局发展计划与资金管理司
中国林业科学研究院林业科技信息研究所

调研组成员：姚昌恬　杨　超　高广文　李智勇
黄祥云　张德成　樊宝敏　刘　勇
何友均　包英爽　夏恩龙

执　笔　人：张德成　李智勇

木材非法采伐及相关贸易对中国林业的影响及对策分析

当前全球林业发展面临的最大危机是生态环境破坏和森林资源紧缺，究其原因，除了由于不适当的森林经营所造成的林地退化以及大面积皆伐和林地转为它用等诸多因素的影响外，木材非法采伐及相关贸易也是其中一个重要原因。

一、木材非法采伐及相关贸易情况

根据有关机构和组织的估计，非法采伐不同程度地发生于所有国家和所有森林。世界自然基金会认为全球65%的森林受到非法采伐的威胁。世界银行和世界自然基金会认为，印度尼西亚、巴西、喀麦隆、俄罗斯等是非法采伐的主要发生地，非法采伐率高达80%以上。世界银行估计，发展中国家每年因非法采伐和贸易导致的经济损失达150亿美元，占全球木材贸易总额的1/10，已严重影响到正常的国际木材贸易。

美国认为，非法采伐和贸易严重影响了美国木材生产者的出口能力，称如果全球市场没有非法采伐的木材贸易，到2012年，美国的锯材和人造板出口额将增加28亿美元。美国认为世界主要木材生产和出口国的木材生产多为非法，主要进口国和区域的进口木材多为非法采伐的木材，并提出了估计数据(表1)。美国特别关注印度尼西亚、俄罗斯的木材生产和出口以及中国和日本的进口。如减少俄罗斯和印度尼西亚等国家的木材和产品出口，美国就有机会增加其向中国和日本出口木材的数量，同时中国减少木材的进口，成品出口的数量会减少，会增加美国木材产品在国内和国际市场的竞争力。部分西方发达国家特别是新西兰、芬兰、瑞典等国家也持相同的观点。

当前，涉及全球木材非法采伐和非法贸易较为明显的国家和地区主要有：

(一)印度尼西亚

印度尼西亚是世界上非法采伐现象严重的国家，印度尼西亚的森林覆盖面积从1950年的1.62亿公顷减少2000年的1亿公顷，其中原始林的毁损面积达75%。有统计显示，印度尼西亚的实际采伐量高出其林业部允许采伐量的75%，绝大部分未申报的出口木材是在没有监督或不符合可持续采伐水平或违反森林保护区、河岸保护区和陡坡禁止采伐的情况下进行的非法采伐。数字表明：印度尼西亚每年有折合原木约200多万立方米的林产品未经申报而出口，使印度尼西亚流失大量税收，同时也付出了巨大的环境代价。虽然印度尼西亚禁止原木出口，但是走私出口现象十分严重，通过马来西亚向世界各国出口，为此，2003年马来西亚政府逮捕了120名印度尼西亚非法木材商人。

金光集团(APP)是印度尼西亚最大的纸浆生产者，根据世界自然基金会(WWF)报告，APP以每公顷20立方米的速度吞噬着具有极高商业价值的森林，这在印度尼西亚的法律下是不合法的，APP使用的木材原料，其30%的来源都值得怀疑。长期以来，印度尼西亚大片的原始雨林几乎被毁坏殆尽。直到2004年10月28日，在当地环保组织坚持不懈的努力下，APP做出暂停砍伐印度尼西亚苏门

表1 美国提出的有关国家木材生产/进口的非法率

木材生产国	俄罗斯	印度尼西亚	巴西	马来西亚	巴布亚新几内亚	柬埔寨	秘鲁	加蓬	加纳	利比亚
非法率(%)	20~50	70~80	20~90	35	70	90	80	50~70	34	80
木材进口国/地区	日本	中国	欧盟							
非法率(%)	20~80	32	80							

答腊岛高保护价值森林的决定，宣布将延缓对两个重要采伐特许区的采伐，直到由评估机构对其高保护价值森林完成保护价值的评估。

（二）俄罗斯

国际木业分析人士普遍认为，俄罗斯近些年一直是木材非法采伐大量存在的国家之一。据俄罗斯最近一次全俄木材工业论坛上的一份权威报告表述，俄罗斯每年采伐的木材，约有30%～50%属于计划外的非法采伐。俄罗斯国内的机械生产企业没有能力生产制造足够、必需的木材生产加工设备，其木材综合利用率较低。WWF的报告指出，俄罗斯出口到日本的木材约55%来自俄罗斯的远东地区，而非法采伐估计约占该地区木材采伐量的50%。报告还指出，由于非法采伐猖獗，世界上最濒危的物种西伯利亚虎和阿穆尔虎正在失去栖息地，面临着灭绝的危险。报告强调，由于高价值森林资源的过量采伐和使天然林转变为次生林，俄罗斯远东地区有生态和商业价值的森林面积平均减少了35%。

（三）英国等欧盟国家

WWF研究报告指出，英国已成为欧洲非法破坏雨林的主要国家，英国的许多家具店、花园中心及建筑工地中都堆放着非法砍伐的木材。报告称，英国市场上28%的木材都是非法砍伐的结果，且非法木材进口量远高于欧盟其他国家。非法木材以多种形式进口到英国，有原木、夹板及一些木制品，而在英国没有相关的法律限制从国外进口非法木材。报告还指出，全球100亿～150亿欧元的原产国收入损失中有30亿欧元应归于欧盟的非法木材贸易。而英国每年790万立方米的进口木材中有220万立方米源于非法砍伐，这意味着每年非法砍伐60万公顷的森林。

WWF报告参考了木材出口国的非法砍伐水平，比如非法砍伐率较高的印度尼西亚是欧盟最大的木材进口国，约占欧盟木材进口贸易的5%。欧盟还从另外5个国家或地区进口大量的非法木材，即亚马孙盆地、俄罗斯、波罗的海国家、刚果盆地及东非。这些都是关系全球林业可持续发展的重要国家和地区。

（四）南美洲、非洲等地

非法砍伐和非法木材产品交易活动，在拥有热带森林的发展中国家和政府执法不力的国家也较为频繁，主要分布在巴西和秘鲁的世界最大热带雨林——亚马孙森林，其60%～80%的木材砍伐是非法的。仅秘鲁近10年就有600多万公顷森林因砍伐而惨遭破坏，全国1亿多公顷土地因水土流失而荒漠化。国际环境专家警告：如果相关政府不积极采取措施拯救亚马孙雨林，再过10～15年，亚马孙雨林将再也无法恢复原貌。

非洲的木材生产主要集中在西非刚果河流域，分布有200多万平方千米热带雨林，占世界热带雨林总面积的1/4，是仅次于亚马孙流域的全球第二大热带原始森林。近年非洲存在着严重的非法采伐和非法贸易现象，热带雨林遭受极大破坏，使非洲遭受严重生态危机。如加纳有1/3的原木为非法采伐，喀麦隆的大多数木材公司都参与非法木材贸易。如果这些非法采伐和贸易得不到及时有效的制止，不仅会造成区域性的生态灾难和经济灾难，也会使非洲的经济和社会发展陷入更加窘迫的境地。

二、木材非法采伐及相关贸易对中国林业的影响

改革开放以来，随着国民经济的快速发展和人民生活水平的不断提高，我国林产品贸易也获得了飞速发展，我国现已发展为全球木材产品加工基地和林产品贸易中心。原木、木浆和废纸等原料型产品的进口量已居全球之冠，而家具、胶合板、木地板、松香等加工成品出口量领先于其他国家。林产品贸易对于林业产值的贡献越来越大。2006年全国林产品进出口贸易总额已达507.65亿美元，约占林业总产值的38%。

通过发展林产品贸易，有效缓减了我国由于实施森林资源保护而引起的国内资源供需紧张状况。2006年，我国木材市场总供给3.37亿立方米（折合原木），其中进口1.28亿立方米，占总供给的38%。林木及林产品的大量进口为我国林业生态建设工程的顺利进行奠定了坚实的基础。林业产业属于劳动密集型产业，目前全国林业产业有800万～1 000万从业人员，按进出口额在林业产值中的比例估算，有近400万人从事林产品贸易工作。发展林产品贸易成为解决社会就业问题的一个重要途

径，特别是解决了一些山区（山区人口占全国人口的56%）、民族聚集区、边远地区的贫困人群的就业问题。因此林产品贸易的快速发展不仅为国家经济建设和生态建设提供了充足的商品，同时亦为解决城镇和农村剩余劳动力的就业问题发挥了重要作用，为建立和谐社会做出了重大贡献。

当前，我国正逐步成为全球第一大原木、木浆和废纸进口国，第二大人造板、纸和纸板进口国以及第五大锯材进口国，特别是进口原木已占全球原木贸易总量的近30%，在国际林产品贸易领域的影响力与日俱增。以美国、英国、日本等国为首的发达国家为保证能够继续主导国际林产品贸易，以生态环境保护、打击非法采伐及相关贸易为由，利用一些媒体和非政府组织蓄意散布对我国不利的言论，转嫁森林资源产品出口国对消费国的不满，同时对我国林产品出口设置重重障碍。目前，国际社会在木材非法采伐及相关贸易问题上对我国的指责主要如下：

（1）绿色和平组织：在发布的《共同的责任——全球和中国林产品消耗对森林的影响》报告指出，中国是全世界最大的原木和热带木材进口国，由于中国的主要木材供给国存在比较严重的非法采伐，因此，中国的企业也卷进了全球的非法木材贸易之中。据绿色和平组织估算，位于印度尼西亚和巴布亚新几内亚的天堂雨林，非法采伐的比例达到76%～90%，而且当中有不少被出口到中国。2004年中国从马来西亚进口的原木中，有157万立方米没有出口国方面的记录，它们很可能是从印度尼西亚非法采得，然后伪造马来西亚原产地证明走私到中国。

（2）英国广播公司（BBC）：BBC以《中国家具摧毁世界森林》为题，称由非政府组织“森林趋势”发布的报告显示，“由于中国生产木制品的需求旺盛，全球森林资源正遭到严重破坏”。这篇报道指出，中国在生产中使用的许多木材资源是在世界其他地方非法砍伐后运入中国的。

（3）英国《金融时报》：《金融时报》指责中国已导致印度尼西亚和巴布亚新几内亚的森林遭到严重破坏，“估计去年（2006年）印度尼西亚近80%及巴布亚新几内亚境内至少90%的森林，都遭到非法滥砍，多数外销到中国”。

（4）世界自然基金会（WWF）：其发布的《中国木材市场、贸易与环境》报告，称中国近10年来大量进口木材催生了猖獗的非法交易，向中国出口木材的国家如今都面临着诸如乱砍滥伐和非法木材交易等严重问题。世界自然基金会说，中国对进口木材的需求正对西伯利亚和东南亚的原始森林构成主要威胁。

（5）英国民间环保团体“环境调查机构”：“环境调查机构”称，世界最大的木材走私市场在中国和印度尼西亚之间，中国大约44%的木材进口属于非法。一些激进的环保组织甚至称中国为“世界上最大的非法盗砍木材的销赃地”。

（6）环保组织“环球目击者”：“环球目击者”表示，中国木材公司的非法伐木活动使缅甸大片森林遭到破坏。其报告指出，在中缅边界，每隔7分钟就有15吨非法砍伐的木材被运进中国，天天如此，年年如此。这个组织说，从缅甸运入中国的95%的木材都是非法砍伐的。

近几年来，非法采伐及相关贸易问题对我国获取森林资源、产业发展和国际形象造成了严重的负面影响：

（1）对中国获取全球森林资源的影响。在全球森林资源有限的情况下，木材非法采伐的存在将使全球森林面积减小的趋势加剧，尤其是热带材资源的减少，同时一些国家迫于舆论的压力，在分不清合法和非法木材的情况下，限制或禁止正常的原木出口，国际原木市场的供应量可能急剧下降，我国获取全球森林资源的难度加大，从而加剧了我国木材供需矛盾突出的紧张局面。

（2）对中国林业产业发展的影响。如果非法采伐木材大量进入我国木材市场，且具有价格优势，必然打压正常的木材进口贸易商和国内木材贸易商，导致木材市场畸形发展，而靠非法木材维持的市场是无法长久的，一旦出现问题，整个林业产业的原料供应链中断，将导致我国正常的林产品贸易萎缩，严重的会影响我国林业产业发展和生态建设。如为妥善处理中国和缅甸木材贸易问题，2006年中方在中缅边境采取了“封关”政策，禁止缅甸木材入境，当年进口原木减少100万立方米，云南省边境地区林业企业损失近4亿元，很多企业由于缺乏原料而纷纷倒闭，并对云南省森林资源保护造成很大压力。另外，随着非法采伐及相关贸易在国际林产品贸易中的反响越来越强烈，相关的森林认证及产品认证问题将逐渐成为发达国家限制发展中国家林产品贸易的手段，伴随而来的标准、认证、检疫等技术性贸易措施将随之出台，中国的林产工业企业将不断卷入无休止的国际贸易纷争之中，不利于我国林产品开拓国际市场。

(3)对中国政治外交的影响。当前我国在国际交往中屡受一些国家和组织渲染的"中国木材威胁论"、"中国转嫁生态危机"的攻击，更有甚者指责中国在2008年奥运会的场馆建设中也使用了非法采伐的木材。近年来，我国领导人在与俄罗斯、印度尼西亚等国领导人会晤时，对方均提出了木材非法采伐和贸易问题，并写入联合公报(声明)中。中美两国于2007年12月举行的第三次战略经济对话期间，就一项中美打击木材非法采伐谅解备忘录取得原则共识。木材非法采伐及相关贸易问题已成为近年来我国外交事务中频频涉及的领域，对我国造成了一定的政治、外交压力。

总之，近年来中国进口木材不断增加，引起国际社会关注，某些国外组织将中国木材进口的增长与国外的非法采伐相联系，将中国进口木材问题极端化，恶化了中国进口木材的国际环境，给正在成长中的中国经济，特别是木材工业形成的国际竞争力制造障碍。我们应该正视这一问题，积极稳妥地应对，否则将对我国林业产业和国家形象产生严重影响。

三、木材非法采伐及相关贸易问题的实质

非法采伐及相关贸易具有其历史性和阶段性。要认识木材非法采伐及相关贸易问题的实质及中国在其中所处的角色，必须充分考虑以下因素：

一是要考虑界定非法采伐的法律依据。遏制非法木材和林产品贸易的任何努力面临的首要问题是如何界定"非法"的概念。目前没有适用于非法采伐的国际法律，只有《濒危野生动植物种国际贸易公约》适用于列入公约附录的濒危树种，所以很难依据国际法定义非法采伐。从狭义上看，木材非法采伐及相关贸易是指违反国际、国家或地方政府有关森林开发利用和林产品贸易方面法律、法规，造成森林资源破坏的行为。从广义上看，木材非法采伐及相关贸易既包含了狭义上的采伐和贸易行为，也包括约束行为的规则，即相关的法律法规和管理水平。由于定义内涵不同，加上林产品的产销供应链条非常复杂，非法采伐及相关贸易的统计口径以及监管手段就存在很大的差异，很难统一操作。

二是要考虑木材生产国的主权。一些国际文书和公约明确规定，森林经营是国家主权，国家有权根据本国的社会、经济等发展规划和政策来经营本国的森林。我们认为非法采伐违反的是木材生产国有关采伐、运输和买卖过程中的法律，非法采伐的治理也应主要依靠木材生产国解决，至于进口国和消费国等方面只是外在因素，这些国家的法律不可能施行于木材生产国。某些木材生产国林业立法不健全，执法能力低，为非法采伐提供了空间，也为木材的原产地管理带来很大困难。进口国和消费国的海关不可能阻挡有正常贸易手续的原木进入本国。比如说，以前印度尼西亚木材经销商向中国出口，只要10美元就可以买到1立方米的原木，再花40美元就可以买到合法的木材出口手续后出口到中国。在这些过程中，非法来源的木材转变成具有合法手续的木材出口到了中国，表面上成了合法的贸易了。这样的木材贸易就不仅仅是中国政府能够完全控制的了。

三是要考虑打击非法木材贸易和保护正常木材贸易的关系，不能一刀切，影响正常贸易。个别国家很大程度上为本国利益考虑，以"非法采伐"为由，打压一些木材生产国如印度尼西亚、巴西、马来西亚、俄罗斯等国的木材出口，扩大本国木材出口。在经济全球一体化的当今世界，中国也制定了较为完善的木材进口贸易的法律，包括《国际贸易法》、《中华人民共和国海关法》、《野生动植物进出口许可证明》等，并且遵守国际贸易准则和法律，不可能将关系国家经济发展的木材贸易活动寄托在非法贸易上。据我们调查，中国同缅甸的木材贸易70%都是有正式合同的，25%的属于公开的边民互市，5%的属于个人行为，这一部分由于监管成本

太高而很难禁止。

四要考虑非法采伐的根源，其根源是贫困。全球森林资源遭到严重破坏，世界上的热带雨林主要集中在非洲、南美洲和东南亚。其中热带雨林的破坏90%发生在非洲和南美洲，这两大洲是世界经济不太发达的地区，生活的贫困导致毁林开荒和用做薪材。根据FAO的数据分析，全球森林面积的减少80%是由于用做薪材、毁林开荒和转为农业用地，只有不到20%的森林是于工业用途。1990～2000年非洲与南美洲合计减少森林897.3万公顷，占世界森林减少总量的95.5%，而中国从这两大洲进口木材仅267万立方米(原木材积)，为其木材产量3.83亿立方米（1997年)的0.7%，欧美等国家从这两大洲采购的木材量远大于中国。因此，中国大量进口林木导致全球森林资源遭到严重破坏的说法是不成立的。

五是中国在非法采伐及相关贸易中的角色。在当今世界经济全球化的背景下，中国林产品进口需求旺盛、增长较快，但人们往往忽视了另一个事实——中国林产品出口金额大于进口金额。以2006年为例，中国进口木质林产品(纸及纸浆、原木、锯材等)165.74亿美元，出口192.23亿美元(家具、木制品、人造板和单板、纸和纸浆等)，顺差26.5亿美元。2006年中国进口的主要木质林产品(原木、锯材、胶合板和单板)折合原木材积计算，其总量约为4 200万立方米，同期中国出口的主要木质林产品(锯材、胶合板、木家具和实木地板)折合原木材积计算，其总量约为3 200万立方米。从这个角度来看，中国市场消费的木材净进口量只有1 000万立方米，其最终产品有相当一部分在国外消费的。世界上许多发达国家把木材工业转移到中国，加工后把产品销往世界各地。中国在全球林产品工业产业链条中只是处于加工这个中间环节。1998年至今，美国和欧盟从中国进口的木材产品增长了近9倍。迄今为止，美国是中国木材产品出口的最大目的国。2006年美国从中国进口的林产品约占中国总出口额的30.1%。因此中国是典型的“世界木材加工厂”，且大部分利润被国外赚走。据位于美国的森林趋势(Forest Trends)和世界林业研究中心(the Center for International Forestry Research)共同撰写的报告指出，在巴布亚新几内亚收购1立方米原木仅需11美元(9欧元)，但一旦这些原木运到中国加工后再运到美国和欧洲市场，售价达2 400美元/立方米(2 000欧元/立方米)以上。从俄罗斯采伐的原木运到中国后价格增长情况与上例类似。在对待全球森林危机的问题上，欧美等国家和地区有着不可推卸的责任。发达国家不但从中国大量购买廉价而高质量的林产品，而且人均消耗仍然远超其他地区。根据我们的预测(见表2)，即使到2020年，中国对主要林产品消费的人均水平，依然低于目前的世界平均水平，与发达国家现在的消费水平仍然存在着巨大的差距。在对待全球森林危机的问题上，欧美等国家和地区有着不可推卸的责任。如果单纯认为中国进口木材来满足国内消费者，这也是不全面的。

表2　国内外主要林产品消费水平对比　立方米/人

	2003年	2010年	2020年
世　界	0.364	—	—
美　国	2.148	—	—
日　本	1.427	—	—
欧　洲	0.905	—	—
中　国	0.162	0.204	0.304

注：①主要林产品包括：锯材、人造板、纸和纸板。②统一按原木当量折算。③中国为2004年数据。④中国数据均按净进口量(扣除出口部分)计算。⑤表中空数据未做预测。

通过上面的分析，导致木材非法采伐及相关贸易的主要原因是不合理的国际经济秩序、企业界受利益驱动、林业社区的贫困以及木材生产国的政府执法和管理不严等。打击非法采伐是全世界的事情，单由一个国家参与是不够的，应该是木材的生产国、进口国和消费国的共同行动。近年来，中国屡屡在非法采伐及相关贸易中遭受别国或国际组织的攻击，主要有4个方面的原因：

(1)以美国、英国、日本等国为首的发达国家为保证本国能够继续获得较大数量的木材资源份额，主导国际林产品贸易，以生态环境保护、打击非法采伐及相关贸易为由，对中国大量获得木材资源施加压力。

(2)一些森林资源丰富的发展中国家因中国大量获取原木而不在当地投资加工带动经济发展，也对中国产生了不满情绪。

(3)国外反华势力以此为借口煽动一些媒体和非政府组织，指责中国是全球最大的非法采伐木材集散地，只注重保护本国生态环境和资源，将生态危机转嫁他国等，蓄意散布反华言论。

(4)前些年我国在此问题上对外交流和解释不够，造成了一些误解。

四、应对木材非法采伐及相关贸易的措施建议

1. 国际上应对非法采伐及相关贸易的主要措施

1998年，英国举行的8国外长会议“森林行动计划”中非法采伐第一次被作为一个严重的国际性问题提出来。世界银行建立了支持FLEG进程的多捐赠国的伙伴合作关系，与捐赠国一起支持和推进地区性FLEG进程，开辟了在国家和地区层面上处理复杂且敏感的与非法采伐有关问题的政治空间。当前，打击木材非法采伐及相关贸易行动已被国际社会列为重点议程，得到各国重视，引起了各种环境保护组织的极大关注。国际上应对非法采伐及相关贸易的主要措施包括：

(1)制定法律。2008年1月美国共和党议员提出了《合法木材保护法》的提案，该提案在众议院自然资源委员会获得一致通过，提案提出禁止非法采伐的木材和木质产品进入美国。为了限制非法采伐的木材及其制品进入美国，美国在2008年6月新通过的《雷斯法案》修订案中，增加了打击木材非法采伐和相关贸易的内容。根据新修订的《雷斯法案》，一旦企业受到使用可疑木材的起诉或调查，出口商与采购商均将面临货物被没收、罚款，甚至监禁的风险。美国还将于2008年年底颁布新的配套法规，对木制进口申报提出新要求。俄罗斯加大对非法采伐木材行为的刑事责任追究力度，包括增加罚款额度及依据《俄罗斯联邦刑法典》第260条规定增加剥夺自由的时间。联邦法还规定增加对非法采伐、破坏林地或者擅自在林中采伐乔木、灌木和藤条的处罚金额。

(2)实施政府绿色采购政策。早在1994年日本就开始了有组织的绿色采购活动。1996年政府与各产业团体联合成立了绿色采购网络组织(GPN)，自此开展了自主性的绿色采购活动，颁布了绿色采购指导原则、拟定采购纲要、出版环境信息手册等。2000年日本政府颁布了《绿色采购法》，并于2001年全面付诸实施。2003年日本政府制定了“绿色采购调查共同化协议(JGPSSI)”，建立起绿色采购信息咨询、交流机制。

(3)推广木材和木材产品合法性证明。日本政府于2006年4月起开始实施一项关于政府优先采购能被确认为合法采伐的木材以及以此为原料的木材产品的新制度。从2006年9月开始，日本政府要求对国产木材及木材产品进行合法性、可持续性证明。欧盟部长理事会在2005年底出台的2173/2005/EG号条例中规定，将对木材和木制品进口实行许可制度(2005年12月30日起生效)，要求欧盟与伙伴国在自愿的基础上签订木材合法采伐与贸易的协定，伙伴国在向欧盟出口木材和木制品时必须具有木材合法采伐的证明，欧盟海关才能放行。

(4)推动和开展森林认证。森林认证能够促进森林可持续经营，推动负责任的森林经营和消费行为，对打击非法木材采伐和贸易有一定作用。截止2007年9月，世界上有84个国家开展了森林认证。目前，正在运作的认证体系有30多个，其中森林管理委员会(FSC)和森林认证认可计划(PEFC)是全球体系，国家体系有马来西亚木材认证委员会体系(MTCC)、印度尼西亚生态标签研究所体系(LEI)、加拿大标准化协会体系(CSA)、美国可持续林业倡议体系(SFI)、美国林场体系(ATFS)、澳大利亚林业标准体系(AFS)等。

(5)加强监管。2006年，俄罗斯联邦林业局对7个地区进行监控，费用达5 200万卢布(190万美元)，收缴罚款9 600万卢布，罚款相当于木材的市场价格。2007年，此项费用将达到2亿卢布。2008年计划建立一个采伐许可证的中央数据库。2007年预算拨款500万美元购置一个服务器来储存数据。警察和海关人员用手提电脑可随时查询。采取这些手段，希望在2009年使非法采伐绝迹。

(6)建立联动机制。东亚及太平洋地区、非洲地区和欧洲与北亚地区FLEG部长级会议的召开，协调了森林国际组织推进跨国联合行动，与相关国家建立联动机制，共同打击木材非法走私行为。俄

罗斯目前是欧洲和北亚森林执法与施政（ENA FLEG）成员国，2005年11月该组织在圣彼得堡召开了部长理事会，目的是加强52个成员国在共同关心的消除非法采伐和非法木材交易上采取法律措施。

(7)贸易网络平台建设。2006年10月，日本开设了非法采伐对策网站，旨在就非法采伐问题向广大有关人员提供信息、咨询和交换意见的平台。全球森林与贸易（GFTN）是WWF启动的一项行动，其目的是为全球遵纪守法的森林产品的买卖双方搭建合作平台。目前，该网络每年的木材及其产品贸易额已经超过4 800万美元，通过认证的森林接近2 000万公顷。

2. 我国应对非法采伐及相关贸易的措施建议

对于木材的非法采伐及相关贸易，中国政府的打击态度是坚决的，并采取了积极措施进行遏制。极个别企业和个人参与非法采伐及相关贸易活动，是企业和个人行为，绝对不是政府行为。大量的木材进口入中国，最大的原因是中国具有巨大的市场和廉价的劳动力，进口入中国的木材，其终端消费遍布全世界，尤其集中在美国、日本及欧洲等地。打击非法采伐是全世界的事情，单由一个国家参与是不够的，应该是木材的生产国、进口国和消费国的共同行动。为此，我们建议：

(1)各国林业部门建立国际木材合法性联合认定体系。政府是各项国家政策的制定者和执行者，应该充分发挥各国政府打击木材非法采伐与贸易的重要作用。首先“非法”和“合法”的界定必须有“法”依，必须由相关的所有国家制定出完善的法律，明确出哪些森林不能采伐，哪些行为属于非法采伐，哪些木材产品属于非法林产品。只有这样，依靠法律才能从根本上打击对森林的非法采伐。其次鉴于当前森林认证的标准体系存在一定的争议，且普遍推行具有很大的难度，建议由政府主导建设国家森林认证体系，才能具有权威性和可操作性。同时考虑到短时间建立所有国家的联合认定体系存在一定困难，可以选择我国主要木材进口国和林产品出口国建立联合认定体系，逐步推广。中国政府可以同供应国签署有关林业问题的贸易协议等措施，鼓励购买商进口合法并可持续经营的木材，加工企业使用合法和来自良好经营的森林木材。这将有利于树立中国负责任的规范林产品贸易的大国形象，也将有利于促进林产品供应国的合法采伐和森林的良好经营，有利于稳定中国和世界的木材市场，促进森林的可持续经营。

(2)促进木材生产国和供给国森林可持续经营和执法能力。非法采伐主要发生在木材生产阶段，是导致森林资源浪费和破坏的直接行为，木材生产国的森林可持续经营和执法能力尚存在一定缺陷。一是帮助对东盟及非洲、大洋洲一些木材生产国提供人员培训，加强这些国家森林资源管理者的素质和管理水平，协助他们建立完整的森林资源档案，评估本国的森林非法采伐状况和程度。二是协助依赖森林为生的社区居民脱贫，保证居民使用和买卖林产品的权利得到尊重，尤其是贫困人口应享有从其森林资源中获利的机会。三是积极参与双边和多边合作，通过与木材出口国交换进出口数据和产品单证，建立木材追踪系统和其他有效方法，杜绝非法木材出口，禁止伪造出口文件和打击木材走私犯罪。

(3)加强进口国和消费国木材绿色采购和监管体系建设。木材进口国和消费国是国际林产品市场的重要驱动者和全球产业链的主要参与者。首先政府有必要对林产品进口商、零售商和消费者进行广泛宣传，并采取必要措施避免非法的、对社会有害的且不可持续发展的林产品贸易；其次是制定和实施绿色采购政策、鼓励进口合法木材，确保加工企业使用合法和可持续经营的森林资源，保证所交易的林产品是来源合法的产品；第三是积极推进木材监管体系建设，加强与木材出口国在林业管理、非法采伐及林产品贸易方面的双边合作，协调海关木材进出口信息。

(4)推进国际非法采伐及相关贸易问题对话。在联合国森林论坛、FLEG以及中国所加入的政府协议框架下，与森林资源出口国、政府间国际机构和非政府环保组织建立对话机制，定期就森林贸易中存在的非法采伐等问题进行磋商，坚决打击木材非法采伐与贸易，维护林产品国际市场正常秩序，促进全球经济健康发展，树立我国良好的政治形象。

（5）参与跨国联合行动。建议世界主要林产品贸易国家政府积极开展双边、多边国际交流与合作，履行国际共同责任。在东亚及太平洋地区、非洲地区和欧洲与北亚地区 FLEG 部长级会议的基础上，协调森林国际组织推进跨国联合行动，与周边国家建立联动机制，共同打击木材非法走私行为。同时建立一个全球性的森林资源采伐和贸易网络，阐述国内森林政策及其他相关政策，增强对森林资源的监督管理，及时公布森林资源贸易信息，为打击木材非法采伐及相关贸易提供有力的平台。

（6）企业要加强"内功"的修炼，促进可持续发展。中国企业境外森林资源开发行为和林产品贸易行为要符合所在国的规定，中国政府有必要编制中国企业境外森林资源开发和林产品国际贸易规范指南，对中国企业境外森林资源开发和林产品国际贸易进行指导，使企业的资源开发行为和贸易行为能促进资源出口国的森林可持续经营和当地人民的脱贫致富，避免对森林的破坏。当遇到产品认证等贸易壁垒时，企业要采取措施积极应对，出口企业要在继续扩大对欧美出口的同时，及时调整出口产品结构和开拓新兴市场，避免过分依赖欧美市场。同时要积极推行"绿色"理念，增加产品的附加值，在林业企业文化中融入环境保护理念，从而使林业产业形成"绿色核心竞争力"，以消除欧美等发达国家的"绿色壁垒"，最终促进林产品行业的可持续性发展。

调 研 单 位：国家林业局国际合作司
调研组成员：曲桂林　张艳红　章红燕　鲁　德
张忠田　陈嘉文　陈　勇　孙久灵
邬凤义

《雷斯法案》对中美林产品贸易产生的影响及应对策略研究

一、《雷斯法案》概述

（一）历史沿革

《雷斯法案》（16 USC §3371～3378），是美国第一部联邦自然保护法案。在19世纪与20世纪之交，以营利为目的的非法捕猎在美国（尤其是西南部）泛滥，严重威胁了美国诸多野生物种。1900年春天，爱荷华州的共和党人约翰·雷斯（John F. Lacey）议员向美国国会提交了《雷斯法案》提案。规定只要违犯了各州法律，就禁止在各州之间运输非法捕猎物或者受保护动物。同年5月25日，美国总统威廉·麦金莱（William McKinley）签署通过《雷斯法案》。生效之后，作为美国联邦层面的第一部环境保护法律，《雷斯法案》百余年来历经修订，最为重要的有1969年、1981年、1989年和2008年的几次修订。经过多次完善，《雷斯法案》内容不断演化，适用领域日益广泛，时至今日，已构成美国联邦野生动植物资源保护执法体系的基础。

（二）2008年修订的主要内容

2008年《雷斯法案》根据国际林产品贸易形势进行新的修订涉及了该法案最主要的几个核心内容。

1. 重新修订了植物的概念，扩大了适用范围

法案第一条第（f）项其中3个小项对植物进行界定：第（1）小项规定，植物或者植物种群包括植物界所有野生组成部分，包括根茎、种子、组织部分和相应制品，以及所有不管是天然起源还是人工起源的林木。第（2）小项规定，植物概念不包括普通培育植物（除了林木）和农作物，不包括用于实验室或田间研究的基因种质资源的科学标本，不包括用于移植或者更新的植物。第（3）小项规定，如果这些植物属于《濒危野生动植物种国际贸易公约》的名录，或者属于《濒危物种法》所规定的濒危或者受到威胁的物种，或者依据任何一州法律属于受保护且濒临灭绝的本土物种，第（2）小项不适用。除此之外，第（j）项扩充了"取得"的概念（"taken"和

"taking")的内容，包括了植物的采集、采伐、搬运和转移等。

2. 增设了涉及植物的违法犯罪类型

除了持有、运输或出售等违反各州法律、规章，或者外国保护植物法律的行为之外，另外规定：任何盗伐、盗挖植物行为；任何从公园、森林保护区或其他官方保护区取得("taking")植物行为；任何从官方指定地区取得植物行为；任何没有获得官方许可或者与官方许可相背而取得植物行为都是被禁止的。此外，第二条还增设了植物申报制度，包括申报、评审和报告等三部分。申报制度分为进口植物申报和相关植物制品申报，除了此植物或者制品作为附属他物的包装。

3. 增加了处罚类型

针对增设的犯罪类型设置了相应的处罚规定。《雷斯法案》第三条、第四条对应不同的犯罪类型分别设置了罚款、没收及监禁等行政、刑事处罚措施。

二、《雷斯法案》对林产品贸易市场的影响

2008年《雷斯法案》的修订，关注点在植物及其制品的非法取得和进出口，特别强调违反外国法——不管是保护野生动植物资源方面的法律还是进出口方面的法律，都属于《雷斯法案》规范的范围。这些修订将对林产品贸易市场带来一定的影响，主要体现在以下几个方面：

(一)在林产品贸易中设置生态壁垒

修订后的《雷斯法案》第二条规定，植物和相关制品的原材料不得从国家公园、森林保护区、官方指定区域等取得。一旦发生这样的情况，该植物及其制品依照《雷斯法案》将不得进口美国，而且进口商还将受到行政、刑事方面的处罚，承担相关的民事责任。由此，美国可以依据《雷斯法案》，在林产品贸易中人打生态壁垒牌。

(二)有效打击竞争对手，增加本国林产品竞争力

首先，《雷斯法案》适用的领域宽广，"甚至包括皮鞋鞋底中所使用的一张纸壳"。根据该法案的规定，除了普通培育植物(除了林木)和农作物、用于实验室或田间研究的基因种质资源的科学标本、用于移植或者更新的植物，以及此植物或者其制品作为其他附属物的包装，其余植物和以其为原料的制品在美国境内的取得、持有、运输、出售必须遵循《雷斯法案》的限制性规定和申报制度规范。这无疑将对竞争对手的林产品生产、加工和贸易市场带来严重的影响和剧烈的冲击。

其次，美国司法裁判依据复杂多样、诉讼权缺乏限制的问题进一步打击竞争对手。作为判例法国家的典型代表，与大多数英联邦国家一样，美国也继承了英国的普通法渊源。其特点是没有统一的标准，由立法者来选择诉讼的对象和适用的裁判依据，换句话说，"就是要指控谁，就指控谁"。《雷斯法案》适用的裁判依据既有其国内各州规定，也包含外国的法律规范。美国各州法律诉讼制度不同，尺度不一，执行法律的复杂性与未知性及大，在今后的贸易过程中及其可能造成其竞争对手"今天这个州贸易没问题，明天在另一个州却遭遇罚款"的困难局面，从而为竞争对手进入其市场进一步设置障碍。

再次，《雷斯法案》2008修订要求对植物和相应制品进行标识，而且伪造标识票证的行为属于重罪。这就迫使生产商必须使用经过认证的合法来源的木材，势必拉高木材价格。而由于美国林业较为发达，森林认证工作走在前面，比其他林产品生产大国具有更多的优势。因此，《雷斯法案》依据其宽泛的适用范围、多样的裁判依据以及对标识等问题的严格要求，很大程度上拖累了其竞争对手，提升了本国林产品竞争力。

(三)合法掌握竞争对手的林业经济秩序和商业秘密

《雷斯法案》2008修订后，植物取得或者相关植物制品生产，如果没有按照各州法律或者外国法律提交税费，或者没有按照申报制度进行表明植物种类、源产国等内容，将属于违法犯罪行为，会受到《雷斯法案》规范。通过此机制，美国可以凭借法律手段迫使其竞争对手披露产品的在生产、贸易中的相关信息，从而达到合法窥探他国林业经济秩序、商业秘密，进一步提高本国林产品竞争力，保护本国市场的目的。

三、我国林产品贸易面对的挑战及对策建议

（一）中美林产品贸易难度加大，出口企业受到严重影响

我国在国际林产品贸易体系中占有重要地位，2007年贸易额达到643亿美元。但是，我国森林资源缺乏，林产工业发展所需的原木和其他资源很大程度上依赖进口。2007年我国原木进口量达到3 713.26万立方米，进口额55.56亿美元。从进口材的产地来源看，原料供给主要来自于东南亚和中非等地区及俄罗斯远东地区。受经济发展水平的影响，这些原料供给国在森林保护法律体系建设方面往往不够健全，很难出具有效的木材合法证明。但是在《雷斯法案》的约束下，木材来源的合法性证明是进口商必须提供的。对我国林产品贸易市场而言，无疑将增加对美贸易中的风险和成本，将使我国基于庞大的低成本劳动力、良好的产业群体、优惠的经济发展政策建立起来的林产品供应价格优势损失殆尽。在世界经济持续疲软，金融危机日益严重的背景下，对于从事中美林产品贸易的企业来讲将造成极大的负面影响，主要表现在：

（1）进一步加剧中国企业林产品出口的困难。依据《雷斯法案》，美国对从中国进口的木材、林产品将进行严格的监管，美国进口企业为了避免风险，必然减少从中国进口木制品，从而造成中国林产品出口额全面下降。

（2）大幅增加企业经营成本和风险。一方面，林产品的产品来源信息获取程序复杂，且成本高昂；另一方面，在法案颁布的初期阶段，林产品贸易企业难以完全了解和适应新规，面临着遭受严厉处罚的风险。这种经营中产生的高成本和高风险无疑将使一些实力欠缺的中小企业被迫退出市场，而继续从事林产品贸易出口的企业的竞争优势也将被大幅消减。

（二）对策建议

面对美国政府借助此次修订《雷斯法案》达到其推卸全球环境共同治理责任、以法律形式设置林产品贸易壁垒的根本目的，我国政府和企业应当给予足够的重视。鉴于此，提出以下几点建议：

1. 对内规范秩序，尽量避免冲突

《雷斯法案》已经正式施行，面对这个事实和可能出现的危机，针对国内市场，政府需要加强监管，严格执行国家现有法律制度及规定，禁止来源不明或非法采伐的木材在我国的买卖、运输、加工及出口，自把监管关，尽量避免可能出现的商贸摩擦是解决问题的一个基础保障，是首要工作之一。要采取出口贸易综合管理措施，建立正常的出口秩序，就目前存在的出口多头对外、低价竞销等问题，制订专门办法和措施，提高林木产品对美出口的竞争力和话语权。进一步发展完善国际木材合法性联合认证体系，在规范国内市场的同时，保证出口商的切实利益和安全。

2. 对外加强谈判，争取调整、适应时间

《雷斯法案》有关实施标准和细则并没有随其本法一体出台，宽泛且不明确的适用范围、缺乏约束的诉讼权利、认定依据矛盾等问题制约该法案的有效实施。为此，一方面在与美方沟通、谈判中应当阐明我方立场，明确表明我方在森林采伐、运输过程中的政策，尽可能缩小该法案的适用范围，要求美方明确认定违法行为时适用其国内法或国外法的条件和裁判的标准，并平等履行全球生态保护的义务。避免将林产品正常贸易与生态问题、政治问题挂钩，争取有关争议按照WTO机制进行协商，当WTO机制不适用，按照双边协商机制进行解决。另一方面，该法案涉及利益群体众多，首当其冲的是美国国内的林木产品经销商。在这种情况下，应当有效利用时机，发动利益相关体，呼吁社会舆论，尽可能将提供申报信息的时间限制予以顺延。为国内厂商争取熟悉市场、学习制度、适应新规的宝贵时间。

3. 引导国际舆论，争取贸易利益

与美国政府就《雷斯法案》涉及的林产品贸易问题进行磋商仅靠我国一己之力是不能完成的。由于作为主要中间制造商、对美出口商的中国受到《雷斯法案》的限制，以林木原材料出口为主要贸易的俄罗斯及东南亚、南美和中非等地区势必也将受到严重影响。在地区和国际方面，紧密与世界银行等机构合作，按照共同而有区别的责任原则，推进关于FLEG进程的多边合作和国际协作，联合相关的利益国家和组织，就《雷斯法案》涉及的内容、规定与美方进行磋商，引导国际社会一起对美施加压

力，要求其给予出口国经济和技术支持，共同承担全球环境治理责任。

4. 构建多元市场，合理分散风险

林产品出口市场相对集中与单一是危机产生的根源之一，美国作为我国最大的林木制品出口对象，一直以来都是我国林产品生产、出口商的主要赢利市场，新修订的《雷斯法案》的出台直接威胁到我国林产品企业的生存状况。为了避免此类贸易危机的再次发生，要在继续巩固美国市场的前提下，扩大欧洲、东亚等重点发达市场，同时积极开拓中东、拉美等市场。其中应当关注印度及东南亚这些近年来经济发展迅速的新兴市场，要有效利用其人口多，地域大，市场需求旺盛的特点，作为市场开放重点对象进行培养。这种市场的多元化发展，能合理、有效地分散林产品贸易企业的经营风险，从而保障其利益。

（国家林业局经济发展研究中心：吴柏海　张　蕾　余　涛）

强化宏观调控体系建设　引导林业产业科学发展

福建省作为全国南方重点集体林区，自然条件优越，森林资源丰富，森林覆盖率、生态环境质量、商品材竹材产量均居全国第一，具有良好的资源优势；在国家林业分区发展格局中，属于“南用”区域，也是闽台林业合作的重要窗口，具有良好的区位优势；作为全国唯一的林业改革与发展综合试验区，国家有关部委和省委省政府对福建林业改革与发展出台了一系列扶持措施，具有良好的政策优势。近几年来，福建省充分利用区位、资源和政策优势，实施“以二促一带三”产业发展战略，林业产业发展迅猛，规模不断壮大。

一、福建省林业产业发展现状

（一）林业产业总体规模逐步壮大，实力不断增强

2007 年，福建省全年实现林业总产值 1 180. 75 亿元，是 2003 年的 2. 64 倍。其中规模以上林业工业企业 2 008 家，实现林业工业总产值 731. 43 亿元，完成出口交货值 133. 72 亿元，实现利润 32. 98 亿元，利税 54. 82 亿元。福建省大中型林业企业近百家，其中产值超亿元的近 50 家。福建省生产商品材 685. 54 万立方米，人造板 535. 23 万立方米，木制家具 825. 87 万件，纸浆 39. 85 万吨，机制纸及纸板 237. 85 万吨，木地板 211. 5 万平方米。

（二）林业产业结构不断优化，产品结构趋于合理

2007 年林业一、二、三产的产值分别为 346. 35 亿元、814. 75 亿元、19. 66 亿元。一、二、三产的比重由 2001 年的 71∶28∶1 调整到 2007 年的 29∶69∶2。林业工业产值比例逐步加大，第二产业产值已占林业总产值的 69%，高于全国平均水平。林业企业经济实力不断增强，林产品结构不断优化，人造板产量增长迅速，资源综合利用水平不断提高。2007 年全省规模以上人造板产量达 535. 23 万立方米，产值达 117. 14 亿元，其中胶合板 183. 18 万立方米，纤维板 166. 74 万立方米，刨花板 114. 25 万立方米，人造板二次加工装饰板 1 018. 84万平方米。以森林旅游、物流、服务等为主的第三产业蓬勃发展，生态文化品牌逐步唱响。已启动的“福建森林人家休闲健康游”，“森林人家”品牌成为福建生态旅游第一品牌，也是森林旅游区域性品牌。同时在国家林业局和中国生态道德教育促进会的支持下，妈祖圣地——湄州岛成为全国第一个生态文明建设示范基地。

（三）林业产业集中度不断提高，产业布局逐步完善

南平木竹、三明林产加工、漳州家具三大产业集群不断壮大，莆田木材加工贸易产业集群正在逐步形成，产业集中度不断提高。其中，南平木竹产业集群产值达 82. 35 亿元，在南平市重点发展的 7 个产业中居首位；三明市规模以上林产工业产值达 110. 58 亿元，同比增长 42. 4%，成为三明市第

二个超百亿元的产业集群；莆田木材加工贸易产业集群2007年产值达到51.7亿元，成为莆田十大产业集群之一，也是福建省增长潜力最大的林业产业集群。

（四）林产品质量不断提高，品牌产品逐年增加

通过开展ISO系列认证和质量管理小组活动等，大大提高企业质量管理水平。福建省林产品的知名度和市场占有率逐步提高，涌现出一批技术含量高、质量过硬、信誉良好的品牌产品。产品的质量和市场占有率逐步提高，国际竞争力也在逐年增强，在受到出口政策调整、人民币升值等因素的影响下，2007年全省仍累计完成出口交货值133.72亿元，同比增长14.9%。截至2007年，福建省林业行业获得“中国名牌产品”2个，“中国驰名商标”6个，“国家免检产品”7个，“福建名牌产品”86个。也培育了一批创新能力强和产品市场占有率高的品牌企业。已有省级林业产业龙头化企业65个，省级品牌农业重点龙头企业3个，省级闽台合作龙头企业2个。

（五）林地产出率进一步提高，森林资源持续增长

福建省现有林地面积1.36亿亩，竹林面积1 327万亩。实行林改以来，森林资源迅速增长，2007年全省完成植树造林总面积213万亩，连续3年造林面积超过200万亩；全省森林覆盖率提高了2.42个百分点，达到62.96%，居全国首位；活立木蓄积量4.96亿立方米，居全国第七位；2007年商品材产量685.54万立方米，毛竹近2亿根，从而为林产加工业的可持续发展提供了强有力的资源保障。同时，企业办原料林基地的积极性也不断提高，全省种植名贵、优良乡土树种1 350万株。

二、完善林业产业调控体系建设，大力推进林业产业发展

近年来，福建省林业厅认真按照国家林业局“坚持科学发展观，建设现代林业”的部署，在加强林业生态建设的基础上，大力推进林业产业发展，逐步建立起较为完备的林业产业体系。

（一）建立和完善产业管理协调机制

1. 积极参与政策制定，科学引导林业产业发展

为鼓励发展节约、高效、循环利用资源的项目和产品，淘汰高消耗、低效益或高污染的初级加工产品，加快林业经济增长方式的转变，福建省林业厅联合省发改委、经贸委于2006年12月4日联合出台了《福建省林产加工业发展导则（试行）》，并于2007年1月1日起施行。国家七部委联合下发《林业产业政策要点》后，福建省也在充分调研的基础上，联合相关部门起草了《福建省贯彻林业产业政策要点的若干意见》。

2. 积极与相关部门协调，争取优惠发展政策

针对林业资源综合利用退税政策重新调整出台后对福建省以木片为原料的加工企业带来影响等问题，积极与省国税、省经贸委等部门协调、沟通，很好地解决了这一问题，使43家企业通过认证并享受这一政策。另外，针对国家对出口产品退税政策调整问题，积极协调海关开展竹木制品出口情况调研，并通过省政府向国务院请示，恳请在调整海关税则号时，将竹制品与木制品分列，实行单独的海关税则号，并恢复竹制品原出口退税率11%～13%的政策。

3. 建立长效沟通协调机制

福建省通过“六个对接”，加强服务平台建设，建立较为完善的林业主管部门与其他行政管理部门、企业、林农、学校、科研机构、金融部门等相关主体的沟通协调机制。

（1）政企对接。通过召开省直属有关部门支持林产业发展座谈会，召集海关、检疫、工商、质监、税务、经贸、财政、发改等部门与企业座谈，企业、省直属部门代表面对面交流，了解企业面临的困难，积极帮助协调解决。

（2）校企对接。一个是“请进来”，通过召开校（院）企对接会，邀请院士、专家、企业家等人参加会议，通过招标帮助企业解决急需的技术难题，并推动科研成果的转化；另一个是“走出去”，组织相关企业带着技术需求，到相关林业科研院校寻求相应的技术成果，实现对接。

（3）科企对接。每年通过“6·18”项目成果交易会征集企业技术需求，推介科研机构的技术成果，帮助双方实现对接。

（4）银企对接。召开金融部门与企业座谈会，

积极帮助协调企业发展过程中资金问题，同时总结、交流和推广林业投融资创新的经验，充分发挥金融支持林权制度改革和促进林业产业发展的主力军作用。

(5)农企对接。实行企业办基地，用工业化的理念来指导造林，顺应现代林业发展方向。重点突破合作模式，让企业和林农双方协商采取合适的合作模式，互利互惠，实现双赢，同时防止企业大量“圈地”造成农民失山失地，引发社会矛盾和新的不稳定。

(6)市企对接。通过搭建各类展会平台，帮助企业更好地宣传自己，提高产品的知名度，寻找到相应的销售商家或者合作伙伴。同时，积极运用中国林业网等电子信息平台，发布市场信息，促进企业与市场对接。

(二)完善林业产业职能部门建设

福建省已建立省、市、县三级较为完整的林业产业管理部门体系。省级几经改革，从前身的森工局到林工局到林工处到现在的产业发展处一直保持较为完整的林业产业职能管理部门。目前，行政编制7人，主要职责为：贯彻实施林业产业发展规划，指导林业产业经济布局、产业和产品结构调整以及森林资源的合理配置及利用；承办林业企业技术改造项目的审核、报批；负责木竹生产与加工、木片生产、林产化工、木竹浆造纸以及森林资源综合利用的行业管理；指导、协调企业原料林和商品林基地建设；指导林业企业改革发展和林产品市场体系规划；负责安全生产；负责木材检验中心的监督和指导。9个地级市已有5个设立产业科，也是行政编制，其他4个为林业产业与计财或营林等职能部门合署办公，指定专人负责产业管理。南平、三明和龙岩3市所属县(区、市)的林业部门还设立了产业股。如三明市林业局产业发展科目前有13人，整合了林业安全生产办公室、造纸材办公室、木竹交易中心、生态监测中心、林业养路站等机构人员。三明市各县(区、市)林业局产业发展股一般配有2~5人不等。

(三)加强林业中介机构建设

福建省十分重视林业中介机构的建设和监管，积极发挥中介组织在产业宏观调控中的作用。目前，省级林业产业中介组织有：林产工业协会、林业企业家协会、木材检验协会、木材行业协会、林业劳动保护研究会、花卉协会、竹业协会6个一级协会。这些协会在引导林业企业发展、优化林业发展环境、提高行业自律、加强企业与政府的沟通、参与政策制定等方面都发挥了积极的作用。如林业企业家协会积极组织福建省林业企业参与美国对我国的木制卧室家具进行反倾销的应诉，使漳州国辉工贸有限公司和福建联福林业有限公司取得10.92%这一较低的税率，厦门涌泉公司获得12.91%这一相对较低的平均税率。为贯彻落实这次全国林业产业大会的精神，与国家林业局中国林业产业协会保持统一，福建省积极筹备将省林产工业协会和木材行业协会整合成立福建省林业产业协会，集中有限的资源最大限度地服务于现代林业建设，充分发挥协会行业自律和桥梁纽带作用。目前，已完成协会会员重新登记确认工作，并进一步建立健全协会组织、完善制度机制，拟于召开全省林业产业大会时成立。

各市(县)也已建立相应的林业产业中介组织，目前，全省已建立1 000多家林业行业协会。早先的林业中介组织多是林业主管部门主导即“自上而下”产生的，主要是在政府授权或委托下承担部分行业管理的职能，会长、秘书长原来都由林业部门领导担任，工作人员由林业主管部门业务人员开展日常工作或聘一些退离休人员。但随着中介组织的健全和企业参与行业管理意识的增强，部分中介组织会长已逐步改由企业人员担任，并且涌现了一批由同行业中的民营企业自发组成和产生的“自下而上”的行业协会、同业公会。如永安市的竹业协会、建瓯市的水煮笋同业公会、莆田市木材行业协会、漳州市龙文区胶合板同业公会、漳平市木竹协会等，它们实行自愿发起、自选会长、自筹经费、自聘人员、自主会务的组织原则。这些协会能利用外部经营环境，使其成为生产者和经营者之间的沟通桥梁。如“中国竹乡”永安市成立竹业协会，聘请策划专家进行永安竹业品牌策划，对全市竹业品牌实行“统一注册、统一管理、利益共享”，目前已拥有“永安竹业”、“竹神”、“竹子的故乡”等注册商标，并进行全类注册，其中“竹神”牌闽笋干等产品被认定为福建省名牌产品，“竹神”商标被评为福建省著名商标。永安市竹业协会还被评为“福建省百强农村专业技术协会”。

三、积极采取措施，科学引导林业产业发展

（一）科学规划，指导林业产业发展

（1）参与编制《福建省“十一五”林业发展专项规划》，确立实施生态公益林保护、沿海防护林、生物多样性、绿色通道和城乡绿化一体化、森林灾害防治等五大工程，加快生态建设；建立速生丰产林、丰产竹林、珍贵树种和名特优经济林、种苗和花卉、森林食品和药材等五大基地，加快资源培育；培植人造板工业、制浆造纸业、林产化工业、木竹制品工业、森林旅游业五大支柱，加快产业发展。

（2）编制 2006 ~ 2020 年《福建省林业产业发展规划》，更具体地指导林业产业的布局与发展。确定至 2010 年实现林业产业总产值 1 380 亿元，到 2020 年实现林业产业总产值 3 080 亿元的发展目标，实施产业兴林、产业集群、项目带动、龙头拉动、品牌引领、科技支撑的发展战略，明确产业发展重点和布局。

（3）参与编制福建省林业发展区划，将福建省林业划分为 19 个三级功能区，对每个区的林业生产力布局进行分析，明确每个区的主导功能和今后发展方向，用于明确林业产业发展布局和指导林业产业发展。

（4）参与海西现代林业课题研究。分析当前福建省林业产业发展的现状及推进林业经济发展的重要意义，构建资源培育 5 大基地，工业发展 4 块聚集区，闽台合作 3 个交流中心，林业产业两大潜在发展区的福建省林业产业发展布局。

（二）强化措施，加快结构调整升级

（1）科学引导产业发展。全面贯彻落实《林业产业政策要点》和《福建省林产加工业发展导则》，科学引导产业发展。为了促进福建省林业产业又好又快地发展，要求各地进一步落实《福建省林产加工业发展导则》。在坚持生态优先、合理利用的同时，千方百计促进林业产业升级。各地级市也相继出台了规范和促进产业发展的相关文件，如三明市林业局与三明市发展和改革委员会、三明市经济贸易委员会联合印发了《三明市林业产业发展导向细则（试行）》，宁德市人民政府出台了《关于加快林业产业发展的意见》，这些都将有力促进福建省林业产业结构的优化升级，进一步加快林业产业的发展步伐。

（2）实施三大带动。继续实施龙头带动、品牌带动和项目带动战略。每两年进行一次省级林业产业化龙头企业评定，目前，有省级林业产业化龙头企业 65 家。并在这些企业中，筛选确认一批企业，在贴息、政策、项目审批和服务等方面给予重点扶持，促其做大做强，发挥其在产业升级中的示范带动作用。通过加强林产品质量管理、鼓励企业争创名牌、发挥行业协会引导作用等措施鼓励企业提高产品质量、争创各种名牌。积极协助做好中国名牌产品、中国免检产品、驰名商标、福建名牌产品、福建免检产品、著名商标和福建农业品牌重点企业等推荐评选工作，鼓励企业争创名牌。继续搭建各种展会平台，做好招商引资工作。做好重点项目的跟踪服务工作。建立沟通联系制度，及时了解项目建设过程中的困难和问题，积极帮助协调解决。

（3）优化产业布局，加快产业集聚。利用国家在莆田市设立国家级进口木材检疫除害区的良机，创建了国家级木材加工贸易示范区，目前，示范区完成总投资 4.09 亿元，共落户企业 23 家，其中投产企业 11 家。创建了国家级海峡两岸（三明）闽台林业合作试验区，承接台湾林业产业转移、开展林业科技交流、对接国际市场，成功举办了三届海峡两岸（三明）林业博览会，累计引进台资企业 231 家，总投资 3 亿多美元。全面启动了“中国笋竹城”项目建设，进一步把福建省丰富的竹资源优势转化为产业优势，完成投资 3.06 亿元，落户企业 30 家。创建建阳“海西林产工贸城”，充分利用闽西北资源优势，打造中国东南林产品加工、贸易、展示、电子信息交流中心和物流配送为一体的工贸城，目前，已完成基础设施投入 1.96 亿元，引进入园企业 35 家，总投资 19.36 亿元，总注册资金 6.5 亿元，总用地 1 295 亩。以“两区两城”建设为载体，充分发挥福建省区位和港口优势，主动承接

台湾等地产业转移，加快招商引资步伐，推进产业集聚和升级。

(4)强化服务质量，优化产业发展环境。继续加强木材流通监管等工作，积极引导企业依法经营。打破区域封锁，促进林产品自由流通。进一步完善科企、政企、银企、农企、市企、校企等"六个对接平台"，不断改善服务环境，为产业发展提供更好条件。

(5)继续深化改革，完善各项配套改革措施。在集体林权制度改革的基础上，不断完善其他各项配套改革措施。与省农村信用社、省财政厅、人民银行福州中心支行等有关部门专门研究，合力推进林业小额贷款工作。目前，全省林权抵押贷款累计达41 亿元，其中林业小额贴息贷款已累计发放11.6 亿元，受益农户6 万户。同时，加快了商品林采伐管理改革，在南平市延平区、永安市、龙岩市新罗区3 个单位全面启动了采伐管理制度改革试点，建瓯市等10 个县(市)在1 ~2 个乡(镇)开展了试点的改革探索。新组建了农村林业合作经济组织2 724 个、护林联防组织3 491 个，提高了林业的组织化程度。建立了66 个县级林业服务中心、1 000 多家林业行业协会和200 多家森林资源评估等中介机构，提高了林业服务能力。另外，还通过进一步推进林业国有企业深化改革，激发林业生产的活力。

(三)加强预测，提供信息服务保障

(1)建设林业产业信息平台。重点扶持中国林业网发展，通过完善中国林业网建设，为林业企业提供市场信息、项目推介、网络营销、电子商务等服务。同时与中国林业网连续3 年联合举办了春秋两次林产品网络展览会。超越了传统展会的地域局限，累计吸引全国32 个省(自治区、直辖市)和美国、日本、加拿大、澳大利亚、新西兰等海外商家，参展观众达20 万人次，销售意向金额达5 亿元以上。

(2)积极发布林业产业信息。通过福建省林业厅门户网站建设，及时公开相关政务信息，接受群众的监督。同时积极发布林业产业相关政策和行业动态信息，指导林业企业积极应对市场变化。

(3)积极做好林业经济运行分析工作。做好木材生产数据调度和林业工业经济运行分析工作，每月定时编制《林产工业动态》，每季度还召开一次全省林业工业经济运行分析会议，对政策调整影响及林业工业经济发展趋势进行分析预测，为科学决策提供依据。

(4)开展全省林产加工业普查工作。为了摸清全省林产工业的现状，为林产加工企业分类指导、结构调整、产业布局等林业产业管理和决策提供科学的依据。在南平市、泉州市等地试点调查的基础上，在全省全面展开普查工作。目前，已基本完成企业普查数据收集工作，进入数据分析整理阶段。

(5)积极发挥各种展会的宣传推介作用。通过"6・18"项目成果交易会，发布企业技术需求，推介科研成果，帮助科企实现对接，加快科技成果的转化，促进科技对林业产业的支持。自2003 年起，"6・18"项目成果交易会已连续举办五届，2008 年更名为"中国・海西项目成果交易会"。五届省"6・18"项目成果交易会累计征集和推介林业科研成果1 122 项、企业技术需求384 项，对接林业项目961 项，协议总投资超过86 亿元。通过"11・6"三明林博会，开展对台林业合作，承接台湾林业产业转移。通过莆田木洽会，充分发挥莆商的网络作用，吸引闽商尤其是莆商回闽投资林业产业。从2005 年至今，福建省已成功举办了三届海峡两岸(福建三明)林业博览暨投资贸易洽谈会(简称林博会)。2007 年第三届林博会成功升格为国家级展会。三届林博会共签订合作项目487 项(包括非林项目)，总投资232 亿元，其中,利用外资22.72 亿美元。参会参展的台商从第一届的89 人增加到第三届的486 人,参展的台资企业也增加到62 家74 个展位。通过"11・26"海峡两岸(福建漳州)花卉博览暨农业合作洽谈会,扩大两岸经济文化交流和经贸往来。自1999 年开始,花博会已连续举办九届,据初步统计,花博会共接待企业海外客商1 万多人,签约533 个项目,总投资达21.12 亿美元。

四、综合运用各种调控手段的情况及问题

(一)经济调控手段运用情况及问题

(1)在贷款贴息、税费优惠等方面给予扶持。

从2003年开始联合省财政厅开展福建省林业产业化龙头企业评选认定工作，每两年评选一次，现有65家省级林业产业化龙头企业。并从中筛选一批有发展潜力的龙头企业给予贷款贴息扶持，5年来已累计为龙头企业贷款贴息1 500多万元。另外，根据财政部、国家税务总局《关于以三剩物和次小薪材为原料生产加工的综合利用产品增值税即征即退政策的通知》(财税〔2006〕102号)规定，通过与省经贸委联合开展资源综合利用类企业认定工作，认定43家林业企业为资源综合利用类企业，享受增值税即征即退政策，由税务部门对其缴纳的增值税实行即征即退。

(2)支持企业创品牌。加强林产品质量管理、鼓励企业争创名牌，各级政府均对获得中国名牌产品、中国驰名商标、国家免检产品、福建省名牌产品、福建著名商标等，以及获得ISO系列认证等质量和管理认证的企业给予不同额度的资金奖励。如三明市根据明委发〔2004〕14号文精神，对获得中国名牌产品或驰名商标和国家免检产品的林业企业，在按明政文〔2004〕91号文规定分别奖励50万元和15万元的基础上，从市级林业经费中再分别奖励10万元和3万元。省一级也拟建立品牌扶持专项基金，对品牌企业进行扶持和奖励。

(3)支持林业企业办原料林基地。根据《财政部国家林业局关于印发<林业贷款中央财政贴息资金管理规定>的通知》(财农〔2005〕45号)，做好符合条件的林业贷款项目贴息申报工作。同时，认真落实《福建省人民政府关于印发福建省加快人工用材林发展的若干规定的通知》(闽政〔2002〕52号)和《福建省林业厅关于鼓励企业办工业原料林基地的若干意见》(闽林〔2004〕9号)中规定的鼓励企业办原料林基地的优惠政策，维简费和70%的育林费采取自提自用办法，留给生产经营者，存入银行专户，专项用于造林育林，并接受林业主管部门的监督检查。

(二)法律调控手段运用情况及问题

(1)认真贯彻执行国家林业产业相关法律法规和政策。深入学习和贯彻落实国家七部委联合编制的《林业产业政策要点》。

(2)认真贯彻执行省林业产业相关法律法规和政策。贯彻执行省林业厅与省发改委、经贸委联合制定的《福建省林产加工业发展导则》。坚持在生态优先的前提下合理利用森林资源的原则，坚持资源节约型与环境友好型产业优先的原则，坚持因地制宜、分类实施的原则，坚持产业化、集群优先发展的原则，坚持市场导向和政府引导相结合的原则，坚持依靠科技进步促进林业经济增长方式转变原则。

(三)行政调控手段运用情况及问题

(1)加强市场准入制度建设。提高市场准入门槛，限制以阔叶树种为主要原料的林产加工项目(利用进口材除外)、松脂初加工项目，以及不利于生态保护和珍贵濒危野生动植物保护的项目发展；要求新审批的木材加工项目，中、高密度纤维板项目必须在5万立方米/年以上，普通刨花板和胶合板项目必须在3万立方米/年以上，细木工板项目必须在2万立方米/年以上，木浆项目必须在5万吨/年以上，纸浆项目必须在3.5万吨/年以上等；且要求新办木质加工企业加工地点必须进入工业园区或工业集中区，否则投资主管部门不得核准或备案建设，县级以上林业主管部门不得核发木材经营加工批准书。

(2)限制资源消耗高、利用率低、污染严重的企业发展。联合有关部门在全省开展了木材加工企业的清理整顿活动，有效遏制了非法木材经营加工企业的蔓延。对“五小”、“两无证”企业重拳出击，对被吊销、取缔的企业坚决予以关停。2007年，全省共清查木材经营加工场所1 630个，依法取缔无证经营加工企业182家。积极配合森林公安部门组织开展林业执法和治理整顿专项行动，打击无证收购、运输木材行为，积极引导企业依法经营。2007年全省共侦破非法收购、运输盗伐或滥伐的林木刑事案件43起，查处非法收购、运输木材林政案件3 168起。

(3)加强林产品质量监督和检查检验工作。福建省林业厅每年都与福建省林业科学研究院林产品质量检测中心联合开展全省范围内林产品质量抽检工作。2008年3月，福建省林业科学研究院在福建省林产品质量检测中心基础上成立“国家林业局林产品质量检验检测中心(福州)”已获得国家林业局的批准成立，这标志着福建省林产品质量检验检测方面已达到国家级质检机构的标准。另外，三明市技术监督局通过积极争取，得到国家技术监督总局支持，在三明市安排建设国家人造板及林化工产品质量监督检验中心(三明)，目前，大楼主体工程已基本完成。同时，认真抓好木材检验监督和管理工作。出台《福建省木材检验中心管理办法(试行)》，抓木材检验员的廉洁自律工作，在全省木材检验机构中开展治理商业贿赂工作，从源头上预防职务犯罪，对不符合上岗要求的木材检验员依法依规坚决予以清理。

(4)规范木材市场流通秩序。严格按照市场经济秩序的要求，科学协调好木材、原材料供应，严禁在木材、原材料流通领域中采取各种行政干预手段搞区域性封锁，确保木材原材料自由流通。同时，开辟“绿色通道”，鼓励区域内和加工集中区内半成品自由流转，在企业间形成相关的产业配套和加工链接，促进专业分工和产品升级。

五、强化林业产业宏观管理调控手段的措施建议

(一)积极争取和延续国家的鼓励政策，促进企业良性发展

(1)“以三剩物及次小薪材为原料生产加工的综合利用产品实行增值税即征即退”政策2008年底到期，建议由国家林业局出面协调，继续延续这一政策。

(2)2007年7月国家调整部分“两高一资”商品的出口退税率。由于目前商品税号归类方面的问题，竹制品与木制品同属一个税号，导致竹制品由原11%～13%的出口退税率下调至5%，甚至取消出口退税。而竹材是生长周期短的循环可再生资源，将竹制品随同木制品一并下调出口退税率，不尽合理。福建省已通过省政府向国务院请示，恳请在调整海关税则号时，将竹制品与木制品分列，实行单独的海关税则号，并恢复竹制品原出口退税率11%～13%的政策。建议国家林业局也在这方面积极与相关部门协调，使竹制品出口退税率及早恢复正常。

(3)对林业综合利用企业购进的加工剩余物(如锯末、板皮、木刨花、竹刨花等)应视为农副产品，准予使用农副产品收购业务普通发票，并依法准予进项税抵扣，以鼓励资源节约，提高森林资源利用率。

(4)《财政部、国家税务总局关于运输费用和废旧物资准予抵扣进项税额问题的通知》(财税字〔1994〕第012号)规定从事废旧物资经营的增值税一般纳税人收购的废旧物资不能取得增值税专用发票的，根据经主管税务机关批准使用的收购凭证上注明的收购金额，依10%的扣除率计算进项税额予以扣除政策。但在实际操作过程中，由于很多企业是部分利用废旧木料、部分用新材进行加工生产，税务机关往往以无法区分为由，不予执行此政策。希望国家林业局能出面协调有关部门，积极争取更具操作性的国家鼓励废旧木料回收利用的优惠政策。

(二)安排一定资金，带动林业产业又好又快发展

(1)建议国家林业局安排一定的林业产业结构调整或林业龙头企业扶持资金，用于鼓励、引导、扶持林业龙头企业发展，培育一批具有特色的品牌企业和品牌产品。

(2)国家鼓励林业电子信息平台和林业产业数据库的建设，却没有安排相应的扶持资金，推动难度大，远远滞后于当今林业产业发展的要求。为此，建议国家林业局安排相应的资金用于扶持林业产业信息平台建设。

(3)在我国银根不断缩紧的今天，林业中小企业融资难题已经成为制约林业经济又好又快发展的重要“瓶颈”之一。福建省已初步建立了以林权证抵押为核心的信贷担保机制，一定程度上解决了林农育林资金投入问题，但林产加工中小企业融资难题远还没有解决。建议国家林业局及早推进林业信用担保体系建设工作，充分发挥林业担保机构的作用，增加林业发展资金的投入。

(三)强化宏观调控手段，引导林业产业结构优化升级

目前，产业管理部门最大的困难就是缺乏有效的调控手段，比如在保护生态环境，规范产业有序发展方面，在清理整顿中都缺乏有效的制约手段，

调控力度整体偏弱。建议由国家林业局出面协调相关部门联合开展整顿木材流通经营秩序和清理整顿木材加工经营企业，加强林业企业的审批和监管，提高资源消耗性企业的准入门槛。

（四）加强法律法规建设，营造良好的林业产业发展环境

现行林业法律法规关于林业产业发展的内容很少。2002 年福建省林业厅制定了《福建省木材经营加工批准和监督办法》。2006 年，国家林业局下发了《关于进一步加强木材经营加工监督管理的通知》，但都执行不到位。在实施过程中，由于木材经营加工单位设立的审核审批条件过于原则，没有建立衡量审核内容的具体标准，缺乏可操作性，以致木材经营加工企业规模小、档次低、布局散、耗材大，以及过多过滥、重复建设、浪费资源和污染环境等问题普遍存在。为此建议要立足林业行业特点，建立林产加工项目建设审核审批内容的定性和定量标准；同时要将林业产业政策、发展导则和产业规划纳入《中华人民共和国森林法》、《中华人民共和国森林法实施条例》和地方性法规，解决长期以来规范性文件主导林业产业发展的状况。

调 研 单 位：福建省林业厅
调研组成员：朱勇茂　陈科灶

广西油茶产业现状与发展调研报告

油茶是我国特有的天然木本食用油料树种，也是广西壮族自治区主要的传统特色经济林。加快油茶产业发展促进山区综合开发，是解决“三农”问题，促进林农长期稳定增收的有效渠道。为贯彻落实《国务院办公厅关于促进油料生产发展的意见》（国办发〔2007〕59 号）及全国油茶产业发展现场会精神，结合广西林业科学发展三年目标，2008 年 10 月组织开展了全自治区油茶产业现状与发展调研，并形成本调研报告。报告共分 8 个部分：第一部分分析油茶的生物学特性和价值；第二部分从资源面积、良种情况、加工业情况等方面，分析全自治区油茶产业发展现状；第三部分阐述加快油茶产业发展的重大意义；第四部分分析油茶产业存在的主要问题；第五部分分析发展油茶产业的优势和潜力；第六部分为油茶产业发展的市场前景分析；第七部分提出加快油茶产业发展的基本思路；第八部分提出发展油茶产业的 10 条政策性建议。希望本调研报告能够为广西壮族自治区党委、政府作出加快油茶产业发展的科学决策提供参考依据。

一、油茶的生物学特性及其价值

油茶，又称茶籽树、茶油树，指山茶属植物中具有较高栽培经济价值的油用物种，是中国南方特有的木本食用油料植物。油茶树一次栽种，多年受益，从栽种第 3 年开始挂果，6 年以后可达盛果期，收益期可达数十年。油茶主要分布于我国南方的 14 个省（自治区、直辖市），湖南省、江西省、广西壮族自治区是重点产区。油茶具有适生范围广、耐干旱贫瘠、抗逆性强等特点，是抗污染能力强的树种；秋冬开花，花期长，是宝贵的蜜源植物。种植油茶既可以绿化国土，又能保持水土、调节气候、美化环境，具有良好的经济效益、生态效益和社会效益。

茶油是油茶的主要产品，具有独特的香味，富含多酚类物质，具有抗氧化、耐贮存特点，且不产生引起人体致癌的黄曲霉素。茶油含有多种对人体有益的维生素和微量元素，不饱和脂肪酸达到 90% 以上，易被人体消化吸收，长期食用，能降低胆固醇，抑制和预防冠心病、高血压等常见心脑血管疾病，增强人体免疫力，具有很高的营养价值和保健作用，是一种高品位、高营养价值的天然、安全、保健的优质特色木本食用油，被国际市场誉为“东方橄榄油”。茶油经过深加工后，还广泛应用于食品、工业、医药、化妆品等领域。茶油的副产品有茶麸和茶壳。茶麸富含茶皂素、粗蛋白和淀粉，是

天然、无公害水产养殖消毒剂，在提取皂素脱毒后可生产优质饲料。茶皂素是一种优良的天然表面活性剂，是新型绿色低毒高效农药的主要配料，不会造成土壤污染，有利于环境保护；在医药使用上具有消炎、镇痛、抗菌、止咳化痰之功效。茶皂素水溶性好，泡沫丰富，去污力强，也是洗涤用品工业、乳化剂工业的极佳选料，用以生产洗发香波、洗发剂，洗发护发、消炎止痒、去头屑效果好。茶壳可制活性炭、碱、栲胶等，还是优良的食用菌生产培养基。油茶树木材材质坚韧，纹理细密，是优质的小型农具、家具材料和燃料。

茶油的脂肪酸组成相对比较合理，与几种主要油料组分含量比较见表1。

表1　主要油料的脂肪酸组成　　（%）

含量 油料 / 脂肪酸	茶油	精菜油	花生油	油橄榄油	油棕油
辛酸（C_8：0）					
癸酸（C_{10}：0）					
月桂酸（C_{12}：0）					
肉豆蔻酸（C_{14}：0）					2.35
棕榈酸（C_{16}：0）	8.03	8.89	11.68	13.00	40.55
硬脂酸（C_{18}：0）	1.05	3.19	3.69	1.90	4.85
花生酸（C_{20}：0）		1.69	0.68	1.65	
饱和脂肪酸	9.08	13.77	16.00	16.55	47.75
油酸（C_{18}：1）	81.91	43.44	48.00	72.7	38.35
亚油酸（C_{18}：2）	8.05	25.46	32.30	6.95	12.60
亚麻酸（C_{18}：3）	0.51	7.22	1.45	4.10	0.30
花生油酸（C_{22}：1）		10.12			
不饱和脂肪酸	90.47	86.24	81.75	83.78	51.25

注：引自上海植物生理研究所及《中国油脂植物》公布数据。

二、广西壮族自治区油茶产业发展现状

（一）油茶资源现状

油茶在广西壮族自治区各地均有分布，全自治区共划分为三大油茶栽培区域：桂南区（北纬22°40′以南区域）、桂中区（北纬22°40′～24°40′）、桂北区（北纬24°40′以北区域）。垂直分布一般在海拔800米以下，通常栽培在海拔500米以下的低山、丘陵地带，坡度25°上下的山坡。初植密度一般为每亩100株左右。

广西壮族自治区是我国油茶重点产区之一，全自治区现有油茶林面积约550万亩，占全国油茶总面积5 500万亩的10%，常年年产茶籽油约3.5万吨，占全国茶油年总产量20万吨的16.9%，最高年产量达4.3万吨。广西的油茶种植面积和总产量列全国第三位、科技研发成果列全国第二位、平均单产列全国第一位。全自治区有油茶分布的县（区）61个，以柳州、桂林、百色、河池、贺州等5市为主，其中种植面积10万亩以上的重点产区有：三江、融水、融安、鹿寨、龙胜、平乐、恭城、巴马、凤山、右江、田林、田阳、凌云、隆林、那坡、八步、昭平、富川和平桂管理区等19个县（自治县、区）。三江侗族自治县油茶林面积达到74万亩，为全自治区油茶种植面积最大的县，被国家林业局命名为“中国油茶之乡”。同时，三江侗族自治县和巴马瑶族自治县被国家林业局命名为“全国经济林（油茶）产业建设示范县”。

广西壮族自治区油茶林面积550万亩，居全国第三位；常年茶油产量4.3万吨，居全国第三位，亩产7.85千克，居全国第一位（表2）。

表2　全国油茶主产区油茶产量

省（自治区）	年产量（吨）	面积（万亩）	亩产（千克）
广西壮族自治区	43 200	550	7.85
湖南省	100 000	1778	5.62
江西省	48 000	1120	4.29
全国平均	15 960	4560	3.50

全国油茶产区面积分布图（图1）：

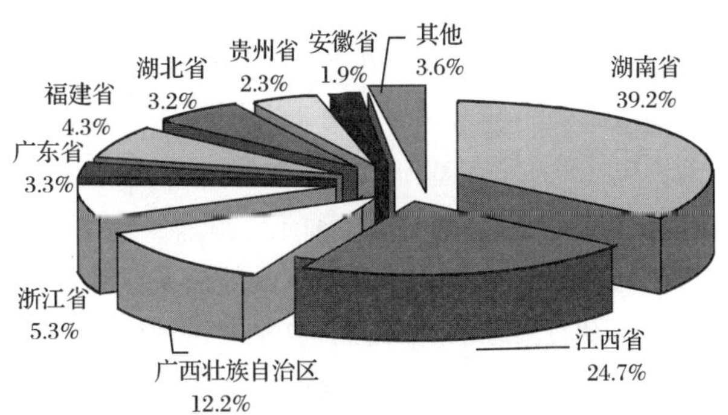

图1　全国油茶产区面积分布

广西壮族自治区油茶产业取得一定发展，但现有油茶林面积中，80% 以上为低产林分，改造任务艰巨，增产提效空间较大。通过科技手段进行低产林改造，加强营林管护，单位产量将可大幅度提高。

（二）良种繁育情况

广西壮族自治区先后选育出全国第一个油茶良种——岑溪软枝油茶及一批优良无性系，通过国家或自治区林木良种审（认）定的良种 22 个，其中岑软 2 号、岑软 3 号和桂无 1、桂无 4 为国家级油茶良种，桂软 1、11、22、23、24 号，桂无 2、3、5、6 号，桂普 32、38、49、43、50、74、101、105、107 号等为自治区级良种。广西壮族自治区主要的优良农家品种和地方品种还有：三江孟江油茶、灵川葡萄油茶、田阳玉凤油茶、东兰坡高油茶、荔浦中果油茶、三门江中果油茶、凤山中籽茶等。岑溪软枝油茶具有速生、早结，高产、稳产，含油率高、油质好，抗性强、适应性广等优点，比一般品种提早 2 ~ 3 年开花结果，产量高 1 ~ 3 倍，是深受欢迎的高油质优主栽品种，在周边的油茶产区大量推广。

与此同时，自治区还从湖南、江西等省引入湘林 11、27、38 号和赣无 1 号等无性系优良品种。目前，正在对藤县大果油茶（广宁红花油茶）进行良种研究和种植实验。

（三）良种基地情况

广西壮族自治区油茶良种基地建设与苗木生产主要依托广西壮族自治区林业科学研究院的科技力量，与各市林科所及岑溪软枝油茶种子园、岑溪软枝油茶林场等生产单位协作，把油茶良种基地按产业区域分布，分别设置在南宁市、柳州市、桂林市、梧州市的岑溪市、河池市的巴马瑶族自治县、贺州市的钟山县等地。1990 ~ 2004 年建成良种基地，包括种质资源基因库、采穗圃、良种示范基地和优良品系试验林等。其中种质资源基因库收集与选育包括越南、泰国在内的国内外油茶优良品系 110 个（优良无性系 69 个，优良家系 35 个，优良种源 6 个），面积 160 亩。采穗圃于 2004 年兴建，面积 20 亩。优良品种示范基地 15 000 亩，优良无性系试验林 6 000 亩。

全自治区目前油茶良种苗木培育圃规模约 600 亩，年优良苗木生产能力为 600 万株，年可供新造林 5 万亩。广西壮族自治区现有的油茶良种繁育基地规模小、基础差，种苗生产能力弱，没有规范的工厂化良种生产基地，大规模发展新造林所需种苗缺口很大。

（四）加工产业现状

全自治区现有油茶油脂加工企业（点）1 062 家，基本上是低水平的小规模加工厂或家庭式简易小作坊。“十五”期间，广西油茶加工产业发展较快，产品的加工能力、产品质量和系列开发得到有效提升，产品从毛油加工逐步向精炼、高附加值产品的深加工综合利用发展。近年来，随着市场对油茶需求量的提高，社会对油茶产业的关注度不断提升，各种社会资本进入油茶加工业，先后建设了 10 家具有一定规模的较为先进的油茶加工企业，设备生产能力超过 6 万吨油/年，精炼油生产能力超过 2 万吨。产品系列包括毛油、粗级油、精炼油、化妆品基础油的加工提炼及茶麸的深加工利用。全自治区油茶加工企业设备生产能力已超过了现有油茶资源的原料提供能力。广西壮族自治区主要的油茶加工企业见表 3：

表 3　广西壮族自治区主要油茶加工企业的生产能力

企业名称	地　点	年生产能力（吨）	主要品牌
莫老爷食品有限公司	南宁市	5 000	莫老爷牌茶籽油
金木林业科技有限公司	南宁市	600	金木牌山茶油
建邦农业股份有限公司巴马山茶油厂	巴马县	10 000	巴马春牌山茶油
巴马万力山茶籽发展有限公司	巴马县	2 000	万力牌山茶油
田东增年山茶油有限责任公司	田东县	600	增年牌山茶油
三江县东方龙山茶油有限公司	三江县	5 000	侗花纯山茶油
田阳新奥油脂有限责任公司	田阳县	1 500	金狮牌山茶油

三、加快油茶产业发展的重大意义

茶籽油是高品质的保健食用油，随着人们生活质量的提高和膳食结构的改变，市场对油茶的需求将不断扩大。我国是全球食用油第一生产大国，也是第一消费大国，但生产量未能满足消费需求，每年需大量进口食用油。同时，我国人均食用油消费量还达不到世界平均水平，尚不足美国的1/3，而且消费的木本食用油占的比重很小，消费结构极不合理。发展油茶产业，大力开发高品质、健康的木本食用油生产，不仅可以减少对进口的依赖，缓解粮油耕地不足的突出矛盾，同时，对发展山区经济，解决林农长期的增收渠道具有十分重要的意义。

（一）发展油茶产业有利于改善食用油结构，维护国家粮油安全

广西壮族自治区耕地资源有限，人口增长对耕地的压力日益增大，而林地资源丰富，开发潜力巨大。通过实施山区综合开发，因地制宜地大力推广油茶优良新品种和新技术，加强油茶低产林改造，不仅可以提高茶油产量，增加食用油供应，维护国家粮油安全，而且茶油是绿色健康型高级食用植物油，可以优化食用油结构，提高膳食质量，提升人民健康水平。目前，保障国家粮食安全依然面临着十分严峻的挑战。从国内来看，尽管目前我国粮食、植物油供给和价格保持相对平稳，但部分产品的进口依存度已经很高，成本推动的粮油价格上涨压力不断增大，实现粮油长期供求平衡面临着巨大压力。目前，进口植物油已占国内市场的大部分，我国已成为世界最大的食用植物油进口国，我国也是世界油料进口大国。当前和今后一个时期，我国粮油供求面临一系列制约因素：人口越来越多，城镇人口快速增加，直接推动了粮油需求总量的刚性增长；耕地越来越少，到2007年底已降为18.26亿亩，遏制耕地减少趋势的压力十分巨大；消费结构不断升级，人们由过去主要吃粮向吃更多的肉蛋奶、由吃普通油向吃高档油的方向转变；农业基础设施薄弱，农业受自然灾害影响很大；农业生产成本不断提高、比较效益不断降低，提高农民发展粮油生产的积极性面临新的困难。从国际来看，随着石油价格的变动和粮食需求的增长，粮食危机的困局在持续演化，粮食安全面临的不确定性在增加，维护粮食安全已成为世界各国高度关注的重大战略问题。而粮食安全，实际上是包括食用植物油在内的、广义的食物安全，应当通过广辟食物源来保障食物安全。木本粮油是优质食物源，应当充分发挥木本粮油在保障食物安全中的重要作用。

（二）发展油茶产业有利于调整农村产业结构，增加农民收入

油茶具有一次种植、多年受益、效益明显等特点。结合集体林权制度改革，在油茶适生区，因地制宜地大力发展油茶产业，可以持续稳定地增加农民收入，加快山区群众脱贫致富，推动社会主义新农村建设。长期以来，我们更多的是在耕地上做文章，对耕地精耕细作的程度已达到了相当高的水平。今后，耕地的潜力还要继续挖，但我们必须将视野从有限的耕地资源，拓展到更为广阔的国土资源。我们不仅要把耕地利用好，而且要树立大农业观念。要加快山区综合开发步伐，全方位开辟粮油来源。广西壮族自治区木本粮油的培育历史悠久，大部分地区都有广泛分布，如板栗、核桃、油茶等，不仅能直接替代和补充粮食，还能够改善食物结构，有益身体健康，提高生活质量。广西壮族自治区山区面积占国土总面积的75%，木本粮油发展潜力巨大。随着科学技术的迅猛发展，加上相关政策的支持，通过大力推广优良新品种以提高单产和扩大种植面积，经过10年左右的努力，可以提供相当数量的木本食用油，将大大增加我们解决粮油问题的回旋余地。

（三）发展油茶产业有利于促进山区综合开发，推进现代林业建设

林业既是重要的公益事业，又是重要的基础产业，既承担着维护生态安全的重要功能、又承担着提供林产品的重要任务。促进林业又好又快发展，必须着眼于发挥林业的多种功能。发展油茶等木本粮油产业，有利于林业多种功能的充分发挥。从食物功能看，木本粮油是优质食用粮油，具有很高的营养价值和保健作用。特别是茶油，色清味香，不饱和脂肪酸含量高，维生素E的含量也高。长期食用茶油，对于心脑血管疾病具有很好的医疗保健作用。联合国粮食及农业组织已将其作为重点推广的健康型高级食用植物油。从原料功能看，油茶全身都是宝，具有很高的综合利用价值，茶枯饼、茶皂素、茶籽壳及生产茶油的剩余物，可广泛用在日用化工、印染、造纸、化学纤维、纺织、农药等领域。从增收功能看，油茶是一种长寿树种，具有一

次种植多年受益的特点，稳产收获期可达 80 年以上，是名副其实的“铁杆庄稼”。从生态功能看，油茶四季常绿，根系发达，枝叶繁茂，花大而美观，耐干旱瘠薄，适生范围广，生态效益显著。大力发展油茶，能够绿化荒山、保持水土、改善农村生态面貌和人居环境。还要看到，发展油茶等木本粮油产业，对于巩固和扩大集体林权制度改革成果具有重要作用。对广大农民来讲，获得林木所有权和林地使用权只是第一步，更重要的是能从中获得实实在在的利益。只有把包括木本粮油在内的林业产业发展起来，农民才有经营山林的积极性，集体林权制度改革的成果才能长久巩固。

四、广西壮族自治区油茶产业存在的主要问题

由于林农投入能力薄弱和长期的粗放管理，造成了自治区油茶种植普遍存在荒、老、残、疏、密、杂、低等问题，最终表现为经济性状差，和其他农林作物相比，比较收益低，林农不愿意发展油茶，油茶林受破坏严重，面积和产量下降。按目前市场毛油销售价格计算，每亩产值不足 300 元，经济效益极差，农民种植油茶的积极性受到严重影响。造成这种状况的原因较多，主要有科技、政策、管理方面的因素：

（一）科技含量不高，油茶品种低劣

广西壮族自治区虽然选育出不少油茶良种，但推广力度不够，科技成果难以转化为生产力。目前，全自治区真正使用良种更新造林的面积仅占油茶林总面积的不到 20%，80% 以上是本地普通油茶品种，种类繁杂，且性状表现差异较大。而广西壮族自治区目前的油茶良种刚刚培育和审定，还没有来得及推广，少数良种推广应用处于不规范的自发状态。广西壮族自治区没有专门的油茶研究开发中心，油茶丰产综合技术研究和配套技术还不完善，大面积的油茶低产林有待科技改造，运用现代科技手段经营也远远不够，产品精深加工的竞争力也不强，导致油茶种植比较效益偏低，挫伤了群众发展油茶的积极性，严重阻碍了油茶产业的持续发展。

（二）政策扶持不够，资金投入欠缺

由于油茶长期的产量得不到提高，效益低下，致使各级政府没有将油茶产业列入农业优势产业，没有给予政策扶持和优惠待遇。主要是油茶没有形成真正规模的产业，没有体现出高于其他经济作物的效益，难以引起政府的关注和重视，甚至连林农都没有积极性。近年来，大部分产区县对油茶产业的发展不重视，缺乏完善的规划、发展思路和配套政策。长期以来，自治区的油茶产业发展基本上是靠林农自行筹集资金投入，地方政府投入资金很少，更没有油茶发展专项资金的投入，基础科研和基础管理投入十分薄弱，科技推广和技术服务无法到位，急功近利思想极大地阻碍了油茶产业的稳步健康发展。

（三）经营管理粗放，油茶林严重老化

全自治区油茶生产大部分采用传统的经营模式，种植分散，管理粗放，集约化程度很低，甚至只收不管，变成有果则收，无果则丢。许多油茶林基本处于半野生状态，群众对油茶种植不投入、不施肥、不垦复、不管理。在现有油茶林面积中，约有 30% 是建国初期种植遗留下来的老龄林，其余绝大部分是 20 世纪六七十年代种植的普通油茶，老化严重，生理机能衰退，病虫害严重、结果少，部分油茶林几乎绝收，任其自生自灭。农户之所以对油茶林长期管理粗放，一是经济基础差，投入能力弱；二是较长时期市场价格低，比较收益差，没有利益驱动；三是山区林农种植油茶的传统主要是为了解决家庭生活食用油，商品意识差；四是林农科技管理意识不强，不接受科学，科技服务也不到位。

（四）比较效益偏低，发展积极性不高

油茶种植需要较长期的持续投入，资金回收慢、见效慢、风险大，社会资本很少投入油茶种植。同时，由于广西壮族自治区经济作物种植结构的多样性，特别是速丰林、甘蔗、木薯等高效作物发展快，林地竞争更加激烈，影响油茶产业的发展。由于比较收益相对较低，林农新造、改造油茶林的积极性不高，推动发展效果不明显。现有油茶林统计面积是 1999 年全自治区二类调查时的数据，经对各油茶重点产区县调研，近 10 年来大部分县的油茶林不断减少。全自治区现有油茶林实际保存面积不足上报数据的 80%，全自治区实际总面积可

能为400～450万亩。油茶林减少的主要原因包括：油茶林产量太低，效益不高，被砍伐更新营造其他高效林种；无劳力管护，自然衰败等；平原低山区，把大量的油茶林改种水果(如柑橘、月柿)等。油茶林锐减给油茶产业带来严重威胁。

(五)没有示范基地，缺乏龙头企业带动

目前全自治区没有科技含量高的油茶丰产示范林基地，无法形成强有力的带动作用，导致全社会发展油茶的积极性不高。同时，油茶加工业水平低、科技含量不高，产品档次低，附加值不高，经济效益差。油茶产业发展模式仍然以农户单家独户经营、自给自足为主，没有形成具有一定规模的商品经济，特别是茶油生产企业规模小、科技含量低，没有龙头企业，无法形成企业+基地+农户的良性经营模式，油茶产业难以大规模发展。

由于以上种种原因，造成油茶资源发展推动难度大，效果不明显，林农种植油茶积极性不高，社会资本投入油茶资源培育的力度不大。

五、广西壮族自治区发展油茶产业的优势和潜力

(一)广西壮族自治区发展油茶产业的优势

1. 自然条件优越

广西壮族自治区地处南亚热带和中亚热带季风气候区域，气候温和，热量充足，雨量充沛，雨热同期。年平均气温16.5～22.5℃，日均温≥10℃的活动积温5 000～8 000℃，持续日数270～330天，无霜期长达280～360天，年平均降水量达1 500毫米，自然条件满足油茶生长的基本要求。同时，自治区以低山丘陵为主的林地和土壤结构适合油茶生长，全自治区大部分地区是油茶适生区域。

2. 群众基础较好

油茶是广西壮族自治区主要的传统经济林之一，油茶生产也是山区林业建设的重要组成部分。全自治区有油茶分布的县(区)达61个，有19个县(区)油茶种植面积达10万亩以上，不少县人均油茶林面积在1亩以上。山区群众有种植油茶的传统，茶油不仅是山区群众食用油的主要来源，而且已经成为重点产区林农家庭经济的重要支柱。经过长期的经营管理，山区群众积累了经验，对推动油茶产业发展有一定的积极性。

3. 加工能力较强

随着市场对茶油需求量的提高，大量的社会资本进入油茶加工业，产品的加工能力、产品质量和系列开发得到有效提升，产品从毛油加工逐步向精炼、高附加值和深加工综合利用发展。全自治区油茶加工企业年生产能力超过6万吨油，精炼油生产能力超过2万吨。油茶加工企业设备生产能力已超过了现有油茶资源的原料提供能力，加工能力的迅速扩张必将推动原料林基地建设。

4. 有科技作支撑

广西壮族自治区开展油茶研究工作已有40余年历史，在油茶种质资源调查、品种改良、良种繁育、丰产栽培配套技术、低产林改造等试验研究和科研成果推广方面取得重大进展。取得省级以上科研成果8项，制订、修订地方标准各2项。1978年“油茶良种——岑溪软枝油茶的研究”获全国科学大会优秀科技成果奖；1981年“油茶良种——岑溪软枝油茶的推广”获全国农林重大科技成果推广奖；“油茶芽苗嫁接技术的应用与优良无性系推广”，解决了油茶芽苗嫁接规模化生产过程的关键技术，为广西壮族自治区油茶无性系林业发展提供苗木繁育样板、种苗和技术支撑，成果达国内同类研究领先水平，获1997年广西壮族自治区科技进步三等奖。目前开展的科研推广项目有国家林业局重点推广项目“油茶高产品种(无性系)推广”、国家林业科技研究项目“广西壮族自治区油茶优良品系区试与示范”和“十一五”国家林业科技支撑专项子专题“广西壮族自治区高产优质油茶新品种选育”、“广西壮族自治区油茶优质高产培育技术研究”以及自治区科技厅、自治区林业局的有关研究项目共12项。

(二)广西壮族自治区油茶产业发展的潜力

1. 可利用土地的潜力

据森林资源第七次连续清查数据显示，广西壮族自治区林地面积1 509.44万公顷(森林面积1 252.5万公顷)，其中，疏林地面积15.37万公顷、未造林地面积44.67万公顷，其他无立木林地面积10.56万公顷、宜林荒山荒地面积113.82万公顷，即可改造利用的林地为184.42万公顷(约2 800万亩)，发展油茶原料的林地资源有保障。

2. 农业种植结构调整的潜力

广西壮族自治区现有1 800多万亩甘蔗及其他大宗农作物，其中部分为农林边际土地，由于农产品价格变化及成本的提高，经营农作物比较效益下降，各级政府与农户希望有替代产业，可为油茶产业发展提供原料用地。

3. 大幅度提高单产的潜力

全自治区现有油茶林80%以上是本地普通油茶品种，种类繁杂，优良高产品种种植面积不足20%。长期疏于管理，生理机能衰退，树冠高、树型光秃、密度大、寄生枝多、病虫害严重、结果少。自治区油茶单产虽然高于全国平均水平，但平均亩产茶油也仅7.5千克。通过对现有油茶林实施密度调整、垦覆施肥、嫁接换冠等综合改造，增产提效空间较大。

4. 提高经营比较效益的潜力

种植油茶新品种良种，与广西壮族自治区其他经济作物相比较，在比较效益方面具有很大的潜力。选择目前广西壮族自治区林农普遍种植面积比较大的几个树种和经济作物进行比较，情况见表4。

表4　广西壮族自治区主要经济植物的经济效益

作物种类	产　品	年均亩产（千克/立方米）	市场单价（元）	年均亩产值（元）
油　茶	茶　油	50	50	2 500
八　角	八　角	600	3	1 800
甘　蔗	甘　蔗	5 000	0.3	1 500
木　薯	木　薯	3 500	0.4	1 400
茶　叶	青茶叶	750	5	3 750
桉　树	木　材	1.5	600	900

由表4可见，油茶的年均亩产值高于八角、甘蔗、木薯，也远远高于目前快速发展的桉树速生丰产林，但比精耕细作栽培技术较高的茶叶低。

5. 加工业带动的潜力

“十五”期间，广西壮族自治区油茶产业加工发展较快，产品的加工能力、产品质量和系列开发得到有效提升，产品从毛油加工逐步向精炼、高附加值和深加工综合利用发展。企业通过不断研究开发新产品，拉动市场需求的增长，延长了产业链，促进产业的健康有序增长。企业为了保障稳定的原料来源和质量，必将考虑建设企业原料基地，以“企业+基地+农户”等模式，通过丰产栽培新造林、低产林改造现有林，快速提高单产等办法，解决原料不足、质量等问题。

六、油茶产业发展的市场前景分析

（一）食用油消费需求与生产供应矛盾突出，国内市场潜力大

中国是世界食用油第一生产大国，同时也是食用油第一消费大国，生产和消费的主要油品是植物油。改革开放以来，国内植物油生产消费总量逐年增加，但是，生产量基本满足不了消费需要，消费缺口逐年扩大。据中国海关总署发布数据统计，2005～2007年，我国植物油人均消费量由14.7千克增长至15.8千克，消费总量从2005年的1 992.6万吨增加至2007年的2 315.9万吨（包括其他油品，2007年全国消费总量为2 478万吨，同比增长5.5%），而生产总量基本稳定在1 400万吨的水平，每年缺口1 000万吨左右（表5）。消费需求与生产供应的矛盾越来越明显，每年需要从国外大量进口才能满足国内的需求，不仅花费大量的外汇储备，还严重危及国家的粮油食品安全，不同程度地影响了农产品的市场价格稳定。

表5　2005～2007年中国主要植物油料生产、进口、消费情况　　万吨

品　种	2005年			2006年			2007年		
	生产量	进口量	消费量	生产量	进口量	消费量	生产量	进口量	消费量
大豆油	614.9	169.4	760.7	634	154.3	860	680	282.3	960
棕榈油		433	432		508.2	483.2		509.5	516.9
菜籽油	460	17.8	450	460	31	480	430	34.65	470
进口大豆折油		491.9			523			369.86	
进口油菜籽折油		11.4			28.4			29.16	
花生油	210		203	203		200	195		190
棉籽油	124.5		125	157.5		157	160.5		155
茶籽油	21.9		21.9	23		23	24		24
合　计	1 431.3	1 123.5	1 992.6	1 477.5	1 244.9	2 203.2	1 489.5	1 225.47	2 315.9
人均消费（千克）			14.7			15.2			15.8

注：进口大豆出油率以18.5%、油菜籽出油率以38.5%计算。

我国消费的食用油一半以上依赖进口解决，由于人口和耕地的矛盾日益突出，以大豆油、菜籽油、花生油和棉籽油为主体的大宗植物油料生产受到耕地的限制，在目前生产技术条件下，短期内单产不可能大幅度提高，总产量应该维持在稳步小比例增长，解决不了缺口问题。生产消费的矛盾，给利用林业荒山坡地扩大种植油茶，发展油茶产业提供一个良好的契机。

（二）食用油消费结构不合理，对高品质油料的需求日益增加

目前，我国食用油市场上销售的包装食用油产品主要有：花生油、豆油、菜籽油或以花生油、豆油、菜籽油为主的调和油、色拉油等草本类食用油，多为中、低档普通产品居多，普遍存在不饱和脂肪酸含量偏低，含有难以消化的山俞酸和芥酸，营养保健价值低。而高品质的木本食用油生产量占的比例较少，也影响了消费结构的合理搭配（图2）。

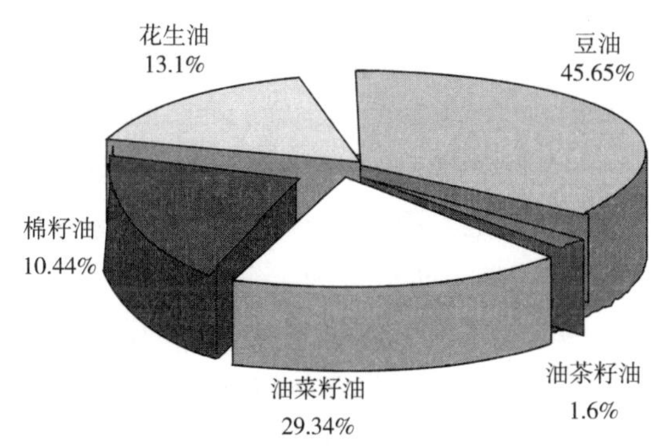

图2　2007年我国主要食用植物油产量结构

从产量结构分析，茶油作为一种高品位、高营养价值的天然、安全、保健的优质特色木本食用油，生产量仅占主要植物油总量的1.6%，消费量所占的比例更低。随着我国经济的快速发展，人们的生活水平不断提高，尤其是部分收入较高的人群，消费食用油的观念有了较大的转变，由过去单纯对量的需求转而追求高品质、具有保健功能的食用油，高品质的木本食用油将成为首选。茶油是一种高级食用油，其不饱和脂肪酸含量高达90%以上，远远高于菜油和花生油，比橄榄油高出近2%，油酸和维生素E的含量分别比橄榄油高出7%和1倍，被誉为“东方橄榄油”，市场前景十分广阔。全国有血脂异常患者和高血压患者2.9亿人，长期食用茶油，对于高血压、心脏病、动脉粥样硬化、高血脂等心脑血管疾病具有很好的医疗保健作用。目前，我国食用植物油60%多靠进口。大力发展油茶产业，可以改变我国食用植物油主要依赖进口的局面，满足人民群众的消费需求。

（三）快速发展的加工业对原料需求增加，将促进资源培育

过去由于生产设备落后，产品深加工能力不足，茶油基本上以毛油销售为主。随着加工技术的不断提高、完善，广西壮族自治区先后有10家具有一定规模的较为先进的油茶加工企业建成投产，设备年生产能力超过6万吨油，精炼油生产能力超过2万吨。加工业的快速发展，对原料的需求量大幅度增加，龙头企业原料基地的建设和发展，必将带动油茶种植的积极性，从而推动油茶产业的健康可持续发展。

七、加快广西壮族自治区油茶产业发展的基本思路

（一）指导思想

油茶的生物学特性和区域分布特点，决定了必须把茶油作为高品质、高价值的特色小油种来发展，强调茶油的天然、健康和保健功能，不能与大规模生产的中、低档的草本食用油（如大豆油、菜籽油、花生油）相提并论。总结广西壮族自治区多年油茶产业发展的经验，结合推动油茶种植发展的综合条件，广西壮族自治区油茶产业发展的基本思路是：必须坚持科学发展，以市场需求为导向，以林农和业主为主体，以自愿为原则，以良种壮苗、丰产栽培、低产林改造、提高单产为切入点，以油茶加工新工艺、新产品提高综合效益为重点，以示范和龙头企业基地建设为引导，加强政策扶持和科技服务，科学、合理、统筹规划各项优势农林经济作物资源和产业发展布局，推动油茶产业健康快速发展。

（二）发展目标

初步设想，建议“十一五”全自治区高产油茶林规模稳定在600万亩左右，至2015年发展到1 000万亩，2020年发展到1 500万亩。通过更新改造，

实现平均单产比目前增加5倍以上，每亩产茶油37.5千克以上。至2010年，全自治区油茶年产值超过50亿元，至2015年达到100亿元，至2020年达到200亿元。

（三）主要任务

初步规划，至2010年，对现有低产林的全面更新改造和部分新造林丰产栽培，使丰产油茶林规模保持在600万亩。至2015年，新造丰产油茶林400万亩，总面积达到1 000万亩。至2020年，新造丰产油茶林500万亩，总面积达到1 500万亩。

八、几点建议

（一）加强领导和组织管理

由自治区人民政府成立油茶产业发展领导小组，自治区相关部门要根据职能分工密切配合，整合各相关行业力量共同抓好油茶产业发展工作。要认真研究加快油茶产业发展的政策，争取以自治区人民政府名义出台《关于加快广西壮族自治区油茶产业发展的意见》，落实优惠政策，把油茶产业列为全自治区重点发展的农业优势产业，加大油茶产业发展扶持力度。自治区林业局要成立专门的油茶产业发展办公室，调整和充实人员结构，具体负责油茶产业发展各项工作。要统筹平衡规划产业发展用地，科学组织制订《广西壮族自治区油茶产业发展总体规划》，指导各市油茶产业发展工作。

（二）加快良种基地建设

当前最需要解决的基础问题是油茶良种繁育基地的建设，满足大规模生产的油茶良种种苗需要。自治区现有的苗圃基础条件差，规模小，生产能力严重不足。现有苗木供应能力为600万株，仅能提供年造林5万亩。目前的油茶良种基地，较为固定的种子园只有岑溪软枝油茶种子园和巴马瑶族自治县定马林场两个点，面积300亩。构建良种基地的繁育材料大多是20世纪70～90年代初期选育出来的，数量不足，并且部分材料流失严重。因此，加快油茶良种基地建设是油茶产业快速发展的前提。要引进高产优良油茶品种，建立油茶良种园，进行组培快繁。良种繁育基地基础建设，需要开展种质资源收集、良种种植选育、采穗圃营建和苗圃建设。建议从现在立即开始，利用3年的时间，打好良种繁育基地基础，形成完善的良种基地建设体系。

（三）设立专项基金和扶持奖励政策

自治区应设立油茶产业发展专项基金，重点支持油茶良种繁育、示范与推广培训，产品加工技术提升，深加工与综合利用产品开发，丰产栽培及低产林改造补助等。从财税、金融、农业、林业、山区综合开发、扶贫、农业产业化、以工代赈、移民专项、水土保持、科技研发等各相关领域，制定系统的扶持、奖励政策，建立油茶产业发展推动机制。争取自治区财政加大支持油茶产业发展力度，设立油茶发展专项基金，对低产林改造、良种推广、更新加工设备和工艺、培育品牌给予财政补贴，扶持一批龙头企业和种植大户。同时，争取自治区人民政府协调金融机构，对油茶产业发展给予信贷支持。

（四）推广龙头企业示范带动发展模式

要充分发挥种植大户的辐射、示范和带动作用。通过政策、资金的直接扶持和奖励，积极培植一批油茶加工龙头企业的形成，并采取“企业＋基地＋农户”的方式建设高标准原料生产基地。以龙头企业原料基地为示范，带动社会资本和林农投入油茶资源培育。自治区及各油茶产区的市、县（区）、乡（镇）应分别建设一定规模的示范点。各级领导要带头办点示范，通过示范点辐射和带动全自治区掀起发展油茶产业的热潮。

（五）大力建设重点原料林基地

严格按照适地适树的原则，选择油茶发展区域。科学合理安排油茶生产用地，统筹考虑基地建设与加工企业布局，在充分尊重农民意愿的前提下，规划油茶原料基地建设。通过国家、地方、企业、林农共同投资的模式，在三江、融水、融安、鹿寨、巴马、凤山、右江、田阳、田林、凌云、隆林、那坡、平乐、龙胜、恭城、昭平、八步、富川、平桂管理区等19个重点油茶产区县（自治县、区）布局发展油茶原料基地。结合林业重点工程建设和农林业种植结构调整发展油茶产业，争取参照退耕还林模式推广种植油茶，应通过调整种植结构腾出土地种植油茶。通过规模化生产、专业化经营、标准化管理、集约化发展，形成若干油茶产业带。

（六）实行基本油茶林地保护制度

结合集体林权制度改革，明晰产权关系，对现有油茶林发证管理，巩固和稳定现有油茶林资源。同时，在重点油茶产区，规划部分林地作为基本的油茶林用地，不可变更树种和林种，保障粮油生产安全的基本用地需要。按照“依法、有偿、自愿”的原则，鼓励和支持油茶林向有经济实力、懂技术、善经营的生产经营者流转。坚持“谁造谁有”的林业政策，吸引更多的社会力量参与油茶资源培育。

（七）加大油茶产品深加工开发利用

开展茶油冷榨技术、茶皂素提取工艺及茶皂素提取工艺相匹配的设备的研究，大幅提高茶油的商业价值和产品市场应用范围，打造油茶品牌，提高品牌效益。

（八）指导组建油茶经济合作组织

通过油茶合作社、油茶产业协会等经济合作组织，有效聚集各项生产要素，引导农民进行合作开发，规模种植。提供生产、科技、市场营销等相关服务，提高农村油茶生产组织化程度和规避市场风险的能力，调动林农种植油茶的积极性。

（九）加强科技研发和服务工作

整合自治区现有科研机构、高等学校、企业等单位中的相关科技资源，引进区外油茶产业优秀人才，组建广西壮族自治区油茶产业研发人才小高地，升级广西壮族自治区油茶整体研究水平。特别是要依托广西壮族自治区林科院科研力量，建立油茶研究开发推广质检中心，与中国农业大学、广西壮族自治区大学等科研教学单位联合组织科技攻关，加大油茶研发力度，支持各生产经营企业科技创新。各级林业主管部门、科研单位要协调一致，积极主动做好科技服务和指导工作。积极推广油茶科技新成果、新技术、新工艺，开展多种形式的技术培训和科技人员全过程技术服务，切实提高油茶集约经营管理水平。

（十）营造油茶产业发展的社会氛围

通过社会舆论，大力宣传茶油高品质、绿色保健的功效。科学引导消费，改善膳食结构。鼓励龙头企业、科研单位产业创新，开发高附加值终端产品，丰富市场供应。强化产品质量认证，扶持名牌产品发展，不断提高茶油的市场知名度和占有率。严厉打击和坚决制止破坏油茶林资源、哄抢偷摘油茶果行为，稳定油茶产区秩序，切实保护生产经营者的合法权益，营造促进油茶产业发展的良好社会氛围，推动广西壮族自治区油茶产业健康稳步发展。

（广西壮族自治区调研组）

林业改革与兴林富民

贯彻落实科学发展观的生动实践

——浙赣两省集体林权制度改革调研报告

全面推进集体林权制度改革是国家林业局学习实践科学发展观活动的主题。为了进一步深化认识，摸清实情，突出实践特色，解决实际问题，根据国家林业局党组的总体部署和学习实践科学发展观活动的安排，11 月 16 日至 21 日，国家林业局副局长张建龙带队深入到浙江、江西两省山区开展了南方集体林权制度改革专题调研，中央深入学习实践科学发展观活动领导小组第 21 指导组程桂兰副巡视员、杨振芳调研员全程参加了此次调研活动，并给予具体指导。调研组选取了较早开展林权改革并已取得阶段成果的浙江省丽水市遂昌县和江西省上饶市玉山县、九江市武宁县等较为偏远的山区作为此次调研的重点地区。在几天的时间里，调研组考察了多个产权服务中心，详细了解了林权流转、拍卖、贷款和抵押等有关情况，并翻山越岭，进村入户，走访林农60余人。此外，还于遂昌县三仁畲族自治乡十三都村、玉山县四股桥乡四股桥村、武宁县罗平镇长水村，先后召开了3个座谈会，与省、市、县、乡、村一些干部和林农进行了座谈。调研过程中，调研组深切地感到：集体林权制度改革是贯彻落实科学发展观最生动的实践，是林业系统践行科学发展观的具体体现，是生态增效、农民增收的有效途径。通过全面推进集体林权改革，浙赣两省山区呈现出“林兴民富，社会和谐”的喜人景象，经济社会全面进步，人民安居乐业，生活幸福，正在朝着生态文明的目标迈进。

（一）集体林权制度改革是农村改革由“田里”向“山上”的延伸，它使沉睡的山林释放出巨大的潜能；还山于民，还权于民，还利于民，拿到林权证的农民喜笑颜开，真正成了大山的主人

集体林权制度改革，是我国新一轮经济和社会发展的历史性选择。如果说当年小岗村的改革是一次石破天惊、自下而上的群众创造，那么集体林权制度改革就是一次水到渠成、自上而下的政府变革。

改革开放以来，浙江、江西两省确立的以家庭承包为基础的农村基本经营制度，以及2001年以来的农村税费改革，给农业、农村和农民带来了翻天覆地的变化。但这两次改革都只是在“田里”，没有延伸到“山上”，对林业的体制机制触动不大，山上的潜力还没有充分发挥出来。林业普遍存在产权不明晰、税费负担重、经营机制不活、流转不规范、林业部门包袱沉重等五大问题，而林业发展的根本力量是依靠林农，林农耕山无权，营林无利，致使广大林农从根本上缺乏造林育林的积极性，林业发展没有活力，有的地方甚至出现“森林着火，干部打火，领导恼火，群众观火”的现象。因此，改革林业经营机制和管理体制，消除林业发展的制度性障碍，就成了推动林业又好又快发展的关键性问题。

针对集体山林权属不清，权责不明，经营机制不活，产权流转不规范等制约林业发展的深层次矛盾和问题，近年来，浙江、江西两省从自己的省情林情出发，先后开展了以“明晰产权、放活经营、减轻税费、规范流转”为主要内容的集体林权制度改革，得到农民拥护，受到社会好评。通过几年的努力，目前浙江、江西两省林权改革均已取得阶段性成果，配套改革继续向纵深进行。特别是今年10号文件(《中共中央　国务院关于全面推进集体林权制度改革的意见》)出台以后，两省认真贯彻文件精神，进一步加大了推进林权改革的力度。到目前为止，江西省1.59亿亩林地中，有1.51亿亩明晰了产权，产权明晰率达到95%；集体林地分山到户率达到82.5%，林权证发放率达到100%，达到了户均1本证的要求。浙江省完成换(发)林权证面积8 654.5万亩，占应换(发)证面积的96.8%，其中集体所有面积8 255.8万亩，占95.4%，落实到农户经营的面积4 745.4万亩，占57.5%；通过均股均利等其他方式落实产权的1 067.1万亩，占12.9%；集体统一经营的2 443.3万亩，占29.6%。

林权改革实现了“山有其主、主有其权、权有其责、责有其利”，有效地激发了社会各界投资林业的热情，企业、个人造林育林的积极性空前高涨。2005～2007年，江西省每年完成人工造林都在320万亩以上，2008年将有望突破500万亩，其中企业和个人投资造林将超过2/3，创历史最高水平。按照每亩投资250元的标准计算，2008年全省投入造林的社会资金将达到8.3亿元以上。通过减负增收和发展林业，2005～2007年，江西省农民来自林业的现金收入每年都以20%以上的速度增长，2005年增长42.3%，2006年增长32.5%，2007年增长20.3%。由于林改政策的拉动，木材价格大幅上涨，主要木材产地的木材收购价均上涨了1倍以上，毛竹价格上涨了3倍。林木林地的流转价格也随之大幅攀升，杉木林流转价格由林改前平均每亩400多元上升到1 300多元，高的达3 000多元；毛竹林租赁年租金由林改前每亩15元上升到80多元，翻了两番多。农民得到了实惠，个个喜笑颜开，齐声称赞党的富民政策好。江西省玉山县四股桥乡83岁的农民叶昌水高兴地说：“胡主席搞这事搞得好，给老百姓办了件大好事啊！”

实践证明，林权制度改革破解了林业发展的难题，激活了林业、富裕了林农、稳定了林区，实现了活一方经济、富一方百姓、促一方和谐、保一方

生态的目标。2007 年 4 月温家宝总理亲临江西省武宁县视察林权改革工作后，更是盛赞这场改革，“山定权、树定根、人定心”，“与改革开放初期的联产承包责任制具有同等重要的意义”。

（二）各级政府和林业部门在集体林权制度改革中认真践行科学发展观，始终把发展作为第一要义，体现以人为本的服务理念，让农民真正得到了实惠

按照“多予、少取、放活”的要求，浙江、江西两省高位推动、整体谋划、配套推进、财政支持，全力推进集体林权制度改革，充分体现了情为民所系、权为民所用、利为民所谋，“亲民、爱民、富民”的执政理念。浙江省丽水市遂昌县三仁畲族自治乡十三都村农民包根基拉着调研组同志的手说：“林业局的技术人员经常上门服务，来给我们指导做规划，搞设计，哪棵树应该砍，哪棵树应该留，都给我们做了记号。还教我们，毛竹山施什么肥，怎么施。”山林的事情，必须由山林的主人说了算。江西省在还权还利于民方面更是决心大、魄力大、措施得力、工作扎实。一是坚决分山。把能够分到户的山全部分到户，凡是能够单独区分开来的山场，一律不搞联户发证。为此，江西省提出了以县为单位，分山到户率、分户发证率、纠纷调处率、群众满意率必须达到“四个 80% 以上”的要求，并作为林改检查验收的决定性依据。二是依靠群众。把改革政策原原本本地交给群众，充分发挥群众的智慧和首创精神，充分尊重广大林农的意愿，山分不分、怎么分，全由老百姓民主决定，改革重大事项都要召开村民会议或村民代表会议，经 2/3 以上的村民或村民代表同意，确保群众享有充分的决策权、经营权和处置权。三是完全让利。从 2004 年 9 月 1 日起，将除育林基金外的所有涉林收费项目全部取消，并且不允许出台任何其他收费项目，不允许开任何新口子，把利益彻底还给林农，财政面临的困难由政府承担。为此，集体林权制度改革后仅省财政就拿出 6 亿多元的转移支付资金，安排给县、乡、村，确保取消涉林收费后基层组织正常运转。

围绕集体林权制度改革后如何服务林农，浙江、江西两省立足本省的实际和农民的现实需求，建章立制，规范服务，采取了一系列有效措施。江西省开展了以“一个中心、六大体系”为主要内容的深化配套改革，全省已建交易中心 50 个，出台了《江西省林权登记管理办法》，规范林权档案管理、林权登记发证等后续林权管理工作，并在崇义等 5 个县开展试点。有 68 个县开展了林权抵押贷款业务，林权抵押面积 137.8 万亩，完成抵押贷款 15.8 亿元，组建了江西省林业担保公司，为林业企业提供担保贷款3 000万元。26 个县实施森林火灾保险制度，办理保险林地面积 260 万亩，保险金额 8.5 亿元。浙江省以“三个一”为中心，即一块牌子、一个平台、一套制度，展开了深化配套改革。一块牌子就是要成立林权管理机构、森林资产评估机构、森林资源收储中心等 3 个组织机构，落实编制。一个平台就是在政府办事大厅或其他办公场所组建服务窗口。一套制度就是建立健全森林资源流转、林权证抵押贷款、林木采伐、政策性林业保险、林业合作组织、生态公益林建设等方面的相关规章制度。目前，全省已有 62 个县（区、市）挂牌成立了林权管理中心，增加编制 121 人；48 个县（区、市）在县行政服务中心挂牌成立了林权交易中心；9 个县（区、市）还建立了森林资源收储中心 46 个县（区、市）出台了相关的配套制度。林农林权小额抵押贷款已超过 3 亿元，林业贷款已超过 20 亿元，林木、林地流转面积已达 1 093.8 万亩。

（三）要实现“生态受保护，农民得实惠”的基本目标，将资源转化为资本，需要统筹兼顾各方面的利益关系，用创新的机制和模式、管用的办法和措施，推进林改，使山区逐步形成“人人有山，却不需要人人经营山”，“不是人人经营山林，但人人可以从山林中收益”的格局

集体林权制度改革的基本目标是“生态受保护，农民得实惠”。林权改革并非把集体山林一分了事，它是一个复杂的系统工程。如果仅考虑了生态，而忽略了农民的利益，生态就难有持久的生命力。要把山林由资源变成资本，办成真正的“绿色银行”，需要统筹好各方面的利益关系。浙江、江西两省抓住集体林权制度改革中的主要矛盾和突出问题，有针对性地采取了一系列有效措施。

在统筹“管住与放活”的关系时，一是统分结

合，适度放权。“统一公益林管理、放活商品林经营，统一‘三防’(防火、防虫、防盗)管理、放活造林营林，统一资源流转管理、放活木竹交易，统一采伐管理、放活社会化服务，统一林业规划、放活林业投融资”的林业管理体制和经营机制。二是提高标准，补偿到位。江西省公益林补偿标准从6.5元提高到8.5元，2008年补偿资金达到4.3亿元，2009年补偿标准将达到10元。三是规范行政，加强管理。完善林业法律法规，着重加快生态公益林管理、森林公园管理、湿地管理等方面的立法；突出加强森林消防队伍建设，不断完善森林防火保障体系；全面实行林木采伐证、木材运输证网上办证工作，在34个边境木材检查站安装电子监控设施，在遂川等5个县开展林业综合行政执法试点，进一步强化林业行政执法监督。

在统筹“分与合”的关系时，在“分”的基础上，大作“合”的文章，一是鼓励和规范森林资源流转，引导林业要素向大户和能人集中，实现资源变资本，提升林业发展水平。二是大力发展民间林业“三防”(防火、防虫、防盗)等专业合作组织，江西省出台了《关于加快建设民营林场的意见》，全省组建各种林业专业合作组织16 526个，林业生产的组织化程度得到提高。浙江省已建立了836家(注册)林业专业合作社；从事山林托管经营的专业户达3.58万家。新型的林业经营合作组织不断涌现，造林经营大户、乡村林场、乡村林业专业协会等改造重组的力度不断加大。从当地实际情况出发，浙江、江西两省均创造出新机制、新模式，用管用的办法和措施，积极引导林农在自愿的基础上联合起来，提高林业经营组织化程度，逐步形成了“人人有山，不需要人人经营山”、“不是人人经营山林，但人人都可以从中收益”的格局。

在统筹改革与稳定的关系时，各地严格按照有关规定，通过自愿平等，民主决议，采取公开政策和阳光操作，公示过程和结果，相互确认范围和界址等方式方法，有效地化解了许多山林纠纷，切实地维护了林农的合法权益，保护了森林资源，有力地促进了农村社会的和谐稳定。浙江省成功调处山林纠纷7 197起，调处面积达125 602亩；江西省共排查出山林权属纠纷6.38万起，涉及纠纷面积622.4万亩。截至2007年底，全省共调处纠纷6.18起，涉及山林面积570.4万亩，纠纷调处率达96.8%，许多积怨多年甚至经地方法院判决都难以执行的纠纷，在这次林改中得到了妥善解决。由于产权明晰到户，老百姓护林积极性大大提高，森林案件连年下降，农村社会秩序井然，林改对林区山区和谐起到了非常积极的推动作用。

(四)集体林权制度改革后，农民面临的问题不容忽视，解决这些问题的根本方法，既要有配套改革政策的完善，更要有全面、协调、可持续发展的制度保障

浙江、江西两省林改后虽然林业发展的形势越来越好，但分林到户后，农民自主经营也面临着一些突出的问题：一是资金不足。山区农民收入低，经济条件差，山区的农民耕山造林，为国家的生态安全作出了重要的贡献，却不能同种田一样享受良种、机具等补贴，资金不足，经营困难。二是贷款困难。农村农民贷款金融机构少，贷款周期短，贷款利息高。一般服务于农村的信贷机构，只有农村信用社，年息在12%左右，明显高于一般的商业银行，使用期一般2~3年，不适应林业周期长，见效慢的特点。三是技术服务短缺。树种配置、种苗选择、施肥打药、森林经营、病虫害防治等都需要专业人员的培训、指导和帮助，但目前的技术人员和技术服务远远满足不了林农生产的需要。四是林农抗风险能力弱。尤其是2008年雨雪冰冻灾害以后，林农遭受到很大的损失，森林的保险显得尤为突出和重要。五是基础设施不足。林农普遍反映山区道路不通，采伐作业困难，自己修筑费用大，成本高。

虽然这些问题并不都是集体林权制度改革带来的，有的问题在集体林权制度改革之前就已经长期存在，但也要认真研究，加以解决。改革不是一蹴而就的事情，必须整体谋划，统筹考虑，系统推进。因此，要真正保护、建设好青山绿水的环境，要实现好、维护好、发展好农民的根本利益，妥善处理好生态保护与经济发展的关系，各级政府和有关部门就要进一步贯彻落实科学发展观，解放思想，增强改革创新意识，加大开拓进取的力度，使思想认识更加符合实事求是的思想路线，政策措施

更加符合科学发展观的基本要求，思想行动更加符合林业改革和发展的实际需要。

集体林权制度改革是贯彻落实科学观的生动实践。全面推进集体林权制度改革，需要不断深化各项配套改革，不断完善相关的政策，真正建立起适应社会主义市场经济规律，有利于生态保护和农民增收致富，有利于社会经济可持续发展的长效机制。

（国家林业局赴浙赣林权改革调研组）

集体林权制度改革是对林业基层党风廉政建设的有力推动

驻国家林业局纪检组监察局紧密围绕局党组的中心工作，在学习实践科学发展观活动中，根据中央纪委关于进一步加强农村基层党风廉政建设工作的要求，组成了由局党组成员、驻局纪检组组长杨继平同志为组长、驻局监察局局长樊德新同志为副组长的调研工作组，会同局林改办就集体林权制度改革中森林资源采伐管理、林权交易改革对农村基层党风廉政建设的推动进行了专题调研。调研组深入到江西省的铜鼓县、遂川县，云南省的景洪市、普洱市以及普洱市的思茅区、景谷县，福建省的三明市及其永安市、沙县、尤溪县和南平市延平区，考察了林业要素市场、木材交易市场和福建永安林改陈列馆，观看了林业电子政务系统演示和规范行政权力运行专题片，听取了省、市、县、乡（镇）政府、林业主管部门以及纪检监察、林改部门的汇报和进行座谈，还到村、村民小组走访了农户并座谈。总的体会是，深化集体林权制度改革是林业发展的一场全方位的、深层次的革命，确权分山到户后，及时转变管理理念，调整管理方式，完善相关制度，及时突破木材采伐管理和林地林木流转等关键环节，是改革思路和政策落到实处的有效措施，是林业从源头上预防腐败的根本要求，有利于促进基层党风廉政建设。

一、强化政府服务，是加强林业基层党风廉政建设的前提条件

（一）纪检监察部门加强指导监督，参与规范林业行政行为

为了从源头上防止腐败行为的发生，纪检监察部门积极参与林改及深化配套改革工作，着力建章立制，规范林业行政行为。林木采伐指标分配是群众最关心的热点问题，也是容易产生腐败的重点环节。福建省委常委、省纪委书记陈文清，就林木采伐指标分配改革批示："尊重森林的自然属性，维护群众的合法权益，规范采伐的权利运行，注重腐败的源头防治"。福建省三明市纪委、监察局和林业局三家联合开展了"林木采伐指标分配及管理制度创新"试点，探索形成了三明市政府《关于规范林木采伐计划分配和使用管理意见》（明政文[2007]144号）于2007年印发执行，随后又将试点工作进一步向电子监察系统、自由裁量权规范等领域延伸和拓展。目前，由省纪委牵头与福建农林大学计算机专家联合研制的林业电子监察系统，涵盖了林权管理全过程的8个网络平台，已在全市12个县（市）试运行。该系统将数字林业服务功能延伸到乡镇林业站，实行网上审批和办理采伐证、运输证等，将源头预防的关口前移到山场宗地和每一个工作环节，从木材检验数据开始，通过手机短信平台传输，自动生成数据，形成较为完整的电子信息服务控制系统。南平市开发了"林业林政业务管理软件系统"，经过不断完善，已建立起覆盖市、县、乡林业部门的三级联网数字林业网络，并对采伐指标进行电脑排序。福建省纪委副书记、监察厅厅长陈伦同志对规范林木采伐指标分配的做法用"阳光作业、规范运作、手段先进、监督到位"予以肯定。云南省普洱市政府和纪委抓住了种植、采伐、加工、流转、集体商品林承包金管理每一个环节，严格纪律，规范管理，阳光操作，取得了良好的效

果。江西省遂川县的国有及集体林流转材料需报县政府和县纪委审查备案，县林业局纪委对林权交易派员现场监督，实时录像，确保交易公平公正。

（二）改革采伐指标分配及规范流转，变管理者为服务者

福建、江西、云南三省在全面推开以明晰所有权、放活经营权为主要内容的集体林权制度改革后，针对森林经营主体呈多元化、多样化的局面，从采伐指标分配改革和规范森林资源流转行为入手，建立了反映森林资源状况，体现农民意愿，程序公开公平，过程阳光透明，运行科学合理的森林资源管理方式，真正从审批收费式管理向执法和服务上转移，由管理者变为服务者。在采伐指标分配改革方面。福建省三明市采取份额分配、分类排序的方法分配林木采伐指标，在森林资源调查和经营方案编制的基础上，对经营规模在5000亩以上的家庭林场、股份合作林场和林农联合体，允许申请采伐指标单列，做到"单编方案、单列指标、单独运作"；对规模小、零星分散的广大农户，以乡镇为单位整体整合，编制经营方案，将具体经营措施落实到山头地块，采伐指标按五年期限统筹安排。福建省南平市延平区把"蓄积量"转化成"面积"下达指标。各乡镇林业站将县(区、市)下达的指标按林木类型进行分解，同类型林木按年龄大小依次排序，运用电脑软件自动生成一览表，按次序安排采伐山场，直至该乡镇指标排完为止。指标分配抓住了立足资源环节，从认"人头"转向认"山头"。即采伐指标都是以森林资源为基础，按森林经营方案或森林资源"份额"分解到基层单位，再以可伐资源年龄的大小顺序落实到山头地块，尊重森林的自然属性，排除了其他因素的干扰。南平市建立了"决策、执行、监督"相互制约的机制。区(县)政府和林业部门是决策者，乡镇林业站是执行者，乡镇政府、村委会不再参与具体采伐指标安排，而是与林农一起作为监督者，负责审查监督乡镇林业站是否按规程运作。江西、云南两省开展了以5年编制为周期，将林木采伐限额一次性分解落实到广大林农和林权所有者手中的试点。在规范森林资源流转方面，各地按照"依法、自愿、有偿、规范"的原则，鼓励林木所有权、经营权和林地使用权有序流转。福建、江西两省还相继搭建森林资源流转平台，引导、规范森林资源流转行为，进一步促进森林资源流转的发展。福建省制定并修订了《福建省森林资源转让条例》，取消了林业主管部门对森林资源流转的审批环节，简化流转程序，强化流转后的权属管理，为进一步规范流转行为提供了新的有力的法律依据。截至目前，福建省已建立专为森林资源权属登记、流转服务的林权登记服务中心近66个，其中南平市、三明市等重点林区县已全部建立。江西省林改后林业部门结束了长期靠规费养人的历史，其行政事业经费全部纳入了县财政预算，彻底改变了林业工作站是"收费站"，林木检查站是"罚款站"的不良形象。江西铜鼓县通过"两取消、两调整、一规范"的税费改革，使全县减少林业税费4 809.7万元，林农从让利于民的林改政策中实际人均增收了500多元。林业部门主要工作精力由过去的"管理性"向"服务性"转变，村干部也由村务决策者变为了操作者和执行者。基层党群、干群关系得到融洽，干部作风建设得到明显加强，林业系统的政风行风也在职能转变中得到进一步好转。

（三）加强服务体系建设，提高管理水平和服务质量

为了避免由于林权交易分散、不规范，造成个别领导干部说了算以及"暗箱"操作行为发生，各地都把建立集信息发布、市场交易、林权登记、中介服务、法律政策咨询于一体的林业要素市场，作为深化改革的一项重要内容。三明市所有县都建立了林业服务中心，72个乡镇设立了分中心，实行了全市林业产权交易信息系统联网，为森林资源的市场化配置提供了服务平台，解决了林农林权登记、森林资源评估，林权流转交易等问题。沙县林业交易中心森林资源流转自去年10月份正式运行以来，为集体林权交易组织招标会38场，招标面积7 685亩，中标金额1 548多万元，比设置的标底增收近170万元；为林农林权转让组织招标会5场，林农增收20%以上。其中，该县参与招标的东山村委会底峡山场采伐面积91亩，采伐出材量613立方米，设定标底为31万元，以43.8万元中标，增收12.8万元，增长了41.29%，村委会和村民代表对招标过程及结果非常满意。尤溪县的两个林权交易场所

2008年共完成交易面积6 978亩，成交金额2 665.4万元，比底价增值628.7万元。江西省遂川县2007年完成林权流转交易181宗，增收926万元，最大增幅达258%。云南省普洱市提出了“一个平台、两个市场、四个体系”的配套改革思路，建立林业信息平台，建立各县林权交易市场、木材及林产品交易市场；建立森林资源保护体系、林业科技服务体系、林业经营体系和森林资源流转体系。推进林业服务体系建设，切实规范了行政管理，提升了依法行政能力、管理水平、办事效率和服务质量，进一步方便了林农，维护了林农群众的权益。

二、落实农民权利，是加强林业基层党风廉政建设的制度保证

这次深化改革的突出成效在于基层林业的权力结构、权力机制、权力运行方式发生了很大的变化，变“由上而下”的管理体制为“由下而上”，真正把一系列的权力赋予了农民，调动了林农耕山育林、发展林业、增收致富的积极性，也为从制度上铲除滋生腐败的土壤创造了条件。

（一）林农有了决策权和自主权

面对千家万户的林木采伐需求，一些地方采伐指标分配透明度不够，林木采伐指标分配问题一度成为“烫手山芋”。对传统的林木采伐指标分配方式进行改革，通过按树龄从大到小排序等方法安排采伐，只要符合采伐条件，林农想哪年砍就哪年申请，不用再为安排不到指标而担心，也不用因为难以分到指标而低价转让贱卖林木，这不仅有效地遏制了指标分配“暗箱”操作以及乡村干部乱卖山乱花钱的现象，而且涉林腐败案件明显减少，干群关系明显改善。福建省永安市的涉林案件2003年为46件，2007年仅15件，下降了67.4%。江西省铜鼓县深化改革后涉林上访案件8件，同比下降了63%，林区社会日趋和谐稳定。村干部作为村集体内部成员，也与群众一起公开透明地参与分山分林，利在其中，主动带领群众一起耕山致富奔小康。同时，允许林木所有权、林地使用权依法、自愿、有偿流转，林业生产经营者对林业投入明显增加，对生产经营更加关心重视，造林育林积极性不断高涨，森林资源保护意识不断增强，有力地促进了林业的发展。改革还使各级干部从“为民做主”转变为“让民做主”，还权于民使林农成为山林的主人，形成了按制度办事、用制度规范村务管理和村级公共权力运行的模式。各地林业部门合理简化了审批程序，为林农编制林业发展的规划、森林经营方案，免费提供优质壮苗，帮助他们树立起科学经营和长期经营山林的理念和思路，使林农对自己的林子怎样经营、何时经营、何时采伐心中有数。江西省遂川县为林农发放森林经营手册，使林农真正依法自主决定山林的经营方向和经营模式，受到了林农的普遍欢迎和拥护。

（二）采伐指标分配有了监督权

改革前，存在“人情指标”、“关系指标”、“权力指标”，花钱买指标的现象。改革后采伐指标先由林农申请，村组汇总公示向上级报送，县林业局根据农民意愿和资源状况审核平衡后，逐级下达采伐指标并公示。上报和下达都要经过“公示”，让林农充分行使监督权，林农可以维护自己的权益，杜绝了乡村干部随意用权、办事不公、以权谋私优亲厚友的机会和空间。为了最大限度地使指标分配公开、公平、公正，福建省三明市的采伐指标分配过程透明化，将采伐指标数量、分配方案、可伐资源一览表、采伐申请台账、规划伐区排序一览表、伐区调查设计书、采伐许可证等内容通过县、乡、村三级分别予以公示，接受社会监督，避免了“暗箱”操作。江西省铜鼓县为减少采伐指标分配中间环节，让权力在阳光下运行并接受监督，实行了自上而下的限额控制制度、自下而上的申报汇总制度和“二榜公示”等一系列制度，直接把木竹采伐指标落实到山头地块，落实到林农手中，指标分配公开透明，有效防止了采伐指标分配中的不正之风，促进了林区的和谐和基层政权的稳定。

（三）林地林木流转有了知情权

随着产权服务中心的建设，使林地林木流转有了更好的信息传递系统和价格形成机制，森林资源流转得到规范。林农可以通过信息平台发布流转信息，通过资产评估知道林地林木的参考价格，通过拍卖得到更多的收益。尤其是林业服务中心信息化水平的提高，农民群众在乡镇林业工作站就能办好所有的涉林事项，随时可以查询办证进展情况以及

所需的林业信息服务。有了知情权的林农，随时可以拍卖林木受益，或使林木随时变现，无需采伐就能把山上活立木变成活的资金，极大地调动了生产的积极性。还吸引了社会资金加快非公有制林业的发展。福建省近 3 年来通过森林资源抵押贷款投入林业资金已达 40 多亿元；全省非公有制造林比重也从 2003 年的不足 50% 上升到 2007 年的 80%，成为福建省营造林的主力军。一些有能力和善于经营林业的大户，不断扩大生产规模，促进林业经营的规模化、集约化；一些不善或不愿经营林业的农户获得了原始资金，转行干起种养业、运输业、服务业等，激活了林区经济，促进了农村经济的发展。

三、创新体制机制，是加强林业基层党风廉政建设的关键所在

深化集体林权制度改革锻炼了干部，健全了制度，促进了基层党风廉政建设。但制度的形成与完善非一朝一夕就能完成，要真正实现还山、还权、还利于民，达到农民得实惠、生态受保护的目的，还要从解决林业管理中存在的突出问题入手，进一步深化改革，继续下放权利、规范管理、强化监督、搞好服务。重点做好以下几项工作：

（一）进一步简化木材采伐审批管理

目前木材采伐指标管理分蓄积量和出材量双项控制，在此基础上还要分天然林、人工林，分主伐、抚育伐、低产林改造等指标控制，指标过多，控制过细，操作难度大，工作成本高。同时，由于一些地方木材采伐的实际需求量远远大于下达的指标，一方面还存在很大的权力运行空间；另一方面，个别地方也存在用一份指标超采多伐、偷运多运的情况，不利于资源保护、产业发展，也不利于基层党风廉政建设。因此，要进一步改革木材采伐管理制度，实施分类经营、分区施策、简化程序、总量控制。同时，在试点的基础上，总结经验，扩大范围，让更多的人享受改革的成果。

（二）进一步规范林地林木流转

为防止乡村干部以权谋私、“暗箱”操作、信息不对称，流转价格偏低，农民过早的失山失地等问题，江西省、福建省以及云南省的普洱市都出台了本地的林地林木流转条例和规定，取得了良好的效果。但有的地方还存在偷偷把集体或林农的山林卖掉，有的甚至存在未经自留山、责任山主同意强行流转的情况，私下流转容易引发合同争议和非法流转、盗伐等侵害林权行为。因此，在总结试点经验的基础上，国家应出台林地林木流转规范性文件。为便于流转过程中有据可依、有章可循，需进一步加强森林资源资产评估师队伍建设，规范评估师行为和评估收费标准。

（三）进一步加强林业基层站所建设

改革后，基层林业工作站点的服务功能显得尤为重要。林农需要基层林业工作人员为他们提供科学经营技术、市场流通信息、优质的良种壮苗、相关的法律法规咨询，帮助他们防病、防虫、防火。但目前基层林业工作站人员少、素质不高，设备落后，经费不足。福建省三明市每个乡镇林业工作站有 6～8 人，每站有一半以上的人员工资没有落实，靠育林基金和维简费支出，影响了基层林业站对林农的服务质量和水平，个别地方林业干部依法行政意识还不够强，失职渎职案件还时有发生。要防微杜渐，防止以权谋私，搞好基层林业的服务工作，必须加强基层林业工作站建设，充实人员，解决经费，培训知识，提高素质和能力。

调 研 单 位：驻国家林业局纪检组　监察局
调研组组长：杨继平　樊德新　吴兰香　邢　红

集体林权制度改革的思考

一、为什么把集体林权制度改革称作“迟到的改革”

中国的改革从1978年算起，30年间大体上分为3个阶段。第一阶段从1978年到1991年。农村家庭承包制的推行是这一阶段的突出成绩，调动了农民的积极性，农业增产，在此基础上，实施多年的票证供应生活必需品的做法终于取消了。

集体林权制度改革本可以在1979～1981年推出，但未能如愿。于是只有农村家庭承包制，而没有林权制度改革。集体林的产权仍然不清晰，经营主体仍然不确定，经营机制仍然不灵活，其结果必然是农民依旧贫困，集体林地未能使农民脱贫致富。

1992年，邓小平南巡讲话后，中国改革进入第二阶段。1992～1993年正是改革集体林权制度的好时机，但又错过了。集体林方面的各种问题照常存在。不仅如此，由于从1992年以后中国的投资不断增长，而投资集中于工业领域，集中于城市，从而城乡发展差距、工农业发展差距扩大了。林业的处境比农业更差，以林业为主的农户的生活比一般农民更加不尽如人意。

集体林权制度改革拖到改革的第三个阶段(2003年起)才进行。2003年，《中共中央　国务院关于加快林业发展的决定》的公布与实施说明集体林权制度的调整和相关政策的调整开始有了新的思路。福建、江西、辽宁等省的试验，为林权制度改革提供了经验。2008年6月8日，中共中央国务院颁布了《关于全面推进集体林权制度改革的意见》，意味着一场重大的改革启动了。

尽管这已经是“迟到的改革”，但不能不承认这是一场关系到国民经济全局的改革。因为我国集体林面积有25.48亿亩，林业资源90%在山区，贫困人口集中在山区，全国592个国家级贫困县，有496个分布在山区。仅从这几组数字，就可以了解林权制度改革的重大意义。

二、集体林权制度改革迟到的原因

20世纪80年代之所以未能推行，主要担心会引发农民乱砍滥伐。而且当时也确实发生过一些滥伐集体林的现象。如果把林地像农村土地一样承包给农户，集体林遭到的破坏将难以估算，因此集体林地未能实行承包制。

这也与制度设计延滞有关。林业与农业相比，问题要复杂一些。农村家庭承包制虽说最早是由农民自发试行的，但由于有了一定的实践经验，中央才在这个基础上陆续出台一系列规章制度。而集体林权的改革，一开始就被制止了，缺乏实践经验，制度设计和相应的规划制定也就延滞下来。

同时，这也与改革初期的情况有一定联系。耕地上面种粮食，年年播种，年年收获。而林地上的树木需多年才能成材，一砍伐，新植的树，要若干年后才能长成同被砍伐时的树一样。急需脱贫的农民认为承包制30年不变，时间太短了。加之，改革初期，农民对改革信心不足，怕政策多变，所以往往只顾眼前利益，先砍了卖了再说。正是这样一些原因，使得当时的国务院有关部门把林权制度改革搁置下来。

20世纪90年代之所以未推行，因为当时的改革重点是国有企业改革，决策层还没有认识到林权制度改革的重要性，但这同样是与90年代的实际情况分不开的。国有企业的产权改革确实是重中之重。当时如果不把国企改革作为改革的主线，不早日使产权不清晰的国有企业的产权清晰化，就谈不到重新构造社会主义经济的微观经济基础，就形成不了真正的市场主体，社会主义市场体制也就难以建立。所以当时把国企改革作为重点，把集体林权制度改革再推迟一些，是可以理解的。

当然，这里还有另一个重要原因，就是对林业在国民经济中的地位和作用认识不足，对林权制度改革的重要性认识不足。某些政府部门往往把林业资源单纯看作资源，而不理解资源向资本的转化，以及这种转化对国民经济发展的巨大推动作用。加之，当时某些政府部门往往不了解集体林权制度改革是缩小山区和平原、农村和城市之间收入差距的重要保证，只有通过改革，才能激发农民发展林业生产经营的积极性，走上山区脱贫致富、山区农民脱贫致富的道路。

三、仿照农业承包制

集体林权制度改革终于启动了。仿照 1979 年农业承包制的模式推行。这是改革中的一件大事，必将进一步解放生产力，使农民、特别是山区农民迅速脱贫致富，并且促进林区的生态保护，促进林业的大发展。

农业承包制的关键是明确土地使用权、农作物所有权、经营权、收益权、处置权。林权制度改革也如此。在林权制度改革中，集体林地使用权和林木所有权都应当清晰。集体林地的所有权是归集体的，使用权归农民；而林木所有权则归农民。这些权利的清晰是林权制度改革的基础。

由于林地使用权清晰了，林木所有权也清晰了，农民就成为真正的经营主体，经营权是放活的。改革后，实行商品林、公益林分类经营管理。对商品林，农民可以依法自主决定经营方向和经营模式。这样，农民的收益权就得到了保障。处置权的落实也是必不可少的。农民作为林地承包人，可以依法进行转包、出租、转让、入股、抵押或作为出资、合作条件。

农业承包制调动了农民的积极性。林权制度改革同样如此。农民之所以有积极性，一是因为所承包的林地的使用权和林木所有权的清晰，保障了农民的收益权。农民只要通过自己的努力就可以增加收入。二是因为经营权的放活和处置权的落实，使农民可以根据自己的情况选择经营方向和经营模式，并可以选择所承包的林地合理流转的形式，农民的自由度大了，致富的机会多了。三是从长期看，由于林地承包权不变，林木所有权不变，农民可以安心地经营，不必担心政策变更了。

四、超越农业承包制

林权制度改革距农业承包制改革已经 30 年了。必须汲取农业承包制的经验教训，走超越农业承包制之路。

超越之一：林地的承包期限定在 70 年。这同实行农业承包制时只有 30 年承包期不大一样，因为承包期越长，越能使承包人安心，放手经营。而且，70 年期限是指依法通过家庭承包方式取得的林地承包经营权期限，不包括集体流转或其他方式承包取得的林地使用权年限，这就突出了作为承包者的农民的经营主体地位。

超越之二：分散到各户的农业承包制不利于农业规模经营，农业增产到一定程度就停止了。农业承包制只是到后来才设法予以纠正。林权制度改革在开始时就避免了这一缺陷。这具体反映在：明确林地承包经营权的转包、出租、转让、互换、入股、抵押等流转方式，其中，特别是入股这种流转方式，是指承包方可以把林地承包经营权作为股权，自愿联合或组成股份公司、合作组织等形式，这能提高经营效益，有效解决单个农户分散经营中存在的一些问题。此外，转包、出租、转让也能促进林业的规模化经营。

超越之三：农业承包制对金融的作用的发挥实际上是限制的，林权制度改革突破了这一限制。这具体反映于在林权制度改革中允许以林地使用权和林木所有权作为抵押，取得贷款。抵押人在抵押期间仍可继续使用抵押的林地，但未经抵押权人同意，不得批准采伐，不得办理林权变更登记。如果到期不履行债务，抵押权人可以依法处置抵押物。这样就拓宽了林业融资渠道，把林地承包方的经济放活了，有利于提高林地经营效率，同时也可防范金融风险。

超越之四：农业承包制未触动城乡二元体制，林权制度改革时应当结合城乡二元体制的改革进行，或者说，包括山区、林区农村在内，所有农村都应当列入城乡二元体制的改革范围。这一改革，不仅要解决集体林业承包土地的流转问题，而且要解决农民宅基地的置换(即以宅基地换取城市住房、城市低保和城市户口)问题，以及农民宅基地上房屋的产权界定问题。这项工作可以在城乡统筹试验区内先试先行，然后总结经验再推广。

五、农民林业专业合作社和林业产业化

林业产业化是把林业作为一个产业来经营，把生产、流通、再生产各个环节统筹规划。通过林权制度改革而建立的农民林业专业合作社，在集体林地实行家庭承包经营的基础上，将为林业产业化的推进发挥积极作用。依据《农民专业合作社法》，农民组成的林业专业合作社是独立的市场经济主体，具有法人资格，而不同于为成员提供技术、信息等服务的农民林业技术协会之类的组织。

从纵向上看，农民林业专业合作社可以从育林造林到采伐、林产品加工，再到市场营销、扩大再生产，作出统筹规划和安排。从横向上看，农民林业专业合作社可以把林业同与之配套的其他行业，以及有关企业，通过市场进行合作，共同研发，共同开拓市场。所有这些经济活动都是单个农民由于力量所限而实现不了的。参加农民林业专业合作社的农民们，是自愿的，而不是强迫的。农民林业专业合作社以通过规模化经营来提高成员收入为目的，而不是以单纯技术、信息服务为目的。

在开始建立时，农民林业专业合作社的经济实力较弱，需要政府有关部门多方支持、帮助，包括财政的支持、金融的支持、税收的优惠、市场信息的提供、技术的指导等。

在林业产业化过程中，应当鼓励龙头企业进入林区，鼓励它们同农民林业专业合作社合作，形成“龙头企业—农民林业专业合作社—农民”的经济联系。龙头企业同农民林业专业合作社之间的关系，应当以合同的方式确定下来。龙头企业在林产品经营、加工和运销等方面可以发挥自身的优势，做到龙头企业自身和农民林业专业合作社的双赢。而农民在林业产业化推进的过程中也可以增加收入。在一些地区已经出现的果树经营中的“大公司＋小公司”的模式，值得进一步总结经验。这里所说的“大公司”是指龙头企业，“小公司”是指农民专业合作社。

六、适合国情的林业发展模式的探讨

根据我国国情，通过集体林权制度改革，在今后的林业发展中，多种模式并存是有理由的。这里所说的多种模式并存，主要是指国有林场、农民林业专业合作社、林业股份公司和农民家庭林场并存。多种模式存在的理由，不仅在于各种模式从产生到现在，都有历史渊源，都是在一定的历史条件下建立起来的，而且，由于林区情况和林业情况的复杂性、多样性，因此应有因地制宜的考虑。但不管怎样，每一种模式都应符合以下原则：有利于调动生产者、经营者的积极性；有利于保护生态、保护资源；有利于实现林业产业化和林业现代化；以及有助于林业的加快发展，使林业在国民经济中发挥更大的作用。

当然，每一种模式都有自己的特点。以国有林场来说，它们经营的是国有林地，它们是林业发展中的重要力量。林地所有权归国家，这是明确的。但国有林场的体制应当改革，这也是没有疑问的，正如国有企业中有一些企业仍然保存国有独资形式或国家控股形式，但在体制上仍应有所调整一样。集体林权制度改革中的某些做法是否也部分地适用于国有林场，可作进一步研究。例如在某些国有林场内，一部分林地由职工承包经营，试行的结果是有效的。

今后，农民林业专业合作社作为新出现的农民合作经济组织，具有“民办、民有、民营”的特点，机制比较灵活，并带有互助性质，而政府又给予适当的帮助，所以它们将逐渐成为集体林地上经营林业的主力。

林业股份公司中，有一些将会成为林业产业化中的龙头企业而发挥作用。这些龙头企业，除了在同农民林业专业合作社保持合作关系，通过“大公司＋小公司”的形式从事林产品的生产、加工、运销等经济活动而外，还可以通过林地承包经营权的出租、转让、入股等形式而取得林地承包经营权。只是它们通过流转方式所取得的承包经营权是在农民家庭承包70年期限之内有效的。这样就保证了农民家庭承包制的基础地位。林业股份公司的另一

重要作用，是投资改造低产林和治沙治荒造林。这是一种长期投资活动，政府应给以支持和税收优惠。

农民家庭林场，应遵循林农自己的意愿。农民愿意经营家庭林场的继续自营。他们的集体林地承包权、林木所有权、经营权、处置权、收益权照常得到保护。在集体林权制度改革过程中，对于原来就由农民长期无偿使用的自留山，仍将由农民继续使用，不得强行收回，不得随意调整。

在集体林权制度改革和林业产业化不断推进的过程中，农民家庭林场如果愿意走林地合理流转之路，入股加入农民林业专业合作社，或采取林地出租、转让等方式，也由他们自己决定。这样，集体林权制度改革必定更加受到农民的欢迎，集体林权制度改革的优越性也必定更加显著。

（北京大学光华管理学院教授：厉以宁）

集体林权制度改革与兴林富民

中国农村有 25.48 亿亩的集体林业用地，占全国林业用地的 60.1%，在全国林业发展和农村经济发展中具有举足轻重的地位。新中国成立后，特别是改革开放以来，中国集体林业建设取得了较大成效，对经济社会发展和生态建设作出了重要贡献。集体林权制度曾经历了四次变革：一是土地改革时期的“分山分林到户”；二是农业合作化时期的“山林入社”；三是人民公社时期的“山林集体所有、统一经营”；四是改革开放时期的林业“三定”，即稳定山林权、划定自留山、确定林业生产责任制。这四次变革都与当时我国的经济体制相适应，在一定程度上促进了林业生产力的发展。但是，由于发展阶段和认识水平的局限，虽经数次变革，集体林业产权不明晰、经营主体不落实、经营机制不灵活、利益分配不合理等问题仍普遍存在，从多方面制约了集体林业的发展。新一轮集体林权制度改革就是在这一大背景下，在总结历史经验教训的基础上启动的。集体林权制度改革是我国农村改革的继续、深化和完善，是我国农村改革的重要组成、重要内容和重要标志。

一、集体林权制度改革基本情况

（一）集体林权制度改革的主要任务

林改的主要内容是明晰产权、放活经营权、落实处置权、保障收益权，即在保持集体林地所有权不变的前提下，将林地经营权交给农民，确立农民的经营主体地位，并享有对林木的所有权、经营权、处置权、收益权，做到“山有其主，主有其权，权有其责，责有其利”，实现“山定权、树定根、人定心”，充分调动广大农民发展林业的积极性，充分挖掘林业发展的潜力。

（1）明晰林地承包经营权和林木所有权。在坚持集体林地所有权不变的前提下，依法将林地承包经营权和林木所有权，通过家庭承包方式落实到本集体经济组织的农户，确立农民作为林地承包经营权人的主体地位。对不宜实行家庭承包经营的林地，依法经本集体经济组织成员同意，可以通过均股、均利等其他方式落实产权。村集体经济组织可保留少量的集体林地，由本集体经济组织依法实行民主经营管理。承包经营主体落实后，要进行实地勘界发证。

在明晰产权过程中，要注意把握几个政策界限。一是承包经营期，对实行家庭承包经营的，期限为 70 年，到期还可以继续承包。二是保持政策的连续性。对改革前已经承包到户或流转的集体林地，符合法律规定、承包或流转合同规范的，要予以维护；虽符合法律规定，但承包或流转合同不规范的，要予以完善；不符合法律规定的，要依法纠正。自留山继续由农户长期无偿使用，不得强行收回，不得随意调整。三是对权属有争议的林地、林木，要依法调处，纠纷解决后再落实经营主体。四是对于自然保护区、森林公园、风景名胜区、河道湖泊等管理机构和国有林(农)场、垦殖场等单位经营管理的集体林地、林木，要明晰权属关系，依法维护经营管理区的稳定和林权权利人的合法权益。

(2)放活经营权。对商品林，农民可依法自主决定经营方向和经营模式，生产的木材自主销售。对公益林，在不破坏生态功能的前提下，可依法合理利用林地资源，开发林下种养业，利用森林景观发展森林旅游业等。

(3)落实处置权。在不改变林地用途的前提下，林地承包经营权人可依法对拥有的林地承包经营权和林木所有权进行转包、出租、转让、入股、抵押或作为出资、合作条件，对其承包经营的林地、林木可依法开发利用。

(4)保障收益权。农户承包经营林地的收益，归农户所有。征收集体所有的林地，要依法足额支付林地补偿费、安置补助费、地上附着物和林木的补偿费等费用，安排被征林地农民的社会保障费用。经政府划定的公益林，已承包到农户的，森林生态效益补偿要落实到户；未承包到农户的，要确定管护主体，明确管护责任，森林生态效益补偿要落实到本集体经济组织的农户。严格禁止乱收费、乱摊派。

(二)集体林权制度改革进展情况

党中央、国务院对集体林权制度改革十分重视。党的十七大将其列为深化农村改革的重要内容。胡锦涛总书记、温家宝总理多次作出重要指示，并深入改革试点地区考察工作。回良玉副总理多次深入基层调研，并多次召开会议，提出了许多重要指导意见。在此基础上，2008 年 4 月，中央连续采取三个重大步骤，研究部署集体林权制度改革工作。4 月 9 日，温家宝总理主持召开国务院常务会议，审议并原则通过了《全面推进集体林权制度改革的意见》。4 月 17 日和 4 月 28 日，胡锦涛总书记分别主持中央政治局常委会议和中央政治局会议，审议并原则通过了《全面推进集体林权制度改革的意见》。6 月 8 日，中共中央颁发了《中共中央国务院关于全面推进集体林权制度改革的意见》(中发[2008]10 号，以下简称《意见》)，作出全面推进集体林权制度改革的重大战略决策，标志着集体林权制度改革在全国范围内全面推开，成为我国林业发展和农村改革的又一座里程碑。

在党中央、国务院的高度重视下，国家林业局党组精心谋划，全面部署，将集体林权制度改革作为林业的一项中心工作来抓，2006 ~ 2007 年，先后召开了 5 次大规模、高级别的专题会议，研究、部署、推动集体林权制度改革工作。中央《意见》颁布后，国家林业局于 2008 年 7 月分别在云南昆明和辽宁沈阳召开了全国集体林权制度改革厅局长培训班和集体林权制度改革师资培训班，对全面开展集体林权制度改革进行了系统的安排部署。各地也认真学习贯彻中央《意见》精神，积极稳妥地推进改革，改革的各项工作取得了良好进展。

截至 2008 年 9 月，全国已有 29 个省(自治区、直辖市)成立了集体林权制度改革领导小组，23 个省(自治区、直辖市)出台了关于推进集体林权制度改革的文件；全国已经有 12 个省(自治区、直辖市)全面推进了集体林权制度改革工作，已完成明晰产权的林地面积 8.78 亿亩，占集体林业用地的 34.5%。福建、江西、辽宁、浙江、云南等省已全面开展集体林权制度改革，并积极跟进相关配套政策措施，实现了林业税费负担明显降低，林农收入稳步增长，林业正成为集体林区广大农民就业增收的新亮点。

中央财政 2007 年已经先期给福建、江西、辽宁、浙江、河北、云南、安徽、湖北、重庆、贵州、四川、湖南、陕西、吉林等 14 省(直辖市)安排 15.78 亿元林改工作经费补助，涉及集体林地面积约占全国集体林地面积的 63.1%，在集体林区占有十分重要的地位。目前，这 14 个省(直辖市)的集体林权制度改革已经推进到 1 170 个县、15 697 个乡、225 109 个村，涉及 4 亿多农村人口。

二、集体林权制度改革全面促进兴林富民

集体林权制度改革，是一项涉及广大农民切身利益的深刻变革。它抓住了调整产权制度这个根本，把握了解放和发展林业生产力这个关键，坚持了农民得实惠、生态受保护这个原则，顺应了时代发展潮流，体现了党的执政理念，符合林业发展规律。虽然这项改革在全国仍处于起步阶段，但已经显示出巨大的综合效益，为农村发展特别是山区发展展示了光明的前景。正如温家宝总理指出的，集

体林权制度改革与当年农村家庭联产承包责任制具有同等重要的意义。概括地说，集体林权制度改革尤其在以下 4 个方面具有重大意义。首先，集体林权制度改革是农村土地经营制度的重大创新和发展，对解放和发展农村生产力具有重大意义。其次，集体林权制度改革开辟了农民就业增收的广阔空间，对建设社会主义新农村具有重大意义。第三，集体林权制度改革是维护生态安全和木材安全的战略举措，对促进人与自然和谐具有重大意义。第四，集体林权制度改革是现代林业建设的强大动力，对实现林业科学发展具有重大意义。

各地近几年集体林权制度改革的实践经验证明，林改解放了林业生产力，盘活了林地资源，使农村林业、农村经济与农村社会发生了深刻变化，使山区林区焕发了新的生机与活力，得到了老百姓真心实意的拥护。当前，集体林权制度改革已经成为各级党委政府工作的重点、社会关注的热点、农民期盼的焦点、加强农村基层党风廉政建设的切入点和林业发展的新起点，全面促进了兴林富民。

（一）集体林权制度改革调动了农民发展林业的积极性，实现了森林资源的保护和发展

（1）通过集体林权制度改革，广大农民获得了新的生产资料。根据对福建、江西、辽宁和云南等省主要林区县的抽样调查①（下同），通过林改，林农家庭户均林地面积由 64.73 亩提高到林改后的 99.78 亩，增加了 35.05 亩，增长了 54.16%。广大林农群众分到了林地和林木，得到了一笔可观的物质财富，拥有了新的生产资料，发展林业积极性明显提高。

（2）农民培育、发展和保护森林资源的自觉性极大提高。如林改后福建省造林总面积连续 3 年超过 200 万亩，比开展集体林权制度改革前翻了一番，江西省 2005～2007 年每年完成人工造林都在 300 万亩以上，均创历史最高水平。福建、江西两省林改后森林案件数量分别下降 36% 和 45%，森林火灾次数和受害面积分别减少 1/2 和 2/3。辽宁省 2007 年上半年全省非公有制造林比林改前的 2005 年同期增加了 15%。四川省汶川县 2005～2007 年下达荒山荒坡造林计划 6.2 万亩、四旁植树 300 万株，实际完成成片荒山造林 11.02 万亩、四旁植树 378 万株，分别超计划 77.74% 和 26%。林改以前集体林区普遍存在的造林难、抚育难、护林难、防火难的问题基本得到解决，“看好自家山、管好自家林”成为广大农民群众的自觉行动；对林改分给自己的山林，林农倍加爱惜，巡山护林和森林防火意识增强，乱砍滥伐案件呈下降趋势，森林资源得到了有效的保护。

（二）集体林权制度改革使林区农民收入明显增加，林业收入在农民总收入中的比例得到提升，森林资源资产也大幅度增值

1. 林改明显促进了农民增收，林业收入在农民总收入中的比例进一步提升。通过集体林权制度改革，明晰产权关系，实现了“山定权、树定根、人定心”，林地、林木成了农民最重要的财产，广大农民舍得投入，像经营耕地一样经营林地，对林业实行集约经营，并从林地经营中实现家庭增收。

根据抽样调查，林改后农户户均林业收入占总收入的比重达到了 32.64%，比林改前增长了 6.9%。由于林改后林农享受到税费减免等政策性实惠，收入明显增加，根据各地上报的资料，福建省全省农民年人均林业纯收入从林改前的 341 元增加到 2007 年的 507 元，增长 48.7%；福建省主要林区农民林业收入占到总收入的 50%。江西省不少林区农民来自林业的现金收入连续 3 年以 20% 以上的速度增长。浙江省有 207 个村农民年人均收入达到 7 731 元，其中来自林业的收入 4 767 元，占 61.66%。湖南省山区农户林改后比林改前户均增收 2 000 多元，其中一半以上来自林业收入。辽宁省本溪市林改后农民年人均涉林收入 2 367 元，占总收入的 58.9%。

（2）林改在带来林农收入增加的同时，林农的森林资源资产也大幅度增值。由于林改政策的拉

---

① 国家林业局林权制度改革办公室于 2008 年 5 月开展了集体林权制度改革与兴林富民专项调查，回收了约 2 600 份问卷调查表，因受时间和人手制约，我们对其中的 500 份问卷进行了初步分析。该调查得到了福建、江西、辽宁、云南、河北、湖北、安徽、湖南等 8 个省林业厅（局）林改办的大力支持；国家林业局经济发展研究中心在调查问卷的分析处理方面提供了大力帮助；另外，本报告部分数据参考了国家林业局经济发展研究中心 2007 年在福建、江西、云南、湖南等省的抽样调查结果，在此一并表示感谢。

动，江西全省木材价格大幅上涨，主要木材产地的木材收购价均上涨了1倍以上，毛竹价格上涨了近3倍，林木林地的流转价格也随之大幅攀升，杉木林流转价格由林改前平均每亩400多元上升到1 300多元，有的高达3 000多元；毛竹林年租金由林改前每亩15元上升到80多元，翻了两番多。福建省森林资源流转平均每亩价格由200～500元上涨至目前的1 000～3 000元。四川省林地平均每亩每年租金由林改前的3～5元上升至目前的10～30元，森林资源流转平均每亩价格由300～500元上涨至目前的1 000～2 000元，小径材价格每立方米由150～300元上涨至目前的600～700元，眉径10寸的竹材每根由7～8元上涨至目前的16～18元。森林资源资产的增值和林农收入的增加，都有力地促进社会各界发展林业的劲头。

（三）集体林权制度改革把市场机制引入林业建设，激活了林业交易市场和森林经营市场，促进了林业投资多元化，加速了林业发展方式的转变，促进了现代林业实现科学发展

（1）集体林权制度改革，激活了林业资本市场。在坚持山林承包经营权长期稳定和不改变林地用途的前提下，集体林权制度改革先行省进一步深化配套改革，鼓励森林、林木和林地使用权依法、自愿、有偿流转，允许各种社会主体通过转包、互换、转让等形式参与流转，同时，依法取得的森林、林木和林地使用权可以继承、抵押、担保、入股或作为合资、合作的出资条件，全面激活了林业资本市场。

福建省已经建立了66个专为森林资源权属登记、流转服务的林权登记服务中心，并从2004年开始开展了以林权抵押贷款为主要内容的林业融资改革，截至2008年9月，全省累计发放林权抵押贷款46.4亿元，累计发放林业小额贷款14.1亿元。江西全省有50个县（市）建立了林权交易中心，林改以来共流转（不含抵押）山林10 214起、流转面积287.86万亩（占全省已确权林地面积的1.91%）、流转交易金额14.94亿元；有44个县（区、市）开展了林权抵押贷款业务，抵押贷款金额22.5亿元。

浙江省林权抵押贷款业务增长迅猛，其中，浙江东阳市在明晰产权的基础上，采用市场化手段对森林资源进行有效配置，通过公开招、拍、挂流转的集体森林资源达335起11.9万亩，成交额1.423亿元，小户、散户森林资源向资金技术密集的专业大户流转大幅增长；同时，面向低收入林农发放小额林权抵押贷款2 349户、金额1.03亿元，并呈现加速推进的态势。浙江省丽水市已有1 655户林农凭“林权证”向各县（市）农村信用社申请贷款7 571.5万元。林权抵押贷款不仅缓解了农村贷款担保难的局面，而且通过把林地资源当作资产来经营，林权证成为林农的信用卡，山林成为能够取钱的银行，金融服务的造血功能正逐步发挥出来，林业发展的道路越走越宽阔。

林业资本市场的激活，破解了林业史上森林资源资产难以盘活、农村信贷史上林权不能成为抵押物的两大难题，使分散的山林与资金、技术等生产要素有机结合，形成“人人有山，不需要人人经营山”、“不是人人经营山，但人人都可从中受益”的格局；实现了山上“绿色银行”的资源变现，使林权成为抵押融资的载体，使得“资源变资本、活树变活钱、叶子变票子、青山变银行”，开辟了林农创业发展、致富奔小康的广阔空间。

（2）林改促进了森林经营水平的提高。集体林权制度改革催生了许多农民专门从事山林托管经营，这些农民在浙江省龙泉市被称为“林保姆”。“林保姆”的出现为那些长年在外经商办企业无暇顾及所承包的山林以及无劳动能力或缺乏资金无法经营山林的农民解决了难题，这也是浙江省林业经营市场的一个缩影。目前，浙江省龙泉市近1 000农户的山林实行委托管理，所托管的山林面积累计达20多万亩。山林托管不仅利于林业的规模集约经营，并且有利于林业科技的推广。龙泉市八都镇林业工作站职工以股份制的形式，管理山林1 000多亩，营造用材林、工业原料林和实行低产竹林改造，经过科学的育林，效果显著，仅低产毛竹林培育效益就比原来提高了5倍多，周边农民纷纷仿效，有力地促进了林业科技的推广和应用，提高了林地生产力。如今，龙泉市山林托管队伍日益壮大，参与托管的人员有外地客商、企业主、林业技术人员、社会能人和农民。其托管的形式有收益按比例分成、租赁、一次性买断承包经营权等，托管

期限一般为30年。随着山林承包期的延长，农民吃了定心丸，要求将山林委托管理的人越来越多，为规范山林托管工作，使托管双方权利和义务对等、互利互惠、公平合理，龙泉市已着手制定相关规定，促进山林托管工作规范、有序运作，实现“山绿、林活、民富”。

(3)林改促使林业投资逐渐多元化。林权制度改革的实施，使投资林业的效益更加凸现，更好地展示出了“绿色银行”的效能，刺激和激发了社会投资林业的积极性，促使林业投资结构发生了根本变化，造林投资已由国家投入为主向业主多种经济成分共同投入的多元化格局转变。福建省非公有制造林比重也从2003年的不足50%上升到2007年的80%，成为福建省营造林的主力军；近几年，福建省南平市社会投入林业的资金达到83亿元，其中民间资金80亿元，占到了96.3%。江西省通过林业产权制度改革，有效地激发了社会各界投资林业的热情，企业、个人造林育林的积极性空前高涨，2005年以来每年300万亩以上的人工造林中，企业和个人投资造林比重都超过2/3。四川省汶川县荒山荒坡造林和四旁植树投入资金5 082万元，其中国家投入407万元，占8%，林农、业主和企业等其他经济成分投入4 675万元，占92%。

集体林权制度改革明晰了产权关系，确立了经营主体，培育了市场体系，规范了交易秩序，进一步优化了林业生产要素配置，全面盘活森林资源，释放了林地、资本、劳动力等生产资料的巨大潜能，林业发展的内在活力得到了充分激发。

(四)集体林权制度改革，增强了林业产业发展活力，增添了林业产业发展动力，林权制度改革的深化，为林业产业破解了发展瓶颈

(1)集体林权制度改革加快了森林资源的资产化，促使林业产业活力明显增强，为林业产业发展创造了良好条件。林改后，各地大力发展以林木种植、经济林培育、竹藤花卉、野生动植物繁育利用、木材采运、木竹加工、人造板制造、林产化工、木浆造纸、森林旅游等为主的林业产业，建立了一批各具特色的支柱产业，涌现出一批林业经济强县，促进了区域经济发展。同时，有越来越多的农民依托龙头企业走上发展产业之路，有越来越多的农户联合起来、组织起来，走上了专业合作的道路，实现了农民增收和社会就业。

浙江省临安市2007年竹产业产值达24.1亿元，涌现出10个超千万元乡，100多个超百万元村。福建省三明市通过集体林权制度改革，吸引了一批大企业投资林业产业，2004年大亚科技集团投资7 000万美元，建设年生产能力45万立方米的刨花板项目，形成了林业产业发展的龙头。四川省大邑县抓住林改有利契机，确定了重点发展“林、竹、药”3大产业，综合发展林下种植和养殖业，长短结合，均衡发展，依托建丰公司、成都大邑三岔胶合板厂、蜀星制板惠丰公司、华山林药场、斜源林药场等龙头企业，采取“公司+基地+经合组织+农户”的模式，搞活了林产业。如以巨桉为主要树种的工业原料林，现已达到3.5万亩，5年后将达到10万亩；慈竹现已发展到5万亩，3年后将达到8万亩；黄柏、厚朴、杜仲“三木”药材种植规模已达5万亩，5年后将达到8万亩；林下养殖跑山鸡合作社试养山鸡成功，目前年出羽10万只，5年规划年养殖规模达年出羽50万只。

(2)集体林权制度改革为林业产业发展增添了新动力。在林产品买方市场的条件下，特色就是竞争力，特色就是生命力。集体林权制度改革后，林农获得了林地的承包经营权，种植什么，经营什么都是自己说了算，还可以依法流转，促进了各地特色林业的发展。为了巩固林改成果，确保林农的处置权和收益权，各地还出台了各种优惠的林业扶持政策，搞活了市场，增添了产业发展动力。

第一，通过实施特色林业基地建设和低效林改造工程，促进林业种植业结构的调整和优化，提高集约经营水平，培育壮大区域主导产业，发展效益林业，提高农民收入。如浙江省已经建立了以香榧、山核桃、银杏为主的干果基地；以马蹄笋、笋竹两用林为主的丰产竹林基地；以杨梅、柿子为主的水果基地；以厚朴、山茱萸、杜仲为主的木本药材基地；以杨桐、柃木为主的出口创汇产品生产基地；以杜鹃、红枫、桂花、菊花为主的花卉、景观绿化苗木生产基地。

第二，抓行业协会、专业经济合作组织以及龙头企业。林业部门积极转变自身职能，放权给企

业、协会，靠行业协会和各类专业经济合作组织来实行行业规划、行业管理、名优产品推介、企业跟踪服务、制定行业标准、进行价格协调和企业自律等，提高企业的组织化程度。同时，积极扶持林业龙头企业，拓市场、建基地，开发新产品、新技术，促进龙头企业扩大经营规模，提高装备水平，增强创新能力，参与市场竞争，扩大出口创汇。

第三，政府部门积极主动做好政策、信息、技术等方面的服务，引导和鼓励社会各界、工商业主投资林业，既为林业发展注入了大量的资金，又促进了资源培育和利用、林业产业要素的合理流转、经营机制的改革创新，极大地增强了林业发展的生机和活力。

第四，发挥森林资源多种效益，适应居民消费需求的变化。充分利用丰富的森林景观资源和客源优势，吸引社会各方力量参与森林旅游开发，大力发展森林旅游业，促进林业产业全面发展。

第五，在鼓励大力发展林产品加工业的同时，注重积极引导扶持林产企业加强工业原料林基地建设，“既要金山银山，又要绿水青山”。林产企业建工业原料林基地，一方面为企业提供了稳定的原料来源，企业可以有效地控制原料的质量、产品的生产成本；另一方面也促进了资源的培育，增加了林农收入、促进地方经济的发展，实现“青山常在，永续利用”。

（3）集体林权制度的配套深化改革，破除了林业产业的发展瓶颈。集体林权制度改革是一项系统工程，改革林业税费制度，创新林木采伐等管理制度是其重要内容。在推进集体林权制度改革工作中，各地按照“多予、少取、放活”和“还山于民、还权于民、还利于民”的要求，减免或取消了育林基金等涉林收费项目。如江西省在集体林权制度改革过程中，全省林业税费比重由林改前的50%～60%下降为20%左右，切实减轻了造林经营者负担，促进了农民增收。同时，规范增值税、所得税征收范围，对从事木竹生产的单位和个人自产自销的原木、原竹获得的收入，依法免征增值税。为了切实落实林农的处置权，各地在坚持森林采伐限额管理的前提下，放宽对商品林的采伐管理。对农户个人经营的商品林，符合条件的即申即批；对新建速生丰产用材林、短周期工业原料林基地达到一定规模以上的，单独编制森林采伐限额，其采伐方式、采伐年限按照批准的森林经营方案执行；对毛竹和10厘米以下的抚育间伐材，不纳入木材生产计划管理，由县级林业主管部门按照省级林业主管部门批准下达的采伐限额控制，符合条件的即申即批。同时，禁止木竹垄断经营和地区封锁，允许林权所有者自主销售。这些配套改革措施，都正在逐步破解林业产业的发展瓶颈，为林业产业的腾飞创造条件。

（五）集体林权制度改革改善了农村劳动力就业状况、优化了农村经济结构、推动了基层民主管理和乡风文明，使农村社会发展发生深刻变化，为构建和谐农村发挥了有效作用

（1）农村富余劳动力就业状况得到改善。集体林权制度改革，通过生产关系的调整，使农民获得了林地经营自主权，为农民提供了最直接的就业机会和门路。根据江西省统计局的统计分析，林改为广大农村创造了大量就业和致富的机会，许多地方出现了返乡务林和改行务林的现象，促进了农村劳动力向林业生产转移。2006年江西全省林业劳动力达135.51万人，比2004年增加了40.09万人，增长了42.01%。福建省永安市林改为农民增加了5.48万个就业岗位，占新增就业岗位的55.79%。

（2）农村基层财政明显增收，农村经济结构明显优化。一些村集体通过收益分成等方式，收入明显增长。林改后，上级财政对乡村财政进入转移支付，使得农村基层财政有了持续稳定的收入来源，如林改后江西省财政给重点林业县的乡镇每年转移支付20万元，给村级每年转移支付5万元，有效改变了林改前“空壳村”的窘境。同时，林业在大农业中的比例进一步提高，竹木加工业等林业第二产业蓬勃发展，生态旅游等林业第三产业方兴未艾，有效地优化了农村经济结构。

（3）农村基础设施、村容村貌、社会福利和社会保障得到了改善。通过林权制度改革，村集体经济组织盘活了森林资源资产，发展了经济，增加了收益，增强了道路、自来水、电网、绿化等公共设施的建设能力，改善了村民的生产生活条件，不少乡村“脏乱差”的现象得到有效治理，村容村貌焕然

一新。同时，由于乡村财力得到改善，乡村开始有能力解决看病难、上学难等问题，促进了农村社会事业的发展。

(4)基层民主管理和乡风文明得到改善。农民积极参与林权制度改革，充分行使自己的民主权利。广大基层干部充分依靠群众，广泛征求群众意见，积极帮助群众排忧解难，解决了农民多年来想要解决而没有解决的问题，赢得了广大群众的信赖。同时，各地在改革中妥善处理了很多历史遗留问题，有效地消除了林区不稳定因素，促进了农村社会的和谐。

(5)改革促进了农村基层党风廉政建设。通过集体林权制度改革，推进了村务公开，建立健全了农村集体资金、资产和资源管理制度，规范了森林资源流转，加强了对各项林业收益资金的管理，从制度上防止了滋生腐败的条件，强化了农村基层民主政治建设，提高了农村基层党组织的执政能力，树立了党的形象，农村社会管理和民主化进程发生了重大变化，有力地推进了农村基层党风廉政建设。

三、需要进一步研究解决的问题与政策建议

当前，集体林权制度改革正在全国开展得如火如荼，极大地促进了林业的发展和农民的富裕。但在改革过程中，还存在着全国改革进展不平衡、对改革认识上还存在误区、林改工作补助经费困难、林权纠纷多，调处难度大，以及历史遗留问题解决难度大等问题。同时在政策层面，还需要进一步研究解决林业经营者对承包经营林地和林木的处置权和收益权的实现问题，具体包括以下八个方面。

(1)研究解决现行森林限额采伐政策和采伐管理方式影响林农对林木处置权、制约林业经营者的积极性的问题。按照《中华人民共和国森林法》的规定，我国仍然实行木材采伐、运输行政许可制度，严格的限额管理和办证手续，使得林业经营者很难按照市场的需求变化灵活安排自己的生产计划，制约了经营者的积极性。

(2)加快建立政策性森林保险制度，提高农户抵御自然灾害的能力。由于林业生产具有生产周期长、投入大的特点，林业生产受气候、环境以及很多人为因素，特别是森林火灾、林业有害生物、偷砍盗伐等影响，其收益具有不确定性。同时，由于林分种类多，不同时期、季节所承受的风险不一致，使得政策性森林保险推进十分艰难。因此要加快研究建立政策性森林保险制度，增强林农抵御风险的能力。

(3)研究加大林业信贷投放，完善林业贷款财政贴息政策，大力发展面对林农的林权抵押贷款。由于要面对千千万万的农户，要办理的手续多，利润收益少，很多商业银行不愿意开展此项业务，当前要重点研究解决农户贷款金额小、周期短、利率高，手续复杂的问题。

(4)研究建立针对林业经营者特别是林农的造林、抚育、保护、管理投入补贴制度，对森林防火、病虫害防治、林木良种、沼气建设给予补贴，对森林抚育、木本粮油、生物质能源林、珍贵树种及大径材培育给予扶持。

(5)研究发展林业专业协会，充分发挥政策咨询、信息服务、科技推广、行业自律等作用。在集体林权明晰的基础上，按照《农民专业合作社法》规定，引导林农建立各种专业合作社，进行集约经营、规模经营，是林改后集体林业发展的必然趋势。

(6)建立健全产权交易平台，加强流转管理，依法规范流转，保障公平交易，防止农民失山失地。我国当前森林资源流转平台等服务体系建设滞后，集体林权明晰后，随着经营权的放活，森林资源资产化、资本化的要求越来越迫切，规范森林资源流转、建立林业产权交易中心也势在必行。目前虽然部分县(市)已经建立了产权交易中心，但需要进一步规范和提高。

(7)引导和规范森林资源资产评估中介服务健康发展。加强森林资源资产评估管理，加快建立森林资源资产评估师制度和评估制度，规范评估行为，维护交易各方合法权益。

(8)研究将森林防火、病虫害防治以及林业行政执法体系等方面的基础设施建设纳入各级政府基本建设规划，林区的交通、供水、供电、通讯等基础设施建设要纳入相关行业的发展规划，特别是要

加大对偏远山区、沙区和少数民族地区林业基础设施的投入。

调研单位：国家林业局集体林权制度改革管理办公室
组　　长：汪　绚　程　红
副 组 长：江机生　刘家顺
成　　员：宋云民　缪光平　邢　红　文　彬
　　　　　韩祥泉　周开文　岳　红　李　林
　　　　　郭宏伟　文彩云
执 笔 人：江机生　缪光平

重视利益调整　采取有效对策 积极推动集体林权制度改革

进入新世纪，特别是2003年《中共中央　国务院关于加快林业发展的决定》颁布以来，福建、江西、辽宁、浙江等省率先开展了以“明晰产权、放活经营权、落实处置权、保障收益权”为主要内容的集体林权制度改革。这是在我国农村展开的又一次伟大变革，对广大农村社会、经济、政治、文化等领域产生着深远的影响。《中共中央　国务院关于全面推进集体林权制度改革的意见》出台后，我再一次赴福建、江西等省开展实地调研，所见所闻，更加深刻地感受这场改革的伟大意义，同时对一些重大问题进行深入的分析思考。

一、集体林权制度改革是我国农村生产关系适应生产力发展的又一次调整，意义重大

集体林权制度改革，是我国农村生产关系的又一次重大调整，是科学发展观在农村制度变革的成功实践。全面推进集体林权制度改革，对于深入贯彻落实十七届三中全会精神，巩固发展农村基本经营制度、加快解决三农问题、全面建设小康社会进程中具有历史意义。

(1)搭建了农民的创业平台。广阔的林地资源，是我国山区群众最重要的生产资料，也是促进农民创业增收的一笔巨大资产。集体林权制度改革，赋予农民林地使用权和林木所有权，从根本上实现了生产者与生产资料的直接结合，成为了促进农民就业增收的“金钥匙”。福建省永安市通过林业开发、产品营销等，增加5.84万个就业岗位，占全市农村劳动力总数的55.7%，其中洪田镇仅5家竹木加工企业就解决了当地全部1 000多剩余劳动力的就业，还吸纳外地劳动力近800人。江西省改革后，有40多万外出打工的农民返乡务林，经营林业成为他们最适应、最直接、最可靠的就业渠道。武宁县罗坪镇长水村2004年林权制度改革后，全村共有12名村民征得村组和群众同意，办理了“非转农”，重新迁回了长水村。耕山有责、务林有利、致富有门，江西省2005～2007年，全省农民来自林业的现金收入每年都以20%以上的速度增长。福建省调查总队统计，2003年以来全省农民人均林业收入每年增长30%以上，南平市、三明市等主要林区的农户，从林业生产经营中获得的收入已占其家庭收入的50%。邵武市水北镇上坪村2007年村民人均林业收入5 200元，全村有私家车10多辆、摩托车160多辆，一半农户在城里购买了住房。林业经营为广大农民创业增收搭建了平台。

(2)释放了山地资源生产潜力。农村生产力发展到今天，农田的潜力已经非常有限了，山地资源的潜力还远远没有发挥出来。25亿亩集体林地，是发展农村经济的重要资产，是农民重要的生活保障和劳动对象。目前，我国集体林平均每亩蓄积仅3.3立方米，为我国森林平均水平的59%、发达国家的20%；林地的经济产出率更低，亩均仅22元人民币。通过集体林权制度改革，把过去沉睡的山林变成农民的重要生产资料，把林业经营变成农民的创业平台，把亿万农民的林业生产经营积极性和25亿多亩林地潜力紧密结合起来。2005年以来，

福建省各地都呈现出“争山争苗”造林的局面，植树造林总面积连续 3 年超过 200 万亩，比改革前翻了一番，非公有制造林比例从 2002 年的 40% 提高到 80%。永安市洪田村通过林权制度改革，已经使全村森林资源总量增长了 23%。辽宁省彰武县丰田乡杏山村有一片 20 世纪 60 年代栽植的小青杨，由于干旱成了“小老树”，长期得不到改造，林权制度改革在该村一试点，全部都得到了更新。江西省上饶县高洲乡高洲村，把 16 200 亩败山竹林租包给全村 539 户农民经营，如今竹蓄量由原来每亩 30 根增加到 170 多根。

(3)加快了区域经济的发展。山区发展潜力在山、希望在林。通过集体林权制度改革，使更多的农民选择与自己最直接、最适应的林业，使更多的社会资本将发展的目光瞄准资源开发潜力大、产品需求旺盛的林业，林木种植、林下经济、木本粮油、竹藤花卉、森林旅游、生物质能源以及林产品经营加工等林业产业正在得到前所未有的大发展，在加快区域经济发展、改变城乡二元结构过程中发挥着越来越重要的作用。辽宁省本溪市林权制度改革后，广大农民纷纷走上发展林地经济的道路，大力发展以红松为主的干果经济林，以林下参、辽五味为主的林地药材，加快建设山野菜等各类标准园。2006 年全市新发展干坚果经济林 13.2 万亩、林地中药材 12.2 万亩、山野菜 2.8 万亩，林业社会总产值 50 亿元。永安市上坪乡曾是全省有名的贫困乡，林权制度改革后人均收入大幅提高，他们自豪地说：“我比城里人还富了。”福建省三明市通过改革，吸引了一批大企业投资林业产业，大亚科技集团投资 7 000 万美元，建设年生产能力 45 万立方米的刨花板项目，形成了林业产业发展的龙头。尤其在当前，金融危机，加上房地产市场不景气，影响到百余种产品的生产和销售，使大量农民工下岗返回农村。集体林权制度改革，分林到户，既可以容纳大量返乡农民，解决他们的就业，又能够通过发展林业生产，促进区域经济的发展。

(4)夯实了生态建设的群众基础。加快生态建设，提供生态服务，是国家公共服务的重要职责。广大农民是生态建设的基础。改革前，群众既不愿造林也不愿护林。集体的山林貌似人人有份，实际难以获利，发生森林火灾时，常常是群众观火、干部救火、领导发火。还山于民、产权明晰后，农民在造林护林、发生火灾时由过去的“退避三舍”变成“争先恐后”上山打火，并且自发组织了森林管护协会、防火协会、病虫害防治协会，逐步形成了跨村屯、跨乡镇的森林资源保护网络，长期以来靠行政命令无法解决的难题，通过集体林权制度改革得到根本性的改变。改革前后对比，福建省森林火灾发生次数和受害面积分别下降 79% 和 77%，江西省分别下降 56% 和 74%。在生态公益林的管护方面，各地都在积极探索新形势下的管护模式，通过经营导向带动、经济利益驱动、责任机制促动，有效解决了生态公益林管护工作中“管不到”、“管不好”、“管不了”的难题。福建省建阳市条岭村通过实行联户托管办法，结合生态公益林限制性利用，让每位村民都主动参与管护生态公益林，形成群护群治的好形式。

(5)促进了公共财政支持林业建设政策体系的建立。公共财政以满足社会公共需要、追求社会公共利益和实现社会公平为宗旨。林业具有社会公益性，山区林区作为我国贫困人口较多的地区，支持保护林业，应是公共财政重点投入的领域之一。通过集体林权制度改革，确立了以农民为主体的林业经营制度，国家的补助性投入与农民的造林、增加资源、创造财富紧密结合，改变以前的投入与造林“数字化”、“账面化”，提高政府投资效益，降低行政成本，创造了制度性基础。为改变以往国家对林业投资效率低的状况，通过公共财政的有效投入切实调动农民经营林业积极性。可以预见，国家通过减少税费、提供生态效益补偿、建立林业保险、加大对林业的信贷贴息、强化“三防”体系等方式对林业的投入，必将极大地促进林业生产力的提高，在客观上也起到改变和增强地方税基的作用，使公共财政对林业发展的支持和林业发展对公共财政的贡献形成良性循环。

二、集体林权制度改革事关我国农村土地制度的变革，应当引起高度重视

经过 30 年的改革开放，我国已经初步建立起了社会主义市场经济体制的基本框架，但在广大农

村，市场发育仍然相对滞后，城乡二元结构没有得到根本改变，城乡差距在不断扩大，严重制约了社会的和谐发展。集体林权制度改革，关系到亿万农民的切身利益，关系到我国土地资源的分配使用，是我国农村土地制度的变革。这项制度的变革，关系到土地资产的利益格局调整，是一个利益博弈的过程；关系到农村土地价值的预期；关系到土地生产潜力的发挥，是一个市场培育和要素优化配置的过程，是农村产权及多种可再生产品市场构建的过程。为统筹兼顾各方利益、妥善处理各方关系、努力实现社会公平提供了一个难得的契机。但如果处理不好，也会对农村经济社会的发展进步产生不良的影响，带来隐患，影响长远，需要引起我们的高度重视，认真对待和处理。

(1)要高度重视集体林地初始分配问题。集体林权制度改革，是农村土地制度改革在林地上的拓展和发展，是家庭承包责任制在林业上的丰富和完善，是一场事关农民生存与农村发展的土地革命。林地与耕地一样，是农民生存与发展的重要领域和主要空间，在农民的心中具有其他任何生产资料所不可比拟的分量。生产资料的初次分配是最基础性的分配关系，初次分配的数额大，涉及的范围广，利益格局调整的力度大，潜伏对社会秩序的破坏力。在初次分配中一旦出现重大的分配不公平被确定下来，再次分配很难从根本上予以扭转。在对林地这一生产资料使用权的初次分配中，既要考虑效率，更要考虑公平，只有使分配越公平，就越能为今后生产效率提高创造良好的条件，形成分配公平与生产效率的良好互动效应，生产出更多的可供分配的社会财富。因此，开展集体林权制度改革，必须在在坚持集体林地所有权不变的前提下，依法将林地承包经营权和林木所有权，通过家庭承包方式自愿和均等的落实到本集体经济组织的农户，确立农民作为林地承包经营权人的主体地位。

(2)要高度重视利益调整问题。林权制度改革是复杂的系统工程，涉及多方面利益调整。既有部门利益，也有农民利益；既包括国家利益，也存在集体利益。在改革过程中，既要坚持维护集体经济组织成员的根本利益，也要统筹兼顾林权制度改革前取得林地承包权的村民或社会资本的具体利益，还要正确处理国家、集体和个人的利益关系。要关注和制止各个利益群体与农民争地的现象发生；要关注和防止林地承包流转过程中农民失山失地现象的出现；要关注和杜绝山林到户过程中少数人侵占多数人利益的问题。对于改革前就已承包到户或流转的集体林地，符合法律规定、承包或流转合同规范的，要予以维护；承包或流转合同不规范、利益关系界定不合理的，要予以完善；不符合法律规定的，要依法纠正，以切实维护合法经营人和农民的切身利益。要处理好国有、集体、个人三者利益关系，既要贯彻“多予、少取、放活”的方针，充分考虑当地林农生活水平较低的实际，通过减免税费等措施，把利益的大部分留给林农，又要兼顾国家与集体利益，保障林地所有者的合法权益。

(3)要高度重视山林产权市场构建问题。林地流转是集体林权制度改革的必然产物，是集体林权改革在制度设计上超越耕地改革的重要标志。通过建立起山林产权市场，盘活森林资源，可以有效地缩短林业经营投入产出周期，有利于吸引社会资金向林业集聚，提高林业生产经营的规模化水平，搞活林区经济，促进农民增收，是产权人进行变现、获取收益的重要渠道。但是，林地流转也有着自身特殊性，非规范和无序的流转活动，极易造成农民、尤其是苦于缺乏现金收入的群众失山失地，也无助于林业要素的虚拟资本运动和资本运作，更不利于林业吸纳资本秩序的形成，这与改革的初衷是相背离的。为此，必须要摒弃“一分了事”的思想，在改革初期就要高度重视山林产权市场构建问题，政府在山林产权市场构建过程中，要发挥强有力的引导作用，尤其是在构建初期，应当发挥主导作用，通过建立林业要素市场、培育森林资源中介评估机构、出台管用的政策办法，主动积极地应对前进中的问题、发展中的问题，实现流转活动的健康有序。不仅如此，更重要的是保证公平、公正、公开交易，保护农民利益，规范市场，从制度上杜绝林农失山失地现象的发生。

(4)要高度重视林业管理体制理顺问题。集体林权制度改革的最终目的是兴林富民，实现这一改革目标，不能仅是山林到户，单兵突进，而必须一并考虑税费改革、条件保障等措施，优化好林业发展的外部环境，保证改革能量的充分释放。从整体上看，由于林业部门行政事业经费尚未纳入财政预算，森林防火、病虫害防治以及林业行政执法体系等方面的基础设施建设也未纳入基本建设规划，林业部门仍然要靠向林业经营者收取各种规费维持运转，不仅造成林业规费成为难治的顽症，也阻碍着林业部门新型服务理念的形成和服务质量的提高。因此，改革过程中，林业部门既是改革者，又是被改革者，要改得彻底，就必须彻底改革林业的管理体制、财政体制，必须理顺机制。要借鉴江西省的做法，让林业部门结束长期靠林业规费供养的历史，消除约束林业发展的体制性障碍，使林业部门加快转变职能，为林权制度改革提供到位的服务保障。总之，对农民该给的利益要给足，该减的负担要减够，该搞的服务要搞好，真正使集体林权制度改革成为惠及千家万户的德政之举和民心工程。

(5)要高度重视山区基础设施建设问题。广大山区是社会主义新农村建设的重点和难点。集体林权制度改革，通过明晰产权，明确农民的经营主体地位，降低林业税负，可以在一定的程度上激活山区群众自主自力发展生产的热情，增强山区群众建设家园的能力。但是，在改革初期，由于仅限于资源存量的利用，只靠自有财力进行山区建设显然是不够的。尤其是在目前国家惠农政策重点覆盖平原地区、粮食主产区，山区农民从中得到的实惠相对来说还比较少的情况下，应当将森林防火、病虫害防治以及林业行政执法体系等方面的基础设施建设纳入各级政府基本建设规划，集体林权制度改革地区的交通、供水、供电、通信等基础设施建设要依法纳入相关行业的发展规划，特别是要加大对偏远山区、沙区和少数民族地区林业基础设施的投入，以减轻农民负担，改善林区落后面貌，为实现改革目标提供坚实保障。

三、强化组织保障，出台管用对策，确保集体林权制度改革稳妥健康推进

福建、江西、辽宁等先行省份的集体林权制度改革已经取得初步成效，《中共中央　国务院关于全面推进集体林权制度改革的意见》已经出台，在召开中央林业工作会议后，这项改革即将在全国各地全面推开。但必须清楚看到，改革涉及面广，难度大，各地的情况千差万别。为了确保全国改革的成功，通过分析提炼先行省份改革成功做法，我认为在改革推进过程中，要重点抓好以下几个方面的工作。

(1)必须充分发挥党委政府对改革的组织领导。集体林权制度改革是今后一个时期农村的最重大的改革举措，深刻影响着农村社会的方方面面，是各级党委政府所面临的头等大事。各级党委政府也必须高度重视，提高认识，保证林地这一生产和生活资料公平、公正分配，杜绝因财产分配不公产生群体事件等重大社会不稳定隐患。改革成功省份的经验证明，只有党委一把手成了改革专家，有强烈的改革欲望，不做表面文章，深入改革一线，亲自研究对策，才能确保改革不走弯路，顺利前行。因此，必须层层成立领导小组，实行省、地、县、乡主要领导负责制，为改革提供强有力的组织保障。尤其是党政一把手，要切实担负起推进集体林权制度改革的领导责任，始终把改革放在心上，抓在手上，落实在行动上。同时，要强调各部门、各方面积极参与改革、主动支持改革、协力推进改革的历史责任，努力形成强大合力。

(2)必须切实加大财政支林力度。实现兴林富民，明晰产权、确立农民的经营主体地位，只是迈出了第一步，国家在集体林权制度改革过程中，切实加快财政支林力度，同样是兴林富民目标能否实现的关键所在。一是中央和地方财政要抓紧落实改革工作经费，支持这项工作尽快启动。二是各级政府要抓紧将林业部门行政事业经费纳入财政预算的同事，尽快改革育林基金管理办法，降低征收比例，严格规范用途。三是比照现行农业扶持政策，出台造林补贴、林木良种补贴、林业机具购置补贴等政策，使林农能够真正分享到改革开放的成果。

(3)必须全力做好政策宣传发动工作。通过对启动改革试点地区的调查感受到，不管是在事前还是事中，着力对社会搞好舆论宣传，努力对农民做好政策法律普及，是实现政府改革意图的先决条件，绝不能是一句可有可无的空话。否则一味强调改革进度，将宣传工作庸俗化、矮小化，就极有可能使群众对改革产生误解，使少数人钻了空子，使

改革出现严重偏差。特别是在改革初期，不仅要加强舆论先行，充分利用党报、党刊、广播、电视、网站等宣传媒体，采取丰富多样的宣传形式，深入宣传改革政策，努力营造有利于集体林权制度改革的社会氛围，更重要的是应该组成人数足够、全面掌握政策内容的工作队，直接进村入户，宣传党的林权制度改革政策法律，把政策法律原原本地传达给广大农民群众，使他们了解政策、掌握政策、用好政策。为了用榜样的力量正确引导，应当按照“先行试点，先易后难，分期分批”的工作原则，抓好典型示范，用实例说话，让群众看到实实在在的利益和好处。只有这样，才能使他们既积极参与支持改革，又能很好地维护自己的合法权益。

(4)必须严格规范林地林木流转。要建立起严格的林权登记制度，保护承包者权益不受侵犯。要尽快制订出台规范的森林资源流转管理办法，保证森林资源公开、公平、规范、有序流转，加快森林资源流转平台建设，建立集信息发布、市场交易、林权登记、中介服务、流转信息库服务、法律政策咨询于一体的资源流转的要素市场，建立森林资源资产评估师制度和评估制度，抓紧拟订森林资源资产评估机构的准入条件，尽快启动森林资源资产评估师的认定工作，规范评估行为，真正实现资源的优化配置，维护交易各方的合法权益。为切实防止出现恶意炒作、变相融资等不良流转行为的出现，在借鉴福建省“限量流转、限期流转、现货流转”做法的基础上，建议在森林资源流转过程中实行A、B证制度，即流转原承包人仍保留林权证(A证)，在林权登记管理部门对林权证变更登记的基础上，向受让方发放经营权证(B证)，以明确林地使用权和林木所有权的让渡关系。

(国家林业局经济发展研究中心：张　蕾　王月华　李天送)

从“全面禁伐”到“分类经营”的改革及若干政策问题

——关于重庆市天保工程区的调研报告

重庆市是我国天然林资源保护工程(以下简称天保工程)全覆盖的3个省(直辖市)之一。2008年重庆市将率先在天保工程区实行森林分类经营，从而对调整天保工程政策提出了若干实践问题。从天保工程全面禁伐，到实行森林分类经营的改革取向，正是天保工程走向科学和可持续发展道路的途径之一。为此，我们赴重庆市进行了专题调研。

一、十年“天保”禁伐成效显著

重庆市地处长江上游，位于三峡库区，长江干流自西向东横穿境内，其生态区位十分重要。1998年天保工程试点启动，成为重庆市林业发展的一个转折点，全市范围全面停止商品材采伐，进入全面保护森林资源的新阶段，10年建设成果丰硕。

(1)有效控制资源消耗，森林实现快速增长。天保工程启动后，全市停止了商品材采伐，农村自用材消耗也大大降低。全市1997年采伐限额为310万立方米，2000年减少到65万立方米。几年来关闭林区内木材加工厂(点)900多家，取缔木材交易场所38个。全市累计减少森林蓄积消耗1 250万立方米。森林蓄积量由工程实施前的7 446万立方米，增加到现在的12 000万立方米，增长61%。天保工程公益林建设等林业重点工程，加快了森林面积的增长，全市森林面积由2 593万亩增加到3 950万亩，增长52%，森林覆盖率由20.98%提高到32%，净增11个百分点。

(2)建立管护组织体系，森林保护工作有效加强。按照天保工程要求，各县(区)全面落实森林管护措施，一个强有力的森林保护网络体系正在形成。江津区将森林管护划分为207个责任区，责任区内聘用管护人员 511 人，每人签订一份管护责任合同，管护人员培训后持证上岗，建立管护日志。天保工程实施以来，全自治区无重大森林火灾、无重大森林病虫害、无重大乱砍滥伐，林区秩序稳定良好。目前，全市已有 15 374 名管护人员从事森林管护，实现了森林管护全覆盖。

(3)林区经济逐步走出困境，产业结构得到有效调整。天保工程有力地促进了林区县(区)经济结构的调整优化，逐步在困境中走出了一条新的发展路子。随着传统木材产业结构的萎缩，森林旅游、森林食品、森林药材、苗木花卉、种植养殖等新兴产业发展迅速。江津区有 61 万农民种植花椒，基地规模达 50 万亩，2007 年全自治区从事林业的农民人均纯收入达 4 502 元。重庆市林业总产值已由过去的 12 亿元，增加到现在的 125 亿元，增长了 10 倍，林区经济总量逐年增大。

(4)林业改革迈出新步伐，发展机制显现活力。天保工程有力推动了森工企业和国有林场的改革，天然林资源保护的长效机制正在形成。酉阳县青华林场是重庆市大型国有林场之一，过去是自收自支单位，2006 年开始列为县财政预算差额补助单位，2008 年已进入全额预算拨款的单位，职工工资得到充分保障，在职和退休职工全部纳入养老保险统筹，职工无后顾之忧，林场的主要任务就是保护森林资源。江津区 2004 年将直属的四面山林区采育场(小型森工企业)和四面山森林经营所(差额拨款事业单位)合并组建了四面山森林资源管理局，森工采伐企业变成了保护森林的管理机构。在此基础上，他们又与重庆市一家集团公司合作，共同组建了四面山旅游发展有限责任公司，发展森林旅游业，林业职工人均工资已由以前的每月 720 元提高到目前的1 080元，取得森林保护和经济增收“双赢”局面。

天保工程为重庆林业的振兴发展奠定了坚实基础，为森林分类经营改革创造了良好条件。

二、启动森林分类经营改革

随着天保工程的深入实施，为适应社会主义市场经济，满足社会对林业生态和经济的需求，广大林农群众迫切要求对森林进行分类经营，进一步把森林保护好、经营好，获取更大的效益。重庆市紧紧抓住集体林权制度改革，全面落实林权的契机，及时启动森林分类经营工作。这项政策突破了现行天保工程的区划界限、管理办法和政策措施，必将展现新的发展活力。可以说，森林分类经营是继天保工程后，实现林业又好又快发展的一个新转折点。重庆市森林分类经营改革的主要做法是：

(1)抓好确权发证基础工作。早在 2005 年，重庆市人大常委会就通过了《关于进一步完善林权制度加快林业发展的决定》，拟用 2 年时间完成确定林业产权归属，颁发林权证工作。重庆市是以集体林为主的市，集体林地面积占全市林业用地面积的 92%。早在 20 世纪 80 年代初，林业“三定”(稳定山林林权、划定自留山、确定林业生产责任制)时，已普遍把山林承包到户，大部分实现了均山到户。这次林改，主要是两个重点：一是完善历史遗留下来的权属不清问题。对林业“三定”发放的部分林权证存在权利主体不明、四至界限不清、林地面积误差等，进行实地勘界确认，做到证地一致。二是完善林权变化带来的权属不清问题，按照一定程序重新确权发证。这样做既稳定了林业“三定”确权成果，又明确了林地经营主体。目前，全市已有 5 995万亩林地确权并已发放林权证，占全市应发证林地面积的 98%。国有林地的发证任务也已全面完成。确权发证为开展森林分类经营工作奠定了重要基础。

(2)科学区划 3 种类型森林。重庆市把实施森林分类经营作为这次林改的重点，也就是把确权的地块落实到森林分类经营的地块，明确林地的经营主体和经营方向。区划工作人员组织农户到实地核实地块和面积，农户签字予以确认，并按照“三定”发的林权证进行登记造册和制图，做到证、册、图、表与实地一致。森林分类经营不仅包括集体林，也包括国有林，是在全市范围内对林业生产力布局的一次全面大调整。根据重庆市生态区位、生态现状等情况。对部分区域和经营单位公益林比重提出要求，如三峡库区公益林不得少于林地总面积的 70%，公益型国有林场，其公益林不得少于林场经营总面积的 70%，主城区公益林不得少于林地总面积的 60%，渝西地区公益林不得少于林地总面积的40%。经过区划界定，全市区划总面积为6 042.6万亩，其中重点公益林1 864.3万亩，占30.85%，一般公益林2 372.2万亩，占39.26%，商品林1 806.1万亩，占29.89%。国有林地面积495.3万亩，划作公益林面积426.5万亩，占其林业用地的86.1%。集体林地面积5 546.7万亩，划作商品林面积1 737.2万亩，占全市商品林用地的96.2%。从分类区划中可以看出，国有林大部分作为公益林，而商品林主要是集体林和私有林。

(3)明确森林分类经营政策。根据森林分类区划，不论经营主体是谁，均享受市政府规定的统一政策。重点公益林管护资金由现在的天保工程管护资金集中起来统一使用，每亩补助标准为3元。重点公益林实行委托承包人或集体统一管护，每亩提取1元管护费给管护人。一般公益林管护资金，由地方分级负担，每亩补助标准为1元，其中"一小时经济圈"内的县(区)，由市、县(区)财政各承担50%；其他县(区)，由市、县(区)财政分别承担70%和30%。商品林管护，由林主自行负责，政府不再给予管护补助。在划定重点公益林时，必须征得林权权利人同意，只准进行抚育和更新性质的采伐。全部划为公益林的农户，经批准可依法适量采伐自用的薪材及生产生活必需的自用材。一般公益林允许林主按有关规定和技术规程，进行抚育间伐、更新采伐。商品林经营者可根据市场需求组织生产，依法通过有偿转让、出租、抵押、折价入股等方式转给其他经济实体或个人。改革后，由于县(区)政府增加了一般公益林管护经费，全市森林管护资金总量将由天保工程的5 028万元增加到6 480万元，重点公益林的管护费将由天保工程平均每亩中央补助1.4元提高到2.7元。森林管护面积将由天保工程3 582万亩(仅补助有林地、灌木林地和未成林造林地)增加到4 236.5万亩，实现了管护面积全覆盖。

(4)推进森林分类经营实施。森林分类区划后，以村为单位，进行公示，接受社会监督。酉阳县黑水镇把登记造册的公益林和商品林，按小班公示到村，分户公示到组，群众一目了然。以天保工程现有管护队伍为基础，落实公益林管护责任人，签订管护承包责任合同。从2008年起，凡领取公益林生态效益补偿资金的，必须凭林权证。黔江区在森林分类区划中建立分户森林资源档案，既有文字图册档案，又有微机档案，全自治区整理汇总资料档案84卷。积极促进森林资源流转，制定了《重庆市森林资源流转管理办法》，重庆市林业局2006年在巫山县首次召开了森林资源流转现场拍卖会，公开拍卖国有和集体林地1 200亩，成交金额9 000多万元。2007年又在万州区首次开展了林木采伐权的流转，46户林农和部分国有林的林木采伐权进行现场竞价，涉及林地面积2 451亩，林木蓄积3 501.4立方米。据不完全统计，通过承包、转让、租赁、拍卖、联营等形式，全市已流转森林资源2 464宗，流转面积410万亩，流转金额超过2亿元。开始呈现出林地和森林向有能力经营的大户流转的趋势，社会资金流向经营林业的数量在增加。

三、改革中的若干政策问题

随着集体林权制度改革到位和实行森林分类经营后，如再按过去的办法实施天保工程，就很难适应。重庆市在实施天保工程期内进行森林分类经营改革，给我们提出了实践中的若干政策问题。

(1)关于天保工程"三区"和分类经营"三区"实施的问题。重庆市天保工程实施方案区划了重点生态保护区(又称禁伐区)、一般生态保护区(又称限伐区)、商品林经营区，"三区"面积所占比例分别为62.1%、20.7%和17.2%。森林分类经营又区划了重点公益林、一般公益林和商品林，"三区"面积所占比例分别为31%、39%和30%。两次区划条件和标准不同，因而结果也不同。天保工程"三区"实际在地块上不落实的，区划结果与林农也没见面，采取的政策是一刀切，实行全面禁伐，管护补助标准10年不变。森林分类经营区划则落实到了山头地块，区划的公益林和商品林到了农户，今年市里将按分类经营结果，采取不同管理办法，兑现相关政策。这就提出了到2010年前是按天保工程方案和办法继续实行呢？还是按森林分类经营的要求进行相关调整？同时也涉及到国家对重庆市天保工程的考核、检查以及资金审计等问题。

(2)关于公益林管护和补偿政策的问题。按照国家政策，重点公益林的管护费用由中央财政森林生态效益补偿基金予以补助，现行政策标准为每亩5元。重庆市把现有天保工程中央财政安排的森林管护经费集中起来用于重点公益林管护，实际每亩也仅有2.7元，虽然比天保工程管护费标准有所提高，但仅为国家重点公益林政策标准的54%。实施起来还要扣除1元给管护人作为管护费用，林权权利人仅得到1.7元。这对林农把林子划入重点公益林的积极性将是一个不小的打击，重点管护的措施将难以保证和落实。一般公益林管护补助标准则降低至每亩1元，比现行天保工程管护费每亩1.75元(含地方配套)还低0.75元。同样不利于一般公益林管护措施的落实，也不利于保障林权权利人的权益。一旦商品林依法自主采伐，将形成巨大的反差，其矛盾将更加突出，森林资源不安全的隐患将会增多。

(3)关于森林采伐和管理问题。实施森林分类经营后，必然对天保工程区森林的采伐提出新的要求。一是森林采伐的总量需求将会增加。重庆市林业局的同志介绍，现在全市森林年生长量达976万立方米，“十一五”采伐限额为170万立方米，满足不了各地需求。江津区算了一笔账，按分类经营区划的商品林49.2万亩，30年为一个经营期，每亩出材4立方米，每年仅商品材指标就要6.56万立方米，目前人工林采伐限额仅0.8万立方米，折商品材约为0.56万立方米，不到需求的1/10。全自治区有40多万亩杉木林和马尾松林急需间伐，其中29万亩因林木密度过大已出现严重烧林现象，还有10余万亩低效林亟须改造，但由于缺少商品林采伐指标，目前都没法开展。二是将突破天然林商品材采伐政策的禁区。按照天保工程的政策，在天保工程实施期内，长江黄河工程区全面禁止天然林商品材采伐。而森林分类经营按地块区划，在商品林中包含了天然林，根据森林分类经营政策，不仅可以采伐人工林，也可采伐天然林。如何执行政策，也迫切需要尽快明确。

(4)关于林权证的问题。随着森林分类经营的实施，原有林权证的管理和使用也不适应新的要求。一是原有林权证只有林权的内容，而无森林分类经营的内容。重庆市林业“三定”已确权到户，其林权证只记载四至、面积、承包关系，没有记载是重点公益林、一般公益林，还是商品林，至今原有“老证”都未换发“新证”。如果要兑现公益林政策，缺乏林权证凭证。如果要办理采伐证，是采伐公益林，还是采伐商品林，管理上也不好把握。此外，“老证”登记的林地面积与森林分类区划的实际面积差别很大，实际面积比登记的面积一般多几倍，最大的达十几倍。也不利于林地管理和兑现政策。二是林权证在森林流转中未起到作用。森林分类经营将促进森林资源的流转。我们实地考察了几宗林地林木的流转，其流转协议缺乏来自林权证的内容，林权证也无记载流转的内容，流转与林权证脱钩。流转承包人也担心无林权证，今后的林木权属，甚至是经营的收益归属。此外流转协议很不规范，有的几张纸，有的一张纸，纸质不一，内容更是千差万别，协议长达几十年，有的已模糊不清。如果多次流转，最终的流转承包人更不知原林权证的内容了，将可能出现流转经营的内容与林权证森林分类经营的内容不一致，从而导致林业经营目标的失效。三是林权证的设计不够灵活。在林业经营单位和个人中，有的由于经营地块分散，林权证的记载满足不了需求。江津区四面山森林资源管理局一个单位就有17本林权证，主要是由于经营区内有112块不连接的林地，每一本证最多只能填写6块。林业部门的同志说，农村插花山多，在农户中也会存在这种情况，希望改进林权证设计，一个单位只要一本就够了。

四、几点建议

(1)建议将重庆市作为天保工程实施森林分类经营试点市。实行森林分类经营是建设现代林业的客观要求，也是调整天保工程实施思路和完善政策的方向所在。应允许重庆市根据森林分类经营的要求，调整天保工程政策，对接森林分类经营政策。由重庆市人民政府(或林业局)报请国务院(或国家林业局)审批，国家对重庆市天保工程的考核和管理按森林分类经营政策进行。今后国家对天保工程的其他政策支持，同时把重庆市列入。这项改革将会使天然林的长效保护机制和森林的科学经营机制逐步形成。

(2)建议率先在重庆市启动天保工程重点公益

林补偿政策。实施森林分类经营,其相关的配套政策措施要跟上,尤其是重点公益林,如果补偿政策不到位,将不利于重点公益林的有效保护。可考虑在中央财政现给重庆市每年天保工程管护费5 028万元的基础上,增加4 293.5万元,使之达到重点公益林每亩补助5元的标准,与森林生态效益补偿基金政策接轨,以此推动其他天保工程省区的改革。

(3)建议调整重庆市天保工程区采伐管理政策。在天保工程区开展森林分类经营,调整森林的采伐管理政策是一个核心的政策。要允许突破现行天保工程采伐政策,按照森林分类经营和可持续发展要求,科学合理确定采伐限额总量。允许按森林经营方案,采伐商品林中的天然林。对全部划入公益林的农户,经批准可依法适量采伐生产和生活必需的自用材、薪材。探索对公益林进行抚育和更新性质采伐的路子和管理办法。采伐管理政策调整后,要加强检查监督,确保采伐活动有序,确保森林资源安全,确保林区社会稳定。

(4)建议重庆市尽快核发新的林权证并完善登记内容。为适应分类经营的要求,林权证不仅要记载林地和林木所有权以及林地使用权的内容,还要记载经区划分类核实后的重点公益林、一般公益林和商品林面积,作为兑现政策的依据。在森林资源流转中,要充分发挥林权证的有效作用,可考虑同时制作林权证正本和副本,不论流转多少次,林权证正本始终留在林权权利人手中,而林权证副本可随着林地林木的流转在流通环节中依法转移,使流转承包人了解原始林权证内容,依法合理经营。对林地地块多的单位和个人,林权证可设置活页性质的附页,根据需要,可一张或若干张,实现一个经营主体一本证的管理。此外,要制作统一规范的森林资源流转合同文本,明确有关流转内容和双方责权利,规范流转承包行为,促进规范有序的林业生产和经营活动的开展。

调 研 单 位:国家林业局天然林资源保护工程管理办公室

调研组成员:张志达　刘永敏　张　平

全面推进林改　深化林业站改革

——关于集体林权制度改革与乡镇林业站建设问题的调研报告

全面推进集体林权制度改革(以下简称林改),是党中央、国务院做出的一项重大决策,是进一步解放和发展林业生产力,发展现代林业,增加农民收入,建设生态文明的重要举措。为深入调研乡镇林业工作站(以下简称林业站)在林改中的作用、林改和林业站建设的关系及如何在推进林改工作中,深化林业站改革,加强林业站建设,促进林业站更好地服务林改和现代林业建设,国家林业局调查研究工作协调小组办公室将“集体林权制度改革与乡镇林业站建设问题”确定为11个重大调研课题之一,并决定由林业工作站管理总站承担此次研究课题。为此,我们认真制定了课题调研方案,组织了5个由总站领导带队、有关部委和相关司局参加的调研组,于2008年3~8月分别赴福建、江西、辽宁、浙江、湖北、湖南、云南等省,深入部分县、乡、村、组和基层林业工作站(以下简称林业站),采取听汇报、开座谈会、访林农,与各级领导、林业部门交流探讨等方法开展了调研。现将调研情况报告如下:

一、林改促进了集体林业发展,加强了林业站建设

《中共中央 国务院关于全面推进集体林权制度改革的意见》(中发[2008]10)的颁发,标志着林改已经上升为中央决策,广大农民群众对此也寄予了很高的期待,林改是党心所向,民心所向,是中国农村生产力的第二次解放。

(一)林改有力地推动了集体林业的发展

辽宁、福建、江西、湖南、云南等省林改的实践表明,林改全面激发了广大农民造林、育林、护

林的内在动力，极大地解放和发展了林业生产力，有力推动了林业生态建设和保护，较大幅度地增加了农民的森林资源资产和经济收入，有效化解了农村长期存在的诸多矛盾，呈现出“民富林兴、生态好转、农村和谐”的可喜局面，获得了巨大的综合效益，得到了广大农民的热烈拥护和社会各界的广泛赞誉。正如贾治邦局长所说：“实行林改，就是把多年沉睡的山林变成农民的重要生产资料，把森林资产变成农民的重要财产，把林业经营变成农民的创业平台，把亿万农民的巨大潜能和25.48亿多亩林地的巨大潜力有机结合起来，拓展农民就业空间，开辟农村发展的新天地，让其真正成为广大山区农民脱贫致富、建设社会主义新农村的光明之路、幸福之路。”全国各地通过积极探索林改，有效破解了长期以来制约林业发展的一些难题，农村林业建设、经济状况和社会面貌发生了深刻变化，为解决“三农”问题找到了有效途径，为构建和谐农村发挥了积极作用。2005年，江西省完成人工造林329万亩，创近10年来的新高，其中个体私营和企业投资造林占64.7%，为历史上最高水平。2006～2008年，连续3年全省造林规模继续保持在300万亩以上，其中社会造林超过60%。2007年，云南全省新增营造林面积610万亩，同比增加206万亩，增幅达50%。

（二）林改促进和加强了林业站建设

在林改中，各地加强了林业机构、特别是加强林业站建设。福建省在《福建省森林法实施条例》中，明确林业站为县级林业主管部门的派出机构，经费纳入财政预算，并把林业站作为生态公益林的实施主体。江西省委、省政府在《关于深化林业产权制度改革的意见》中明确规定：对林业工作站等林业基层执法单位，要严格实行收支两条线管理，妥善解决人员编制，基层站所的人员工资和工作经费必须纳入同级财政预算给予保障，以保证其正确履行职能，公正执法。省林业厅把是否落实基层站所的人员工资和工作经费纳入财政预算工作作为林改检查验收的考核内容之一，实行“一票否决”。同时，还在《江西省森林条例》中进一步明确了林业站的法律地位。截至2007年底，全省设有林业局的93个县（区、市）中，有89个县（区、市）的林业站经费纳入财政预算，占96%；纳入财政拨款（含差额）的职工4 589人，占编制数的97.6%，比林改前增长了8倍。全省926个林业站中，属林业部门派出机构的有842个，占总站数的91%，在11个设区市中已有8个市建立了林业站，新建县级林业站30个，全省县级林业站达69个，初步建立起管理顺畅的省、市、县、乡四级管理体系。全省林业站呈现出“工作安心、生活顺心、办事有责任心”的喜人局面。湖南省怀化市在林改中，将林业站经费全额纳入了财政预算，省林改办把是否将林业站经费纳入财政预算作为验收指标之一。云南省在林改试点中，进一步理顺了林业站管理体制，大理、楚雄、玉溪等市（州）出台了文件，林业站实行县级林业主管部门垂直管理。

二、林业站在林改中发挥了重要的基础保障作用

先行林改县（区、市）的实践表明，林业站参与了林改的全过程，发挥了“智囊团”和“参谋部”的作用，乡镇林改办公室几乎全部设在林业站，林业站实际担当着“操盘手”的角色，起到了不可替代的作用，县、乡党委、政府的领导同志动情地说：“林改需要林业站，如果没有林业站，林改就是一句空话”。地方党委、政府和林业主管部门的同志把林业站在林改中的作用归纳为“七大员”。

（1）政策宣传员。林业站充分利用广播、电视、报纸、宣传车、板报、标语等各种宣传媒体，大张旗鼓地宣传开展集体林权制度改革的目的意义、原则、方法和政策规定，使广大群众成为林改的明白人和林改的主人。其次，通过召开村两委会、村民小组会、村民大会等形式向村民进行广泛宣传林改的具体程序、方法，宣传林改带来的实惠，让广大村民切实认识到集体林权制度改革关系到自己的切身利益，自觉参与林改。其三，配合乡村干部深入农户，发放《致林农朋友一封公开信》和《林改政策问答》，把林改政策交给群众，送入千家万户。江西省武宁县林业站发放林改公开信及政策问答7万份，刊登黑板报、宣传栏126期，出动林改宣传车30余次；福建省永定县洪山林业站，出动宣传车50台次，张贴标语4 200多条，发放宣传资料3 300

多份。通过一系列的宣传教育发动，使广大干部群众了解林改、支持林改，为推进林改营造了良好的工作氛围，为林改工作顺利开展打下了坚实的基础。

(2)技术指导员。广大林业站职工在参加县、市林改培训班学习的基础上，认真学习领会林改政策和掌握林改的各项操作规程和程序，协助乡镇搞好林改工作。一是协助乡镇制定林改方案，主要是把好政策和技术关。二是参加林改工作组，每个乡镇根据辖区村、组和林改工作量，成立不同数量的林改工作组，工作组为“3 + 1”或“4 + 1”模式(即由乡镇领导、驻村干部、林业站人员加当地村干部组成)，这个“1”就是林业站人员，具体负责林改政策和技术工作。分赴村、组和深入到农户中，层层开展林改操作程序、外业勘界勾图、林权登记造册等全程技术培训，讲解和辅导，为乡镇、村组培训了一大批懂林改政策、熟悉林改业务、掌握林改操作规范的技术员。福建省武平县永平林业站举办了4次有乡村干部、林业站技术人员、林改小组成员、护林员参加的林改培训班，培训256人次。三是指导、协助村、组制定林改方案、操作程序、张榜公示等。林业站人员深入村、组，和村组负责人和广大群众认真分析林情、村情，引导他们周密制定林改方案。同时，注意收集公示后的意见，指导、协助村、组修订方案，直至最后制定出既符合林改政策，又符合民意的林改实施方案。江西省遂川县碧洲镇林业站5名同志，在林改工作中，先后参加村组的方案讨论、问题解答、调研座谈等110多人次。

(3)勘查测绘员。林业站人员几乎承担了全部外业勘查测绘工作，他们长期与村组干部和林农朋友同吃同住、同甘共苦，在林改一线任劳任怨、跋山涉水，以顽强的毅力克服严寒酷暑、虫蛇叮咬、山高路陡及林权、林情和地形复杂等各种困难，出色地完成了外业勘查、宗地区划、测绘工作，保证外业勘界不重不漏。他们白天上山进行外业勘界，晚上还要进行资料整理。广大林农把林业站在林改工作中艰苦工作情况形象地描述为“白天山上跑，晚上灯下熬。”江西省遂川县五斗江乡林业站的4名同志，在120天内完成了全乡25.2万亩、1.4万宗林地的外业勘查测绘工作。

(4)纠纷调解员。广大林业站职工坚持以人为本，积极协助乡镇、村、组干部妥善调解林权纠纷，努力构建和谐社会。针对历史和体制的原因造成的林权争议，林业站人员通过认真查阅有关权属资料，积极组织有关林权单位和个人通过做耐心细致的思想工作，协商和调处林权纠纷，把矛盾化解在基层，维护社会稳定，保证林改工作的顺利进行。江西省安福县林业站人员在林改中，经过不懈努力，共协助调解各类林权纠纷200多起，面积达2.05万多亩，其中不少是过去20多年悬而未决的“老顽固”纠纷。该县枫田林业站马人民同志，一人成功为竹江乡调处林权纠纷10起，面积达1 000多亩。竹江乡小车村全体村民为表彰马人民同志认真负责的工作精神，特向县林改办赠送一面题为“临山踏界千辛万苦，签字造册废寝忘食”的锦旗。福建省武平县永平乡帽村村农户方云亮、方贞林两户，因自留山林权纠纷，先后打了多场官司，邻居成了仇家，林改中，经过林业站的同志做认真细致的思想工作和积极调解，终于得到成功解决，两家重归如好。该林业站还成功调处了帽村村与中湍村长达十几年的2 000余亩山林权属纠纷，核发了新林权证，促进了林区和谐稳定发展。

(5)数据录入员。林改的各项数据，最后都要输入计算机，所有的计算机数据录入工作，都是县级林业主管部门组织林业站人员完成的，林业站人员为做好数据录入工作，发扬“舍小家，为大家”的精神，连续一个多月吃住在工作地点，女同志连小孩都无法照管，有些还有吃奶的孩子也只有托老人照顾，还有一些怀孕的女同志也克服了生理上各种困难，为准确无误地录入数据连续工作，保证如期完成任务，为如期发放林权证奠定坚实的基础。

(6)质量检查员。为确保林改确权发证的质量，使林改工作经得起历史检验。林业站人员以对党、对人民、对历史负责的态度，严格把好每宗地的确权程序关，务求地表、地图、地界、地名、地积、地被、地主、地证“八相符”。有时为了核对一个数据，他们要查阅数十份资料，直到完全准确无误，坚决杜绝“人情证”、“糊涂证”和引发新纠纷的“隐患证”。

正是广大林业站职工发扬了“道尽千言万语，走进千家万户，踏遍千山万水，历尽千辛万苦”的精神，有力地保障了林改工作的顺利完成。

(7)林农协调服务员。林业站按照服务组织网络化、行业协会专业化、中介机构社会化的要求，积极引导建立健全林业社会化服务体系，有力地提高了林业组织化程度，初步形成了县乡村一体化、互动互联网络化的服务构架。同时，积极引导林农以亲情、友情、资金、技术为纽带，组建家庭林场、股份合作林场等各类新型合作经济组织，促进了林业的规模、集约经营。江西省已建立林业“三防”(防火、防病虫、防盗)等新型经济合作组织4 000多个，有效地提高了林农组织化程度。通过专业协会的组建，形成了市(县)—乡—村三级联网的服务网络，在为林农提供营销、技术、种苗、护林联防等方面服务的同时，不断促进林农素质的提高，加强村民的组织性，进而不断推动农村社会发展的全面进步。同时，林业站还积极主动参与林业专业协会和合作经济组织的章程制定、资产清查和评估等工作，直接指导他们的经营和产品销售，使林业站成为一头连市场、一头连林业专业协会和合作经济组织的中间载体，加快了林区林业产业的发展步伐。

三、全面推进林改必须深化林业站改革

基层林业站在集体林权制度改革中做了大量工作，发挥了重要的作用，这既是林业站职能地位的体现，也是林业站人员责任感和使命感使然。但在这些工作的背后我们发现，从林改的要求看，当前林业站建设中还存在着许多不适应林改需要的问题，主要是机构设置不合理、编制不科学、经费无保障、管理体制不顺、投入不足等，这些体制机制性问题，从当前和长远来看，不同程度地影响着林业站职能作用的发挥，必须尽快地着手解决，积极地推进林业站改革。

(1)深化林业站改革，有利于促进林改顺利进行。随着林改的全面推进，集体林地使用权、林木所有权将逐步落实到各家各户，形成森林经营主体多元化的格局，林业站的工作将由面向村集体为主转变为面向千家万户林农为主，服务对象增多，范围扩大，任务加重，工作难度也随着增大。林改后林农经营林业的自主性增大，伐区数量多而分散，伐区监管任务更加繁重。同时，短期内以“单家独户”经营为主的格局，使森林防火、病虫害防治等措施的落实难度加大，也加重了森林资源保护、林政执法的任务。此外，老百姓参与造林育林的积极性越来越高，对营造林技术、病虫害防治、林产品销售等知识和技术的渴求也越来越强烈，这些都对林业站工作提出了更新更高的要求。林业站只有通过改革，才能适应林改后的变化和需求，才能促进林改顺利进行。

(2)深化林业站改革，有利于加强林业站建设、促进林业站发展。从林业站的发展历程可以看出，林业站成立之初，工作条件相当不完善，当时的口号是“先搭架子，再逐步完善提高”，顺应形势的要求，各地大规模建站，站是建立起来了，但普遍存在着工作条件简陋、人员素质不高、编制不合理、经费无保障等问题，这些年，虽经中央和地方政府不断加大投入力度，情况有所改善，但是从根本上解决问题的不多。林业站若能通过在林改中完善自身的职能定位和职能转变，按照工作量科学核定编制数，人多的减人，人少的增人，确定效能的机构和队伍，有利于林业站的长期稳定发展。

(3)深化林业站改革，有利于加强生态建设。目前，在全球已出现的10大生态危机中，有8大危机主要靠林业来治理，近年来，林业站在重点防护林体系、重大林业工程建设中，年均组织指导完成营造林面积占全国总量的70%以上，年均组织农民完成四旁植树近20亿株。林业站承担着天然林资源保护工程中近2亿亩集体天然林的组织管护任务。全国有1.4万多个林业站受县级林业主管部门委托，行使林业行政处罚权，年均查处或受理各种林政案件和林权纠纷近17万起，约占全国的40%。林业站还承担了大多数集体所有的生态公益林监管任务，有力地保护了森林资源，推动了林业生态建设和生态文明建设。林业承担着建设森林生态系统、保护湿地生态系统、改善荒漠生态系统的重大使命，任重而道远。基层林业站是加强生态建设不可或缺的坚强力量和基层保障，从生态建设和森林

资源保护的需要来看，林业站必须进行改革，否则将不能适应林业改革建设发展的需要。

近年来，一些地方在林改中积极推进林业站改革的试点工作，像江西省已在全省全面进行了林业站改革，并且取得了明显成效，实践证明林业站改革之路切实可行。

林业站改革应主要围绕着以下几个方面进行：

（1）要合理设置机构。乡镇林业站是林业部门最基层管理机构，不仅承担着林改工作，还承担着大量森林资源管护、林业生产经营组织工作、科技推广工作等，林业站机构的设置，应当确保乡镇林业工作的全覆盖。但是片面强调一乡（镇）一站的模式也是不可取的，不符合农村综合改革的精神。建议，在森林资源丰富以及林改任务、林业生产任务较重的地区，按乡镇独立设置林业站，其他林业生产任务相对较轻的乡镇，可以在两个或两个以上乡镇设置区域站，这样既能保证生态区位重要地区森林资源能够得到有效保护和发展，又避免机构设置过多，浪费财力。

（2）要科学核定编制。乡镇林业站究竟该如何核定编制？过去，考虑到我国幅员辽阔，南北差异大，要求山区、半山区配2～5人，丘陵、平原配2～4人。这种定编方法对于森林资源丰富地方统得过死，造成人员缺口过大。在实践中，有些地方是按照森林资源面积、病虫害防治面积等林业生产任务来核定林业站人数的。我们认为，这种做法很有参考价值。建议乡镇林业站的人员编制要根据承担的工作量来核定，并要严格遵照“精简、统一、效能”的原则。应综合考虑辖区内林业用地面积、森林资源数量、生态区位的重要程度以及林业建设任务的轻重等因素，测算人员编制，做到科学合理核定人员编制，既保证履行公益性职能的需要，又避免机构臃肿，人浮于事。

（3）要经费纳入财政预算。目前，全国还有28.8%的林业站经费没有纳入财政预算，另有13.1%站属于财政差额拨款。这些林业站，有的经费靠创收解决，有的存在着收费养人、甚至放水养鱼的状况，造成了主业荒芜、执法犯法等现象的发生，严重损害了林业部门的形象，损害了人民群众的利益。解决这些问题的根本办法就是要将林业站的经费纳入财政预算。林业站是公益性机构，对其履行职能所需经费财政应给予保证。建议把林业站统一定性为全额财政拨款类事业单位，编内在职人员工资及退休人员退休金全额列入同级财政预算，工资和各类津贴补贴按事业单位工作人员的标准由同级财政核发，职称工资要予以兑现。乡镇林业站正常的办公经费也要统一纳入财政预算，对林业站参与林改，要给予必要的工作经费。只有这样，林业站职工才能全心全意投入到林改工作之中，才能充分贡献出他们的智慧和力量。

（4）要加大投入力度。近些年，随着国家财力的增强，对林业站的投资虽也有增加，但是目前仅占林业投资的0.09%，比例相当低，远远不能满足林业站建设的需要。建议中央财政加大对林业站基础设施的投入力度，把林业站建设统一纳入各级林业部门的中长期发展规划，建立中央和地方财政共同投入林业站建设资金的保障机制，并改革对林业站的投入方式，将目前的设备投入改为以资金投入为主。允许各地根据实际情况安排林业站基础设施建设及购置必要的办公设备、交通工具、作业装备等，努力使林业站站房、办公环境、交通工具等工作和生活条件有根本性改观。

实践告诉我们，林业站改革势在必行。此次林改，为林业站改革提供了千载难逢的机遇，抓住机遇，乘势而为，把林业站改革纳入林权改革之中，将林业站改革与集体林权制度改革同步推进，才能有效解决长期以来林业站建设存在的问题，促进林业站的科学发展，为林业又好又快地发展提供坚强的基础保障。

调 研 单 位：国家林业局林业工作站管理总站

调研组成员：陈凤学 米海生 伍步生 侯 艳

改进林木采伐管理 深化林权制度改革

科学发展观是我们党执政理念的新飞跃，以新的理念来指导实际的工作具有现实和深远的意义。为深入学习实践科学发展观，以深化林木采伐改革为主题开展了调研活动，有些思考，供商榷。

一、客观分析与判断

伴随全省集体林权制度改革(以下简称林改)，林木采伐管理改革也进行了大胆的实践与探索，并取得了一定成效。一是实施天然阔叶林禁伐，在全省范围内全面停止了对天然阔叶林的商业性采伐；二是改革采伐指标分配管理，探索采伐指标落实到户的办法；三是推进“两类林”分类管理，实施了“五统五放”的管理模式；四是开展森林经营方案编制试点，实行村民民主决策与管理。

应当看到，林权制度主体改革使广大林农有了自己的山、自己的林，还应该有完全的自主经营，这与现有的资源管理制度，特别是林木采伐管理存在深层次的矛盾：

(1)林权所有者要求自主采伐，导致限额指标采伐管理矛盾突出。林业产权明晰，林权证发放到户，尤其是《中华人民共和国物权法》的颁布实施，林权主体对林木有了更加强烈的经济诉求，要求有充分的处置权与收益权，要求采伐指标能公开、公正落实到户，要求采伐方式、采伐年龄由林农自主决定。同时，一部分林农因林木生长周期长，担心偷砍盗伐、森林火灾、病虫害的风险，缺乏长期稳定经营的耐心，要求尽快落实提前采伐山林，当采伐指标得不到满足时，就以流转的方式贱卖山林，经营森林存在短期行为。

(2)采伐管理对象明显增多，导致伐区监管难度加大。山林到户后，出现了林权结构分散化、经营主体多元化、经营形式多样化的特征，林权主体已由过去的集体为主转变为以千家万户为主，经营对象明显增多、伐区增多。据统计，全省林改后一年核发的林木采伐许可证份数比改革前平均增加了5倍左右，有的地方更多，如永修县林改前仅500多个伐区，而林改后1年的伐区数量就达7 000多个。采伐点多面广，基层林业工作站很难监管，出现伐区管理粗放。加上林农得到的采伐指标少、采伐时难以掌握等，如果每户超计划采伐一点，可能导致以县(区、市)为单位超限额采伐。

(3)采伐指标难以满足需要，导致林业生产的积极性受到挫伤。由于限额采伐管理，各地采伐限额和指标在实际中都无法满足，常常是“僧多粥少”，“指标”成为了一种“稀缺”资源，要公平分配采伐指标的难度很大。加上一些地方将采伐指标优先用于满足本地加工企业和森林经营大户的需要，不少有可采伐资源的林农群众还是难以获得采伐指标，相当程度地挫伤了林农从事林业生产的积极性。

(4)林业分类经营机制尚未建立，导致“两类林”难以分类采伐管理。一方面，生态公益林因补偿标准过低，很难保障林农的林地划入生态公益林后的收益，特别是与商品林存在收入上的巨大反差，使部分林农在林改后要求退出生态公益林，或要求采伐生态公益林，生态公益林管护和采伐管理难度大。另一方面，商品林没有真正“放活”，林农没有完全的处置权，在自主经营、采伐等方面还存在着法律上的障碍，仍然管得过多、过细，限制得过死，使经营者无法根据市场情况适时、合理、自由安排采伐，商品林的收益权难以得到保障。

(5)现行林业采伐管理政策法规滞后，导致林业生产力发展受到制约。现行采伐限额管理的编制单位分得过细，对采伐类型、起源、商品材和非商品材控制得过死，并要求每年度制订并下达生产计划，严格规定采伐方式、树种和主伐年龄等，十分不利于森林更新及生产方向的调整，严重束缚了林业经营者的手脚。由于不安排天然阔叶林采伐，就无法更新造人工林、经济林。同时，与采伐管理相关的木(竹)检量办法仍按照20世纪80年代的国家标准执行，木竹产品耗材折算比例仍参照1996年出台的规定执行，都与实际相差甚远，不利于调动企业更新工艺、减小耗材的积极性等。

(6)森林采伐管理压力增大，导致基层林业工作站难适应新形势。林业工作站面临着采伐管理对象增多，工作量成倍增加，监管职责加重，行业风险加大。工作任务不仅包括采伐作业设计、审批和采伐证发放，还承担着伐中检查和伐后验收的监管职责。据统计，2007年全省林业工作站933个，每个工作站平均约5.5人，每个站平均管辖1.6个乡镇，每个人平均管辖山林面积1.9万亩。而现实情况是，林业工作站力量不足，基础薄弱，设备简陋，手段滞后，工作粗放，效率低下等。目前，因采伐出材量误差在5%以内，伐区太多、工作量大，很难监管到位，工作风险很大。

二、改革方向与重点

坚持以人为本，树立全面、协调、可持续的发展，按照统筹人与自然和谐发展的要求，处理好经济建设与资源利用、生态环境保护的关系，建设生态文明，构建社会主义和谐社会。这些都为深化森林资源管理和林木采伐管理改革指明了方向，赋予了新的内涵、新的任务、新的要求。一是提出全面建设小康社会的目标，丰富了森林资源管理新的内涵，要求把可持续经营作为森林资源管理的核心理念。二是建设生态文明和构建和谐社会，赋予了森林资源管理新的任务，生态建设、生态安全、生态文明是现代林业建设的关键，建设和培育稳定的森林生态系统是新时期森林资源管理的重要内容。三是牢固树立和坚持科学发展观，提出了森林资源管理新的要求，统筹人与自然和谐发展，就必须坚持经济发展与生态环境建设相统一，既要讲经济效益，也要重视社会效益和生态效益，在保护中利用，在利用中保护。

面对新形势，今后一个时期江西省森林资源保护管理工作要继续坚持“严格保护、积极发展、科学经营、持续利用”的方针。林木采伐管理改革的方向是：坚持科学发展观，实行生态公益林与商品林分类采伐管理，林木采伐逐步建立起“从统一管理向分类管理、从限制管理向服务管理”的体制和机制，最终实现“越采越多，越采越好”的目标。改革的重点是“实现五个新突破”：

(1)在两类林的分类采伐管理上实现新突破。要按照林业可持续发展和分类经营，以及建设两大体系的要求，通过改革创新，形成既有利于调动积极性，促进林农增收，又有利于森林资源的保护，保障生态安全，维护经济社会可持续发展的林木采伐管理体制和机制。森林分类经营的关键是建立对两类林不同的管理体制、经营机制和政策措施，从根本上改革和完善两类林采伐分类管理制度。生态公益林要严格执行限采伐，应根据不同情况分别禁止采伐和抚育、更新采伐。商品林要逐步放宽采伐限额管理，从全省森林覆盖率高、再生能力强的实际出发，在不影响森林资源可持续经营的前提下，大胆探索鼓励加快发展森林资源的办法和政策，特别是速生丰产林、定向培育的工业原料林，可按照市场需要，根据经营者经营目的确定成熟期和主伐年龄以及采伐方式，采伐计划予以满足。

(2)在落实林农的林木处置权和收益权上实现新突破。要落实以采伐和林地林木顺畅流转为主要内容的处置权，让林权明晰后的主体，包括国有、集体、个私能够按照市场经济规律，依法自主处置商品林的林木采伐、林地林木有偿流转，使林农合理的采伐有指标保证，最大限度的还权于民。对列入生态公益林的林农，既要将补偿资金按时发放到位，并逐步提高补偿标准，又要积极引导生态公益林管护主体，科学合理利用林地资源和景观资源发展养殖业和森林旅游业，多渠道妥善解决林农的生产生活问题，要尽快出台《江西省生态公益林管理办法》，使生态公益林管理有章可循。

(3)在加强小规模林权所有者采伐管理途径上实现新突破。坚持把采伐指标下达给林权所有者是深化林权制度改革的必然要求，加强对小规模、分散林权者林木采伐管理的有效途径，是当前乃至今后采伐管理改革的重点和难点。一方面，要切实把采伐指标落实到林权所有者，尊重其经营自主权，同时又要规范其采伐行为，在简化林农申请采伐程序后，加强对采伐全过程的监管，两者相互联系又非常矛盾，妥善处理好两者的关系，探索采伐管理的有效途径是当务之急，必须实现新的突破。

（4）在转变林业部门管理林木采伐的职能上实现新突破。森林资源可持续经营是林业可持续发展的根本，森林资源经营管理是林业工作的核心，林木采伐管理是"牵牛鼻子"的工作。林业部门要真正抓好林木采伐管理，履行好"严管林"职责，必须适应新的形势，加快转变管理职能，从直接微观管理转向间接宏观管理，从注重事前审批转向加强事后监督，把工作重心转移到加强监管和搞好服务上来，让该管的事情有人员去管、有时间去管、有能力去管。把不该管的事情，交给林业合作经济组织、社会中介机构、行业协会等组织和机构去管，解决好当前工作量大、管理粗放、监管难、职责重的突出问题。

三、积极探索与试点

鉴于现行法律法规尚未作出修改，因而决定了其改革进程应是渐进式的，试点分步实施。在具体措施上应掌握两项原则：一是对于法律法规未作出修改，而实际工作又需要有新突破的，一方面要通过法定程序报请修改法律法规，另一方面可报请允许进行个别试点探索。二是坚持循序渐进，正确把握各项改革的出台时机和推行力度，在解决管得过死的同时，又要注意把握不可一放就乱，改革要依法有序，最终目的是"治"，而不是"乱"。一定要通过林木采伐管理改革，努力促进森林资源的稳步增长，科学合理有效地开发和利用森林资源。

（1）狠抓林业建设任期目标责任制的落实。要明确县、乡、村各级保护森林资源的责任，加大检查考核力度，将森林采伐限额执行情况与森林资源培育、森林覆盖率和林地保护等主要林业指标，一并纳入各级党委、政府目标管理考核的重要内容。省市加大监督力度，对各地实行年度森林采伐限额执行情况等进行核查，检查情况作为考核各级的重要依据。要建立科学的考核评价体系，合理量化考核指标，严格执行责任追究制，动真格地实施奖惩。

（2）改革森林采伐限额管理有关规定。在继续坚持限额采伐管理和限额总量不突破的前提下，以县为基本单位编制并控制限额总量，按消耗结构和权属分项编制的采伐限额可捆绑使用，在商品材限额中不区分采伐类型、起源使用，取消下达出材率和出材量，改为按蓄积量控制。取消商品材年度木材生产计划，或直接以商品材限额作为年度木材生产计划，实行5年总量控制，由县一级林业主管部门自行掌握，当年没有使用完的可以节省下年使用。与之对应，取消木材放行时限规定，凡是合法采伐的商品材，林权者即可凭采伐许可证随时办理木材运输证，使木材的经销完全走向市场；木竹制品耗材折算比例由各县根据情况自行核定，报设区市林业主管部门备案。

（3）探索集体林木采伐指标合理分配途径。既要落实有可采伐资源的林权者可获得采伐指标，又要避免采伐分配过细、难操作、易超采，可进一步探索以下三种途径：一是"编制森林经营方案"模式，对具有一定规模的经营大户或林农自愿组织的合作经济组织（合作林场），要积极引导科学编制经营方案，实行适度规模经营，优先安排或按森林经营方案落实采伐指标；二是"伐区规划配置"模式，由林业主管部门对一定区域内（乡、村、组）的森林资源，按林龄、集中连片等原则制订伐区规划，安排采伐顺序，并予以公示，确保采伐指标能够逐年按顺序、合理落实到山头地块，避免分配的随意性和盲目性；三是"采伐民主协定"模式，根据林业主管部门下达的年度采伐计划，对于符合采伐条件的林木资源，由村组内林农通过召开村民会议、抽签等形式，根据自愿、公平、公正的协定结果，安排采伐，相对集中使用采伐指标，避免指标分配过细，搞平均主义。

（4）开展商品林自主采伐试点。在法律未作修改前，报请国家林业局允许商品林自主采伐试点。全省公益林占40%，60%的商品林中成熟林占20%，中龄林占20%，幼龄林20%，在保证森林覆盖率不降低、森林消耗量低于生长量，采伐后及时更新（造林1年内郁闭）的条件下，允许根据市场需求和建设需要，对20%的成熟林商品林自主确定的采伐时间、采伐数量、采伐方式，林业主管部门控制面积、控制树龄、控制更新，根据实际需要核发林木采伐许可证。

（5）加强基层林业队伍建设。要大力推进林木采伐管理政务公开，建立公示制度，公开办事程序，公布办事结果。努力转变工作作风，提高工作效率和服务水平；要继续简化林木采伐审批手续，方便林农申请采伐。根据出材量的大小，可分别采取采伐申报卡、简易作业设计和采伐作业设计等形式，报准林业部门审批采伐，适当调整设计精度为85%，允许误差在10%以内；要大规模加强基层林业工作人员培训，及时更新知识，开展有效的思想政治和行风政风教育活动，提高基层执法人员素质；要加大基层林业站的基础设施建设投入力度，不断改善交通、通讯和办公条件等，保障正常的工作开展。

（江西省林业厅党组成员、副厅长：郭　家）

关于广西全面推进集体林权制度改革的调研报告

集体林权制度改革是我国改革开放一个新的里程碑。全面推进集体林权制度改革，是党中央、国务院作出的一项具有重大历史意义的战略决策。为了贯彻落实好中央《关于全面推进集体林权制度改革的意见》精神，稳妥推进全区集体林权制度改革工作，按照自治区党委、自治区人民政府的统一要求和部署，广西壮族自治区林业局局党组高度重视，成立了专项调研组，由局领导担任组长，采用书面调研和实地调研相结合的方式，于9月24日至10月11日对全自治区集体林权制度改革(以下简称“林改”)情况进行调研，重点对南宁、百色、玉林、钦州、梧州、桂林等6个市以及武鸣、钦北等8个县(区)进行实地调研。调研期间，分别召开了25个市、县、乡、村的各级座谈会，发放了620多份问卷调查，走访了自然保护区与国有林场，进村入户与农民面对面交谈，广泛听取了地方领导、基层林业干部职工、林区农民、林业外来投资者等不同利益群体、不同社会阶层的真实想法，获得了大量第一手资料和数据，并在此基础上进行了深入的分析研究，完成了这份调研报告。

一、广西集体林业及集体林权制度改革的现状

（一）集体林业的基本情况

广西壮族自治区是全国林业大省和重点集体林区，是一个“八山一水一分田”的山区省份。全自治区林业用地面积为2.26亿亩，占全自治区国土面积的63.5%，居全国第五位；全自治区农民人均林地面积为4.20亩，约为人均耕地面积的4倍，在一些重点林区山区县农民人均林地面积超过30亩。全自治区集体林地为2.10亿亩，面积居全国第三位，仅次于内蒙古自治区3.24亿亩、云南省2.91亿亩；全自治区集体林地占全自治区国土面积的60.0%，比重居全国第三位，仅次于福建67.0%、浙江61.0%。全自治区集体林地涉及109个县(区、市)、1 126个乡镇、14 788个村委会、773万户农民，主要分布在桂西南、桂东北两大片区，以百色、河池、桂林、柳州、梧州等5个市为主，其中集体林林地面积超过300万亩的有田林、八步、融水、天峨、藤县、昭平、苍梧、全州、右江、南丹、环江、融安、永福、宁明、金秀等15个县(区)；集体林地面积在200万～300万亩之间的有33个县(区、市)；集体林地面积在100万亩到200万亩之间的有32个县(区)。

全自治区集体林地分布表　　万亩

市	百色	河池	桂林	柳州	梧州	南宁	贺州	崇佐
面积	3211	3044	2957	1658	1399	1396	1238	1210
市	玉林	来宾	钦州	贵港	防城港	北海	区直林场	
面积	1043	991	858	686	462	137	7	

注：按面积大小排序。

全自治区集体林地面积超过300万亩的县(区)

万亩

县(区)	田林	八步	融水	天峨	藤县	昭平	苍梧	全州
面积	608	531	503	425	422	418	414	408
县(区)	右江	南丹	环江	融安	永福	宁明	金秀	
面积	390	384	349	344	317	311	301	

注：按面积大小排序。

改革开放以来，广西壮族自治区的集体林业建设取得了长足的进步。但是，随着经济体制改革的不断推进，集体林业体制深层次的矛盾日益显现，集体林业发展的滞后问题日益突出，投入少、经营粗、产出低，效益差的情况没有得到根本改变。全自治区集体林地亩均产值232.70元，仅是广东省的28.0%；林分平均每亩蓄积量仅为3.50立方米，为全国林分平均蓄积的62.5%。集体林业的生产力没有得到充分发挥，直接影响了林农增收和林区经济社会进步。

（二）林权改革的历史沿革情况

广西壮族自治区的山林权属改革历经数变，从新中国成立以来经历了土地改革、农业合作化、人民公社、林业“三定”（稳定山权林权、划定自留山、确定林业生产责任制）、集体林权制度改革等五次重大变革。

第一次，土地改革时期。根据《土地改革法》以及政务院《在适当处理林权，明确管理保护责任的指示》精神，广西壮族自治区将大森林、大荒山和矿山收归国有，没收和征收的山林、茶山、桐山、竹林、果园等可分土地按适当比例统一分配，分别进行清理和确定林权，实行林农的林权所有制，分山分林到户，由县人民政府发给林权证明。

第二次，农业合作化时期。根据全国人大颁布的《高级农业生产合作社示范章程》规定，除少量零星的树木仍属社员所有外，幼林和苗圃、大量成片的经济林和用材林，由社员所有转为合作社集体所有，从互助组到初级社再到高级社，农村林业逐步由分散经营转向集中统一经营。

第三次，人民公社时期。根据中央颁布的《关于在农村建立人民公社问题的决议》和《中共中央关于确定林权保护山林和发展林业的若干政策规定（试行草案）》精神，对农村劳力、土地、耕畜、农具实行“四固定”，开展确定山林权属工作，并且登记造册，固定给生产队使用。1978后，再次将社员的少量零星树木全部收归集体所有。人民公社时期，山林集体所有，实行统一经营。

第四次，林业“三定”。根据《中共中央 国务院关于保护森林发展林业若干问题的决定》（中发[1981]12号）和《广西壮族自治区稳定山权林权，完善林业生产责任制暂行条例》（桂发[1982]36号）的精神，广西壮族自治区从1980年秋开展试点，1981年逐步全面铺开，直至1988年，共组织有7万多人次的林业“三定”工作队伍，耗资1 000多万元，在全自治区开展林业“三定”工作。当时，全自治区集体林地已分山到户的有1.25亿亩，约占全自治区集体林地的60.0%，未分的0.85亿亩，约占40.0%；已发证集体林地面积1.10亿亩，约占全自治区集体林地面积的50.0%。其中：发证到集体的0.90亿亩，约占全自治区集体林地的43.0%，发到农户的0.15亿亩，约占全自治区集体林地的7.0%，绝大部分集体林地（包括已分到户未发证和未分到户的林地）未发放林权证到农户，占全自治区集体林地的93.0%。

第五次，集体林权制度改革。广西壮族自治区集体林权制度改革自2006年9月开始筹备，成立了集体林权制度改革筹备领导小组及其办公室，召开了相关会议对此项工作进行研究，做了大量的准备工作。2008年6月，《中共中央 国务院关于全面推进集体林权制度改革的意见》颁布后，此项工作进一步加快推进，目前正处在开展试点、调研和前期准备阶段。

（三）林改试点工作的基本情况

2007年7月以来，经自治区人民政府批准，广西壮族自治区在钦州市钦北区和南宁市武鸣县先行开展了集体林权制度改革试点工作。成立了县（区）、镇、村三级林改工作领导小组，组长由党政主要领导担任，形成了“三级书记抓林改”的工作格局。层层签订《林改目标责任状》，制定林改工作方案，广泛宣传，大力培训，各乡镇抽调镇干部、镇林业站技术员和各村委会干部组成林改工作组，专职参与林改工作，层层落实工作责任和目标任务，确保了林改工作的顺利开展。

目前，钦州市钦北区已完成村民小组外业勘界确权2 383个，占该区村民小组总数的93.2%；已明晰产权面积108.20万亩，占集体林地总面积的62.7%；已明晰产权农户7.2万户，占该区总农户数的54.5%；已核发林权证林地面积22.30万亩，占已明晰产权面积的20.6%；正在公示确权林地面积33.60万亩，占已明晰产权面积的31.1%。在林改过程中，显露出来的历史遗留林权争议128起，目前已成功化解116起，化解率90.6%。当地林地出租价格由林改前的每年每亩18~20元提高到现在的每年每亩50~60元，增加了农民收入和村集体收益。武鸣县已明晰产权集体林地面积125.29万亩，占全县集体林地面积的63.9%；已发林权证18.03万亩，占已明晰产权集体林地面积的14.3%。

试点实践经验表明，通过林改，群众提高了营林积极性，增强了法治意识，森林资源得到有效保护；没有因林改而发生一起哄抢林木事件，也没有引发新的山林纠纷，而且调解处理了多年的山林纠纷，从根本上促进林区稳定；林业机制焕发出新的生机与活力，社会投资造林积极性明显提高，村集体经济实力有所增强，林农收入稳步增加，有力地促进了农村社会经济发展。

（四）林改工作在全国相对滞后

目前，全国已有25个省（自治区、直辖市）开展了林权制度改革试点，成立了省级林改办公室，其中18个省（自治区、直辖市）党委和政府出台了《关于深化集体林权制度改革的意见》，召开了全省林改工作动员大会，同时，中央财政已安排了16个省的林改工作补助经费。全国有约8.78亿亩的集体林地已确权到户，占全国集体林地面积的34.5%；其中福建、江西、辽宁、浙江4个省已基本完成集体林权制度主体改革工作。广西壮族自治区林改工作自2006年开始筹备以来，由于林情复杂、任务繁重，虽然做了大量工作，取得了一些进展，但与全国其他省（自治区、直辖市）相比，广西壮族自治区的林改进展相对滞后，在全国处于第四梯队。必须进一步增强全面推进林改的责任感和紧迫感，采取措施，迎头赶上，才能在党中央、国务院规定的时间内完成广西壮族自治区的林改工作。

（五）全面推进林改的时机已经成熟

审时度势、把握机遇，是科学决策的前提。推进林改也有一个时机问题。当前，在宏观条件、政策环境、思想观念、实践基础等方面，广西壮族自治区都面临着加快推进林改的良好机遇。党的十七届三中全会通过了推进农村改革发展若干重大问题的决定，在新的起点上推进农村改革发展，使作为农业重要组成部分的林业面临着新的发展机遇；胡锦涛总书记对全党提出深入学习实践科学发展观的历史任务，为广西壮族自治区林改指明了方向；中央颁发的《关于全面推进集体林权制度改革的意见》为广西壮族自治区的林改提供了强有力的政策保障；自治区党委、自治区人民政府实施科学发展三年计划，对广西壮族自治区林改提出了总体要求；生态广西建设日益深入人心，发展林业、保护生态日益引起广西壮族自治区社会各界的重视，为广西壮族自治区林改创造了良好的外部条件；全国已有25个省（自治区、直辖市）开展林改，为广西壮族自治区林改提供了可借鉴改革经验和路径；自治区林业局实施林业科学发展三年计划，进一步加快了广西壮族自治区林业发展和林改工作的步伐；2007年以来，在南宁市武鸣县和钦州市钦北区进行的林改试点，为全自治区开展林改进行了有益的尝试。林农要求林改的呼声大、热情高，为林改奠定了坚实的群众基础。调查问卷的结果表明，有93.0%的群众都要求全面推进林改，还山于民、还权于民、还利于民。

二、全面推进集体林权制度改革是建设富裕和谐文明新广西的客观要求

推进农村改革发展，解决好“三农”问题，是党的十七届三中全会的主题，是建设富裕和谐文明新广西的基石，是广西壮族自治区实施科学发展三年计划的重中之重。建设富裕和谐文明新广西，最艰巨最繁重的任务在山区林区，最薄弱的环节在山区林区。林区、林业、林农的“三林”问题是“三农”问题的重要组成部分，林区在农村中、林业在农业中、林农在农民中均占有举足轻重的地位。开展林改，实现“山定权、树定根、人定心”，是将农村家庭承包制度从耕地向林地的拓展和延伸，是对农村基本经营制度的丰富和完善，将极大的促进林区繁荣、林业发展、林农增收，是建设富裕和谐文明新广西的应有之义。

（一）林改有利于调动林农育林护林的积极性，促进生态广西建设

林改将明确林农在生产经营中的主体地位，解决长期困扰集体林业生产的激励和监督问题，放活

经营，让利还林于民，将极大的调动林农的热情，促使林农自觉增加对林地投入，增强管护责任心，提高风险意识，从而破解造林难、育林难、护林难、防火难等问题。同时，林改确定了长达70年的承包经营权，颁发全国统一式样的林权证，使林农对林改政策有了信心，有了经营林地的长期打算。调查问卷的结果表明，超过90.0%的林农认为，林改后不会出现乱砍滥伐的短期行为。钦州市钦北区开展林改试点以来，群众自发植树造林共6.3万亩，同比增长了3.2倍。林改必将促进广西壮族自治区森林资源数量的增加与质量的提高，改变集体林生态功能不强的局面，有利于提高广西壮族自治区的森林覆盖率和优化森林生态系统结构，确保广西壮族自治区树更多、山更青、水更绿、环境更优美。

（二）林改有利于解放和发展林业生产力，促进广西壮族自治区经济社会科学发展、加快发展

解放和发展林业生产力是广西壮族自治区林业最紧迫的任务。林改把林地承包经营权和林木所有权交给林农，有利于调动劳动者这个生产力中最活跃因素的积极性，实现生产资料与劳动力的有效结合，消除林业发展的机制性障碍，有效地吸引各种生产要素向林业流动，促进林业又好又快发展，是林业生产力的一次大解放、大发展。林改作为广西壮族自治区山区林区发展的切入点和突破口，将从根本上解决占广西壮族自治区国土面积超过60.0%的集体林地的发展问题，促进广西壮族自治区经济社会实现科学发展、加快发展、跨越发展、可持续发展。

（三）林改有利于提高林农收入，促进广西壮族自治区全面小康社会建设

广西壮族自治区的集体山林与千万林农的切身利益紧密相连。长期以来，由于林农不是真正意义上的经营主体，形成了集体林业“大资源、小产业、低效益”的尴尬局面，对林农增收的贡献率较小，与其蕴含的巨大经济潜力极不相称。林改将给广西壮族自治区广大林农带来一份长期可靠的生产资料，使林农能够直接享受到国家支林惠民政策带来的实惠。同时，林改通过明晰林业产权、赋予处置权，为盘活森林资产资源资产创造了制度基础。通过抵押，可以充分发挥森林资源的资产价值；通过到流转，森林资源聚集到更有效率的企业和大户手中，进一步提高其资产价值；通过入股、合作，森林资源实现了资产资本化的过程。林改使市场在森林资源配置中发挥了基础性作用，这有利于农民放手发展林业产业，进行规模经营，促进了林木种植、林下经济和林产品加工等林业产业的发展，变资源优势为经济优势，变蕴含潜力为现实生产力，必将为广西壮族自治区广大林农增收致富奔小康提供新的途径、开辟新的广阔空间。以贺州市八步区黄洞瑶族乡都江村为例，该村的林业“三定”改革比较彻底，20多年来，当地主要树种杉木的有林地面积、活立木蓄积量总体上比20世纪80年代初增长了约70.0%，人年均增收约160元。作为比林业“三定”更加彻底的改革，林改将给广大林农带来更多的收益。

（四）林改有利于从根本上解决大量的山林纠纷，促进广西壮族自治区和谐社会建设

林改充分发动群众，充分依靠群众，走的是群众路线。林改的过程，将是一个加强农村基层民主政治建设，促进村民民主自治的过程，是一个完善社会主义新农村乡村治理机制、促进乡村管理民主的过程，也是一个有效解决各种山林纠纷与历史遗留问题的过程。据不完全统计，20世纪80年代以来，每年全自治区的山林纠纷约为7 000多宗，占“三大纠纷”总数的70.0%左右。大部分山林纠纷多是因为权属不清、界限不明、地证不符造成的，或者是林业“三定”不彻底带来的历史遗留问题。林改恰恰是对症下药，通过林农自己的参与、决策和管理，有利于从根本上明确权属、分清界限、搞清事实；有利于解决山林纠纷，减少森林案件，稳定林区秩序，巩固党的农村基层政权，促进林区和谐，促进广西壮族自治区社会主义新农村建设。

（五）林改有利于转变林业管理部门职能，促进广西壮族自治区林业工作可持续发展

林业部门长期以来没有摆脱计划经济的影响，而今随着改革开放的深入，各种深层次的矛盾和问题日益显现。如人员包袱沉重，差额拨款和自收自支人员比重大、人数多，全自治区这部分人员将近1万人，占整个林业队伍的30.0%左右。管理服务

职能没有充分发挥，对林农造林育林的指导服务力度不够，覆盖面不广。调研问卷的结果表明，80.0%的林农最需要林业管理部门提供的服务是造林技术。在新的历史条件下，林业部门要转变职能、改善管理、提高效率、更好地发挥作用，切入点和突破口只能是林改，采取系统的、标本兼治的办法，彻底理顺林业系统的管理关系，不断改进管理方式。

三、全面推进广西集体林权制度改革面临的困难和问题

林改并不是简单地将集体林地和林木一分了之，而是一项关于"明晰产权，放活经营权，落实处置权，保障收益权"的复杂的系统工程。林改不仅仅是林业部门的一项工作，更是涉及各级各部门、影响广西壮族自治区60.0%以上国土面积的广大山区发展和千万山区农民致富的重大改革。由于历史和现实的诸多原因，林改存在着任务繁重、管理体制和改革措施等方面的困难和问题。

（一）改革任务繁重，压力巨大

广西壮族自治区是全国南方集体林区的重要组成部分，是全国集体林权制度改革的重点、难点地区。全自治区集体林地达2.1亿亩，占全自治区林地面积的93%，涉及109个县（区、市），1 126个乡镇、14 788个村民委，773万户农民。林区地形地貌复杂，落实到农户的林地零星分散，外业勘界任务十分繁重，技术力量严重不足，而且要求在5年内完成，更令广西壮族自治区的林改工作时间紧迫，任务繁重，压力巨大。

（二）林地流转频繁，承包主体多

近年来广西壮族自治区林地流转频繁，国内外资本和社会资金纷纷到广西壮族自治区投资林业，全自治区林地流转面积达1 600万亩以上，承包租赁主体多，情况复杂。流转到外资企业的近600万亩，其中：芬兰斯道拉恩索公司200万亩、印度尼西亚金光集团200万亩、香港理文公司100万亩、香港丰林集团30多万亩、香港嘉汉木业公司30多万亩、日本王子公司30多万亩。流转到自治区内外企业的林地约500万亩，其中：自治区直属国有林场租用集体林地300多万亩、山西欣荣星集团30多万亩、广东长林木业公司20多万亩、江西华劲集团20多万亩。流转到社会投资者的集体林地500万亩。国内外投资者，大多以转包、租赁林地等方式取得林地经营权，并进行造林，造成林地承包经营权与林木所有权、使用权客观分离。造林投资者提出林木所有权、使用权的登记申请以及外资主张林权相关权力登记，与国家林业局现行规定不一致，难以确权登记发证。

（三）利益分配格局复杂，协调难度大

全自治区已承包到户的集体林地的承包期限有的30年，有的为50年，长短不一。出租的集体林地价格差异大，情况复杂。每亩租金有4～5元/年、20～30元/年、60～70元/年；支付方式有分年支付、5、10年付1次、一次性支付地租。总体来说存在价格偏低、期限过长、又没有约定当外部条件发生重大变化时如何对合同做出补充修订，林农权益无法保障，隐患多、纠纷多、矛盾多等问题。如果维持现状，国家让利部分则被企业和大户独享，惠民政策错位，老百姓得不到实惠；如果推倒重来，又将破坏政策的连续性，无法取信于民。

（四）历史遗留问题多，山林纠纷数量大

由于受历史条件的限制，林业"三定"时的确权发证存在不少问题，留下大量后遗症，表现在：一是确权发证不严肃。林业"三定"时，由于时间紧，广西壮族自治区许多地方的林权证都是由县政府盖好公章后由当时的人民公社将空白的山界林权证交给大队、生产队或农户自行填写的，因而造成重证、错证较多，山界林权证的权威性不强。在调研中，当地的法制和处纠部门都指出，"三定"时期核发的山界林权证难以作为山林权属纠纷调处确权的依据。二是集体林地承包不规范。林业"三定"时，全自治区在落实承包责任山的过程中，农户基本上没有与本经济组织签订林地承包经营合同。三是林权归属不清。林业"三定"时，广西壮族自治区大部分山界林权证没有发到农户手上，承包人和管护人的经营权受到限制、更没有处置权，因而责权利不统一，林农有责无权不得利。如百色市目前发证到农户的仅占全市集体林地面积的5.2%，94.8%的集体林地未发放林权证到农户。四是界限不清，面积不实。调研中发现，过去的分山勘界，工作粗

糙，“山上划‘四至’，目测估面积，室内填表格”，造成“四至”不清、混界套界严重，面积不实；存在一山多主、一主多山、有山无证、有证无山等混乱现象，不利于经营和管护。如浦北县小江镇街口村四子垌高盛彰的一块林地，“三定”时所发的自留山证所写的面积是 0.5 亩，而林地流转时实地测量的面积是 3 亩，地证相差 6 倍之多。五是划分或承包到户的林地零散。林业“三定”时期划分的自留山和责任山，存在地块多、面积小，“插花山”、“皮带山”数量多的情况，难以勘界上图。如钦州、玉林两市基本上都是根据当时集体林地中有林地、幼林地、无林地以及林地距离村屯的远近来平均分给农户的，造成农户所分得的林地少的有 3～5 块林地，多的有 10 块以上林地，面积从几分到几亩不等，难以勾绘上图。六是档案不全。在调研中发现，除了少数县林业局还留存有划定自留山时县政府核发的自留山证存根和登记表外，大部分县的林业“三定”档案不全，难以掌握当时确权发证的具体情况。以上种种问题引发了大量的林权争议和边界纠纷，全自治区山林纠纷数量超过 20 万起，处纠难度大，增加了改革的难度和成本。

（五）区域差异大，自然保护区与公益林中的集体林地的改革难度大

广西壮族自治区现有自然保护区 59 个，国家级和自治区级公益林面积 7 800 多万亩。广西壮族自治区自然保护区、森林公园、风景名胜区管理的林地中大部分属于集体林地，中央 10 号文件要求能分的要尽可能分到户，林改过程中如何妥善处理明晰集体林地权属与自然保护区、森林公园、风景名胜区统一管理的关系，做到既明晰集体林地的权属，落实经营主体，又要维护自然保护区、森林公园、风景名胜区的稳定和有效管理，难度很大。

（六）改革成本高，资金筹措压力大

广西壮族自治区集体林地分布广，以山地为主，包含有大量的石山地区和石漠化地区，地形地貌复杂，山高坡陡，野外实地勘测林地四至界线、面积的工作难度大，作业成本高，耗费的人力、物力、财力大。据初步测算，林改成本每亩约 5～6 元，全自治区共需经费约 10 多亿元。除中央适当给予补助外，全自治区尚需筹措林改经费约 8 亿元，资金筹措压力大，负担重。

（七）改革起步晚，基层重视程度不高

广西壮族自治区集体林权制度改革自 2006 年开始筹备以来，进展不大，起步晚，在全国处于第四梯队。仍处在开展试点、调研和前期准备阶段。对林改宣传的力度不够大，氛围还不够浓，广大基层干部和林农对林改的认识还不够全面，对林改政策有担忧。很多林农对林改是什么还不了解，还未充分认识到改革与自身的密切关系，对林改的系统性也缺乏认识，担心林改政策会变。同时，基层各级政府和有关部门对集体林权制度改革的重视支持程度脆弱，对林改有担忧和顾虑，担心产权难以明晰，容易引发乱砍滥伐林木，导致林业秩序失控；担心改革会引发山林权属纠纷显性化，处纠工作难度大；担心会打击外来林业投资者积极性；担心会破坏保护区等公益林管理；担心减免税费加重县乡财政负担、影响基层政权的正常运转。不少基层干部有畏难情绪，工作上不是超前谋划，而是等待观望。

（八）基层林业部门关系未理顺，难以适应改革需要

集体林权制度改革勘界发证工作主要由县、乡镇林业部门承担，但目前全自治区县、乡镇林业部门中很多承担公共管理服务职能的机构没有纳入同级财政预算，特别是乡镇林业站编制少、人员少，在职职工中有 1/3 没有纳入同级财政预算，其人员工资和工作经费没有保证，难以承担繁重的改革工作任务。

四、全面推进广西集体林权制度改革的重点

（一）紧紧抓住明晰产权这个核心

产权改革是集体林权制度改革的核心，抓住了产权改革就是抓住了林改的牛鼻子。明晰产权要结合实际，因地制宜，分类施策。一是凡适宜家庭承包经营的集体林地，都要把承包经营权落实到本集体经济组织的农户。对不宜实行家庭承包经营的集体林地，经本集体经济组织成员同意，也要通过均股、均利等方式明晰产权。二是按林业“三定”政策划定的自留山由林农长期无偿使用和经营，不得强

行收回，不得随意调整。三是在林改前，已经承包到户或流转的集体林地，符合法律规定、承包或流转合同规范的，要予以维护；承包或流转合同不规范的，要予以完善；不符合法律规定的，要依法纠正。如芬兰的斯道拉恩索、印度尼西亚的金光、日本的王子等国外企业在林改前已签订的合法合同，要依法维护，同时，按林业“三定”政策确定的责任山，属于均等方式分配的，可以依法确立林地承包经营权。四是在自然保护区、森林公园、风景名胜区、河道湖泊、国有林(农)场、垦殖场等范围内的集体林地、林木，要明晰权属关系，依法维护经营管理区的稳定和林权权利人的合法权益。五是对权属有争议的林地、林木，不得随意确定经营主体和发放林权证，必须先依法调处、解决纠纷后再确权发证，落实经营主体。

(二)依法依规协调兼顾各方利益

林改是利益的重新分配、重新调整，原有的利益格局将发生较大变化。在实际工作中，要遵循尊重历史、面对现实、依法依规、阳光操作的原则，协调兼顾好各方利益。一要确保林农的利益。林地承包经营权只能由本集体经济组织的农户享有，不能赋予其他任何组织和个人；必须维护林地承包经营权的长期性，林地的承包期为70年，承包期届满后还可以按照国家有关规定继续承包；必须把明晰产权、放活经营权、落实处置权、保障收益权作为一个有机整体，统筹考虑，落实到位，确保林农获得的林地承包经营权是完整的用益物权。二要维护合法主体的合法权益。对合同规范、程序规范的合法主体的合法权益要切实维护，防止出现强行占用林地林木的情况，避免事态扩大和矛盾激化，影响林区稳定。

(三)勘界发证要经得起历史的检验

过去林业“三定”不彻底的一个重要原因就是技术手段落后、技术力量不足，导致勘测不清、界限不明、档案不全、后遗症严重等问题。而今开展林改务必要切实提高改革的科技含量，加大科技投入，采用先进的科技手段，逐步建立基于GIS(地理信息系统)的林权管理信息系统。在确权过程中，要组织足够的技术力量进行野外勘测丈量，明确位置、明确界限、明确面积，依法进行实地勘界、实地登记，核发全国统一式样的林权证，确保登记的内容齐全规范、数据准确无误，图、表、册一致，人、地、证相符，坚持颁发“铁证”；在建档过程中，要进行信息化管理，分门别类，长期保管，及时更新信息数据，便于搜索查询；在流转抵押过程中，要及时变更确认，确保集体林权制度改革的质量和效果。

(四)加快推进配套改革

一是完善林木采伐管理机制。建议自治区人大尽快出台有关林木采伐的管理条例，实行林木采伐审批公示制度，简化审批程序和手续，向农民提供便捷高效的服务；编制森林经营方案，以此作为林木采伐管理的依据。二是规范林地林木流转。加快林地林木流转的制度建设，规范流转行为，保障公平交易；建立起森林资源资产评估师制度和评估制度，规范评估行为，维护交易各方的合法权益。三是完善森林生态效益补偿基金制度。按照“政府投入为主，受益者合理承担”的原则，在财力许可的范围内，逐步扩大公益林的补偿范围、提高公益林的补偿标准。四是推进林业投融资改革。加快开发适合林业特点的信贷产品，拓宽林业融资渠道：推进林权抵押贷款，林业小额贴息贷款，加大林业信贷投放；建立政策性森林保险制度，降低林农经营林业的风险，提高林农抵御自然灾害的能力。五是健全林业社会化服务体系。扶持林业专业合作组织、行业协会、中介服务机构的健康发展，培育辐射面广、带动力强的龙头企业，解决农民一家一户办不了、办不好、不好办的事。

(五)切实维护生态安全

要将加强森林资源管理放在突出位置，把生态是否得到保护和改善作为改革的一项基本准则，决不能以森林资源的过量消耗为代价，更不能以破坏生态为代价，这是推进林改必须坚守的一条底线。汲取林业“三定”时一些地方放松管理而出现乱砍滥伐的教训，把加强森林资源管理贯穿在改革的全过程，防止森林遭到新一轮的破坏，维护生态安全。要看到林业是一项重要的公益事业，是一项特殊的基础产业，决不能一放了之，必须通过加强管理、改进管理、创新管理，引导林业经营主体走可持续发展的路子。为此，必须坚持依法治林、依法护林、依法兴林，确保森林资源安全，真正做到“活而不乱、管而不死”。

五、全面推进广西集体林权制度改革的对策建议

林改是一项关系到经济繁荣、社会进步、生态和谐的深刻变革，其意义远远超出了林业本身，其复杂性也远远超出了林业本身。广西壮族自治区的林改要知难而进，而不能左顾右盼。我们应该充满信心，在自治区党委、自治区人民政府的正确领导下，借鉴农业承包制和其他省份改革的成功经验，多方努力，不断探索，走出一条既符合中央精神、又结合广西壮族自治区实际的广西林改之路。

（一）高位推进，对林改工作进行整体部署

林改是关系到整个广西的生态和经济社会全局的大事。林改需要自治区党委、自治区人民政府高度重视、党政齐抓、高位推进。建议自治区党委、自治区人民政府尽快出台《关于全面深化集体林权制度改革的意见》（以下简称《意见》），成立自治区党政主要领导担任组织的全自治区林改工作小组，设立常设性的林改办事机构；召开全自治区林改工作会议，对各级各部门进行动员部署；有效配置各级各部门的资源，充分调动各级各部门的积极性，形成推动林改的强大合力；建立各级党政主要领导挂帅、党委统一领导、政府组织部署、部门加强指导、县乡村具体操作的工作机制；把林改工作与干部考核任用、绩效考核、部门测评等挂钩，保证林改的有序推进。

（二）精心组织，做好全面推进林改的准备

林地改革与耕地改革相比，情况更复杂，任务更艰巨，要求更细致。一要加大宣传力度。深入宣传中央《意见》精神，广泛宣传党的兴林富民方针政策，使社会都了解改革的重大意义和目标任务，进一步营造有利于改革的社会氛围，消除各种顾虑，克服畏难情绪，把思想和行动统一到中央和自治区的决策上来。二要培训组织一支林改队伍。本着因地制宜、注重实效、提高能力的原则，开展大规模培训活动；通过培训使各级领导干部熟悉有关方针政策，明确目标任务，把握政策界限，提高组织领导林改工作的能力；通过培训使从事林改工作的业务骨干和农村党员干部掌握工作程序、质量要求和方式方法，提高组织实施、指导服务林改的能力。

（三）因地制宜，稳步全面推进林改

制定适合广西壮族自治区实际林改工作方案和实施办法，有计划、有步骤、分类型、分阶段地稳步推进林改工作。一是扩大试点范围，在原来2个试点县的基础上，将范围扩大到全自治区，每个市确定1个试点县（区、市）。二是全面推开，在总结试点经验教训的基础上，在全自治区各县、乡、村全面推开，齐头并进。三是分类实施，对自然保护区、森林公园、生态公益林和风景名胜区中的集体林地、已流转的林地、存在历史遗留问题的林地等各种不同类型，要区别对待，依法依规，分类施策。四是检查验收，加大督促检查的力度，对林改全过程进行督查，制定验收方案，确定验收标准，保证林改按时高质完成。

（四）以人为本，充分发动群众进行改革

广西壮族自治区林改必须坚持走群众路线，坚持人民群众是改革的主体。在林改过程中，要依据《村民委员会组织法》，把决策权交给群众，充分体现大多数群众的意愿，保障广大林农的知情权、参与权、监督权。实际操作中，要坚持以村民小组为单位，制订改革方案，召开村民会议，公示林权落实情况，保证广大林农在林改中充分行使自己的民主权利，保证林改的内容和过程公开透明、公平公正，保证林改的成果为广大林农共享。尤其是在调处各类山林纠纷过程中，更要充分发动群众，加快处纠进程，提高处纠效果。

（五）尊重历史，保持林改政策的稳定性和连续性

广西壮族自治区林业经过了多次改革，山林状况十分复杂，在林改过程中，必须保持政策的稳定性和连续性，注重历史，取信于民。对权属已经明确，并为群众满意的经营形式，要予以维护，不打乱重来；对自留山、“谁造谁有”等政策要依法落实完善；对林改前签订的合同，只要依法依规、流转规范、合同真实有效并依约履行的，均予以维护；对合同不规范群众意见大的，宜采取“动钱不动山”的办法进行利益调整，加以完善，防止出现新的乱砍滥伐。

（六）加大投入，建立林改公共财政支持体系

林改不可缺少财力的支持，林改成本每亩约需要5～6元，全自治区共需经费10亿多元，除国家财政补助的每亩1元的工作经费外，自治区及市、县各级也需要配套资金，建议市、县分别按每亩1元进行配套，不足部分由自治区本级补助，确保林改工作经费足额到位；建立和完善森林生态效益补偿基金制度；建立造林、抚育、保护、管理的投入补贴制度，出台相关财政扶持政策；改革育林基金管理办法，林业基础设施建设要纳入各级政府基本建设规划，林区基础设施建设纳入相关行业的发展规划；对改革后财政困难的县、乡，加大转移支付力度。

（七）和谐林改，妥善处理好改革与稳定的关系

林改非常复杂，稍有不慎，就有可能导致严重后果，影响社会稳定。加强调查研究，及时发现问题，及时解决问题，以稳定和谐的社会环境，凝聚人心，集聚力量，推进改革；高度重视信访工作，从群众来信来访中准确把握苗头，及时解开群众的疑惑，依法解决群众的诉求，把影响稳定的因素消除在萌芽状态；针对林改中可能出现的不稳定、不安全因素，制定林改期间维护林区稳定工作的预案，强化森林公安、木材检查站、林业工作站、森林防火等机构的管理，确保林区秩序稳定；建立山林纠纷调处的长效机制，推动山区发展和林业建设健康持续快速发展。

（八）加强建设，切实转变林业部门职能

各级政府要理顺林业系统的管理体制，加大对林业部门尤其是基层林业部门的扶持力度，将林业行政事业经费纳入财政预算，将林业系统差额拨款和自收自支人员的工资福利全额纳入财政预算，以适应林改的需要。同时，随着林改的推进，林业部门要不断转变职能切实搞好四项服务，做好两个引导和扶持。一要搞好政策服务，使林农经营林业有政策的支持和保障，让农民掌握和用好党的兴林富民政策；二要搞好科技服务，使农民及时应用最新科技成果，发展林地的生产力；三要搞好市场服务，使农民生产的木材及林产品能卖出去，能卖一个好价钱；四要搞好林业“三防”服务，即防盗、防火、防病虫害，降低农民经营林业的风险；五要引导和扶持农林业合作组织建设，解决一家一户小生产与大市场的对接问题；六要引导和扶持林业中介组织建设，使农民能够得到便捷的服务。

集体林权制度改革是广西壮族自治区在新的历史条件下涉及千家万户的一次重大革命，是继土地改革、家庭联产承包责任制之后的“第三次革命”，是一场由“山底”到“山顶”的革命。广西壮族自治区的集体林权制度改革，不仅是林业内部生产关系的调整，也不仅是林业内部生产资料的重新分配，而且是广西壮族自治区林业体制改革的一次重大突破，是贯彻落实党的十七届三中全会精神的生动实践，是从改革层面深入学习实践科学发展观的重大举措。通过对全自治区集体林权制度改革的调研，我们更加充分认识到广西壮族自治区进行集体林权制度改革的重要性和紧迫性、必要性和可行性；我们完全有理由相信，在自治区党委、自治区人民政府的正确领导下，深入学习实践科学发展观，广西壮族自治区的集体林权制度改革一定会顺利打开局面，广西壮族自治区的林业发展一定会再上新台阶，广西壮族自治区的林业工作在富裕文明和谐新广西建设中一定会发挥更大作用。

（广西壮族自治区林业局调研组）

国家公共财政政策与政府林业投入

加大国家公共财政投入力度　促进生态建设与林业发展

公共财政是为满足社会公共需要而进行的政府收支活动。当前，我国财政改革的主要目标是逐步改变包罗万象型的建设性财政模式，继而建立起健全的公共财政体系，这必将对林业可持续发展和现代林业建设产生深远影响。党的十七大明确提出建设生态文明，实现生态良好的目标，林业作为重要的社会公益事业和物质生产部门，兼具生态、经济和社会功能，在改善生态环境、推动经济发展、促进社会进步等重要领域，都肩负着越来越艰巨的历史使命。同时，林业又是一个需要重点发展的弱质产业，其建设发展速度与质量和政府投入有着密不可分的联系。因此，客观分析建国以来政府对林业投入的数量、变化和特点，针对政府林业投入存在的问题，提出扭转林业在国民经济定位中的偏差对策，理顺与财政的相互关系，构建适合国情、林情的林业与公共财政关系的基本框架，对于促进林业资源的优化配置和充分利用，具有非常重要的意义。

一、政府林业投资是我国林业投资的主要渠道

我国林业投资通常包括国家预算内资金、国内贷款、林业外资、自筹和其他投资等。政府林业投资，是指中央和地方政府运用财政性拨款投资形成的固定资产，包括林业营造林投资、森工企业基本建设投资，建设相关基础设施投资，以及与林业生产关系密切的科技、教育、扶贫、农业综合开发等相关方面的投资。政府林业投资来源渠道通常有：国家预算内基本建设投入、国债资金、中央财政专项投入、政策性专项贷款、农业综合开发资金、扶贫资金和事业费等。

长期以来，政府林业投资是我国林业投资的主要渠道。统计表明，1950～2006 年，林业投资总数为 4 220 亿元，其中政府林业投资为 2 708 亿元，占 64%，分时期看，除了“六五”到“九五”之外，其他时期政府林业投资都占林业总投资的 50% 以上（图 1）。同期国家财政支出总额为 270 500 亿元，政府林业投资占国家财政支出的 1%。

（一）政府投资占林业系统基本建设投资额的 72.7%

林业基本建设投资主要用于营林基本建设和森工基本建设，国家预算内资金是林业基本建设投资的主体。据统计，1950～2006 年，林业系统基本建

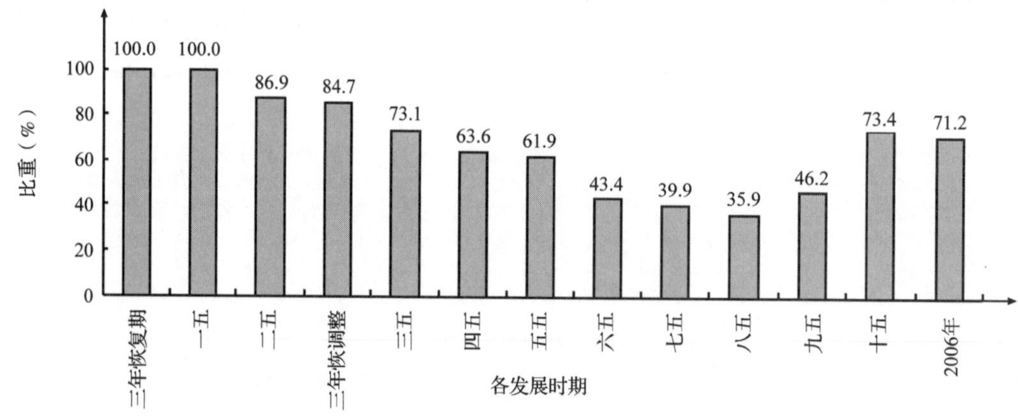

图 1　各时期政府林业投资占林业总投资的比例

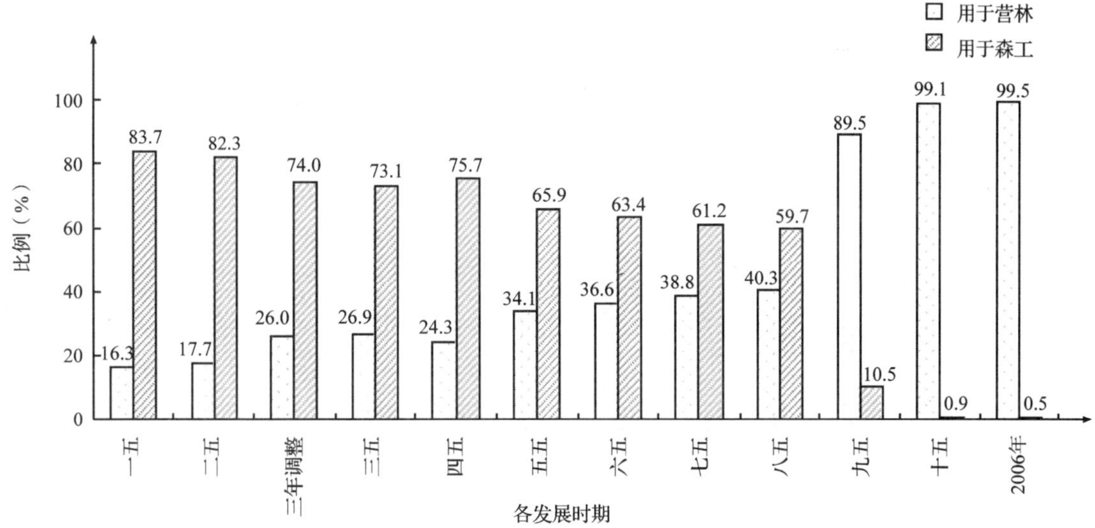

图2　政府林业投资用于营林和森工的比例

设完成投资额为3 150亿元，其中政府投资基本建设完成额为2 290亿元，占林业系统基本建设完成投资额的72.7%，占全部政府林业投资的85%。林业系统基本建设完成投资额中，营林基本建设完成投资额为2 755亿元，其中政府投资完成营林基本建设投资额为2 055亿元，比重为74.59%，占全部政府林业投资的76%；森工基本建设投资完成额为395亿元，其中政府投资完成森工基本建设投资完成额为234亿元，所占比重为59.24%，占全部政府林业投资的9%。

（二）"九五"以来政府对林业基本建设投资重点转向营林

"一五"到"八五"期间，政府林业基本建设投资结构的基本特征是：森工基本建设投资一直明显高于营林基本建设投资。从"九五"开始，政府林业基本建设投资中，对森工基本建设投资开始减少，对营林基本建设投资大幅度增加，促使林业基本建设投资结构发生了本质性的变化(图2)。

（三）"十五"时期林业基本建设投资增长率近400%

1950～2006年，政府财政对林业投入的增长速度为16.5%，高于同期政府支农资金13.7 %的增长速度，以及政府财政总支出12.3 %的增长速度。期间，政府对林业投资的一个显著特点是增长起伏较大，"一五"时期是急速增长期，"三年调整时期"是历史最低点，为负增长；从"八五"期末又开始迅速增长，"十五"时期达到最高点，达到1 590亿元，与"九五"期间相比，环比增长率将近400%。其他时段呈现有起有伏的波折状态。

（四）政府对林业基本建设投资量逐期增加

1990年以前，政府财政对林业基本建设支出总量变动不大，除1980～1981年外，其他年份政府投资都达到林业基本建设投资完成额50%以上，但由于总体投入水平不高，合计仅为216亿元。进入1990年，尤其是1998年以后，政府林业基本建设投资完成额一直呈不断上升趋势，"八五"到"十五"期间分别为73.6亿元、245.2亿元、1 390亿元(图3)。2006年政府林业基本建设投资为365亿元，相当于1950～1989年40年间政府投资的1.69倍。

（五）"十五"期间林业固定资产完成额占各期总量的五成以上

1950～2006年，全社会完成林业固定资产投资总额3 401亿元，其中林业系统基本建设投资完成3 150亿元，更新改造完成投资额142亿元，其他固定资产完成投资109亿元。从林业固定资产结构看，营林固定资产投资完成2 774亿元，森工固定资产完成627亿元。1999～2006年是林业固定资产

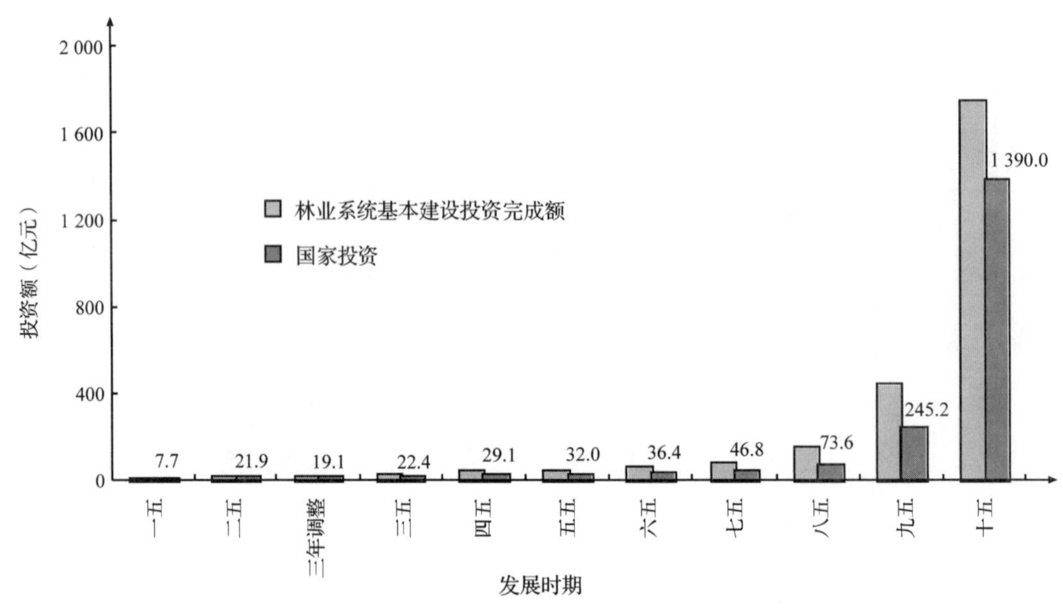

图 3　各时期政府对林业基本建设投资额变化情况

投资增加幅度最大的时期，为林业建设提供了必要的资金保障，尤其是“十五”期间达到1 803亿元（年均增长 22.32%），占 1950～2006 年林业固定资产完成额的 53.01%，比 1950～2000 年林业固定资产投资完成总额还多出 701 亿元。

（六）林业重点工程的实施带动了政府对林业投入大增加

我国林业的大发展是与林业重点工程实施轨迹相吻合的。1978～2006 年，全国林业重点工程实际完成投资额为 2 175.82 亿元，其中政府投资为1 803.75亿元，占到了 82.90%。其中，天然林资源保护工程、退耕还林工程、京津风沙源治理工程的政府投资比重分别为 93.69%、92.28%、86.86%，太行山绿化工程、野生动植物保护及自然保护区建设、珠江防护林工程、“三北”防护林工程也分别达到 55.15%、54.52%、51.57%、50.02%，但速生丰产林基地建设工程仅为 6.02%。1998～2006 年 9 年间，林业重点工程的造林面积达 37 380.57 万公顷，占 1978～2006 年间的 52.44%。

二、政府林业投资对林业发展发挥了巨大的作用

过去的几十年间，林业发展以政府投资为主导，在改善生态状况、促进农村产业结构调整、增加林农收入等方面发挥了巨大的作用。

（一）改善了生态恶化状况，为社会经济发展保驾护航

经过 50 多年的林业建设，森林资源总量快速增长，质量稳步提高。据第六次全国森林资源清查（1999～2003 年）结果显示，全国森林面积 17 490.92万公顷，森林覆盖率为 18.21%，活立木总蓄积 136.18 亿立方米，森林蓄积 124.56 亿立方米，与建国初期相比均有很大程度的提高。“十五”期间，在林业重点工程带动下，全国共完成造林 3 200 万公顷，其中陡坡耕地和严重沙化耕地退耕还林 867 万公顷，封山育林 1 333 万公顷，9 533 万公顷森林得到有效管护（图 4）。森林防火、林业有害生物防治等各项基础设施建设成效显著。规模浩大的生态建设，为我国社会经济发展提供了良好的环境保障。

（二）丰富了林产品社会需求，促进了农村产业结构调整

政府林业生态工程的建设，在改善林业生产条件、提高土地和劳动力等资源利用效率的同时，也带动了第二和第三产业的发展，促进了林业和畜牧业经济的快速增长，大农业内部结构不断优化，资源利用效率显著提高。从大农业内部各业

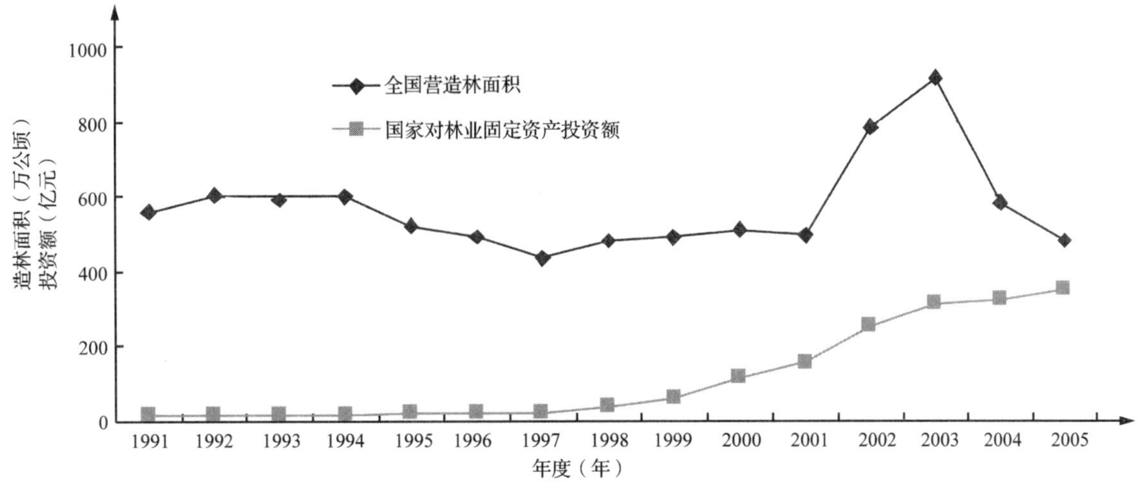

图4 1991～2005年政府对林业固定资产投资与全国营造林面积

产值构成比例看，种植业比重持续下降，林业、畜牧业和渔业比重上升，木材、人造板、松香、家具、经济林等传统产业继续巩固，竹藤花卉、生态旅游、森林食品、森林药材等非木质产业迅速增长，野生动植物驯养繁殖、生物质能源、生物质材料等一批新兴产业异军突起。产业发展区域化格局日趋明显，资源优势正在逐步转化为产业优势和经济优势，在缓解林区贫困、改善农村和林区生产生活条件、拓宽就业渠道、促进剩余劳动力转移方面正在发挥着积极的作用，有力地保障了林业三大体系的建设和形成，推动着可持续发展目标的实现。

（三）增加了林农收入，林区生活环境和质量有所提高

近几年来，政府加大对林业重点工程投入，林区的生态状况日益好转，从而带动了森林旅游等第三产业的发展，推动了地方林业经济的发展，促进了农民收入的提高。例如，退耕还林工程自1999年开始试点、2002年全面启动至今，范围已涉及全国25个省（自治区、直辖市）以及新疆生产建设兵团和部队营区的2 279个县、3 200多万农户、1.24多亿农民，平均每个农户直接获益4 300多元。国家在加大生态建设力度的同时，也加强了对改善农村能源利用结构、基础设施建设的投入力度，尤其是在退耕还林政策中强调了“五个结合”，给予了必要的资金支持，为社会主义新农村建设提供了重要的保障条件。

三、政府林业投资的成功经验：中央投入为主、支持方式多样、创新投入机制、公益性和收益性投入结合

在林业建设实践中，基本形成了以政府投入特别是中央政府投入为主、社会投入为补充、投入市场化进程逐步推进的格局，在投入机制体制创新方面积累了一些成功的做法和经验。

（一）坚持把中央政府投入作为生态建设投入主体

林业建设尤其生态建设是公益性很强的事业，加上我国林业建设的重点是在经济发展水平相对落后的中西部地区，地方政府投入能力有限，需要中央政府在林业建设中承担主要的投入职责。为此，在我国林业建设尤其是生态建设的投入构成中，中央政府投入一直占有相当比重。可以说，1998年以来，我国林业建设主要是依靠中央政府国债资金投入来支撑的。

（二）坚持实行多种多样的投入支持方式

根据林业建设项目的特点，国家实行了直接投资、贴息、实物补助等多种多样的投入支持方式。例如，在速生丰产林建设方面，2002年国家将其纳入林业治沙贴息贷款中央财政贴息和国家政策性银行贷款范围，并实行财政贴息；2004年国家开发银行承诺，在获得国家林业局信用支持

的前提下，运用开发性金融产品，重点扶持速丰林工程和林纸(林板)一体化工程项目；在退耕还林项目的实施过程中，除资金补助外，还在前期阶段实施了粮食补助的支持方式。

(三)坚持探索建立多元化的投入机制

目前我国林业投资以政府投资、社会公益性投资为主，市场引导的产业投资为辅。其资金来源渠道：一是中央和地方政府的无偿投入，包括财政拨款、专项拨款、基建拨款、专项资金提取、征收和拨入等；二是林业贷款财政贴息及国债资金，包括林业贴息贷款、治沙贴息贷款、山区综合开发贴息贷款、国家开发银行发放的基本建设项目贷款等；三是林业基金制度，主要包括育林基金、造林建设基金、绿化基金等；四是证券融资，如永安林业、吉林森工、景谷林业等林业上市公司；五是外资投入，包括对外借款、外商直接投资和外商其他投资。

林业建设事艰面广，建设资金需求巨大。近年来，各地在用好政府资金的同时，积极探索创新投入机制，完善政策，努力推进生态建设投入市场化，引导和鼓励社会投资主体参与工程建设，扩大生态建设资金来源。近5年来，仅河北、山东两省，国家农业发展资金带动社会方面投入的资金比为1∶5。

(四)坚持公益性投入和收益性投入相结合

为促进生态建设可持续发展，各级政府坚持把生态建设与经济结构调整相结合，与促进区域经济发展和增加农民收入相结合，努力兼顾生态建设的公益性和收益性。例如，在实施退耕还林工程中，努力做到“五个结合”，即与基本农田建设、农村能源建设、后续产业发展、生态移民、禁牧舍饲结合起来，兼顾生态效益与经济效益，通过工程建设和其他一些配套措施，解决退耕农民的吃饭问题、增收问题和长远的发展问题，有效地巩固了工程建设成果，增强了工程建设发展后劲。

(五)坚持将国外资金援助作为有益补充

在实施生态建设和保护过程中，各地积极争取国际组织、外国政府、民间组织等各种无偿资金和优惠贷款，不仅有效缓解了林业生态建设资金投入不足问题，而且通过交流与合作，使林业生态建设技术水平和管理能力得到了提高和加强。甘肃省在野生动植物保护、生态扶贫等项目中共获得援助资金2 380万美元，湖北省到2005年底实际利用外国政府和国际金融组织的贷款8.5亿元，带动国内配套资金5.8亿元，完成人工造林710万亩，其中营造商品林基地600万亩。

四、政府林业投资存在的问题：投资总量不足、地方投资稀少、投资结构不佳

尽管政府投资在我国林业发展和生态建设过程中发挥了巨大的作用，但从以往政府对林业投资的状况看，仍存在着以下几个方面的问题。

(一)国家财政林业投入总量不足

尽管林业投入绝对水平不断增加，但投入总量与实际需求之间还存在着显著差距，没有从根本上彻底解决林业投入不足问题。以三北防护林工程为例，一期工程规划政府投资9.8亿元，政府实际投入3亿元，为规划投资的30.1%；三期工程规划政府投资78.57亿元，政府实际投入50.5亿元，仅达64.2%。对于林业基础设施建设、林业科技教育等保障体系方面的实际投入均不及需要量的20%。总体上看，对林业的投资尚未建立起长期稳固的渠道，资金投入量占财政支出的比重，除少数年份外都低于1%(图5)，1950~2007年58年间的平均值仅为0.75%;，各时期政府对林业的投资占支农资金总量的比重，大多徘徊在10%以下(图6)，1950~2007年平均为11.5%，与实际需求量差距巨大，同林业承担的繁重建设任务很不相称。

比较国家财政对林业投入与国家财政对其他相关产业的投入情况可以看出，近年来，尽管国家财政对林业投入的增长率上升得比较快，但从总量上看远远不及相关行业。例如，近10年国家环境支出年均增长率为21%，低于同期林业33%的水平，但从绝对量上看，2007年国家环境投入已经达到3 387.6亿元，远远超过林业的576.7亿元；同比水利投资增长率为20.4%，　但每年国家

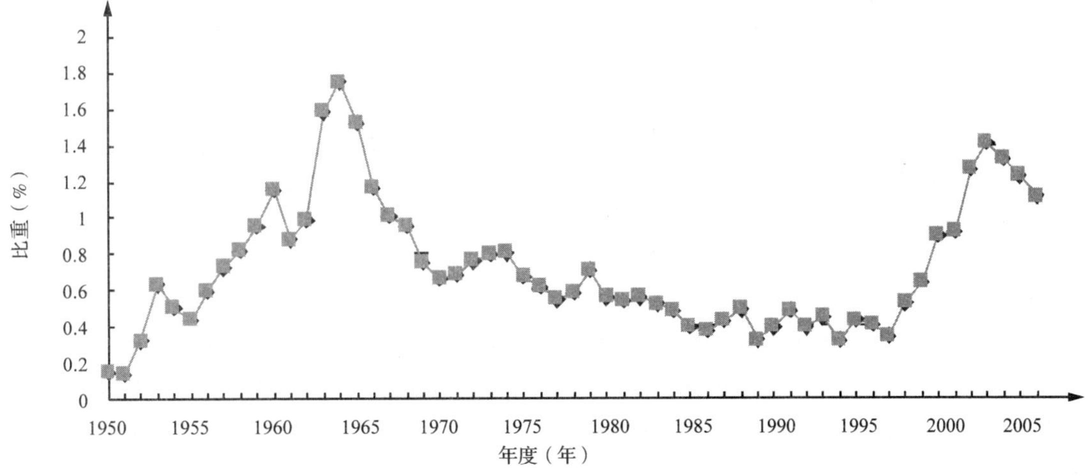

图5　1950～2006年政府林业投资占国家财政支出的比重变化

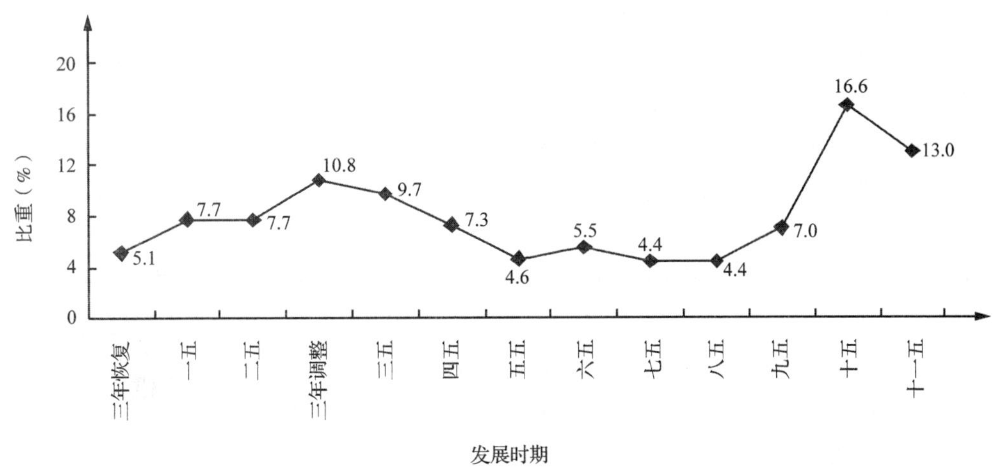

图6　各时期政府林业投资占支农资金的比重

财政用于林业支出与用于水利的支现始终相差200亿元以上；从国家对林业与教育的投入水平看，1952年至2007年，国家财政投资教育的年均增长率为12%，略低于林业的水平，但教育财政支出占全国财政支出的比重占到10.7%，远远高于林业的0.77%的水平。

（二）地方政府对林业建设的投资稀少

统计结果表明，“九五”期间，在国家对林业的投入中，财政专项资金、预算内基建资金和国债资金占到近60%，政策性专项贷款占到33%，地方政府对林业建设的投资非常有限，仅为6%左右。近年来虽然情况有所改善，但也仅停留在13%左右，与国家林业重点工程投资规划中要求的20%仍有较大的差距。截至2006年，中央林业资金在林业建设资金中所占份额仍然保持在2/3以上，国家预算内资金占到林业基本建设投资总额的50%以上。特别是林业重点工程的中央政府投资比重更大，天然林资源保护工程建设投资中除少量地方配套资金外，几乎全部是中央投资，退耕还林工程百分之百由中央出资建设。这种对中央政府投资的高度依赖，反映出我国现行的财政体制和投融资体制存在的缺陷，这也是长期以来林业建设投资不足的一个重要原因。

（三）国家财政林业投入结构不合理

政府对林业投入的“越位”和“缺位”，是造成林业投入结构不合理的主要原因。“越位”表现在林业重点工程实施之前，大量国家预算内资金、国家政策性银行贷款，投向森工等企业单位的基础设施建设。1950～1995年，政府对林业系统基本建设直接投资为234.1亿元，其中对森工投资为194.5亿元，占83.1%，营林投资长期匮乏。“缺位”表现在市场失效的范围内国家投资严重不足，造成对林业的投入在为数众多的行业部门中所占的份额太小。1998年林业固定资产投资总额为87.46亿元，仅占全社会固定资产投资总量的0.3%(图7)。分时期看林业系统固定资产投资占全社会固定资产投资的比例，“六五”时期为1.05%，到“八五”时期下降最低到0.32%，“九五”时期为0.36%，“十五”时期为0.58%，2006年为0.42%，所占比重均不足1%。

此外，林业造、封、抚、防等事业经费没有纳入正常公共财政，林业科技、森林保护、林业基础设施建设等投入占林业基本建设投资的比重很低，缺乏平抑市场价格风险的社会保障体系，与生态建设和林业发展的繁重任务极不适应，成为建设生态文明社会、实施以生态建设为主的林业发展战略的一个重大制约瓶颈。

(四)投资管理体制机制不适应市场经济发展要求

主要反映在三个方面。一是林业的投资外部关系不顺。条块分割的行政管理体制，造成投资宏观管理多头化，许多林业投资无法落实。从投资决策到建设实施的全过程，缺乏严格有效的责任约束和法律约束机制，造成投资不到位和盲目投资、重复投资现象并存。二是缺乏对促进生态建设产业化的投资安排，影响了各级地方政府、企业、个人投资生态建设的积极性。三是现行的林业税收政策、育林基金政策、采伐限额政策等也在客观上制约了社会资金投入林业建设。

五、实施公共财政制度为加大林业投入带来重大机遇

财政从来都是国家财政或政府财政，在不同经济体制下，其财政的运行模式各不相同。在计划经济体制下，我国财政按照“生产建设财政”的模式运行，其投资重点是生产建设领域。在市场经济体制下，我国财政要按照“公共财政”的模式运行，其投资重点是满足社会公共需要，对一般性建设不过度涉足。我国从1998年开始就进行公共财政建设和公共财政体制创新，这种创新，对于建立更加稳定林业投资渠道、确保林业发展所需的资金规模，奠定了良好的制度基础，为林业的进一步发展创造了重大机遇。

(一)公共财政具有公共性、非盈利性、调控性、法制性的基本特征

公共财政强调财政的公共、公平和公益性质。在公共财政理念下，财政不是面对某一部分人而是面向所有公民，提供基本公共服务，满足社会公共需要，改善发展的薄弱环节，解决社会公共问题。这是在我国生产力发展水平不断提高和国力不断增强的背景下，财政体制适应由计划经济体制向社会主义市场经济体制转变的必然要求和结果，适应公有制为主体、多种所有制经济共同发展的所有制结构变化的必然要求和结果，也是我们党执政理念的

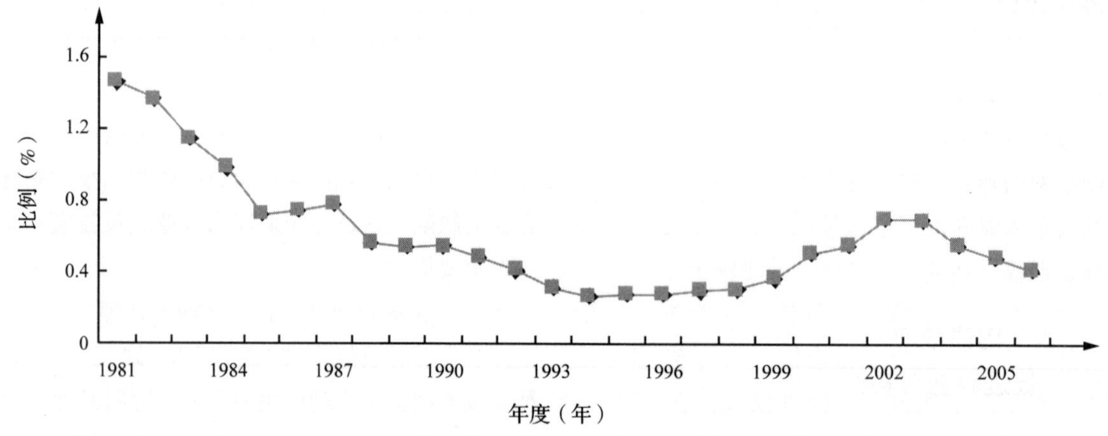

图7　各年度林业系统固定资产占全社会固定资产完成额比例

重大创新。党的十七大明确提出了“完善公共财政体系”，“围绕推进基本公共服务均等化和主体功能区建设”，使公共财政理念更加深入人心，财政支出的公共性更加突出。

（二）林业可持续发展的关键从根本上取决于公共财政的有效介入

林业事关人类生存与发展，是具有产业属性、生态环境服务功能和典型外部经济性的重要社会公益性事业。当前，社会对林业改善生态环境和提供林产品需求不断增长与森林资源供给不足之间的矛盾相当尖锐，林业已成为经济和社会发展中“木桶效应”的“短板”。在从传统林业转向现代林业、从低效林业转向高效林业、从单目标林业转向多目标林业、从资源依赖型林业转向产业型林业的转型过程中，要求在全过程追加技术和资金投入，要求森林分离出必要的部分用于非经济利用，要求重点发展具有规模效益和参与国际竞争能力的现代产业，而这与资源和资金的严重匮乏、自我积累发展能力、边际效益小、技术水平低的状况又相互冲突。随着森林资源问题、生态环境问题日益突出，林业定位逐渐清晰，党和国家对林业给予了高度重视和大力支持，按照公共财政体制改革的基本思路和运作轨迹，“九五”期间国家先后启动天然林资源保护工程、退耕还林工程等林业重点工程，对林业的投入大幅度增加。我国林业发展仍然处于较低的层次，内心动力不强，在今后相当长的一段时期，林业发展进程尤其是现代林业建设的快慢，从根本上讲，取决于公共财政的有效介入，取决于国家对林业的投入能够被纳入公共财政体系中统筹规划、安排。

总之，公共财政的特性与林业的特点，决定了林业应成为公共财政支持的重点。随着国家公共财政体制框架的建立，国家对生态环境建设的投入将逐步纳入公共财政支出予以保障，从而为保护、发展森林资源提供规范、稳定的资金渠道。

六、提高政府对林业投资水平，促进林业可持续和快速发展

基于现阶段林业公共产品生产难以广泛市场化、货币化的客观事实以及林业的基本属性，必须建立和巩固以公共财政投资为主的林业投入体系和克服“市场失灵”的投融资机制，以有效解决林业公共产品与社会进行交换的问题，促进林业健康发展。因此，建立以公共财政投入为主、多渠道融资为辅的林业投入保障体系，综合运用经济、法律和行政等多种手段，实行增加投入、公平税赋、搞活流通、自主经营的林业投入政策，是社会主义市场经济条件下林业实现可持续发展和快速发展的重要前提。

（一）明确主体，加快构建公共财政为主的林业支持保护制度

公共财政投入是林业生态建设的第一启动力，也是林业产业克服弱质性的重要发动机。要按照党的十七届三中全会审议通过的《中共中央关于推进农村改革发展若干重大问题的决定》中建立“农业支持保护政策”的重要精神，以及《中华人民共和国农业法》关于“中央和县级以上地方财政每年对农业总投入的增长幅度应当高于其财政经常性收入的增长幅度”的要求，不断增加对林业的投入。要建立林业建设投入稳定增长的机制，把林业建设投入作为公共财政的重要支出部分，在中央和省级政府设立林业建设专项资金列入财政预算。要在稳定现有各项林业投入的基础上，新增财政支出要切实向林业、林区和林农倾斜，逐步建立稳定的林业财政投入渠道。在国债减发的情况下，要相应增加中央预算内林业建设投资的规模，确保林业建设投入保持在合理的水平上，保证项目建设的持续性和稳定性。同时，要进一步明确地方各级人民政府在林业建设中承担的重要责任，促使其设立林业建设专项资金，逐步增加本级财政预算用于林业建设的投入。

结合林业的实际情况，公共财政对林业的供给范围可具体归纳为公益性和公共性支出、行政性支出、基础性支出、转移支付和财政专项支出，把关系到国计民生的重大林业发展项目列入国家发展计划，对非盈利性林业活动纳入政府支持范畴，同时积极支持经济型林业，以实现资源总量扩大的目标。一是生态建设项目由公共财政全额供给，以立法形式规定财政对林业投入的规模和渠道，使林业的财政投入有相对的稳定性；二是对一般林业项目

由公共财政补助供给，对于林业产业和以商品林为主的林业产业基地建设，应区别情况，由公共财政予以扶持，即以政策扶持为主，辅之以资金扶持，对商品林建设项目尽量减免相关税费。按照姜春云同志主持的《偿还生态欠债——人与自然和谐探索》课题研究预测，今后需要每年投入约占当年GDP的8%～12%的资金，才可确保不出现新的生态欠账。在认真总结以往林业投入中存在问题的基础上，结合21世纪前50年林业可持续发展的目标和建设任务，建议在今后的国家财政投入中，对林业的固定资产投入占全社会固定资产投入的比重应不低于1%，国家财政用于林业总支出的增长幅度要高于财政经常性收入的增长幅度，并使林业财政支出占财政支农资金的比重不低于20%。

（二）立足和谐，进一步完善我国生态建设补偿机制

生态补偿机制实质是一种利益协调、矛盾协调机制，具有实现中央与地方、地方与地方的利益转移，实现利益在地区间、国民间合理分配的功能。这种利益补偿机制需要通过建立规范的财政转移支付制度来实现，其特点包括：地区利益的补偿通过规范的利益转移来实现，利益补偿强调公平和透明，中央政府在利益补偿机制运行中处于核心地位。

要从构建社会主义和谐社会，促进社会公平正义的高度，妥善协调东、中、西部以及上下游的利益关系，加快建立和完善生态建设补偿机制，尤其要将提供生态效益补偿资金作为公共财政体系的最重要内容之一。生态资金补偿渠道包括财政渠道、社会渠道、捐助渠道和收缴全民义务植树绿化费渠道，现阶段要以财政渠道为主，完善我国的财政预算法律制度和生态效益补偿财政制度，将森林生态效益补偿机制落到实处。鉴于当前国家重点公益林补偿标准严重偏低、全国林地年平均收益水平已经接近30元/亩的实际情况，应当尽快将其提高到10元/亩，条件允许时增至30元/亩，地方政府的生态效益补偿制度也要尽量向这些地块追加，形成聚合作用。同时，借鉴林业发达国家的做法出台造林费补助制度和林业政策性保险制度也是当务之急，需要国家特别予以重视。

（三）创新机制，鼓励社会资金投入林业

林业建设周期长，任务量大，涉及面广，仅依靠政府投入也是不够的。因此，必须在深化改革、搞活机制、推进林业建设投入市场化方面下工夫，充分调动社会投资主体参与林业建设的积极性。一是要放宽投资准入和扶持范围，打破所有制界限，无论投入主体所有制性质如何，只要其致力于林业建设和保护，都应该准许进入林业建设和经营领域，并在政策和资金扶持上对所有主体一视同仁。二是要因地制宜，根据不同生态建设项目的特点，采取多种投融资方式和经营方式，通过承包、拍卖、租赁、股份合作等多种形式，盘活存量资产经营，落实工程建后管护责任，进一步巩固和扩大生态建设成果。三是要加快产权制度改革，在林业建设领域全面推开以"明晰产权、放活经营、综合配套、规范流转"为主要内容的产权制度改革，明确林业建设各投入主体的权利、责任和义务，保障投入主体的合法权益。

（四）加快改革，开拓多种信贷资金渠道投入林业

我国目前设立了政府扶持性质的林业贷款资金，主要是林业治沙贴息贷款和国家开发银行发放的速生丰产用材林基地项目贷款，在林业建设方面发挥了重要作用，但与目前林业发展的实际需要还有很大的差距。为继续坚持走全民参与、全社会办林业的路子，鼓励社会各界向林业投工、投资和进行其他投入，国家应对造林给予更多的资金配套和补贴支持，以贷款贴息和造林补助为手段，把闲置的林地资源和富余的劳动力资源都充分利用起来，把城乡居民的存款合理引导到林业建设的主战场上来。国家在信贷政策方面应进一步突出林业的特殊性，明确林业信贷扶持政策来促进林业的发展。一是要严格区分政策性贷款与商业贷款的性质，对林业实行政策性优惠贷款，并采取相应的运作机制。二是要在政策性贷款中对林业贷款实行计划份额制，保证政策性贷款用于林业的总量。三是要建立中长期低息商品林贷款体系，对于林业产业结构调整、林产品加工利用、林纸结合促进林纸业共同发展、竹藤花卉等具有很大发展潜力的林业产业发展，也应当给予低息贷款支持。四是要建立新增项

目的专项贷款，拓宽政策性贷款的渠道。五是要适当延长贷款期限，以 12 ~ 15 年贷款期限为宜，加大贴息幅度并监督实施。六是要建立各级银行对林业贷款风险共担制度，促进林业贷款政策的落实，使国家给予林业的扶持优惠信贷足额和及时到位。

(五)制订政策，采取优惠措施吸引外商资金

从我国利用外资的构成情况及林业已利用外资的种类来看，主要有外国政府贷款、国际金融组织贷款、外商直接投资、无偿援助。要继续积极利用外资加快我国林业发展。一方面利用外资发展林业的国际形势有利。目前世界资金市场上大量的游资在寻找投资机会，加上出于生态和环境的需求，国际社会和一些发达国家都以无偿援助或优惠贷款的形式支持发展中国家发展林业，这将使我国能够在国际上融得大量林业建设资金。另一方面利用外资发展林业的政策环境良好。我国制定了积极地利用外资政策，其中加强生态建设、提高自然资源利用效率等内容，反映了国家利用外资政策对林业倾斜的意愿。因此，要强化以下几个方面的工作：一是设立全国林业外资管理协调机构，加强林业利用外资的宏观调控与管理，合理引导外资投向。二是完善林业利用外资的全方位开放政策措施，鼓励外资流向生态建设产业化领域的同时，也流向商品林建设和森林旅游业。三是加强林业利用外资环境的建设，重点加强林场、林区的公路建设，提高公路等级，抓好林区通信线路建设、信息基础建设以及相关生活设施建设的力度，同时加快政府职能转变，强化服务意识，提高工作效率，加强制度建设，提供法律保障。四是积极开展对外合作和交流，进行国际间的林业合作，争取世界银行和国外政府更多的贷款和赠款，用于林业生态建设。

调 研 单 位：国家林业局经济发展研究中心
调研组成员：张　蕾　李天送　林　琼　张志涛
许慧娟　孙久灵　文彩云　蒋　立
张　鑫

关于巩固退耕还林成果政策措施落实情况的调研报告

2007 年 8 月 9 日，国务院下发了《关于完善退耕还林政策的通知》(国发[2007]25 号)[以下简称《通知》]。各地按照《通知》要求，认真落实退耕还林直补资金，协调编制上报了巩固成果专项规划。但由于各地情况十分复杂，对《通知》的贯彻落实情况不一，巩固退耕还林成果工作仍然面临许多矛盾、困难和问题，特别是 2008 年初我国部分地区发生的雨雪冰冻灾害和“5·12”汶川大地震对巩固退耕还林成果工作提出了新的考验。为深入了解各地贯彻落实《通知》的情况以及当前面临的突出矛盾和问题，我们采取实地典型调查和面上书面调查相结合的方法，对巩固退耕还林成果政策措施的落实情况进行了深入调研。7 ~ 9 月，在综合考虑工程区东中西部、南北方等不同地区间的差异以及一些地方发生特大自然灾害的基础上，深入河北、内蒙古、黑龙江、江西、河南、湖北、贵州、甘肃、新疆 9 个工程省(自治区)和新疆生产建设兵团的 24 个工程县进行了实地调研，勘察了 40 多个不同类型的小班，走访了 80 余户退耕农户，召开省、地、县、乡、村等不同层次的座谈会 20 余次。

我们认为：总体上看，大部分地区对贯彻落实《通知》工作给予了足够的重视，积极开展了贯彻落实工作，取得了阶段性成效。但由于巩固退耕还林成果本身就是一项十分复杂的工作，加上各地情况千差万别，贯彻落实《通知》仍面临不少困难和问题，巩固和发展退耕还林成果依然任重道远。

一、各地贯彻落实《通知》的主要经验和做法

《通知》下发以后，各级、各部门及时传达，研究落实意见和具体措施，扎实抓好落实，取得了较为明显的成效。

(一)以省政府名义下发贯彻落实意见

《通知》出台后，各地高度重视贯彻落实工作。

河北、内蒙古、吉林、安徽、江西、湖北、湖南、重庆、四川、贵州、云南、西藏、陕西、青海等14个省(自治区、直辖市)，研究下发了具体的贯彻落实意见。各地对新一轮政策直补、林木管护、编制巩固退耕还林成果专项规划和退耕还林工程建设规划、安排工作经费、落实地方政府和退耕农户的责任等提出了明确具体的要求。湖南、重庆等省市在贯彻落实意见中对确保退耕还林工程面积不减少、异地造林和灾后恢复重建提出了具体办法。内蒙古、湖南、重庆、云南、贵州等省(自治区、直辖市)要求，林木管护要与退耕农户签订管护合同，经检查验收合格后兑现20元生活补助费，并鼓励在签订相关管护合同的前提下采取多种形式开展管护。湖南、四川等省专门强调了对大户承包问题，要求全面完善相关合同，确保退耕农户利益。内蒙古、江西、湖北、重庆、四川、贵州、吉林等省(自治区、直辖市)明确规定了县级工作经费的安排标准及来源。贵州省还要求，省级财政将根据中央下达的年度荒山造林计划，每亩荒山造林给予20元的一次性补助，用于补植补造、抚育管理、病虫害防治和工程管理。云南省提出，对退耕还林营造的速生丰产林、工业原料林，凡是符合采伐条件的要优先保障采伐指标。四川省对甘孜藏族自治州、阿坝藏族羌族自治州、凉山彝族自治州以及少数民族自治县和享受民族地区待遇县共57个县(州)每亩退耕地每年补助现金210元；原每亩退耕地每年20元补助费继续直接补助给退耕农户并与管护任务挂钩；省财政原来安排用于补贴57个少数民族自治县每年每亩退耕地30元的粮食补助资金仍直接补助给退耕农户。四川省成都市按照国务院通知和省贯彻落实意见出台了《成都市关于完善退耕还林政策的实施意见》，提出市、县级工作经费分别按每年每亩退耕地2元、3元标准安排落实，同时市财政每年按每亩退耕地40元的标准建立市级退耕还林巩固成果专项配套资金，重点用于退耕还林工程的补植补造、抚育管护、病虫害防治、后续产业发展等方面，参照中央财政专项资金相对集中地进行安排。成都市龙泉驿区还按照每年每亩退耕地8元的标准落实了工作经费，并按照每年每亩退耕地40元的标准建立了区级退耕还林巩固成果专项配套资金。同时，各省将通过正在开展的第二次土地调查和年度土地变更调查，进一步摸清25°以上坡耕地的实际情况，编制退耕还林工程建设规划，并按程序上报。目前，重庆市已经编制完成并向国家有关部门上报了《重庆市坡耕地退耕还林工程建设规划》。

(二)利用多种形式传达贯彻《通知》精神

《通知》出台和2007年8月25～26日国家林业局召开全国退耕还林工作会议后，各省及时召开省退耕还林工作领导小组会议进行传达贯彻，很多地方将贯彻落实《通知》精神列入了2007年下半年和2008年召开的各类相关会议的主要内容，采取多种形式进行传达贯彻。据初步统计，北京、河北、内蒙古、辽宁、黑龙江、湖北、湖南、江西、广西、海南、重庆、四川、贵州、云南、西藏、陕西、甘肃、青海、宁夏等19个省(自治区、直辖市)通过林业工作、退耕还林工作或营造林工作等会议对《通知》和全国退耕还林工作会议精神进行了传达和部署。各地还采取了一系列措施，加大宣传培训力度。一是专门举办培训班，组织各级林业部门认真学习领会；二是充分利用文件、广播、报纸、电视、印发宣传材料等多种宣传形式，使有关政策家喻户晓；三是将退耕还林政策宣传作为送科技下乡活动的主要内容，派出林业科技专家，深入农村，向林农传授林业科技知识，宣传退耕还林政策。

(三)认真编制上报巩固退耕还林成果专项规划

为指导各地贯彻落实好《通知》精神，编制实施好巩固退耕还林成果专项规划，财政部等6部门联合印发了《巩固退耕还林成果专项资金使用和管理办法》(财农〔2007〕327号)，国家发改委等6部门联合下发了《关于做好巩固退耕还林成果专项规划编制工作的通知》(发改农经〔2007〕3636号)。各地按照这三个通知的要求，编制了巩固退耕还林成果专项规划。各地省、市、县逐级成立了专项规划编制小组，发展改革、财政、农业、林业、水利等部门通力协作，抽调业务骨干集中办公，在衔接当地其他已有建设规划的基础上，统筹编制了巩固退耕还林成果总体规划以及基本口粮田建设、农村能源建设、生态移民、农户接续产业发展和退耕农户培训、补植补造等五个子规划。大部分退耕还林工程区坚持自下而上的原则，从搞好退耕农户的调查摸底做起，研究确定巩固退耕还林成果的对策措施，由村、乡(镇)、县、市、省逐级汇总，确定实施项目、规模和布局。同时，雨雪冰冻灾害、地震灾害等受灾省(自治区、直辖市)还把尽快完成受灾林地的补植补造作为保证全省巩固退耕还林成果专项规划顺利实施的重要条件，尽量将受灾退耕还林的补植补造全部纳入巩固退耕还林成果专项资金扶持范围。在开展专项规划前，大部分工程省(自治区、直辖市)开展退耕农户调查，核实基础数据，为编制专项规划提供可靠的依据。贵州省退耕还林工程领导小组在编制专项规划前下发了《关于核实退耕还林各项数据和开展退耕农户调查工作的通知》和《贵州省巩固退耕还林成果县级专项规划编制指导意见》。省财政厅按照每户 1 元的标准安排 200 万元专项经费，用于各县退耕还林农户调查补助，保证了农户调查工作的顺利开展。

(四)全面开展退耕还林工程退耕地还林阶段验收工作

为了深入贯彻落实《通知》精神，全面掌握退耕还林工程建设情况，为划拨专项资金及管理决策提供依据，巩固和发展工程建设成果，国家林业局已开展退耕还林工程退耕地还林阶段验收工作，召开了全国启动暨培训会议。阶段验收工作计划于 2008 ~ 2014 年间逐年对历年完成的退耕还林工程退耕地还林部分进行验收。各工程省(自治区、直辖市)根据国家林业局的统一部署，开展了省级全面检查验收工作。截至 2008 年 10 月中旬，各工程省(自治区、直辖市)和新疆生产建设兵团已全部完成了省级全面检查验收工作，并上报了检查验收结果。国家林业局根据上报结果，开展了国家重点核查验收。预计 12 月初提出全国阶段验收工作报告。从核查验收初步结果来看，各工程省(自治区、直辖市)的造林保存合格率均在 95% 以上。

二、落实《通知》面临的突出矛盾、困难和问题

就目前情况看各地贯彻落实过程中还存在不少问题，而且 2008 年初雨雪冰冻灾害、“5・12”汶川大地震对巩固退耕还林成果影响较大，出现了一些新问题、新矛盾。

(一)部分地区巩固退耕还林成果专项规划措施没有做到因地制宜

巩固退耕还林成果应该是在确保退耕还林成林成材的前提下，逐步解决退耕农户的吃饭、烧柴、增收等长远生计问题。确保退耕还林造林成活率和保存率达到国家标准，发挥退耕还林应有的生态、经济和社会效益，是巩固退耕还林成果的根本问题；解决退耕农户的吃饭、烧柴、增收等长远生计问题，是从根本上巩固退耕还林成果的必要条件。二者相辅相成，林子没有了，即使退耕农户的生计很好，巩固退耕还林成果也就成了空中楼阁；退耕农户的长远生计得不到妥善解决，长期巩固退耕还林成果就得不到根本保障。在这种情况下退耕农户要不外出谋生，要不就重新毁林开荒。因此，巩固退耕还林成果专项规划应该在确保造林成活率和保存率达到国家标准的前提下，再来安排基本口粮田建设、农村能源建设、生态移民、后续产业发展和退耕农民就业创业专业技能培训等项目。但是，一些地方和一些部门在编制专项规划时，却本末倒置，甚至将巩固退耕还林成果专项资金切块，要求基本口粮田建设投资占中央专项资金的 50% 以上，而不是在分析本地需求和建设可能的基础上，确定建设内容和规模，存在的问题主要表现在以下几个方面：

一是规划与实际情况结合不紧密。一些地方不是自下而上地编制规划，而是自上而下地“分配”规划，他们没有根据巩固退耕还林成果和退耕农户的实际需要和可能来编制专项规划，而是简单地将中央巩固退耕还林成果专项资金按比例分配给相关部门，再根据资金规模规划相关建设项目。因而出现了利益均摊、撒“胡椒面”的现象。新疆维吾尔自治区的南疆地区种植粮食作物单产有限，但优越的光热条件非常适合发展特色林果业，单位面积的经济效益数倍甚至十几倍于粮食作物，而且灌溉用水大大少于种植粮食作物。自治区已确定南疆地区为特色林果业发展基地。但是，巩固成果专项规划确定，建设基本口粮田 246.8 万亩，占总投资的 43.6%；特色林果业基地仅为 83 万亩，占总投资的 14.7%。而且要求一半退耕农户建设沼气池。地

处河西走廊的甘肃省民乐县具有发展沙棘、葡萄等特色产业的优势，该县没有规划发展特色林果业却要求退耕农户户均建设基本口粮田近 4 亩、节能灶 1 个、技能培训 1 人，并将 30 万亩马铃薯良种补贴、牛羊猪珍禽养殖纳入专项规划。湖北省作为粮食主产区，大部分退耕农户不存在缺粮问题，但在专项规划中将相当比重(部分地区超过 50%)的专项资金用于基本口粮田建设。

二是专项规划的实施范围和对象有所扩大，一些地方将非退耕还林村、非退耕农户纳入了专项规划实施范围。特别是一些地方在项目安排和资金投入上过多地偏重当地某一方面的发展，偏离了巩固退耕还林成果的目标。宁夏回族自治区将六盘山水源涵养区、中部干旱带的 20.7 万生态移民全部纳入专项规划，重庆市将城乡一体化建设需要的移民也纳入了专项规划。

三是湖南、海南、甘肃、宁夏、新疆等工程省(自治区)以及新疆生产建设兵团没有将荒山荒地造林的补植补造纳入专项规划。荒山荒地造林是退耕还林工程的重要组成部分，占到全部退耕还林工程造林任务的 2/3，而且相对于退耕地造林，荒山荒地造林质量较低。因此，荒山荒地造林补植补造的难度更大，巩固荒山荒地造林成果的任务更为艰巨。

四是森林防火和病虫鼠害防治没有中央巩固退耕还林成果专项资金的扶持。退耕还林工程实施后，工程区植被得到了迅速恢复，林区火险等级增加，森林病虫害特别是鼠、兔危害随之加重，部分地区危害面积达 30% 以上。尽管如此，有关部门却不允许在中央专项资金中安排森林防火、病虫鼠兔害防治、抚育管护经费，使得管护工作困难重重。

(二)退耕还林工程在灾后恢复重建任务艰巨，资金缺乏

2008 年初我国南方等地区发生的雨雪冰冻灾害，给退耕还林工程建设造成了巨大损失。安徽、江西、河南、湖北、湖南、广西、重庆、四川、贵州、云南、陕西、甘肃、青海、新疆等 14 个工程省(自治区、直辖市)和新疆生产建设兵团的 1 153 个工程县遭受不同程度的灾害，受灾面积达 4 606 万亩，占受灾省(自治区、直辖市)已完成任务的 21%，其中退耕地造林、荒山荒地造林受灾面积分别为 1 873 万亩和 2 733 万亩。受灾面积中，由于集中连片断梢、折断、倒伏、冻死，必须重新造林的达 1 214 万亩；需要补植补造的达 2 707 万亩；需要通过扶正培土、修剪、施肥等经营措施恢复的有 685 万亩。受灾退耕农户达 1 083 万户，预计 2008 年退耕农户将减收 65.7 亿元，户均 607 元。江西、贵州等省退耕还林工程县全部受灾，江西、湖南、重庆、贵州等省(直辖市)有 60% 左右的退耕农户受灾。在“5·12”汶川大地震中，四川、陕西、甘肃 3 省的 51 个退耕还林工程县受灾较重。据各省初步调查统计，退耕还林工程受灾面积达 127.5 万亩，其中退耕地造林 53.5 万亩，荒山荒地造林和封山育林 74.0 万亩，涉及 32.8 万退耕农户。受灾退耕还林面积中，因滑坡泥石流等损毁严重需要通过重新造林恢复植被的有 57.3 万亩，需要通过补植补造恢复的有 70.2 万亩。

灾害使工程区林木成片受损，造林成活率和保存率大幅度下降，特别是工程实施以来初步形成的后续发展能力遭到重创，已经开始产生经济效益的竹林、桉树等速生丰产林、柑橘等经济林、茶树和油茶等生态经济兼用林大面积受损。因此退耕农户 2008 年的经济收益乃至今后几年的生计问题都将受到较大影响。贵州省都匀市退耕还林种植的 5.8 万亩茶叶，冰冻之后茶叶梢头冻枯，茶青全部受损，2008 年每亩经济损失在 400 ~ 600 元之间。湖北省郧县退耕还林种植的 1.76 万亩柑橘，冻死冻伤 1.6 万亩，几年之内都难以恢复。而且，由于大量林木断梢、折断、劈裂、倒伏，林下残枝落叶密布，致使补植补造前的林地清理和垦复工作量大，从而增加了造林工作环节，提高了造林成本，加上苗木供应十分紧张，灾后农村劳动力短缺等原因，退耕还林工程恢复重建需要的投入比当初工程建设的投入要大得多。在农村取消义务工以后，很多工作需要雇用农民工来做。但是农民工工价已大幅度提高，日工价达 60 元以上，一些地方达 100 元甚至 120 元以上。一些地方清理灾害木每亩就需要 100 ~ 200 元，重新造林每亩需要投入 300 元以上，营造优质经济林投入将更大。退耕还林工程造林投入本来就低，尽管从 2008 年起人工造林种苗费补助提高到

每亩100元，但仍大大低于实际需要，而且工程没有不可预见费。中央不安排灾后重建专项投入，仅仅依靠地方政府和现有渠道投入，恢复重建的难度较大。

（三）基层要求继续实施退耕还林工程

退耕还林工程实施9年多来，由于没有制定国家规划，省级、县级规划都无法制定，从而给各地工作带来很大困难，以致出现超计划实施和当年无法完成计划任务等诸多问题。特别是2004年国家对退耕还林实行了结构性调整，仅安排退耕地造林1 000万亩，一些省份超计划问题突出。尽管2005年国家解决了超计划问题，但河北、湖北、重庆、陕西、甘肃等省（直辖市）仍有200多万亩超计划退耕地造林没有解决。甘肃省曾就此问题专门向国务院报告请求解决。退耕还林工程经历了3年试点、2年大规模实施和5年结构性调整、巩固成果3个阶段，很多地方实际上只经过了2002年和2003年2年较大规模的实施。各地需要继续退耕还林的面积还很多，退耕地造林暂停以后，基层干部和未享受退耕还林政策的农民意见很大。据实地调研和各地反映，各地存在大量不在册耕地，实有坡耕地面积远远大于统计在册面积。据25个工程省（自治区、直辖市）上报，2005年底还有陡坡耕地10 237万亩、严重沙化耕地7 393万亩。《2004年中国水土保持公报》显示，全国土壤侵蚀总量仍然很大，水土流失分布范围广，而且主要来源于坡耕地。同时，据第六次全国森林资源清查，25个退耕还林工程省（自治区、直辖市）仍有宜林荒山荒地和宜林沙荒地7.9亿亩，占全国总量的96.3%，国土绿化任务十分艰巨。普遍认为，对于自然条件原本就十分恶劣、经济发展落后、需要长期扶贫济困的地区，与其国家拿钱长期救济，不如继续实施退耕还林。

（四）种苗造林费补助标准偏低，工程管理经费缺乏，基层负担较重

退耕还林工程现行的种苗及造林费补助标准虽然在2000年每亩50元的基础上提高到2008年的每亩100元，但随着物价上涨，新造林地块立地条件越来越差，劳动力价格不断提高，种苗及造林成本逐渐攀升，工程所需种苗及造林成本远远超出了现行的补助标准。据实地调查，西北地区人工造林实际成本平均每亩在400元以上，一些地区种苗及造林成本高达上千元。而且大部分退耕还林地区自然条件差，一次造林还需多次补植，需要有稳定的补植补造、浇水、幼林抚育等资金来源。

同时，工程的规划设计、建档立卡、检查验收、政策兑现、确权发证等管理经费一直没有按照工程管理的要求纳入投资预算。退耕还林地区多是贫困地区，地方财政困难，而且越到基层越困难，《通知》出台后，退耕还林工程管理年限更长，管理内容更多，工作经费缺口将越来越大。尽管大部分工程省（自治区、直辖市）在贯彻落实国务院《通知》的意见中对落实基层工作经费问题有了明确要求，但据初步了解，目前仅有湖北、贵州、重庆等部分工程省（直辖市）在省级财政中给基层安排了部分工作经费，其他地方仍按照同级财政负责的原则只解决了省级的工作经费，工程管理任务最繁重的县级工程管理部门的工作经费依然没有固定来源。因此巩固成果政策措施的落实缺乏必要的手段和资金保障。

（五）退耕还林比较收益下降，巩固成果面临考验

近年来，我国粮食价格大幅度上涨，退耕农户所领取到的粮食资金补助已经大大缩水，原有政策性补助已购买不到退耕还林初期所规定标准的粮食实物数量。边远山区和粮食销区的粮食价格更高，原来能买1千克粮食的钱现在只能买到0.7千克左右。根据2008年10月17日国务院常务会议精神，国家将继续加大强农惠农政策力度：一是全力组织开展主要农产品收购。当前，在东北地区，按照粳稻每千克1.84元、玉米每千克1.50元的价格实行国家临时收储；在南方稻谷主产区，按照每千克1.88元的价格收购中、晚籼稻，作为国家临时收储。二是较大幅度提高2009年生产的粮食最低收购价格。从2009年新粮上市起，白小麦、红小麦、混合麦每千克最低收购价分别提高到1.74元、1.66元、1.66元，比2008年分别提高了13%、15.3%、15.3%。稻谷最低收购价格水平也将作较大幅度提高。在这种情况下，退耕农户由于应得利益受到了损害，提出要么提高补助标准，要么按原来的办法发放粮食实物。回良玉副总理曾对此做过

重要批示。

同时，国家对种粮农民的补贴不断提高，退耕还林的比较收益相对下降。就河南省而言，当前对农民的种粮补贴已经累计达到每亩80元左右。在取消农业税的情况下，种粮收益远远高出退耕还林初期的收益，退耕还林补助已经大大低于种粮收益，这种情况影响了退耕农户的收入，特别是第一轮政策补助结束后，完善政策的直补资金减少一半，加之退耕农民还需要大量的浇水、管护等投入，退耕还林收益明显下降，致使退耕还林补助政策的激励作用弱化。这种情况严重挫伤了农户造林护林的积极性，一些地方已经出现了重新毁林种粮的苗头，这种严峻的形势，使巩固退耕还林成果面临重大考验。

三、巩固和发展退耕还林成果的建议

十七届三中全会对退耕还林工作提出了新的更高的要求，提出“继续推进林业重点工程建设”，“完善政策、巩固退耕还林成果”。退耕还林从一开始就是一项十分复杂的社会系统工程，随着工程的深入推进，新情况、新问题不断出现，及时研究解决各种新矛盾和新问题，对于确保工程建设的健康发展十分重要。为进一步巩固和发展退耕还林成果，提出如下建议：

（一）科学组织实施巩固退耕还林工程专项规划

巩固退耕还林成果专项规划的实施涉及发展改革、财政、农业、林业、水利、能源、扶贫等多部门。为确保专项资金的使用效率，建议认真贯彻落实《通知》精神，尽快建立健全巩固退耕还林成果部门联席会议制度，中央及地方各有关部门各司其职，各负其责，加强沟通，协同配合，形成合力；尽快研究出台巩固退耕还林工程专项规划的组织实施指导意见，对下一步专项规划的组织实施、检查监督、竣工验收等作出相应规范，在年度实施过程中对专项规划实施情况进行评估，根据巩固成果的需要适当调整专项规划内容和投入；在规划实施中，要强化指导服务和检查监督，推广好的经验和做法，及时纠正、查办各种违法、违规、违纪案件。

（二）尽快安排退耕还林工程灾后恢复重建资金

退耕还林工程受灾地区贫困人口比较集中，贫困面大，贫困程度深，农民经济收入低，而且林业收入是很多农民收入的主要来源。遇到大灾，单靠地方政府和退耕农户很难拿出足够的资金开展灾后重建。建议中央设立退耕还林工程恢复重建专项资金，用于退耕还林工程灾损林地的林木清理、重新造林、补植补造及林木的培土扶正、经济林的修剪平茬、竹林的垦复施肥等；把退耕还林工程灾后恢复重建作为巩固退耕还林成果政策措施落实的重要内容；三是对因灾严重损毁需要重新造林的，经报损、核销后，允许纳入今后年度工程建设任务。对于工程因灾严重损毁无法造林，具备异地置换造林条件的，由地方根据实际情况尽快作出调整；建立不可预知灾毁重建基金或林地林木保险基金，尽量规避或减少灾害损失；及时为受灾农户兑现退耕还林政策补助。为确保受灾后退耕农户的生计不受更大的影响，对受灾退耕还林工程区按前一年度检查结果兑现各项政策补助，灾后重建恢复后再按照当年的检查验收结果据实兑现。对在地震灾害中林地林木全部或部分损毁的农户，尽快核实灾情，按程序核销，并继续全额发放政策补助；对退耕户全家遇难的，由当地集体组织依据国家相关法律尽快确定新的承包人，承担相应的管护和成果巩固责任，并领取后续补助。

（三）尽快出台工程建设规划，并适当增加年度退耕还林工程造林任务

“封山植树、退耕还林”是一项长期的国家战略。退耕还林工程是目前我国最大的生态建设工程。为了改善我国农村人居和生态环境，增加森林资源储备，丰富和保障包括木本粮油在内的林产品供给，应当增加退耕林木工程的造林任务。建议尽快研究制定退耕还林工程规划，继续有计划地实施退耕还林，并在地震灾区耕地损毁严重、存在地质灾害高发危险的地区以及重庆市三峡库区等重点区域优先实施；为确保2010年森林覆盖率达到20%的国土绿化目标，加快国土绿化进程，并加快雨雪冰冻和地震灾害的恢复重建，建议增加工程荒山荒地造林和封山育林年度任务。今后每年安排退耕还林工程荒山荒地造林和封山育林各2 000万亩。

（四）提高退耕还林工程种苗及造林费补助标准

提高种苗及造林费补助标准，有利于采用良种壮苗，提高工程造林的科技含量和造林质量，为培育后续产业打下良好的基础。建议将退耕还林工程荒山荒地造林的种苗造林费补助标准从现在的每亩100元提高到每亩200元，封山育林的补助标准由现在的每亩70元提高到每亩100元；切实解决基层的工程管理经费。中央按照荒山荒地造林和封山育林面积每亩补助3元的标准安排前期工作经费，主要用于作业设计等前期工作，同时明确要求省级财政按相同的标准配套安排相应的工程管理经费。

（五）提高退耕还林补助标准

针对近年来因为粮食价格不断上涨、国家对种粮农户多项补贴逐年提高、退耕农户既得利益严重缩水的实际，为不影响退耕农户的生计，确保退耕农户的生活水平不下降，巩固退耕还林成果，建议根据当前粮食市场总体价格水平，将中央财政补助退耕还林原粮的资金标准由过去的每千克原粮1.4元提高到每千克原粮2.0元。具体实施办法由财政部会同有关部门研究。

调 研 单 位：国家林业局退耕还林管理办公室
调研组成员：张鸿文　刘树人　刘再清　汪飞跃　赵玉涛

建立林木良种生产补贴制度是促进转变林业发展方式的必然要求

——关于建立林木良种生产补贴制度的调研报告

林木良种事关现代林业建设大局，建立林木良种生产补贴制度是林木良种基地可持续发展的关键。2007年以来，国家林业局将建立林木良种生产补贴制度列入局工作重点，采取全国面上调研和重点调研相结合的方法组织开展了广泛深入的调查研究。2008年，调研组赴福建、浙江、江西、内蒙古等省（自治区）以及内蒙古自治区大兴安岭林区，深入到24个重点良种基地，召开各类座谈会，进行了重点调研。通过调研，我们认为建立林木良种生产补贴制度，对林木良种生产基地进行补贴，是促进林木良种生产，推进我国林木良种化进程最有效的途径。

一、建立林木良种生产补贴制度迫在眉睫

（一）林木良种选育和生产的公益性决定了需要建立林木良种生产补贴制度

从林木良种选育过程看，一个良种的选育和改良至少需要半个轮伐期，即十几年、二十几年甚至更长的时间。此间，选育者需要进行优树选择、杂交、营造试验林、测定收集数据、分析等。由于林木生长周期长，这一过程是一个只有投入没有任何产出的漫长过程。这种非营利性，决定了良种的选育是一项公益性事业。

从林木良种生产过程看，从选优、建立种子园（母树林、采穗圃）到种子产出至少要10～20年的时间，在这期间良种基地不但没有任何产出和收益，而且要不断地给予技术、经营、管理投入。在基地投产后，每年仍需要进行灌溉、施肥、病虫害防治、修枝、除草、授粉等抚育管理，同时还要进行种子采收或穗条采集等工作。一个良种基地除了种子园、母树林或采穗圃外，还必须要有种质资源收集区、示范林、测定林等，这些都是不能采伐的非经营性林分，而且对这些特种林分每年都要进行更加精心的抚育管理，这些都需要大量的科研、劳力和资金投入。同时，林木良种基地受自然条件的影响大，风险大，林木良种大小年现象明显，因此损失又是难以预见的。

林木良种的经济效益和生态效益主要体现在用其造林后形成的林分中，而这部分巨大的增益却是

林木良种选育者和生产者所享受不到的，全由社会分享。正是由于这种非营利性和风险性使得林木良种选育和生产成为了一项公益性事业，既然是公益性事业，其投资只能由国家公共财政来承担。

目前，我国使用的杉木、马尾松等林木良种，都是在20世纪60年代开始选育、建园培育，坚持不懈几十年发展起来的。1964年我国开展了杉木优树选择，1966年建立了我国第一个杉木无性系种子园，此后陆续开展了松、杨、油茶、核桃等树种的良种选育和种子园、采穗圃的营建。经过近40年的努力，目前全国共建成母树林、种子园、采穗圃等良种基地600多个，急切需要建立林木良种补贴制度。

（二）国民经济和社会发展对木材和林产品的需求决定了造林必须使用林木良种

从国民经济和社会发展对木材的需求看，20世纪90年代后期，由于林业的生态功能日益受到重视，国家开始实行由木材生产为主向以生态建设为主的战略转变，这无疑是十分正确的，而在实行这一战略性转变的过程中，不可避免地相对弱化了林业的经济功能，但是随着国民经济和社会的发展，对木材的需求越来越大，供求矛盾越来越突出。据测算，2000年我国原木缺口为3 600万立方米，2004年达到1亿立方米，预计到2015年木材缺口将会达到2亿立方米，之后我国的木材供需矛盾仍将长期存在。

从人们对经济林和其他林产品的需求看，随着人民生活水平的提高，对生活质量的要求也会越来越高，而直接需求的将是健康、绿色食品。为此，经济林和其他林产品将会供不应求。目前，我国食用油60%靠进口，急切地呼唤着油茶产业的快速发展。据统计，2004年全国食用植物油消费量达1 750万吨，人均年消费量13.5千克；2007年食用油消费量达2 250万吨，人均年消费量增加到17.3千克。尽管如此，与欧美等发达国家人均消费量45千克相比，差距仍然非常大。

产生木材和林产品的供需矛盾根本原因之一是我国林地生产力低。以林木生产为例，我国森林每亩蓄积量为5.65立方米，只是世界平均水平的2/3，每亩平均年生长量只有0.24立方米，仅为林业发达国家的1/2。解决食用油的供需矛盾，发展油茶是当务之急。我国现有5 000万亩油茶林，面积十分可观，但是油茶林每年平均亩产茶油仅有3～5千克。而林木良种增产的潜力是巨大的。林木良种对用材林的产量增益一般在10%～30%，如杉木二代种子园种子的增益可达35%～40%，马尾松二代种子园的增益也能达到35%；调查结果显示，对经济林产量的增益在15%～30%，如用油茶良种造林亩产茶油可达30～50千克，对林业直接经济效益贡献率高达20%。因此，根据我国林地有限的国情，必须大力推广使用林木良种，才能有效提高林业生产力，实现林业可持续发展，缓解国民经济和社会发展对木材和林产品的供需矛盾。

（三）扶持良种生产基地建设，加大良种生产，是稳定良种供应的可靠保障

现代林业建设转变林业发展方式，要求使用良种；社会经济发展要求林木品种优质、高效、多样；集体林权制度改革，促进强林富民更渴求加大林木良种生产。林木良种生产基地的主要任务就是生产良种。目前存在的问题是：一方面由于基地没有长期稳定的投入，许多抚育管理措施无法进行，致使良种产量不高；另一方面由于良种优质不优价，价格太高卖不出去，价格太低基地采种越多亏损越大，极大地伤害了良种生产者的生产积极性。目前，我国每年需要林木种子1 500万千克，而良种只有约300万千克，良种苗木139亿株，造林良种使用率仅为43%。良种的供应不足已成为制约我国林业生产力发展的一个十分突出的重要问题。要提高我国的良种使用率，首要的前提就是要有供应充足的林木良种，而要提高良种的生产供应能力，必须提高良种生产基地的产量。因此建立一项制度，对林木良种生产实施补贴，是提高良种使用率最有效、最合理的措施。通过对良种生产基地进行生产补贴，保证良种基地的各项抚育管理措施全面落实，充分发挥育种基地的生产积极性和生产潜力，使林木良种充足稳定的供应得到可靠的保障。同时，由于良种生产补贴，良种基地的生产有了保障，种子的收入就会不再成为良种基地维持后续生产主要的收入来源。这样，良种基地的种子也可以与普通种子持平或略高的价格出售，这不仅惠及林

业建设，加快林木良种的推广使用，同时也提高了良种使用者的积极性，进一步加大林木良种的生产。

（四）建立林木良种生产补贴制度是一项重要的法律制度

《中华人民共和国种子法》明确规定："国务院和省、自治区、直辖市人民政府设立专项资金，用于扶持良种选育和推广"；"单位和个人因林业行政主管部门为选育林木良种建立测定林、试验林、优树收集区、基因库而减少经济收入的，林业行政主管部门应按国家有关规定给予经济补偿"。因此，应当设立国家级和省级林木良种专项资金，用于扶持林木良种选育和良种生产基地，并对林木良种生产基地实施补贴制度。

（五）我国农业良种补贴及国外林木良种补贴的成功实践值得认真借鉴

国家对农业部门补贴政策始于20世纪50年代末，最早以国营拖拉机站的机耕定额亏损补贴形式出现，之后逐渐扩展到农业生产资料价格补贴、农业生产用电补贴、贷款贴息补贴等方面。2006～2007年，中央财政又设立农业良种补贴专项资金107.33亿元，支持大豆、玉米、水稻、小麦、油菜的良种推广，补贴范围覆盖全国1 300多个县（市、林场），全国有5 000多万农户从中直接受益。实践证明，良种补贴抓住了农业生产最关键环节——良种生产，通过良种的价格补贴，促进了良种的推广和良种良法的技术配套，充分体现了政策的科学性，提高了财政资金的使用效率，起到了"四两拨千斤"的功效，放大了政策的推动作用，受到了广大农民的欢迎，成为一项提升粮食综合生产能力的重大举措。同样是作物培养的产业，农业如此，林业亦可大有作为。

当今世界，林业发达国家之林木良种及其产业的现状令世人瞩目。他们从遗传改良、繁育生产到良种使用，已成为高度一体化的体系，并且自身也成为一个市场广阔、效益显著的产业领域。在美国，由于考虑到种子园经营管理费用高，投入远大于直接产出。因此从长远目标出发，国家实行扶持措施，按计划管理，对种子园不搞成本核算，并不断增加投入。加拿大、芬兰等国种子园建设以及长期的经营管理全部纳入国家财政预算，并且为了解决良种进入市场的瓶颈问题，政府为各造林公司提供种子成本补贴，使良种与普通种子的市场价格一致。日本把优良种苗供应列入了林业补助金制度中，作为在林业上推广科学技术的补助。德国政府对经营母树林进行补助，而且种子的价格较高，经营种子的收入比经营木材的收入还要高，由此为种子生产创造了宽松优越的条件。

综上所述，要提高林木良种的生产能力，促进林木良种化进程，推进现代林业的可持续发展，建立林木良种生产补贴制度迫在眉睫。

二、当前我国林木良种生产基地存在的主要问题

（一）管理粗放，种子产量低

由于投入不足，致使管理粗放，种子产量低是目前我国林木良种生产基地存在的最大问题。林木良种基地发展是一个长期的过程，从基地建设开始，每年都需要进行抚育管理，即除草、施肥、浇水、病虫害防治、树体管理；基地产种后，每年还需要做好采种、制种以及进行子代测定、营造试验林等一系列的工作。在调研中看到，有些基地进行了一些抚育管理，但不科学，不正规，没有按种子园建设的要求进行标准的抚育管理。有的则根本没有进行抚育管理，连正常的每年一次常规抚育管理也做不到，任杂草丛生，造成树体高大，结实层很高，结果量很少，大小年现象很严重；有的种子园或母树林甚至长成了速丰林，完全失去了良种生产的功能。

（二）采种成本增加，良种价低，有种不敢采

近年来许多良种基地有种不采。一是人工成本增加，造成良种基地有种不敢采。随着我国经济的发展，林区很多人外出打工，林区内劳动力较以前紧张，劳动力成本从每人20元/天增加到80元/天。人工成本的提高造成了采种成本的大幅度增加，但林木良种优质不优价，基地采得越多亏得越多，致使许多良种基地有种不敢采。二是采种困难，基地有种无法采。由于基地没有资金进行疏伐，造成目前大部分良种基地树冠密度大，母树生长太快，一般高达十几二十米，枝下高在三四米以

上，又缺少采种机械，人工爬树采种风险很大，每年我国良种基地采种都有人员伤亡。因此，许多基地每年宁愿放弃采种也不愿承受风险。

（三）科技水平较低，发展困难

营建林木良种基地是一项技术密集型工作。由于很多基地地处偏僻，经济条件差，使得林木良种基地很难吸引和留住人才。很多基地后继乏人，许多基地10多年没有进过新人。目前，林木良种科研力量很弱，不少基地现有的技术人员都不知道如何来管理基地。从调研的北方几个基地来看，几乎没有做过建园后期子代测定和区域化试验，有的曾经在科研院校专家指导下营造了一些试验林，但现在由于没有人指导，一直没有采集数据，试验林都成了速丰林。在缺少基础数据的情况下，无法准确判断良种基地种子最适宜的推广范围。

通过调查，我们认真进行了分析，造成以上问题的原因主要是两个：一是基地没有运营经费。我国所有的林木良种基地都是一次性投入，没有持续稳定的运营经费投入。良种基地的选育和生产是公益性事业，投入远大于收入，在没有国家财政投入的情况下，基地没有办法进行正常的抚育管理和采种制种。二是基地的体制不顺。我国的林木良种基地都是事业单位，大多依托国有林场，也有少量独立的林木良种场，但大部分实行自筹自支，基地管理人员长期以来靠林场的收入维持基本工资，基地的运营经费是靠基地自己想办法。但是天然林资源保护工程实施后，林场限制砍伐，基地失去最基本的资金来源，现在基地的管理人员出于一种责任心，用近乎奉献的精神千方百计维持良种基地运行。邓小平同志说过："只讲奉献精神，不讲物质利益，那就是唯心论"。长此以往，基地留不住人才，更不要说引进科技力量，势必难以为继。

三、建立林木良种生产补贴制度的基本思路

对如何进行林木良种补贴，目前还存在不同的认识。有的提出直接补贴给造林者，促进林木良种使用；有的认为现行的造林补助中已包括了种苗补助费；还有的认为，近年来国债投资于种苗已经很多了。我们认为，林木良种生产使用是一个复杂的过程，目前急需解决的是良种需求巨大和良种产量不足的基本矛盾。林木良种补贴制度与现行的重点工程各项造林补助政策的目标和国债种苗项目投资方向有根本的区别，内在作用机理也有很大差异，制定林木良种补贴政策应当抓住根本。

（一）林木良种补贴应该补贴到生产基地

林木良种的使用率不高，突出的问题是良种的供应不足。现在社会越来越认识到良种的重要性，使得良种的需求量增加。但是由于良种基地管理粗放，采种困难，导致产量很低。因此提高良种使用率，首先要生产出足够的良种。

林业与农业相比，有其自身的特点：一是林木良种使用推广面积不固定，不能像农业那样在单位面积内重复使用良种，而且林木良种使用周期长；二是林业每年造林的地点、面积都不一样，而且比较分散，与农业年年收获，年年种植，种植地点、面积和种类大多是固定的情况不同。林木良种生产补贴直接补到林农会增加很大的工作成本。因此，林木良种补贴补到林木良种生产基地是提高良种使用率最有效的方式，只有基地生产出良种才是推广良种的根本。

（二）优先对主要造林树种、重点良种基地进行补贴

我国幅员广大，地形复杂，气候多样，造林树种有近200个，但其中几十个最主要的造林树种几乎占了每年造林面积的一半以上，而且目前也只有这几十个树种经过了良种选育并进行了推广。这些树种的良种生产基地基础比较好，是我国的重点林木良种基地。要提高我国的良种使用率，就是要促进这些主要造林树种生产基地的良种生产。因此，林木良种生产补贴优先应该对主要造林树种、重点良种生产基地进行补贴。

（三）从政策功能和作用机理分析，现行的造林补助政策和种苗项目投资不能替代良种补贴

我国林业重点工程造林补助资金是由中央投资为主，地方财政配套的，国家投资主要用于种苗购置、整地、挖坑、栽植、施肥、管护等。这其中，虽然有种苗购置费用，但一是投资标准低，只能购置普通种苗；二是由于良种供应不足，无法满足造林的需要。

对种苗工程项目，中央投资主要是一次性的，而且这些投资属于基建投资，只能用于基础设施建设，不能用做良种选育生产的运营经费。1998 年以来国家对种苗投入了 40 多亿的资金，但都是种苗基本建设，就好比投资建设了一个工厂，但不再有资金买进原材料，招聘组织工人进行生产，因此形成不了生产力。

林木良种生产补贴制度主要是建立一种长效机制，持续稳定地对林木良种基地进行生产投入，激励林木良种基地的积极性，并加强科技支撑和基础设施装备，形成科研—生产—管理一体化的林木良种持续发展机制，促使我国林木良种基地扩大生产规模，提高经营管理水平，提高良种产量，保证我国林木良种稳定的生产供应，推动林木良种化进程，提高造林良种使用率。这个制度与我国的造林投资政策和种苗项目投资是不一样的，不能用其取而代之。

四、实施林木良种生产补贴的具体建议

（一）补贴对象

1. 享受补贴的良种基地条件

享受补贴的基地必须满足 3 个条件：一是由国家林业局确定的国家重点林木良种基地。二是基地选育的树种是我国的主要造林树种。三是基地生产的种子必须通过国家级或省级林木品种审定。

2. 补贴的树种

根据我国目前的造林树种情况，确定以下 15 个树种为补贴对象：马尾松、杉木、柏木、湿地松、落叶松、火炬松、樟子松、红松、油松、杨树、桉树、槐树、油茶、云杉、沙棘。

（二）补贴标准

根据不同的树种、不同的基地类型，按面积进行补贴。鉴于我国林木良种基地的建设已由国家投入建设，基地的建设经费不列入基地的补贴范围。林木良种生产补贴主要是为基地提供生产运营经费，补贴的标准应根据不同基地类型生产运营过程中所需要的经费来确定，以此满足基地的正常抚育管理。通过调查分析，并考虑现实可能性，建议种子园补贴标准为 300 ~ 450 元/（亩・年）；母树林补贴标准为 200 ~ 300 元/（亩・年）；试验林、优树收集区补贴标准为 50 ~ 90 元/（亩・年）；采穗圃补贴标准为 150 ~ 210 元/（亩・年）。

为了提高基地的生产积极性，提高补贴资金的使用效率，每年各省种苗站需对每个基地进行产量测算，预估下一年的产量范围，以产量和面积两个指标来确定基地的补贴金额，如果产量达到测算产量，则全额补贴，如果只达到测算产量的 80%，则按全额的 80% 进行补贴，由于特殊原因导致减产的，则要视具体情况确定补贴金额。

（三）补贴程序

1. 确定补贴基地

在国家林业局已确定公布的国家重点林木良种基地中，由各省根据享受补贴基地的申请条件确定候选基地，上报国家林业局，国家林业局按统一的标准确定享受补贴的基地，明确补贴的面积，建立数据库，对基地实行动态管理。

2. 测量基地面积

基地的面积由各省林木种苗管理机构会同财政等有关部门统一测量，并根据基地近几年的产量测算下一年度的产量范围。国家林业局会同有关部门进行抽查。

3. 编制预算

前一年各省林木种苗站根据测量的基地面积做出相应的下一年度预算申请，上报国家林业局。国家林业局审核、汇总后报财政部。

4. 确定补贴金额

由省、市、县各级林木种苗站会同财政等有关部门，核对补贴基地的面积、当年的产量，根据不同的基地类型和补贴标准确定良种基地的补贴金额。详细流程如图 1 所示。

（四）加强监督，确保补贴资金安全

遵循“补贴政策公开、补贴单位公开、补贴标准公开”的原则，国家林业局制定《林木良种生产补贴资金管理办法》，明确补贴的树种、标准及程序，加强对享受补贴基地的资金监督管理和业务指导，同时规定享受补贴的基地生产的种子由省种苗站统一组织采收、加工、贮藏，由国家林业局统一调剂使用，并进行限价销售。

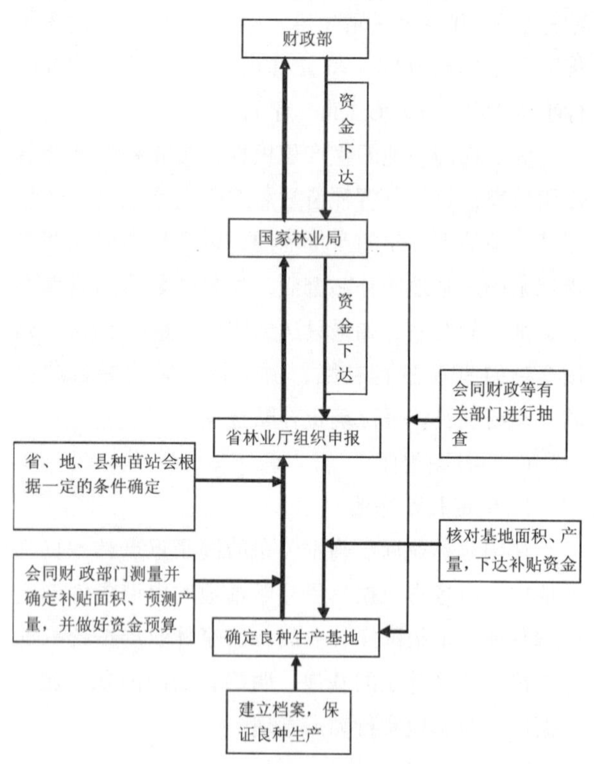

图1　林木良种补贴流程

（五）补贴金额估算和资金渠道

根据我国现代林业的发展对林木良种的需求，国家林业局规划确定200个左右国家重点林木良种基地。按前述建议的补贴标准，每个基地按面积大小不同，补贴金额约为25万~40万元，全国每年需补贴金额约为6 500万~7 500万元，建议由中央财政全额出资补贴。

调 研 单 位：国家林业局国有林场和林木种苗工作总站

调研组成员：郝燕湘　刘　红　马志华　鲁新政　李世峰　丁明明

关于林业贴息贷款政策的研究

为了深入研究林权制度改革后林业产业发展对贴息贷款政策的需求，积极推进林业投融资改革，进一步完善中央财政贴息政策和贴息贷款项目管理机制，充分发挥林业贴息贷款在林业灾后重建和林权制度改革后林业产业建设中的重要作用，我们先后与财政部、中国人民银行、中国农业发展银行和林业部门等有关同志一起围绕林业灾后重建和林权制度改革以后完善林业贴息贷款管理与服务机制等问题，分别召开了11个不同层次、不同范围、不同形式的座谈会，赴江西省宜春、湖南省怀化和邵阳、安徽省宣城、黑龙江省伊春和松花江等地(市、县)进行了实地调研，走访了当地林业贴息贷款项目企业、农户与林业职工，围绕调研主题深入了解情况，认真总结经验，分析存在的问题，研究提出了相关政策建议。

一、林业贴息贷款使用管理基本情况

（一）林业产业金融服务基本情况

“十五”以来，林业贴息贷款管理体制由计划经济体制下采取的专门计划、专门资金、专门用途、专门机构、专门账户、专门核算专项贷款管理模式转变为市场经济体制下由各类银行和农村信用社自主经营决策的商业贷款管理模式，林业贴息贷款的经办银行也随之由“九五”以前指定的中国农业银行、中国工商银行、中国农业发展银行逐步放开为各类银行和农村信用社，为市场经济条件下打破指定银行的金融服务垄断、形成良性竞争机制、广筹林业建设信贷资金创造了良好的金融环境。

目前，林业贴息贷款的主要银行类金融服务机构为：

（1）政策性银行。主要以中国农业发展银行和国家开发银行为主，其政策性主要体现在贷款期限较长、贷款利率基本采取人民银行规定的基准利率。

政策性银行在金融服务方面坚持贯彻政府提出的政策性目标。中国农业发展银行自2006年底将金融服务范围扩大到林业产业领域后，便与国家林业局联合出台了《关于加强合作积极促进林业产业发展的通知》，充分发挥其支农政策性银行作用，积极推动政策性银行支持林权制度配套改革，采取多种方式支持林业产业发展。2008 年下发的《关于进一步加强林业产业贷款管理的意见》，将符合农业发展银行贷款管理规定的森林资源、湿地资源、沙地资源，以获取生态效益、经济效益和社会效益为目的，为社会提供有效产品和服务的生产经营活动均纳入其信贷业务支持范围。农业发展银行浙江省分行“十一五”期间将向浙江省林业产业提供 50 亿元政策性贷款，重点支持林业基础设施建设、林业综合开发、林业产业化经营。湖南省分行与湖南省林业厅联合出台了《湖南省森林资源资产抵押贷款管理办法》，在 2008 年雨雪冰冻灾害发生以后，积极开展林业灾后重建，截至 2008 年 9 月末，仅湖南省分行就累计发放收购受灾木竹和经济林果贷款 7.5 亿元。

(2)商业性银行。包括中国农业银行、中国工商银行、中国建设银行等大型商业银行，以及新兴的全国性股份制商业银行，如交通银行等和其他城市商业银行、农村商业银行、农村合作银行等，提供一般商业性贷款服务，贷款期限较短，贷款利率根据市场定价原则上浮。

商业银行是市场经济体制下金融服务体系的主体，对于促进林业企业按照现代企业制度改制，努力适应市场经济条件下经营管理规则，提升其市场竞争力，加快林业产业市场化进程起到了重要作用。目前，商业银行是林业贴息贷款主要承贷银行。2007 年商业银行发放的林业贴息贷款额占当年全部贴息贷款总额的 70% 。

(3)农村信用社。贷款期限多为一年以内，贷款利率上浮相对较高。

农村信用社目前是我国农村基层金融服务网点最多的金融机构，主要面向广大农户发放贷款。其贷款对象分散，贷款规模小，经营成本高，贷款利率相对较高。林权制度改革以后，农村信用社成为林业小额贴息贷款的发放主体。

(二)中央财政贴息扶持情况

“十五”以来，为了继续扶持林业这一集经济效益、生态效益和社会效益于一体的特殊产业的发展，财政部相继出台了与市场经济体制相适应的林业贷款中央财政贴息政策，逐步建立起市场经济条件下国家扶持、各种市场经营主体积极参与的林业贴息贷款扶持政策长效机制。打破了计划经济条件下中央财政只对政策性专项贷款贴息的限定，对符合贴息规定的一般商业性贷款进行贴息；取消了对指定专门银行贷款贴息的规定，对各类银行包括农村信用社发放的符合贴息范围的贷款均予以贴息；取消了只对林业系统所属的企事业单位贷款贴息的限制，对符合贴息范围的非公有制林业贷款同样予以贴息扶持。现行财政贴息政策对积极引导各类金融机构和市场生产经营主体进入林业产业建设领域、促进林业发展起到了良好的导向与带动作用。据统计，“十五”以来，中央财政累计安排贴息资金近 12 亿元。

目前，中央财政主要对各类银行和农村信用社发放的林业龙头企业以公司带基地、基地连农户的经营形式，立足于当地林业资源开发、带动林区、沙区经济发展的种植业、养殖业以及林产品加工业贷款项目予以贴息；对各类经济实体营造的具有一定规模、集中连片的工业原料林贷款项目予以贴息；对国有林场(苗圃)、集体林场(苗圃)、森工企业为保护森林资源，缓解经济压力开展的多种经营贷款项目予以贴息；对林农和林业职工个人从事的林业资源开发和林产品加工贷款项目予以贴息。贴息率是根据中国人民银行规定的一年期贷款基准利率变化情况适时调整，目前应为 3% 。对造林和种植业林业贷款项目贴息期限为 3 年，其余林业贷款项目贴息期限为 2 年。

(三)林业贴息贷款项目管理情况

林业贴息贷款项目的管理水平与质量，直接关系到银行信贷资金和财政贴息资金的安全，以及国家扶持林业产业发展的政策性目标能否实现，为了适应市场经济条件下林业贴息贷款的管理服务对象多元化的实际需要，林业主管部门积极探索新形势下林业贴息贷款项目管理机制与模式，不断提高贴息贷款项目的管理能力和水平，把贴息贷款项目的审查、选项、落实与监督建立在科学、规范管理的基础上，有效地保证了林业贴息贷款的合理使用和充分发挥出其在促进林业发展中的重要作用。

一是整章建制，规范管理。结合当地实际情况和林业部门的管理职责，制定了林业贴息贷款项目申报、检查验收和监管等管理制度，逐步建立起用制度规范工作行为，按制度办事的长效机制。广东省林业局经财政厅和省发展与改革委员会同意专门制定了《广东省林业贴息贷款项目申报指南（暂行）》，在广东省林业局网站上向全社会公布，进一步明确了林业贴息贷款项目申报条件和审核标准，细化与规范了贷款计划的申报程序。

二是不断完善贴息贷款项目管理机制。建立健全了林业贴息贷款项目评审制度，定期组织林业、财政、金融、科研等有关部门的专家对拟申报项目的合规性和可行性进行评估论证。在林业部门管理内部积极推进建立既相互协调又相互制约的科学合理的全过程监管机制，并对实施中的贴息贷款项目采取了例行稽查、专项检查等方式加强监督管理。有的省还建立了网上公示制度，广泛接受社会监督。

三是切实把握扶持重点。在贴息贷款项目管理工作中，相关管理部门紧紧围绕林业工作大局和林业中心工作确定贴息贷款扶持重点，着力体现贴息贷款的政策性目标，充分发挥财政贴息资金的政策导向作用。近两年，在贴息贷款投向上，主要对有利于推进林权制度配套改革的林权抵押和林业小额贷款项目、有利于林业灾后重建的受灾木竹收购加工项目、有利于带动林农和林业职工增收致富的林业龙头企业贷款项目、有利于改善和巩固林业生态建设成果的林业重点工程后续产业项目，以及有利于保证国家粮油安全的油茶产业项目和生物质能源等建设项目进行了重点支持。

四是强化队伍建设和基础管理工作。各级林业主管部门通过加强培训不断提高管理人员的政策水平和业务水平，为做好贴息贷款项目管理工作打下了坚实的基础。同时，不断加强林业贴息贷款项目基础管理工作，普遍建立了林业贴息贷款项目库和管理档案，对贷款项目进行跟踪问效，及时反映林业贴息贷款项目实施情况，取得的成效，积极探索开展林业贴息贷款项目绩效评价工作。

二、林业贴息贷款的作用与成效

（一）带动了各类市场主体参与林业建设，形成了林业建设资金投入新格局

“十五”以来，国家对林业的投入大大增加，超过了前50年国家对林业的投入总和，但直接用于扶持林业产业发展的资金很少。同时，由于林业产业尤其是商品林建设受生产周期长、经营风险大等不利因素影响，很难调动各类市场经营主体投资于林业产业的积极性。林业贴息贷款的建立，通过充分发挥贴息杠杆“四两拨千斤”的导向作用，有效地建立起林业投入激励机制，带动了各类银行的信贷资金和其他社会资本等各种生产要素进入林业产业建设领域，缓解了林业建设资金的不足。据统计，2001～2007年，中央财政累计安排贴息资金近12亿元，有效地带动了近290亿元银行新增贷款和约140亿元社会资本投入到林业建设领域。也就是说，12亿元中央财政贴息资金，带动了约430亿元信贷资金和社会资金投入林业项目建设，相当于中央财政贴息投入的36倍，切实发挥了贴息杠杆的导向带动作用。

（二）调整优化了产业结构，促进了林业产业又好又快发展

林业贴息贷款项目在实施过程中，积极促进林业产业结构优化与升级，各地林业产业区域特色与优势日益显现，促进了林业产业向规模化、集约化、绿色环保和现代化方向健康发展。据统计，2001～2007年，各地利用林业贴息贷款及其配套资金营造速生丰产林191万公顷，抚育100万公顷·次，新造改造经济林77万公顷，种植防沙植物和其他经济植物22万公顷。多种经营建设项目创利税44亿元，安置就业人员23万多人。在林业贴息贷款项目实施过程中，积极培植按现代企业制度建立的各具特色的林业产业化龙头企业，增强了林业产业项目的抗经营风险能力和市场竞争力，成为林业产业发展的骨干力量。由于龙头企业在市场经济体制下最能够实现与各类银行贷款条件进行对接，成为各类银行发放贷款的首选对象。2008年初发生特大雨雪冰冻灾害以后，广西壮族自治区、江西省等地农业银行支行、建设银行支行等大型商业银

行，主动与有林业贷款余额的受灾林业龙头企业联系，及时采取措施帮助受灾企业渡过难关。广西壮族自治区高峰林场林业贴息贷款余额1.1亿元，灾情发生后，农业银行江南支行专门授信1亿元的贷款支持高峰林场灾后更新造林，贷款期限长达6年。

（三）有力地支持了林业生态工程建设

随着林业重点生态工程的相继实施，各地林业部门积极组织项目建设单位和其他市场经营主体，充分利用林业贴息贷款信贷扶持政策加快速生丰产林基地项目工程建设，积极参与以经济林项目建设为主的退耕还林和以沙区经济植物种植与加工利用为主的防沙治沙等林业重点工程建设，有效地促进了林业重点工程项目建设。据统计，2001～2007年，实际落实速生丰产林基地项目贴息贷款超过121亿元，占贴息贷款总额42%。同时，通过大力扶持天然林资源保护等林业重点工程后续产业项目建设，有效地缓解了生态工程建设压力，巩固了林业生态建设成果。2001～2007年，实际落实天然林资源保护等林业重点工程后续产业项目建设贴息贷款逾14亿元，扶持了一大批林业职工为保护森林资源，缓解经济压力开展的种养业及林产品加工项目，取得了显著的林业综合效益。

（四）促进社会主义新农村建设，帮助林农增收致富

林业贴息贷款在项目实施过程中，积极探索各种经营模式和有效途径帮助农民增收致富，促进社会主义新农村建设。通过林业龙头企业以“订单林业”、“合同种植”等方式，大力扶持企业带基地、基地连农户的贷款项目建设，有效地促进了公司、基地和农户利益联结机制的形成，实现了以企业带基地、基地壮企业、基地富农户的良性发展。据统计，2006～2007年，实际落实贴息贷款65亿元，积极支持林业龙头企业以公司带基地、基地连农户方式带动农民增收致富、促进社会主义新农村建设的项目。贴息贷款扶持的河北欧意金土果业发展有限公司，采取“公司＋基地＋协会＋农户”的模式，与县林业局共同组建了乐亭县金土果品产业协会，依托协会建立了近百个果品专业合作社，建设精品果品出口创汇生产基地2.6万亩，每亩可增加收入2 000～3 000元。辐射带动全县及周边地区20多万亩果树的发展，带动了乐亭县2万农户近20万果农年均增收近千元。

（五）积极开展林业小额贴息贷款试点，深入推进林权制度配套改革

林业贴息贷款在使用管理工作中，紧紧围绕林业建设大局，准确把握扶持重点和政策性目标。在林权制度改革过程中，通过积极扶持林权抵押贷款和开展林业小额贴息贷款试点工作，深入推进林权制度配套改革，切实巩固林改成果。据统计，2006～2007年，落实贴息贷款20亿元，重点扶持林权证抵押贷款林业建设项目。2008年，专门安排10.5亿元贴息贷款项目建议计划，在集体林权主体改革基本完成的辽宁、浙江、安徽、福建和江西5个重点省份开展林业小额贴息贷款试点工作。

三、林业贴息贷款使用落实过程中存在的主要问题

林权制度改革以后，确立了林权所有者市场经营主体地位，极大地解放了林业生产力，林业产业迅速发展，尤其是充分调动了林权所有者集约经营林地、提高商品林经营质量的积极性，林地资源的巨大生产潜力和广大农村（林区）的劳动力巨大潜能将得以充分释放。与林权制度改革以后林业产业的发展对林业贴息贷款政策的实际需要相比，现行林业贴息贷款政策和管理方式存在以下突出问题：

（一）与林业生产经营特点相适应的金融产品不够丰富

目前，林业贷款涵盖在涉农贷款种类中。林权抵押贷款和林农小额信用贷款及联保贷款在一些地方有发展，但覆盖面还不够。同时，林业生产周期较长，南方造林项目生产周期一般在8～10年，北方为10～15年，经济林项目一般在6年以上，客观上需要与林业生产特点相适应的林业贷款与之相匹配。实际情况是，政策性银行林业贷款期限相对较长，如中国农业发展银行规定涉林类贷款的期限一般不超过10年，但对列入国家林业产业发展规划和省级政府规划的重点项目，根据项目建设的实际情况，贷款期限可适当延长，其余大多数金融机构的林业贷款期限多为1～2年，林业生产周期长

与贷款期限短不匹配问题比较突出。据统计，2007年，在当年54亿元新增贴息贷款中，1年期贷款所占比例为50%，2年期为20%，3年期以上为30%。急需要加大林业金融产品创新力度、完善信贷管理制度，积极开发推广与林业生产经营特点相适应的金融服务方式。

(二)县域政策性银行服务网点少

林业贷款的优惠信贷政策只有在政策性银行才能体现出来，而目前涉及林业贷款的两家政策性银行中，国家开发银行在各地(县)均不设分支机构，中国农业发展银行虽然在各地(县)均设机构，每个县只有一个机构，县域网点比较少。据统计，2007年，全国县域金融服务网点为12.4万个，其中，中国农业发展银行县域网点数为1604个，占县域金融机构网点数的比重为1.2%；中国农业银行县域网点数为1.31万个，占县域金融机构网点数的比重为10.6%；农村信用社县域网点数为5.2万个，占县域金融机构网点数的比重为41.5%。

(三)林权抵押贷款的有效需求远未满足

林权抵押贷款是金融部门积极推进林权制度配套改革而创新出来的具有林业特色的信贷产品，对于盘活森林资源资产，切实解决长期以来困扰广大林农因缺乏有效抵押物而无法贷款的难题起到了十分重要的作用。但目前林权抵押贷款所占比重还比较低，2007年，福建省林业小额贷款中林权抵押贷款所占比重不到4%，安徽省为15%，主要是由于森林资源资产评估收费较高，专业评估师少，使林权所有者难以承受，同时，林木、林地使用权流转市场化程度还比较低，金融部门尤其是商业银行对森林资源资产评估的客观性以及其变现能力持谨慎态度。

(四)贴息贷款规模与实际需求存在较大差距

党中央、国务院《关于全面推进集体林权制度改革的意见》和《林业产业政策要点》出台后，林业产业建设受到了社会各界的高度关注，得到了快速发展。相应地，对林业贴息贷款的需求也大幅增加。据调查，各地结合林业产业发展规划和林业产业发展重点，提出了2009年林业贴息贷款信贷资金需求约200亿元。同时，2009年仍然是受灾木竹重点收购年份，需要进一步加大对收购受灾木竹的加工企业所需流动资金贷款贴息力度。据对19个受灾省份初步调查，2009年，受灾林农和林业企业对灾后重建贴息贷款需求量约为200亿元。此外，根据全国油茶产业发展规划，2009年约需要25亿元贴息贷款。尽管2008年中央财政将林业贷款贴息规模扩大到80亿元，但与上述林业产业发展对贴息贷款的实际需求相比存在较大差距。

(五)贴息力度需要进一步增强

目前，林业贷款贴息期限最长为3年，难以适应中长期造林贷款项目的实际需要，贴息期满后，造林项目仍处于林木生长期，没有经济效益产出，贷款单位的利息负担会随之加重。同时，政策性银行发放的林业贴息贷款目前所占比重还不高，2007年为30%。由于林业贴息贷款经办银行主要在商业银行，因此林业贴息贷款的实际利率普遍高于人民银行规定的基准利率，尤其是林业小额贴息贷款基本上都是在农村信用社贷款，实际利率普遍上浮50%左右，达到10%以上。如中国邮政储蓄银行统一规定小额贷款利率为15.84%，按目前中央财政3%的贴息标准达不到其实际贷款利率的1/3。此外，地方财政没有全部对林业贴息贷款进行配套贴息。据统计，2007年只有约50%的地方财政对林业贷款进行了不同方式的贴息，地方财政贴息额与中央财政贴息额相比，所占比重不到25%，林农实际利息负担比较重。

(六)林业贴息贷款项目管理环节过多过细

目前，林业贴息贷款项目管理工作分为贴息贷款项目申报和中央财政贴息资金申请两个自下而上、自上而下的工作程序，各级管理部门审核内容基本一致，主要是复查、复核，存在许多重复工作环节。

(七)基层林业主管部门管理力量薄弱

目前，基层县(市)林业局财务实行报账制，因此，有的县(市)林业局只设报账人员，没有正式的计财科、股机构和相应的财会人员，直接导致没有相对固定的贴息贷款项目经办管理人员。同时，基层林业部门办公经费严重不足，开展贴息贷款项目管理工作包括贴息贷款项目的筛选与申报、项目的检查监督与验收、贴息资金的申请与下达、贴息贷款项目效益情况报告等，工作量大，且十分繁杂又细致，而财政没有专门安排此项事业管理所需的预算经费，从而造成基层林业主管部门积极性不高，畏难情绪大，服务不到位，给落实林业贴息贷款优惠政策带来了很大的难度。

(八)申请贷款企业自身存在的问题

一是贷款企业规模偏小。以湖南省怀化市为例，全市竹木加工企业就有1 389家，平均分布在11个县(市)，企业在生产经营上表现出较大的随意性和盲目性，争资源，拼消耗，产业化和规模化经营优势没有充分体现。二是重复建设。产业和产品开发同质化现象严重，导致低水平重复建设，没能打破产品生产“小而全”的局面。三是产品附加值低。大多从事原料粗加工和初级产品生产销售，产业链条不长，技术含量不高。四是观念落后，管理粗放。经营信息不透明，财会制度不健全，信誉度较低。五是融资能力弱。企业资产少，现金流量小，利润总额低。

四、完善林业贴息贷款的政策建议

(一)进一步完善林业信贷管理制度

我国林业产业尤其是造林产业现阶段具有独特的生态性、战略性、弱质性等特点，社会和生态环境贡献率高，对于解决国际社会普遍关注的能源危机和气候问题具有十分重要的作用，决定了其不能完全由市场配置生产要素，客观上要求国家进一步完善林业信贷管理制度，建立有效的激励引导机制，鼓励各类银行积极创新与林业生产经营特点相适应的金融产品。一是建立分工合理、功能互补、适度竞争的政策性、商业性、合作性金融机构服务体系，增强政策性金融机构功能，进一步扩大中国农业发展银行的业务范围和服务网络，充分发挥其主要服务于农、林业和农村信贷的政策性银行作用。二是对承担林业贷款尤其是林业小额贷款的金融机构，建立差异化的金融产品开发、运营和监管机制，如在支农再贷款政策上通过采取调增再贷款额度，延长使用期限，降低利率等货币政策，积极引导鼓励其发放长期限、利息较低的林业贷款，支持林业产业发展。

(二)积极拓宽林业融资渠道

对符合条件的林业企业鼓励和支持其发行短期融资债券、中期票据、股票等直接融资产品，积极采取有效的激励机制进一步吸引社会资金加大对林业的有效投入。

(三)加大林业贷款贴息扶持力度

一是根据林权制度改革以后林业产业发展的实际需求，进一步加大中央财政贴息扶持力度，扩大林业贷款贴息规模。二是建立应对林业突发灾害贷款贴息扶持机制，解决短期内大量灾后重建贷款贴息资金需求。如对2008年发生的雨雪冰冻灾害和地震灾害后重建贷款应专门安排贴息资金予以扶持。三是地方财政要积极采取措施有效落实地方财政贴息资金。

(四)进一步完善贴息政策

一是延长贴息期限，造林贷款贴息期限不低于5年，逐步过渡到贴息期限与贷款期限一致。二是实行差别贴息率。针对不同贷款对象和贷款种类采取不同的贴息率，林业小额贷款的贴息率应高于一般林业贷款贴息率2% ~3%；对其他林业贷款按同期同档次基准利率的变化调整贴息率，改进目前只按1年期贷款基准利率的变化调整贴息率的做法。

(五)改善贴息贷款项目管理机制

本着责权统一的原则，建立中央和地方良性互动、双层协调管理机制。中央负责林业贴息贷款信贷和贴息政策制定、总量协调、规模调控和有关中央单位贴息贷款项目管理，地方根据中央规定，结合当地实际制定贴息贷款项目管理制度与管理办法，自主负责地方项目的筛选、审核和管理。

(六)加强基层林业贴息贷款管理队伍建设

一是切实加强对基层林业贴息贷款项目管理工作的组织领导，固定专门管理人员，落实基础管理工作。二是专门安排林业贴息贷款项目管理工作业务经费，列入同级财政预算，确保林业贴息贷款项目管理工作正常开展。

(七)进一步完善贴息贷款相关保障服务机制

一是建立政策性林业信用担保机制。中央和地方财政对政策性林业贴息贷款担保机构给予一次性资本金注入补助，并每年对林业贴息贷款担保机构风险准备金进行补贴，补贴额按实际发生担保林业贴息贷款额的3% ~5%确定。二是积极建立林业政策性保险机制。中央和地方财政对林业贴息贷款开展的种植业和养殖业保险实行保费补贴，增强林业贴息贷款项目抗风险能力。三是建立健全林木、林地使用权流转交易平台及其收储中心，进一步推进林木和林地使用权流转，林业部门应积极配合金融机构办理好林权有效抵押和抵押物的收储变现工作，有效化解金融风险。四是林业主管部门通过扶持培育林业龙头企业、林业专业经济合作组织、家庭合作林场、股份合作林场等途径，不断提高林业贴息贷款项目的组织化和规模化程度，满足金融机构尤其是政策性银行发放林业贷款尤其是小额贷款的信贷条件。

调 研 单 位：国家林业局基金管理总站
财政部农业司
中国人民银行金融市场司
中国农业发展银行客户三部
调研组成员：孔　明　王翠槐　董　妍　吴显亭
皮　智　曹华政　刘文萍　王春云

商品林建设融资对策问题调研报告

随着我国社会主义市场经济体制的逐步建立，财政制度改革的不断深化，政府直接用于商品林建设的财政资金和补贴逐年减少。拓宽商品林建设的融资渠道，不断推进现代林业建设，已成为我国林业发展的重大问题。按照局党组的统一部署，世界银行贷款项目管理中心于2008年5~10月，在全国19个省(自治区、直辖市)开展了商品林建设融资调研工作，先后赴安徽、浙江、江西、广西、湖北、陕西、甘肃、新疆等省(自治区)进行了实地考察。在听取各级林业部门和企业及林农意见与建议的基础上，形成了调研报告。

一、商品林建设融资现状

(一)商品林建设资金投入现状

我国商品林建设主要分布在东、中部地区，由于土地面积、自然条件、经济发展状况、林业产业发展、经营管理水平等的不同，各省份商品林建设的投入力度有较大的差异。从累计投资来看，最大的省份与最小的省份相差几十倍(表1)。

表1　16个商品林主产区商品林建设投资情况

省 份	黑龙江	安徽	江西	山西	河南	湖北	湖南	广西	浙江	福建	山东	河北	辽宁	广东	海南	云南
累计投资(亿元)	1.28	2.99	11.75	4.99	33.1	6.95	5.06	16.44	4.46	7.20	17.75	0.94	9.47	62.9	0.29	3.79

注：海南省只有包括世界银行贷款的数据。

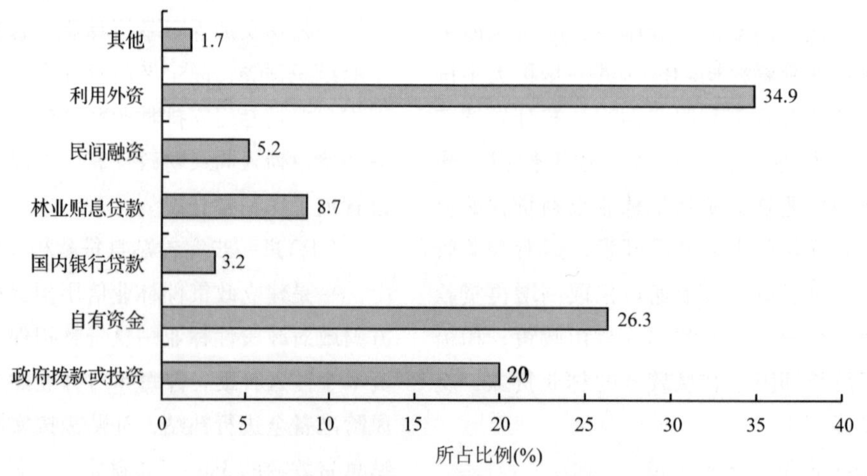

图1　12省份商品林建设投入资金情况

对黑龙江、安徽、江西、山西、河南、湖北、湖南、浙江、福建、河北、辽宁、云南12个省商品林建设资金来源和数额进行统计分析显示，各类投资共计86.99亿元，主要来源是利用外资（占34.9%）和自有资金（占26.3%），具体数据如图1所示。其中利用外资主要是利用世界银行（以下简称世行）贷款。

（二）商品林建设融资模式现状

目前我国商品林建设的融资模式主要包括直接融资、间接融资和市场融资三种模式。直接融资方式主要是政府拨款或投资、企业自有资金或筹款投入、民间融资、外商直接投资。间接融资方式包括国际金融组织贷款、国内外商业银行贷款、国内政策性银行贷款等。市场融资是通过资本市场、股市、债券等筹措资金。

调查显示，目前我国商品林建设主要包括直接融资和间接融资，另有少量市场融资。本次调研的省份投入商品林建设的资金结构显示（图2），直接融资占总投资的56.9%，主要是企业以自有或自筹资金投资；间接融资占总投资的42.9%，主要是利用商业银行贷款进行商品林建设，特别是世行贷款。

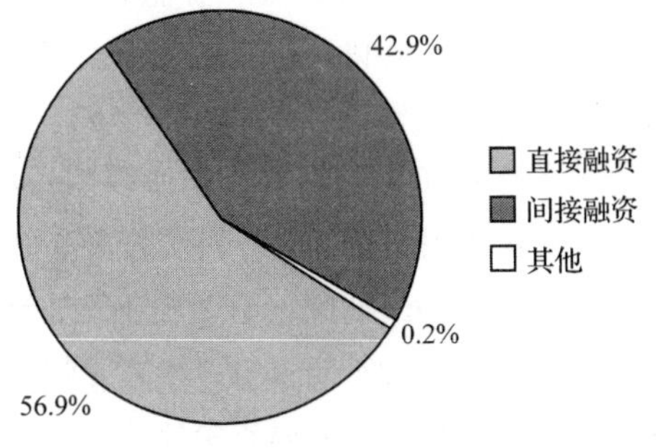

图2　调研省份商品林建设融资模式

（三）商品林建设资金需求

人们对木材和森林产品的需求在不断增加，同时面临着由于人口增长和对森林资源的过度开发利用，生态环境日趋恶化。林业肩负着改善生态环境和提供木材和林副产品的责任，在保护好仅存的天然林、重建生态林的同时，必须大力发展商品林。商品林是集约经营的人工林，必须要有较大的投入才能达到经营目的。要满足这种刚性的需求，必须有足够的投入。目前的情况是国家对于商品林建设投入严重不足，而且随着财政体制改革的深入，政府财政资金对商品林建设投入不仅不可能增加而且还会减少。同时由于种种原因，投资商品林的比较效益低，而且周期长、风险大，社会资金流入商品林的建设很困难。因此资金短缺不足是制约商品林建设发展的一个普遍的问题，调研的所有省份对发展商品林都有强烈的资金需求。在各种融资渠道中，大部分省希望增加政府投资（包括拨款和贴息贷款），扩大利用外资项目进行商品林建设。具体需要情况如图3所示。

二、商品林建设融资的主要做法和经验

我国从20世纪80年代中期开始利用外资进行商品林建设，主要以利用国际金融组织贷款为主要融资方式。利用世行贷款先后实施了“林业发展项目”、“大兴安岭森林火灾恢复项目”、“国家造林项目”、“森林资源发展和保护项目”、“贫困地区林业发展项目”、“林业持续发展项目”。总投资16.7亿美元，包括世行贷款约9亿美元。造林面积393.5万公顷，其中用材林289万公顷，竹林26.1

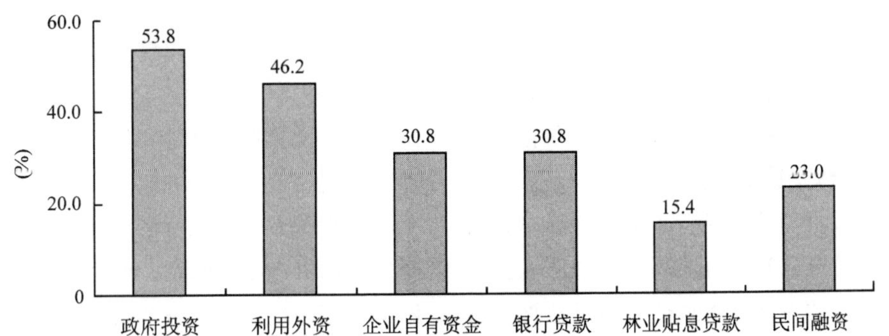

图3　资金需求情况

万公顷，经济林 26.8 万公顷，抚育间伐 51.6 万公顷。项目建设地点主要分布在东南部的 21 个省(自治区、直辖市)，包括湖南、湖北、安徽、广西、江西、贵州、河南、云南、四川、重庆、陕西、甘肃、浙江、福建、广东、河北、山西、辽宁、黑龙江、山东、海南等省(自治区、直辖市)。此外，2006 年，第一个亚洲开发银行(以下简称亚行)贷款项目列入了贷款规划，现在正进行项目准备。2007 年底，在欧洲投资银行与我国政府应对气候变化框架下，也列入了两个林业项目，现在也在准备中。同时，江西省的亚行贷款项目也列入了贷款规划，河南、湖北等省还利用亚行贷款农业项目、德国和日本政府贷赠款项目进行商品林建设。林业利用外资出现了渠道多元化的现象。通过项目营建的高标准用材林，增加了可采森林资源储备，有效缓解了我国木材供需的矛盾，为我国实现从采伐天然林为主向采伐人工林为主的转变奠定了坚实的物质基础。

2002 年，我国启动了重点地区速生丰产用材林(以下简称速丰林)基地建设工程。据统计，到 2007 年底，工程建设共吸引造林企业 2 206 家、造林大户 16 145 家，造林总面积分别达 3 000 多万亩和 2 000 多万亩，因而初步形成了多种经济成分共同参与、多种经营机制并存、多元化发展的工程建设新格局。各地在融资上主要采取了六项措施：

一是强化政府协调服务职能。在深化集体林权制度改革的基础上，江西省林业厅通过构建银林协作平台，拓宽林业融资渠道，开展以林权抵押贷款为重点的金融服务创新。该省先后与中国人民银行南昌中心支行、中国保险监督管理委员会江西监管局联合出台了《关于全面做好江西林权改革金融配套服务工作的指导意见》，与江西省农村信用社联合社联合出台了《关于全面开展林权抵押贷款指导意见》，与中国农业发展银行江西省分行联合出台了《关于全面推行林业贷款工作的通知》。辽宁省本溪市林业局与财政局联合出台了《本溪市以林抵押贷款利息财政补贴资金管理办法》，与中国人民银行本溪市支行联合出台了《全面推进林权抵押贷款工作实施意见》，安徽省林业厅与安徽省农村信用社联合社下发了《关于开办林权抵押贷款的通知》，这些做法都进一步拓宽了林业融资渠道。

二是加大政府对营造速丰林的扶持力度。以河南省为例：焦作市从 2000 年以来，各级财政先后投入 2 亿元用于补助速丰林基地建设，仅市财政每年就拿出 300 万元用于建设补助。为了鼓励农户申请使用小额贷款营造速丰林，该市还建立起“农户投入为主，乡村出资帮助，政府定额补贴”的多元化投入机制，新乡市通过市县两级财政对造林者给予苗木和占地补偿。濮阳市 2004 ~ 2006 年连续 3 年市财政拿出 500 万元用于速丰林基地建设。信阳市每年每亩市财政给予 20 元、县财政给予 50 元、乡财政给予 30 元的补贴。南阳市财政从农业结构调整资金中每年每亩给予 50 元的补贴支持速丰林建设。

三是积极落实林业贴息贷款政策。2007 年，国家林业局经财政部同意，下达林业贴息贷款项目建议计划 55 亿元，中央财政安排贴息资金 2.2 亿多元。这是“十五”以来增长幅度最大的一年。中国农业发展银行客户三部和中国农业银行农业信贷部分别将国家林业局下达的 2007 年林业贴息贷款项目建议计划转发推荐给各自省级分行和直属分行。地方林业主管部门也加强与财政和金融部门的合作，落实地方财政贴息政策和开展银林合作。浙江省林业厅与中国农业发展银行浙江省分行签订了《农业政策性金融支持浙江林业发展合作协议》，从项目贷款、林业企业信用建设、森林资源抵押贷款等方面加强合作，“十一五”期间，中国农业发展银行浙江省分行将向浙江林业产业提供 50 亿元政策性贷款支持。“十一五”以来，安徽省每年贷款总额达到 2 亿元左右，支持林业龙头企业开展速丰林基地建设，如安徽润华生态林业有限公司建设 1.5 万亩毛竹丰产林示范基地，申请贷款 950 万元。

四是组织实施国际金融组织贷款项目。江西、湖北等省发展速丰林主要以实施世行、日元贷款等项目实现融资，这种方式具有灵活性和针对性，克服了个别私人资本在从事专业化的商品林规模经营时出现的资金不足问题，而且项目融资框架中政府给予相应的扶持，使得金融机构和项目购买方以合约的形式参与，既保证了资金投入的强度又弱化了资金增殖过程中的市场风险。江西省自 1991 年以来，连续实施了世行贷款“国家造林项目”、“森林资源发展和保护项目”、“贫困地区林业发展项目”和日本政府贷款“江西造林项目”。截至目前，累计投资 117 516 万元人民币，其中国外贷款资金72 668万元，完成建设集约经营林地总规模 41.29 万公顷。湖北省利用日本政府贷款实施的营造林总面积 285 456.6 公顷，其中人工造林132 887.4公顷和封山育林 152 569.2 公顷，占总计划的 98.17%。项目总投资 7.67 亿元，其中贷款 75.35 亿日元，折人民币 5.27 亿日元，占总投资的 68.65%；国内配套 2.40 亿元，占 31.35%。

五是合作造林与合股经营融资。福州森得林有限公司于 2002 年成立股份公司，主要营造桉树速生丰产林，为扩大造林规模。他们以亲情、友情为纽带，向有经济实力的钢铁企业、纺织企业宣传桉树产业的经济效益，并组织相关人员到桉树发展较好的漳州市实地考察，增强了出资企业的信心。通过上述企业融资达 50%，造林面积成倍增长。目前桉树造林面积已达 2 万多亩，一些林分已进入间伐阶段，经济效益良好。

六是利用自有资金或职工集资入股投资造林。截至目前，广西壮族自治区商品林建设自有资金投入达到85 823万元，占商品林建设资金投入一半以上，自有资金已成为速丰林发展的重要部分。如广西壮族自治区凭祥市梁子雄，就是通过做边贸生意赚得的资金投入造林，成为广西壮族自治区有名的造林大户的。此外广西壮族自治区各国有、集体林场也采取职工集资入股造林，通过入股，职工可以取得利益分红。

三、存在的主要问题

（一）利用国际金融组织贷款建设商品林的难度加大

随着我国经济发展，国际金融组织对我国援助战略有较大的调整，相应的投资方向和内容也有较大的变化。

从 1999 年 7 月起，世行集团的国际开发协会（IDA）停止对我国提供优惠贷款（俗称：软贷），现在我国只能利用国际复兴开发银行（IBRD）的贷款（硬贷）。亚行等其他国际金融组织也执行同样的贷款政策。同时，国际金融组织不再支持单纯以增加木材生产等为目标的盈利性的项目，有关项目必须结合生态环境改善、区域综合发展、减贫等发展问题，他们趋向于支持公共产品建设的投资。

由于这些变化对项目投资内容要求更加严格，单纯的商品林（用材林和经济林）建设很难获得投资。这些改变虽然从趋势上看与可持续发展方向和要求一致，但与我国林区、林农的实际需求有些差距。我国基层林业生产实体和林农经济状况还很差，不可能在投资项目中承担生态建设的成本。因此，利用国际金融组织贷款进行商品林建设的融资难度越来越大。

（二）项目非财务成本增加

国际金融组织不仅援助战略有较大调整，而且安全保障政策的要求更加严格和繁杂。他们不仅考虑投资的经济可行性，而且更加关心对社会、环境的影响和作用，这通称为安全保障政策。安全保障政策包括社会评价、环境评价。环境评价包括项目活动对水资源、土地、原生植被的影响，项目作业对水土流失、使用农药化肥对环境的影响。在项目实施中监测评估还要有很大的工作量。

此外，世行现在对项目准备没有赠款支持。亚行虽然有项目准备支援赠款，但要由咨询公司执行。

以上这些变化和要求，导致项目准备和实施的非财务成本不断增加。单就项目准备而言，准备 1 个 1 亿美元的项目，从项目列入贷款规划到签订协议，至少要两年的时间，需要花费大量的人力和资金。

（三）国内配套资金压力大

按照国家发展与改革委员会的要求，利用国际金融组织贷款原则上要求 1∶1 的配套资金。而且中央财政基本没有配套投入，地方财政要足额配套难度巨大，特别是县级。在项目准备中，为了上项目各级都承诺了配套，但实际配套资金很难到位。由于利用贷款发展林业建设的项目县（市）都是经济欠发达的地区，筹集配套资金对各级林业和财政部门压力很大，即使通过种种努力，配套资金也无法足额到位。结果是不仅影响项目实施的质量，而且在贷款支付和审计中也造成很大麻烦。

（四）相关管理政策不完善

我国林业建设以分类经营为基本方针，但相关管理政策、税费政策并没有按照分类经营的要求进行改革和完善。

一是采伐等管理政策滞后。统一的采伐指标管理方式与林业分类经营的要求不相协调。实行分类经营，客观上要求对森林资源也进行分类管理。从总体上来说生态林与商品林建设应该配置得当相互协调，但在经营目的上，两者必然是各有侧重。商品林经营必须遵循效益原则和市场规律。虽然我国林业政策中明确了“谁造谁有”的林木资产拥有权，但是没有很好地解决林木资产的处置权。目前我们对用材林采伐实行木材限额和生产计划双重限制，业主对所经营的速丰林没有处置权，不能按市场需求进行采伐，而且有的地方税费改革滞后，经营商品林无法实现效益最大化。事实上，现行的采伐和税费政策起到了反向调节的作用，因而投资商品林比较效益低，并严重阻碍资金的流入。

二是缺少健全的流通市场。为使投资有适当的退出机制，增强投资者投资商品林建设的信心和预期，商品林的建设亟待建立林木资产评估和活立木流转机制。同时，健全的林木资产评估机制有利于使活立木作为资产进行投资担保和抵押，有利于从事商品林的实体进一步融资。

三是缺少避险机制和保险政策。投资商品林建设周期长，雨雪冰冻旱等各种灾害性天气、火灾、病虫害等自然风险，均会给林木带来损失。而我国目前的社会和商业保险政策不对投资营林提供任何保险，因而不能分散和规避风险。一旦灾害发生，将对林农和其他投资者造成惨重损失，而且最终给国家财政造成负担。

以上管理政策的不完善和滞后，不单是我们管理的不到位、不科学，更严重的必将妨碍林业建设。这不仅影响社会对商品林的资金投入，而且会挫伤林农造林的积极性。不仅影响商品林的建设，而且由于刚性的木材需求，最终必然还会影响生态林业的建设。

四、对策和建议

（一）更新观念，适应新情况、新要求、新使命

全球气候变化关系到全人类生存，森林是陆地生态系统的主体，造林和森林植被恢复在应对全球气候变化中发挥着无可替代的作用。商品林的培育不仅直接满足人们对木材和其他林产品的需求，而且为生态林的建设和保护创造条件。商品林和生态林建设是相辅相成的，如果商品林不能满足人们的刚性需求，必然会影响到生态林的建设。所以进一步搞好我国商品林的建设将有利于我国乃至全球的生态环境改善。

进一步利用国际金融组织贷款开展商品林建设，必须从应对全球气候变化、保障和促进生态林建设的角度出发，对生态与经济、近期与长期发展加以考虑。这不仅符合国际金融组织调整的援助战略，而且为进一步开展商品林建设提供新的机遇和途径。为此，要加强与国际多边金融机构的交流与合作，继续积极争取世界银行、亚洲银行、欧洲投资银行、联合国农业发展基金会等国际金融组织的贷款。2007年欧洲投资银行提供5亿欧元，与我国政府签订了应对气候变化贷款框架协定，林业部门经过努力争取了两个林业项目。

（二）用新思路构建新项目

在新的形势下，利用国际金融组织贷款进行纯生态林的建设由于没有直接的经济效益而无法还贷，而单纯商品林化的造林已无法获得贷款。因此，在继续与世行、亚行等国际金融组织争取贷款项目时，必须兼顾经济和生态效益。不管生态林还是商品林，在生长过程中都有生态效益，尤其是不可忽视固碳作用，林木生长越快（即单位时间内的生物量大）其固碳作用越大。为此，利用国际金融组织贷款造林，不仅要在项目设计中把生态效益与经济效益结合起来，而且要把生态效益量化并通过一定的机制得到补偿，特别是在固碳的碳汇交易中。

在《京都议定书》框架下的清洁发展机制（CDM）的碳汇交易测量的方法论、注册认证、监测等，不仅复杂而且成本昂贵，林业项目很难通过CDM获得碳汇交易的经济补偿。近期出现一种更广泛交易成本低的自愿碳市场机制，其相应的规范是“自愿碳标准（VCS）”。2007年VCS推出了农业、林业和其他土地利用项目的标准（AFOLU），造林、再造林和植被恢复都包含在标准之内。因此，林业

行业必须尽快熟悉并建立相关的机构，不仅让林业在应对全球气候变化中发挥应有的重要作用，而且将这种效益通过交易得到经济支持，使营造林的扩散效益得到补偿，以解决林业建设周期长、直接经济效益低的问题。这种交易补偿机制的应用，不仅能提高投资营造林的经济效益，而且将刺激对林业的投资，从而形成林业建设繁荣、森林覆被增加、生态环境改善的良性循环。

（三）政府要加大对商品林建设的扶持

投资商品林兼有的生态效益具有扩散型，搞好商品林建设必将有助于生态林的建设。商品林的建设不是普通意义上的单纯以营利为目的的商品生产。因此，政府还应在资金上和政策上加以引导和扶持，特别是在贫困地区开展商品林建设项目时，政府应该在前期准备费用、配套资金，以及项目后期的管护包括病虫害、森林火灾等方面予以支持。在争取外资投入商品林建设领域的同时，要做好外资项目国内配套资金的落实工作，争取国家财政的支持，并且应将国家对商品林建设应有的扶持机制规范化、制度化、长期化。

（四）构建政府对发展商品林的服务保障体系

发展商品林建设是社会的客观需要，是林业建设的一项不可偏废的任务。因此，管理部门和各级政府要为商品林建设提供政策、法规、程序等各方面的优质服务。一是完善相关的管理政策，特别是采伐管理、林地林木流转机制、避险保险机制，为商品林建设创造基本的政策环境。二是政府和管理部门提供完善的公共服务。主要是融资政策指导、产业政策信息咨询；向林农提供各种产供销信息，以使他们能够生产销售前景较好的产品，避免市场风险；为病虫害防治、防火的培训指导和服务。

（五）加大对速丰林工程的融资扶持

要进一步加强同金融部门的合作，促进符合速丰林建设特点的信贷品种的开发和应用。一是加强宣传，高层推动。各级林业主管部门和造林实体要积极主动地进行宣传，要让银行等金融部门充分了解林业，对速丰林建设的前景和风险有清晰全面的认识；要让金融部门看到利益增长的“点”在哪里，以便增强金融部门的投资动力。同时各级林业主管部门要在现有的基础上密切与金融部门的合作，逐步建立完善顺畅的工作机制，使之从领导层面和政策导向上支持速丰林基地建设贷款。二是促进各金融机构积极开发、提供符合速丰林建设特点的金融服务。推动国家开发银行和中国农业发展银行兑现政策，对速丰林工程造林提供较长期限的贷款，简化贷款流程，延长贷款期限，并适当降低贷款利率，降低贷款门槛，从而扩大政策性银行贷款的惠及面。推动商业银行提供符合速丰林建设特点的贷款服务，促进以林权抵押贷款为重点的金融服务创新，拓宽速丰林融资渠道。三是建立和完善速丰林建设小额贷款扶持机制。推动城市信用社等基层金融组织采取灵活的贷款模式，适当放宽贷款条件，简化贷款手续，为林农、林业职工个人以及小企业提供小额贷款。

要进一步加强同财政部门的业务沟通，争取扩大财政支持。一是加强财政的补贴和资金支持整合种苗、科研推广、森林防火、病虫害防治、林区道路等国家补助资金为速丰林工程造林直接补贴；各级财政按当年财政收入的一定比例（1%）作为造林补助，验收合格后给予每亩50元左右的直接补助；扩大大径材培育项目投资规模，对国内企业和个人以培育大径材资源为目标的造林和抚育等营林活动进行奖励或补助；启动工程造林示范项目，中央和地方财政、林业部门给予一定的资金和技术支持；二是继续加大财政贴息扶持力度，充分发挥政策导向作用。积极协调财政和金融部门，狠抓贴息项目落实；进一步完善林业贷款中央财政贴息贷款项目管理办法和相关政策，加快建立面向林农和小企业的小额贴息贷款项目工作机制，切实解决林权制度改革以后广大林农融资难的问题。三是实行森林保险政府补贴。逐步建立机制灵活、覆盖风险范围广、措施完善的森林保险市场保障机制，中央和地方财政分别给予一定比例的保费补贴。四是适当减免规费，降低速丰林生产成本，弥补营造速丰林产生的外溢生态效益。

要优化速丰林建设融资市场环境。一是支持建立林业投资担保公司、龙头企业和林业合作组织，以及为农户承贷承还或提供贷款担保等多种形式的林业信贷担保机制。二是优先在速丰林工程造林领域开展政府扶持的林业保险试点，利用市场机制增强速丰林建设的抗风险能力。三是建立森林、林木和林地使用权流转交易平台，促进林权抵押贷款。四是指导、规范森林资产评估等社会中介服务组织，建立良好、公平的交易秩序。

要转变政府职能，深化社会公共服务。一是支持、引导科研单位、龙头企业(大户)开展速生丰产用材林的适用技术研究，开展科技示范，推广先进科研成果，促进规模化、标准化、集约化经营。二是规范林业专业协会和社会中介服务组织，提供林业政策咨询、技术培训等社会服务，完善速丰林发展的市场体系。

调研单位：国家林业局世界银行贷款项目管理中心

调研组成员：杨柏权　胡柏炯　刘玉英　崔海鸥　马　藜　高　娜　林章楠

江西省林业专业合作组织建设情况调研报告

江西省林业产权制度主体改革(以下简称林改)工作基本完成后，林业的组织结构、生产方式、经营模式等都发生了深刻变化，林农真正成为林业经营的主体。如何面对改革后林农“单家独户”的生产经营格局和林权单位相对变小、面积分散、生产成本加大、抵御灾害能力降低等问题，解决千家万户小生产与千变万化大市场矛盾，提高林地生产力，引导林农走联合经营的路子，各地实践表明，林业专业合作组织发展是顺应林改后林业发展规律和满足林农生产需求的有效途径。为深化林业产权制度配套改革，促进林业专业合作组织快速健康发展，实现林业增效、林农增收，我们对江西省林业专业合作组织建设情况进行了专题调研，现将调研情况报告如下。

一、江西省林权制度改革后林业面临的新情况

江西省是一个林业大省，林业在江西省经济社会发展中具有举足轻重的地位和作用。2004年以来，江西省委、省政府认真贯彻落实《中共中央 国务院关于加快林业发展的决定》，在全省开展了以“明晰产权、减轻税费、放活经营、规范流转”为主要内容的林权制度改革，取得了显著成效。江西省98.5%的林地林木明晰了产权，82.5%的集体林地分到了农户。通过林权制度改革，有效地激发了社会各界投资林业的热情，企业、个人造林育林的积极性空前高涨。2005～2007年，江西省每年完成人工造林都在320万亩以上，今年将有望突破500万亩，其中企业和个人投资造林将超过2/3。2007年江西省林业总产值达610亿元，农民人均林业纯收入达到590元，林业在推动全民创业、促进农民增收中的作用更加凸显。但是，随着集体林地经营权属的变革，出现了林权分散、经营单位变小等新情况，给林业生产、管理和服务提出了新的挑战。主要表现在：

(1)规模经营难度大。分山到户以后，江西省1.33亿亩集体林中1.079亿亩，分成1 097.32万宗地，分给600多万户农户经营管理，单户经营平均面积不到20亩，单宗地块面积不足10亩。由于林业的长周期性，要想持续、高效获得收益，必须整合林地资源，进行规模化集约经营。从理论上说，林改后产权明晰有利于加速林地流转，促进林业生产规模化、集约化。但是，实际上至少在短期内有以下几种情况制约了林地流转：一是山区林农受传统思想的束缚，对山林都比较看重，总愿意守住一片山林不放；二是部分林农把所分山林作为致富的金钥匙，特别是分到毛竹、果木等经济效益较高森林的农户，舍不得租赁流转，宁愿自己小户经营，“细水长流”；三是大部分农户所分山林面积较少，生产生活对所分山林依赖程度较低，对微薄的流转收入无所谓；四是农村社会保障制度不完善，各级政府害怕林农失山失地，影响山区稳定，不鼓励林农流转山林，甚至设置一定的流转障碍；五是山区农民普遍外出务工，流转洽谈联系非常不便。

（2）监督管理难度大。一是森林采伐监管难度大。《中华人民共和国森林法》（以下简称《森林法》）明确规定，森林采伐实行限额制度和许可证制度。分山到户后，经营主体数量剧增，千家万户要求采伐，有的申请采伐数量不到1立方米或者仅几根毛竹，这使实施采伐许可证制度增加了成倍的工作量，且满山遍野都是伐区，“伐前设计、伐中检查、伐后验收”难以进行。二是木竹运输监管难度大。《森林法》规定：从林区运出木材，必须持有林业部门发给的运输证件，实行凭证运输。但是，分山到户后，每户采伐木材数量较少，运出林区方式多种多样，人力大板车、三轮摩托车等成了主要运输工具，有的甚至用肩扛背拖的方式将木竹运出林区，这给木材运输证发放和木材运输检查带来极大的困难。三是木竹经营管理难度大。由于采伐户数量急剧增多，千乡万村到处都有木材交易，致使对无证经营木材、收购无证木材等非法活动的监管难度加大，加上林区道路日渐增多、路网越来越复杂，固定检查站也难有作为。

（3）经营服务难度大。林改后，广大林农造林育林积极性高涨，造林行为由过去的“要我造”变为现在的“我要造”，“争苗抢苗”造林现象普遍，造林面积年年大幅度增长。据统计，2008年江西省造林、补植总面积达到了400万亩，创历史新高。但是，由于经营观念、技术水平、资金投入、抚育管理等原因，造林质量有所下降，造林保存率不高。究其原因，主要是因为林权单位变小且分散，社会组织化程度降低，而且山区林农地处偏远、居住分散、交通不便，林业部门对林农生产所需的规划设计、树种选择、良种良苗供应、树种配置等生产环节的技术指导无法及时提供。同时，加大了林地抚育管理、林木采伐、林权流转、抵押贷款等林业经营、服务的难度。

二、发展林业专业合作组织的必要性

面对林改后出现的新情况，为降低林业生产成本，提高经营技术及管理水平，抵御经营风险，实现分山到户家庭承包经营基础上的规模经营效益，保障林农权益，巩固林改成果，发展林业专业合作组织显得十分必要。

（1）发展林业专业合作组织，是林业集约化、规模化经营的客观需要。林改后，分山到户，实行了家庭承包经营，极大地激发了林农发展林业的积极性，短期内必然会促进林业生产力的发展，但是，户多山少、点多面广，防火、防病虫、防乱砍滥伐成本增加，生产经营水平难以提高，经营效益难以放大。林业经营周期长、范围广、具公益性的特点和国内外经验告诉我们，林业必须走规模经营、集约经营之路。林业专业合作组织在产权明晰的基础上，把分散的林农有机地联合起来，将分散经营的林地集中起来，作为林农进入市场的重要桥梁和纽带，实现了林业生产要素的优化配置，大大提高了林业集约化、规模化经营水平，有效解决了林改后山林小户所有与林业规模集约经营的矛盾。

（2）发展林业专业合作组织，是保障林农权益、提升整体竞争力的需要。随着经济全球化的逐渐形成，市场竞争日趋激烈，单户林农进入市场其竞争力将越来越弱。并且，由于山区林农文化层次较低、信息较闭塞、林业经营长远规划意识淡薄，加上长期粗放经营习惯，执行各级政府制定的林业发展规划的自觉性、主动性较差，由各级政府主导的规模经营难以形成。同时，个体木竹加工经营户，在竞争日益激烈的市场中，由于规模小、资金缺乏、产品转型能力弱、科技含量低，抵抗风险能力差，致使恶意竞争，小型企业不断倒闭。发展林业专业合作组织，个体林农、木竹经营加工企业联合起来，开展多形式、多层面的合作，扩大了生产规模，形成整体合力，有效降低生产成本，提高生产效率，畅通信息渠道，增加生产的计划性、规划的长远性，增强行业自律，有利于提升整体竞争力，保障林农权益，增加林农收入。

（3）发展林业专业合作组织，是加强林业管理、促进林业科技推广普及的需要。林业专业合作组织把分散经营的林农及其他林业经营户组织起来，林业管理和科技推广有了新的依托和重要载体，缩短了林农与政府联系距离，增强了各级政府和林业部门管理和服务的效率，有力克服了林改后森林资源监督管理和林业科技服务的困难。同时，林业专业合作组织自行收集市场信息、自办技术辅导材料、自组科技培训，自立生产标准，实行标准化生产，为林业发展起到最好的示范、带动作用，对提高林业科技含量，促进林业生产专业化、标准化、集约化起到较强的推动作用。

三、江西省林业专业合作组织建设基本情况

林改后，江西省各地林农群众在各级政府的正确引导下，充分发挥首创精神，各类林业专业合作组织蓬勃发展。据此次调查统计，江西省现有各类林业专业合作组织 4 205 个，其中工商注册 160 个，总出资额约 9.946 9 亿元，总成员 95.862 5 万人(户)，其中林农成员 92.297 2 万人(户)，详见表 1。江西省林业专业合作组织可以分成以下四种类型：

(1)股份合作型林场。这种类型包括股份制林业公司、股份制林场、股份制木材加工及销售联合体、联户林场、合伙租山造林大户等。江西省股份合作型林场共有 2 182 个，其中工商注册 83 个，总出资额约 9.212 8 亿元，总成员 11.570 6 万人(户)，其中林农成员 11.389 8 万人(户)。

(2)专业造林队(公司)。这种类型合作组织是在林改后群众造林积极性逐年提高而劳力不足的情况下，在有一定造林经验的能人组织下，由青壮年农民或林场下(待)岗工人组成的、较稳定的专门承包造林、抚育施工的组织。江西省共有专业造林队(公司)17 个，其中工商注册 3 个，总出资额约 805 万元，总成员 1 330 人，其中林农成员 820 人。

(3)林业专业协会。这种类型包括毛竹、油茶、苗木花卉、林果业、木竹加工、林产工业等协会，主要在资源培育、木竹生产、加工销售等方面为成员提供技术、信息等服务。江西省共有林业专业协会 118 个，其中工商注册 66 个，总出资额约5 535 万元，总成员 35 304 人(户)，其中林农成员 34 800 人(户)。

(4)林业“三防”协会。这种类型是指山区林农自主联合进行森林防火、防病虫害、防乱砍滥伐为主要服务内容的合作组织。江西省共有林业“三防”协会 1 888 个，其中工商注册 8 个，总出资额约 1 001万元，总成员 80.628 5 万户，其中林农成员 77.345 4万户。

四、江西省林业专业合作组织发展存在的问题

由于林权制度改革，林业良好发展形势的拉动和各级政府、林业部门的引导，江西省林业专业合作组织无论在数量上还是在质量上都有较大的发展。但是，江西省林业专业合作组织在发展过程中还存在不少问题，主要表现在以下几方面：

(1)思想认识不到位。多数干部对林业专业合作组织缺乏了解甚至很陌生，对已公布实施的《农民专业合作社法》更是知之甚少，对林业专业合作组织的地位和作用认识不清，造成工作缺乏主动性。大部分林农群众小农意识强，加上受历史上

表 1　江西省林业专业合作组织基本情况

组织类型	组织个数		出资额	成员数量		备注
	数量	已工商注册	(万元)	数量	林农成员	
合计	4 205	160	99 469.4	958 625	922 972	另有 4 个经民政部门登记
股份合作型林场	2 182	83	92 128.4	115 706	113 898	
专业造林队(公司)	17	3	805	1 330	820	
林业专业协会	118	66	5 535	35 304	34 800	另有 1 个经民政部门登记
林业“三防”协会	1 888	8	1 001	806 285	773 454	另有 3 个经民政部门登记

注：调查时间为 2008 年 5 月。

“合作扩大化、人民公社化”的危害影响，仍习惯于一家一户的生产经营方式，缺乏组织起来共同发展的热情和信心，影响了林业专业合作组织发展速度。

（2）组织运行不规范。江西省林业专业合作组织虽然都拟定了章程，成立了理事会等组织机构，但绝大多数林业专业合作组织未经工商注册，有的只是挂了一个牌子，没有固定的收入来源，内部运作机制不健全，规章制度不完善，缺乏基本的入会和退会手续，很难做到真正的民主管理；一部分林业专业合作组织，如“三防”协会，基本上由政府一手包办，林农的主体意识不强，如缺乏政府扶助，合作组织很难运转。

（3）经营水平不高。不少林业专业合作组织，缺少“能人”牵头，组织管理者大都专业水平不高，市场观念不够强，缺乏林业生产经营和管理经验等。他们往往只看重眼前利益，缺乏长期规划，使合作组织发展后劲不足，特别是在技术引进、经营管理、市场开拓、信息收集以及经营网点分布等方面，都无法与专业化大公司抗衡，无法在市场竞争中取得竞争优势，很大程度上制约了林业专业合作组织的发展壮大。

（4）资金投入不足。大部分林业专业合作组织，特别是一些完全由普通林农组成的合作组织，成员本身就是社会相对弱者，股金筹集非常有限，均因严重缺少启动资金或流动资金，致使只能开展一些低成本、低水平的纯粹互助性活动，如统一护林、代买肥料、统一订货等，合作组织生产和规模的发展缓慢。

（5）管理体制不顺。林业专业合作组织，专业性、社会性、公益性都很强，本应由林业部门统一进行管理。但在调查中发现，目前江西省林业专业合作组织根据不同的合作类型，分别由农业、林业、民政、工商、科协、供销社、老建扶贫、乡镇企业局等部门参与管理，管理上比较混乱。就林业部门内部而言，除省林业厅明确了由省森工局负责指导林业协会开展工作外，没有明确哪个部门负责江西省林业专业合作组织的管理和协调工作，统计数据上报也很难准确、全面。

（6）政策扶持缺乏。对农、林业专业合作组织给予多方面的支持，是国际上通行的做法。特别是在融资、税收等方面，应该得到政府的支持。近几年，国家财政每年都拿出不少资金扶持农民专业合作组织的发展，但由于林业专业合作组织是一个新生事物，没有专门的管理部门，缺乏协调管理机制，致使国家扶持资金基本上没有落实到林业行业；在融资和税收方面，林业专业合作组织也没有明确有关优惠政策。

五、加快发展江西省林业专业合作组织的建议

（1）加强组织领导。发展林业专业合作组织是巩固林改成果，促进林农持续增收的最有效手段。各级林业部门要进一步统一思想，提高认识，加强组织领导，抓紧出台促进林业专业合作组织的指导意见，明确指导思想和发展目标，理顺管理体制，制定扶持政策，营造鼓励发展林业专业合作组织的浓厚氛围，采取有力措施，推动江西省林业专业合作组织健康快速发展。

（2）搞好宏观管理。一是坚持“政府扶持、部门指导、市场化运作”的思路，鼓励和引导林农在产权明晰的基础上，以亲情、友情、资金、技术为纽带，组建家庭林场、股份合作林场、专业协会等林业专业合作组织。同时，要引导林业龙头企业与林农建立新型的合作关系，培育“公司＋合作组织＋农户”的合作经营模式，实现林业产业化经营。二是加强行业管理，完善登记注册手续，规范组织行为，保障成员权利。三是在引导合作组织发展过程中，必须坚持以下原则：①坚持以家庭承包经营为基础的原则。这是积极稳妥地推进林业专业合作组织发展的前提。②坚持农民“入社自愿、退社自由”的原则。不搞强迫命令，防止人为“拉郎配”。③坚持“民办、民管、民享”的原则。要突出以林农为主体的思想，实行民主决策、民主管理。④坚持多样化发展的原则。要尊重林农的意愿，从实际出发，因地制宜，讲求实效，形式多样，不搞一刀切。

（3）强化技术服务。林业专业合作组织作为一种弱势林农自发的民间组织，管理水平、管理经验、经营理念都比较落后，要确保其健康发展，各

级政府和林业部门，一是要在林木良种、技术培训、市场信息、经营管理、人才培养等多方面做好服务，采取多种形式全面指导林农发展壮大合作组织。二是要搞好示范，选择一些带动农户多、发挥作用好、发展潜力大的林业专业合作组织进行重点扶持、规范化建设，通过典型示范，吸引更多的农民积极参与，促进更多的组织发展壮大。

(4)加大政策扶持力度。一是加大信贷支持力度。林业专业合作组织相比个体林农而言，能提高林业经营效益，有效化解融资风险。因此，各级金融部门要适当简化林业专业合作组织贷款手续，优先解决林权抵押贷款额度，优先给予贷款贴息扶持，适当降低贷款利率，适当延长贷款期限。二是加大税费扶持力度。严格按照《财政部 国家税务总局关于林业税收政策问题的通知》(财税[2001]171号)免除合作组织所得税，减免合作组织增值税，适当降低林业专业合作组织育林基金征收比例或实行部分返还。三是加大财政资金扶持力度。各级财政部门要安排一定的启动资金，用于林业专业合作组织建立和完善各种管理制度和运行机制，增强服务功能，提高服务效果。各级林业部门要将林业重点工程建设资金向林业专业合作组织倾斜，重点用于林业新品种和新技术的推广应用、林业标准化建设、速丰林基地建设、林业产业化及林产品市场营销等方面。建议省厅整合有关项目资金，设立林业专业合作组织发展专项扶持资金，重点扶持一些基础条件比较好、经营规模比较大、影响带动能力比较强的林业专业合作组织示范点建设。四是加大采伐政策扶持力度。允许林业专业合作组织单独编制森林经营方案，实行限额单列、计划单列，适当放宽商品林林木采伐利用的限制，适当简化采伐审批手续。要利用采伐政策强有力的手段，引导林农走林业专业合作组织的道路。

(江西省林业厅：邱水文)

关于强化林业灾后重建措施
加快林区生态和经济恢复的调研报告

按照江西省委、省政府关于深入开展学习实践科学发展观活动的要求，近期我们先后到宜春、吉安、抚州、赣州等市，深入乡村、农户和企业，围绕如何进一步强化林业灾后重建工作，加快林区生态及林业经济恢复问题进行专题调研。调研中我们感受到，灾情发生以来，各地按照省委、省政府关于坚决打好林业生态恢复硬仗的部署，精心组织，科学安排，林业灾后重建工作取得了可喜成绩，但由于林业灾情重、损失大，加之林业不同于其他行业，灾后恢复重建需要的时间长、压力大，必须认真总结受灾经验教训，进一步采取有效措施，持之以恒地抓好林业灾后恢复重建工作。现将调研情况报告如下。

一、雨雪冰冻灾害使江西省林业遭受重创，林业灾后恢复重建任重而道远

这次雨雪冰冻灾害损失最重的是林业，损失最大的是林农，恢复时间最长的是林业生态和林区经济。江西省受灾森林面积5 350万亩，占江西省森林总面积的40.9 %；因灾损毁木材超过2 300万立方米，相当于江西省5年的商品材采伐量，损毁毛竹5.9亿多株，接近江西省立竹总量的40%；林业因灾直接经济损失112亿元，占江西省各行各业损失的1/3以上。受灾特征主要体现在四个方面：

(1)受灾区域明显。林业灾情重的地方主要分布在赣中、赣西北、赣南的吉安、宜春、赣州、萍乡、抚州5个设区市，江西省林业重灾县接近40个，崇义、奉新、遂川、铜鼓、宜丰、泰和等林业大县受灾森林面积超过60%，林业因灾直接经济损失超过10亿元。从地域上看，海拔高的比海拔低的地方受灾重，尤其是海拔300米以上的灾情损失明显加大，江西省90%以上的受灾毛竹都在海拔300米以上；地势陡峭的比平地和缓坡地受灾重，风口处的林子基本荡然无存。

(2)受灾树种集中。总体上针叶树比阔叶树受灾重，外来树种比乡土树种受灾重，速生树种比非速生树种受灾重。虽然这次毛竹、湿地松、马尾松、杉木、油茶、樟树、桉树、杨树等各类树种普遍受灾，但尤以毛竹、湿地松两个经济效益好的树种受灾最为严重。

(3)受灾教训深刻。没有开展经营管理的林子比经营管理好的受灾重，采脂的湿地松比没有采脂的受灾重，毛竹密度小的比密度大的损失重，没有阔叶树分布的毛竹林比有阔叶树分布的受灾重，针叶纯林比针阔混交林受灾重。

(4)灾后恢复任务艰巨。毛竹林恢复至少需要5年，湿地松需要15年，阔叶树需要30年以上，庐山、井冈山等自然保护区的森林灾后恢复难度相当大。江西省因林业受灾的影响人口预计达到2 200多万人，尤其是以林为主的山区林农今后5年将面临大幅度减收，一部分林农可能出现因灾返贫，崇义、铜鼓、奉新等山区县林农人均因灾损失超过万元。因灾后可供采伐的木竹大幅减少，预计明后几年江西省山区林农人均因灾减收300元以上，林业大县人均减收800～1 000元。江西省2 613家竹加工企业和93家松香加工企业今后几年因缺乏原料可能停产，31.5万名企业职工的就业和生活受到影响。

二、江西省林业灾后重建工作面临的主要困难和问题

灾情发生后，江西省各级党政按照省委、省政府关于坚决打好林业生态恢复硬仗的部署，及时把林业抗灾救灾工作的重点转入灾后恢复重建，林业系统超前部署林业灾后重建工作，及时出台了“三帮三补两加强”的灾后重建政策，制定了“三禁止两不准、一停止”的管理措施，维护了灾后林区秩序的稳定；突出抓好灾后损毁林地的补植补造和毛竹施肥，促进灾后森林恢复；依法有序开展因灾损毁木竹的清理，全力防范森林火灾、病虫害等林业次生灾害；积极争取中央和省林业灾后重建资金和政策，支持林农展开恢复重建；制订受灾林木收购保护价，切实保护林农利益，林业灾后重建工作呈现良好开局。但要把林业生态和林区经济尽快恢复到灾前水平，当前和今后一个时期主要面临5个方面的困难和问题：

(1)受灾林木清理难度大。由于因灾损毁木竹数量大，林区交通条件差，农村劳力少，清理成本高，加上木竹加工企业收购资金和仓储能力有限，林木清理工作难度相当大。截至5月5日，江西省完成受灾林地清理877.6万亩，清理木材614.5万立方米，分别占任务的55.9%和60.3%；完成受灾毛竹清理398.2万亩，清理毛竹10 353万株，分别占任务的48%和34.5%，与江西省政府提出的受灾林木清理要求还有不小差距。

(2)灾后补植补造任务重。据江西省林业厅调查，江西省有280万亩林地需要重新造林，1 120万亩需要补植造林，1 100万亩毛竹林需要通过施肥恢复复壮，其他2 750万亩林子需要通过严格封育进行自然恢复。截至4月底，江西省已完成造林454.6万亩，其中省政府原定的300万亩造林任务全面完成，灾后新增202万亩补植补造任务完成率接近60%，竹腔(蔸)施肥正在全面展开。但从总体任务看，今后3～5年时间，江西省受灾森林恢复任务仍将十分繁重。

(3)林业灾后重建资金匮乏。中央和江西省对林业灾情高度重视，中央安排江西省1.16亿元林业救灾及灾后重建资金，省财政安排9 000万元用于购买林木良种、毛竹肥料、造林补助以及林业机械和林木清理补助。据江西省林业厅初步匡算，仅恢复江西省5 000多万亩受灾森林，需要60多个亿，按5年完成恢复任务计算，年均需要灾后森林恢复资金10亿元以上。加上林区和基层林业单位因灾损毁的道路、房屋等基础设施亟待修复，资金缺口相当大。

(4)防范次生灾害压力大。灾后林区倒伏了大量木竹和枯枝落叶，可燃物载量急剧增加，加上林改后林农造林积极性高涨，进山人员增多，野外火源管理难度加大，森林防火工作面临着非常严峻的形势和前所未有的压力。2008年1～4月，江西省发生森林火灾478起，过火森林面积1.2万公顷，受害森林面积0.65万公顷，大大超过2007年全年总量。同时，森林遭受冰冻灾害后，抗逆能力下降，尤其是在电力抢修期间，各地从疫区省份调进

了大量电缆盘等木质包装材料，极易造成松材线虫病等危险性森林病虫害的扩散和传播。此外，受灾林木清理量多面广，如不加以严格防范，很容易引发局部性的乱砍滥伐。

(5)部分林农信心不足。林改后，毛竹、湿地松、油茶等经济效益好的林子基本落实到户经营，林农发展林业的积极性空前高涨。这次雨雪冰冻灾害，损失最重的是林农和林业经营大户，林改刚刚迸发出来的造林护林积极性受到很大打击。调研中我们发现，面对严重的灾情，一些林农对经营林业感到信心不足，有的开始产生悲观情绪，有的林农看到今后几年山上没有收入来源，感到今后生活压力大，有的村组半数以上纷纷外出打工，林业灾后重建面临农村劳力严重短缺的压力。

三、加快林区生态和林业经济恢复的对策措施

经过调研，我们认为，加快恢复林区生态和林业经济，必须以科学发展观为指导，按照“保绿色生态优势、保绿水青山品牌、保林农持续增收”的要求，打好林业生态恢复硬仗，力争到2008年6月底基本完成受灾林木清理任务，用2年时间基本完成毛竹林恢复，用3年时间基本完成其他受灾森林植被的恢复，确保林农收入不下降，确保到2010年江西省森林覆盖率增加3%，使林区生态和林业经济尽快恢复正常。实现这一目标，必须在前一阶段工作的基础上，继续做好以下工作：

(1)充分认识林业灾后重建的长期性，切实加强组织领导。江西省良好的生态环境是江西省人民通过长期的艰苦奋斗取得的，成绩来之不易。江西省委苏荣书记指出：经历了这次历史罕见的雨雪冰冻灾害后，能不能保护好青山绿水，是对我们提出的一个严峻考验；要像爱护眼睛一样爱护青山绿水，要像珍惜生命一样珍惜青山绿水。吴新雄省长指出：绿色生态是江西省最大的财富、最大的优势、最大的潜力、最大的品牌，保护好江西优良的生态环境，是各级政府最大的责任。各级党委、政府充分认识林业受灾的严重性、林业生态恢复的长期性和林区经济恢复的紧迫性，切实把林业灾后重建作为当前和今后几年农业和农村工作的一件大事来抓。要针对各地林业受灾的不同特点，科学指导林农制订灾后重建规划，并切实与国家林业重建规划相衔接，积极争取中央更多的政策和资金扶持。

(2)打好受灾林木清理攻坚战，减轻林农损失。要抓住一切有利天气，把清理村边、路边、山边以及保护区、森林公园等周边的受灾林木作为重点，能清理的要全部清理下山，切实减轻林农损失。各级政府要切实加强对受灾林木清理工作的组织领导和督促检查，以村组为单位，组织劳力上山，加快清理步伐。林业部门要及时安排好受损林木采伐指标，实行现场审批，简化办事手续。财政部门要对清理成本较高的地段给予劳务补贴，对企业收购林农木竹的贷款给予贴息。要加强对加工企业收购受灾木竹的指导，督促企业履行社会责任，加快筹措收购资金，增加仓储能力。同时，严格执行收购保护价政策，对欺行霸市、压级压价、乱收滥购等扰乱市场的行为给予坚决打击，切实维护林农利益。力争在较短时间内打好林木清理硬仗，使受损林木和毛竹“清得下来、运得出去、卖得起价”。

(3)以灾后恢复重建为契机，加快林业结构调整，强化林业科学经营。切实做到“三个不搞”、实现“五个转变”。即不搞炼山全垦整地，大力推广打洞机、割灌机等林业机械，保护原生植被，降低造林成本，防范森林火灾；不搞陡坡开荒造林，减轻水土流失，着力促进封山育林和自然恢复；不搞大面积单一纯林，大力培育乔灌草立体式的自然复层林。大力调整林业结构，实现由“人种天养”的粗放型经营向集约经营转变，由只重生态效益向以经济效益为主、统筹兼顾生态和经济效益转变，由传统的密植造林向合理稀植、培育大径材转变，由注重人工造林向封、改、补、造多管齐下转变，由注重山上造林向发展平原造林转变，不断提高森林质量，扩大资源总量，增强林业、林农抵御自然灾害的能力。

(4)加强管理，维护灾后林区秩序稳定。一是加强林政管理。尤其要严格执行“三禁止、两不准一停止”的规定，在清理受灾林木中坚持该清理的清理，能恢复生长的保存。加强对企业收购行为的监督，防止灾后出现大的乱砍滥伐。二是加强森林防火工作。抓住当前各地高度重视森林防火的机

遇，抓紧研究建立村级护林联防制度，加快生物防火林带和应急体系建设，逐步建立森林防火长效机制，确保灾后无大火。三是加强灾后松材线虫病等林业有害生物的监测和防治，抓紧清理电缆盘等木质包装材料，强化检疫执法，防止危险性森林病虫害扩散蔓延，确保灾后无大疫。

(5)围绕灾后重建目标，继续完善扶持林业发展的政策。抓好已经出台的各项林业扶持政策和灾后重建政策的落实。根据林业灾后重建工作的需要，不断完善有利于林业恢复重建的扶持政策。比如，积极争取国家或国际组织的重视，对江西省受灾的外国政府贷款造林项目，给予债务本息免除或延长债务偿还期限；学习借鉴省外、国外的好做法，建立造林奖励补助制度，对经验收合格的社会造林，由财政给予一定的资金补助；建立林木良种补助制度，调动林业经营者推广使用林木良种的积极性；将林业机械纳入江西省农机具补贴范围，提高林业机械化水平；根据财力的增长，逐步提高生态公益林补偿标准，开展森林生态效益直接受益单位补偿试点，调动各级政府和林农群众保护公益林的积极性等。

(6)深化改革，建立促进林业发展的长效机制。关键是搭建好"四个平台"。加快林业产权交易中心建设，搭建森林资源公开流转平台。鼓励和规范林地林木转让，激活林业生产要素，实现资源变资本。全面推进林权抵押贷款，搭建林业融资平台。金融部门在规避风险的前提下，通过降低利息、延长贷款期、简化办事手续，为经营者提供灾后融资服务。财政要给予贴息支持。全面推行林业灾害保险制度，搭建防范经营风险的平台。全面推开林木火灾保险，并将森林病虫害保险以及其他自然灾害保险等纳入政策性林业保险范围，财政给予保费补贴。大力发展林业经济合作组织，搭建林农参与市场竞争的平台。鼓励和扶持林农建立民营林场、林业专业合作社、行业协会等经济合作组织，实现在产权明晰基础上的林业合作化、规模化、集约化经营，提高经营效益。

(7)关注民生，高度重视和切实解决灾后林农增收问题。各级财政、民政、劳动等部门对因灾造成收入严重下降，基本生活难以保障的林农和林场职工，该救济的要救济，符合条件纳入低保对象的要纳入低保范围，帮助他们渡过难关，重树信心。各级政府要引导企业和林场、造林公司等扩大山区林农就业，退耕还林、公益林管护等林业重点工程建设要重点向林农倾斜，鼓励山区林农利用木竹原料进行粗加工，向企业销售粗加工林产品，增加林农劳务性收入。指导林农加快灾后补植补造，搞好竹腔(蔸)施肥，尽快恢复受灾的毛竹林、经济果木林和速生丰产林并产生效益；引导林农在房前屋后大力发展小竹园、小茶园、小药园、小果园、小养殖园，发展庭院经济和林下产业；鼓励林农大力发展苗木花卉业、"农家乐"等旅游业以及优良无性系油茶、泡桐、杨树等短平快经济速生树种，增加林农经营性收入，做到山上损失山下补。鼓励林农利用分到户的山林，通过租赁、合作、联营等方式，与造林大户或企业共同开发林业，实现资源变资本；大力推进林业小额贷款和林权抵押贷款，解决林农灾后投入不足的问题。加快建立造林直补、林木良种补贴、林业机械补贴等制度，逐步提高生态公益林补助标准，确保林农有稳定的收入来源，确保灾后林农收入不下降。

（江西省林业厅 执笔人：李军）

林业保障体系建设

关于城市化进程中保障林地安全的几点思考

——关于江苏、浙江、山东三省城市化进程与林地安全保障问题的调研与思考

为进一步落实中央9号、10号文件关于加强林地管理的精神，深入研究十七届三中全会提出的关于在新形势下如何推进农村改革发展面临的若干问题，根据国家林业局党组的统一部署，由国家林业局森林资源管理司牵头，国家林业局驻合肥森林资源监督专员办事处、全国绿化委员会办公室、国家林业局野生动植物保护司、国家林业局国有林场和林木种苗工作总站、国家林业局宣传办公室以及国家林业局西北林业调查规划设计院派员参加组成的调研组，于2008年10月13～18日对无锡市、宁波市、淄博市等经济发达地区就城市化进程与林地安全问题进行了专题调研，并广泛听取了国家发展与改革委员会、国土资源、城建、园林、绿化、林业主管部门的意见。

在调研中，我们深深地感受到，随着城市化进程的快速发展，特别是耕地保护力度的逐步加大，林地管理日益成为维系国土生态安全命脉实现生态文明的重点，日益成为统筹经济社会全面、协调、可持续发展的热点，成为各级政府解决三农问题推进农村改革发展的落脚点，成为各级林业主管部门工作的重点以及森林资源管理和监督工作的难点。同时，我们更加深刻地认识到，加强林地保护和管理，走出一条保证林地资源持续增长和经济发展并举、生态建设和经济建设双赢的路子，以十七大精神为指导，以切实保护林地、稳步发展林地、科学经营林地、合理利用林地作为贯彻落实科学发展观的切入点。现将有关具体情况报告如下：

一、立足省情，坚持做好推进城市化与保护和利用林地相结合的文章

所谓城市化，是指人口向城镇或城市地带集中，或者农村地区转化为城市地区的过程。这个过程表现为两个方面：一是城市数目增多，即原有乡村地区发展为城镇或城市；二是城市规模扩大，包括城市人口规模、地域、产业指标等不断扩大，从而提高了城市人口在总人口中所占的比例。

作为目前我国经济发展最活跃的区域之一，江苏、浙江、山东3个省在推行城市化的进程中所出现的状况也不例外。浙江省城市化水平已从1995年的32%上升到2005年的56%，城镇人口从1995年的1 380万上升到2005年的2 500万。目前设区市达到11个，县级市达到22个，全省设市城市和县城建成区的面积从1998年的1 008平方千米扩展到2004年的1 750平方千米，年均增长9.6%。江苏省城市化水平至2005年达到了50.5%，城市数量增加到40个，建制镇增加到1 025个，各城市的规模也在进一步扩大中。山东省城市化水平也从2001年的39.2%上升到了2005年的45.0%，城镇人口达到4 162万。

（一）调研城市林业发展的特色

近年来，江苏、浙江、山东3个省及所属有关地方党委、政府几乎都把发展林业作为建设生态文明、体现以人为本的重要内容，作为提升城市竞争力、实现“两个率先”的有效手段，作为优化人居环境、提升人民生活质量的重要举措，作为统筹城乡发展、推进新农村建设的有力抓手，作为一项重要的公益事业和基础产业纳入了经济社会全面、协调、可持续发展的重要内容，取得了巨大成效，极大地促进了城市化的进程。在调研城市我们发现，生态建设在建管模式、造林途径、经营现状等方面呈现出鲜明的特点，主要表现为：

（1）林业的生态功能日益凸显。作为经济发达

地区，就国土绿化各地均提出了抓紧建设一区（大型片林示范区）、两点（单位、庭院）、三绿（绿色通道、绿色家园、绿色基地）、四沿（沿路、沿水、沿村、沿城镇）、七大工程（生态修复、村庄绿化示范、绿色水廊创建、湿地林带营造、道路绿化延伸、优质林果增效、城镇绿化提升）等工作思路，着力于构建布局合理、景观优美、功能齐全、相生共融的，具有城市特色的现代林业生态体系，林业作为生态建设主体的地位得到了进一步确立。

（2）投资模式以政府投入为主。“十五”以来，各级政府把造林绿化作为城市基础设施建设的重要组成部分，从种苗费用到管护资金都纳入了财政预算。由于新造林短期内没有直接的经济效益，市场主体缺乏主动参与的动力，又由于这些发达地区财政比较宽裕，因此在推动绿化上无一例外都由政府为主进行投入。如嘉兴市政府近5年来投入绿化造林资金20亿元；苏州市政府年均投入绿化造林资金就达近20亿元。

（3）这些地区森林资源呈现出“三多三少”的特点。人均资源少，新造林多；丘陵山地少，新增的林地绿地有相当比重仍然属于农用地性质；公益林多，经济产出低，商品林比重较少。

（二）调研城市林地管理的主要做法

从三省所属城市的自然状况和地貌角度看，城市均可划分为平原、丘陵和山区三类。在城市化发展进程中，平原城市的发展最快，丘陵城市次之，山区城市发展相对滞后。但从城市发展对林地的依赖程度看，次序恰好相反。

在大力推动城市化发展的进程中，各地把城市化的新思路和保障林地安全有机结合起来，围绕既保护林地资源，又保障经济社会发展的主线，十分注重处理好保护和利用的关系，处理好各级林业部门与国土资源、交通、水利、规划、园林等部门之间的关系，处理好依靠党委、政府坚强领导与依靠公众积极参与的关系，在大量林地逆转为非林地的情况下，成功地实现了绿化与城市建设、经济和社会发展同步协调、相互促进的良性循环，大多数城市呈现出林地资源越保护越多、越利用越好的势头。他们的主要做法是：

（1）以城带乡、以乡促城，不断推进城乡绿化一体化。3个省份始终坚持以人为本、生态优先、城乡一体、彰显特色的建设理念，高度重视以造林绿化为主要内容的林业生态建设。2003年江苏省委、省政府向全省发出了“打造绿色江苏、建设生态家园、实现森林覆盖率面积倍增计划”的号召；浙江省积极开展省级“森林城市”创建活动，制定了省级“森林城市”建设标准，目前已有10个城市完成了城市森林建设总体规划编制；山东省把建设生态省作为构建和谐山东“八大建设”的重要内容，以国土绿化为重点，大力推进“绿色山东”建设，生态环境质量显著提升，城乡面貌明显改观。各城市也据此普遍启动了以增加森林资源总量、着力提高林业综合效益、有效促进农民增收、改善市域生态环境、实现森林可持续经营为宗旨的城市造林绿化工作，出现了绿色苏州计划，杭州市“蓝天、碧水、绿色、清静”工程，“水都绿城，生态嘉兴”的战略目标，实现重工业城市向文明城市转型的“生态淄博”工程等。在这些绿色计划和生态工程实施的过程中，城乡绿化工作出现了6个方面的转变：一是由“拆迁建绿，见缝插针”向“规划建绿”转变，把绿化作为“有生命的城市主要基础设施”来抓；二是从片面追求绿化景观效果向满足大绿量生态功能转变；三是由单纯注重绿化面积向平面绿化、垂直绿化、屋顶绿化等立体绿化格局转变；四是由只注重城区绿化向全面推进城乡绿化一体化转变；五是由注重人工造绿为主向近自然化方向转变，提倡管理减量化；六是由只注重建设向建设与管护并重转变。城乡绿化一体化的生动实践，不仅使城乡生态状况得到了显著的改善，而且保证了林地资源的稳步增长。

（2）因地制宜、规范管理，不断加大林地资源保护和利用的力度。三省及所属各城市在确保林业用地数量大幅提高的基础上，造林质量也有了新的跨越。与传统林业主要面向山区的林地管理不同的是，调研城市经济发达、人口稠密、寸土寸金，人均林地资源异常短缺，供需矛盾更加尖锐。这就要求他们在林地管理方式上必须根据城市化变迁的大背景及其发展需要，努力实现林地管理的职能、重点和管理体制等方面尽快地向现代化方向转变：一是编制林地保护利用规划、划定林地红线保护区等，夯实林地管理基础。二是初步建立了更加严格的征占用林地的审核审批制度。南京等调研城市率先制定了征占用林地专家评审制度，限制和禁止小型项目、经营性项目使用林地，特别是侵占使用生态公益林地，适时开展了林地清理清退工作。对确需使用林地的项目实行用地单位占次还好、占一还二或者认养林地等措施，集中规划落实宜林地统一安排恢复植被。三是积极开展了合理开发林地资源多种功能的新尝试。如南京市出台了以地养林加强市民居住区森林建设的政策，苏州市兴建生态休闲旅游基地发展旅游业，另一些城市或实施林相改造，或进行殡葬整治，或抓好纪念林建设，极大地提高了林地资源的利用效率。

(3)建管并举、依法护绿，不断巩固国土绿化成果。根据现有林业法律法规，各省结合实际，先后制定了《江苏省生态公益林条例》、《浙江省重点生态公益林管理办法(试行)》等；各市也出台了地方性法规和规范性文件，这些法规和文件有：《南京市林地管理条例》、《徐州市山林资源保护条例》、《嘉兴市城市绿化管理办法》、《青岛市林地保护管理规定》、《青岛市林地流转管理办法》、《济南市森林资源保护管理办法》、《淄博市建立林木林地流转机制加快宜林四荒开发的决定》、《淄博市大力发展林业推进绿色城市建设进程的决定》等。上述政策与措施的出台，对保护和利用林地发展林业建设起到了积极的推动作用。

二、认清形势，准确把握我国城市化进程中林地安全保障面临的新问题

自沿海地区改革开放以来，我国城市化进程不断加快，其进展水平大致是平均每年上升1%。资料显示，2000年发达国家的城市化率已达到75%，明显高于发展中国家；“十一五”期间，我国的城市化率将由43%继续提高到47%；预计2025年世界城市化率将达到62.5%，我国将达到60%左右。在这个飞速发展的进程中，人口增长、产业聚集、规模扩张等因素导致“城市包围农村”，某些地方出现了“寸土必争”的人地矛盾，城市开始了新一轮“靠山的‘上山’、靠海的‘下海’”的冲动，农村集体土地包括林地被大量征收和征用，个别地方甚至有可能出现林地资源总量减少的情况。因此，面对城市化浪潮的迅速推进，林地管理的形势将变得相当严峻。

这种日益严峻的形势会造成包括林地在内的十分突出的土地供需矛盾。原因是错综复杂的，其中，既有建设项目占用林地所谓需求上的原因，又有粗放型增长方式造成的利用上的原因；既有因轻视林业生态建设而导致的社会资源不科学配置上的原因，又有林业法律法规滞后等自身管理上的原因；既有城市林业管理体制上的原因，又有社会各界对城市林业发展持不同见解所形成的公众意识上的原因。总之，传统林业的林地安全受到了威胁，林地管理面临着空前巨大的压力和挑战。

(1)社会用地需求量激增导致林地流失加剧。在支撑经济发展的诸要素中，土地资源具有不可移动的特性。目前，土地要素制约已经成为三省经济发展的最大瓶颈和难题：江苏省是我国人口密度最高的省份；浙江省具有“七山一水两分田”的地貌特征，耕地面积小，人均耕地占有量更少；山东省是一个人口大省、经济大省，同时存在着环境污染较重、生态资源短缺等问题。上述三省的省情决定了城市基础设施、公益性设施、经营性设施等建设，都会使用到林地，由此造成林地流失。具体表现在：一是城市区域面积扩大、产业结构调整、城市布局重新规划等，其建设项目需求不可避免地要向林地扩张。浙江省在“十五”期间每年征占用林地面积近6万亩。宁波市山地不足50%，近3年年均因建设需要征占用林地的数量达到4 600亩。江苏省属于少林省份，全省在“十五”期间每年征占用林地面积达到了4.8万亩。山东省在“十五”期间每年征占用林地面积近万亩。二是国家实行最严格的耕地保护政策以来，一些不合理的建设项目开始向林地转移，或者在立地条件较好的林地开发中实施“占补平衡”。如根据《温州市低丘缓坡利用规划》，全市可供开发利用的低丘缓坡面积为61万亩，目前已建设开发利用的达4.6万亩，其中多数为林业用地。宁波市宁海县低山缓坡地的比例很大，现在各部门都在打主意，有些领导提出生态公益林也要进行调整，林业部门很难阻止这一进程。山东省一些地方出现了“向林地要耕地，向景区要场地”的明显

倾向。三是征占用林地存在随意性和盲目性，缺少严格、科学的评审制度。地方政府作为城市化进程的主导部门，执掌着制定城市化规划和审批征占用林地的大权，每当林业主管部门提出要为现有林地预留拓展空间时，很容易和当地政府的城市化规划发生冲突。

(2)城市化带来林地利用负面性的结构变化。随着各个中心城市城区面积不断扩大以及林地面积的减少，林地的功能、作用也在逐步转化。具体表现在：一是城市扩张后，原来是远郊的森林变为近郊甚至城区森林，林种也发生了变化，如用材林变成了防护林。同时，城市中产生的水汽等各种污染物都对森林的质量和功能产生着影响。二是对城市林地利用的水平低劣，缺乏科学性和艺术性。如打补丁式的使用林地，造成林地资源的浪费；又如占用当地地貌中作为主体的山场和林地，破坏了山水大格局，既丧失了林地的生态功能又伤害了自然景观，或者占用林地时大填大挖，在依山就势、依林造景等方面考虑不够。三是城市建设临时占用林地，占后归还。这样做尽管没有减少林地数量，但归还后林地已变得满目疮痍，恢复林业生产相当困难。如枣庄市市区境内山石资源丰富，本是林地却被征用采石，采石后山体多数成为了没有林业生产力的土地，致使林地质量下降。

(3)主管部门职能交叉，林地统计口径出入很大。调研城市普遍反映，由于现行《中华人民共和国森林法实施条例》中林地的概念是一个基于郁闭度0.2以上的现状的界定，加上个别部门不依法行政，林地认定难以统一，给林地管理带来了不少问题。一是林业部门、国土资源部门对“经济林地”和“园地”、“宜林地”和“未利用地”存在较大分歧，国土资源部门办理上述地类的建设用地审批手续时按自己的认定主张行事，往往不征求林业主管部门的意见，由此导致林地流失。二是对土地来源属于农田和建设用地上的新造林地，由于土地的属性难以确定，致使“林木”和“林地”处于分离状态，给林业行政管理带来难题，无法根据现有的林业法律规定颁发“林权证”，当发生毁林事件或者建设项目占用时，林业部门该如何应对就显得颇为棘手。三是“林地”和“绿地”管理也存在冲突。城区建设范围的扩大，使部分林业用地进入了城区范围，一旦划为城市规划区纳入城市绿地规划，就由城市绿化主管部门管理。特别是规划部门提出不改变林地用途，只改变绿化格局、调整种植结构时，林业法规很难发挥作用，林业主管部门既无法按使用林地要求办理审核审批手续，又丧失了林地的管理权限。就部门职能而言，这意味着林地管理被分离和弱化了。四是国土资源部最近又下发了通知，2009年年底以前，国土资源部门要基本完成全国宅基地使用权的登记发证工作，农民的宅基地全部发证到户。这样做，可能导致的后果之一，是山区一部分林农在自留地、自留山或责任山上自行搭建住房所使用的林地将被改名换姓，甚至引发新的权属纠纷和管理混乱。

(4)现行法律规定不完善，林地流转机制难以规范化。近年来，在土地流转方面出现的一些新情况也使得林地安全保障增加了不可控制的因素。一是有些地方通过取消农业户口，撤销农村集体经济组织建制，建立社区居委会等方式推进城市化进程，并将城市化后属于农民集体经济组织的土地直接转变为国家所有，另有一些地方在“城中村”改造时对于剩余的少量集体土地也直接转变为国家所有。这种不通过土地征用而仅凭行政手段将农民集体所有土地转变为国家所有的做法，造成了林地的隐形损失。二是土地拍卖过程中，业主通过竞买获得的土地在拍卖之前无法确定土地的用途，林地的用途管制受到限制，特别是土地的再次不规范流转给林地安全带来的影响更大。

三、理清思路，城市化进程为林地安全保障创造了新的发展机遇

城市是经济高度发达的地区，又是这个地区的政治和文化中心。城市化是社会经济快速发展的必然结果，也是促进区域经济社会发展的关键。林地资源的管理，涉及当前与长远、集约与粗放、保护与利用等重要关系，各地如何以“林地最低保有量”为依据并采取强有力的措施，在满足城市化进程中经济和社会发展对林地需求的同时，以节约集约用地来支持、保障和服务于城市化的全面、协调、可持续发展，形成科学发展与合理利用林地的和谐局

面，是贯彻落实科学发展观需要关注和解决的基本问题。城市化进程在给林地安全带来巨大压力的同时，也为林业生态建设创造了新的发展空间，为林地安全保障带来了新的发展机遇。

(1)各地政府对国土绿化日益重视，城乡林地有大幅度增加的趋势。高度重视城乡生态建设，是各地贯彻落实科学发展观和实现可持续发展战略、解决环境承载力的迫切需要。近年来，国家在全国倡导建设“森林城市”，国家林业局制定了“森林城市”创建的标准，并作出建设城市森林的战略部署，各地积极响应，建设城市森林取得明显成效，全国城市绿化覆盖率、人均公共绿地面积分别从2004年的31.15%、6.49平方米增加到了2007年的35.11%和8.30平方米。三省和所属各城市的创建活动同样取得了可喜的成绩。以浙江省为例，该省在开展国家级“森林城市”创建活动的同时，还积极开展了省级“森林城市”创建活动，城镇绿化覆盖率从“九五”末期的27.2%提高到“十五”末期的30.37%，城镇人均公共绿地从“九五”末期的人均3.77平方米提高到“十五”末期的8.15平方米。

(2)居民集聚、生态移民等社会主义新农村建设拓展了林地发展的空间。各地在城市化快速推进的过程中，结合建设社会主义新农村的需要，通过居民集聚、生态移民等工程的实施，使得原有部分土地调整为林业用地。一是各地为改善人居环境所进行的旧城改造、“城中村”改造等工程增加了城市林地的面积。居民聚集工程的实施在扩大城市规模的同时，农民从自行建房散居的居住方式改为进住多层甚至高层公寓，原有村庄通过调整后一部分土地被用于发展城市森林。二是生态移民工程使山区林地面积有所增加。如浙江省近年来陆续将居住在高山、深山、远山和地质灾害隐患点等地的农民通过生态移民的方式将他们集中到城镇居住，而农民的原宅基地、耕地进行退宅还林和退耕还林，使得山区林地面积相应增加。

(3)节约集约用地部分地缓解了林地安全的压力。以落实国务院节约集约利用土地的根本方针为契机，各省为增强城市的综合承载能力，将节约土地、集约发展、合理布局的原则贯穿到规划、建设和管理的各个环节之中，极大地提高了林地生产力和利用率。浙江省强化对土地实行全覆盖、全过程、全方位的动态管理，对建设过程中造成的土地浪费进行整治，取得了良好效果。宁波市采取了地下建停车场，地上建公共绿地的方式提高土地利用率，每年还投入几千万资金对东泉湖景区进行林相改造，森林质量得到了提高。江苏省为保证林地安全，对采石、采矿、取土用地进行了全面整治，并配合国土资源部门采取生物与工程相结合的方法对多年来已开采的坛口、废弃矿山进行生态恢复治理，积极扩展森林植被空间。无锡市还着力开展墓葬整治工作，仅惠山、青龙山地区就处置私埋乱葬坟墓93 661座，恢复了大量林地。山东省枣庄市通过政府引导和自主结合的方式，打破镇与镇之间的区域界限，对采石场按照新规划重新划定开采范围，实现了资源的二次整合，减少了林地的地表破坏面积，保护了森林资源。

(4)城市居民生态意识的提高为林地保护和利用营造了良好的舆论氛围。各地在积极推进生态文明建设的过程中，不断创新宣传形式，在广大市民中大力倡导绿色生活方式和植绿、爱绿、护绿的社会新风尚，着力提升市民的生态意识，为城市林业的发展营造了良好的社会环境。如嘉兴市近年来开展创建了“绿色社区”、“绿色学校”、“绿色家庭”和“绿色医院”活动，增强了社区居民的生态意识和参与意识，到2007年全市已创建“绿色社区”15个、“绿色学校”30所、“绿色家庭”80户、“绿色医院”15家。青岛市将“内向型普法”向“外向型普法”的拓宽，对增强公民自觉履行生态义务起到了良好的作用。

四、超前谋划，积极探索统筹城乡林业发展确保林地安全的具体途径

目前，我国已进入以工促农、以城带乡的发展阶段，进入加快改造传统农业、走中国特色农业现代化道路的关键时刻，进入着力破除城乡二元结构、形成城乡社会发展一体化新格局的重要时期。面对城市化进程必将进一步加快，建设用地需求量必将越来越大，林地“占补平衡”的空间必将越来越小，各部门利益格局必将越来越难以协调，挑战大于机遇的高压态势，各级林业主管部门一定要有高

度的危机感、紧迫感和责任感，牢牢把握城市化进程的重大契机和历史新起点，化被动为主动，以先行一步的战略研究、以未雨绸缪的战略思路、以充分的思想准备、以一致的舆论共识，在统筹城乡经济发展和改革的历史进程中，构建保障和促进科学发展的林地安全新机制，为现代林业又好又快发展奠定坚实的林地资源基础。

(一)把建立有利于统筹城乡林业发展的新型机制作为保护林地的重要内容

随着城市化进程的推进，许多城市将城市森林化作为城市生态建设的发展方向，乡村林地面积缩减和城市林地面积增加的态势将继续存在。按照目前的法律法规、管理体制，不同部门之间对林地的认识不尽统一，对城市绿化与城市林业建设，无论在学术上还是管理上都有争议，很有必要进行有效整合，建立有利于城市森林建设的管理体制、机构，统筹城乡林业发展。一要进一步强化全国绿化委员会及其办公室统一组织领导城乡绿化工作的行政职能，这不仅具有法律法规的政策依据，而且具有机构设置和部门支持的现实依托，是城市化进程中保证林地安全和建设现代林业的有力抓手；二要着力解决条块分割、部门分离的现行城乡林业管理体制，推进定位清晰、功能互补、衔接协调的城乡林业建设一体化工作；三要积极探索城市林业的新型管理模式，就城市林业与旅游休闲、城乡和谐、气候变化、生物多样性等各个方面进行研究，尤其是要着手研究“林木”与“林地”分离的林权管理模式，建立有利于城市林业健康发展的林权管理机制。

(二)把编制林地保护利用规划作为保护林地的基础条件

作为落实《中华人民共和国森林法》相关规定最重要的工作之一，合理的林地保护利用规划是实现城市总体规划的社会效益、经济效益和生态效益三大目标的一个重要专项规划，而生态效益是最主要的体现者和重要保障，而且是居民生态价值观的集中反映。据此，一要在规划里把林地安全是维护城市生态系统平衡的理念落实到城市空间布局、基础设施、产业发展、环境保护、人口发展等各个方面，渗透到城市道路、城市建筑、城市景观、住宅小区等城市设计的各个方面，并与城乡总体规划、分区规划、控制性详细规划相互衔接；二要分级、分区划定林地功能，实施分类经营的原则，根据不同区域的林地资源、环境承载能力、现有开发密度和发展潜力，划定优化开发区、重点开发区、限制开发区和禁止开发区，确定各片区的功能定位、发展方向，优化林地开发格局，严格实行城市“绿线”管理；三要注意将林地按其成林或造林前的地类属性划分为“基本林地”和“非基本林地”两大类型，前者主要分布在低山丘陵，是相对固定的林业用地，后者造林前地类为农用地和建设用地，是拓展林地空间、美化家园、提高林木覆盖率的潜力所在；四要充分体现城乡一体化的规划发展思路，统筹城区与郊区、中心城区与各区(县)、城市与周围中心镇的关系，实现林地的均衡与合理布局，促进城市与乡村在生态与经济方面的优势互补、良性互动和协调发展。

(三)把逐步完善林地管理制度作为保护林地的主要任务

进一步完善林地保护和利用制度，是保障林地安全的题中应有之义，也是基础性工作。在这方面，必须采用多种手段有机结合、多“管”齐下互为补充的方式进行综合管理，为建立“总量控制、定额管理、合理供地、节约用地、占补平衡”的林地管理新机制奠定基础。一是法律手段创新。加快修订与健全、颁布征占用林地、森林资源流转的有关规定。二是行政手段创新。建立林地保护任期目标责任制，完善滥占林地和违法使用林地的问责机制。全面加强林权管理，切实依法维护林农和林地经营者的合法权益。积极推进林权制度改革，提高林地资源的利用率和生产力。不断规范征占用林地定额管理制度，增强林地参与宏观调控的有效性和针对性。开展部门协作，加大对破坏林地的督查和非法占用破坏林地行为的打击力度。三是经济手段创新。比照耕地占用税的有关规定，将林地纳入课税范围。适时提高森林植被恢复费的征收标准和公益林生态效益补偿标准。各省人民政府要抓紧修订补偿和安置标准。四是技术手段创新。按照节约集约用地的原则，尽快制定、出台各类建设项目使用林地标准和林地普查、监测规范，控制多占和浪费林地的行为。

（四）把加大城市森林（湿地）公园、自然保护区的建设力度作为保护林地的重要手段

森林（湿地）公园、自然保护区是林业生态体系中不可或缺的重要组成部分。随着城市化进程的不断推进，森林城市化现象日益普遍，加强城市森林（湿地）公园、自然保护区建设是保护城市天然林，增加城市生物多样性，保障林地安全的一个重要途径。因此，在利用城市周边地区的天然林及原生植被建立城郊森林（湿地）公园、自然保护区，开展封山育林、禁伐限伐，加强森林保育，使天然林等的生态功能得到充分发挥的同时，也要充分利用城区内的自然保留地大力推进城区森林公园建设。在建设过程中，一要赋予城市森林（湿地）公园、自然保护区应有的生态文化内涵，充分发挥城市森林（湿地）公园、自然保护区对城市生态文明的影响作用；二要加强对城市森林（湿地）公园、自然保护区的政策引导，将城市森林建设的水平纳入“森林城市”和全国绿化模范城市（县、单位）的考核指标之中；三要建立国家对城市森林（湿地）公园、自然保护区建设的扶持、引导和激励机制，切实加大投入；四要尽快制定城市森林（湿地）公园、自然保护区的建设目标，从整体上推进全国的相关工作；五要加强城市类型森林（湿地）公园、自然保护区的林地征占用管理，确保城市森林（湿地）公园、自然保护区的稳定增长。

（五）把大力弘扬生态文化作为保护林地的重要举措

生态文化是生态文明社会核心价值体系的重要组成部分，也是城市化发展的软件。完善的生态文化软件环境是城市化进程顺利运行的保障。在城市化进程中，一要充分加大生态文化传播力度。围绕世界湿地日、植树节、世界防治荒漠化与干旱日等纪念日和“关注森林”、创建“国家森林城市”、建立青少年科普教育基地等重大活动，充分运用报纸、广播、电视、杂志、图书、网络、手机短信等媒体和举办展览、展会、论坛等方式，以生态建设和保护、树立生态文明观、保护林地安全等为主题，全面深入系统地传播生态文化的丰富内涵和科学知识，传播生态文化对人类进步和社会发展的积极作用，传播生态道德、生态伦理、生态哲学、生态美学、生态艺术的重要内容。二要广泛开展生态文化教育。着力把增强全民生态意识上升到提高全民素质的战略高度，大力倡导生态伦理和生态道德，提倡先进的生态价值观和生态审美观，通过生态问卷调查等多种方式唤起全民的生态意识和生态正义，使广大公民自觉地承担更多的保护林地的生态义务。三要推进生态文化理论研究。围绕建设生态文明，不断研究林业在建设生态文明中的主体作用，林业在构建社会主义和谐社会、建设社会主义新农村、推进城镇化进程、山区综合开发中的地位和作用，林业在提高人们生理健康、心理健康中的不可替代的作用，城市化进程对林地安全的影响等重大理论和实践问题，为加强生态建设和保护提供科学依据。

调 研 单 位：国家林业局森林资源管理司
国家林业局驻合肥森林资源监督专员办事处
全国绿化委员会办公室
国家林业局野生动植物保护司
国家林业局国有林场和林木种苗工作总站
国家林业局宣传办公室
国家林业局西北林业调查规划设计院
调研组成员：肖兴威　徐济德　薛全福　王招英
武立磊　姜　伟　饶日光　钟华友
魏晓双　杜书翰　刘宏明
执 笔 人：钟华友　饶日光

积极稳妥地推进局属事业单位的岗位设置管理工作
——关于国家林业局所属事业单位岗位设置工作的调研报告

2006年7~8月，人事部先后制定下发了《事业单位岗位设置管理试行办法》及其《实施意见》，要求在全国各类事业单位推行岗位设置管理制度。这标志着事业单位人事制度改革又迈出了新的步伐。实施这项制度，是实现事业单位由身份管理向岗位管理转变的迫切需要，是改革事业单位用人制度、收入分配制度和管理制度的基础性工作。这也关系到事业单位的长远发展，关系到事业单位广大人员的切身利益。根据中组部、人事部的统一安排部署，国家林业局周密部署，精心组织，在局属29个事业单位推行了岗位设置管理工作。但这项工作政策性强，涉及面广，情况比较复杂，为及时了解掌握直属事业单位岗位设置管理工作中的新情况，研究探讨工作中的有关问题，更好地做好这项关系长远的工作，调研组深入到局属事业单位进行了调研，就有关的重要问题，与各单位交换了意见。

一、事业单位岗位设置管理的背景

事业单位岗位设置管理是在探索和推行聘用制改革并取得初步成效的背景下提出来的。长期以来，事业单位人事管理沿用党政机关工作人员的管理办法，身份管理贯穿于人事管理的各个环节。随着我国社会主义市场经济体制的确立，经济社会的转型，各项改革的深入，必须打破计划经济体制下形成的事业单位人事管理制度，按照事业单位工作人员以专业知识和技术提供公共服务的特点，实行岗位管理，以便实现由身份管理向岗位管理的转变。

为了适应建立和完善社会主义市场经济体制的要求，党中央于2000年下发了《深化干部人事制度改革纲要》。纲要针对事业单位用人机制不灵活、效率不高、存在实际上的干部身份终身制等弊端，提出了以推行聘用制度和岗位管理制度为重点深化事业单位人事制度改革的总体要求。同时，提出全面推行聘用制度，事业单位的管理人员实行职员制度，并要求合理设置专业技术岗位，明确岗位职责、任职条件和聘任期限，竞聘上岗，择优录用，以便逐步实现专业技术职务的聘任和岗位聘任的统一。纲要还提出建立符合各类事业单位特点的用人制度，目的是促进由固定用人向合同用人、由身份管理向岗位管理的转变。

2000年，中组部、人事部《关于加快推进事业单位人事制度改革的意见》提出了改革的具体要求，并对改革进行了部署。2002年，国务院转发了人事部《关于在事业单位试行人员聘用制度的意见》，要求事业单位结合本单位的任务，按照科学合理、精简效能的原则设置岗位，并根据国家有关规定确定岗位的工资待遇，这个文件为事业单位试行聘用制度提供了政策依据。2003年，《中共中央、国务院关于进一步加强人才工作的决定》进一步指出，推行聘用制和岗位管理制度，促进由固定用人向合同用人、由身份管理向岗位管理的转变。

随后几年，人事部先后出台了《事业单位试行人员聘用制度有关问题的解释》、《事业单位公开招聘人员暂行规定》、《事业单位岗位设置管理试行办法》、《事业单位聘用合同(范本)》等政策文件，进一步规范了改革。在改革实施过程中，人事部又会同有关部门先后制定了科研、卫生、高校、中小学、文化、广播影视、新闻出版等事业单位深化人事制度改革的实施意见，以积极配合行业体制改革，加快人事制度改革步伐。全国各地区、各部门也都结合各自的实际情况，制定了改革的政策措施和办法，稳步推进改革的实施。

截至2007年10月底，全国已推行聘用制度的单位有近76万个，约占事业单位总数的60%，签订聘用合同的人员有2 030万人，占事业单位人员总数的70%。在此期间，国家林业局已有11个单位全面开展了聘用制改革工作，岗位聘用涉及职工4 321人，占职工总数的77%。通过改革，逐步改变了按照管理党政机关工作人员的办法管理事业单位人员的做法，淡化了身份，强化了岗位，转换了机制，增强了活力，调动了事业单位职工的积极性、创造性，促进了社会事业的健康发展。但是，事业单位人事制度改革也存在一些突出问题，特别是用人机制转换不到位，聘用的形式有了，但新的用人机制难以真正形成，其重要原因之一是岗位管理制度没有建立起来。

二、实施岗位设置管理的重要意义

党的十七大对事业单位改革和事业单位人事制度改革提出了明确要求。开展岗位设置管理工作，建立岗位设置管理制度，是事业单位人事管理制度的重大改革和创新，是进一步深化事业单位人事制度改革的重要内容，也是做好事业单位收入分配制度改革的迫切需要，其目标是变身份管理为岗位管理。该项制度的建立完善，对于建立符合社会主义市场经济体制要求和事业单位特点、充满生机与活力的事业单位人事管理制度至关重要。

就国家林业局直属事业单位而言，按照国家关于事业单位管理体制分类改革和人事制度改革的总体要求，结合林业工作需要，按照政事分开的原则，进一步理顺了有关单位的职能职责，加强了直属事业单位的机构能力建设。各单位结合自身实际，在实行岗位聘任、完善收入分配机制、公开招聘工作人员等方面作了许多有益的探索。在此基础上，进一步规范统一和深化事业单位人事制度改革，扎实做好岗位设置管理这项基础制度的建立，同样具有非常重要的意义。

(1)实施岗位设置管理是对事业单位人事管理制度的改革和创新。在事业单位开展岗位设置管理工作，建立岗位管理制度，符合深化干部人事制度改革的要求，是由身份管理向岗位管理迈进的重要一步，是一项制度创新。这项制度第一次从国家的层面规范了事业单位的岗位设置管理，提出了岗位设置的政策规定；第一次提出了通用的岗位等级，为事业单位千差万别的岗位设计了通用的等级标准，为人才成长搭建了通道；第一次阐明了岗位设置与岗位聘用的关系，为实现按岗聘用、合同管理创造了条件；第一次明确了根据所聘岗位确定岗位工资待遇，为“岗变薪变”提供了政策依据。

(2)实施岗位设置管理工作是事业单位收入分配制度改革的前提和基础。2006年7月，经党中央、国务院批准，人事部、财政部颁发了《事业单位工作人员收入分配制度改革方案》及《事业单位工作人员收入分配制度改革实施办法》，建立了岗位绩效工资制度。事业单位在功能性质、资源配置、管理方式、用人机制等方面都不同于机关，收入分配制度改革必须体现自身的特点，并与公务员工资制度脱钩。这次事业单位工作人员收入分配制度改革的核心是建立体现事业单位特点的收入分配制度，突出岗位绩效的激励功能，把过去的职务等级工资制变为岗位绩效工资制，这是对事业单位收入分配制度的一次重大变革。收入分配制度改革实行岗位绩效工资制，就必须将岗位作为确定工资的主要因素，岗位设置为实施收入分配制度改革提供依据。

过去的职务等级工资制度是与人结合在一起的，待遇随人走，岗位绩效工资制度是与岗位结合在一起的，待遇随岗定。这是事业单位收入分配制度与人事制度改革密切配套，体现事业单位特点的制度设计。因此，实施新的工资制度必须规范事业单位的岗位设置，以便为收入分配制度改革奠定基础。

(3)实施岗位设置管理是事业单位人事制度改革实践不断深化的必然结果。随着事业单位人事制度改革的不断深化，聘用制度的推行取得了积极进展。岗位是聘用的基础，岗位设置直接关系到聘用制度的实现。作为基本管理制度，岗位管理要体现在人事管理的各个基本环节，以使其成为公开招聘、竞聘上岗、岗位考核、岗位培训、收入分配的基础和依据。推行聘用制度，加强岗位管理，必须从规范岗位设置入手。在事业单位实行岗位设置管理是改革不断深入的必然结果，是一项十分重要的基础性工作。科学设岗是推行聘用制度的前提和基础，推行聘用制度需要岗位管理的配套政策。

(4)实施岗位设置管理是调动各类人员积极性

的重要措施。事业单位是人才和专业技术密集的地方，不同地区、不同行业都有不同的特点，科学合理的设置工作岗位，对于调动各类人才的积极性有着重要的意义。开展岗位设置管理工作，建立岗位设置管理制度，就为充分调动事业单位各类人员的积极性、主动性、创造性，增加事业单位的生机和活力，促进各项事业又好又快的发展创造了条件。

三、国家林业局推进岗位设置管理工作的主要内容和做法

按照国家人事部对事业单位岗位设置管理制度的相关规定，国家林业局印发了《国家林业局直属事业单位岗位设置管理实施意见》[林人发〔2007〕231号]，明确了岗位设置的基本要求和主要内容。按照国家人事部的部署，国家林业局29个单位已经全面开展了岗位设置工作。由于这项工作政策性强，涉及情况复杂，局里提出了一些基本要求和政策原则，同时加强了对这项工作的指导。

（一）岗位设置管理的主要内容

（1）区分岗位类别。事业单位岗位设置分为3种类型。管理岗位：担负领导职责或管理任务的工作岗位；专业技术岗位：从事专业技术工作，具有相应技术水平和能力要求的工作岗位；工勤技能岗位：承担技能操作和维护、后勤保障、服务等职责的工作岗位。

主要以专业技术提供社会公益服务的事业单位，应保证专业技术岗位占主体，一般不低于单位岗位总量的70%；主要承担社会事务管理职责的事业单位，应保证管理岗位占主体，一般应占单位岗位总量的一半以上；主要承担技能操作维护、服务保障等职能的事业单位，应保证工勤技能岗位占主体，一般应占单位岗位总量的一半以上。

（2）划分岗位等级。国家根据事业单位设置的岗位性质、职责任务和任职条件的不同，对三类岗位分别划分通用的岗位等级。管理岗位分为10个等级，即一至十级职员岗位；专业技术岗位分为13个等级，即一至十三级；工勤技能岗位分为6个等级，技术工一至五级，普通工不分级。

（3）确定岗位结构比例。本次岗位设置要求，管理岗位的最高等级和结构比例根据事业单位的规格、规模、隶属关系，按照干部人事管理有关规定和权限确定；专业技术岗位的最高等级和结构比例，专业技术高级、中级、初级岗位之间，以及高级、中级、初级岗位内部不同等级岗位之间的结构比例，按照事业单位的功能、规格、隶属关系和专业技术水平等因素，根据地区经济、社会事业发展水平和行业特点，及现行专业技术职务管理有关规定和行业指导意见确定；工勤技能岗位的最高等级和结构比例，按照岗位等级规范、技能水平和工作需要确定。国家对事业单位岗位设置的管理，根据不同类型事业单位的职责任务、工作性质和人员结构特点，实行不同的岗位类别总量的结构比例控制。

（4）实行人员聘用。事业单位聘用工作人员，应在岗位有空缺的条件下，按照公开招聘、竞争上岗的有关规定择优聘用。事业单位应与聘用人员签订聘用合同，确定相应的工资待遇。聘用合同期内调整岗位的，应对聘用合同的相关内容做出相应变更。

对首次开展岗位设置和岗位聘用工作的单位，文件作了明确规定，各地区各部门要严格按照规定执行。文件提出要保证事业单位现有在册的正式工作人员，按照现聘职务或岗位进入相应等级的岗位。同时要求采取有力措施，杜绝突击聘用人员，突击聘用职务。按文件规定首次进行岗位聘用时，不得突破现有人员结构比例。现有人员的结构比例已经超过核准的结构比例的，应通过自然减员、调出、低聘或解聘的办法，逐步达到规定的结构比例。尚未达到核准的结构比例的，要严格控制岗位聘用数量，根据事业发展要求和人员队伍状况等情况逐年逐步到位。

（二）主要做法

实施工作中，国家林业局所属单位实施岗位设置管理的主要做法有以下四项共同点：

（1）与现行政策规定相衔接。岗位设置管理是一项全新的工作，也是制度创新，实施中各单位既坚持改革的方向，又注意处理好与现行制度的衔接，如管理岗位任命制与聘任制的衔接，老人与新人之间的制度衔接。同时，还应该看到，事业单位岗位设置管理作为事业单位人事管理的单项制度，

不可能解决事业单位人事管理制度改革的所有问题，也不可能解决需要其他制度解决的问题。因此，对情况复杂、需要其他制度改革相配套，一时又难以解决的问题，暂时按照现行政策规定执行，留待日后的制度改革和机制创新统筹解决。不能因为一些问题没有解决而影响这项制度的实施。

(2)统一规范与分级分类管理相结合。这次建立事业单位岗位设置管理制度，主要是明确事业单位岗位设置管理中的基本原则、基本框架、基本问题，在制度规范方面，各级各类事业单位是统一的。同时，考虑到不同类型、不同层级事业单位的特点，实行分级分类管理。根据不同单位的特点，规定了不同层级的核准权限，按照行政管理体制和人事管理权限分级管理。并赋予各单位结合各自实际制定具体实施意见的权利。

(3)因事设岗与尊重人才成长规律相结合。建立事业单位岗位设置管理制度，在既坚持以岗位为主，又要考虑历史传统、现实情况的前提下，适当兼顾人的因素。因事设岗是岗位管理的本质要求，要根据事业单位社会功能、职责任务和工作需要进行岗位设置。同时也按照以人为本的原则，充分考虑了管理人员、专业技术人员、工勤技能人员不同的成长规律，以及各类人才自身的实际情况，本着拓宽职业发展通道，鼓励人人都能成才的原则，为人才的发展创造一个宽松的环境。

(4)宏观管理与落实事业单位自主权相结合。这次建立事业单位岗位设置管理制度，国家只确定事业单位通用的岗位类别和等级，并且根据事业单位的功能、规格、规模以及隶属关系等情况，对岗位实行总量、结构比例和最高等级控制。这是主管部门对事业单位进行人事监管的重要措施和手段。同时，这项制度也充分赋予各事业单位用人自主权，各有关单位根据岗位设置的政策规定，按照核准的岗位总量、结构比例和最高等级，自主设置本单位的具体工作岗位，自主聘用人员。

四、实施岗位设置工作存在的主要问题

通过调研，国家林业局直属事业单位岗位设置管理实施工作中主要存在如下几个方面的问题。这些问题是各类事业单位共同的、沿袭已久的问题。

一是人员观念滞后，用人机制转换任务艰巨。事业单位人事管理过去一直沿用管理党政机关工作人员的办法，身份管理贯穿于人事管理的各个环节，因而许多人认为事业单位就是“保险箱”。由于有这种观念，一些人员对于岗位聘用和岗位管理是相当陌生，对于事业单位人事管理制度政策与机关逐步脱钩、分离不了解，不接受。有相当一部分人员难以接受转岗分流、岗位低聘、岗位待遇降低等改革举措。因此很多单位在改革的实际执行中遇到阻力。

二是科学设岗难，岗位管理缺乏具体政策依据。实行岗位管理，变因人设岗为因事设岗，是事业单位人事制度改革的前提和基础，是一项科学性、专业性较强的工作。但在现行事业单位分类改革尚未展开，特别是部分局属事业单位工作职能不确定的情况下，明确界定工作人员的岗位职责任务，并根据主要职责确定主要工作岗位类别就比较困难，真正做到因事设岗难度较大。

三是岗位主要职责难以确定，“双肩挑”比较普遍。原来事业单位工资系列分两类：一类是管理岗位工资，一类是专业技术岗位工资，两者之间的标准存在差距，一部分在管理岗位上的人员如果执行专业技术岗位工资会比管理岗位工资高，为了调动大家的积极性，当时工资政策规定了“就高”原则，因此很多人都选择了专业技术岗位工资标准。鉴于这种情况，过去“双肩挑”的现象比较普遍。本次岗位管理规定，事业单位人员原则上不得同时在两类岗位上任职，但与事业单位收入分配改革政策相联系，高等级的专业技术岗位工资也高。这样一来，就出现大量的管理人员意愿执行专业技术工资的现象，从而出现了岗位主要职责与执行的岗位工资脱节的矛盾。

四是社会保障体系不健全，人事管理法制不健全。事业单位的医疗、养老等社会保障体系尚未完全建立，人事制度改革缺乏社会保障体系的支撑。在这种情况下，出现人员出口不畅的现象，因而很难形成出口和入口的良性循环。同时人员聘用关系解除后也缺乏有效的社会保障制度支撑。事业单位没有形成一套系统完整的相关法律法规体系，人事

管理方面的单项政策规定也不健全。人员聘用或者岗位管理中一旦发生有关的人事争议、纠纷，缺乏有效的调解、仲裁制度机制保障单位和受聘人员，特别是受聘人员的合法权益。

五是岗位聘任条件细化困难，缺乏合理的内部评价体系。本次岗位设置管理的有关文件，为了体现事业单位自主权的原则，只规定了各类岗位的基本条件。各单位如何结合自身的实际情况确定单位内部不同岗位的人员时就遇到一些问题。诸如体现德、能、勤、绩、廉等各方面要求的细化条件和评价指标，以什么方式、程序实施考评聘用，如何做到岗位聘用的公开、公正，都是当前亟待解决的问题。

六是合理的岗位结构比例与现实情况存在差距。由于历史和其他原因，国家林业局所属少数单位现有干部职工队伍的年龄、学历、职称结构不尽合理，与政策规定的合理结构比例存在差距。这种现有人员的结构比例已经超过核准的结构比例的状况如何逐步过渡，也是当前面临的问题。

五、深入推进岗位设置管理工作的几点建议

根据岗位设置管理工作的情况和存在问题，调研组认为，必须从实际出发，积极稳妥地推进国家林业局所属事业单位的岗位设置管理工作，充分发挥这项制度在事业单位改革中的作用和效益。

(1)要坚持“先入轨，后完善”，重在建立基本制度。本次岗位设置管理实施办法规定了基本的管理办法，构建了岗位设置管理的基本制度框架。事业单位作为岗位设置管理的主体，要坚持按需设岗、竞聘上岗、按岗聘用、合同管理。《国家林业局直属事业单位岗位设置管理实施意见》从不同性质、不同类型事业单位的实际出发，对岗位类别、等级、设置程序和权限、监管等方面提出了普遍适用的原则性规定，以适应不同类型的事业单位不同类型人员的需要。

事业单位岗位设置管理是单项制度，不可能解决事业单位人事制度改革的所有问题，更不可能解决需要其他制度解决的问题。虽然这项制度几乎涉及到事业单位人事管理的所有问题，但这一次不可能都解决。一方面，改革发展中的问题要靠加快改革发展来解决。比如，从理想的角度看，事业单位用人一定是有岗位的，同样的岗位同样的绩效就应该是同样的待遇，但目前还不可能完全做到。另一方面，任何一项重大改革都有一个推进的过程。实施岗位设置管理，是对旧的事业单位人事制度的重大改革，一步到位是不现实的，需要逐步推进。这既有其他相关制度的制约，也有人们思想观念的转变，还有配套政策的完善。因此，我们必须实事求是、循序渐进，抓住主要矛盾，突出工作重点，把制度先建立起来，先入轨运行起来。对于目前情况，这是最重要的。

在实施岗位设置管理过程中，要把握好实施范围、结构比例、岗位基本条件、“双肩挑”、首次岗位设置和聘用上岗等重点问题。比如结构比例问题，要以现有人员专业技术职务的结构比例作为基本依据，适当考虑社会事业发展需要和“十一五”人才规划要求。在实施岗位设置管理过程中，要从全局出发，使大多数工作人员先进入岗位，确保面上工作顺利推进。特殊问题可以放到后期处理，例如对一些情况复杂、需要其他制度改革相配套，一时又难以解决的问题，可以暂时按照现行政策规定执行，留待日后的制度改革统筹解决。

(2)整体协调推进各项人事制度改革工作。岗位设置管理是事业单位人事制度改革的基础，要求统筹好岗位设置管理与推行聘用制度、深化收入分配制度改革、完善人才流动制度的关系。事业单位人员聘用制度中的公开招聘制度、竞聘上岗制度、合同聘用制度、辞聘解聘制度、聘用管理制度、聘用监督制度等环节，要以岗位设置工作为基础。建立科学的岗位管理制度，是实行聘用制的关键所在。这要求根据岗位需要来设定专业技术职务和人员编制，对传统的职称评定和业绩考核制度实行根本改革。也就是说要通过合理设置岗位，明确岗位职责、权利和任职条件，根据岗位职责和工作重点确定岗位工资等，确保实现人员能进能出、职务能上能下、待遇能高能低。同时，要建立良好的人才流动制度。要在着重做好骨干队伍稳定的基础上，建立良好的人才流动机制，实现人员能进能出。一方面，要积极推行公开招聘制度，严把用人关，努

力创造一个公开、公平、公正的选人用人环境；另一方面，要为各种可能出去的人员设计好各种出口，在实行末位淘汰制或岗位调整时要结合岗位要求进行认真比较。

(3)与收入分配制度改革相配套。在岗位管理的基础上，建立形式多样的分配激励机制。如何在事业单位中建立既能够激励广大员工，又能够保持关键人才和骨干员工稳定的收入分配机制，是人事制度改革的一大难点。收入分配机制必须体现保障、激励、调节三大职能，以便建立科学合理有效的薪资结构，合理确定工资收入差距。这次建立事业单位岗位设置管理制度，不是单纯的人事制度改革，而是应与事业单位收入分配制度改革紧密结合。不同类别、不同等级的岗位与岗位工资一一对应，岗位设置、岗位聘用与工资待遇紧密结合在一起。可以说，岗位设置管理制度，保证了收入分配制度改革的政策落实到位，收入分配制度改革保证了岗位设置管理制度实施的实际效果。二者相辅相成、相互促进。

(4)审慎解决"双肩挑"问题。"双肩挑"问题的产生有其政策历史渊源，要考虑各方面因素审慎处理。事业单位的大多数领导都是从专业技术岗位走到管理岗位的，有的仍然兼任专业技术工作。特别是科研院所等专业性比较强的事业单位和岗位，由于其领导岗位及管理工作的特殊性，需要有一定的专业技术背景。不少事业单位的领导是学科带头人，有一定的学术地位和影响。这种现象既可提高单位的知名度和社会影响，又可带动专业技术水平的提高。但是，如果他们过多地投入学科专业研究，也会影响履行领导的职责；如果他们占着领导岗位，享受着专业技术岗位工资，又会带来不公平。这与原来的制度或存在的情况相抵触。从建设一支科学的管理人才队伍角度来说，事业单位管理人员职业化是发展趋势，也是现代化管理的需要。事业单位的领导需要较强的管理能力，需要具有战略思维和长远眼光，也要有国际视野和前沿意识，以及改革精神和创新理念。因此在既要坚持岗位管理的改革方向，又不至于挫伤这些人员的积极性的前提下，要引导这些执行专业技术岗位工资的人向管理岗位调整，就需要相关的配套措施，完善收入分配制度。为了调节基本工资之间的差距，建立绩效工资制度已迫在眉睫。同时，因工作性质特点确需"双肩挑"的，要履行必要的程序，按照人事管理权限进行审批。在审批中，结合各单位的具体情况，主要审核是否满足专业技术背景、履行专业技术岗位职责、完成专业技术工作任务三方面的条件。

(5)切实加强对岗位设置工作的组织领导。岗位设置管理是事业单位人事制度的一项重大改革，事关事业单位收入分配制度改革的顺利实施，事关新型事业单位人事管理制度的建立，也直接关系到国家林业局29个事业单位单位近6 000名工作人员的切身利益。因此必须高度重视，加强领导，扎扎实实做好实施工作。

岗位设置管理是事业单位收入分配制度落实到位的制度保障，是人事部门对事业单位人事工作实行宏观管理和调控的一个主要抓手。作为一项新的制度，在建立和推行过程中，必然会遇到来自传统观念和原有制度的阻力，也会遇到许多新情况、新问题。况且，一项新的制度设计本身也需要不断充实完善。这就要求各级人事部门的领导要深入实际，深入调研，制定切实可行的政策措施，精心组织，稳慎实施。

各单位应把岗位设置管理工作当作当前事业单位人事制度改革工作的重中之重，组织得力人员，集中精力抓好。事业单位是岗位设置管理的主体，要按照政策文件的要求，制定好岗位设置方案，组织好岗位聘用。要按照规定的程序，以及公开、公正的要求，制定本单位的岗位设置方案并报主管部门审核；在核准的岗位总量、结构比例和最高等级限额内，制定岗位设置的实施方案；要广泛听取职工对岗位设置实施方案的意见，并由单位领导班子集体讨论后组织实施。人事主管部门要制定和完善相关政策措施，加强对事业单位岗位设置指导、定期检查，及时纠正违规行为，确保岗位设置工作有序进行。同时，要加强监督管理，对于不按规定进行岗位设置和岗位聘用的事业单位，有关部门不予确认岗位等级、不予兑现工资、不予核拨经费。情节严重的，还要对相关领导和责任人予以批评教育，并按照人事管理权限给予相应纪律处分。

在落实岗位设置管理工作各单位要充分调动广

大职工支持改革、参与改革的积极性和主动性，广泛听取职工和专家的意见，使这项工作更趋科学化，更具可操作性；各单位要根据本单位的实际情况，在遵循国家和国家林业局关于实施岗位设置管理基本原则的基础上，创造性地开展工作。制定各项具体措施，包括聘用办法、程序、条件等方面，力求体现本单位的特点和实际。要深入细致地做好思想政治工作，切实解决实施过程中的认识问题和实际问题，确保平稳推进，顺利实施。

（国家林业局人事教育司岗位设置管理工作调研组）

森林公安执法体制调研报告

随着制约森林公安生存和发展的编制经费问题的解决，如何推进森林公安执法规范化建设，为现代林业建设提供坚强有力的保障、创造和谐稳定的环境，已成为各级森林公安机关面临的重大课题。职能明确、权责一致、运转高效、监督有力的执法体制是执法规范化建设的基础和前提。为了掌握全国森林公安执法体制现状，改革和完善森林公安执法体制，推进执法规范化建设，2008 年 6 ~ 10 月，国家林业局森林公安局组织各级森林公安机关开展了 5 个月的调研活动。

一、森林公安执法工作成绩及执法机构设置、人员配备情况

在各级党委、政府和林业、公安部门的统一领导下，森林公安机关充分发挥双重管理的体制优势，一手抓打击防范等执法业务，一手抓执法机构队伍建设，执法工作取得显著成绩，执法队伍正规化建设稳步推进。

（一）森林公安执法工作总体情况

森林公安机关积极履行法律赋予的职责，严密掌控林区治安局势，连续开展声势浩大的严打整治行动，始终保持对破坏森林资源违法犯罪的高压态势。2003 年以来，国家林业局森林公安局在全国范围内相继组织开展了“春雷行动”、“候鸟行动”、“天保二号行动”、“绿盾行动”、“飞鹰行动”等一系列专项行动，侦破了一大批破坏森林资源的重特大案件，处理了一大批违法犯罪分子，极大地震慑了违法犯罪，有效地保护了森林和野生动植物资源的安全。据统计，2003 年以来，全国森林公安机关共查处各类森林案件 112 万起，打击处理违法犯罪人员 149 万人次，收缴木材 437 万立方米、野生动物1 094万头（只），挽回直接经济损失 196 亿元。

（二）森林公安整体机构设置情况

自 1984 年原林业部公安局成立以来，各级森林公安机构逐步恢复组建。目前，省级行政区域内，除上海市外，其余省（自治区、直辖市）以及新疆生产建设兵团、黑龙江森工集团、内蒙古森工集团均在省级林业主管部门设有森林公安机构。地市级行政区域内，除江苏省外，其余省（自治区、直辖市）地（市）一级行政区域全部设立了森林公安；县级行政区域内，森林公安的机构覆盖率近 80%。此外，在国有林管理局、自然保护区、国有林场等单位和森林资源集中分布地区都设有专门的森林公安机关。经过多年的建设发展，全国森林公安从中央到省、地、县派出所，已经形成了与我国现行政府管理层级相对应的较为完整的机构体系。

从机构名称和性质来看，省级森林公安机关中，除江苏省森林公安处作为林业主管部门的内设处室外，其余均为作为实体单位的局（分局）；地（市）级森林公安机关中，作为实体单位的局（分局）占总数的 88%，作为林业部门内设机构的处（科）占 11%；县级森林公安机关中，作为实体单位的局（分局）占总数的 67%，作为林业部门内设机构的科（股）占 8%，另有大队、派出所建制分别占 6% 和 19%。

（三）森林公安执法机构设置及人员配备情况

除承担社会治安管理职能的大面积国有林区森林公安机关外，其他森林公安机关的执法部门分为刑侦、治安和法制部门。刑侦部门负责立案侦查破坏森林及野生动植物资源刑事案件；治安部门负责

调查处理林业行政案件和涉林治安案件；法制部门负责案件审核和执法监督。根据调查统计，各级森林公安执法机构设置及人员配备情况如图1所示。

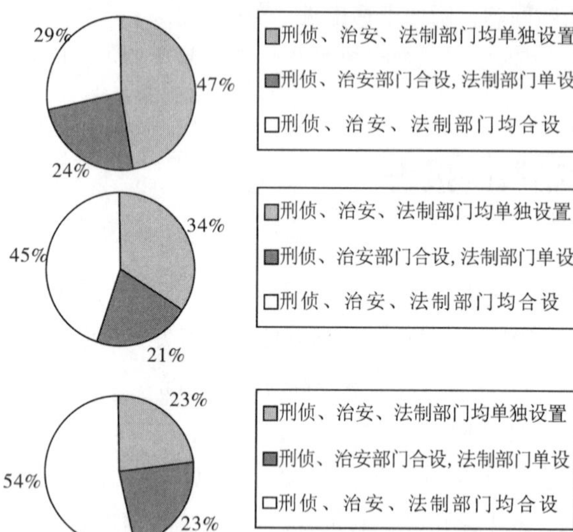

图1　省、地、县三级森林公安执法机构设置对比图

(1)省级。刑侦、治安、法制部门均单独设置的占47%，刑侦、治安部门合设、法制部门单设的占24%，刑侦、治安、法制部门均合设的占29%。

(2)地市级。刑侦、治安、法制部门均单独设置的占34%，刑侦、治安部门合设、法制部门单设的占21%；刑侦、治安、法制部门均合设的占45%。

(3)县级。刑侦、治安、法制部门均单独设置的占23%，刑侦、治安部门合设、法制部门单设的占23%，刑侦、治安、法制部门均合设的占54%。

二、森林公安执法体制现状

(一)森林公安的执法范围

森林公安作为武装性质的国家治安行政力量和刑事司法力量，管辖的案件既包括公安机关管辖的刑事、治安案件，也包括林业行政执法机关管辖的行政案件。

(1)刑事案件管辖。除吉林省及内蒙古自治区大兴安岭、黑龙江省森工集团、黑龙江省大兴安岭等国有林区森林公安机关以及少部分承担社会治安管理职能的森林公安机关外，按照国家林业局、公安部有关规章和规范性文件，其他森林公安机关主要负责立案侦查破坏森林及野生动植物资源的刑事案件，具体包括21类(见表1)。

根据调研的情况，实际办理上述案件的森林公安机关分布情况是：省级79%，地(市)级96%，县级99.8%。

(2)治安案件管辖。《中华人民共和国治安管理处罚法》(以下简称《治安管理处罚法》)未直接针对森林及野生动植物保护设定治安处罚种类，《公安机关办理行政案件程序规定》也未明确国有林区以外的森林公安机关管辖的案件种类。按照公安部2007年底的批复，森林公安机关管辖的治安案件范围和种类，可以由各级人民政府公安机关自行规定。

截至目前，已明确管辖范围的省级森林公安机关占19%，地(市)级占37%，县级占30%。从已经明确的案件种类看，主要是与森林公安管辖的刑事案件相对应的治安案件，以及妨碍森林公安机关及其民警依法执行职务、非法种植毒品原植物等案件。

(3)林业行政案件管辖。《中华人民共和国森林法》(以下简称《森林法》)以法律授权的形式明确森林公安机关可以办理该法第39、42、43、44条规定的行政处罚案件。2001年国家林业局《关于森林公安机关查处林业行政案件有关问题的通知》明确规定，森林公安机关可以以其所属的林业主管部门的名义查处各类林业行政案件。

根据调研统计，实际以自己名义办理《森林法》授权案件的省级森林公安机关占65%，地(市)级占79%，县级占74%。以林业主管部门名义查处各类林业行政案件的省级森林公安机关占44%，地(市)级占61%，县级占70%。

(二)森林公安的执法权限

森林公安执法权限是指森林公安机关在办理管辖范围内的各类案件时的具体权限和程序。此次调研主要涉及森林公安在刑事、治安、林业行政执法中的主体资格问题。

(1)刑事侦查权。按照《公安机关办理刑事案件程序规定》的有关规定，县级公安机关负责侦查发生在本辖区内的刑事案件，地(市)级以上公安机

表 1　森林公安管辖森林和野生动植物刑事案件表

序号	案件名称	管辖性质
1	盗伐林木案件	专属管辖
2	滥伐林木案件	专属管辖
3	非法收购、运输盗伐、滥伐的林木案件	专属管辖
4	非法采伐、毁坏国家重点保护植物案件	专属管辖
5	非法收购、运输、加工、出售国家重点保护植物或其物制品案件	专属管辖
6	走私珍稀植物或其制品案件	专属管辖
7	放火案件中，故意放火烧毁森林或者其他林木的案件	部分管辖
8	失火案件中，过失烧毁森林或者其他林木的案件	部分管辖
9	聚众哄抢案件中，哄抢林木的案件	部分管辖
10	破坏生产经营案件中，故意毁坏用于造林、育林、护林和木材生产的机械设备或者以其他方法破坏林业生产经营的案件	部分管辖
11	非法猎捕、杀害珍贵、濒危陆生野生动物案件	专属管辖
12	非法收购、运输、出售珍贵、濒危陆生野生动物或其制品案件	专属管辖
13	非法狩猎案件	专属管辖
14	走私珍贵陆生野生动物或其制品案件	专属管辖
15	非法经营案件中，买卖《允许进口证明书》《允许出口证明书》《允许再出口证明书》《进出口原产地证明》及国家机关批准的其他关于林业和陆生野生动物的经营许可证明文件的案件	部分管辖
16	伪造、变造、买卖国家机关公文、证件案件中，伪造、变造、买卖林木和陆生野生动物允许进出口证明书、进出口原产地证明、狩猎证、特许猎捕证、驯养繁殖许可证、林木采伐许可证、木材运输证明、森林、林木、林地权属证书、征用或者占用林地审核同意书、育林基金等缴费收据以及由国家机关批准的其他关于林业和陆生野生动物公文、证件的案件	部分管辖
17	盗窃案件中，盗窃国家、集体、他人所有并已经伐倒的树木、偷砍他人房前屋后、自留地种植的零星树木、以谋取经济利益为目的非法实施采种、采脂、挖笋、掘根、剥树皮等以及盗窃国家重点保护陆生野生动物或其制品的案件	部分管辖
18	抢劫案件中，抢劫国家重点保护陆生野生动物或其制品的案件	部分管辖
19	抢夺案件中，抢夺国家重点保护陆生野生动物或其制品的案件	部分管辖
20	掩饰、隐瞒犯罪所得、犯罪所得收益案件中，涉及被盗伐滥伐的木材、国家重点保护陆生野生动物或其制品的案件	部分管辖
21	非法占用农用地案件中，非法占用林地的案件	部分管辖

关负责重大涉外犯罪、重大经济犯罪、重大集团犯罪和下级公安机关侦破有困难的重大刑事案件的侦查。最高人民检察院、公安部在有关文件中明确县级以上森林公安机关可以以自己的名义进行刑事案件的立案、采取强制措施以及提请移送起诉等活动。近几年，相当一部分省(自治区、直辖市)通过省(自治区、直辖市)高级人民法院、人民检察院、公安厅(局)、林业厅(局)联合印发规范性文件的形式，进一步明确了省、地、县三级森林公安机关的刑事侦查权。

根据调研统计(图 2)，省级森林公安机关中以自己名义立案、采取强制措施、提请移送起诉的占 71%，以地方公安机关名义进行的占 9%；地(市)级森林公安机关中，以自己名义进行的占 61%，以地方公安名义进行的占 31%，以上一级森林公安名义进行的占 4%；县级森林公安机关中，以自己名义进行的占 28%，以地方公安名义进行的占 57%，以上一级森林公安名义进行的占 10%。

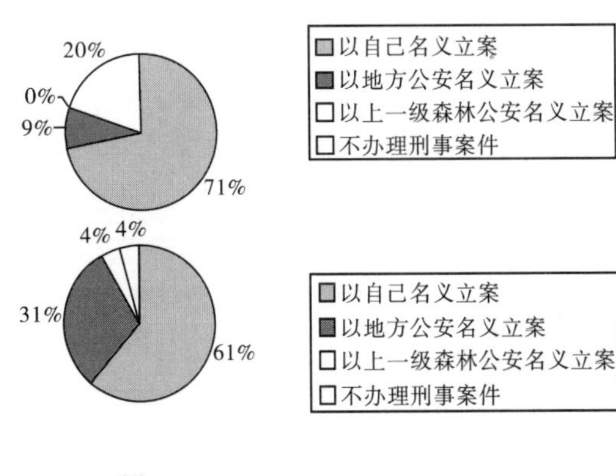

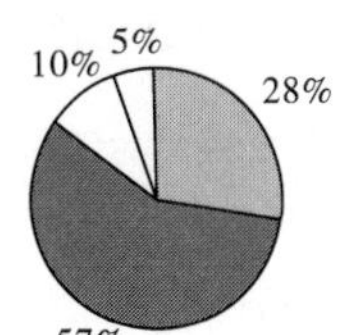

图 2　省、地、县三级森林公安刑事侦查权行使情况对比图

（2）治安管理处罚权。《治安管理处罚法》规定“治安管理处罚由县级以上人民政府公安机关决定”。公安部在执行《治安管理处罚法》的有关解释中明确“县级以上森林公安机关对其管辖的治安案件，可以依法作出治安管理处罚决定”。2007年公安部进一步明确“县级以上森林公安机关是指相当于县级以上人民政府公安机关行政级别，能够独立行使执法职能的森林公安机关”。据此，国家林业局森林公安局要求各级森林公安机关积极协调所在地公安机关，落实治安管理处罚权。

截至目前，省级森林公安机关中，以自己名义办理治安案件的占68%，以地方公安机关名义进行的占12%；地（市）级森林公安机关中，以自己名义办理治安案件的占56%，以地方公安机关名义进行的占29%，以上一级森林公安机关名义进行的占4%；县级森林公安机关中，以自己名义办理治安案件的占31%，以地方公安机关名义进行的占46%，以上一级森林公安机关名义进行的占11%（图3）。

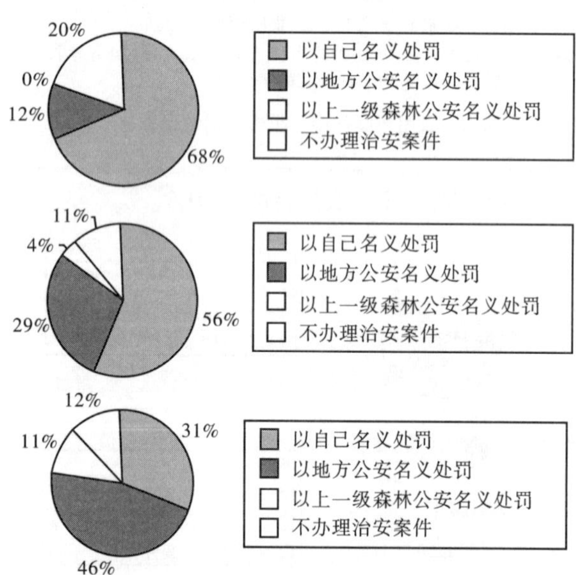

图3　省、地、县三级森林公安治安处罚权行使情况对比图

（3）林业行政处罚权。森林公安行使林业行政处罚权因案件性质不同而处罚权限不同。对属于《森林法》第39、42、43、44条规定的案件，森林公安局（分局）、森林警察支队、大队可以以自己的名义作出处罚决定，对其他林业行政案件，则只能以林业主管部门的名义作出决定。

近年来，按照国家林业局森林公安局的统一部署，在地方各级林业、公安部门的领导下，各级森林公安机关充分发挥打击破坏森林及野生动植物资源违法犯罪的主力军作用，为保护森林和野生动植物资源、维护国家生态安全、巩固生态建设成果作出了突出贡献，取得了显著成绩。但值得注意的是，森林公安执法体制也出现了与实践不相适应的方面，主要表现在：

三、森林公安执法体制与执法实践存在的不适应问题

（一）少数森林公安机关执法机构不健全，机构设置、人员配备不合理

从整体机构设置来看，尽管国家林业局对规范森林公安机构设置有明确要求，但仍有一部分森林公安机关被作为林业主管部门的内设处、科、股等，因此，无法以自己的名义对外行使执法权。省级森林公安机关中，江苏省以及全国11%的地（市）级、26%的县级森林公安机构不具有执法主体身份。这些机构不仅无法独立行使刑事、治安执法权，也无法落实《森林法》授予的林业行政处罚权。从内设执法机构情况来看，一半以上的森林公安机关内设执法机构不健全。从人员配备情况来看，15%的省级、37%的地（市）级、48%的县级森林公安机关警力数不足10人。上述情况说明，森林公安系统总体警力配备不合理，承担绝大部分执法任务的地、县两级森林公安机关，特别是县级森林公安机关执法机构不健全、警力不足的问题十分突出。由于这些情况的存在，相当一部分县级森林公安机关无法独立行使刑事侦查权和治安处罚权，使执法权限落实成为空话。

（二）森林公安在林业行政执法中的作用未能充分发挥

根据《森林法》和国家林业局有关规范性文件，森林公安作为隶属于林业部门的执法队伍，有权以自己的名义查处《森林法》授权的林业行政案件，或者以林业主管部门的名义查处各类林业行政案件。但受各种因素影响和制约，上述规定并未在执法实践中完全执行，甚至有极少数林业主管部门出于部

门利益考虑，以行政命令阻挠、限制森林公安从事林业行政执法。从调研情况看，有21%的地(市)级森林公安机关、26%的县级森林公安机关不能以自己的名义办理《森林法》授权的案件，有39%的地(市)级森林公安机关、30%的县级森林公安机关不能以林业主管部门的名义办理其他林业行政案件。在这次调研中，书面征求了34个省级林业主管部门对森林公安承担林业行政执法任务的意见，共收到21个书面答复(图4)，其中选择由森林公

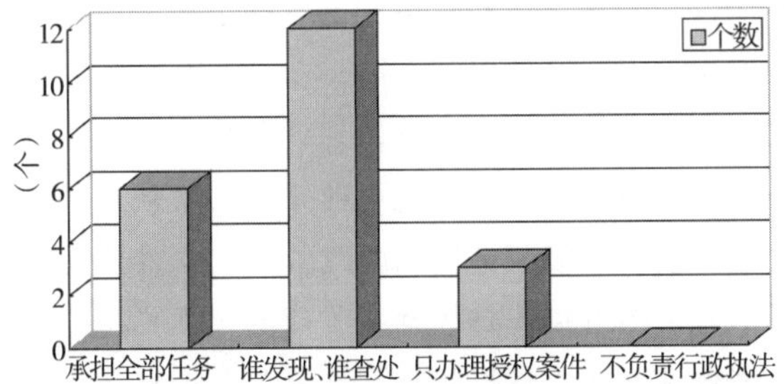

图4　部分省级林业部门对森林公安承担林业行政执法任务的意见图

注：选择森林公安只办理《森林法》授权案件的3个单位中，天津市是由于森林公安组建较晚，目前只在市林业局设立森林公安局，现有警力无法承担其他林业行政执法任务；浙江省是由于市、县两级森林公安机构不健全、名称不规范，无法独立承担全部林业行政执法任务；内蒙古大兴安岭林区由于林管局自身没有行政执法职能，其辖区内只有森林公安机关能够以自己名义办理《森林法》授权的案件。

安独立办理或由森林公安整合其他林业行政执法机构办理辖区内全部林业行政案件的6个，选择森林公安与其他林业行政执法机构按照"谁发现，谁查处"原则办理林业行政案件的12个，选择森林公安只办理《森林法》授权案件、不办理其他林业行政案件的3个。可以看出，尽管国家林业局从2003年起开展了5年林业综合行政执法改革试点工作，但相当一部分林业主管部门仍然倾向于维持既有的林业行政执法格局，在这种情况下多头执法、重复处罚等问题仍然难以避免。

(三)森林公安刑事、治安执法范围和权限有待进一步规范

从法律层面来看，《森林法》对森林公安"负责维护辖区社会治安秩序，保护辖区内的森林资源"的职能表述较为笼统，且由于《森林法》自身的部门法性质，无法对森林公安刑事、治安执法范围、权限等涉及刑事诉讼和治安管理等事项作出具体规定。因此，森林公安的执法权限、范围至今仍缺乏统一、明确的规范。由于一些地方林业主管部门、地方公安机关以及森林公安自身对森林公安的职能定位认识不尽相同，不同地区、不同层级的森林公安机关执法权限、范围随意性、差异性较大。在刑事执法方面，对于立案、采取强制措施、移送起诉等环节，以自己名义、以地方公安名义、以上一级森林公安名义进行的兼而有之；在治安执法方面，81%的省(自治区、直辖市)未明确具体案件管辖范围，已明确的案件种类、处罚决定权限也不尽相同。

(四)森林公安系统上下级之间的执法指导监督职能有待强化

从省、地、县三级森林公安机关实际从事森林及野生动植物刑事案件侦查活动情况看，有21%的省级森林公安机关未承担刑事执法任务，地、县两级也有少量机构未承担刑事执法任务。在实际承担刑事执法任务的省、地、县森林公安机关中，以自己名义立案的分别占68%、61%、28%；以地方公安机关名义立案的分别占9%、31%、57%；以上一级森林公安机关名义立案的地、县两级比例则只有4%和10%。在这种情况下，上级森林公安机关在很大程度上只能在宏观上进行执法指导监督，无法进行具体的个案指导和监督，地、县两级森林公安的刑事执法职能则更多地依赖于地方公安，特别是县级森林公安机关受机构级别、警力配备等因素制约，大多数只能以地方公安机关的名义开展执法活动。从地方公安的角度看，一方面，对森林和野生动植物资源保护的法律法规的不够熟悉、对破坏森林及野生动植物资源案件特点和规律了解也不够，另一方面，在"双重领导"体制下，也无法将有限的警力、精力投入到对森林公安执法工作的指导监督中。因此，森林公安现行以"块"为主的刑事、治安执法指导监督权限划分，不利于森林公安执法专业优势的充分发挥。

问题长期存在的根本原因，从客观方面分析，主要是森林公安政法专项编制没有落实，机构设置

不健全、经费渠道不畅、民警素质参差不齐、执法能力不强、执法质量得不到保证，相当一部分森林公安机关不具备独立承担相应执法任务的基本条件。从主观方面分析，一是少数基层林业部门领导或出于对森林公安双重管理体制心存疑虑，或是受部门利益束缚，不敢放手将执法权赋予森林公安；二是个别森林公安机关领导执法意识、责任感、使命感不强，不愿独立承担执法任务。

四、改革和完善森林公安执法体制的建议

森林公安编制经费问题的解决和双重领导体制的确立，为改革和完善森林公安执法体制创造了前所未有的历史性机遇。各级林业主管部门和森林公安机关应当从建设生态文明、推进现代林业又好又快发展的战略高度出发，在落实编制经费、规范机构设置的基础上，以有利于森林公安职能作用发挥、有利于森林及野生动植物资源保护、有利于实现执法公正与执法效率有机统一为基本原则，积极创新，大胆探索，改革和完善森林公安执法体制。

（一）以强化县级森林公安机关执法职能为重点，规范森林公安执法机构设置

建立健全森林公安执法机构、合理配置警力资源是落实森林公安执法权限、构建森林公安执法体制的前提。从执法实践来看，地、县两级森林公安机关，特别是县级森林公安机关承担着绝大部分刑事、治安和林业行政执法任务，要充分发挥森林公安的职能作用，就必须将警力向县级森林公安机关倾斜，把县级森林公安机关做实、做强。同时，省、地两级森林公安机关要进一步完善内设执法机构，充实警力，省级森林公安机关要突出实战功能，向管理兼实战型转变。

就目前全国森林公安的警力状况而言，短期内大量增加编制的可能性不大，必须在充分发掘内部资源、合理配置机构人员上下功夫。比较可行的方法是，将分散在边远山区、林区的森林公安派出所重新整合，对同一县级行政区域内的森林公安机构、人员进行重新分配、组合。总警力在15人以下的，原则上不设置派出所；警力充足的，根据需要在森林资源集中分布地区、案件高发地区设置。重新整合后，县级森林公安机关应当设置单独的刑侦、治安(行政执法)、法制等执法部门；案件量不大的，刑侦、治安(行政执法)部门可以合署办公。

上述做法主要是基于两点考虑：一是符合警力下沉的警务体制机制改革指导思想。与地方公安机关普遍存在的“大机关、小基层”现象不同，森林公安最突出的问题是，相当长的一个时期内，比照地方公安机关大量设置了派出所，结果使有限的警力过于分散。由于森林公安派出所没有社会治安管理职能，因而缺乏治安防范和管理的手段，预防、发现作用有限，又无法发挥“拳头”作用。必须认识到，作为专门的执法警种，县级森林公安机关就是一线实战单位，强化县级森林公安机关就是推动警力下沉。二是顺应林权制度改革后的森林资源保护新形势。随着集体林权制度改革的全面推进，林权主体得到落实，林权所有人、受益人护林的积极性将显著提高，森林公安保护资源的职能将从传统的“大包大揽”向联系、指导、规范群众性护林组织、专门管护队伍方面转变，以便运用市场经济的方法最大限度地发挥社会力量的作用。这样一来，森林公安警力就可以得到一定程度的解放，原森林公安派出所的空缺可以通过推行林区警务战略加以充实。2007年以来，云南等省“做强县局、规模建所”的改革思路就符合上述考虑，并已经取得初步成效。

（二）在规范机构设置、警力配置的基础上，统一明确森林公安执法范围和执法权限

我国刑事诉讼、治安管理立法没有对森林公安等专门公安机关做出规定，执法范围、权限相关具体事项只能由司法机关、行政机关通过规范性文件的形式来明确。长期以来各地森林公安机构设置、警力配置千差万别，尤其是部分地方森林公安执法机构不健全、警力严重不足，因此，森林公安机构尚不具备从整体层面上统一解决全国森林公安执法范围、执法权限的条件。随着编制经费问题的解决，按照执法规范化建设的要求，上述问题的解决更显得迫切。在解决机构设置、警力配置问题的基础上，可以借鉴海关缉私部门的经验，通过最高人民法院、最高人民检察院、公安部、国家林业局等部门联合制定规范性文件的方式，进行“一揽子”

解决。

结合森林公安实际以及森林和野生动植物资源案件的特点，建议明确赋予省级森林公安机关对本省(自治区、直辖市)范围内有重大影响的、下级森林公安机关查处确有困难的涉林刑事案件的侦查权；明确赋予地(市)级森林公安机关对本地(市、州)范围内有重大影响的、县级森林公安机关查处确有困难的涉林刑事案件侦查权、治安案件处罚决定权；明确赋予执法机构完善、警力配备充足、执法基础较好的县级森林公安机关涉林刑事案件侦查权、治安案件处罚决定权。森林公安治安案件的管辖范围，建议比照刑事案件，以列举的形式加以明确，尽可能减少争议和不确定性。

(三)突出森林公安专业特点，强化林业行政执法职能

对森林公安承担林业行政执法任务问题，尽管部分林业主管部门还存在疑虑和不同见解，但不可否认的是，由森林公安承担全部林业行政执法任务，既能彻底解决多头执法、重复处罚的问题，并且符合"两个相对分开"的综合行政执法改革的基本原则，又能使森林公安警力资源得到充分利用，以及进一步加强林业主管部门对森林公安的领导，使森林公安"双重领导"的管理体制基础更加牢固。这样做对林业主管部门和森林公安机关都有利。

从调研统计来看，在全国县级行政区域中，有89%的县(区、市、旗)一半以上林业行政案件由森林公安办理；森林公安办理案件数量超过当地林业行政案件总量80%的县(区、市、旗)占到51%。森林公安成为林业行政执法主力军已经是不争的事实。目前，个别森林公安机构不健全的省也正在加快组建进度，从全国范围来看，森林公安完全有能力独立承担全部林业行政执法任务。近几年，辽宁、内蒙古、重庆等省(自治区、直辖市)的改革实践已经提供了有力的证明。

从与森林公安情况类似的海关缉私警察来看，2002年海关总署将海关查私办案职能全部交由缉私警察承担，使得缉私警察既行使公安执法职能又行使海关全部行政执法职能，从而成为海关不可或缺的一部分。建议国家林业局在总结部分省份改革实践、借鉴海关成功经验的基础上，对将林业行政执法职能统一交由森林公安承担的问题加以明确。

(四)切实强化森林公安系统上下级之间的执法指导监督职能

森林公安现行的刑事、治安执法指导监督权限划分，不利于发挥森林公安的专业优势，不利于排除地方保护主义的干扰，有必要进一步加大上级森林公安的指导监督力度。目前来看，在各级森林公安执法权限明确后，对仍然无法以自己名义开展执法活动的县级森林公安机关，由上一级森林公安机关对其具体执法活动进行领导，以上一级森林公安机关的名义进行执法。在这方面，北京市森林公安系统已经取得成效。从长远来看，随着省、市两级森林公安机构健全完善、力量加强，逐步实现上级森林公安对下级森林公安执法工作的全面领导将成为可能。

森林公安执法体制的改革和完善是一个长期的过程,需要各级森林公安机关立足本地实际,从执法实践出发,既大胆探索、勇于创新,又积极协调、破解难题,逐步形成具有森林公安特色的执法体制。

调 研 单 位：国家林业局森林公安局

关于建立森林防火行政领导责任制考核指标体系的调研报告

根据国家林业局《2008年司局、直属单位调研项目》规定，2008年4月25日至5月25日，国家林业局森林防火办公室派出调研组，围绕如何科学构建森林防火行政领导责任制考核指标体系这一主题，先后赴北京、黑龙江、吉林、江苏、浙江、广东、云南、湖南等8省(直辖市)认真开展调研工作

并收集了其余省(自治区、直辖市)的相关资料。调研组主要采取听取汇报、召开座谈会、实地访谈、收集一线资料等形式，认真考察了各省(直辖市)森林防火行政领导责任制落实和有关考核体系的情况，就考核指标和考核办法等内容与各级防火部门进行了深入的交流和探讨，取得了丰富的第一手资料，为下一步森林防火行政领导责任制考核指标体系的制定奠定基础。现将有关情况报告如下：

一、各省(自治区、直辖市)贯彻落实森林防火行政领导责任制的基本情况

党中央、国务院历来对森林防火工作高度重视，把森林防火工作作为建设生态文明、维护生态安全的重要举措，先后颁发了《中华人民共和国森林法》、《森林防火条例》等一系列规范性文件，明确规定森林防火工作实行各级人民政府行政领导负责制。特别是2001年4月，温家宝总理在重点省区春季森林防火工作现场会上提出了森林防火行政领导负责制“五条标准”，对森林防火工作赋予了新的内涵。从调研情况看，各级政府和各有关部门能够按照党中央、国务院的指示要求，认真贯彻落实森林防火行政领导负责制，在加强森林防火工作的组织领导上取得了明显效果。主要体现在以下几个方面：

(一)森林防火指挥管理组织体系逐步完善

各地不断加强森林防火组织机构建设，森林防火指挥管理组织体系进一步健全。截至目前，全国共建立县级以上森林防火指挥部3 397个，办事机构3 525个，指挥部成员6万余人，办事机构人员近2万人，一些地区的重点林业乡(镇)也都设立了森林防火指挥机构。各级森林防火指挥机构指挥长基本上都是政府主管领导担任，一些重点市(县)由行政一把手直接担任，初步形成了各级政府负全责、各有关部门齐抓共管的森林防火工作格局。

(二)森林防火责任体系逐步健全

各级政府高度重视森林防火工作，工作目标和任务明确，责任和措施落实到位，一些省区采取了市、县、乡层层签订责任状的做法，分解任务，落实责任，保证了森林防火制度的末端落实。如吉林省实行省长、市(州)长、县(区、市)长、乡(镇)长、村长和林业厅(局)长、林场场长“七长负责制”，按照“谁管辖、谁负责和谁管理、谁负责”的权责划分原则，每年年初层层签订森林防火目标责任状，年终及时兑现奖惩，建立了横向到边、纵向到底的责任体系，构建了完整的责任链条，保证了森林防火各项制度的落实。在发生森林火灾时，各级有关领导能够及时深入现场，积极组织指挥扑救，有效降低了森林火灾造成的损失。

(三)投资力度逐步加大

地方各级政府逐步将森林防火基础设施建设纳入同级地方国民经济和社会发展规划，将森林火灾预防和扑救经费纳入地方财政预算，为森林防火工作的顺利开展提供了有力保障。同时各地还多方面筹措资金，积极申请国家和省级重点火险区治理项目资金及各种专项补贴，用于森林防火基础设施建设和专业森林消防队伍建设，不断加强了森林火灾的综合防控能力。如2005~2007年，云南省通过各种渠道累计投入森林防火建设资金2.474亿元；吉林省森林防火经费投入共计1.7亿元；黑龙江省每年仅为黑河市森林消防队建设提供财政补助就达1 000万元；陕西省2007年安排专项经费800万元，用于森林防火基础设施建设，投资额度比上年度增加167%。随着投资力度的逐渐加大，各地森林火灾综合防控能力明显提高。

(四)考核和问责制度逐步落实

根据国家森林防火指挥部办公室制定的省级森林防火办公室年度工作综合考评办法，各省级森林防火办公室也根据实际情况制定了逐级考核办法。云南、湖南和吉林等省还开展了对政府森林防火责任制的考核，效果很好。为了有效促进行政领导负责制的落实，黑龙江、河北、辽宁、浙江、山西、江西等省专门出台了森林防火责任追究办法。2008年，黑龙江省对春防期间发生的4起影响较大的森林火灾进行了从重从严处理，27人被追究责任；湖南省长沙、永州、衡阳等市政府制定了《森林消防行政过错责任追究暂行办法》，先后有258名干部因失职、渎职受到党纪、政纪处分；湖北省各级纪检、监察部门对有令不行、工作敷衍塞责、玩忽职守、靠前指挥不到位、隐情不报和推脱工作责任

者，以及其他不作为造成森林火灾严重后果的，依照有关法律法规，严肃追究有关人员的责任，仅2008年上半年，全省按纪律和行政处分了21名责任人，大大强化了森林防火责任制的落实。

二、当前贯彻落实森林防火行政领导责任制存在的主要问题

当前，全球气候变暖加剧，我国造林面积持续增加，森林防火形势异常严峻。这对落实森林防火行政领导责任制提出了更高的要求。我们也要清醒地看到，目前森林防火行政领导责任制与建设生态文明和集体林权制度改革的形势要求还有较大差距，主要表现在以下几个方面：

（一）森林防火组织机构还不够完善

目前各地虽然已初步建立了森林防火组织体系，但机构内部建设还存在一些问题。一是森林防火组织机构不健全，人员编配不足。各地虽有森林防火机构设置，但尚不规范，级别不统一，编制人员数量相对不足，与森林防火的新形势不相适应，如江西省，市、县两级107个防火机构中，79个为事业单位，6个为差额拨款或自收自支单位；森林防火办公室多数按正科和股级设置，平均编制4～5名，有的只有1个人，级别较低，工作人员数量少，工作协调难度大。浙江省91个防火机构中共有工作人员379人，其中在编163人，每个防火办公室平均不足2人，其中部分人员还要兼顾其他工作，工作精力难以集中，专业力量相对不足。广东省防火机构共有工作人员900多人，其中在编500多人，近一半人员无编制。宁夏回族自治区县级以上森林防火机构28个，均无专项编制。二是专业技术人才缺乏，队伍素质普遍不高。森林防火专业性较强，对人员素质要求较高，但各地防火机构人才缺乏，专业队伍素质普遍不高，很难适应防火工作的需要。据统计，有些地区县级防火办公室80%的人员为高中以下学历，队伍素质不高，严重制约着防火工作的提高。

（二）行政领导责任制落实还不够到位

一是责任追究不严格。有些地方处理森林火灾事故问责力度不够，在进行责任追究时，没有严格按照“两个严格追究”和“四个不放过”的要求进行到底，责任追究不彻底、往往追究到一定程度就放弃，追究下面多，追究上面少；追究部门多，追究政府主管少。二是奖惩制度难兑现。有些地区森林防火责权利不统一，责任和奖励不匹配、不平衡，特别是重罚轻奖的现象比较普遍，防火工作落实好的单位和人员得不到应有的奖励，在一定程度上挫伤了工作热情和积极性。三是工作督导不得力。有些地区森林防火督导机制不健全，工作“上热下冷”的问题比较突出，特别是一些基层乡镇，森林防火责任制流于形式，落实不力，查办不严，各项防火工作措施末端落实不到位。

（三）森林防火资金投入渠道还不够畅通

近年来，各地森林防火资金投入虽有所增加，但仍无法满足日益严峻的森林防火形势需要。一是经费保障困难。一些地区尚未建立持续稳定的投入机制，防火经费还未纳入财政预算，有的即使纳入预算也只是杯水车薪，严重制约了森林防火事业的发展。二是基础设施投入不足。有些地区对森林防火工作缺乏足够认识，对基础建设投入严重不足，重扑救、轻预防，有钱打火、无钱防火的现象比较突出，特别是一些财政困难的地区项目资金配套不足或无配套资金，严重影响着项目的实施进度和质量，使项目建设达不到预期效果。三是资金渠道单一。一些地区领导等靠思想严重，防火资金只靠上级投入，挖掘自身潜力不够，不能广泛吸纳社会和个人投入，达不到资金来源多元化的要求。

（四）森林防火考核制度还不够规范

一是考核内容不全面。对防火办公室的考核内容不系统，多数地区通常只进行一些业务知识考核，不能全面覆盖森林防火工作的各个环节；考核指标不明确，标准难以掌握和量化，操作实施比较困难，不能科学反映工作绩效。二是考核手段不科学。目前，各地森林防火基本为目标考核，虽然有正面意义，但负面影响也相对突出，特别是难以杜绝弄虚作假现象，不能真实反映森林防火工作的实绩，往往使考核流于形式，偏离客观实际。三是考核机制不完善。目前，还没有形成一套科学的考核机制，尤其是跟踪问效工作还做得不够，考核过后就草草了事，对问题整改缺乏有效监督，一些老问题长期得不到解决。

三、建立森林防火行政领导责任制考核指标体系的思考

通过调研我们认为，森林防火行政领导责任制是符合我国国情、林情的一项重要制度，对加强和推进森林防火工作有着极其重要的意义。全面贯彻和落实森林防火行政领导责任制，关键是建立健全行政领导责任制考核指标体系，构建基本框架，明确指标内涵，科学组织实施，以此推动我国森林防火工作的创新发展，这也是全面贯彻落实科学发展观的必然要求。

（一）建立考核指标体系的指导思想

考核指标体系要以科学发展观为指导，坚持“预防为主、积极消灭”的森林防火方针，依据《中华人民共和国森林法》、《森林防火条例》、《中华人民共和国突发事件应对法》、《国务院关于特大安全事故行政责任追究的规定》、《国家处置重、特大森林火灾应急预案》、《国务院办公厅关于进一步加强森林防火工作的通知》（国办发[2004]33号）等已颁布实施的与本行业有关的法律法规、标准规范和文件精神，围绕温家宝总理提出的关于行政领导责任制落实的“五条标准”进行制定，充分体现科学性，突出可操作性，保证实效性，使之真正成为我国森林防火工作的一项重要制度。

（二）制定考核指标的基本原则

为了保证考核指标体系客观、公正和实用，在制定过程中应遵循以下基本原则：

（1）科学性与系统性相结合。保证指标内容意义明确，具有客观性、合理性、合法性、权威性。指标体系层次结构清晰，能系统、全面地反映行政领导职责权限和工作任务。

（2）通用性与兼容性相结合。指标的选择上要反映全国森林防火工作的共性特征，尽量采用可比性较强的相对量化指标和具有共性特征的可比指标。

（3）全面性与重要性相结合。所选指标既能够全面地反映森林防火工作的各个环节，又是当前形势下具有全局性、关键性、代表性的指标。

（4）导向性与激励性相结合。指标体系应正确地体现森林防火工作政策和发展目标，发挥指挥棒的作用。同时又要使各项指标成为各地行政领导对森林防火工作要求进行自检的尺度，激励各地行政领导不断加强森林防火工作。

（5）简明性和可操作性相结合。在制定指标体系时力求做到指标项目内涵简洁、明确，定性和定量相结合，清晰易懂，能被政府官员和专业人士所理解和接受，具有较好的可测性和可操作性。

（三）考核指标体系的基本框架和指标内涵

考核指标体系基本框架应包括组织领导、责任制落实、资金投入和管理、森林火灾防范措施、森林火灾指挥扑救与灾后处置5个一级指标（A），下设管理组织指挥体系、森林防火工作人员培训和考核等20个二级指标（B）。

A_1 组织领导

B_1 管理组织指挥体系

森林防火工作涉及面广，火源管理涉及林区社会的各个方面。构建健全稳定、高效精干、信息畅通、反应快捷、保障有力的组织指挥体系，对强化森林火灾预防和扑救工作的指导和协调至关重要。根据国务院有关通知和森林防火条例的规定要求，县级以上地方各级人民政府要建立健全森林防火指挥部和负责日常工作的森林防火办公室，核定编制，配备专职干部，形成自上而下的森林防火组织指挥体系。各省（自治区、直辖市）及重点林区的地（市、州）要加强森林防火指挥中心和预警监测信息中心的正规化建设，完善功能，有关部门要给予大力支持。

B_2 森林防火工作人员培训和考核

森林防火工作人员应包括各级有关领导、管理人员、指挥员、专业扑火队员等。要明确不同层次和职能的工作人员素质标准，根据素质标准和考核内容建立森林防火分级培训制度，国家负责对省、地两级分管领导进行防火指挥和业务知识培训，各省（自治区、直辖市）要抓好县（市）和基层森林防火管理人员的业务培训，组织经验交流座谈会等。要科学确立考核内容，定期组织有关人员进行考核，不断提高森林防火工作人员素质，进而提升森林防火工作管理水平。

B_3 制度建设

应以国家有关政策、法律、法规为指导，结合

本地实际情况制定有关规章制度。如依据《森林防火条例》制定适合本地区的森林防火条例或实施管理办法等，使森林防火工作有章可循，有法可依。

A_2 责任制落实

B_4 行政领导责任制

责任制体系是做好森林防火工作最有力的组织保障。《中华人民共和国森林法》和《森林防火条例》等法律法规明确要求森林防火工作实行各级人民政府行政首长负责制和部门分工责任制，政府主要负责同志为第一责任人，分管负责同志为主要责任人，各成员单位主要领导为单项工作具体责任人。面对日益严峻的森林防火形势，必须进一步强化和完善森林防火行政领导负责制，层层签订防火责任状，把任务和责任落实到各级政府、各级有关部门、各个行政辖区、单位和个人。

B_5 责任追究与奖惩

要建立完善森林防火责任追究制度，使问责制度化、透明化、公开化。要加大考核和问责力度，坚决执行“两个严格追究”和“四个不放过”，对领导有力、责任落实、工作成绩突出的要进行表彰奖励；对因失职、渎职或责任制不落实引发森林火灾并造成重大损失或重大伤亡的，要依法依纪追究有关人员的责任。

A_3 资金投入和管理

B_6 资金保障

预防和扑救经费应纳入地方财政预算，基础设施建设应纳入地方国民经济和社会发展规划，纳入当地林业发展和生态建设总体规划。各地要结合实际，积极探索和建立森林防火多层次、多渠道、多主体的社会化投入机制，使森林防火费用由政府投入为主、受益者合理承担，确保资金保障多元化。

B_7 资金监管

要加强森林防火资金的使用管理、审计监督和项目建设的跟踪检查，实行专款专用，禁止挤占和挪用，保证国家和地方各级投入的森林防火资金足额到位，充分发挥效益。

A_4 森林火灾防范措施

B_8 森林防火宣传

森林防火宣传是森林防火工作的第一道工序和长期性的任务。各地区、各有关部门要制定森林防火宣传方案，加大森林防火公益宣传，重点宣传森林防火工作的重大意义、防火规章制度、防火扑火科学知识和安全避险知识。按照“政府主导，媒体联动，教育渗透，全民参与”的要求，突出宣传重点，丰富宣传形式，加大宣传力度和广度，注重宣传实效，不断提高全社会的森林防火意识和能力。

B_9 防扑火应急预案制定和落实

以《国家突发公共事件预案》、《国家处置重、特大森林火灾应急预案》(国森防〔2006〕6 号)、《国家林业局处置特大森林火灾事故预案》为依据制定防扑火应急预案，对预案进行分级演练，并根据演练效果和实际运行情况及时进行修订，以保证在应对各种森林火灾时反应及时、准备充分、决策科学、措施有力，把森林火灾造成的损失降到最低程度。

B_{10} 火险预测预报、预警发布

加强森林火险预测预报工作，建立森林火险预警机制，及时公开发布森林火险等级，严格落实不同火险等级条件下的分级响应措施。

B_{11} 火源管理

火源是森林火灾发生的三要素之一，加强火源管理是预防森林火灾发生的重要环节，是减少森林火灾发生的根本途径。管好火源就等于把握住了森林防火的主动权。要坚持疏、导、堵相结合，进一步规范和严格野外用火的审批制度，重点加强对野外生产用火的指导和生活用火的管控，加大对重点人员和重点地段的监管。在防火紧要期，要及时发布森林防火戒严命令，严格执行相应制度，实行严看死守，做到责任到人、防范到点、应急到位。

B_{12} 森林消防队伍建设

地方各级人民政府和国有林业企业、事业单位应当根据实际需要，组织森林防火人员、林业干部职工和民兵预备役部队成立森林火灾专业扑救队伍，并指导森林经营者和林区的居民委员会、村民委员会、企业、事业单位建立森林火灾群众扑救队伍。专业和群众火灾扑救队伍应当定期进行培训和演练，提高扑救森林火灾的能力，确保安全、高效、快速地扑灭森林火灾，保护人民生命财产和国家森林资源安全。结合我国森林防火工作的实际，以国森防办〔2007〕11 号文件所发布的《森林消防队

伍建设和管理规范》为考核依据，贯彻“以人为本，科学扑救”的思想，坚持“专群结合，以专为主”的原则，加强森林消防队伍建设和管理，推动森林消防队伍规范化建设。

B_{13}防火装备物资储备

各地应建立防火装备物资储备库，储备适合当地需要的防火装备和物资，数量应满足当地扑火队伍的需要。以国森防办〔2007〕11号文件所发布的《森林消防物资储备库建设和物资储备管理规范》《森林消防装备、机具储备年限规范》为依据，做好物资管理工作，保证各类装备、机具的完好率。

B_{14}基础设施建设

基础设施建设要根据规划逐步进行，合理布局。各主要进山路口要设立防火检查站，逐步增加道路，瞭望台及通讯网络建设，最终实现道路网格密度基本满足森林防火需要，林火瞭望监测和通讯覆盖无盲区。

B_{15}林火阻隔网建设

通过生物防火工程，开设防火隔离带、道路、农田与天然河流、裸地等阻隔设施，形成封闭的林火阻隔网络，提高森林的自身抗火能力。

A_5 森林火灾指挥扑救与灾后处置

一旦发生森林火灾，有关领导应及时深入现场组织指挥扑救。做到及时发现、快速响应、合理指挥，力争将灾害损失控制在最小范围之内。

B_{16}火场应急指挥系统

发生森林火灾，县级以上地方人民政府森林防火指挥机构应当按照规定立即启动森林火灾应急预案，有关森林防火指挥机构应当在核实火灾准确位置、范围以及风力、火势的基础上，结合火灾现场天气、地理条件，合理确定扑救方案，划分扑救地段和确定扑救责任人，并指定负责人及时到达森林火灾现场具体指挥森林火灾的扑救。

B_{17}综合保障能力

扑救森林火灾时，各有关部门要通力合作。气象部门应当做好与火灾有关的气象预报；铁路、交通、民航等部门，应当优先提供交通运输工具；通讯部门应当保证通信的畅通；民政部门应当妥善安置灾民；公安部门要维护治安秩序，加强治安管理；商业、物资和卫生等部门应当做好物资供应、医疗救护和卫生防疫等工作。

B_{18}扑火安全

要坚持“以人为本、科学扑救”的原则，积极做好火灾扑救人员的安全防护。现场指挥员应合理指挥，认真分析地理环境和火场态势，在扑火队伍行进、驻地选择和扑火作战时，要时刻注意观察天气和火势的变化，确保扑火人员的安全。扑火队员必须熟练掌握扑火技能和安全避险知识，极力避免重大伤亡事故的发生。

B_{19}森林火灾“四率”

森林火灾“四率”是指发生率、受害率、控制率和火案查处率，它是检验各地防火工作能力的重要技术指标。森林防火人员要认真履行职责，充分调动林区群众参与森林防火的积极性，做到群防群控；要采取有效措施，大力降低森林火灾发生率、受害率，提高森林火灾控制率和火案查处率。

B_{20}森林火灾损失评估

森林火灾造成的损失主要包括林木及林内动植物资源的损失、扑火经费、生命财产损失和生态环境的损失。森林火灾损失评估是现代林火管理中的一个重要组成部分，有利于提高人们对森林火灾危害性的认识，增强其防火自觉性，减少人为火源。在森林火灾扑救过程中，要认真核算效费比，合理配置扑火力量，避免扑火中不算经济账，浪费扑火费用的现象。要把森林火灾损失评估纳入林业经营管理，根据评估结果对受害地区和人员进行补偿。

（四）下一步应开展的重点工作

构建森林防火行政领导责任制考核指标体系是一项长期的任务，也是一个动态变化的过程，必须要与时俱进，及时更新考核内容，修改考核指标，明确新的标准，积极适应森林防火工作的需要。一是要根据变化的情况，进一步对考核指标体系初步框架进行必要的修正，剔除或合并一些指标，加入新的指标及对一些指标进一步分解，建立三级指标。二是指标确定后，要根据重要程度，确定指标权重分值，制定评分标准。三是制定科学的考核办法和严格的奖惩制度，保证森林防火行政领导责任制落到实处。

调 研 单 位：国家林业局森林防火办公室

第四篇
决 策 指 导

中共中央　国务院
关于全面推进集体林权制度改革的意见

2008 年 6 月 8 日

新中国成立后，特别是改革开放以来，我国集体林业建设取得了较大成效，对经济社会发展和生态建设作出了重要贡献。集体林权制度虽经数次变革，但产权不明晰、经营主体不落实、经营机制不灵活、利益分配不合理等问题仍普遍存在，制约了林业的发展。为进一步解放和发展林业生产力，发展现代林业，增加农民收入，建设生态文明，现就全面推进集体林权制度改革提出如下意见。

一、充分认识集体林权制度改革的重大意义

（一）集体林权制度改革是稳定和完善农村基本经营制度的必然要求。集体林地是国家重要的土地资源，是林业重要的生产要素，是农民重要的生活保障。实行集体林权制度改革，把集体林地经营权和林木所有权落实到农户，确立农民的经营主体地位，是将农村家庭承包经营制度从耕地向林地的拓展和延伸，是对农村土地经营制度的丰富和完善，必将进一步解放和发展农村生产力。

（二）集体林权制度改革是促进农民就业增收的战略举措。林业产业链条长，市场需求大，就业空间广。实行集体林权制度改革，让农民获得重要的生产资料，激发农民发展林业生产经营的积极性，有利于促进农民特别是山区农民脱贫致富，破解“三农”问题，推进社会主义新农村建设。

（三）集体林权制度改革是建设生态文明的重要内容。建设生态文明、维护生态安全是林业发展的首要任务。实行集体林权制度改革，建立责权利明晰的林业经营制度，有利于调动广大农民造林育林的积极性和爱林护林的自觉性，增加森林数量，提升森林质量，增强森林生态功能和应对气候变化的能力，繁荣生态文化，促进人与自然和谐，推动经济社会可持续发展。

（四）集体林权制度改革是推进现代林业发展的强大动力。林业是国民经济和社会发展的重要公益事业和基础产业。实行集体林权制度改革，培育林业发展的市场主体，发挥市场在林业生产要素配置中的基础性作用，有利于发挥林业的生态、经济、社会和文化等多种功能，满足社会对林业的多样化需求，促进现代林业发展。

二、集体林权制度改革的指导思想、基本原则和总体目标

（五）指导思想。全面贯彻党的十七大精神，高举中国特色社会主义伟大旗帜，以邓小平理论和“三个代表”重要思想为指导，深入贯彻落实科学发展观，大力实施以生态建设为主的林业发展战略，不断创新集体林业经营的体制机制，依法明晰产权、放活经营、规范流转、减轻税费，进一步解放和发展林业生产力，促进传统林业向现代林业转变，为建设社会主义新农村和构建社会主义和谐社会作出贡献。

（六）基本原则。坚持农村基本经营制度，确保农民平等享有集体林地承包经营权；坚持统筹兼顾各方利益，确保农民得实惠、生态受保护；坚持尊重农民意愿，确保农民的知情权、参与权、决策权；坚持依法办事，确保改革规范有序；坚持分类指导，确保改革符合实际。

（七）总体目标。用5年左右时间，基本完成明晰产权、承包到户的改革任务。在此基础上，通过深化改革，完善政策，健全服务，规范管理，逐步形成集体林业的良性发展机制，实现资源增长、农民增收、生态良好、林区和谐的目标。

三、明确集体林权制度改革的主要任务

（八）明晰产权。在坚持集体林地所有权不变的前提下，依法将林地承包经营权和林木所有权，通过家庭承包方式落实到本集体经济组织的农户，确立农民作为林地承包经营权人的主体地位。对不宜实行家庭承包经营的林地，依法经本集体经济组织成员同意，可以通过均股、均利等其他方式落实产权。村集体经济组织可保留少量的集体林地，由本集体经济组织依法实行民主经营管理。

林地的承包期为70年。承包期届满，可以按照国家有关规定继续承包。已经承包到户或流转的集体林地，符合法律规定、承包或流转合同规范的，要予以维护；承包或流转合同不规范的，要予以完善；不符合法律规定的，要依法纠正。对权属有争议的林地、林木，要依法调处，纠纷解决后再落实经营主体。自留山由农户长期无偿使用，不得强行收回，不得随意调整。承包方案必须依法经本集体经济组织成员同意。

自然保护区、森林公园、风景名胜区、河道湖泊等管理机构和国有林（农）场、垦殖场等单位经营管理的集体林地、林木，要明晰权属关系，依法维护经营管理区的稳定和林权权利人的合法权益。

（九）勘界发证。明确承包关系后，要依法进行实地勘界、登记，核发全国统一式样的林权证，做到林权登记内容齐全规范，数据准确无误，图、表、册一致，人、地、证相符。各级林业主管部门应明确专门的林权管理机构，承办同级人民政府交办的林权登记造册、核发证书、档案管理、流转管理、林地承包争议仲裁、林权纠纷调处等工作。

（十）放活经营权。实行商品林、公益林分类经营管理。依法把立地条件好、采伐和经营利用不会对生态平衡和生物多样性造成危害区域的森林和林木，划定为商品林；把生态区位重要或生态脆弱区域的森林和林木，划定为公益林。对商品林，农民可依法自主决定经营方向和经营模式，生产的木材自主销售。对公益林，在不破坏生态功能的前提下，可依法合理利用林地资源，开发林下种养业，利用森林景观发展森林旅游业等。

（十一）落实处置权。在不改变林地用途的前提下，林地承包经营权人可依法对拥有的林地承包经营权和林木所有权进行转包、出租、转让、入股、抵押或作为出资、合作条件，对其承包的林地、林木可依法开发利用。

（十二）保障收益权。农户承包经营林地的收益，归农户所有。征收集体所有的林地，要依法足额支付林地补偿费、安置补助费、地上附着物和林木的补偿费等费用，安排被征林地农民的社会保障费用。经政府划定的公益林，已承包到农户的，森林生态效益补偿要落实到户；未承包到农户的，要确定管护主体，明确管护责任，森林生态效益补偿要落实到本集体经济组织的农户。严格禁止乱收费、乱摊派。

（十三）落实责任。承包集体林地，要签订书面承包合同，合同中要明确规定并落实承包方、发包方的造林育林、保护管理、森林防火、病虫害防治等责任，促进森林资源可持续经营。基层林业主管部门要加强对承包合同的规范化管理。

四、完善集体林权制度改革的政策措施

（十四）完善林木采伐管理机制。编制森林经营方案，改革商品林采伐限额管理，实行林木采伐审批公示制度，简化审批程序，提供便捷服务。严格控制公益林采伐，依法进行抚育和更新性质的采伐，合理控制采伐方式和强度。

（十五）规范林地、林木流转。在依法、自愿、有偿的前提下，林地承包经营权人可采取多种方式流转林地经营权和林木所有权。流转期限不得超过承包期的剩余期限，流转后不得改变林地用途。集体统一经营管理的林地经营权和林木所有权的流转，要在本集体经济组织内提前公示，依法经本集体经济组织成员同意，收益应纳入农村集体财务管理，用于本集体经济组织内部成员分配和公益事业。

加快林地、林木流转制度建设，建立健全产权交易平台，加强流转管理，依法规范流转，保障公平交易，防止农民失山失地。加强森林资源资产评估管理，加快建立森林资源资产评估师制度和评估制度，规范评估行为，维护交易各方合法权益。

（十六）建立支持集体林业发展的公共财政制度。各级政府要建立和完善森林生态效益补偿基金制度，按照“谁开发谁保护、谁受益谁补偿”的原则，多渠道筹集公益林补偿基金，逐步提高中央和地方财政对森林生态效益的补偿标准。建立造林、抚育、保护、管理投入补贴制度，对森林防火、病虫害防治、林木良种、沼气建设给予补贴，对森林抚育、木本粮油、生物质能源林、珍贵树种及大径材培育给予扶持。改革育林基金管理办法，逐步降低育林基金征收比例，规范用途，各级政府要将林业部门行政事业经费纳入财政预算。森林防火、病虫害防治以及林业行政执法体系等方面的基础设施建设要纳入各级政府基本建设规划，林区的交通、供水、供电、通信等基础设施建设要依法纳入相关行业的发展规划，特别是要加大对偏远山区、沙区和少数民族地区林业基础设施的投入。集体林权制度改革工作经费，主要由地方财政承担，中央财政给予适当补助。对财政困难的县乡，中央和省级财政要加大转移支付力度。

（十七）推进林业投融资改革。金融机构要开发适合林业特点的信贷产品，拓宽林业融资渠道。加大林业信贷投放，完善林业贷款财政贴息政策，大力发展对林业的小额贷款。完善林业信贷担保方式，健全林权抵押贷款制度。加快建立政策性森林保险制度，提高农户抵御自然灾害的能力。妥善处理农村林业债务。

（十八）加强林业社会化服务。扶持发展林业专业合作组织，培育一批辐射面广、带动力强的龙头企业，促进林业规模化、标准化、集约化经营。发展林业专业协会，充分发挥政策咨询、信息服务、科技推广、行业自律等作用。引导和规范森林资源资产评估、森林经营方案编制等中介服务健康发展。

五、加强对集体林权制度改革的组织领导

（十九）高度重视集体林权制度改革。各级党委、政府要把集体林权制度改革作为一件大事来抓，摆上重要位置，精心组织，周密安排，因势利导，确保改革扎实推进。要实行主要领导负责制，层层落实领导责任。建立县（市）直接领导、乡镇组织实施、村组具体操作、部门搞好服务的工作机制，充分发挥农村基层党组织的作用。改革方案的制定要依照法律、尊重民意、因地制宜，改革的内容和具体操作程序要公开、公平、公正。在坚持改革基本原则的前提下，鼓励各地积极探索，确保改革符合实际、取得实效。要加强对领导干部、林改工作人员包括农村基层干部的培训，强化调度、统计、检查、督导和档案管理工作。要严肃工作纪律，党员干部特别是各级领导干部，要以身作则，决不允许借改革之机，为本人和亲友谋取私利。要健全纠纷调处工作机制，妥善解决林权纠纷，及时化解矛盾，维护农村稳定。

(二十)切实加强和改进林业管理。各级林业主管部门要适应改革新形势，进一步转变职能，加强林业宏观管理、公共服务、行政执法和监督。要深入调查研究，认真总结经验，加强工作指导，改进服务方式。推行林业综合行政执法，严厉打击破坏森林资源的违法行为。要加强森林防火、病虫害防治等公共服务体系建设，健全政府主导、群防群治的森林防火、防病虫害、防乱砍滥伐的工作机制。建立科技推广激励机制，加大培训力度，实施林业科技入户工程。加强基层林业工作机构建设，乡镇林业工作站经费纳入地方财政预算。

(二十一)努力形成各方面支持改革的合力。集体林权制度改革涉及面广、政策性强。各有关部门要各司其职，密切配合，通力协作，积极参与改革，主动支持改革。各群众团体和社会组织要发挥各自作用，为推进集体林权制度改革贡献力量。加强舆论宣传，努力营造有利于集体林权制度改革的社会氛围。

集体林权制度改革是农村生产关系的重大变革，事关全局、影响深远。我们要紧密团结在以胡锦涛同志为总书记的党中央周围，高举中国特色社会主义伟大旗帜，以邓小平理论和“三个代表”重要思想为指导，深入贯彻落实科学发展观，解放思想，坚定信心，开拓进取，扎实推进集体林权制度改革，为夺取全面建设小康社会新胜利作出新的贡献。

国家林业局关于学习贯彻《中共中央国务院关于全面推进集体林权制度改革的意见》的通知

林改发〔2008〕142号　　2008年7月4日

各省、自治区、直辖市林业厅(局)，内蒙古、吉林、龙江、大兴安岭森工(林业)集团公司，新疆生产建设兵团林业局，国家林业局各司局、各直属单位：

中共中央、国务院颁布了《关于全面推进集体林权制度改革的意见》(中发〔2008〕10号，以下简称《意见》)。这是党中央、国务院站在全局和战略的高度，作出的一项重大战略决策。学习好、贯彻好、落实好《意见》，全面推进集体林权制度改革，是林业部门当前和今后一个时期的重大政治任务，是全体务林人最重要、最紧迫的工作。为了迅速掀起学习贯彻《意见》的热潮，现通知如下。

一、充分认识《意见》颁布的重大意义

(一)《意见》的颁布，是对我国改革开放30周年的最好纪念。30年前，实行农村家庭承包责任制拉开了我国改革开放的序幕，开启了中国特色社会主义事业的伟大征程。30年来，我国现代化建设取得了举世瞩目的成就，国家经济实力和综合国力得到显著提高，人民的物质生活和精神生活得到了显著改善。30年后的今天，中央作出全面推进集体林权制度改革的战略部署，是对改革开放30周年最好的纪念，是在新的历史起点上继续推进改革开放最好的体现，意义十分重大，十分深远。

（二）《意见》的颁布，是科学发展观在林业上的具体体现。全面推进集体林权制度改革，将林地承包经营权和林木所有权，通过家庭承包方式落实到本集体经济组织的农户，确立农民作为林地承包经营权人的主体地位，逐步建立“产权归属清晰、经营主体落实、责权划分明确、利益保障严格、流转顺畅规范、监管服务到位”的现代林业产权制度，是林业体制机制的重大调整。对于调动广大农民造林育林的积极性，增加森林资源，改善生态状况，实现增收致富具有重要作用；对于破解“三农”难题，促进人与自然和谐，建设生态文明，推动经济社会可持续发展具有重要意义。

（三）《意见》的颁布，是我国林业发展史上新的里程碑。新中国成立以后，特别是改革开放以来，我国林业走过了一条在改革中发展、在探索中前进的道路，取得了森林资源持续增长、生态状况不断改善、林业产业快速发展的显著成就。但从整体上看，林业发展还存在着体制不活、机制不顺、活力不足的问题，改革成为新时期林业发展最紧迫的任务。集体林权制度改革是林业生产关系的根本变革，是推进现代林业又好又快发展的根本措施。从这个意义上讲，集体林权制度改革是我国林业发展史上的新的里程碑。

二、迅速掀起学习贯彻《意见》的热潮

《意见》是全面推进集体林权制度改革的指南，也是全面推进现代林业又好又快发展的指针，各地要立即行动起来，掀起学习贯彻《意见》的热潮。

（一）学习贯彻《意见》，必须在三个层面上展开。一要在林业主管部门展开。林业主管部门是推进集体林权制度改革工作的“参谋部”和“执行部”，要通过精心策划和周密部署，在林业干部职工中开展一次大学习、大讨论活动，为落实好《意见》奠定思想基础。二要在广大农民群众中展开。农民群众是集体林权制度改革的主体和受益者，要通过张贴告示、发放解读本、“明白纸”等形式，把《意见》精神原原本本交给农民，为落实好《意见》奠定群众基础。三要在全社会展开。高度重视集体林权制度改革的宣传工作，利用各种媒体和方式，加大宣传力度，努力形成全社会关心改革，支持改革，参与改革的氛围，为落实好《意见》奠定社会基础。

（二）学习贯彻《意见》，必须在三个方面下工夫。一要在吃透原文上下工夫。《意见》五章21条，每一条都是政策，每一句都是精神，要逐字逐句地学，做到读通读透。二要在理解精神实质上下工夫。《意见》内涵深刻，博大精深，要深刻领会《意见》的立足点、出发点和根本要义，做到融会贯通。三要在把握重点上下工夫。在全面掌握内容的基础上，要学习好《意见》的重点内容，特别是改革的重大意义、基本原则、目标任务和政策措施，做到重点突出。

（三）学习贯彻《意见》，必须搞好三个结合。一要与解放思想相结合。《意见》是解放思想的产物，贯彻《意见》必须解放思想。只有解放思想，才能提出贯彻落实《意见》的有效措施，才能保证《意见》全面深入地落实。二要与工作实际相结合。推进集体林权制度改革是林业部门的头等大事，是建设现代林业的重要内容，林业的各个单位、每位干部职工都要结合自身工作实际，发挥自身职责优势，围绕落实《意见》动脑子、想办法、做事情。三要与改革实践相结合。在准确把握《意见》精神的基础上，要根据各地的实际情况和老百姓的实际需要，扎扎实实推进改革，确保改革符合实际，符合民意，始终沿着正确的方向前进。

三、切实抓好当前贯彻落实《意见》的几项重点工作

（一）抓好《意见》的培训教育工作。各地要结合学习贯彻《意见》，迅速、全面地启动集体林权制度改革的培训工作，有针对性地开展各项培训活动。要因地制宜，采取多种形式，有计划地对各级从事改革的领导干部和业务骨干进行培训，使他们提高认识、吃透政策、掌握方法，真正成为推进改革的中坚力量，确保高质高效地完成改革的各项任务。

（二）抓好《意见》指导性文件的制定工作。各地要在深刻领会《意见》精神实质的基础上，结合本地实际情况，作出贯彻落实《意见》的全面部署。已经出台改革指导文件和实施方案的地方，要按照《意见》的要求，进一步完善政策措施。尚未出台改革指导文件和实施方案的地方，要抓住学习贯彻《意见》的有利时机，积极而为，配合党委、政府尽快出台文件。

（三）认真谋划好推进集体林权制度改革的长效机制。集体林权制度改革不是一朝一夕的工作，而是一项长期的系统的战略任务，必须树立长期奋斗的思想；不只是林业部门的工作，而是关系到全局的一件大事，必须发挥各个方面的职能作用。因此，要从推进改革工作的需要出发，在建立长效机制上认真谋划，切实建立起“五级书记”抓改革的制度，切实建立起“分工负责、协同推进”促改革的机制，为积极稳妥、有序有效地推进改革工作提供保证。

各级林业主管部门要把学习贯彻《意见》，作为工作的重中之重，摆在突出位置，采取有效措施，掀起学习贯彻的热潮，把中央的决策部署落到实处，为推进现代林业又好又快发展、建设社会主义新农村作出新的更大贡献。

中华人民共和国国务院令

第541号

《森林防火条例》已经2008年11月19日国务院第36次常务会议修订通过，现将修订后的《森林防火条例》公布，自2009年1月1日起施行。

总理　温家宝

二〇〇八年十二月一日

森林防火条例

（1988年1月16日国务院发布　2008年11月19日国务院第36次常务会议修订通过）

第一章　总　　则

第一条　为了有效预防和扑救森林火灾，保障人民生命财产安全，保护森林资源，维护生态安全，根据《中华人民共和国森林法》，制定本条例。

第二条　本条例适用于中华人民共和国境内森林火灾的预防和扑救。但是，城市市区的除外。

第三条　森林防火工作实行预防为主、积极消灭的方针。

第四条　国家森林防火指挥机构负责组织、协调和指导全国的森林防火工作。

国务院林业主管部门负责全国森林防火的监督和管理工作，承担国家森林防火指挥机构的日常工作。

国务院其他有关部门按照职责分工，负责有关的森林防火工作。

第五条　森林防火工作实行地方各级人民政府行政首长负责制。

县级以上地方人民政府根据实际需要设立的森林防火指挥机构，负责组织、协调和指导本行政区域的森林防火工作。

县级以上地方人民政府林业主管部门负责本行政区域森林防火的监督和管理工作，承担本级人民政府森林防火指挥机构的日常工作。

县级以上地方人民政府其他有关部门按照职责分工，负责有关的森林防火工作。

第六条　森林、林木、林地的经营单位和个人，在其经营范围内承担森林防火责任。

第七条　森林防火工作涉及两个以上行政区域的，有关地方人民政府应当建立森林防火联防机制，确定联防区域，建立联防制度，实行信息共享，并加强监督检查。

第八条　县级以上人民政府应当将森林防火基础设施建设纳入国民经济和社会发展规划，将森林防火经费纳入本级财政预算。

第九条　国家支持森林防火科学研究，推广和应用先进的科学技术，提高森林防火科技水平。

第十条　各级人民政府、有关部门应当组织经常性的森林防火宣传活动，普及森林防火知识，做好森林火灾预防工作。

第十一条　国家鼓励通过保险形式转移森林火灾风险，提高林业防灾减灾能力和灾后自我救助能力。

第十二条　对在森林防火工作中作出突出成绩的单位和个人，按照国家有关规定，给予表彰和奖励。

对在扑救重大、特别重大森林火灾中表现突出的单位和个人，可以由森林防火指挥机构当场给予表彰和奖励。

第二章　森林火灾的预防

第十三条　省、自治区、直辖市人民政府林业主管部门应当按照国务院林业主管部门制定的森林火险区划等级标准，以县为单位确定本行政区域的森林火险区划等级，向社会公布，并报国务院林业主管部门备案。

第十四条　国务院林业主管部门应当根据全国森林火险区划等级和实际工作需要，编制全国森林防火规划，报国务院或者国务院授权的部门批准后组织实施。

县级以上地方人民政府林业主管部门根据全国森林防火规划，结合本地实际，编制本行政区域的森林防火规划，报本级人民政府批准后组织实施。

第十五条　国务院有关部门和县级以上地方人民政府应当按照森林防火规划，加强森林防火基础设施建设，储备必要的森林防火物资，根据实际需要整合、完善森林防火指挥信息系统。

国务院和省、自治区、直辖市人民政府根据森林防火实际需要，充分利用卫星遥感技术和现有军用、民用航空基础设施，建立相关单位参与的航空护林协作机制，完善航空护林基础设施，并保障航空护林所需经费。

第十六条　国务院林业主管部门应当按照有关规定编制国家重大、特别重大森林火灾应急预案，报国务院批准。

县级以上地方人民政府林业主管部门应当按照有关规定编制森林火灾应急预案，报本级人民政府批准，并报上一级人民政府林业主管部门备案。

县级人民政府应当组织乡（镇）人民政府根据森林火灾应急预案制定森林火灾应急处置办法；村民委员会应当按照森林火灾应急预案和森林火灾应急处置办法的规定，协助做好森林火灾应急处置工作。

县级以上人民政府及其有关部门应当组织开展必要的森林火灾应急预案的演练。

第十七条　森林火灾应急预案应当包括下列内容：

（一）森林火灾应急组织指挥机构及其职责；

（二）森林火灾的预警、监测、信息报告和处理；

（三）森林火灾的应急响应机制和措施；

（四）资金、物资和技术等保障措施；

（五）灾后处置。

第十八条　在林区依法开办工矿企业、设立旅游区或者新建开发区的，其森林防火设施应当与该建设项目同步规划、同步设计、同步施工、同步验收；在林区成片造林的，应当同时配套建设森林防火设施。

第十九条　铁路的经营单位应当负责本单位所属林地的防火工作，并配合县级以上地方人民政府做好铁路沿线森林火灾危险地段的防火工作。

电力、电信线路和石油天然气管道的森林防火责任单位，应当在森林火灾危险地段开设防火隔离带，并组织人员进行巡护。

第二十条　森林、林木、林地的经营单位和个人应当按照林业主管部门的规定，建立森林防火责任制，划定森林防火责任区，确定森林防火责任人，并配备森林防火设施和设备。

第二十一条　地方各级人民政府和国有林业企业、事业单位应当根据实际需要，成立森林火灾专业扑救队伍；县级以上地方人民政府应当指导森林经营单位和林区的居民委员会、村民委员会、企业、事业单位建立森林火灾群众扑救队伍。专业的和群众的火灾扑救队伍应当定期进行培训和演练。

第二十二条　森林、林木、林地的经营单位配备的兼职或者专职护林员负责巡护森林，管理野外用火，及时报告火情，协助有关机关调查森林火灾案件。

第二十三条　县级以上地方人民政府应当根据本行政区域内森林资源分布状况和森林火灾发生规律，划定森林防火区，规定森林防火期，并向社会公布。

森林防火期内，各级人民政府森林防火指挥机构和森林、林木、林地的经营单位和个人，应当根据森林火险预报，采取相应的预防和应急准备措施。

第二十四条　县级以上人民政府森林防火指挥机构，应当组织有关部门对森林防火区内有关单位的森林防火组织建设、森林防火责任制落实、森林防火设施建设等情况进行检查；对检查中发现的森林火灾隐患，县级以上地方人民政府林业主管部门应当及时向有关单位下达森林火灾隐患整改通知书，责令限期整改，消除隐患。

被检查单位应当积极配合，不得阻挠、妨碍检查活动。

第二十五条　森林防火期内，禁止在森林防火区野外用火。因防治病虫鼠害、冻害等特殊情况确需野外用火的，应当经县级人民政府批准，并按照要求采取防火措施，严防失火；需要进入森林防火区进行实弹演习、爆破等活动的，应当经省、自治区、直辖市人民政府林业主管部门批准，并采取必要的防火措施；中国人民解放军和中国人民武装警察部队因处置突发事件和执行其他紧急任务需要进入森林防火区的，应当经其上级主管部门批准，并采取必要的防火措施。

第二十六条　森林防火期内，森林、林木、林地的经营单位应当设置森林防火警示宣传标志，并对进入其经营范围的人员进行森林防火安全宣传。

森林防火期内，进入森林防火区的各种机动车辆应当按照规定安装防火装置，配备灭火器材。

第二十七条　森林防火期内，经省、自治区、直辖市人民政府批准，林业主管部门、国务院确定的重点国有林区的管理机构可以设立临时性的森林防火检查站，对进入森林防火区的车辆和人员进行森林防火检查。

第二十八条　森林防火期内，预报有高温、干旱、大风等高火险天气的，县级以上地方人民政府应当划定森林高火险区，规定森林高火险期。必要时，县级以上地方人民政府可以根据需要发布命令，严禁一切野外用火；对可能引起森林火灾的居民生活用火应当严格管理。

第二十九条　森林高火险期内，进入森林高火险区的，应当经县级以上地方人民政府批准，严格按照批准的时间、地点、范围活动，并接受县级以上地方人民政府林业主管部门的监督管理。

第三十条　县级以上人民政府林业主管部门和气象主管机构应当根据森林防火需要，建设森林火险监测和预报台站，建立联合会商机制，及时制作发布森林火险预警预报信息。

气象主管机构应当无偿提供森林火险天气预报服务。广播、电视、报纸、互联网等媒体应当及时播发或者刊登森林火险天气预报。

第三章　森林火灾的扑救

第三十一条　县级以上地方人民政府应当公布森林火警电话，建立森林防火值班制度。

任何单位和个人发现森林火灾，应当立即报告。接到报告的当地人民政府或者森林防火指挥机构应当立即派人赶赴现场，调查核实，采取相应的扑救措施，并按照有关规定逐级报上级人民政府和森林防火指挥机构。

第三十二条　发生下列森林火灾，省、自治区、直辖市人民政府森林防火指挥机构应当立即报告国家森林防火指挥机构，由国家森林防火指挥机构按照规定报告国务院，并及时通报国务院有关部门：

（一）国界附近的森林火灾；

（二）重大、特别重大森林火灾；

（三）造成3人以上死亡或者10人以上重伤的森林火灾；

（四）威胁居民区或者重要设施的森林火灾；

（五）24小时尚未扑灭明火的森林火灾；

（六）未开发原始林区的森林火灾；

（七）省、自治区、直辖市交界地区危险性大的森林火灾；

（八）需要国家支援扑救的森林火灾。

本条第一款所称“以上”包括本数。

第三十三条　发生森林火灾，县级以上地方人民政府森林防火指挥机构应当按照规定立即启动森林火灾应急预案；发生重大、特别重大森林火灾，国家森林防火指挥机构应当立即启动重大、特别重大森林火灾应急预案。

森林火灾应急预案启动后，有关森林防火指挥机构应当在核实火灾准确位置、范围以及风力、风向、火势的基础上，根据火灾现场天气、地理条件，合理确定扑救方案，划分扑救地段，确定扑救责任人，并指定负责人及时到达森林火灾现场具体指挥森林火灾的扑救。

第三十四条　森林防火指挥机构应当按照森林火灾应急预案，统一组织和指挥森林火灾的扑救。

扑救森林火灾，应当坚持以人为本、科学扑救，及时疏散、撤离受火灾威胁的群众，并做好火灾扑救人员的安全防护，尽最大可能避免人员伤亡。

第三十五条　扑救森林火灾应当以专业火灾扑救队伍为主要力量；组织群众扑救队伍扑救森林火灾的，不得动员残疾人、孕妇和未成年人以及其他不适宜参加森林火灾扑救的人员参加。

第三十六条　武装警察森林部队负责执行国家赋予的森林防火任务。武装警察森林部队执行森林火灾扑救任务，应当接受火灾发生地县级以上地方人民政府森林防火指挥机构的统一指挥；执行跨省、自治区、直辖市森林火灾扑救任务的，应当接受国家森林防火指挥机构的统一指挥。

中国人民解放军执行森林火灾扑救任务的，依照《军队参加抢险救灾条例》的有关规定执行。

第三十七条　发生森林火灾，有关部门应当按照森林火灾应急预案和森林防火指挥机构的统一指挥，做好扑救森林火灾的有关工作。

气象主管机构应当及时提供火灾地区天气预报和相关信息，并根据天气条件适时开展人工增雨作业。

交通运输主管部门应当优先组织运送森林火灾扑救人员和扑救物资。

通信主管部门应当组织提供应急通信保障。

民政部门应当及时设置避难场所和救灾物资供应点，紧急转移并妥善安置灾民，开展受灾群众救助工作。

公安机关应当维护治安秩序，加强治安管理。

商务、卫生等主管部门应当做好物资供应、医疗救护和卫生防疫等工作。

第三十八条　因扑救森林火灾的需要，县级以上人民政府森林防火指挥机构可以决定采取开设防火隔离带、清除障碍物、应急取水、局部交通管制等应急措施。

因扑救森林火灾需要征用物资、设备、交通运输工具的，由县级以上人民政府决定。扑火工作结束后，应当及时返还被征用的物资、设备和交通工具，并依照有关法律规定给予补偿。

第三十九条　森林火灾扑灭后，火灾扑救队伍应当对火灾现场进行全面检查，清理余火，并留有足够人员看守火场，经当地人民政府森林防火指挥机构检查验收合格，方可撤出看守人员。

第四章　灾后处置

第四十条　按照受害森林面积和伤亡人数，森林火灾分为一般森林火灾、较大森林火灾、重大森林火灾和特别重大森林火灾：

（一）一般森林火灾：受害森林面积在1公顷以下或者其他林地起火的，或者死亡1人以上3人以下的，或者重伤1人以上10人以下的；

（二）较大森林火灾：受害森林面积在1公顷以上100公顷以下的，或者死亡3人以上10人以下的，或者重伤10人以上50人以下的；

（三）重大森林火灾：受害森林面积在100公顷以上1 000公顷以下的，或者死亡10人以上30人以下的，或者重伤50人以上100人以下的；

（四）特别重大森林火灾：受害森林面积在1 000公顷以上的，或者死亡30人以上的，或者重伤100人以上的。

本条第一款所称"以上"包括本数，"以下"不包括本数。

第四十一条 县级以上人民政府林业主管部门应当会同有关部门及时对森林火灾发生原因、肇事者、受害森林面积和蓄积、人员伤亡、其他经济损失等情况进行调查和评估，向当地人民政府提出调查报告；当地人民政府应当根据调查报告，确定森林火灾责任单位和责任人，并依法处理。

森林火灾损失评估标准，由国务院林业主管部门会同有关部门制定。

第四十二条 县级以上地方人民政府林业主管部门应当按照有关要求对森林火灾情况进行统计，报上级人民政府林业主管部门和本级人民政府统计机构，并及时通报本级人民政府有关部门。

森林火灾统计报告表由国务院林业主管部门制定，报国家统计局备案。

第四十三条 森林火灾信息由县级以上人民政府森林防火指挥机构或者林业主管部门向社会发布。重大、特别重大森林火灾信息由国务院林业主管部门发布。

第四十四条 对因扑救森林火灾负伤、致残或者死亡的人员，按照国家有关规定给予医疗、抚恤。

第四十五条 参加森林火灾扑救的人员的误工补贴和生活补助以及扑救森林火灾所发生的其他费用，按照省、自治区、直辖市人民政府规定的标准，由火灾肇事单位或者个人支付；起火原因不清的，由起火单位支付；火灾肇事单位、个人或者起火单位确实无力支付的部分，由当地人民政府支付。误工补贴和生活补助以及扑救森林火灾所发生的其他费用，可以由当地人民政府先行支付。

第四十六条 森林火灾发生后，森林、林木、林地的经营单位和个人应当及时采取更新造林措施，恢复火烧迹地森林植被。

第五章 法律责任

第四十七条 违反本条例规定，县级以上地方人民政府及其森林防火指挥机构、县级以上人民政府林业主管部门或者其他有关部门及其工作人员，有下列行为之一的，由其上级行政机关或者监察机关责令改正；情节严重的，对直接负责的主管人员和其他直接责任人员依法给予处分；构成犯罪的，依法追究刑事责任：

（一）未按照有关规定编制森林火灾应急预案的；

（二）发现森林火灾隐患未及时下达森林火灾隐患整改通知书的；

（三）对不符合森林防火要求的野外用火或者实弹演习、爆破等活动予以批准的；

（四）瞒报、谎报或者故意拖延报告森林火灾的；

（五）未及时采取森林火灾扑救措施的；

（六）不依法履行职责的其他行为。

第四十八条 违反本条例规定，森林、林木、林地的经营单位或者个人未履行森林防火责任的，由县级以上地方人民政府林业主管部门责令改正，对个人处500元以上5 000元以下罚款，对单位处1万元以上5万元以下罚款。

第四十九条 违反本条例规定，森林防火区内的有关单位或者个人拒绝接受森林防火检查或者接到森林火灾隐患整改通知书逾期不消除火灾隐患的，由县级以上地方人民政府林业主管部门责令改正，给予警告，对个人并处200元以上2 000元以下罚款，对单位并处5 000元以上1万元以下罚款。

第五十条 违反本条例规定，森林防火期内未经批准擅自在森林防火区内野外用火的，由县级以上地方人民政府林业主管部门责令停止违法行为，给予警告，对个人并处200元以上3 000元以下罚款，对单位并处1万元以上5万元以下罚款。

第五十一条 违反本条例规定，森林防火期内未经批准在森林防火区内进行实弹演习、爆破等活动的，由县级以上地方人民政府林业主管部门责令停止违法行为，给予警告，并处5万元以上10万元以下罚款。

第五十二条 违反本条例规定，有下列行为之一的，由县级以上地方人民政府林业主管部门责令改正，给予警告，对个人并处200元以上2 000元以下罚款，对单位并处2 000元以上5 000元以下罚款：

（一）森林防火期内，森林、林木、林地的经营单位未设置森林防火警示宣传标志的；

（二）森林防火期内，进入森林防火区的机动车辆未安装森林防火装置的；

（三）森林高火险期内，未经批准擅自进入森林高火险区活动的。

第五十三条 违反本条例规定，造成森林火灾，构成犯罪的，依法追究刑事责任；尚不构成犯罪的，除依照本条例第四十八条、第四十九条、第五十条、第五十一条、第五十二条的规定追究法律责任外，县级以上地方人民政府林业主管部门可以责令责任人补种树木。

第六章 附 则

第五十四条 森林消防专用车辆应当按照规定喷涂标志图案，安装警报器、标志灯具。

第五十五条 在中华人民共和国边境地区发生的森林火灾，按照中华人民共和国政府与有关国家政府签订的有关协定开展扑救工作；没有协定的，由中华人民共和国政府和有关国家政府协商办理。

第五十六条 本条例自2009年1月1日起施行。

国家林业局令

第25号

《林业行政许可听证办法》已经2008年6月6日国家林业局局务会议审议通过，现予公布，自2008年10月1日起实施。

国家林业局局长 贾治邦

2008年8月1日

林业行政许可听证办法

第一章 总 则

第一条 为了规范林业行政许可听证程序，根据《中华人民共和国行政许可法》和国家有关规定，制定本办法。

第二条 县级以上人民政府林业主管部门（以下简称林业主管部门）举行林业行政许可听证，适用本办法。

第三条 举行林业行政许可听证，应当遵循公开、公平、公正的原则。

第四条 林业行政许可听证工作，由林业主管部门法制工作机构负责。

第二章　听证范围

第五条　法律、法规、规章规定实施林业行政许可应当听证的事项，或者林业主管部门认为需要听证的其他涉及公共利益的重大林业行政许可事项，应当向社会公告，并举行听证。

第六条　直接涉及申请人与他人之间重大利益关系的林业行政许可事项，林业行政许可申请人、利害关系人提出听证申请的，林业主管部门应当举行听证。

第三章　听证人员和听证参加人

第七条　听证人员包括：听证主持人、听证员和记录员。

听证主持人，由林业主管部门法制工作机构工作人员担任。

听证员和记录员由听证主持人指定。

第八条　听证参加人包括：林业行政许可事项的审查人员、申请人和利害关系人。

第九条　听证主持人履行下列职责：

（一）决定举行听证的时间、地点；

（二）审查听证参加人的资格；

（三）主持听证会，并维护听证秩序；

（四）针对听证事项进行询问；

（五）核实听证笔录。

第十条　听证人员应当维护听证参加人的陈述、申辩和质证权利，保守听证事项涉及的国家秘密和商业秘密。

第十一条　听证主持人与林业行政许可事项有直接利害关系的，应当主动回避。申请人、利害关系人认为听证主持人与林业行政许可事项有直接利害关系的，有权申请回避。

听证主持人的回避由林业主管部门负责人决定。

第十二条　申请人和利害关系人享有下列权利：

（一）申请听证主持人回避；

（二）委托代理人参加听证；

（三）针对听证事项进行陈述、申辩和质证；

（四）确认听证笔录。

第十三条　林业行政许可事项的审查人员，在听证时应当提供审查意见的依据、理由，并进行陈述、申辩和质证。

第四章　听证程序

第十四条　林业主管部门按照本办法第五条规定举行林业行政许可听证的，应当于举行听证会的二十日前向社会公告。

公告内容包括：听证事项、时间、地点和听证参加人的产生方式等。

第十五条　林业主管部门在作出本办法第六条规定的林业行政许可决定前，应当告知申请人、利害关系人享有要求听证的权利，并送达林业行政许可听证申请权利告知书。

第十六条　申请人、利害关系人要求听证的，应当在收到林业行政许可听证申请权利告知书之日起五日内提出听证申请。

第十七条　林业主管部门应当在收到听证申请之日起二十日内组织听证。

第十八条　林业主管部门应当于举行听证会的七日前向听证参加人送达林业行政许可听证通知书。

第十九条　听证会应当公开举行，但涉及国家秘密和商业秘密的除外。

第二十条　申请人、利害关系人申请听证主持人回避的，应当于举行听证会三日前提出，并说明理由。

第二十一条　听证会按照下列程序进行：

（一）查明听证参加人身份；

（二）听证主持人宣读听证事由、听证人员和听证参加人名单，并宣布听证会开始；

（三）林业行政许可事项的审查人员进行陈述；

（四）申请人、利害关系人进行陈述；

（五）听证参加人进行申辩、质证；

（六）听证主持人宣布听证会结束。

第二十二条　听证会应当制作听证笔录。听证笔录应当载明下列内容：

（一）听证事项；

（二）听证人员和听证参加人；

（三）听证时间和地点；

（四）听证参加人进行陈述、申辩和质证的情况；

（五）其他事项。

听证笔录由听证主持人核实、听证参加人确认后签字或者盖章。

第二十三条 林业主管部门应当根据听证笔录，作出林业行政许可决定。

第五章 附 则

第二十四条 林业主管部门举行听证，不得向申请人、利害关系人收取任何费用。

第二十五条 本办法自2008年10月1日起施行。

国家林业局 国家统计局 关于印发《林业及相关产业分类（试行）》的通知

林计发〔2008〕21号　　2008年2月1日

各省、自治区、直辖市林业（厅）局、统计局，国家统计局各调查总队，内蒙古、吉林、龙江、大兴安岭森工（林业）集团公司，新疆生产建设兵团林业局、统计局：

为贯彻落实《中共中央 国务院关于加快林业发展的决定》精神和党的十七大关于建设生态文明的重大战略决策，改进和完善林业产业统计工作，规范林业及相关产业的口径、范围，国家林业局、国家统计局在共同研究的基础上，制定了《林业及相关产业分类（试行）》。现印发给你们，请遵照执行。

附件：林业及相关产业分类（试行）

附件

林业及相关产业分类（试行）

一、目的和作用

（一）为贯彻落实《中共中央 国务院关于加快林业发展的决定》精神，准确反映林业及相关产业在国民经济发展中的地位和作用，加强对林业及相关产业的指导和信息发布，促进林业及相关产业的良性发展，增进国际对比与交流，建立林业及相关产业分类，具有十分重要的意义。

（二）科学、准确、全面、系统地界定林业及相关产业分类不仅可以规范林业行业统计行为，也为行业主管部门及时掌握行业发展状况提供了可能。本分类为我国林业建设、行业管理、国际交流和林业统计提供科学、统一的范围与定义。

二、范 围

（一）本分类在《国民经济行业分类》（GB/T 4754—2002）的基础上，规定了我国林业及相关产业的范围，适用于统计及政策管理中对林业及相关活动的分类。

（二）本分类规定的林业及相关产业是指依托森林资源、湿地资源、沙地资源，以获取生态效益、经济效益和社会效益为目的，为社会提供（也包括部分自产自用）林产品、湿地产品、沙产品和服务的活动，以及与这些活动有密切关联的活动的集合。

（三）林业及相关产业的活动主要包括：

1. 森林的培育与采伐活动；

2. 非木材林产品的培育与采集活动；

3. 林业生产辅助服务；

4. 林业旅游与休闲服务；

5. 林业生态服务；

6. 林业专业技术服务；

7. 林业公共管理及其他组织服务；

8. 木材加工及木制产品制造；

9. 以木（竹、苇）为原料的浆、纸产品加工制造；

10. 以竹、藤、棕、苇为原料的产品加工制造；

11. 野生动物产品的加工制造；

12. 以其他非木材林产品为原料的产品加工制造；

13. 林业其他相关活动。

三、分类原则

（一）同质性原则，同时兼顾林业部门管理的需要。林业及相关产业分类采用林业及相关经济活动的同质性原则划分产业类别，即每一个产业类别的经济活动都按照其产品的生产工艺、原料消耗和用途，或者劳务的服务对象、功能和服务方式的同一性或相近性进行归类。同时在产业层次划分时，要考虑林业部门管理的需要。

（二）以《国民经济行业分类》（GB/T 4754—2002）标准为基础。本分类是以《国民经济行业分类》（GB/T 4754—2002）中的小类行业为基本单元，根据林业及相关经济活动的性质和特点，将行业分类中相关小类行业重新进行了组合，形成不同的林业及相关产业类别。所以，本分类也是《国民经济行业分类》（GB/T 4754—2002）的补充分类。

四、分类方法

（一）本分类依据分类原则，将林业及相关产业划分为四层。

第一层根据林业活动对象与林业资源的直接关联程度，分为林业生产、林业旅游与生态服务、林业生产辅助服务和林业相关活动4个部分，用汉字数字一、二、三、四表示。

第二层根据林业活动的投入和产出的特点，分为13个大类，用汉字数字（一）、（二）、……表示。

第三层依照林业活动性质的相近性、产业链和上下层分类的关系分为37个中类，用阿拉伯数字1、2、……表示。

第四层共有112个小类，它是第三层所包括的行业类别层，也是林业及相关产业的具体活动类别。该层不设顺序号，每一小类的代码为对应的“国民经济行业代码”。

（二）为了科学、完整、准确地反映分类的林业活动，本分类对部分内容作了特殊处理：

1. 第四层有部分小类（行业类别）的活动只是部分属于林业或相关活动，在相应小类（行业类别）下设置了延伸层，共95个类别，即该类别中属于林业及相关产业活动的内容。延伸层不设代码和顺序号，在相应的类别前用横线“－”表示；

2. 在第四层中，对于只有部分活动属于林业或相关活动的小类（行业类别），在相应类别备注栏中用字母“p”表示，并在说明栏中对这些行业中所包含的林业活动做了进一步界定和解释。

国家林业局
关于做好受灾林木清理工作的紧急通知

林资发〔2008〕28号　　2008年2月20日

2008年1月以来，我国南方大部分省区遭遇了罕见的低温、雨雪、冰冻天气。受雪凝灾害的影响，森林资源大面积受灾，部分地区损失惨重。为做好灾后林业重建工作，特就受灾林木的清理工作发出紧急通知，请各有关省(含自治区、直辖市，下同)林业厅(局)结合本地实际情况认真执行。

一、高度重视受灾林木清理工作。对受灾林木及时清理利用，不仅可以减少森林经营者的经济损失，同时也是消除森林火灾和森林病虫害等次生灾害隐患、尽快恢复森林生态系统和林地生产力的重要措施。但这项工作涉及面广，情况复杂，监管难度大，稍有不慎就会造成森林资源的再次破坏，各地林业主管部门必须高度重视，本着实事求是和对广大人民群众的林木财产及国家生态安全高度负责的原则，抓好这项工作。要在对灾害进行全面深入评估的基础上，统筹规划，周密部署，强化管理，明确责任，确保受灾林木清理工作有效开展。

二、全面调查评估林木受灾情况。近期，我局将组织开展灾区森林资源损失调查评价工作。各有关省可以根据本省抗灾救灾工作的总体安排和实际情况，先行开展调查评估工作，调查评估结果作为清理受灾林木的重要依据。林木受灾情况调查要坚持求真务实的原则，在现地调查的基础上，充分利用现有的森林资源调查资料，将林木受灾情况落实到山头地块，为受灾林木清理和森林恢复工作提供可靠的依据。

三、科学制定受灾林木清理方案。受灾林木的清理要以森林分类经营为指导，以尽快恢复森林生态系统的整体功能为重点，按照保护林地生产力和减少森林经营者经济损失并重的原则，将受灾林木清理与木材生产相结合，清理的技术要求与恢复森林生态系统的主导功能相结合，清理的方式与森林更新设计相结合，科学制定清理方案。商品林的清理应以保护和恢复林地生产力为重点，对主干折断或受损程度严重，没有培育价值的林木可以全部清理，对可以复壮的林木要予以保留。在作业设计中要充分尊重森林经营者的意愿，做到受灾林木清理与商品林的培育相衔接。长江上游、黄河上中游天然林资源保护工程区内天然林和公益林的清理应以恢复森林的生态功能为重点，对能够存活的林木要全部予以保留。在作业设计中要将更新措施作为重点加以考虑，做到公益林的清理与更新相结合。各有关省要按照上述原则，结合本省实际，制定具体执行标准。

四、认真落实受灾林木清理的有关政策。在受灾林木清理期间，我局将全力做好有关新增采伐限额审核、审批的服务工作。各有关省在清理受灾林木的审批管理中，要采取更加便捷的审批管理办法，依法简化审批手续，提高审批时效，确保森林经营者能够及时清理受灾林木。受灾县、市和单位的林木采伐指标要优先用于受灾林木清理，不受采伐类型的控制。长江上游、黄河上中游天然林资源保护工程区内的天然林因本次灾害受损，确需清理的，经有关省林业厅(局)批准后可以占用人工林的采伐指标，并报我局备案；本县、市、单位采伐指标不足的由有关省林业厅(局)从预留的采伐指标中解决，预留指标仍无法解决的，由省人民政府提出申请上报国务院。需要增加毛竹采伐限额的，由各有关省林业厅(局)批准，报我局备案。

五、周密组织受灾林木清理工作。受灾林木清理是一项十分紧迫而又复杂的工作。各有关省林业主管部门要层层签订责任状，并成立领导小组，负责指导、协调、监督受灾林木清理工作，对清理过程中出现的问题要及时处理、报告。各有关县级林业主管部门和有关单位要充分调动森林资源管理、森林公安、林业工作站、调查设计队等管理和技术力量组成工作组，按照上级林业主管部门的部署，分片包干、现场指导受灾林木清理工作。工作组成员要对受灾林木清理的政策和技术理解到位；对清理作业指导、监管到位；林业主管部门要对各工作组的责任明确、落实到位。各有关省林业厅(局)要及时将有关受灾林木清理的工作安排、工作方案、技术方案、受灾林木调查评估结果、清理工作的进度和清理工作总结上报我局。

六、严肃维护森林资源管理秩序。各地林业主管部门要把维护正常的森林资源管理秩序作为清理受灾林木的一项基础工作抓好、抓实。坚持凭证采伐、凭证运输制度，坚决打击各类非法采伐行为，严防清理受灾林木过程中出现破坏森林资源的歪风。我局各有关派驻森林资源监督机构要与省级林业主管部门密切配合，把受灾林木清理作为近期监督工作的重点，深入调研，加强指导，共同做好受灾林木清理的组织和实施工作。

特此通知。

国家林业局关于
印发《雨雪冰冻灾害受害林木清理指南》的通知

林资发〔2008〕37号　　2008年2月18日

江苏、浙江、安徽、福建、江西、河南、湖北、湖南、广东、广西、海南、重庆、四川、贵州、云南、陕西、甘肃、新疆、青海省、自治区、直辖市林业厅(局)：

为做好受害林木清理工作，我局组织制定了《雨雪冰冻灾害受害林木清理指南》，并通过了由中国科学院、中国工程院两院院士组成的专家组论证，现予以印发。请根据《国家林业局关于做好受灾林木清理工作的紧急通知》(林资发〔2008〕28号)要求，结合本地实际认真贯彻执行。现将有关事项通知如下：

一、要进一步完善受害林木清理工作的组织部署。始终坚持既要及时清理受害林木，又要防止乱砍滥伐的原则，对前一阶段该项工作的组织部署和落实情况进行一次全面梳理和系统分析。在此基础上，查找漏洞，完善措施，积极稳妥地开展受害林木清理工作。严禁因工作部署不严密、组织工作不落实、技术指导不到位等造成破坏森林资源和损害森林经营者利益的事件发生。

二、要尽快将受害林木清理的有关政策落实到基层。在我局有关文件精神的基础上，各省区市要结合本地实际，进一步深入研究，细化补充，形成实施细则，下发执行。要将受害林木清理的有关政策和要求编印成册，分发各级林业主管部门，做到一线组织管理和技术指导人员人手一册。要按照我局有关文件的精神，尽快落实受害林木清理所需的采伐限额指标，避免因限额指标不落实影响清理工作的正常进行。

三、要进一步加强对重点部位受害林木清理的管理工作。对道路两旁、村屯周围、农林交错地段等容易引发森林火灾的地段，力争于3月底前完成清理工作；对受灾严重的各类松林和其他容易引发森林病虫害的重度受灾林分，力争于6月底前完成清理工作；对自然保护区的受害林木，我局正在专门研究，另行部署，未部署前各地不得擅自清理；对自然保护区外的其他国家重点保护植物要严格保护，确需清理的要依法履行审批程序。

附件：雨雪冰冻灾害受害林木清理指南

附件

雨雪冰冻灾害受害林木清理指南

一、总　则

（一）目　的

为切实做好雨雪冰冻灾害受害林木清理工作，减少森林火灾、病虫害发生隐患和森林经营者的经济损失，防止乱砍滥伐，促进森林恢复，特制定本指南。

（二）指导思想

以科学发展观为指导，以及时清理、合理利用森林资源和尽快恢复森林生态系统功能和生产力为目标，指导灾区林木清理。

（三）基本原则

——清理与生态环境保护相结合。

——清理与森林经营相结合。

——清理与森林恢复相结合。

——清理与次生灾害防治相结合。

——清理与木材生产相结合。

（四）适用范围

本指南适用于江苏、浙江、安徽、福建、江西、河南、湖北、湖南、广东、广西、海南、重庆、四川、贵州、云南、陕西、甘肃、新疆、青海等19省、自治区、直辖市自2008年1月以来由于低温、雨雪、冰冻天气而造成的受害林木的清理。不适用自然保护区的受害林木和自然保护区外国家重点保护树木的清理。

二、灾害等级划分

（一）受害林木

因雨雪冰冻灾害而发生弯斜、断梢、断枝、断冠、冻梢、冻裂、劈裂、折干、倒伏、翻蔸、冻死等情况的林木称为受害林木。受害林木按受害程度分为轻度、中度和重度三级。

（二）林木受害等级

轻度受害林木：指主干弯斜、冻梢、断枝等，但仍能正常生长的受害林木。

中度受害林木：指主干冻裂、断梢（有枝）、树冠严重受损等，但仍能存活的受害林木。

重度受害林木：指主干劈裂、冻死、翻蔸、倒伏、折干、无树冠等没有存活希望的受害林木。

（三）受灾林分

因雨雪冰冻灾害，有受害林木的林分均称为受灾林分。受灾林分依林木受害程度分为轻度、中度和重度三级。

（四）林分受灾等级

轻度受灾林分：指重度受害林木占林木总株数10%以下或者中、重度受害林木合计占林木总株数30%以下的受灾林分。

中度受灾林分：指重度受害林木占林木总株数11%～59%或者中度受害林木占林木总株数30%以上的受灾林分。

重度受灾林分：指重度受害林木占林木总株数60%以上的受灾林分。

三、清理技术要点

（一）公益林

轻度受灾林分：原则上只对道路两侧、村屯周围、农林交错地带等容易发生森林火灾地段林缘30米以内的重度受害林木进行清理，其他地段不予清理，采取自然恢复措施。

中度受灾林分：只清理重度受害林木，主要采用人工促进恢复的措施。

重度受灾林分：松类林分，若受害林木占林木总株数80%以上的，可采用全林清理，主要采用人工恢复措施。其他林分，只清理重度受害林木，主要采用人工恢复或人工促进恢复措施。

（二）商品林

1. 松　类

轻度受灾林分：清理中度和重度受害林木，主要采用天然恢复措施。

中度受灾林分：清理中度和重度受害林木，采用人工恢复或人工促进恢复措施。

重度受灾林分：采取全林清理、人工恢复措施。

2. 杉　类

轻度受灾林分：清理重度受害林木，主要采用天然恢复措施。

中度受灾林分：清理重度受害林木，采用人工恢复或人工促进恢复措施。

重度受灾林分：可采取全林清理、人工恢复措施。

3. 阔叶类

（1）人工阔叶林

桉树：轻度受灾林分清理重度受害林木，并进行补植造林；中、重度受灾林分采取全林清理，重新造林。

杨树：轻、中度受灾林分清理重度受害林木，进行补植造林；重度受灾林分可采取全林清理方式，重新造林。

其他阔叶树：重点清理重度受害林木，主要采用天然恢复措施或补植。

（2）天然阔叶林

清理重度受害林木，采用天然恢复或人工促进恢复措施。

3. 经济林

根据林木冻害程度和相关技术要求进行清理。

4. 竹　林

（1）重度弯曲的：采取断梢处理。

（2）破裂、倒伏的：采取整株清理方式，大年竹年清理应在笋期以后进行。

（3）翻蔸的：采取整株清理方式。

（三）遗传资源

实施全林清理的，对抗灾能力明显优于同林分其他林木的，应当作为优良遗传资源予以保留，并尽可能留有一定数量的伴生林木。

四、组织管理

（一）清理方案

各受灾县（市、区）要制定县级受灾林木清理工作方案，方案重点要说明清理对象、任务、方法、顺序、时间、人员组织、保障措施等要求。

清理要按照“先急后缓、先重后轻、先近后远、先松后杉、先人工林后天然林、先中龄林后成熟林”的顺序进行。对道路两旁、村屯周围、农林用地交错地段，以及其他易发生森林火灾的地段，应在3月底以前完成清理；对松类中度、重度受灾林分及其他易发生严重病虫害的林分清理工作应在6月底以前完成。

（二）清理调查和审批

1. 一般程序：公益林，天然阔叶商品林和其他可以正常调查设计的，按照规定程序审批。

2. 简易程序：对灾情严重，无法进行调查设计的，可采取现场调绘，确定对象、面积、受害程度，现场发证，山下检尺，核准蓄积量和出材量的程序。适用于简易程序的标准，由各省级林业主管部门确定。

现场调绘：实施全林清理的，采取地形图勾绘的方法确定范围、测算面积。实施部分清理的，利用最新的“二类调查”小班数据（图）确定范围、测算其面积。

受害程度：按照林木和林分受害等级划分标准

确定。

现场发证：按照事权划分，县级以上林业主管部门组织现场核发林木采伐许可证。林木采伐许可证的蓄积量和出材量栏待核准后填写，其他项目按要求填写，还必须注明清理的方式和对象。

山下检尺、核准蓄积量和出材量：清理的木材应合理制材，充分利用。林业行政主管部门应及时组织木材检尺，确定出材量，折算蓄积量；并将核准后蓄积量和出材量填入采伐证。

（三）清理作业管理

清理作用应注意保护健康林木和幼苗、幼树，防止水土流失。县级林业主管部门要加强对清理作业的管理，要组织由资源林政管理、森林公安、森林防火、林业工作站、林业调查设计队等管理和技术人员，组成工作组，明确责任，分片包干，现场指导，发现问题，及时纠正，防止乱砍滥伐和违规用火现象的发生。

（四）检查验收

清理结束后，核发林木采伐许可证的部门和森林防火部门，要组织力量，对清理小班（地块）进行验收，省级林业主管部门和国家林业局驻各地森林资源监督机构应组织清理工作的监督检查。

（五）木材运输

所有清理木材的运输都必须纳入依法管理范围，严禁无证运输和从疫区运出未经检疫的木材。办理木材运输证的部门和木材检查站，应当提供及时、便捷的服务。

（六）工作总结

清理工作结束后，各级林业主管部门要及时对清理工作进行总结和评估，省级林业主管部门要将清理工作总结上报国家林业局。

五、附　则

各省级林业主管部门根据本指南的精神结合本地实际，制定实施细则。受灾地区可以省、自治区、直辖市为单位分别林种、林型在国有林场或其他适宜区位保留一定面积的受灾林分，以便开展科学研究之需要。

国家林业局关于加强国有林场灾后恢复重建工作的通知

林场发〔2008〕42号　　2008年3月6日

江苏、浙江、安徽、福建、江西、河南、湖北、湖南、广东、广西、海南、重庆、四川、贵州、云南、陕西、甘肃、新疆、青海省、自治区、直辖市林业厅（局）：

2008年发生在我国南方的低温雨雪冰冻灾害，不仅给受灾地区广大林农群众造成重大损失，而且也广泛波及到国有林场。由于大多数国有林场地处高寒、高海拔的山区、林区，损失十分惨重，森林资源大面积损毁，基础设施遭到严重破坏，职工生活受到严重影响，灾后恢复重建工作任务重，难度大。为指导各地组织开展好国有林场灾后重建工作，尽快恢复正常的生产生活秩序，现就加强国有林场灾后恢复重建工作通知如下。

一、充分认识国有林场灾后恢复重建工作的重要性

受灾国有林场多是在我国生态极其脆弱地区建立起来的，生态区位极其重要，是我国重要的生态屏障和国有森林资源培育基地。做好受灾国有林场的恢复重建工作，事关国家生态系统的稳定，事关国有资产安全，事关广大林场干部职工的切身利益，是整个林业恢复重建工作极其重要的组成部分。国有林场灾后恢复重建工作涉及面广，既要恢复森林资源，又要修复水、电、路、房屋等基础设施，且广泛涉及民生，灾后恢复重建工作的任务十分繁重。各级林业主管部门一定要充分认识国有林场灾后恢复重建工作的重要性，增强工作责任感和使命感，统一思想，加强领导，落实责任，精心组织，切实做好每一个受灾国有林场的灾后恢复重建工作，努力把灾害损失降到最低限度，尽快恢复林业生产，确保国有林场干部职工生活水平不降低，确保森林资源尽快恢复。

二、深入排查，做好国有林场灾情评估

各级林业主管部门要进一步开展受灾国有林场供电、供水管线、通讯线路、道路、房屋等基础设施和森林资源受损的调查摸底工作，在前一阶段工作的基础上，继续发扬迎难而上的精神，尽一切努力，组织一切力量，对高海拔、雪大灾重的地区进行灾情排查，尽量掌握真实可靠的数据。要建立受灾损失情况档案，准确掌握灾害造成的损失，特别是准确掌握国有林场森林受灾面积、森林严重受损面积、受灾人口、因灾受伤人口、转移安置人口、房屋倒塌间数、房屋损坏间数、道路损坏情况、供水、供电管线损坏情况以及林场职工生活情况和应急救助需求等情况。

三、科学规划，精心指导国有林场灾后恢复重建工作

各级林业主管部门要在全面掌握和核实国有林场灾情的基础上，按照"规划先行、统筹安排，分清缓急、突出重点，自救为主、政府支持，地方为主、中央补助"的原则，抓紧编制本地区国有林场灾后恢复重建规划方案，按照重建规划方案，进一步明确本地区国有林场恢复重建的总体目标、重点建设任务和内容、恢复重建的实施步骤和时间安排、总投资规模及资金筹措方案、灾后恢复重建的责任主体和具体工作措施等，加强对国有林场灾后恢复重建工作的指导，确保灾后重建工作有序进行。国有林场灾后恢复重建规划方案应与当地经济社会发展实际和国有林场发展长远规划结合起来，立足当前，兼顾长远，使重建后的国有林场各项基础设施更加完善，抗灾减灾能力进一步增强。

四、突出重点，尽快恢复国有林场基础设施

各级林业主管部门应将恢复国有林场基础设施作为当前工作的重点，抓紧修复和重建各项被毁基础设施。要加大对危旧房的监管力度，尽快对国有林场职工受损住房进行一次安全鉴定，针对受损程度，抓紧解决好倒塌、受损房屋的维修加固工作；对不能居住的房屋，要及时转移安置住户，确保国有林场职工的居住安全。要按照国务院煤电油运和抢险抗灾应急指挥中心组织制订并报国务院批转执行的《低温雨雪冰冻灾后恢复重建规划指导方案》的要求，积极争取将国有林场代管乡村和农业户口的国有林场职工的住房修复，纳入当地民政部门灾后恢复重建的整体规划之中。对受损严重、不能继续使用的道路、桥梁等基础设施，要果断作出警示处置，迅速组织维修抢修，防止损害进一步加剧。加强供水、供电管线的维修维护，查明设施运行安全隐患，尽快恢复供水、供电设施，确保水质安全和正常、稳定供电。国有林场基础设施修复和重建工作应于2008年6月底前完成。从事森林旅游的国有林场，要对旅游设施进行安全检查，排除安全隐患，确保游客人身安全。

五、着眼长远，着力恢复国有林场森林资源

灾后国有林场森林资源的恢复是一项长期而艰巨的任务。各级林业主管部门要以对国家和人民高度负责的态度，充分认识灾后国有林场森林资源恢复面临的严峻形势，切实加强灾后森林资源管理各项工作，着力恢复森林资源，尽快恢复林业生产。要按照《国家林业局关于做好受灾林木清理工作的紧急通知》(林资发〔2008〕28 号)的要求，及时清理林区损毁的林木，尽快恢复森林生态系统和林地生产力，消除森林火灾和森林病虫害等次生灾害隐患。要加强林木采伐管理，适时调整林木采伐指标，及时优先安排灾材采伐，坚持凭证采伐、凭证运输，严防偷盗哄抢和乱砍滥伐。要重新调整和编制国有林场森林经营方案，率先搞好灾后森林经营，充分发挥国有林场的示范带动和辐射作用。要加强森林抚育、森林经营，不断提高森林资源质量。要调整树种、林种结构，优化森林资源配置，增强森林生态系统的抗灾能力。

六、制定和争取有关优惠政策，为国有林场灾后恢复重建创造宽松环境

各级林业主管部门要按照《中共中央 国务院关于加快林业发展的决定》(中发〔2003〕9 号)的要求，积极争取将生态公益型林场人员经费和机构经费纳入同级人民政府财政预算。对于受灾严重的国有林场，要研究给予减免育林基金。对于承包经济林、竹林遭受损失的国有林场职工，要予以减免承包费，并提供种苗、技术等服务。对于符合低保条件的国有林场职工，要帮助其纳入低保范围。对于贫困国有林场尤其是因灾返贫的国有林场，要积极争取将其纳入当地政府扶贫规划，争取扶贫资金，使其尽快度过难关。要积极协调有关部门，争取减免国有林场因造林而产生的金融等各种债务，切实减轻林场负担，提高其灾后营林造林的积极性。

七、以科技为先导，充分发挥国有林场在整个林业灾后恢复重建工作中的示范带动作用

各级林业主管部门要充分认识科技救灾减灾的重要作用，根据《南方雨雪冰冻灾害地区林业科技救灾减灾技术要点》(林科发〔2008〕26 号)，积极组织受灾国有林场，根据不同树种的不同受损程度，制定科学、可行的灾后恢复重建方案。要对国有林场有关人员进行救灾减灾、恢复重建和育苗、造林、间伐、抚育等科技服务和培训，强化对新造林地和补植补栽林地的管理，加强良种壮苗培育，大力推广容器育苗，缩短育苗周期，加快育苗步伐。要积极开展科学研究和科学实验，推广灾害迹地清理、种苗选育、林木栽培、管护、病虫害防治等林业新技术，提高国有林场灾后重建的科技含量，充分发挥国有林场在灾后恢复重建工作的示范带动作用。

八、加强领导，积极组织灾后重建自救

各级林业主管部门要在当地政府的统一领导下，把国有林场灾后恢复重建作为一项重点工作，成立国有林场灾后恢复重建工作领导小组，切实履行职责，加强组织管理，健全领导机制，明确工作目标，制定实施方案，落实工作责任，按照轻重缓急，分步实施，推动国有林场灾后恢复重建工作的顺利开展。要主动开展工作，加强与发展改革、财政、民政、交通、电力等部门的联系和沟通，争取支持。各受灾国有林场要继续发扬不等不靠的精神，积极组织广大干部职工开展灾后自救，重建家园。各省级林业主管部门要建立国有林场灾后恢复重建工作进展报告制度，及时向我局报送有关情况。

国家林业局关于加强
退耕还林工程灾后恢复重建及成果巩固工作的通知

林退发〔2008〕70号　　2008年4月7日

各有关省、自治区、直辖市林业厅(局)，新疆生产建设兵团林业局：

2008年1月以来，我国南方地区发生的大范围雨雪冰冻灾害不仅使退耕还林工程造林成片受灾，造林成活率和保存率大幅度下降，而且工程实施以来初步形成的后续发展能力遭到重创，特别是已经开始产生经济效益的竹林、桉树等速生丰产林、柑橘等经济林、茶树和油茶等生态经济兼用林大面积受损，使退耕农户今年的经济收益乃至今后几年的生计问题都将受到较大影响，灾后恢复重建任务艰巨，巩固退耕还林成果面临更加严峻的考验。为指导各地组织开展退耕还林工程灾后恢复重建工作，切实巩固退耕还林成果，防范复耕反弹，现就加强退耕还林工程灾后恢复重建及巩固成果工作通知如下：

一、充分认识退耕还林工程灾后恢复重建、巩固成果工作的重要性。退耕还林是我国加强生态建设、维护生态安全的一项重大战略，工程治理的重点是生态区位极其重要、生态极其脆弱地区的坡耕地、沙化耕地以及周边荒山荒地，其成果将成为我国重要的生态屏障。做好工程受灾地区的恢复重建工作，事关退耕还林成果巩固，事关国家巨额投资的效益，事关广大退耕农户的切身利益，事关国家生态安全。退耕还林工程灾后重建任务繁重，既要恢复森林资源，确保退耕还林工程面积不减少，质量不下降，又要保障广大受灾退耕户的当前生计，逐步恢复退耕农户的长远发展能力。各级林业主管部门一定要充分认识退耕还林工程灾后恢复重建、巩固成果的重要意义，统一思想，落实责任，加强领导，精心组织，切实做好每一户退耕农户、每一块退耕还林地块的恢复重建，努力把灾害损失降到最低限度，确保退耕还林成果尽早恢复，确保退耕农户的生活水平不下降。

二、抓紧组织灾后林地林木清理。各地要严格按照我局下发的《关于做好受灾林木清理工作的紧急通知》(林资发〔2008〕25号)和《关于印发〈雨雪冰冻灾害受害林木清理指南〉的通知》(林资发〔2008〕37号)要求，抓紧组织工程灾后林木清理。一是因地制宜，组织指导工程受灾地区及时采伐因灾死亡林木，合理调整使用限额指标，落实有关税费优惠政策，加强木竹市场销售指导、服务和监管，维持市场价格基本稳定，减少退耕农户的直接损失，同时防范和杜绝滥砍盗伐。二是对受灾林地的清理要科学论证，尽可能避免全面垦复，造成原有植被的全面破坏，防止带来新的水土流失。三是加强森林经营措施，对受灾偏倒的林木要进行培土扶正，对冻伤压断的树木及时修枝平茬，对竹林、茶树以及其他一些兼用林及时进行垦复施肥，促进林木尽快恢复生长，同时做好灾区森林防火和病虫害防治工作。

三、科学规划，因地制宜安排灾后重建和巩固成果工作。要在对灾情进行全面调查、科学评估的基础上，总结经验，汲取教训，制定科学的退耕还林工程恢复重建规划和巩固退耕还林成果专项规划，分步实施，着力建设林分质量高、抵御自然灾害能力强的森林生态系统，避免低水平的盲目重建。对受损程度相对较轻的退耕还林地块，应尽量采取补植补播、抚育、封山育林等人工促进森林植被恢复的措施。对受损程度较重、自然恢复植被困难的退耕还林地块，应主要采用重新造林、补植、抚育、林分改造等人工恢复的技术措施。在选择重建树种、造林方式、植被配置模式上，要充分考虑增强森林生态系统抗御自然灾害的能力，优先选用适宜于当地的乡土树种，慎重选择外来树种。提倡多树种合理配置，优化林分结构，培育近自然的混交林，提高森林生态系统的稳定性和适应性。对需要变更作业设计的要及时变更并报批，对恢复重建工作中的档案资料要及时整理、归档备查，确保恢复重建工作科学有序。退耕还林工程的恢复重建要与成果巩固相结合，与当地经济社会发展和退耕农户增收相结合，在恢复、提高森林生态功能的同时，通过改造林分、调整树种、优化森林经营模式、提高森林经营水平等措施，大力培育退耕还林后续产业，增强森林的经济功能，实现灾后恢复重建、巩固成果与改善民生共赢。

四、做好种苗准备，确保种苗供应。在这次雨雪冰冻灾害中，林木种苗损失也很严重，几个重灾省区又基本上处于相同的生态类型区，无法在种苗供应上相互调剂，加上恢复种苗正常生产需要一定的时间，近期灾区种苗供应将十分紧张。各地要兼顾当前和长远，统筹做好种苗生产和供应工作。一是要加强种苗市场的预测预报和供需信息调度，及时向社会发布种苗供需信息，帮助和指导国有、集体和个体苗圃尽快恢复灾后种苗生产，并通过采取大规模的容器育苗、组培育苗等快速培育措施，千方百计地恢复和提高本地的种苗生产能力。二是要汲取教训，优先培育抗逆性强、经济价值高的乡土树种。尽量就地培育、就近调剂，避免长距离、跨区域调运种苗。本地种苗确实不足的，要组织做好区域间种苗的调剂或增加部分适宜种苗的进口。三是要深入贯彻落实《种子法》和《退耕还林条例》，大力加强种苗生产经营的监管和执法工作，维护种苗市场秩序，坚决制止借机垄断经营种苗和哄抬种苗价格等行为，严厉打击种苗生产和供应中的违法违纪行为。

五、制定和争取有关优惠政策，为退耕还林灾后恢复重建和成果巩固创造宽松环境。一是各地林业部门要积极主动地向当地党委、政府汇报退耕还林的灾情，说明恢复重建退耕还林工程的重要性，争取将退耕还林工程灾后恢复重建优先纳入地方政府和整个林业灾后恢复重建规划，落实恢复重建资金，切实减轻基层和退耕农户的负担。二是将补植补造作为巩固退耕还林成果专项规划的重点，并将近两年的巩固退耕还林成果专项资金重点用于受灾退耕还林工程的恢复重建。三是及时兑现各项补助政策。2008 年对退耕还林工程 2007 年以前完成任务各项政策补助的兑现，暂按 2007 年的检查验收结果给予兑现，重建恢复后再按照当年的检查验收结果据实兑现。同时，各工程省区要充分利用巩固成果专项规划编制实施的契机，在全面摸清底数的基础上做好成果巩固方面大量而细致的前期工作，争取长期稳定的工作经费，切实落实好工程补植补造、森林科学经营以及相关后续产业发展资金，建立长效机制，千方百计巩固退耕还林工程已有直接成果。

六、严格禁止因灾复耕或新的毁林开垦。切实加强对退耕还林工程灾后重建工作的检查监督，坚决禁止借林地林木清理而复耕或出现新的毁林开垦，确保退耕还林面积不减少。一旦发现复耕现象，各级林业部门要坚决加以制止。对不听劝告的，要停止发放退耕还林各项补助，按照《退耕还林条例》第六十二条进行处罚。据 2007 年我局组织开展的全国营造林综合核查结果反映，一些地区退耕地复耕和毁林开垦问题有抬头之势，各地务必引起高度重视，要抓紧对有关问题作进一步核实，对查证属实的要坚决整改，对相关责任人要依法追究，对问题严重、整改不到位的工程县不得新安排工程年度荒山造林和封山育林任务，暂缓拨付巩固退耕还林成果专项资金，对于其他林业项目资金也要进行调控。年内我局将对这一问题组织专项检查。

七、全面完成2008年退耕还林工程荒山荒地造林和封山育林任务。2008年起退耕还林工程荒山荒地人工造林、封山育林的国家补助标准已经提高，2008年工程建设的年度任务、投资均已下达到各工程省区，各有关省区要切实按照我局下发的《关于下达2008年营造林生产计划的通知》(林计发〔2008〕7号)，国家发展改革委下发的《关于下达2008年中央预算内投资和国债投资计划的通知》(发改投资〔2008〕65号)精神，尽快组织编制省级年度实施方案，报我局审核后尽快将任务下达到市县，并搞好作业设计的编制和审批，将建设任务落实到山头地块。退耕还林工程荒山荒地造林和封山育林任务安排要以巩固和发展已有成果为核心，重点安排在已实施退耕还林工程的周边区域，形成规模效益，并向宜林荒山荒地较多和水土流失、土地沙化、石漠化严重的地区倾斜。要抓紧做好预整地、苗木调配等前期工作，确保高质量地完成年度任务。

各级林业主管部门要在当地党委、政府的统一领导下，把退耕还林工程灾后恢复重建和成果巩固作为一项重点工作切实抓紧抓好。要健全组织领导，明确目标，落实责任，制订方案，按照轻重缓急，分步实施，推动退耕还林工程恢复重建和成果巩固工作的顺利开展。要主动加强与发展改革、财政等各有关部门的沟通协调，争取支持。各受灾地区要发扬艰苦奋斗、不等不靠的精神，组织广大退耕农户开展灾后恢复重建。各省级林业主管部门要建立退耕还林工程成果巩固和灾后恢复重建工作进展报告制度，及时向我局退耕还林办公室报送有关情况。

国家林业局关于印发《林木种子生产、经营档案管理办法》的通知

林场发〔2008〕88号　　2008年4月23日

各省、自治区、直辖市林业厅(局)，内蒙古、吉林、龙江、大兴安岭森工(林业)集团公司，新疆生产建设兵团林业局：

为了规范林木种子生产、经营档案的建立和管理，加强对林木种子生产、经营行为的监管，实行林木种子可追溯性管理，根据《种子法》的有关规定，我局制定了《林木种子生产、经营档案管理办法》，现印发给你们，请遵照执行。

附件：林木种子生产、经营档案管理办法

附件

林木种子生产、经营档案管理办法

第一条　为了规范林木种子生产、经营档案的建立和管理，加强对林木种子生产、经营行为的监管，实行林木种子可追溯性管理，根据《种子法》的规定，制定本办法。

第二条　从事商品林木种子生产和林木种子经营的单位和个人，应当依法建立、健全林木种子生产、经营档案。林木种子生产、经营档案的建立和管理，应当遵守本办法。

第三条　县级以上人民政府林业行政主管部门负责本行政区域内林木种子生产者、经营者生产、经营档案建立的监督工作。具体工作由其所属的林木种苗管理机构负责。

第四条　林木种子生产者、经营者应当配备档案管理人员，健全档案管理制度，配备必要的设备。

第五条　林木种子生产档案包括以下内容：

(一)林木种子生产情况：生产的树种(品种)名称、地点、立地条件、周围环境，育苗使用林木种子的产地及种源；

(二)产地气象记录；

(三)林木种子质量；

(四)林木种子采集、调制记录：采集地点，脱粒、干燥、净种、精选、分级、包装等调制情况，各环节技术负责人；

(五)育苗和苗木出圃情况：各种苗木的生长发育情况及各阶段采取的技术措施，起苗、分级、假植等；

(六)林木种子检验记录：检验时间、检验内容、检验结果、检验证书编号及责任人；

(七)林木种子流向：贮藏保管及调出的时间、数量、单价、种子批号、苗批号、购种协议、购种单位地址及联系方式；

(八)需要归档的其他材料。

生产林木良种的，还应当包括林木良种证书复印件。

生产转基因林木种子的，还应当包括基因名称及其来源、转基因的方法。

生产植物新品种的，还应当包括品种权人的书面同意证明或者国家林业局品种权转让公告、强制许可决定。

林木种子生产者应当填写《林木种子生产档案表》。

第六条　林木种子经营档案包括以下内容：

(一)林木种子来源：树种(品种)、产地、调入时间、调入价格、数量；外地调入林木种子，应当将购销合同、林木种子经营许可证编号、标签、质量检验证书和检疫证书原件存档；

(二)林木种子加工情况：精选时间、技术措施及责任人；

(三)林木种子贮藏情况：种子入库、出库时间和数量；

(四)林木种子包装、运输情况：林木种子包装材料、调运的起始时间、运输工具、运输环境等；

(五)林木种子质量检验情况：入库、出库和贮藏期间种子质量情况，包括检验时间、检验内容、检验结果、检验证书编号及责任人；

(六)林木种子销售情况：树种(品种)、时间、数量、质量(种子的净度、含水量、发芽率，苗木的苗高、地径)、单价、种子批号、苗批号、销售去向，并将销售合同原件存档；

(七)需要归档的其他相关材料。

经营林木良种的，还应当包括林木良种证书复印件。

林木种子经营者应当填写《林木种子经营档案表》。

第七条　林木种子生产、经营档案应当妥善保存，定期检查。对破损或变质的档案及时修复。档案毁损或丢失的，应当采取补救措施补齐原有内容。

第八条　林木种子种植材料(苗木)的生产、经营档案应当至少保存5年。

籽粒、果实等有性繁殖材料的生产、经营档案应当长期保存。

第九条 林木种子生产者、经营者档案管理人员发生变动，应当及时办理林木种子生产经营档案交接手续。

第十条 林木种子生产者、经营者不再从事林木种子生产、经营活动的，应当将生产、经营档案上交原生产、经营许可证核发机关保存。

第十一条 林木种子生产、经营档案记载的信息应当连续、完整、真实。

第十二条 林木种子生产、经营档案逐步实行电子化管理。

第十三条 林木种子生产者、经营者未依法制作、保存林木种子生产、经营档案的，由县级以上人民政府林业行政主管部门依照《种子法》的规定处理。

国家林业局关于印发《“科技服务林改”行动方案》的通知

林科发〔2008〕96号　　2008年5月9日

各省、自治区、直辖市林业厅(局)，内蒙古、吉林、龙江、大兴安岭森工(林业)集团公司，新疆生产建设兵团林业局，国家林业局各有关直属单位：

集体林权制度改革(以下简称林改)是林业经营管理体制的重大创新，是对林业生产力的解放和发展。随着林改的不断深入，广大林农和林业生产单位对科学技术的需求急剧上升。为了更好地发挥科技为林改服务的重要作用，我局制定了《“科技服务林改”行动方案》(见附件)。现印发给你们，请结合各地各单位的实际情况认真组织实施，并及时将实施中的好做法、好经验以及出现的问题和相关意见、建议报我局科技司。

附件：“科技服务林改”行动方案

附件

“科技服务林改”行动方案

“科技服务林改”行动是贯彻党的十七大精神，全面落实科学发展观，推动社会主义新农村建设的重要内容，是加快推进现代林业建设、促进林区繁荣和农民增收的重大举措。为适应集体林权制度改革(以下简称林改)后林业生产单位、各类经营组织和广大林农对科学技术的需求，更好地发挥科技服务林改的支撑作用，特制定本方案。

一、指导思想

深入贯彻落实科学发展观，按照中共中央国务院《关于加快林业发展的决定》和《关于推进社会主义新农村建设的若干意见》的要求，紧紧围绕林改后现代林业建设对科技的新需求，转变观念，创新机制，健全和完善科技推广服务体系，通过“百县千村万户”和林业科技示范区建设等系列活动，组织和动员广大林业科技工作者以饱满的热情积极投身到科技服务林改的活动中去，为推动社会主义新农村建设不断做出新贡献。

二、总体目标

今后三年，是巩固和扩大林改成果的关键年，也是“科技服务林改”行动方案的实施年。总体目标是：充分发挥科技推广体系的社会化服务功能，进一步强化技术集成创新与应用，形成科技服务林改长效机制，全面提高林业生产力水平，促进县域经济发展和林农增收。

针对不同地域的科技需求，国家林业局在三年内集成组装10大类300项先进适用配套技术进行推广，建立100个科技示范基地；健全和完善基层林业社会化服务体系，构建省、地、县、乡四级林业科技推广网络，在福建、江西、浙江和辽宁四个林改重点省份实现林业先进实用技术入户率达到60%以上；在全国范围内建立国家级林业科技示范区，开展百县千村万户活动和基层林业科技骨干和林农的培训计划。

三、主要活动

（一）组织技术集成创新与应用

国家林业局科技司在深入调研的基础上，针对科技需求，组织相关专家对现有林业先进实用技术进行筛选和集成配套，采取多种形式推广应用。与此同时，针对基层生产单位和林农最关心、最迫切、最关键的林业技术难题开展专项研究。各级林业主管部门、林业科研机构、高等院校、科技推广机构应从当地的实际出发，优化科技资源配置，安排适当的专项经费，组织和鼓励各级科技人员深入基层，深入实际，服务林改，务求实效。

（二）启动“百县千村万户林业科技示范”行动

按照“推广一项技术，带动一个产业，致富一方百姓”的工作思想，采取科技示范、成果对接、技术培训、科技下乡、科技普及和科技进村入户等形式，三年内，在全国建设100个科技示范县、1 000个科技示范村和10 000个科技示范户。为广大林农提供高效、便捷的技术、经济、政策、信息等服务，形成一村一个产品、一县一个产业，促进县域经济发展。

（三）建设林业科技示范区

针对林改后林业发展的新格局，选择区域特色明显、基础较好，辐射带动作用强的地方建立林业科技示范区，充分利用各种科技合作平台，全力推动产学研结合。三年内，国家林业局在全国范围内建立30个国家级林业科技示范区。各省级林业主管部门应结合本地的实际，制定省级林业科技示范区建设方案，上下联动，形成覆盖全国的林业科技示范网络。

（四）实施百万林农培训计划

各级林业主管部门要针对林改后林业经营实体多元化的特点，加强对林农的技术培训，全面提高广大农民的科学素质和科学技能。采取建立农民夜校、培养乡土专家、举办培训班、现场指导、编印技术丛书和资料、制作影像光盘、开设电话服务热线和专题网站等多种形式，开展技术培训服务。确保三年之内林改重点省区市林农培训率达到60%以上，培训林农300万人次以上；同时通过科技人员与种植大户结对子的形式，培养一批“懂政策、会经营、有技术”的乡土专家。

四、保障措施

（一）提高认识，加强领导。各级林业主管部门要高度重视科技服务林改工作，切实加强对科技工作的组织领导、协调和管理，把科技服务林改列入重要议程，作为全面推进现代林业建设，加快县域经济发展的一件大事来抓，真正做到思想到位，人员到位，责任到位，措施到位，最大限度地满足广大林农和林业生产经营实体对科技的需求。

（二）健全队伍，保障服务。加强林业科技推广体系队伍建设，通过稳定省、地、县、乡四级林业科技推广机构，加强基础设施建设，提高推广队伍服务林改的能力；组织和鼓励科研院所、高等院校以及社会团体、企事业单位的科技人员积极参与科技服务林改活动。通过科技服务林改活动，为基层培养一支素质较高、经验丰富、乐于奉献的科技服务队伍。

（三）完善机制，增加投入。各级林业主管部门应积极筹措资金，保障科技服务林改活动的正常开展。激发和保护林改后社会各界对林业投资的热情，拓展林业科技的融资渠道，采取有效措施，引导和鼓励全社会增加林业科技推广服务的投入。逐步形成以政府投入为主、多元化投入相结合的资金投入保障机制。

国家林业局关于认真学习贯彻《汶川地震灾后恢复重建条例》《国务院关于支持汶川地震灾后恢复重建政策措施的意见》《国务院关于做好汶川地震灾后恢复重建工作的指导意见》的通知

林办发〔2008〕168号　　2008年8月12日

四川、陕西、甘肃省林业厅，四川卧龙大熊猫国家级自然保护区、陕西佛坪国家级自然保护区、甘肃白水江国家级自然保护区管理局：

在抗击5月12日汶川特大地震自然灾害取得阶段性重大胜利后，国务院科学决策，及时把灾后恢复重建提到重要位置，连续颁发了《汶川地震灾后恢复重建条例》(国务院令第526号)、《国务院关于支持汶川地震灾后恢复重建政策措施的意见》(国发〔2008〕21号)、《国务院关于做好汶川地震灾后恢复重建工作的指导意见》(国发〔2008〕22号)(见附件1、2、3)等法规和文件，加强了政策支持，实施了科学指导，有力推动了灾后恢复重建工作。为切实落实好国务院有关部署，确保林业灾后恢复重建取得实效，现将有关事宜通知如下：

一、认真学习贯彻国务院有关文件和法规精神。《汶川地震灾后恢复重建条例》、《国务院关于支持汶川地震灾后恢复重建政策措施的意见》、《国务院关于做好汶川地震灾后恢复重建工作的指导意见》等法规和文件，是指导开展灾后恢复重建的重要依据，对积极稳妥推进灾后恢复重建工作具有重要意义。希望你们认真学习领会，真正吃透精神，准确把握实质，确保政策不走样；要紧密结合实际，严格按照国务院要求，认真履行职责，确保各项工作落到实处。

二、集中全力开展灾后林业恢复重建工作。要不等不靠，积极开展生产自救，充分发挥林业部门在灾后恢复重建中的重要作用。认真组织修复毁损的林业生产设施，尽快修复防火交通、通讯基础设施，特别是要抓紧实施大熊猫保护和科研设施的重建。积极组织开展与林业有关的地震灾害调查评估工作，为编制地震灾后恢复重建规划提供科学依据。认真组织实施好野生动物疫情监测、做好森林防火等工作，严防森林火灾等次生灾害发生。

三、积极协助当地政府做好受灾群众过渡性安置工作。妥善安置好受灾群众生产生活，是灾后恢复重建工作中的重中之重。过渡性安置需要使用林地的，要按照临时使用林地的有关规定准许先行使用，事后再依法办理临时使用林地手续。积极协助地震灾区各级人民政府做好野生动物疫情防控工作。同时，要协助当地政府进行科学选址，避开生态脆弱地区和传染病自然疫源地，并切实避免对自然保护区、饮用水水源保护区以及生态脆弱区域造成破坏。地震灾后恢复重建中涉及自然保护区、野生动植物保护的，应当同时严格执行国家有关法律、法规的规定。

四、切实加强林业救灾物资资金管理。全国各地为灾区捐助的大量的救灾资金物资，饱含着全国人民对灾区人民的深厚感情，非同一般。科学、廉洁管理使用好这些资金物资，是一项十分重要的政治工作。要建立健全抗震救灾物资资金管理的规章制度，科学调度，强化监督，确保抗震救灾物资资金及时足额拨付到位。物资采购要按照《政府采购法》等相关规定执行，凡有条件的都要公开招标，择优选购，防止暗箱操作。要建立救灾物资资金信息公开制度，及时发布社会援助、捐赠和物资资金使用情况。要强化对救灾款物的跟踪审计监督，对审计中发现的违规问题，要及时整改，坚决纠正。对虚报冒领、截留克扣、挤占挪用救灾款物等行为，要迅速查办，从重处理；对失职渎职、疏于管理，迟滞拨付救灾款物造成严重后果的行为或致使救灾物资严重毁损浪费的行为，要严肃追究责任，涉嫌犯罪的，要及时移送司法机关追究刑事责任。

做好林业灾后恢复重建工作，事关广大林业干部职工和林区受灾人民群众切身利益，事关党和国家的形象，意义十分重大。希望你们以强烈的政治责任感，进一步提高认识，加强组织领导，采取有效措施，严格按照国务院要求，明确领导责任，科学分解任务，狠抓工作落实，确保林业灾后恢复重建取得全面胜利。

特此通知。

中共江西省委　江西省人民政府
关于全面推进造林绿化“一大四小”工程建设的意见

2008 年 9 月 23 日

为贯彻“生态立省、绿色发展”战略，不断提升我省绿化水平，省委、省政府决定，从今年起在全省实施造林绿化“一大四小”工程。即确保实现到 2010 年全省森林覆盖率达到 63% 这个大目标；抓好城市、乡镇、农村以及基础设施、工业园区等四个方面的绿化工作。现提出如下意见：

一、充分认识全面推进造林绿化“一大四小”工程建设的重要意义

1. 全面推进造林绿化“一大四小”工程建设，是贯彻落实科学发展观、推动全省科学发展的重要内容。坚持走生产发展、生活富裕、生态良好的文明发展道路，是深入贯彻落实科学发展观的重要内容。实施造林绿化“一大四小”工程，有利于优化城乡人居环境，提高人民生活质量；有利于增加木材等林产品供给，促进林业产业和地方经济发展；有利于倡导绿色生活，建设生态文明，推动全省加快发展、科学发展、可持续发展。

2. 全面推进造林绿化“一大四小”工程建设，是提升造林绿化水平、树立我省生态品牌的重要举措。近年来，通过实施“造林灭荒”和集体林权制度改革，全省生态建设取得显著成绩，青山绿水已成为江西的优势和品牌。但山区森林质量不高，城镇、村庄、公路沿线等平原绿化水平较低，是当前我省造林绿化和生态建设的薄弱环节。加之今年初的雨雪冰冻灾害，给我省森林资源和生态建设造成了较大破坏，灾后恢复林业生态的任务十分繁重。必须突出重点领域和薄弱环节，进一步加强对造林绿化工作的组织领导，完善造林绿化扶持政策，加快恢复、保护和建设青山绿水，切实做到在发展中加强保护，在保护中加快发展，实现生态与经济的双赢。

3. 全面推进造林绿化“一大四小”工程建设，是巩固集体林权改革成果、加快新农村建设的重要途径。我省实施集体林权制度改革以来，林业经营机制进一步放活，全社会造林护林积极性充分调动，有力地促进了山区农民增收和经济社会发展。进一步巩固和扩大林改成果，将林改的理念从山区引入平原，用抓林改的措施推动造林绿化“一大四小”工程建设，对于加快平原绿化进程，促进平原林业产业发展，增加农民收入，培育农村经济新的增长点，加快建设社会主义新农村具有十分重要的意义。

二、指导思想和基本原则

4. 指导思想。以邓小平理论和“三个代表”重要思想为指导，深入贯彻落实科学发展观，坚持“生态立省、绿色发展”战略，以保护绿色生态优势、实现63%森林覆盖率、促进林农增收为总体目标，在加强山区绿化的同时，重点推进县城和设区市政府所在地、乡镇政府所在地、农村自然村闲置地以及基础设施、工业园区等裸露地绿化，用三到五年时间提升我省造林绿化整体水平，为加快绿色生态江西建设，实现江西崛起新跨越作出新贡献。

5. 基本原则。

——坚持政府主导，部门配合。造林绿化“一大四小”工程建设由各级政府负总责，科学制订规划，明确部门职责，全力推动造林绿化工作。

——坚持重点突破，整体推进。在抓好山区造林绿化的基础上，重点推进城镇所在地，村庄、农田和江河渠道，高速公路、铁路、国省道、县乡村公路等交通沿线，以及工业园区和矿山的造林绿化。

——坚持因地制宜，注重实效。山区绿化要大力发展乡土树种和珍贵阔叶树种；城镇绿化坚持乔灌草相结合；交通干线绿化要着力抓好两侧林相改造和宜林路段林带建设；其他平原地区要大力发展经济效益较好的速生丰产林和经济果木林，努力实现生态景观效益和经济效益的统一。

——坚持明确主体，落实利益。实行“谁绿化谁所有、谁投资谁受益、谁经营谁得利”，落实造林主体，维护造林经营者的合法权益。

——坚持政府扶持，多方筹资。建立和完善造林绿化财政补助制度，整合相关支农资金和部门资金，实施项目带动，增加公共投入。创新造林绿化机制，建立多元化造林绿化投融资体系。

——坚持义务植树，专业造林。组织适龄公民认真履行植树义务，提高尽责率。鼓励发展多种形式的民营林场和专业造林公司，提高造林专业化水平和社会化程度，确保造林成效。

三、总体目标和建设任务

6. 总体目标。力争全省造林绿化3年初见成效，5年有明显变化。

到2010年底，全省森林覆盖率达到63%，沙化土地得到基本治理，重点地区生态状况明显改善；城镇绿化档次不断提高；公路、铁路两侧及江河渠道沿岸可绿化部分基本绿化，高速公路、铁路、国省道沿线乡村全面绿化；初步实现农田林网化；工业园区基本绿化，各类废弃矿山、矿渣山、尾矿库实现复绿，杜绝土地裸露。

到2012年，全省森林覆盖率稳定在63%，全省整体生态状况步入良性循环；城镇绿化水平明显提高；乡村绿化明显改善；公路、铁路两侧及江河渠道沿岸基本建成生态效益和经济效益并重的绿化带；农田林网控制率达到90%以上；工业园区全面绿化；矿区森林植被恢复率达到35%。

7. 建设任务。全面推进“一大四小”工程：

“一大”，即确保实现到2010年全省森林覆盖率达到63%。采取人工造林、低产林改造、阔叶树补植补造、封山育林、小流域综合治理等措施，加强受灾森林恢复，改善林分结构，提高森林质量。规划到2010年，全省新增造林面积1 000万亩，完成灾后损毁林地重造133万亩、补植补造191万亩，完成迹地更新141万亩；针阔混交林和阔叶林比重达到30%以上，林分亩平蓄积提高到4.2立方米/亩。到2012年，受灾森林基本得到恢复，林分亩平蓄积提高到5.0立方米/亩，针阔混交林和阔叶林比重达到35%以上。

“四小”：一是设区市和县城所在地绿化。抓好县城以上城市周边防护林带建设，搞好城区绿化美化，提高城市居民生活质量，形成富有生机和活力的城市绿化体系。到2010年，全省设区市城市和县城建成区绿化覆盖率分别达到40%和35%，绿地率分别达到36%和30%，人均公园绿地面积达到10平方米。到2012年，全省城市绿化覆盖率和绿化质量稳步提高，初步建立多树种合理搭配、多层次绿化美化、管理科学的城市绿地系统。

二是乡镇政府所在地绿化。结合乡镇发展规划，以绿化美化为中心，全面改善乡镇绿化状况和人居环境。到2010年，全省乡镇所在地绿化覆盖率达到15%，绿地率达到10%。到2012年，全省乡镇所在地绿化覆盖率达到20%，绿地率达到15%。

三是农村自然村绿化。结合新农村建设，充分利用农村房前屋后的闲置地，因地制宜选择绿化树种，发展速生树种风景林、经济果木林等，改善农村居住环境，增加农民收入。抓好农田林网建设，结合土地整理、造地增粮富民工程、农业综合开发高标准农田建设等项目，在田边、路边、渠边、沟边栽植速生丰产林、经济树种或乔木，形成农田林网或林带，改善农区小气候，促进粮食等农产品稳产高产。到2010年，全省新农村建设试点村、交通干线沿线可视范围内乡村全面绿化，已实施土地整理和园田化改造的农田全面完成林网建设。到2012年，全省村庄绿化覆盖率达到35%以上，初步建成比较完善的农田林网体系。

四是基础设施、工业园区和矿山绿化。以高速公路、铁路、国省道、市县级干道两侧和江河渠道沿岸为主体，抓好通道绿化。到2010年，已建和新建高速公路、铁路宜林路段绿化率达到85%以上，国省道干线绿化率达到80%，县乡公路绿化率达到80%，江河渠道绿化率达到60%。到2012年，已建和新建高速公路、铁路宜林路段全面绿化，绿化档次达到国内先进水平；国省道干线绿化率达到100%，县乡公路绿化率达到85%，江河渠道绿化率达到80%，初步形成集景观效益、生态效益、经济效益和社会效益于一体的绿色廊道。现有城市建设项目要基本实现绿化，城市改建、扩建、新建项目必须按规定抓好附属绿地建设，做到同步施工、同步验收。大力开展工业园区绿化美化和矿山复绿。到2010年，工业园区绿化覆盖率达到35%以上，重要铁路、高速公路沿线和设区市城市可视范围内矿山全面实现复垦复绿。到2012年，全面建成生态工业园区，全省矿山地质环境综合治理率、土地复垦率分别达到50%以上和30%以上。

四、制定和完善政策措施

8. 落实绿化用地。各级政府要将绿化用地纳入土地利用总体规划，统筹安排解决。现有公路、铁路、江河渠道、库区等建设工程绿化未达标需要增加绿化用地的，由当地政府协调解决。

新建、改扩建公路、铁路、城市建设等工程项目的绿化用地，应与工程建设一同规划征用。鼓励农民利用空闲土地大力发展经济林。

9. 搞活用地机制。鼓励村组集体经济组织通过公开招标、拍卖、租赁等方式，对集体所有的机耕道、沟渠堤路以及滩涂地等可绿化用地进行依法流转，吸引能人和大户投资造林绿化，落实造林绿化主体，保证造林绿化成效。

10. 整合绿化资金。林业重点工程优先用于交通沿线的山地和平原绿化；交通、铁路部门要落实公路、铁路绿化建设经费，新建和改扩建公路、铁路绿化经费要纳入工程预算，同步施工、同步验收；国土、建设等部门应按规定从土地出让收入和城市维护费中提取绿化资金，城镇新建和改扩建项目附属绿地建设经费要纳入项目预算；在实施农业综合开发、土地整理、扶贫开发、水土保持、水利工程、新农村建设等项目时，要落实造林绿化资金。

11. 动员全社会广泛参与。各地各部门要认真落实《江西省公民义务植树条例》，每年组织城镇、农村适龄公民和机关、团体、企事业单位干部职工参加义务植树。未按时完成当年义务植树任务的，按规定标准向承担义务植树任务的单位收缴绿化费。机关和财政补助的事业单位应缴的绿化费，由同级绿委办组织收缴；逾期未足额缴纳的，由绿委办提供有关情况，委托同级财政部门直接划转代征；工矿企业应缴的绿化费，委托同级地方税务部门代征，具体征收办法由省绿化委会同省财政厅、省地税局等部门制定。各类矿山开发须缴纳生态恢复保证金，用于矿山植被恢复。大力开展“身边增绿”、“绿色扶贫”、“绿色养老”、“绿地认种认养”、“自愿捐工资”等活动，鼓励社会各界投入造林绿化。积极探索建立从直接受益单位和地区征收生态效益补偿费的机制，多渠道筹集造林绿化和森林保护资金。

12. 建立财政激励机制。2008年至2010年期间，省、县两级财政按8:2的比例，每年安排平原造林苗木专项资金，用于购买平原造林苗木；对县(市、区)承担的20%苗木经费，次年省财政将按照林木成活率对县(市、区)给予同比例奖励。具体奖励办法由省财政厅会同省林业厅另行制定。

13. 完善配套服务政策。建立林业机械补贴制度，鼓励发展造林公司，转变传统造林方式，全面禁止炼山造林。对购买育苗、整地、抚育、防火、防病虫害等林业生产机械的，纳入省财政安排的农机具补贴范围。加大财政对森林病虫害防治、森林防火基本装备和能力建设的支持力度，对重点林业村安排村级防火转移支付补助资金。完善生态公益林财政补偿政策，不断提高生态补偿能力。进一步扩大林业保险品种，加大财政对森林火灾保险的支持力度。为加快灾后毛竹资源恢复，对明后两年由于林农少砍毛竹，由此而减少的林业部门的育林基金收入，省财政安排转移支付给予适当补助。

14. 改革采伐利用政策。各级政府要按照“谁造谁有”的原则，依法及时给造林经营者颁发林权证。农民个人在房前屋后和自留地上营造的林木，允许继承和转让。对在非规划林地上营造的杨树、泡桐等速生商品林，允许经营者自主选择采伐方式和年龄，由当地林业部门核实采伐地点、数量、树种并办理采伐手续；在保证道路每侧保留1行树木的前提下，允许对其他绿化树木进行分期分批采伐。在苗圃内培育的绿化大苗，允许在省内移植和运输。继续对符合税法规定的企业从事农林项目免征或减征企业所得税。适当延长林业信贷期限，简化信贷手续，建立农民林业小额贷款和林权抵押贷款扶持机制。

15. 发展社会造林。认真落实《中共中央、国务院关于加快林业发展的决定》和《中共江西省委、江西省人民政府关于深化林业产权制度改革的意见》，鼓励科技人员、机关和企事业单位干部职工单独或合伙投资造林绿化。鼓励造林经营者通过林业产权交易平台进行林地林木流转。

16. 发展林业产业。积极鼓励工商业和社会资本投资造林绿化，着力培育一批造林大户和龙头企业。省内木材加工企业要根据年度木材消耗量，建立与加工能力相适应的原料林基地。鼓励各地采取“公司＋农户＋基地”的经营模式，建立企业出种苗、林农出林地、利益共享、风险共担的造林绿化利益联结机制，促进工业原料林基地建设。大力扶持发展毛竹、油茶、杨树、泡桐、光皮树等重点林业产业，培植大型林业龙头加工企业。大力发展乡村森林旅游业。

17. 加强林业科技服务。各级林业部门要加强科学技术研究，大力选育林木良种和经济速生树种，推广农林复合经营的先进实用技术和造林模式。发展“订单育苗”，加快林木良种和绿化苗木基地建设，满足造林绿化需要。加强对造林、森林病虫害防治和森林防火实用技术的研究与推广。

五、切实加强组织领导

18. 全面落实领导责任制。各级党委、政府和各有关部门务必拿出“造林灭荒”时期的决心和办法，实行全社会发动、城乡联动，加强领导，周密部署，制定方案，强力推进。各级政府对造林绿化“一大四小”工程建设全面负责，政府主要领导为第一责任人，分管领导为主要责任人。要层层签订责任状，切实把造林绿化目标任务分解到市、县、乡、村和山头地块，把责任落实到各级各部门，一级抓一级，层层抓落实。省政府将造林绿化“一大四小”工程建设任务完成情况，纳入对市、县政府六项考核评价体系，并将造林绿化考核分值从原来的12分增加到20分。

19. 科学编制工程建设规划。各地各有关部门要根据工程建设总体目标和建设任务，因地制宜，科学编制造林绿化“一大四小”工程建设规划，落实年度造林绿化任务。省林业厅要抓紧会同省直有关部门，组织编制全省造林绿化“一大四小”工程建设规划和年度任务，报省政府审定下达。省交通厅、省建设厅、省国土资源厅、省农业厅、省水利厅、省中小企业局、省农业开发办、南昌铁路局等部门，要根据建设规划和部门职责，做好专项规划，抓好任务落实。

20. 明确部门职责分工。完善造林绿化协作机制，进一步落实部门责任。林业部门要充分发挥组织、协调、指导和服务作用，协助有关部门抓好造林绿化规划设计、种苗供应和技术保障服务工作，抓好农田林网的规划布局和组织实施。交通、公路部门负责公路边沟以内的绿化，落实绿化建设种苗费。铁路部门负责省内铁路排水沟以内的绿化，落实铁路绿化建设种苗费。农业部门负责抓好交通沿线两侧果业带建设，协助林业部门做好农田林网建设的规划布局和组织协调。水利部门负责重点水利工程设施范围内可绿化区域的绿化，搞好江河渠道绿化带建设。建设、中小企业部门要以中心城镇、工业园区裸露地绿化为重点，不断扩大绿化面积，提高绿化品位。国土资源部门负责指导绿化用地的规划、协调以及全省土地开发整理项目和各类废弃矿山、矿渣山、尾矿库等的复绿。各级工会、共青团、妇联和民兵、青年、学生组织及其他社会团体、驻赣部队，要发挥各自作用，积极参与造林绿化事业。纪检、监察机关要加强对造林绿化工作违纪违规行为的查处。审计部门要加强对造林绿化资金使用的监督检查，确保资金使用效益。要建立健全部门协商和信息共享机制，及时研究解决造林绿化工作中的困难和问题。

21. 加强检查考核。对各地各有关部门造林绿化“一大四小”工程建设工作进展情况，省里将组成督查考核组进行不定期督查和年度检查考核，督查和考核结果通报全省。对年度任务完成较好的市、县和省直部门，以及在实施造林绿化“一大四小”工程中作出突出贡献的人员，省政府将予以表彰；对按期完不成任务的地方和部门，扣减年度六项考核分值，并在全省给予通报批评。具体考核办法由省林业厅会同省财政厅、省人事厅另行制定。

22. 深入开展宣传教育。各级宣传部门和新闻单位要将造林绿化纳入公益性宣传范围，充分利用广播、电视、报纸、网络等新闻媒体，广泛宣传造林绿化的重要意义和目标任务，提高全民造林绿化意识。要大力宣传造林绿化先进人物和典型事迹，充分调动社会各界参与造林绿化活动的积极性，在全社会营造浓厚的造林绿化氛围。

湖北省人民政府
关于推进低丘岗地和低产林改造工作的意见

鄂政发〔2008〕019号　　2008年4月7日

各市、州、县人民政府，省政府各部门：

为了科学合理利用我省低丘岗地、低产林地资源，提高土地利用效益，促进全省经济社会又好又快发展，省人民政府决定开展低丘岗地和低产林(以下简称“双低”)改造工作。现提出如下意见：

一、充分认识“双低”改造工作的重要意义

低丘岗地改造是指对地势相对较高、坡度25°以下、立地条件相对较差、缺水怕旱、利用效率不高的区片进行科学开发、综合利用。低产林改造是指对因受人为和自然因素的影响，经济效益、生态效益明显低于同类立地条件平均水平的林分进行优化改造、高效利用。推进“双低”改造工作，是继开展高产农田建设后推动农村经济结构调整的又一重大举措，是加强低丘岗地基础设施特别是小型水利工程建设，着力治旱治贫，综合开发利用资源，提高农业综合生产能力的配套工程；是扩大我省土地有效供给、缓解经济发展用地“瓶颈”制约，增加土地后备资源的储备工程；是巩固退耕还林成果，促进现代林业建设，提高林地产出率，改善生态环境，推进生态文明建设的生态工程；是促进我省现代农业建设，优化农产品区域布局，扩大规模化经营，发挥农业比较优势的效益工程；是加快农民增收步伐，繁荣农村经济，推进全省社会主义新农村建设的惠民工程。各地、各部门要充分认识“双低”改造工作的重要意义，加强组织领导，切实抓好此项工作。

二、明确“双低”改造工作的主要任务

全省“双低”改造工作，要坚持以党的十七大精神为指导，贯彻落实科学发展观，以经济、社会和生态效益相协调为目标，综合开发利用低丘岗地，建设一批道路通畅、灌排自如、田块规整、土壤肥沃、林网秀美的当家地、生态田；改造低产林，建设林分质量好、生产潜力大、林木结构优的速生丰产林、高效经济林，促进全省经济社会又好又快发展。

主要任务是：低丘岗地改造推行园田化、水利化、生态化；低产林改造着力优化森林结构，提高林分质量，培育速生、丰产、优质、高效森林资源和林特产品，努力实现“双高一好”(高产出、高效益、生态好)的目标。从2008年起，用7年时间，全省完成“双低”改造800万亩，其中：改造低丘岗地300万亩，改造低产林500万亩。

三、科学制定“双低”改造规划

低丘岗地改造重点在鄂北岗地、大别山区、鄂东南丘陵地区等坡度在25°以下的低丘地区实施；低产林重点改造坡度在25°左右，立地条件较好，因不适地适树或种质低劣、多代萌生、管理粗放和遭受严重病虫害等自然灾害造成林相残破的林分、无培养前途的“小老树”林。“双低”改造区域不包括自然保护区、省级以上生态公益林区域，不包括三峡库区、丹江口库区迎水面和水源地保护区域及土壤地理条件差，地质灾害频发，生态环境脆弱等区域。

低丘岗地改造要坚持宜林则林、宜园则园、宜耕则耕的原则。对于土层厚、水源有保障、地块相对平整、交通便利的，宜规划为耕园地；水土流失易发区，生态环境脆弱，立地条件较差的，宜规划为林地或草地。低产林改造要坚持生态优先、适地适树、良种良法、优化结构的原则，建成速生丰产用材林和高效经济林。

有低丘岗地资源的县（市、区），要迅速组织力量对“双低”资源进行调查摸底。要充分利用土地资源详查、森林资源清查等成果资料，结合第二次全国土地大调查，查清低丘岗地和低产林的区位、面积、权属、自然条件、利用状况、适宜用途等情况，以县（市、区）为单位建立相关数据库。

低丘岗地改造规划由县（市、区）人民政府组织编制、市（州）人民政府审批，报省国土资源厅备案。具体编制工作由县（市、区）国土资源部门承担，规划应征求发展改革、林业、财政、农业、水利、环保等部门意见。低产林改造按照《湖北省低产林改造总体实施方案》，由县（市、区）林业部门编制年度作业设计文本，经省林业局审批后实施。

四、明确政策，充分调动各方面开展“双低”改造的积极性

一是妥善处理土地、林地承包经营权及其流转问题。坚持民主参与，充分尊重群众意见，切实保障农民土地、林地的承包权、经营权、流转权，依法维护好农民的合法权益。低丘岗地改造后的土地应落实承包经营权，承包经营权应优先考虑项目所在地农民，以原承包经营权为基础，结合土地二轮延包，按照“大稳定、小调整”的原则，认真落实低丘岗地改造土地承包经营政策。低产林改造后的林地应落实承包经营权和集体林权改革政策。改造后的土地、林地承包经营权流转应坚持“自愿、依法、有偿”的原则，鼓励适度规模经营，提倡兴办家庭林场和茶果园。

二是准确把握低丘岗地改造涉林政策。充分利用土地详查成果和森林资源清查成果，以土地、林地利用现状图作为确认改造前地类的基本依据；对于生态退耕、农业结构调整或其他原因发生地类变更的，由国土、林业、农业等部门共同认定。作为低丘岗地改造项目经审查批准立项，实施过程中涉及林木采伐的，由项目所在地林业部门按限额采伐管理权限，依法办理《林木采伐许可证》，实行凭证采伐。

三是切实保障“双低”改造资金投入。从2008年至2014年，低丘岗地改造每年完成45万亩左右，原则上按照开发低丘岗地新增耕园地的面积和质量确定投资规模，亩平投资一般控制在2 000元左右，资金来源2008年以省级使用的耕地开垦费投入为主，从2009年起，省、市、县按比例投入，其中省投入占60%，市、县投入占40%。低产林改造每年完成75万亩左右，省财政每年从政策性转移支付中安排1亿元，省林业局每年落实5 000万元的项目配套投入。

四是积极引导和鼓励各种社会主体参与低产林改造。要在明晰林权、落实造林主体的基础上，大力提倡公司企业、民营业主、造林大户，以及企事业单位和机关团体干部职工等，通过承包、租赁、转让、拍卖、协商等多种形式，参与低产林改造，发挥市场机制作用，加快推进低产林改造步伐。

五、严格管理，规范"双低"改造工作程序

低丘岗地改造坚持按项目运作，项目管理执行国家和省级投资土地开发整理项目的有关规定。项目选址应依照规划，充分考虑生态环境影响；结合流域、水系，集中连片，利于规模开发。选址须经2/3以上村民代表同意。项目由县(市、区)人民政府组织申报，经省林业局审核，由省国土资源厅审查批准立项。项目规划设计和预算编制，要征求群众意见，进行专家论证。

低丘岗地改造项目要落实项目公示制，确保群众知情权、参与权、监督权；落实项目法人制，项目具体承担单位一般为县(市、区)土地整理机构；落实项目招投标制，遵循公开、公平、公正的原则，实行公开招投标；落实项目工程监理制，严格按照规范实施工程监理。

低产林改造要严格按林业工程规范管理，坚持"先规划后设计、先设计后施工"的原则，严格做好现场勘察、设计审批、种苗配置、工程监管、检查验收等工作。具体管理办法由省林业局商省有关部门另行制订。

六、加强领导，合力推进"双低"改造工作

"双低"改造是一项综合性工程，涉及产业布局调整、农田水利建设、地质灾害防治、水土保持、生态环境保护等方面。各地要正确处理好开发和保护、经济效益与生态效益、政府推动与尊重群众意愿的关系，切实加强领导，统一协调，落实工作经费，合力推进。要建立必要的激励和约束机制，深入细致地做好群众思想工作，确保社会稳定。各有关部门要加强工作指导，各司其责、协同作战。省国土资源厅负责编制全省低丘岗地改造总体规划，省财政厅要会同有关部门制定我省资金管理办法，省农业、水利、环保等部门应积极参与项目论证、实施指导和检查验收等工作，共同推进"双低"改造工作稳步实施。

后　　记

林业重大问题调查研究工作得到了中央财经工作领导小组办公室、中央农村工作领导小组办公室、国家发展和改革委员会、财政部、国家统计局、国务院研究室、国务院发展研究中心、中国人民银行、中国银行业监督管理委员会、中国保险监督管理委员会等金融管理机构、全国总工会中国农林水利工会、中国社会科学院等部门的大力支持；得到了北京大学、清华大学、中国人民大学、北京林业大学、中南林业科技大学、中国科学院地理科学与资源研究所等科研院所的积极配合；得到了国家林业局各有关业务司局、直属单位、31个省(自治区、直辖市)林业厅(局)以及内蒙古、吉林、龙江和大兴安岭森工(林业)集团和新疆生产建设兵团林业局等单位的通力协作。14个省(自治区、直辖市)林业厅(局)及森工(林业)集团提供了中央领导对林业的重要批示和指示、地方林业重要政策文件及调研报告；有关专家付出了辛勤的劳动。在此，谨向这些部门、单位，以及所有关心、支持这项工作的同志，表示衷心感谢。

林业重大问题调查研究是一项基础性的、动态的、需要不断深化的工作。我们诚恳希望广大读者对书稿中的不足之处提出宝贵意见，对促进林业科学发展提供宝贵建议。

联系方式：北京市东城区和平里东街18号
国家林业局经济发展研究中心

电　　话：010－84239053，84239026

E－mail：SFA84239026@163.com

编　者

2008年12月